在田野中成长

北大社会学系"挑战杯"获奖论文选

北大社会学系重建40周年纪念

北京大学社会学系 主编

商务印书馆
The Commercial Press

编者序

用费孝通先生的话来说,社会学是一门从实求知的学问。所谓"从实求知",就是要从事实和实践出发,而不是从理论和假设出发。这至少有两个方面的含义。首先,社会学的学习和研究从实践出发,其问题意识和理论关怀来自社会事实和人的实践,最后也要回到现实中去,要对现实的认知有所推进。这背后包含的为实用而学术而非为学术而学术的思想,既是中国学术传统中学以致用思想的体现,也是中国社会学在剧烈的社会变迁中成长的反映。其次,从实求知与科学研究的科学环逻辑也不一致,不只实践是作为检验理论的工具,理论更像是帮助实践向现实更深处推进的工具。这种对理论和知识极强的反思性态度,既是中国学术传统中知行合一思想的体现,也是中国社会学不断推进中国化、追求文化自觉和理论自觉的反映。所以说,强调实践对于理论和学科发展的重要意义,是中国社会学发展百年来最突出的特征之一。

田野调查的发展最能体现这个突出特征。从 20 世纪 20 年代的社会调查派到以燕京学派为代表的深入而规范的社区研究,再到 80 年代以来以费孝通先生为先锋的城乡发展调查,社会学一直以中国大地为学科的田野,为深入理解中国社会、推动经济社会发展提供了许多宝贵的真知灼见,同时也塑造了中国社会学从实求知的学科特点。北京大学社会学系自 1982 年恢复重建以来,融汇民国时期北大社会学和燕京大学社会学系的百年传承,不仅以田野调查作为学术研究和服务国家战略的主要手段,也将田野调查作为立德树人、涵育学风的基本做法,创造各种条件,要求和鼓励学生们在读书期间利用课余和寒暑假时间,在老师的指导下进行田野调查,产生了大量的实践成果。这部文集就是这些成果中的一部分。

挑战杯是全国大学生课外学术科技作品的竞赛,从 1989 年开始在全国高校中举办。北京大学作为高校中的佼佼者,学生们在挑战杯中的表现也非常优秀。社会学系的学生参加挑战杯,以田野调查的资料为主要依据撰写研究报告和学术论文,在高校各学科的竞争中确立了自己的特色。1994年,作为本科生的项飙用自己田野调查的论文《北京有个"浙江村"——社会转型中一个自发城市化群体的初步研究》参加比赛,获得了北京大学挑战杯一等奖,这也成为他以后的学术著作《跨越边界的社区:北京"浙江村"的生活史》的基础,也是北京大学社会学系学生参加挑战杯的第一篇作品,开创了挑战杯作品以田野调查为主要研究手段的传统。从此以后,社会学系的学生在每届挑战杯上都有丰富斩获。2011年,同学们以优异的成绩将象征北京大学挑战杯最高荣誉的王选杯永久留在了社会学系。2020年,社会学系在挑战杯中创造了新的纪录:共有23篇作品获奖,其中有5篇作品获得北京大学特等奖。无论是学生参赛比例、获奖比例,还是特等奖数量,都是全校第一。特等奖的5篇作品,研究内容涵盖高中教育、性别认同、戒毒管理、社区垃圾分类、郊区城镇化等各色各样、大大小小的主题,都是来自学生们在老师指导下的田野调查。

根据统计,自项飙首次获奖到2020年,社会学系共有146篇挑战杯获奖论文,前后涵盖了26届学生,从中不但可以看出社会学系恢复重建以来培育人才、传承学术的发展历程,也可以看出社会学田野调查方法的传承和发展。我们从中挑选了19篇获得特等奖和一等奖的论文,虽然不足以得窥社会学系丰富成果的全豹,但也可以称得上琳琅满目、美不胜收。在获奖的学生中,项飙已经是声望卓著的著名学者自不必说,王列军、田耕、纪莺莺、张帆、凌鹏等也已经是政策界、学术界的中坚力量或青年骨干。其中田耕既是第十届挑战杯的获奖者,又是第二十七届挑战杯获奖论文的指导老师,显示出北大社会学系强劲的学术传承力量。纵览这些论文,也能看出社会学经验研究的一些发展脉络。早期的研究还带有社会学重建时期的痕迹,有较强的探索气质,也与20世纪90年代的时代风气和学科取向密切相关。21世纪以来的作品显示出学术规范对研究和写作的影响,大部分论文都有完整的结构、丰富的论证和严密的逻辑,有生动的故事、细致的机制与深入的分析,展示了社会学在行动分析与制度、结构分析上的力量。最近几年来的研究也与社会学界的风气转变相呼应,在研究内容上向互联网技术、身份认同等领域扩展,在研究范式上也开始在行动意义和伦理方面展开探索,试图在经验领域拓展社会学的传统界限。总的来看,虽然这些作品绝大部分都出自本科生之手,无论是研究视野、分析力度还是写作水平都不乏稚嫩之处,但是其中透露出的对新时代、新现象、新风尚的敏锐感受与犀利思维都令人感到"后浪"的巨大潜力。

本书选入的都是挑战杯优秀获奖作品，其问题意识、理论概括、经验分析都颇有可取之处，对于社会学以及其他社会科学学科的学生甚至学者都有借鉴和参考的价值。我们在编辑此书时，也特意邀请部分作品的指导教师就自己的指导和对作品以及学生的印象写了一些文字，帮助读者更好地了解作品的背景以及研究、写作的故事和技巧。衷心希望本书能够成为北京大学社会学系人才培养和学科建设一个侧面的历史记录，也希望能够为社会学爱好者和学习者提供一份颇具意趣的学习参考。2022年是北京大学社会学系恢复重建40周年暨燕京大学社会学系建系100周年的重要年份，本书的出版是对这个重要时刻的庆祝，也是对社会学系人才辈出的祝福。

本书在收集资料、编选和校对的过程中得到了许多老师和同学的帮助，尤其是田耕、宋丹丹、何斯洁、付骥潇、黄康佳、倪羌顿、薛雯静、孔祥瑞、李泓博、单凯、王思凝、关雅心和雷靖轩做了大量细致的工作，在此表示衷心的感谢。

北京大学社会学系
2021 年 11 月

目　录

北京有个"浙江村"
——社会转型中一个自发城市化群体的初步研究
.... 项　飙 / 1
研究"浙江村" 30

两家石油企业生活后勤体制变革
——大港油田集团有限公司与天津石化公司生活后勤体制调查研究报告
.... 郝津京 / 37

社区的构成
.... 欧阳觅剑　王列军 / 84

职工群体分层与认同差异
——对沈阳市两企业改制后职工内部群体的相互认同的经验研究
.... 周晖　田耕 / 134
田野作为一种自我教育 157

当代大学生价值观新动向
——后现代语境下的大学校园亚文化
.... 张帆　沈旭 / 165
历史脉络中的大学生亚文化 .... 佟新 / 181
张帆老师访谈 183

制度体验与白领想象
——一项关于社会分层的探索性研究
.... 纪莺莺　凌鹏　张秋实 / 190
对《制度体验与白领想象》的点评 .... 杨善华 / 216

凌鹏老师访谈 ………………………………………………… 219

乡村连带团体："双重缺失"下如何提供公共产品
——一个乡村的修路事件
………………………………………… 秦长运　谢生金 / 226
对《乡村连带团体："双重缺失"下如何提供公共产品》的
　点评 ………………………………………………… 张　静 / 251

徘徊在城乡边缘的"候鸟"
——危机语境下返乡农民工去留困境的解读
………………………………… 张好雨　张勇军　刘　锐 / 253
对《徘徊在城乡边缘的"候鸟"》的点评 ……… 卢晖临 / 294

农村电网改造和农民行为偏好的变迁
——恩施州的一项实证研究
…………………………………………………… 方　辉 / 296
挑战杯论文指导旧事与文章再读 ……………… 刘世定 / 334

社会转型时期大学生职业声望评价
——以北京大学本科生调查为例
………… 田志鹏　邝继浩　罗晓亚　李昌琦　封之颖　吕　帅 / 336
对《社会转型时期大学生职业声望评价》的点评
…………………………………………………… 刘爱玉 / 391

微观社会空间内的群际博弈策略
——基于中国人民大学东门地铁口贩证现象的实证研究
………………………… 胡璟怡　张靖华　张艺宁 / 394
街头空间的多义性 ……………………………… 刘　能 / 429

秩序与自由：城市公共空间下的身体表达与文化实践
——基于海淀区某广场舞团队的实证研究
………… 张荟珲　张　楠　颜青琪　刘　硕　陈绮筠 / 433
对《秩序与自由》的点评 ……………………… 李　康 / 484

粉丝化社会中的社会运动之可能
——一项关于"肤浅"与"深刻"的 EXO 粉丝站研究
………… 牟思浩　裘一娴　李　静　廖梦莎　孙小淇 / 487
对《粉丝化社会中的社会运动之可能》的点评 …… 孙飞宇 / 538

中国式网络购物狂欢节
——动力机制建构与实证研究
.... 王思明　王　力　吴志强　卢南峰 / 539
对《中国式网络购物狂欢节》的点评 .... 卢云峰 / 575

"于无声处听惊雷"
——多元视阈下"邻避效应"解决途径与风险管控方式研究
.... 邵　巍　唐宇石　张　玮　张沥月　孙若男　黄和清
彭　强　李垚纬 / 577
对《"于无声处听惊雷"》的点评 .... 高　翔 / 608

互联网公益众筹的运行机制及其规制研究
——以"轻松筹"之"大病救助"项目为例
.... 刘　林　杨善琛　马一丹　冯　达　任庆杰　郑君仪 / 609
师力微薄助挑战 .... 邱泽奇 / 681

事死如生：从殡葬改革看丧葬仪式的意义结构
——以 A 市茳棠村为例
.... 宋丹丹　张雨欣　孟　奇　曾　卓　卓　越 / 688
对周飞舟老师的访谈 726

经营有"道"：三个规模农场的案例研究
.... 罗兆勇　汤欣哲　赵启琛 / 734
体悟田野，从实求知 781

"合意"之礼：农村彩礼攀升机制研究
——甘肃 L 县高彩礼的案例分析
.... 王思凝　贾宇婧 / 789

北京有个"浙江村"
——社会转型中一个自发城市化群体的初步研究

作　者：项　飙
指导老师：王汉生

摘要：本文考察了进京经商的浙江人在北京的聚居地，详细分析了作为农村外来人口聚居地的"浙江村"形成的历史和微观机制。文章指出，"浙江村"并不是一个单纯的空间概念，它兼有作为经营群体的"浙江村"、作为生活社区的"浙江村"和作为外来人口聚居地的"浙江村"三重面貌。在此基础上，本文试图通过对一个自发城市化群体的微观剖析，揭示农村流动人口如何进入城市并逐渐适应城市化的过程，希望探讨在市场经济体制逐步建立的过程中，我国城市化将出现怎样的趋势、将走上何种道路。

关键词：城市化　城乡二元格局　农村流动人口

1. 前言

　　"浙江村"既非自然村落，亦非行政编制，它是指进京经商的浙江人（其实主要为温州人）形成的几个聚居地，分布在丰台、朝阳、海淀各区，其中以丰台南苑乡大红门一带规模最大、历史最长，本调查即以它为主要对象。

　　"浙江村"是独特的，八万大军，跨越2000公里的空间，聚集首都，年经营额以十亿元计，内部自成系统，这在中国是空前的。"浙江村"又是普遍的，我国社会的城乡二元结构正在变动，据推测，到1995年，我国将有3.96亿农村剩余劳动力需要转移，到2000年则达4.34亿，这显然是一股不可遏止的洪流。同时，多年积淀下来的城乡不平等造成了农民离乡进城的强烈冲动，而户籍制度这最后一道闸门也日渐松动。"浙江村"所反映的已不是一般的农民进城经商、人口流动的问题,而是代表了我国今后相当长一段时期内不可逆转的人口迁移与社会变化趋势。"浙江村"以它的特殊方式发出了一个带有普遍意义的信号。

当我把注意力集中到这个点时,又发现了"浙江村"的另一重要内容:它不但是人口迁移与城市化的一个样本,同时也是我国市场经济自行发育的结果。其形成与发展以计划体制的活动为条件,其自身的运作又带来了更多的市场经济成分。市场经济要求劳动力及各种资源自由流动、自由配置,人口的流动又将促进统一市场的形成。这二者相互统一,彼此促进,将是我国今后一段时期内社会变迁的重要乃至主要内容。"浙江村"出现在这一社会转型(轨)时期,就是这一重大趋势的先导。

计划体制下的人口迁移与城市化,只是由于农村人地矛盾的推力太强,再加上城市生活的强烈吸引,剩余劳动力就作为"计划外"的力量,越过重重障碍挤进城市。这些农民也不可能"化"入城市,他们只是"流动人口"甚至"盲流"。城市化进程应具备的与社会生产相联系的利益原则及一系列的具体机制,在这里是缺乏或扭曲的。市场经济体制的逐步建立将使我国城市化进入一个新时期,渐进性、适应性将是这一转变的主要特征:制约城市化进程的整个社会系统的变迁将由各种微观构造推动,它通过不断的"冲击—适应"过程而得到改变。"浙江村"正扮演了这样一种角色,它盘踞一地,人口众多,业已形成相对稳固的生存机制,又掌握了大量的有形财富,同时也滋生了不少问题,至少已对北京市的社会管理及商业系统产成了深刻影响。以它为代表的这一趋势将继续积累、深化与放大,从而影响城市与农村两个子系统,进而形成新的城市化局势与新的城乡关系格局。

一叶落而知天下秋,本调查正如解剖麻雀一般,终极目的就是以城市化为重点,通过对"浙江村"的分析,探讨中国城市化与市场经济体制间的关系;或者说,就是搞清在市场经济体制逐步建立的过程中,我国城市化将出现怎样的趋势,最终我们应当选择怎样的城市化道路。

我 1992 年 11 月首访"浙江村",1993 年春节期间去其发源地温州地区乐清县[①]调查,2 月份回京后又扎到了丰台。前后实地调查共 20 余天,采访

[①] 今浙江省温州市乐清市。为保持作品原貌,除必要外,本书一般不对至出版时已发生变化的地名做出改动,特此说明。

了132个个案,重点观察了5户人家的生活、生产情况。

"浙江村"外头看来固然显眼,内在细节却相当隐蔽,尤其很多东西本身就未定型,不少领域即使对于当地主管部门而言也还是处女地。人类学实地观察是本调查的主要方法,我力求参与他们的生活,从翔实的事实里窥察内容。国内外对人口迁移与城市化的研究不可谓不多,但一般都是从宏观角度做数理分析,对迁移样本的全面剖析则很少见到,由于缺乏微观的实证研究基础,某些认识难免架空。我选择现在的取向,也是想在这方面做一尝试。

读者下面要看到的,是我先期调查的一个简要结果。在第2—4节,我们将把"浙江村"当电影看,动态地从其历史脉络里把握信息;在第6—7节,我们又把"浙江村"当成塑像看,静态地从三个角度剖析其内在机制。总之一句话:弄清"浙江村"是怎么回事,这将是整个研究的起点与基础。

2. 回顾:农民工商户在北京

农民进京,大致可分为三类角色:一是所谓"盲流";二是雇工与服务业人员,如建筑工、清洁工及保姆等;三是独立经营的工商户。"浙江村人"即属第三类。这一类人在城市化研究中显然最具有关键意义,我们不妨把对他们的简单回顾作为"浙江村"研究的序曲。

2.1. 集贸市场:城乡间的第一道缝隙

1978年开始的农村经济体制改革促进了农村管理体制的松动和集贸市场的发展,农村的生产与流通开始活跃起来。1979年初,京郊各县及河北的涿县、新城、香河、三河等地的农民开始入京自售农产品,其经营方式主要是随地摆摊或走街串巷叫卖。

第一批农民工商户马上引起了北京社会的一系列反应。1979年2月,市政府收到群众来信,呼吁把农民赶出北京,指出农民进城有四大害处:(1)影响市容;(2)流氓趁机滋事;(3)影响卫生;(4)为违法分子提供场所。市政府首先采取的对策是"堵",力图将农民全部赶出城外,但农民越堵越多,防不胜防;随后,政府又逐步改变策略,以"引"为主。1979年4月,由市工商局、公安局联合出面,开放海淀、朝阳、石景山、丰台四个郊区,建立了十个农贸市场,明确指定此十个市场为经营地点,严禁走街串巷叫卖。但半引半堵的策略仍不见效,进城农民很快就突破规定,直接进入繁华市区,在百万庄、成方街、展览路、动物园、德胜门、和平门等地形成了相当规模的农产品自由市场。

进城农民的不断冲击终于使北京社会做出了较大的调整。1980 年前后,市区内的农贸市场开始建立,农民工商户有了一个合法进城途径。据 1980 年底工商局统计,在各集贸市场上市的物资中,来自本市郊区的仅占 10%,70% 来自河北,另有 15% 来自天津,还有 5% 来自河南、山西与内蒙古等地。对农民全然封闭的北京城市系统终于打开了第一个口子。

2.2. "三产"网点:又一个合法依托

1983 年以后,人们逐渐认识到北京市吃饭难、穿衣难、修补难、服务难等问题,而已经兴起的本市个体户则多集中在商业流通领域,因此零散进入北京,在这些方面拾遗补阙的农民工商户受到了欢迎。1986 年,根据市政府有关精神,北京市各街道纷纷成立所谓"三产办公室"(按:"三产"即第三产业),力求把家务劳动社会化,把"几难"解决在居民家门口。但街道"三产"因为活累、利润低,同时居委会老太太也缺乏经营能力,各网点多被外来农民工商户包走。这样,农民工商户又找到了一个合法依托渗入北京市区,其生存空间得到了拓展。

2.3. 新发展

1986—1987 年,温州的农民工商户开始大批涌入北京,从事行业除"浙江村"主要经营的服装业外,还有皮鞋、五金电器与电子配件等。五金电器经营主要分布在前门、天桥、东单、西四、劲松东口一带,仅西四一条街上就有 30 多家,产品主要是乐清柳市一带生产的低压电器,也有一部分从上海、西安、沈阳等地进货。电子配件经营主要分布在中关村电子一条街和西四、崇文门一带,产品主要是广州、福建等地生产的配件,也有少量是乐清本地生产的。"浙江村"在广义上其实共有五个分布点:除丰台大红门以外,还有公主坟西侧的沙窝、海淀区大钟寺、海淀区五道口、朝阳区大郊亭和劲松东口四地。近年来,与"浙江村"相似的还有二里庄的"河南村"(主要来自固始县,以经营木材为主)、甘家口的"新疆村"(主要来自南疆地区,经营饮食业)、红桥的"珍珠村"(主要来自浙江温岭,专售珍珠、贝壳)、劲松东口的"眼镜村"(主要来自浙江温州,业已成为中国最大的眼镜专业市场)等等。关于它们的形成机制等问题,我将在对"浙江村"的专门讨论中给予说明。

通过上述回顾,我们可以得出以下几个基本认识:

(1) 农村改革冲击了城市体系,携带市场经济成分的农民工商户在铁板一块的北京市计划体制中撕开了第一道缝隙,使城乡关系开始松动。他们不仅创造了大量有形财富,丰富与方便了北京市民的生活,而且作为一种体制外的力量,直接刺激了体制内的改革与调整。

(2) 进城的农民工商户,自身经历了一系列重大的变化。从居住方式看,他们由最初的朝来夕走、来去不定发展为散居到大街小巷再发展到大规模群居,形成了自己的一股力量。从经营内容看,农民工商户最先只卖蔬菜等农产品,逐步发展到各种服务业,最后则涉及服装、电器等多种轻工商品。从经营手段看,由最初的简单叫卖农产品发展为在市内定点接活加工与服务,再发展为自己生产与销售,而且产、供、销机制日益成熟,其覆盖面也日益呈现全国化的特点。与此相对应的是,农民工商户不管在客观上还是主观上,都离农业越来越远,农民的角色日益淡化,与城市社会的互动越来越复杂与深化。

(3) 在农民工商户影响城市社会系统及其自身改变的过程中,"浙江村"始终是代表与典型。"浙江村"形成之后,数以万计的河北工商户便偃旗息鼓,市内一批原先卖农副产品的市场也转而经营服装及配料。"浙江村"确实反映了我国城市化的新态势。

3. 温州与南苑

"浙江村人"的老家温州,向以浓郁的经商传统与紧张的人地关系而著称。北宋咸平二年(999),温州已作为商业发达城市被朝廷辟为对外贸易口岸。南宋兴起的永嘉学派讲究功利实用,反对空谈义理,认为"既无功利,则道义者乃无用之虚语耳"。这种功利论反映了当时迅速发展起来的工商业者和自由商人的进步思想,很有点马克斯·韦伯所称道的资本主义精神风格。独特的历史哺育了一批敢于走南闯北、具有浓厚经商意识的能人。这种意识相沿成习,相传成风,使经商作为温州人的一种文化传统延续至今,经久不衰。

同时,温州属红壤地区,所产粮食以籼稻、小麦、甘薯为主,质、量均低。"浙江村"中有40%—50%的人来自乐清县虹桥区,该区人口21万,但耕地仅9.1万亩,除1.6万亩低产田外,3.4万亩是旱田,其中又有一半是荒地。耕地面积最少的一个村,人均耕地不到0.2亩,最多的也不到1亩。贫乏的资源使温州无法建立自己的大工业,皮鞋与各类小商品是其主要生产项目。

但客观的恶劣环境却更激发了人们出来闯荡一番的决心。新中国成立前,温州人即以流转各地经商而闻名。近年外交部甚至决定定向培养会说温州话的外事人员,因为在欧洲的温州华侨实在太多!新中国成立后人口流动相对停滞,但改革开放又重新为温州人提供了机会,形成了"十万供销大军",成为"温州模式""小商品大市场"的基础。同时,"温州发廊""温州餐馆"几乎遍布中国的每一座县城。他们是中国的犹太人和吉普赛人,今天"浙江村"的形成正是其历史脉络在新背景下的延展。

南苑在历史上是一片多泉泽的旷野,元朝时开始被辟为皇家猎苑,称为飞放泊。明朝加以扩建,《皇明大政记》载"南苑方一百六十里……国朝辟四门,僚以周垣,设海户千人守视"。所谓"大红门"即其正北门,"浙江村"的交通枢纽海户屯亦典源于此。清朝对此再加扩建,狩猎场又承担了阅兵场的功能。但气候的迅速变迁与清廷的没落使南苑日渐衰败,到光绪年间,皇家苑囿终成寻常村落。冯玉祥在这里开辟了飞机场,新中国成立后,又成为航空航天工业的重要基地。"浙江村"所在的大红门以北,在历史上就是典型的城乡过渡带,但由于乡的一头一直是禁地与荒野,虽紧挨着京华皇城,却一直没有得到辐射,更缺乏主动的吸引,小户农业是其传统,经济功能低下。说起来,南苑今天的火劲与知名度,竟由"浙江村"而起。

还值得一提的是南苑外围的移民史。南苑再向东南处,"永乐二年移山东、山西民填之……计营五十八"(《钦定日下旧闻考》卷九〇),"永乐初设上林苑监于京师,取山西平阳、泽、潞之民充之,使蕃育树艺,以供上用"(《明世宗实录》)。现在所谓某某营者,都是当时移民的聚居地。这是完全用行政手段实行的强制性移民,但对繁荣北京与解决农民生计而言,还是有其积极作用的。此后,河北等地的农民也不断自发迁移至此——北京本来就是一个大熔炉。

现在的"浙江村"范围,南北从木樨园到大红门,东西从马家堡到成寿寺,涵盖其间24个自然村,更西则一直延伸到西局等地。其集中部分是大红门、果园、石榴庄、东罗园与时村(下分邓村、马村、后村三个村公所)5个行政村。这里距前门商业区不过5公里。1991年,"浙江村"通往市里的生命线2路汽车站点从木樨园石马坟南移至海户屯,可直达前门与王府井旁的东华门等地。1989年前后,原先简易的海户屯停车场发展成为长途汽车站,来往于北京、温州之间,发往江苏、河北、山西各地的汽车也都停在了家门口。对内,有341路汽车南北贯穿,更有人力三轮车来往穿梭。在行政上,这片是8个街道办事处与南苑乡交叉管辖的地带。这里是都市里的村庄,典型的城乡交汇处,外来人口居住于此,既利于经营,又方便生活。这是其能形成海淀、朝阳区里更大规模"浙江村"的首要原因。

4. 十年风雨"浙江村"

4.1. 初源的故事

一般认为,最早进京建立服装行业"桥头堡"的,是乐清县清江区雁芙乡尚与山村的农民个体户卢氏兄弟。1983年,原在内蒙古包头一带从事个体服装业的卢氏兄弟,在撤回乐清途中转道北京,将随身带来的一些衬衣、外裤等积压货,摆在前门、王府井等繁华地段的地下通道口,或挂在路旁的树枝上叫卖,这两个日均客流量逾50万的大市场,很快使这些积压货一销而空。在感觉到北京市场的巨大潜力后,他们改变了原先回家的打算,来到现在的海户屯,各租了一间当地农民院房,重新摆下缝纫机,搭起裁剪台。以后他们又在最繁华的商业区——前门大栅栏口瑞蚨祥绸布店的门口租了一个柜台。这就算给"浙江村"奠了基。

另一说法则认为,真正的"哥伦布"当属乐清县虹桥区南阳乡钱家乡人钱××。1983年,原在天桥商场门口一带设摊补鞋的钱××,发现商场里有一种人造棉总是供不应求。钱××敏锐的眼光使其毅然将鞋摊变为布摊,托人从江苏组织了一批布料,十分畅销。钱××小有资本后便在海慧寺一带正式定居,起初加工呢大衣,后又制作皮夹克,三年前开始专门承租柜台。

初源的故事多少出于偶然,但萌发的种子里已蕴藏了树木乃至森林的内容。1982年党的十二大召开,1983年北京市的工商政策空前宽松,个体户迅猛发展,自由的市场力量冲击了计划体制;民间经济力量开始发展,市场流通开始活跃,工商管理则力不从心,这为"浙江村"的诞生提供了空间。同时,北京本市的个体户基本集中在流通领域及饮食行业,其他农民工商户则仅是贩卖农产品,都市里流通梗塞的问题虽然得到缓解,但穿衣难仍未解决,北京市对服装加工制作者是欢迎的。从温州工商户的角度来讲,农村土地过少及家乡的初步发展使之走向城市,流转各地后发现了北京市的市场潜力,感受到了当时个体经济蓬勃发展的势态,决定在此发展,"浙江村"的形成是他们从经济角度考虑而做出的理性决定。

4.2. "离土又离乡":农村口子的放开

1985年1月1日中共中央《关于1985年农村工作的通知》指出:"允许务工、经商或从事服务业的农民自理口粮到集镇落户。"1985年10月22日《人民日报》发布了《国务院关于农民进入集镇落户问题的通知》,对上述政策做了进一步明确的规定。同时,理论上对转换农村产业结构,部分农民应由"离土不离乡"变为"离土又离乡"的呼声渐高。温州地区对外出农民工商户的办照、审批逐步放松。政策上虽然规定的是"集镇",但口子一旦扩大,更富诱惑力的依然是特大城市。"浙江村"最初的工人迅速增至几千户上万人,其中马村截至1985年秋就有5 000余人。这期间,人们加工的服装最初只以自己摆地摊叫卖或由木樨园、天桥一带的北京小商贩代销,随着经营的扩大和对环境的熟悉,"浙江村人"逐步开始从北京小商贩手中转租小商品市场的摊棚,后又通过各种关系租赁经营服装店的柜台。

4.3. 商业系统改革:城市口子的放开

我国经济体制改革的顺序是,先农村后城市,先中小城市后大城市,前者的变化对后者造成冲击,后者对前者的冲击进行调整。面对市内的重重矛盾及农村经济搞活后带来的外围冲击,1985年前后,北京市终于开始铺开城市经济体制改革,这直接促进了"浙江村"的空前发展。

1985年5月,北京市在年利润20万元以下的小型国营商业企业中实行了改、转、租三种形式的改革。小型零售、饮食和服务企业由全民所有、集体经营转变为集体所有制企业和租赁给职工集体或个人经营。但由于具体政策不明确,三种改革均不能落实。1986年,国务院重新做出规定,指出放开小型商业企业,应当更多地提倡转为集体所有和个人经营,个人租赁的可以折价卖给个人。1986年11月8日—12月19日的40多天时间,全市即拍卖了34家小型企业,截至1988年底,实行租赁经营的小型企业达到4 469家。商业系统的这一改革,使计划外的货源供应成为必需,这为"浙江村"提供了相对固定的市场。同时,温州工商户也开始从私人那里转租商店与柜台,直接开辟自己在北京的市场。

至1985年底1986年初,北京国营中小型商业企业基本开放。王府井百货大楼、东安市场、西单商场和隆福大厦相继开始接纳厂家联营,西单商场的南口还专门为个体经营者开辟了劝业场与百花市场。这是一个具有决定性意义的转变,温州工商户可以直接借用国营商店走入市场,这为他们提供了无比宽广的天地,但同时也隐蔽了他们的身份,导致其行为更加缺乏控制。

1985年1月,北京市政府明确提出要把发展第三产业列入发展规划。"浙江村人"现在还有一句话:"我们是北京请来的。"据说北京市一位领导针对当时北京仍未彻底解决的吃饭难、穿衣难等问题,曾在浙江表示欢迎一部分农民个体户进京经营。

城市口子的放开,使数以万计的温州工商户进入北京,使"浙江村"蓬勃发展。

4.4. 清理与游击战:北京市的尴尬

城市为农民工商户开辟了空间,但既有的管理系统顿时对骤然增多的外来人口显得力不从心。1986—1987年,"浙江村"的私下房屋租赁、无照生产及脏乱差等问题都开始出现。当时的温州工商户面对着几条无法逾越的障碍:(1)租赁房屋,无主管部门;(2)招聘雇工,无主管部门;(3)北京当时能管的暂住人口仅限于外来探亲访友者,农民工商户在管理部门中还根本没这个概念。这样,无论具体行为如何,工商户经营都可被定性为非法。北京市政府认为这批人不宜在首都久留,做出了以轰为主的决定。当农民要通过市场这个途径彻底摆脱农村、立足城市的时候,原有的管理体制显然无法顺应这一要求。

1987 年以后,北京市政府开始清查,对"浙江村"不予办照,组织干部下乡疏导、宣传,动员他们回乡。但此刻的"浙江村"已通过市场途径与北京社会建立了各种有机关系,大抄大轰不过使他们暂时采取了游击战,风一起向四周疏散,浪一静又旧地重返。就在这反复拉锯中,"浙江村"继续壮大。1988 年是经营业的黄金年,马村形成了第一个温州人自办的综合菜市场;1989 年初,皮夹克生产与销售骤然升温,成为"浙江村"的拳头产品。

4.5. 波折中的发展

此后不久,不少个体户因担心政策要变,或撤回温州或改行,政府也加紧了对外来人口的清理,但"浙江村"并无大幅度萎缩。接下来,北京市的经济改革力度又不断加大,1989 年底提出不搞地方保护主义、反对闭关自守的政策。王府井百货大楼等商场也相应放宽办理手续,吸引了大批温州人。这时北京市东西南北四五个"浙江村"都已形成。1990 年,因举办亚运会,"浙江村"不得不暂时隐退。北京房东说:"房给你们留着,等风一过就回来,照样住!"北京商店则说:"最好还是能给我们干点活,柜台总不能空着!""浙江村"经营上虽受影响,但柴薪不绝,青山仍在。

4.6. 进入稳定的发展期

1991 年 3 月 1 日,北京市开始实施《北京市外地人员经商管理办法》。与此相呼应,丰台区改变过去以轰为主的清理政策,开始探索以管理为主的手段,提出"保护合法,取缔非法,打击犯罪"。由此,"浙江村"终因北京市政府思路的调整进入了稳定的发展期。该年秋,东欧诸国、苏联"洋倒爷"进京,一下子又刺激了"浙江村"的皮夹克热,数月之内从业人口竟猛增三分之一。这期间,"浙江村"内的各项设施、与外界的业务关系进一步完善,仅海户屯即有私人诊所5家(另一统计为7家),幼儿园2家,饭馆至少20家,均为温州人自开。1992年小年,乐清人按私营股份制组成的盛金汽车服务有限公司以95万元的单价购进了6辆豪华客车,乐清至北京的直达长途汽车线路开通。

1992年"建立社会主义市场经济体制"的提出,无疑为"浙江村"赢得了更大的空间。丰台区提出了"关于浙江村的治理方案",3月份成立专门管理办公室,主任管公安,两名副主任管工商与税务;4月份又调整为分散办公,相互协调。北京市相关单位至少在形式上,设置了一系列套得住"浙江村"的口袋。1992年底,集资兴建的木樨园轻工批发市场部分开业;1993年初,海慧寺工业品交易市场动工;1993年3月18日,京温轻工业品批发市场大厦奠基,占地1.33公顷,建筑面积2.6万平方米,预计1995年10月前投入使用。这些举措,尤其是一批专业市场的兴建,在"浙江村"里受到普遍欢迎。"守着北京这块宝地,现在家门前又有了这些专业市场,我们确实该做个长远打算。"村里卢老板、黄老板异口同声地说。

4.7. 观罢海潮看浪珠:"浙江村"形成的微观机制

从个人角度来看,"浙江村"的形成有三种情况。

一是流转各地,落足北京。如最早的卢氏兄弟等。

二是攀藤牵丝,呼朋引友。如邓××1985年来到邓村,当年接来妻子,1986年又招来儿、女、媳、婿及四个弟弟,诸弟又各自用这套"裙带招工法",亲带亲、邻招邻地"滚雪球"。至今,这个原仅230户的小村庄已成了700多户、人丁数千的小集镇,其中由邓老汉带来的即有七八十人。

三是把这里当成避风港。外号"座山雕"的周老板1988年在家办厂亏空,逃债到北京,在前门承租柜台,生意不错。南氏二兄弟,哥哥因在家打伤邻居,怕事情闹大跑到这里,年后弟弟又因赌得不成样子逃出来。现在两人也承包了一个柜台,平日就拉着一帮青年惹是生非,靠敲诈勒索、强行收取别人衣服度日。也有不少逃避计划生育者与流窜犯来此寻找自己的避难所。

亲缘、地缘关系是"浙江村"形成的主要依托,这从"浙江村"现在的人口分布中仍可觅得痕迹。如石榴庄多为乐清蒲岐、城关一带人;马村则多为虹桥芙蓉镇人;西罗园以大荆区人为主,加工羽绒服;马家堡则以永嘉县人为主,而且同为制作皮夹克;大红门东后街则几乎全是虹桥区港沿乡人。

同时我们也可以看到,"浙江村"是一个由各种人物交织成的网。任何一个社会都必然是多种不同关系的组合,但"浙江村"又是一个特殊的地方,缺乏控制与整合,那些社会共同需求之外的人人事事正给"浙江村"抹上了阴影。

4.8. 小结

农村内部的人地矛盾,城市内部的生活与流通的矛盾,城乡间的彼此孤立,这是"浙江村"形成的原初背景。国家政策的调整影响"浙江村"的发展,"浙江村"的发展再反过来影响甚至改变微观的城市管理、商业等系统,这两重关系构成了"浙江村"发展史的主线。沿着这条主线,原初背景又得到了冲击与调整。

宏观政策的调整,出发点是解决城市与农村内在的问题,并无心将农民引入城市,只是无意为这种城市化撕开了一道缝隙。而在原有城市管理、商业等系统中,适应的只是计划体制下封闭、稳固的城市,外来工商户等是个根本不存在的概念,市场经济、城市化这些与他们全然无关,邈如河汉。"浙江村"正在这个方面给它以冲击。至于"浙江村"的自身面目、与北京社会的几重关系,我将在第6—7节给予论述。

市场经济条件下的城市化对我们是个新课题。城市化研究,仅计算各宏观总量,建立抽象模型,结论未必令人满意。尤其在眼下的转型时期,我们对许多新现象缺乏最基本的把握,社会学、人类学的微观剖析更有价值。

1978年之后,尤其是1985年以来,随着市场经济成分的逐步增多,我国城乡间出现了大量自发的流动人口,引起社会关注。他们绝大多数只成为城市中拾遗补阙的角色,如菜贩、建筑工、保姆等,一旦城市基建规模压缩,他们立刻就被离析出来,成为"盲流"。这些自发的流动人口虽在地域上已进入城市,但其生存方式仍游离于城市系统之外,至多只成为城市社会结构中次要的边缘群体。但"浙江村"不同,它已明显渗入北京社会,在主要方面达成了有效整合,给北京市造成了一系列影响,开始真正体现城市"化"的意义。而这一城市化,又完全以局部的市场化为前提。"浙江村"自身是如何运作的?怎样与北京社会互动并达成整合?其经验对我们有何启发?下面几节将给出"浙江村"的几幅特写,多用蒙太奇,少用画外音,"用事实说话",对几个问题试做回答。

5. 作为经营群体的"浙江村"

服装的加工与营销是"浙江村"存在的基础。在经营方法上,"浙江村"把温州模式搬到了北京:千家万户是车间,全"村"又因分工协作而成为一个大工厂;设备简易,技术传统,产品以仿制为主;低廉的成本是其主要的竞争力,薄利多销为主要聚财手段。当年的龙港镇是温州模式作用于就地城镇化的典型,眼下的"浙江村"则是温州模式作用于异地城市化的代表。应该看到,以流通为龙头是温州模式的核心内容,放眼全国市场,充分利用大城市中心作用,占据信息、交通、商业中心,是其内在要求,而发挥中心作用又正是城市的经济学意义,在这个城市化进程中,温州模式也得到了放大与发展。

现在我们关心的是:这种经营方法在北京通过怎样的机制得以实现?对北京产生了什么影响?我们不妨从内部的分工协作、对外的经营互动及其行为规则几方面加以讨论。

5.1. 生产者与营销者:市场规则是核心

"浙江村"像个大工厂,又像个大公司,"村"里人相应分化为生产者与营销者两类,前者略多于后者。每个人都以自己为中心张开一张网,一个营销者连接几个生产者,一个生产者又连接几个营销者,都视各自经营规模而定,一般为20余家。这些交错的关系并非都是无差异的,有些带有某种特殊的默契:阿三的柜台上少货,阿四就要先给他赶做;而阿四平日的衣服,阿三也尽力给卖个好价钱,这是以亲缘或情谊为基础的。但"亲兄弟明算账"是温州人挂在嘴边的话,帮忙必须尽力,但利润也必须讲清。此外的大多数网线只是一种信息储备,具有充分的弹性与余地。人们时刻根据对方的生产或营销情况,选择某一笔交易的伙伴,生产者与营销者互相串门,讨论款式,送货上门或上门取货是"浙江村"里的常景。

营销者的经营方式有两种。一是代销,进价由双方商定,而到市场上卖多少则由营销者灵活掌握,如代销不动,即可退货;生产者如事后找到更好的"代主",也可重新退票取货。("浙江村"里流通的不是现金,而是简易票据,每月底结账。)代销是他们的主要经营方式。二是经销,即为一般个体户的买进卖出。这只在春节前供货紧张,或包柜台者看准某式样到市场上定能"出手不凡"时才采用。

追求个体利益的最大化,自由流动、自由选择,信息完备、完全竞争(perfect competition),这里几乎贯彻了理想化的市场规则,同时他们的人伦关系也发挥着重要作用,但这只是手段,目标还是赚钱。关于这种人伦化的经济行为,下文还要给予说明。值得关注的是,"浙江村"里近期又出现了更为稳固的产销关系。

朱老板在王府井百货大楼、西单商场等四处租有店面,兼营零售、批发,雇员达 30 余人,生意忙时一天销 2 000 余件衣服。村里有 5 家家庭工厂与他进行联营,即由朱老板提供原料、款式,对方负责加工,朱老板负责包销成衣。

进京 5 年多,现年不满 30 岁的陈老板,是以中转批发统率"部下"的。他拥有一批固定为他生产的家庭工厂,同时也拥有一批专门替他销货的店面柜台。家庭工厂源源不断地将加工好的皮夹克肩扛车拉送到他的收购点,陈老板则将这些不同款式的成品定期按价批给他联系到的柜台、商店,日成交额十万余元。

1993 年 2 月,某温州个体户召集中国服装协会、《浙江日报》驻京记者及几个工商户在丰台开会,组建"集团",决定彼此确立关系,内部统一价格。

我们还很难判断这些星星之火会不会迅速形成燎原之势,但它至少蕴含了某种趋势。市场经济规则必然要求经营的专门化与集约化,而温州个体户也显示了这样的愿望与能力。小本经营、粗放加工未必是他们的名字;面对更广阔的市场空间,在利益原则的驱动下,这批"泥腿子"完全可能有惊人之举。

5.2. 要素流动:市场规范的缺失

前面讲的是人的互动,下面看若干物质要素的流动。

第一,原料。温州人进料的方式有三种,目前最主要的是生产户直接到货源地购买。以"村"里需求量最大的牛、羊皮为例,早先多去河北无极县及内蒙古、山西等地购买,最近则改为河北李县。膻气冲天的原料来回穿梭,挨户看货的温州个体户与随时待发的大卡车构成了李县的基本风貌。一级皮十多元一平方尺(1993年7月初涨至12.7元),次等皮则只需四五元,其差价全在制皮工艺的高低上。温州人最信赖浙江定海人的制皮技术,于是李县里凡请了定海师傅的作坊也便要额外加价。讨价还价之后,河北人的大卡车招手即来,将皮料直接运抵"浙江村"。虽值7月盛暑,是皮夹克生意的最淡季,但每晚户屯都有十几卡车的皮货运到,一片繁忙。除了去河北进皮之外,他们还常去广州、苏州、杭州等地进各种布料。

第二,从北京的厂家及批发公司进货。这其实只是偶然起作用的辅助性渠道,货料也仅限于呢子及大衣里衬用料等。在北京进货虽然迅速便捷,运输成本低,但品种单调,价格过高,不太适合"浙江村"中低档、多款式服装的品位。而且"有时候我们个体户跟他们也不好说话",彼此间难以建立较为稳固的伙伴关系。

位于海慧寺的轻工批发市场于1993年4月开张,为"浙江村"的进料开辟了最新的途径。市场内设布料批发部,现已有了一个布料大厅开始营业。每厅占地500多平方米,设近十个小铺,专售各式布料,各小铺的第一批货料几乎都是从广东揭阳流沙等地贩来的各类"麻纱"(仿乔其纱、柔滋纱、仿东方绸等),属于从港澳过来的"水货",运输既有由乐清人承担的,也有雇用当地卡车的,一批货得跑四五天。在市场上买卖的全是温州人,目前虽然大部分生产户还按自己单独的渠道进货,布料商的生意略显清淡,但他们仍信心十足:"我们专搞布料,花色多,价格低,只要这里规模再大些,他们谁还愿意自家一个人跑外地进货!""浙江村"这一群体的出现,意味着经营机制的进一步完善与社会分化的更加复杂,值得关注。

第三,执照。"浙江村"里的生产户大多为无照经营,执照只有在承租柜台者那里才成为问题。包柜台者手里的执照也形形色色,不一而足。一是名副其实的个体执照,由温州方面先开出,再到北京办理有关手续。但问题是这类执照效力不大,如不能联营,则不受北京商场欢迎。二是温州老家乡镇企业执照的副本,只要有关系或搞成挂靠形式,获取就不难,何况温州厂家的部分产品也可借此打入北京市场。三是在贫困地区租执照,一年给几千块钱管理费,例如向江西、陕西等省份的厂家租借。

执照到了"浙江村",也不是死的资源。凭此三种执照租得柜台的工商户常将执照加柜台一并转租他人,从中提成利润。此外,执照的转借乃至买卖也都存在。

第四，资金。原始的投资往往是人们从温州借来的高利贷，利息为1—2分。如生产中资金需要调剂，一是向亲朋好友求助，二就只能继续向家里借高息款项。乐清县的互助会、"抬会"曾闻名全国，但"浙江村"里却迟迟未能发育出金融组织，这主要是由于生产实在紧张，资金时刻都在流转，没有沉淀的机会。亲友间借钱一般都为无息，债权人说不准哪天就要，也不敢收息。

需要指出的是，这里经常性、大数额的赌博严重干扰了生产性资金的正常流转。

第五，商标。"浙江村"里有专做各种商标的地下工厂。平印的皮制商标0.1—0.2元一张，绣花的则要0.1—1元甚至更高。这是村里风险最大也最易赢利的行当。商标既有仿制的，也有独创的，但就是不亮"南苑浙江村"的相。按规定，借某厂家名义与商店联营，其所售服装需与执照一致，这些联营者便成了商标的主要购买或定做客户。当他同意为衣服代销后，就把手中的商标卖给那个生产者，临时装订上去，商标与衣服一并记账，月底结清。

第六，雇工。雇工的招用方式经历了一段演变。最初，老板一家也就是工人一家；随着生产的扩大，老板们便趁着过年回家的机会按酬招用女工；两年前则出现了一种专门的社会组织——民间劳务所。劳务所设在温州的虹桥小镇，小镇不过弹丸之地，介绍所却有40余家，满街林立。介绍所也兼营客栈，从当地农村或由江西、安徽、四川等地来的姑娘就投身于此，等待机会。介绍所的门堂里都摆有三四台缝纫机与一些布料，如有人需要雇工，当即面试。介绍成功后，雇工一般要交给介绍所200元报酬或到京后寄回第一个月的工资；雇主也要交相应的钱。如雇主身在北京而需人手，可以去信委托介绍所代办。据称，1992年一间介绍所每天能成功地介绍四五个人，可见其兴旺。除介绍所外，"浙江村"内部的相互引见也是重要途径。

一般雇工的月薪为200元左右（食宿免费），如有技术，如能独立裁剪等，每月最多能得五六百元。按规定，雇工应经劳动局管理，但这在"浙江村"几同虚设；同时依据合同，劳务介绍所也有保护雇工合法权利的义务，但千里之外，人海茫茫，显然也难以落实。据一项调查反映，西罗园被抽样的947名外地人员中，有26名是不满16岁的未成年人。最小的女童仅11岁，有时一天工作20小时，双腿累得发肿，老板只给饭吃，不付工钱。据说这是在履行老板与女孩父母签订的合同。虽然总体上"浙江村"的主雇关系较好，但1991年10月某村也发生了女雇工用剪刀刺死老板娘的案件。

在微观的个人行为导向上,市场规则是"浙江村"里的基本原则;但从整体或者说从社会的角度看,其市场规范又远未发育成熟。这里有两种情况,一是如雇工招用,它已形成有效但初级的机制。所谓"有效",是指供求关系能自行调节,信息完备,反应灵敏;温州人入京城很少成为自由劳动力,入城的过程即是剩余劳动力转化为生产力的过程。所谓"初级",是指其运行过程缺乏规范,如主雇契约关系不明,雇工权利得不到保护。另一种情况则是执照、商标上所反映的问题,它对个体依然是有效的,但完全以非规范、反规范为前提——正因其反规范,才符合个体的规则(以无照、伪造牟取利润)。一旦个人要按市场规则(追求自身利益最大化)运行,社会在总体控制上马上出现空白。"浙江村"再次提醒我们:现有的社会管理体制离市场经济的要求还相去甚远。

5.3. 包租柜台:与北京的关键接口

北京市商业系统的改革打开了城市面向农村的口子,其中出租柜台对"浙江村"的生存与发展具有决定性意义。最早出租柜台的动机,不过是国营、集体商场为应付各种计划外力量的冲击而采取的一种自保行为。1987年,出租柜台被市政府作为改革中的新生事物加以肯定,1989年达到高潮。这成为"浙江村"有效经营的坚实依托,也是其整合入北京社会的关键所在。

我们不妨看看北京市在这方面有何政策性规定。1987年,市工商局《北京市商业服务业企业出租柜台管理暂行规定》指出:多余柜台可出租给其他"具有营业执照的企业或个体工商户","出租柜台须报上级主管部门同意,出租柜台数量不得超过企业自有柜台数量的30%"。市工商局《关于贯彻执行〈北京市商业服务业企业出租柜台管理暂行规定〉的补充通知》指出:"将本企业的柜台或营业场地提供给对方经营使用,企业本身并没有投资和参与共同经营、共负盈亏,也没有向工商行政管理部门办理联营注册登记,而却以各种不同形式向对方收取所谓'保底费'收入的,实为出租柜台的行为,均应按出租柜台的《暂行规定》执行。"这个枪口对准了"浙江村",但温州工商户仍我行我素,运行反而越来越有章法。

温州工商户绝大多数都以联营的形式包租柜台。原因在于,虽然文件规定"外地在京的个体工商户"可以"凭租赁柜台所在地的工商行政管理部门换发的临时营业执照"办理租赁手续,但是在实际中他们无法以个体户身份办下这一手续。一方面,按北京对外地个体户的管理规定,外地进京个体户办理临时经营执照的前提是必须有固定的经营地点,否则只能办市场临时执照。可他们几乎不能弄到经营门面,留下的合法空间只有集贸市场。另一方面,负责审批租赁柜台的工商局企业管理所,一般也不为外地个体户办理租赁手续。同时,各商场明显地倾向于搞联营。因为以联营形式出现,企业不用多付5%的租赁收入税;而且出租太多的话,不但在数目上直接与文件相抵,在形象上也容易成为坐收地租的食利者,名声不好。

挂联营的牌子,卖的当然还是出租的药。文件里禁止的保底费正是普遍实行的规则。其具体方法是:规定每个柜台每月最低营业额,一般相当于固定租金的7倍。如固定租金4 000元,那么月营业额基数应为28 000元上下。商场按10%提取租金,此外再按经营额扣除3.27%的营业税和4%的工商管理费。这样,商场租金占营业额的17.2%。实际营业额达不到最低营业额的部分,承租人必须按基数补齐;超额部分,商场降低提成比例作为优惠。现在又由此派生出两类更简单的提租法:一是在规定底钱之后,商场设收银台,控制各柜台的经营额,按15%—17%的比例提成;二是完全一次性付清"死钱",如每月一个柜台6 000元,月初上缴,剩下盈亏自负。

温州工商户与北京商场的关系既简单又复杂:

第一,利益来往不仅限于桌面上的数目。承租者打入商场,送礼是基本手段。1992年一温州工商户以一年76万元的价格承租某营业厅不成,两天后该厅却被某乐清个体户以58万元包了去,据说其差额大致相当于礼数额。送礼在温州是一种风俗礼仪,也是一种经济制度,全国的回扣风也应"归功"于他们。在社会转型期间,这其实是自发的市场力量求取整合的有效方式。

第二,商场仅仅成为利益上的寻租者,基本不发挥监督、引导的功能。营业执照是工商管理得以贯彻的基本要素,但这在"浙江村"里已弄得很乱,而商场似乎对此更无所谓。某工商户想以直接包租的名义承租柜台,但自己手头无执照,因此经理始终不肯,不过过了几天经理就给他弄了个执照。大量与商场联营的个体户其实什么执照也没有,"商店同意,没执照又怕什么呢?"

第三,商场成为工商户的隐蔽所与保护伞。温州工商户靠联营的名义隐藏了自己的身份,他们柜台上摆的是贴着全国各地商标的服装,营业员大多也是北京人(不少国营商场要求雇用店里原有职工,工资由承租人付)。温州个体户的形象已无从窥取,商场是他们接触北京社会的直接营地,又是他们对外的一重壁垒。同时,各执法部门不能在市场上有效控制温州工商户,他们只与商场存在利益交割问题,税收、管理费等统统由商场代办。不少商店甚至规定每租一柜台须另缴1 000—3 000元的"安全押金",以备柜台"出事",以资商店代为斡旋、罚款之用。但其实温州人在此做生意也太平得很,近两年栽了跟头的,全是撞到了北京皮革厂家自发的检查组手上,几乎没有与商店或执法部门管理发生冲突,这一态势也许是"浙江村"经营方式中最值得关注的方面。

由此我们可以得出一个有价值的结论:"浙江村人"在经营上已与北京社会达成事实上的有效整合。所谓"有效",其直观的表现就是北京商场与他们的默契,温州工商户经营的覆盖面之广、规模之大、效益之好。而且在主观认知上,温州工商户不觉得北京商店乖张刁难,同时自身也几乎没引起北京社会的任何焦虑。温州工商户与北京个体户其实只存在经营方法或方向上的不同,其运作原则、身份地位已趋一致。而且原国营、集体单位也在诸多方面向他们靠近。但"浙江村"与北京社会的互动又显然不能达成制度性整合,即被政府部门认可并配以控制、管理的事例关系。那些与现实情况相去甚远的管理制度虽然曾是"浙江村"整合的障碍,但其实在更大程度上造成了管理的空白。现在不但各具体规定成为无杀伤力的枪口,一些最基本的制度(如税收)也随之得不到贯彻。调整这两种整合之间的背离,应当成为有关部门工作的重点。

5.4. "浙江村"的生意经

下面再从经营手段,即"浙江村人"在市场上的具体行为,来看他们如何在北京立住脚。

5.4.1. 瞄准市场,薄利多销

"浙江村"能够迅速成长并得以与北京整合,首先得益于北京自身改变产业结构的要求;而在服装业内部,温州工商户又抓住了本地时装高档化、精品化,普通消费者的巨大市场却相对被冷落这个契机。温州人以其惊人的吃苦精神与"螺蛳壳里做道场"的能耐,将成本降到了最低限度。

一件有样子的皮夹克 200 元即可买到,无论是加工还是营销,一件衣服能赚 10 元就能愉快成交。北京消费者对出自"浙江村"的服装表示满意与认可。低质便更低价,特别是其款式新颖,已成为普通群众时装消费的重要取向。

温州人又借各种人伦关系,建立起结构看似松散、功能却异常发达的产销网络。单位产品固然薄利,但既然将东北、华北以千万人口计的市场把握在手中,何愁财源不旺!

5.4.2. 信息为本

"浙江村"里生意人亏、平、赚的分界全在能不能及时掌握市场动态、把握最新信息。我遇见的两位去年大发一把的老板,一个是赶上了电脑绣花衬衫的潮流;另一个更厉害,对一般的皮夹克稍做点修改,销往沈阳,三个月之内竟净赚 29 万元。

在东单经营时装的李老板,具体业务由亲戚代理,自己的主要精力就放在时装款式的开发上。他常常往返于广州、上海、杭州、北京,随身带着照相机,手捧大哥大,一见好的服装就尽量拍下照片,用快件寄回"浙江村",并通过大哥大指挥他们怎样以照片为蓝本重新设计成适合北京消费者品位的款式。如此全国采风、移花接木,李老板的店时开时新,生意越做越火。1988 年李老板进京,先在大栅栏租一柜台,1989 年转租王府井的一爿小店,1992 年已在北京繁华大街有 5 处营业点,雇员达 20 多名。

家住大红门的张老板,雇 7 名女工,承担市内 5 处柜台的供货,生产十分繁忙。但如遇电视中的时装表演,则全员停产,分工收看。一人盯一个模特,边收看边讨论边设计,第二天样品即能上柜。住邓村的胡老板 1991 年专门买了一架录像机,每逢时装表演就点滴不落地录制下来。

市场为本,信息先导,充分的竞争加灵活的调整,整个村的时装时刻站在市场的潮头。

5.4.3. 发达的人伦信用

"生意是人做出来的,货在你我间流转,没有信用还做什么生意?""浙江村人"对信用格外重视。人们在小范围内多少都有一两笔债与他人相缠,今天我借你一笔款,明天你支我一批货,全以血缘、地缘的情谊做担保,凭良心记账。这里一夜筹集一二十万元资金不算难事,如从温州的乡镇企业提货,付10万元即可提15万元的货,5万元权当借款。

在产权高度明晰的前提下,中国农民按自己的文化传统发展出这样的信用关系,加快资金流转,减少周转环节,在一定程度上使村内的各种资源得到有效短期调剂,这在资本原始积累阶段尤其符合经营的需要。小本乃至无本者到这里,只要有信用,就能源源不断地获得原料或产品,从而使整体的经营规模如同雪球一般越滚越大。

5.4.4. 敏锐的经营眼光

温州工商户虽身居客地,但他们的魄力与眼光,却往往令北京工商界人士另眼看待。

1990年亚运会期间,北京加强城市管理,客流量骤减。北京市的许多商店都减小了经营规模,但来自芙蓉镇的皮夹克个体户金××却逆风而行,"别人不干我大干",将缝纫师傅从原来的5人增至16人,并一次性从内蒙古购进了价值16.7万元的原料皮。结果,亚运会一结束,当别的工商户还在为原料奔波的时候,他却已大批地将成品投放到市场上去。

1991年元旦开业的西单华威大厦二楼服装厅,绝大部分是合资单位与商场联营的,而且保底营业额高达每平方米每月1万多元。但清江区来的谢××观察到这里的潜力,1990年下半年就与大厦签订合同,以21万元的保底费包下了一组不到20平方米的自选架,经营东亚时装。结果,第一个月的营业额就达40万元,比同楼经营的各合资大公司高12倍。该大厦服装部的杨经理不禁感叹说:"我算服了温州人了!"

1992年秋,独联体等国的"洋倒爷"进京,一时尚未摸清门路,"浙江村"里的一个经营者当即在国际"倒爷"出入的宾馆里包了专间,把皮衣样品挂出来接受订货,一天赚了四五十万元,从此也向世界打开了"浙江村"的大门。地处沙子口的温州大厦成了国际服装订货场所,温州人包租的房间里挂满了各式服装,住宿反而成了第二功能。

值得关注的是,"浙江村"里还有一部分虽然为数不多,但素质较高,并有一定影响力的人。他们不但擅长经营之道,而且非常重视对社会形势、政策变化的研究。现年40岁的沪东服装厂负责人周××,是个哪怕打的也要赶回住地看《新闻联播》和《北京新闻》的人。他牵头承包的王府井某贸易公司一楼商场,是在京温州工商户中第一个以统一商标"沪东牌"经营皮夹克的。原因是当时我国《商标法》开始生效,他敏锐地料到工商部门必然会抓商标管理,于是火速赶回老家,制作了"沪东牌"统一商标,并规定凡在该商场销售的皮夹克,一律使用"沪东牌"统一商标。此后,"新大陆"等商场也纷纷效仿使用统一商标,从而使乐清人生产的皮夹克安然度过了1989年初的"商标危机"。1990年上半年,他得知工商局与市消费者协会要查处伪劣商品,便将山羊皮、绵羊皮和马皮三种质量的皮夹克悬挂在店堂入口醒目处,并贴上"请顾客分清山羊皮、绵羊皮、马皮夹克的质量"的说明,赢得了顾客的信任与经营声誉。

这些一般农民不敢想象的经营行为正反映了"浙江村"在文化意义上的城市化特征。通过经营实践提高自身素质,进一步显示了"浙江村"在经营上与北京社会整合的有效性。

关于作为生活社区的"浙江村"与外来人口的"浙江村"及最后的讨论,我将在第6—7节给出。

6. 作为生活社区的"浙江村"

6.1. 温州的飞地

从海户屯把你载入"浙江村"腹地的往往是从温州来的那一团火红的脚踏三轮车。这种车1992年3月首批进京,之后一直见增;现在仅大红门、木樨园一带就有近200辆,一辆一天挣100—200元。

挤在摩肩接踵的胡同里,满耳瓯语咿呀,迎面而来的尽是清瘦的南国身形,真让人恍如隔世。道边摆的水晶糕是温州人在后村一带做的,粉干、面干则直接从温州捎上来,街边的美容厅清一色按温州风格布置。区村的商业一条街,以经营农副产品为主,兼营小百货、小五金,在100多米长的小巷里与几十平方米的一块开阔地上,那些临时搭起的棚子中,用木板、竹竿撑起的架子上摆满温州人喜食的海蜇皮、虾米、蛏子、鱼及桂圆、荔枝干等。这里多数海鲜是乐清人派车从青岛、秦皇岛运来的,而基围虾、枪蟹等高档品则是不惜高价空运而来的。

这块温州的飞地，演绎着种种人文生态的微妙图景。作为生活社区，我们且看这批准移民与本地社区间的关系及他们对城市生活的归化等问题。

6.2. 租房：与本地社区的第一重互动

租用民居，是"浙江村"与南苑当地最先发生，也是最主要的互动关系。随着"浙江村"的膨胀，南苑的房屋出租面积一直在不断扩大。其增加的来由有二：一是本地居民不断腾房，现在很多房东与房客的居住条件已相差无几，一家子挤一小间，"能租的谁不租！"二是本地居民沿街搭建简易住房，本来130路公共汽车通过的马路现在竟连三轮车也难以挤过了。

温州人最初选择海户屯做落脚点，原因之一是这里闲房较多，房租低廉。1985年邓村一杨姓农民出租2间西厢房，月租仅为80元；至1987—1988年每间收七八十元；到如今，若是临街（其实就是羊肠小巷的），每平方米约三四十元；而一般民居依然"屋好不怕巷子深"，只要带上院落，有几个房间，月租即要上千元。曾有人戏言"温州人扶贫来了"，此言虽过，但房租确已成为不少本地居民的主项收入。

当年政府规范外来人口管理之时，房东就对房客说："房给你们留着，等风一过就回来，照样住！"现在抵制当地工商、税务管理的，绝非温州人一方，而是房东、房客共同"坚壁清野"，或敲门不开，或悄悄溜走。"出租房子的也都快成了浙江人了！"基层执法人员为此很是头疼。

住房方面引人注意的一个新动向是村公所集资统一建房、出租。1991年东罗园村在一片空地上盖了240间简易住房，以每月280元一间的价格出租。在村集体每月获近万元收益的同时，180个户头的温州人也有了安身之处。1992年海慧寺统一建成四排房屋，每间面积10平方米左右，月租额270元，卫生费从免。1993年3月始，马村开始在与邓村相交的空地上搭建36间房屋，4月份已开始出租。对此，温州工商户普遍表示有兴趣。因为这里房租相对较低，生活方便，而且住进"公寓"，安全方面也远比散居在一般家户里更有保障。基层社区既由此获取了集体资金，又有效控制了外来人口。这是一个新动向，它的意义不仅在于作为一项具体措施的可行，而且提醒我们：服务先行，管理就可顺利实施。

改革使基层社区的自主权增大，有了追求本社区利益的动机与可能，同时"浙江村"的行为使社区能完全按价格调节等市场规则与之互动。这样，当地基层社区就愿意且能够通过市场化的交易接纳外来人口。

6.3. 教育

"浙江村"里的幼儿园兼托儿所共有十余家，大多数为温州人自办。工商户也有出于就近等方便的考虑，把孩子托给"北京奶奶"的。北京的赵妈妈家住邓村，出租四间房子，同时收了两个邻近房客送来的女孩，一个三岁，一个一岁半；收费二三百元不等，小的一个一落地就送了过来，洗都没洗，一直在这里长这么大，据说她妈来看她时，小女孩还往赵妈妈怀里躲。

在"浙江村"的核心地带，共有 8 所小学，都在收纳温州儿童，其中尤以大红门一小、二小为多。各校的收费规定也不尽一致，有一学年一次性收取 500 元的，也有每月额外收 30 元的。虽然数目对温州工商户完全不成问题，但终究还要手续、有限额。1993 年 2 月，崇文区打磨厂小学专门为"浙江村"开设了寄宿班，44 名学龄儿童有幸成为首批学员。

与此现实相对照的，是不少温州个体户重视教育的态度。前述大红门一小、二小收员多，原因之一就是二校教学质量较高，在"浙江村"一带享有威望。家住马村的卢老板则干脆以4.5万元的高价将小千金送入某高等学院附小读书。把子女寄托在北京老师家中，在"浙江村"里相当普遍。一个孩子的寄托费每月 300—500 元不等。家长的出价与老师的照顾，双方彼此满意，小孩则常常搞得周末都不愿回本家。

在人类学看来，儿童与同龄群体的社会化也许是更重要的教育内容。"浙江村"里十岁以下的孩子个个都满口京片子嘎嘣脆。在胡同里满耳听见的是瓯语，到孩子家中却常见家长们操着硬邦邦的普通话与小孩对话，年轻的父母更愿用自己并不拿手的北京话来启蒙幼婴。父母以各种方式向子代传授文化，正集中反映了上辈人对生存环境某种深层的认知。

从教育实施的形式看，"浙江村"与北京也在积极互动。至于人的归化，我想可按年龄分出三种不同情况。成年人出于经济目的，与北京乃至全国都在进行积极的、理性的交往，他们的行为得到了归属，但归属并不等于归化。由于教育的原因，现在的儿童将对北京有直接的认同感，甚至有拒绝接受自己是外来人的想法，他们将自觉接受北京的规范与习惯。可以判断,至少是他们的一部分将在北京社会中得到不同的归属,而且能较完全地归化。而介于其间的青少年群体,一方面没有完全独立地投身于经济交往,一方面又已形成自己初步的亚文化,他们没有北京的朋友,却也不想回家。他们既无归属,更未归入。这股相对游离的力量已构成"浙江村"在治安等方面的一小片阴影。我们确实不能期望在短期内"浙江村"能迅速得到全面发展,成为某种典型,但其稍远的未来还是令人乐观的。

6.4. 自我服务、消费流向与管理结构:整合的空白区

租房与教育使"浙江村"和北京形成交往,表明二者间没有冲突,而且有进一步融合的可能。但这仍不等于现实的整合,"浙江村"生活的主要部分依然是封闭的。他们已形成了完全的自我服务体系,从菜市场、饭馆、诊所、药店、运输队到公共电话、美容厅、冷饮厅、家电维修以至于代买火车票、飞机票等,温州人自己操办了庞大的第三产业。现在不但南苑温州人的日常生活完全得以解决,而且散居市里的工商户也常到这"老家"来购买东西。这样,除了按月交房租外,"浙江村"跟本地就几乎不发生物资的交流。房东房客、左邻右舍,彼此间的关系亦仅如此。

"浙江村"的消费流向有三块:第一,最多的是流回温州,仅1993年春节,虹桥区就有上亿元款额从北京汇回,主要用途是买地建房、操办婚丧嫁娶及春节娱乐。第二是流向本地"村"内,包括温州人自办的服务业与付给北京人的房租,二者仍以前一项为主。第三才是流入北京市场。从总体上看,"浙江村"与北京市的经济交往确实有一定的不平等,而且这种不平等是与历史经验迥然相异的城市化人口对城市的掠夺。他们从北京赚取了大量的资金,却只把少量的消费留在此地。

影响"浙江村"与本地社区整合的另一个重要原因是基层管理力量与外来人口几乎完全无关的事实。某队长(实为村公所负责人,但当地仍然沿用旧称)告诉我:"派出所、税务所他们来抓来整,我们只不过看看热闹。"对本村外来人口的情况,他知道的竟比一般村民还少,原因是"平时不太爱聊天"。村公所唯一一项有关的职责是向温州人收取卫生费,每人每月5块。对此温州人抱怨道,"交了钱什么动静也没有";村里则说交上来的还不足实数的一半,不够清洁工的月支。(清洁工由村里的北京人承担,这种角色分

工也显然与历史经验相悖。）由于各社区没有把本地上的"浙江村"一一包融进来，就更助长了他们自成一体，而彼此形成两张皮。马村、邓村等在温州人那里只是一个地理符号，"浙江村"在他们眼中也就是自己的一帮人，丝毫没有与地域相连的社区共同体概念。同时，由于缺乏各"块"的依托，现在各"条"的管理也很难到位。

7. 作为外来人口的"浙江村"

一般的社会指标研究往往把区域内服务设施的完备视为社区发育成熟的标志之一。但这在"浙江村"未必适用，"浙江村"是一个骤然聚成的移民区，各种巨大而又无法从北京社会得到满足的物质需求迅速推进了各硬件设施的出现。在这里，物质科学的完善与人文生态的成熟是相脱节的，治安的混乱已成为"浙江村"最引人注目的社会问题。

7.1. 严重的治安问题

凶杀、抢劫是这里最严重的犯罪行为。

1992年10月初，3:00—4:00，后村。一名孕妇听见敲门声，以为是丈夫回来，一开门却见三个蒙面戴帽的汉子，顿时惊得大叫。还未及后退，她高隆的腹部就被刺了一刀。罪犯进屋抢走了金项链，又掠走500元现金，撇下血泊中的孕妇扬长而去。

1992年11月的一个夜晚，邓村的一户老板娘正领着几个女工做皮夹克。忽然闯进一伙面罩黑色卡布隆袜子的家伙，张口就要一万元。得知老板不在家，几个人竟干脆将面罩一揭，"大大方方"坐下看起电视来。男主人回来后生怕自报没钱他们不信，便"请"歹徒自己搜，翻箱倒柜不见钱迹，这帮人最后竟把院中的一辆三轮平板车拉了过来，将24寸的彩电及刚做好的皮夹克满满装了一车权算"补偿"。

1992年底，一帮歹徒打听到后村某号是百万元大户，准备下手，幸亏该个体户获得消息，忙用两辆大卡车搬走所有的东西。此时河北的一对温州夫妇来到北京做生意，就转租了这套房子。第三天夜间歹徒就上了门，他们怎么也不相信由内线打听到的消息竟会失真,恼羞成怒之下竟一刀割下了男主人的耳朵!当身怀六甲的妻子扑向罪犯时,歹徒执刀直插其腹部,还狠狠拧了几圈!

频繁的抢劫与残忍的凶杀造成了村里风声鹤唳、草木皆兵的态势。这却又为另一类犯罪——威胁敲诈——提供了客观基础。

1992年4月,家在大红门的王老板刚刚为资金回转愁云稍散,忽然就闯进两个陌生人:"昨天乐清的阿三打电话过来了,你借了他的钱,两天之内把3万还了!""可我就借了一万二!""你借别人的钱还由你说了算?还要不要命啊?我们后天上午来取!"两天后王老板凑了22 000元,好说歹说才算了结。后来知道,乐清阿三不过是无意间走漏了风声,原本并无讨债的意思。阿三五个月后收到了9 000元,剩余13 000元便全落入敲诈者腰包。

1992年7月中旬,后村的邓×在路上碰见一个有点面熟的人突然对他说:"昨天沈阳的款汇过来了吧?明天到你家吃夜宵。"第二天邓×正欲出去一避,不想吃晚饭时就来了一帮人,张口就要一万元。邓答:"现在实在支不出。""好!"对方四人操起剪裁铺上的剪刀嚓嚓铰断了缝纫机的条带,又点起火柴烧了一个服装样板。"明天再来!"邓百般无奈,第二日老实交了一万元。

赌博更是村里的日课。一次上百元的赌注只属于"消磨时间",大手笔则要到宾馆以一夜三四百元或一小时60元的租金包房,彻夜长赌,赌额以万元甚至十万元计。如今,赌博本身居然也成为敲诈勒索的手段。一些大户经常被软硬兼施"邀请"上赌席,"庄家"则坐收赌注的提成。

7.2. 帮派势力

骚扰"浙江村"生活的,是一股专门的黑势力。这批人背离了社会的正轨,我们或者可以称之为边缘群体。

黑手们并不全是乌合之众,帮派是他们的实体组织,至少在作案时如此。"浙江村"里有按地名相称的"清江帮""虹桥帮""芙蓉帮",有以武器名相称的"斧头帮",也有一般的所谓"兄弟帮"。每帮少则七八人,多则十几至二十人不等。据称目前势力最大的是"虹桥帮"。1992年底,某帮叫嚣"不劫到100万不回家过年";另一派指标更离谱——不完成400万元不罢休。可见其猖獗。

帮派成员的直接来源是从温州来的逃亡犯、通缉犯乃至越狱犯,也有部分是在家里办厂或做生意栽了无力偿债的人。"浙江村"云遮雾罩,成了他们的避风港;"浙江村人"物资充足,又成为其下手的好对象。他们形成了帮派的中坚。其次是村内一些经营失败又无心创业的青年,见歹徒不劳而获,便起而效尤。再就是村内的"盲流",他们本都是附随亲戚迁来的20多岁的青年,游荡之中被拉下水。每个帮派一般都是三种力量的合流。

7.3. 民间自卫

现在"浙江村"的自卫方式大致有三种:一是某些经营大户雇用保镖。保镖一般也为村内的青年,月薪数千元,白天跟着主人鞍前马后保驾,晚上与老板家人一起轮流站岗放哨。1992年底,丰台区综合治理办公室也制定了帮助经营大户雇用保安人员的服务措施。二是建立"联防自卫基金"。村人划定一定范围,圈内各户每月出100元入基金会,聘用青壮年充当保警员,把守路口,一有情况则倾地出动,由此造成的各家损失由基金赔偿。该方法在1991—1992年试用一阵后便不再流行。人们还没有同心协力、视彼此为真正一体的意识,同时帮派分子无所不在,竟出现了报警员与歹徒里应外合、相互勾结的事情。三是现在实行较广的民间联防队。由某人牵头,保护范围内每户按月缴纳保护费,以此雇用村里的青年,5人一组,十几人一排,每天在保护区里巡逻。武器以长约一米半、擀面杖粗的铁棍为主,故亦称"铁棍队"。"浙江村"的这种自卫队,最多时达21支,每支20—40人不等。自卫队在当地派出所注册,人员经派出所审查,并发给印有"安全员"字样的袖标。现在马、邓两村的联防队共有20多人,总部设在邓村,每人月工资1000元整。经费从各户收集,一月一户300—500元不等。自卫队虽积极活动,对村内的治安确有保障作用,但在民间的认同却不如想象的那么高。人们认为一是其收费过高,有硬性摊派的味道;二是自卫队账目不清,大额款项没有下落。有人甚至问:"这是不是变相的抢劫?"自卫固然是正常群体对反社会力量的控制与打击,显示了社会整合意义,但在这个尚不完善的社会中,一经付诸实施,其具体形式与做法又马上走了样。

"浙江村"的治安状况其实体现了两个"不整合"。一是"浙江村"与北京执法部门不能达成有效的互动,即公安部门不能有效控制该地区,而外来人口也不视派出所为自身利益的保护者,有时甚至不愿与之配合。其原因是,温州个体户的法制观念差,当地派出所警力严重不足,派出所的某些做法得不到人们的信任(据说倒是一些帮派对派出所的信任度更高)。"浙江村"人口迅速膨胀,但当地的公安力量几乎还是原来按常住人口配备的那些人员,这显然不能满足现实需要,应引起有关部门重视。

虽然治安问题是由专门的帮派势力制造的,但它毕竟以"浙江村"为依托,而凭借血缘、地缘及利益关系与内部有着复杂的联系。

这就使我们看到第二个"不整合",即"浙江村"内部的正常群体不能达成严格的规范,彼此不团结,不能真正维护本社区利益,边缘群体在此为非作歹,却得不到自发有效的控制与抵制。

8. 结束语

"浙江村"是我国社会转型时期的一个新生现象,是普遍性与特殊性的高度统一,对其进行研究的学术价值与现实意义是显然的。但必须指出,本文作为对一个自发城市化群体的微观剖析,其理论的推广意义是有限的,不可能企望由此得出中国市场化中城市化的全面趋势与所有特征。从这里进一步发展有关理论,为实际规划提供较系统的意见,都还有大量的工作要做。如需探讨"浙江村"对迁出地政府行为、乡镇工业、农业生产的影响,从农村的角度研究城乡格局的变动;将"浙江村"与"新疆村""河南村"做类型比较,它们分别来自沿海、沿边及内地,由此探讨中国不同社会背景下城市化的异同,使总体政策更能因地制宜。调查刚刚开始,以后还须更加努力,恳盼各方批评、指正。

研究"浙江村"

访 谈 者:吴 琦(以下简称"吴")
受 访 者:项 飙(以下简称"项")
摘自项飙、吴琦:《把自己作为方法:与项飙谈话》,上海文艺出版社2020年版,第55—68页。

吴:这次访谈不会细致地去谈您广为人知的研究和观点,比如在北大求学时期就开始的"浙江村"研究,以及博士学位论文《全球"猎身"》,还有其他一些在中文世界能够找到的论文和评论性文章,而是把它们都作为我们谈话的前提和材料,希望在此基础上有所推进和延展。但持续做了6年的"浙江村"研究,无论是在学术工作还是个人生活的意义上,都是转折性的,当时您有这样的预感或者自觉吗?初衷和最大的动力来自哪里?

项:完全没有!当时我才20岁,完全没有"这个事情今后会有什么意义"这样的概念。人可能要到了中年之后才会有这种历史感,说今天我做这个事情是对自己以前的总结,同时要开启一个新的方向,等等。年轻的时候做事情,要么是因为别人让你做,大家都在这么做,要么是相反,要特立独行,要故意跟着冲动走。冲动是每个人都有的,关键不在于你有没有冲动,而在于你是不是让冲动推着你走。那些真正冲击了历史的事情,不管是大历史还是自己人生过程的小历史,经常是在冲动下做的事情。那些有历史感的规划,往往没有太大影响。这是人世间很美妙的事情。它让你有惊讶,让你感到生活和历史很跳跃,让年轻人有机会。

当时主要的动力可能就是要与众不同吧。当然,这和当时我对学习的不满有直接关系,觉得听课太没有意思了。但是我们社会学系对实地调查的强调也给了我动力,当时老师、同学一说实地调查都有一种神圣感。我在童年时期养成的观察的爱好可能也很重要。其实很多同学也会很愿意去做实地调查,但是如果你去了那里看不出来东西,和别人聊不起来,那也很尴尬,也做不下去。

吴：那时候周围朋友多吗？一起讨论的人多吗？

项：不太多。我在这方面不太需要跟人分享，但我比较爱讲，回来以后自己办一个讲座，成就感就蛮强。

吴：这样一个特立独行的研究，在当时北大的环境里，受到了周围人怎样的评价？有人批评吗？

项：我"浙江村"的调查持续下来一直做，也是在北大受到了鼓励，大家都很佩服，我不记得有任何负面评论或者冷嘲热讽，大家都觉得不容易。老师也很鼓励，后来校团委也拿"浙江村"的成果去报奖。对青年人来讲，这是非常重要的鼓励，你会越做越欢，越做越长，这跟那种气氛是有关的。后来我加入王汉生老师的一个课题，又有了资金上的资助。对本科生来说，能有课题经费，存在感和满足感很强。这些都非常重要。因为那时候我看不出什么东西来，去"浙江村"，他们每天做衣服，我也不知道干什么，问来问去好像就一句话，他们的回答也一样，我很长时间写不出什么理论上的东西来，后来很多学弟出国之后继续做这个题目，也做不下去。如果把它严格作为学术研究，本科生很难持续。但我那时候能够不断做下去，因为它成了一种社会行动，有资金，有鼓励，有存在感，参与他们自己的社区建设，把北大爱心社在那里办下去……写调查随笔，没有框架，每篇一个问题，一部分发在《中国农民》杂志上，像个小专栏一样，估计读的人很少，只有编辑觉得还不错。

我一直拷问自己：为什么我在理论这方面欠缺严重？因为我在北大确实没有接受什么理论训练，而且我的阅读量也很低，阅读能力比较差。这个听起来比较奇怪，但我在北大就有这种感觉，更大的震撼是出国之后看到他们对文献的处理能力。这是一种很重要的能力，因为我们大量的信息和思考方式是一定要通过文字表达出来的，积累确实很重要。我可以很坦白地讲，我在这方面低于博士生的平均水平，更不用说在老师里面，我远远低于平均水平。一般人认为在系统的学术训练里，那是起点，是最基本的功夫，必须要过那个槛，我其实是绕开了那些。这也是我会待在牛津大学的原因，因为如果去其他学校，我可能比较难找到工作。

我的一个猜测是，牛津大学认为每个人的这种功夫是不用问的，假设你都会。现在也有人这么跟我说，说我写的东西故意跳开了那些理论，认为我是在知道那些理论的情况下故意不用，所以境界又高出一层。其实我是完全不知道，所以没有让那些理论介入。从他们的角度看，我好像带来了一股清风。但如果我去其他比较新的大学,会被考核各种指标,肯定在第一项就会被刷下来。

这是我长期以来的一个弱点,还在挣扎当中。我必须要追赶,但也不能够放弃自己的特点,把自己搞成那样的人。怎么弄现在没有结论,还在继续追赶,我们20年以后可以再讨论这个问题。

我想,我在北大阅读很少,在"浙江村"里泡着,可能跟它当时的教学有关系。因为我在高中的时候,阅读热情很高,愿意去看一些复杂的表述,如果继续推进,有一个比较好的本科教育,在这方面可能会有长进,但我没有那样的环境,自己又对人们怎么做生意这种日常的东西天然地感兴趣,所以我就跳到那边去了。阅读功力跟年纪很有关系,必须在一定的年纪以一定的力度去阅读,才能达到那种能力。我就是在那样的年纪没有密集地读学术文章,所以大脑的这部分功能没有被很好地训练出来,到现在也是这样,我跟文字的关系比较隔膜,很难从文字里面得到兴奋感。

吴:这也成了对知识分子这种身份有隔膜的另一个原因。

项:是的!一方面我和知识分子说话有点心理障碍,大家都读过的东西我不知道;另一方面我觉得有些知识分子活在话语里,讲的是从一个话语到另一个话语之间的逻辑推演,也许和实际发生的事情相去很远。对我来讲,话语本身没有太大意思,我总是在想这些说法对应的事实是什么,这样我就成了一个很挑剔的读者。但这可能又是我的强项,如果你背后没有什么真东西,我不会被话语蒙住,我总想把说法拧干,看看下面到底是什么干货。所以我非常欣赏中国老式报告文学的写法,那种直接性,没有什么外在的理论、隐喻、类比。理论的欠缺还造成一个很大的问题,我不太能够阅读很多引经据典的东西。我不知道这个典,就不知道它要讲什么道理。当然,引经据典是知识分子很重要的写作方式。

吴:这也是这类写作的乐趣所在,是这个群体引以为荣的东西。

项:对,用典会显得比较隐晦、微妙,跟别人的、经典的东西形成对话,有一个知识圈的宇宙在那里。我是不能介入的,那个东西也拒我于门外。新加坡有一个对我影响很大的朋友叫瓦妮(Vani),印度人。我说琼·贝兹(Joan Baez)很感动我,她唱很多民间歌谣,我对音乐的了解基本上是零,但琼·贝兹的歌我很喜欢。瓦妮就笑了,她对我非常了解,她认为贝兹的音乐比较弱,我估计她的意思是说贝兹的节奏和音调比较单调。但她说了一句话,我觉得很有意思,她说你喜欢她是因为她的歌没有 reference(引经据典),她讲的东西就是东西本身,不会背后还有东西需要你有额外的知识准备去理解。我就是在这个直接性中得到一种力量。前两年我还让我的学生都听她的歌,特别是《日升之屋》,让大家写文章都要写成那样。她唱得非常直接:"我的妈妈是个裁缝,是她缝制好我的新牛仔裤;我的爸爸是个赌徒……哦,妈妈,告诉你的孩子们,我的姐妹们啊,可千万不要再做我做过的事……在这个太阳升起的房子里面……"那么直接,但那么感人。

所以在北大的那几年,我确实跟别人不一样,大家觉得北大是在思想、理论、学术上的熏陶,但对我来讲北大就是自由,让我可以在"浙江村"里混。我也比较爱搞社会活动,找了很多人,写了很多信。

吴:写什么信呢?

项:写给童大林、董辅礽,也写给我们温州一些搞政策研究的人,也去见他们。1992 年以后,有一些两年前出国的知识分子,我称之为"老精英",最有名的就是周其仁、王小强、杜鹰……后来林毅夫回来了,组建中国经济研究中心,我跟他们有一点交往。还有陈越光,原来"走向未来丛书"的副主编。

吴:您以学生的身份和他们交往? 这在当时也不常见吧,有什么重要的发现吗?

项:对,一部分原因是我的导师王汉生还有孙立平给我引荐。老师的关系非常重要,当然也是我自己比较积极,比较愿意见这些人。他们给我的熏陶很重要。他们不讲理论,只讲故事,讲经历,讲见地,很直接,像一刀插进去再拔出来。他们讲事情,都要讲到点上去,也就是导致某个现象最重要的原因,而这个原因又往往是以前没有被意识到的。但他们似乎没有耐心把这个点演化开来,形成系统的论证,聊天中点到为止,又跳到另外一个点去了。他们其实提出了大量让人非常兴奋的假设,但是没有去验证。我那篇关于知青的文章(《中国社会科学"知青时代"的终结》)就是基于这个写出来的。孙立平比他们更学术化一点,他也有洞见,会把洞见延展开,但他们真正的乐趣都在这个点上。跟他们交往,知道他们的经历,我真是非常羡慕,觉得他们能够在真实世界里讨论政策问题,全身心地投入自己相信的事业。但整个 20 世纪 80 年代没有给我留下太多的思想资源,主要留下了一些精神资源。

吴:80 年代的问题我们后面再继续谈,回到您说的直接性这个问题,以及您在理论能力上的欠缺。当时北大的老师们没有在学术上考核您阅读文献、引经据典的能力吗？社会学系也不考核这些吗？

项：没有这样的机制。王汉生老师知道我这个问题，我记得她有一次跟我谈话，在我从本科升到研究生的时候，1995年夏天，在她家里面，她说你到了研究生阶段可能会感觉有压力。我那时候比较自信，我问会有什么压力。她说你到李猛、周飞舟、李康那个圈子里去（他们比我高一级，掌握的理论比我多得多），你会在理论学识上有压力。她的意思是我要加强理论学习。刘世定老师对我也非常鼓励，他是一个非常温和的人，他没有指出我这个缺点，但非常明显知道我这个问题，也没有批评我。有一次我们在一起吃饭，他也很明确地说，你的东西很灵，但你展不开，也没有跟文献对话。

观察这些北大人是很有意思的。我经常跟另外一个年轻老师于长江聊，他说北大给你一个很重要的东西就是不怵，到了哪里都不怵。这个可能是对的。

我的调查经历是我早期的积累，这造成一个很大的问题，因为我本科做这种调查，做了一件很少人在这个阶段做的事情，但我没有做大部分人都做了的事情，就是阅读之类。有点倒过来。我比较早地受到一些认可，不仅在学校，在国际上的认可度也蛮高，但我的一些基础又没有打好，一直到现在，给我造成一种压力，有时候挺心慌，前两年给我造成很大的心理压力。

去年在上海，我跟我的博士生导师也谈过这个问题，他叫彭轲，他对我很是鼓励的。我跟他一谈，他很快地理解了，他说你是觉得很难超越自己。陈光兴有一次在新加坡主持我做的一个报告，大概是2003年，陈光兴就说我做过"浙江村"研究，然后说，可能他一辈子也不可能再做出一个比这个更好的研究。当然他是夸我的意思，但我想，我才31岁啊。现在他的话有点变成真的了，我觉得压力越来越大，原因之一就是我在没有练好基础功的时候做出了一个连权威都认为出其不意的研究，但怎么继续下去……

吴：那么做"浙江村"研究的时候，您有想过以后的打算吗？已经决定以做研究为主？

项：做"浙江村"研究的时候非常投入，因为我有资金上的保障，又没有什么工作上的压力。因为做得很起劲，就上了研究生，基本上不用花任何气力。北大研究生毕业去找工作也应该没问题。到了研究生后期开始考虑，觉得工作没什么意思，在北大再读博，都读了那么多年了，出国的话还要考托福。当时我的学长周飞舟已经去了香港科技大学，王汉生老师就说让你飞哥帮你申请一下香港科技大学的博士,他们的奖学金比较高,我就跟我们宿舍的一个同学一起申请。

那个时候我有自己的电脑、打印机,还有自己的传真机、手机,可能全北大极少学生有这样的办公设备——1996—1997年左右我就把这一套办齐了,后来我买了自己的手提电脑。主要靠稿费,同时我又做一些公司的咨询工作。那时候工作对我来说不是问题还有一个原因,我的经济状况已经没什么问题。

我提到这个,是因为我记得那些申请书都是从我床头的打印机里打出来的,用不同颜色的纸。过了一个礼拜,就收到了回绝信,因为我没有托福成绩,第一关就把我拒掉了。然后就真是幸运。我也没有考虑下一步,可能就留在北大读博,这时候牛津大学的彭轲,作为一个外国学者,荷兰人,很注意中国学者在国内发表的东西,看到我的东西也觉得难能可贵,就找到我,鼓励我去牛津大学,他来安排奖学金。现在我问他,他不觉得有什么,可是牛津大学的奖学金很有限,他帮我拿到全奖,全系只有一个,是要跟其他老师来争或者劝说的。我到了牛津大学之后,英语一句不会讲,上课完全听不懂。我去答辩,实地调查之前的答辩[①],答辩时一个老师说了两次outrageous,就是忍无可忍的意思。在英国牛津这个地方说这样的话,我估计是创造了历史。我还不太懂outrageous是什么意思,我只知道这是很差,回去查字典、问同学才知道这个词。一夜无眠,在草地上走,现在我住的地方就是那个花园。我非常感谢彭轲,他替我争了那个名额,估计在开始的那一年,他也承受了很多压力,奖学金如果给另外一个学生,肯定做得比我好。这在当时对我是很大的冲击。

吴: 您在《全球"猎身"》中文版的序言里面专门写到了出国时的这种窘境,您的形容是"阴云低垂,这是那一年牛津留给我的所有记忆"。当时您的心态如何? 北大里那种自由、自信和自强的状态,突然受到冲击。

项: 我上课听不太懂,但下课跟同学聊,又觉得有点失望,牛津大学的同学不如北大的有趣。现在想起来主要是语言的问题,自己不懂的东西就认为不好。一方面是完全的震惊,另一方面又没有深刻的反思。这个可能跟竹内

---

① 牛津大学的博士生没有上课和考试的要求,自己独立研究,但是要经过三次答辩:一是实地调查前关于开题的答辩,答辩通过成为正式的博士候选人;二是实地调查回来,研究思路成形后的答辩,叫"资格确认答辩";三是最后的论文答辩。

好讲的中国和日本的区别有点像,就是说受到新的文化冲击时"回心"(中国)和"转向"(日本)的问题。"回心"是彻底粉碎,彻底反思自己为什么跟人家不一样,不是简单地问差距在哪里,而是问差别在哪里,把这个差别看作一种既定事实,同时也是思考和创造的来源,这是革命性的;另外一种是"转向",就是他所说的日本的方式。

  我当时也是这样,没有彻底反思自己为什么会有这样的差别,只认为这是我的差距,我落后了,文献读得不够,就要奋起猛追,大量地读,完全没有读懂,读的东西很多本身也比较肤浅,不是精品,不是根本。那时候很多人类学研究其实已经做得很肤浅了,就这个现象讲两句,阐释一下,没有讲出什么大的道理。在实地调查之前,没有任何一个东西给我真正的启发,我就把那些词都放在一起。调查回来之后,看到一本论文集叫作《虚拟》,它的序言是我到了牛津大学后第一次看懂的一篇英文文章,因为我的英语那时好一点了,那篇文章不是什么经典,但就是因为懂了,思路就一下子打开了。这就回到我们前面讲的,理论不在于新不新、深不深,更不在于正确不正确,而是能不能形成可沟通性。可沟通性非常重要,哪怕是一个浅显的理论,但它一下子调动起对方的思想,把对方转变成一个新的主题,那这个理论就是革命性的。找到能引发共鸣的语言其实是很难的,不仅要对静态的结构,而且要对形势、未来发展的方向有精确的把握,才能够讲得简单,勾起大家的共鸣。思路打通之后,我的博士学位论文写得比较快,当然也有很多问题,但在那个语言水平下做到那个程度,我还是比较满意的。

  吴:所以在牛津做博士论文时遇到的困难,和您最近几年遇到的研究瓶颈相比,并不算一个很大的挫折?

  项:你说得对。现在回想,它没有在心理上留下阴影,因为它是歼灭战式的。我在那里唯一的任务就是做博士论文,要在一定的时间之内做完,所有的压力都集中在那一年里,在那种情况下,反而不会太考虑,会全心全意地处理那个巨大的压力,不会形成情绪、心理上的问题,都还没来得及。很多单身母亲也是这样,离异了,有两个孩子,她们不会觉得很难,后来才会感觉心理上有压力,因为那时候只顾着生存,把那一年过完。当然也是很难的,每天都绷得紧紧的,问题是在后来比较从容的情况下出现的,要寻找意义,反而更难处理。

两家石油企业生活后勤体制变革

——大港油田集团有限公司与天津石化公司生活后勤体制调查研究报告

作　　者：郝津京
指导老师：卢淑华

摘要：李鹏在1998年政府工作报告中指出：国有企业改革将是中国当年经济体制改革的重点，也是政府工作的突出任务。作为一名大学生，我对国有企业的研究是以后勤体制为突破口，从实地调查研究开始的。在两个假期时间内，我深入了解了天津市大港区两家特大型国有企业——大港油田集团有限公司和天津石化公司——的生活后勤体制变革情况，并草成此稿——《两家石油企业生活后勤体制变革》。

企业生活后勤体制是文章研究的核心。全文共七个部分。在篇头，我首先界定了它的外延与内涵以及它在企业后勤中的地位。作为一项初探性研究，我把丰厚、翔实的事实资料作为调查报告的基础。在文章中，我沿着经济体制变革和大港区由昔日的"津南跑水洼"发展为今天滨海新区一翼的历程，勾勒出两家企业生活后勤体制"初建—膨胀、企业化与规范化—分离、专业化与社会化"的基本脉络。在现实分析中，我不仅根据两家企业的改革实践，概括出"油田模式"和"天化模式"，根据改革的社会化目标引入了相关主体的角色关系、市场范围、价格三个衡量指标，解析了目前两家企业各项生活后勤服务的社会化水平，还从思想意识方面剖析了单位意识在改革中的多方面阻碍作用。

在方法论方面，我将生活后勤体制变革看作企业"结构—功能"间的适应性调整，并以这种方法论思想作为逻辑主线将经验材料贯穿起来。在具体分析中，我使用了社区分析方法，集中把握了社区环境及区位因素在两家企业生活后勤体制改革中的影响。

在事实资料的基础和科学方法论的指导下,我尝试性地得出了推动改革进程的以下三点认识:(1) 社区发展,这是改革的宏观环境因素,也是根本性途径;(2)"天化模式"与"油田模式",这是体制改革的两种过渡模式;(3) 单位观念的转变与"以人为本"服务意识的确立,这是改革的深层文化内涵,也是微观要素。

"解剖麻雀"、以小见大是本文的风格和方法论基础。调查中典型的细腻内涵无法掩盖它由点及面推理中的局限性。"独燕不成春",我还需要继续探求。

关键词: 单位制　国企改革　企业办社会

1. 前言

"大后勤"是我国计划经济时代形成的一种特殊的伴生性社会体制。在建立社会主义市场经济的改革中,它正发生着巨大的变革。其中,国有大中型企业生活后勤体制变革更具有特殊意义。在我国,企业后勤一共积聚了国有企业资产的25.5%,合人民币8 900多亿元,也聚集了约25万的后勤职工。如何盘活这笔巨大的资源存量,推动国有企业建立现代企业制度的进程,已成为一项重大的现实性课题。

企业后勤是一个多层次的社会体系结构,根据功能的不同,大致可分为以下四个层次:(1) 生产辅助后勤,主要指各企业中与主体产业相配套的辅助生产单位,如石化公司中的热电厂、供排水厂等;(2) 行政后勤,如企业中设立的武装部、计生办等政府行政派出机构;(3) 公益型后勤,如企业自办的中小学、卫生机构和娱乐场所等;(4) 生活后勤,它主要承担企业为职工提供的生活保障职能,如房屋维修与分配、水电气暖供应、食堂、浴池、幼儿园、商业、副食网点等。根据分布的功能区域不同,它又可分为生产保障型和生活福利型。其中,企业生活后勤是变革最大、绩效最显著的一个层次,也是本文的研究对象。

企业生活后勤体制改革的途径是多样的,如宝钢的"内协"管理模式、鞍钢的"131"管理模式……这些革故鼎新的伟大尝试为研究工作开辟了巨大的实践与理论空间。因此,我对这项课题的初探性研究也自然而然地从实地调查研究开始。经历一段时间的探索,我选取了大港油田集团有限公司和天津石化公司作为这项比较研究的典型。这两家企业的主体部分都位于天津市大港区境内,构成了天津石油化工基地的主体框架。大港油田是1965年1月正式投入勘探的一个大型复合含油气区,油田勘探范围达津、冀、鲁的25个油气区。大港油田集团有限公司隶属中国石油天然气总公司,是1995年12月正式挂牌运作的现代企业制度试点单位,固定资产原值106.14亿元,净值52.97亿元,职工6.9万人。1995年大港油田生产原油430万吨,天然气3.8亿立方米,实现工业销售产值69.2亿元(现价),利润3 712万元,利税6.09亿元。在"1995年中国500家最大工业企业评价"中,其销售额排序为第59位。大港油田的生活后勤主要由8个生活服务公司负责,在职职工7 471人,家属工1 358人,固定资产净值10.98亿元,其中职工住宅估值9.08亿元。天津石化公司正式组建于1983年底,隶属中国石油化工总公司,是我国石油化工工业16个特大型骨干企业之一。1995年公司有11个工厂(其中7个生产厂,4个辅助生产厂),7个二级事业单位,6个二级公司,职工2.3万人,全年完成原油加工量321万吨,利税1.1亿元。在"1995年中国500家最大工业企业评价"中,其销售额名列第41位。石化公司的生活后勤服务主要由生活服务公司和房产公司负责,两公司共约1 800人,固定资产近5亿元。大港区便是为促进天津石油工业发展而于1979年建置的。

我之所以选取这两家企业作为调查对象,主要基于以下原因。

第一,从企业的社区环境角度讲,大港地区原是荒芜的"津南跑水洼",现已发展成为天津市石油化工基地和滨海新区中辅助塘沽经济开发区的一翼。社区发展与石油工业发展历程的重合,具体揭示了我国经济发展与工业发展的历程。同时,大港区作为一个企业型社区,也是企业发展与社区发展的最好结合,以及区别于典型城市和农村的一种社区形式。

第二,从两家企业自身的角度讲,两家企业组建的时间较早,规模较大,生活后勤体制发生、发展过程完备,体系完善,极具典型性。目前,两家企业生活后勤体制改革均已启动。其中,大港油田作为现代企业制度试点单位改革成绩尤为显著。

第三,从企业与社区中心的相对位置讲,天津石化公司邻近大港城区,属于城区企业;大港油田距离城区20多公里,是邻近城镇的独立工矿企业,由此代表了处于不同社区管理力度下企业可能的改革模式。

第四,从企业格局的角度讲,石化公司和大港油田分别代表集约型和分散型两种模式。前者生产、居住两个功能区域各自集中,区域间相分离;后者两个功能区域分散,区域间相互交错。这种企业格局上的差异也使两家企业后勤体制改革体现出不同特征。

以上因素在客观上奠定了两家企业生活后勤体制改革在国有大中型企业中的典型性和比较差异。尽管企业生活后勤体制改革拥有多种模式且各具特色,但是这些由基本客观因素差异而形成的不同改革模式的比较,无疑对其他企业的改革实践具有借鉴意义。因此,本项研究的目的便在于在经济体制改革和社区发展两条线索的共同引导下,勾勒出两家企业生活后勤体制形成、发展和变迁的历史过程,探寻国家政策、社区环境等因素如何塑造了企业生活后勤体制的发展轨迹,探讨两种不同的生活后勤体制改革的模式与思想,以及目前各项服务在变革中与社区的融合程度,并得出一些初步的结论。

这项研究以丰富的事实材料为基础,其调查工作主要是在 1996 年暑假和 1997 年寒假期间进行的。两次调查均以访谈为主要手段,同时查阅了大量的历史材料和现实资料,共 500 多万字。1997 年 3 月底取得了这项研究的阶段性成果,写作完成这篇调查报告——《两家石油企业生活后勤体制变革》。

2. 企业生活后勤体制初建(1963—1983 年)

2.1. 历史渊源及诞生基础

生活后勤是我国与单位体制伴生的"大后勤"社会体制的重要组成部分。所谓"单位体制",是指"一切微观社会组织都是单位,控制和调节整个社会运转的中枢系统由与党的组织系统密切结合的行政组织构成"(路风,1989)的社会体制。生活后勤便是各单位内部的集体福利体系。

在已有的单位制研究中,通常认为我国单位的雏形产生于革命根据地最初的经济、社会和文教组织,生活后勤也渊源于这段历史时期。起初,人们是为了解决根据地物质条件困难而采用以实物供给取代正规工资制的平均主义的分配方式,其范围也局限于基本的生活必需品。到根据地历史时期,供给的项目已增加到衣、食、住、行、学、生、老、病、死、伤、残等各个方面,而且随着物质条件的改善发展出一套等级制,即按个人的职务和资历定出不同等级的供给标准。在大生产运动中,根据地的党政机关、学校、部队开垦荒地种植农作物,还开办了一批农场、工厂和商店。它们主要是为供给制服务的,具有浓厚的集团平均主义和自给自足的色彩。这也正是生活后勤服务最初的历史存在形式。

新中国成立初期,共产党提出了过渡时期总路线,以实现生产资料的社会主义改造和国家的工业化。但对于中国这样一个长期遭受战争创伤的农业大国来说,工业基础是相当薄弱的,天津市大港区原来就是这样一片地区。大港地区自古为上游(河北、山东)泄洪区,人称"津南跑水洼"。由于多水且土地盐碱化,因此自2 000多年前的战国时期至元明时期,当地人都以渔猎为主,农业生产一直未形成规模。后虽开垦马厂减河,但种植水稻面积也不大。1949年,大港地区粮食亩产仅24.5公斤,总产量346万公斤。当地有歌谣描述当时的生活:

> 一路风来一路沙,
> 一望无际无人家。
> 滔滔水声狐出没,
> 盐碱地生黄蓿花。
>
> 大港三大怪,
> 风大水咸地长癞。
> 要喝水,咸水河,
> 要吃饽饽拿棍戳。
>
> 有女莫嫁老东乡,
> 喝苦水,吃菜糠。
>
> 老东乡有六害,
> 逃兵土匪和狗腿,
> 旱灾蚂蚱加洪水。

黄蓿菜,扁又圆,
吃在肚里度饥寒。

旱了收蚂蚱,
涝了收蛤蟆,
不旱不涝收盐巴。

新中国成立初期,大港地区的城乡建设和居民生活服务处于一穷二白的状态。1956年,洋闸排水站用电动机排水,才是当地用电的开始。由于农业落后,农民日常只能饮用沟渠水、河水,直到20世纪60年代才开始建造水井。居民取暖、烧饭以柴草为主,以煤为辅。地处交通要道的几家设点卖茶兼营饮食的摊点、每逢例行集市的几个临时茶食摊点摆设和村落间个体肩挑小贩,随着大规模的公私合营而销声匿迹。"大跃进"期间,农村群众自办临时性、季节性的小型托幼组织也因自然灾害而停办。

就在这样的社区条件下,大港地区的油气普查于1960年正式开始,发现了羊三木、北大港、王徐庄油田及白水头、六间房、歧北三个含油构造和含油断块,地跨唐山—天津—沧州沿海的几十个区县,中心地带在现大港区的渤海之滨,大港区境内有105平方公里,约占总体的三分之二。70年代初,天津石化公司的主体部分——原天津石油化工总厂和原天津石油化纤总厂也先后在这个到处仍是成片积水、芦苇和白褐色碱滩的地区投产。两家特大型企业的建设造成大港地区人口的两次骤增:1963年,该地非农业人口为5 015人;到1968年增加到23 438人;1978年又增加到110 143人,是1963年的22倍,1975年的4.7倍。这给社区带来了极大的承受压力。

为了从极低的水平上推进工业化进程,国家对主要农产品实行统购统销,切断了城乡之间的市场联系,并通过户籍制度将城乡人口截然分开。同时,从"一五"计划期间开始形成一种继承了供给制传统的集体福利制度。集体福利包括:1. 职工的基本生活资料,如住房;2. 方便职工生活,降低其家务劳动量的设施,如食堂、托儿所、浴池等;3. 福利补贴;4. 文化设施,如文化宫、俱乐部、图书馆(室)等。其中前两项即为本文研究的生活后勤服务的主要内容。

2.2. 行政管理与非规范化服务：初期形态

新中国成立初期的开发建设是以重工业为主的工业化建设,生活服务是集中满足生产需要的。因此,大庆油田那种"爱国、创业、求实、奉献"和"先生产,后生活"的创业思想便成为一种模式在全国推广开来。大港油田的勘探队伍是由大庆油田勘探指挥部整建制调来的,大庆职工说:"我们千里迢迢从北国草原老家来到这里,是为了找油田的,不是为了享清福的,我们是大庆人,决不能丢掉艰苦创业的光荣传统,更不能给大庆人脸上抹黑。"

在组织机构设置上,大庆油田集中统一生产型的管理体制被沿用下来了:企业管理以生产管理为主,以生产调度为中心,其他职能管理部门积极配合。两家企业组织机构设置虽不尽相同,但基本具备这样四个机构:计划部门,发挥接受上级生产任务并计划安排企业生产进度的功能;生产单位,完成主要的生产发展任务、产量指标;以党为核心的领导行政机构,对企业组织运行进行协调整合;后勤行政部门,是满足生产活动需要、服从生产调度安排的各类保障机构。在这种管理模式下,企业的基本功能是实现企业的主体产业发展目标。后勤服务依附于企业内各二级单位,由科室通过行政手段管理。后勤部内部功能分化水平低、组织结构简单,各项服务以福利方式向企业职工提供。这个时期,根据企业发展的进程大体又可以分为两个阶段:(1)生活后勤组阶段;(2)生活后勤处阶段。

第一,生活后勤组阶段:这个阶段对应于企业最初的筹建阶段。在大港油田建设初期,厂部设置有生产办公室、生活办公室、行政办公室和政治部。生活办公室下设生活组、农副业组和家属政工组,工作人员45人,负责会战时期职工的衣、食、住等基本生活保障工作。石化公司筹建时也遵循了类似的组织模式。

这时的生活后勤处于未分化状态,是一个综合服务部门,它所提供的仅是些满足职工所必需的生存型服务。在住房方面,两家企业职工最初都只能挤在帐篷和大庆式的干打垒里过夜。由于个体饮食服务被"四清"和"文化大革命"一扫而光,企业不得不自己开办食堂,解决职工吃饭问题。原化工总厂的食堂用水、用粮要分别到十九顷和上古林拉运,条件十分艰苦。幼儿园也因企业年轻职工多而迅速建立起来,但所提供的只能是老大娘看孩子式的看管服务。这时,商业服务不是企业生活后勤的组成部分,而是由政府根据生产建设需要行政调拨或兴建。1966年,天津市二商局在油田"二号院"建立滨海商店,隶属北大港供销社,下设9个门市部,1个批发部,经营品种多为小百货,兼营副食。

第二,生活后勤处阶段:随着企业的建成投产,企业的组织机构也由筹建时的指挥部形式向集中统一生产型的正规企业组织方向发展。1972年和1979年,大港油田和原天津化纤总厂分别建立生活处和生活管理处,专门负责生活后勤管理工作。生活后勤从其他层次中分化出来,有了较原来细密一些的内部分工。

生产的全面运转、人员数量的增加和组织机构的正规化要求也促进了生活服务设施的增加、规模的扩大和质量的提高(大港油田开发建设时间长,效果也相对明显)。在住房方面,油田20世纪70年代新建住宅54万平方米,是60年代的3.5倍,少数多子女户可以住上两间、三间一套的平房。住宅以砖木结构平房为主,也有少数砖混结构。原化工总厂和化纤总厂也先后兴建了"小三间楼"、大拔楼和抗震式的小二楼。在饮食方面,仅到1975年底,油田食堂已发展到292个,是初期的近30倍,炊管人员2 451人,各种设施达302台。尤其具有重大意义的是,1980年油田矿建公司二道沟基地办起了第一个"三化"(大众化、饭馆化、社会化)食堂,受到职工家属的欢迎,它标志着企业内食堂的经营运作自发地向产业化方向发展。当年,全油田"三化"食堂迅速发展到14个。油田机关的中心食堂内部设有大众部、主食销售部、小炒部、小卖部和风味小吃等服务窗口,分工细密。石化企业也迅速建立了老行管区食堂、生活区单身职工食堂等正规食堂。在托幼服务方面,1979年油田幼儿园已发展为63所,是1966年的5.25倍,教职工1 066人,入托儿童5 272人。1980年《关于托儿所(幼儿园)生活、教学设施配备标准(草案)》的制定,标志油田托幼服务走向正规化,幼儿园各类设施、场所不断扩充,幼儿保健、膳食、档案制度不断健全。石化公司的正式幼儿园也建立起来,教育工作仍处于摸索阶段。

商业、副食业、修配服务仍主要由社会提供,但由于1979年大港区的建置,服务体系的分布区位发生了位移。大港区政府位于石化企业生活区东侧,从而使这里成为新建置的大港区的政治、经济、文化、商业中心,各种服务设施被吸引和聚集到这里,如大港日用品公司、东干道百货商店、大港综合副食商店。它们的设立减轻了企业,特别是石化企业的社会职能负担。大港油田地区则不同,由于社区管理力度小、范围狭窄,距离城区仅20余公里的大港油田逐渐发展成为独立矿区,将商业等服务组织作为驻矿单位吸纳进来,同时也自筹了部分服务项目。1980年滨海商店发展为大港商业公司,由天津市二商局和油田双重管理。公司下设的18个基层单位遍布油田各个生产基地,提供后勤服务。今天,商业公司仍自称"昔日汗水同洒,今朝后勤甘当"。从70年代开始,大港油田自筹菜店54个,年均拉运蔬菜3.4万—4.2万吨,低于市场价格卖给职工及其家属,每人平均日吃菜量由0.65公斤增加到0.94公斤。

从"组"到"处",企业生活后勤由"先生产,后生活"的原始服务,逐渐发展为较具规模的初步正规化服务体系。它既是生活后勤服务作为重要的社会职能组织在企业内不断制度化、结构化的过程,也是生活后勤服务随着需求不断提高而自觉向规范化乃至产业化发展的过程,还是填补大港区这个新兴工业社区生活服务体系空白的过程。大港区逐渐向以石化城区为主、以大港油田滨海地区为辅的双中心方向发展。同时,由于两家企业生产作业特征不同,石化企业形成集中生产、集中居住,生产与居住两个功能区域相分离的集约型企业格局,而大港油田在分散、隐蔽的方针下形成以各二级单位为核心居住的分散型企业格局。

3. 企业生活后勤体制成熟(1983—1990年)

贫困的社区环境迫使企业不得不兴办后勤服务,却不能激发企业加强自身社会职能、不断壮大生活后勤服务的热情。在这方面,国家的宏观经济政策发挥了主导作用。从企业兴办农副业生产来看,它的动力来源于国家对有条件的工矿企业,特别是远离城市的企业办农副业生产的倡导[1]和限制粮油购销两个方面政策的挤压。而对企业生活后勤的全面要求来自集体福利作

---

[1] 1981年国务院批转了国家经济委员会、国家能源委员会、农业部、国务院国防工业办公室、中华全国总工会、国家劳动总局、国务院知青办《关于工矿企业要进一步办好农副业生产的报告》。《报告》指出:"有条件的工矿企业,特别是远离城市的企业,办农副业生产是关心群众生活、解决职工困难的一项有效措施,也是我党'自己动手,丰衣足食'的南泥湾精神的继承和发扬。"

为企业整顿标准之一的确立。1981年颁发的国家经济委员会《关于加强领导抓好企业整顿工作的意见》的"整顿企业标准"第六条规定："在发展生产的基础上,职工的集体福利和物质文化生活得到改善。"同期颁布的《贯彻落实国务院有关扩权文件,巩固提高扩权工作的具体实施暂行办法》对集体福利的资金投入做了规定,其中指出："企业的福利基金的奖励基金,一定要严格按照国家给企业核定的留成比例提取,正确合理使用……要挤出一些奖励基金用于修建职工宿舍和食堂、浴室、托儿所、幼儿园、阅览室、文化娱乐等集体福利设施。"专项资金的划定与考核标准的确立刺激了企业兴办生活后勤服务、壮大服务体系的行为,使社会职能在企业的功能体系中占举足轻重的地位。

3.1. 生活服务公司:一种后勤企业形态

房屋建设与管理、水电气暖供应、环卫园林保护、托幼乃至商业等都是具备不同程度专业化水平的服务,并应成为具备一定规模的实体组织。在单位体制初建时期,它们作为生活后勤被微缩在企业的行政科室管理之下,缺少规范化管理和合理的经营。

在20世纪70年代末80年代初,就有人针对企业兴办农副业提出过反对意见,指出:企业兴办农副业不注意经济效果,吃大锅饭,忽视多种经营,致使一些农场长期亏损。他们认为,按现代化管理企业的要求,企业办农副业不符合专业化原则,是不务正业。面对诸如此类的问题与社会供给不足的矛盾,中共中央、国务院一方面鼓励企业继续办社会,另一方面于1982年初步发布了《关于国营工业企业进行全面整顿的决定》。《决定》提出"为了逐步实行与生活服务的分工,有条件的企业,可以设立生活服务公司,统一管理宿舍、食堂、托儿所、医务室、澡堂等生活福利设施,做好为职工的生活服务工作。生活福利工作要逐步实行企业化、社会化"(着重号为作者所加)。

1985年初,大港油田和石化公司生活后勤伴随大港石油管理局和天津石油化工公司的组建,成立生活服务公司,列属企业二级单位。但两家企业生活后勤的管理模式并不完全相同。石化公司的机关厂区与生活区是分离的(指港内公司主体,不包括距离较远、规模较小的一、二、三石化),因此除炼油厂以外,公司的生活福利服务与生产保障服务是彼此分离的两个系统。

生活服务公司是公司的生活后勤服务主体,公司机关位于大港石化生活区迎新街前程里东侧,负责生活区住房分配、调整、维修及单身宿舍的管理,适龄婴幼儿入托,民用液化气供应,单身职工就餐,居民洗澡、理发,日用小商品供应及园林绿化、环境卫生等多方面的职工生活后勤服务工作。它还担负着公司各厂、各二级单位生产保障后勤的业务指导工作。1990年末,该公司有职工1 508人,科技人员72人,下设科室37个,共30余个服务网点,固定资产原值2.15亿元。生产保障服务主要由各生产厂分管,同时接受生活服务公司的监督指导。大港油田由于长期以来形成以主要二级单位为核心的居住和后勤服务模式,因此整体的生活居住模式较为分散,生活福利服务同生产保障服务有不同程度的重合。相应的,油田生活服务公司仅负责中心区的生活后勤服务与管理。其他区域仍以各单位为核心成立二级单位或三级单位的生活服务公司、生活科或生活服务大队等组织形式,并接受油田生活服务公司的监督指导。这样,大港油田共组建大小各类生活后勤组织29个,其中21个二级单位都成立了大队级生活组。这两种生活后勤模式一直影响到它们目前所进行的生活后勤体制改革。

生活服务公司是伴随企业生活福利工作逐步企业化、社会化的要求而诞生的一种新型后勤组织形式。它使生活后勤组织由企业的行政附属物变成相对独立的二级单位,有利于引进经济管理机制,增强后勤服务单位的活力,提高管理水平、服务质量和经济效益,更好地为职工服务。它也使企业结构走向松散,企业目标结构调整,社会职能成为目标的一个组成部分。然而,这种变迁没有也不可能改变其在企业整个功能体系中社会功能体的角色及其与企业整体间的伴生性依赖关系。它在管理体制上,一般没有纵向的管理体系,不对行业系统的上级后勤部门负责,只对本单位主管领导负责,本行业的后勤部门之间也只有协作、指导关系。例如中国石化总公司只设一群众性组织——生活后勤协会,举办技术比武等各项活动。

严格的单位属性使其内部管理制度必然顺应企业整体的制度调整,并与之相配套。1985年,根据《国务院关于进一步扩大国营工业企业自主权的暂行规定》和《关于经济体制改革的决定》,两家企业实行了以经济责任制为重点的内部管理制度改革。截至1987年,石化公司在包括生活服务公司在内的各事业单位均实行了费用包干、独立核算、超支不补、节支提成。在经济管理实现的同时,公司也进行了领导体制、人事制度和工资制度改革。厂长经理负责制的推行把厂长、经理应有的人事权、销售自主权下放给基层。干部聘任制改革了单一的委任制。在生产工人中，除招收的新工人实行合同制以外，还进行了双向选择的优化劳动组合试点。工资制度由原有的固定工资制改为分解工资制，由中国石化总公司制定工资标准。大港油田的改革明显带有不同于石化公司的特征。油田实行包干的单位分为三类：采油单位、施工建设单位和辅助生产单位，不包括生活服务公司。同时，它的工资制度改革是按石油部的规定将原执行的行政、技术、机修等工资标准套入新拟定的石油企业工资标准，从而统一全局职工工资，并推行了年功工资。

由此可见，在国家同样的政策推动下，两个生活服务公司由于分别隶属于不同系统的企业，其管理体制显示出明显差异。其服务价值也不能通过社会市场进行衡量、比较，得到社会公平的评价，而是由所属生产企业甚至产业系统的经济效益决定。所以，生活服务公司缺少适合自身特征的管理形式，不是服务产业的一种组织形式。但它毕竟是生活后勤管理的进步，是为生活后勤产业化、社会化改革奠定的最初的组织形式。

3.2. 健全的生活服务体系

单位体制下，国有企业是受政府行政行为指导，并接受其计划任务的组织体，不同企业因隶属关系不同而具备不同的行政级别。行政级别的高低、产值的完成情况直接关系到企业掌握资源的多少及其职工的各种利益，因而国有企业行为有明显的政策导向和行政性扩张倾向。这在职工的角度则体现为企业间、职工间的攀比心理，不仅包括货币收入的攀比，还包括实物、福利的攀比。于是，大港油田和石化公司后勤体系也随着企业和经济的发展不断健全起来。这突出地体现在以下五个方面。

第一，规模扩大。企业在生活后勤方面投资的扩大直接导致了后勤体系的膨胀。

20世纪80年代，石化公司和大港油田分别新建住宅40多万平方米和124万平方米，幼儿园分别达到10所和53所，浴池和理发服务也随居民区的建设发展起来。1980年以来，石化公司共建5个浴池，年均洗澡量达75万人次。自1983年以来，石化公司以5万元/年的设备购置费为基数发展餐饮服务，石化职工就餐面积由1980年的180平方米上升到1 194平方米，油田中食堂达342个。商业、副食业成为石化生活后勤的组成部分,公司共投资38.6万元建成三个门市部。大港商业公司二级网点已发育到31个,自然网点80余个。同时,油田还开办粮店33家,解决内部沧州户口和农业户居民粮食供应的不足。

第二,制度完善。它不仅是后勤服务走向科学化管理的标志,还代表着后勤服务的自发产业化发展。

其一,住房制度。住宅建设的发展推动了房屋管理的规范化进程,逐步改变了过去无章可循的局面。以石化公司为例,1980年底,化纤工程指挥部制定并颁发了有关职工住宅分配的第一个书面规定《家属宿舍分配暂行办法》。从此,房屋分配工作逐步步入正轨。1985年,石化公司对房屋分配工作进行了一次较大的调整,结束了长期以来房屋分配直接面对个人的做法。在住宅分配时,由房管部门根据各二级单位申请住房人员的具体情况进行综合平衡,然后给二级单位下达分房指标,由二级单位具体操作。这种分配方式,理顺了工作程序,堵塞了漏洞,使分房工作走上了科学的轨道。1986年12月,又通过了《职工宿舍管理暂行规定》,集体和合同制职工与全民职工享有同等的分房权利,房屋分配更加合理化。通过一系列建章建制的过程,企业自发地探寻到一条企业内部福利分房配套服务的收费方法。虽然它不是房地产业的萌芽,更不是作为房地产业所遵循的规范体系,但它却是在中国"大后勤"体制下福利分房的专业化管理。

其二,民用水电气暖收费制度。作为职工的重要福利项目,两家企业的水电气暖供应在80年代以前一直是免费的,这种只计量不收费的管理方式造成资源和能源的巨大浪费。针对此种情况,大港油田和石化公司分别于1982年和1985年实行收费补贴的管理办法。价格补贴实际上起到制约与激励作用:它一方面平衡了居民水电气暖费用支出,居民实际上只承担成本费用的一小部分;另一方面改变了生活后勤单位、企业及职工个人三者在收费问题上的关系,由过去"企业—生活后勤单位—职工"关系模式变为"企业—职工—生活后勤单位"的模式。在支付费用时,企业定期将补贴发放给职工,再由职工直接支付费用,使服务与被服务者之间直接发生互动,相对削弱企业在其中的作用。由于支付主体由企业变为职工个人,利益落实到个人,因而有利于职工节约意识的加强。从更深刻的意义上讲,这种缴费方式实际上是对纯福利供给型服务的否定。诚然,水电气暖仍然是企业为职工提供的一项重要集体福利,但其服务方式已开始向社会化的方向迈进。它作为一种必然的趋势,代替了特定历史条件下供给型的服务手段。

其三,幼教规范。规范化、专业化是托幼工作相对于生活后勤其他各项工作更为突出的一个特点。针对过去托幼工作规章不健全的情况,从1985年开始,石化公司幼儿园开始实行责任制:托幼办制定了岗位责任制150条,各幼儿园执行教育部制定的《幼儿教育纲要》,托儿所执行卫生部妇幼局制定的《三岁前小儿教养大纲》。在各项规章的指导下,加上定期的考核检查,幼儿园的一日常规、身体保健、疾病防治以及膳食安排、安全检查工作日益规范化和科学化。同时,定员、定额、超额提成的办法也调动了广大幼教工作者的积极性。大港油田也在不断推进正规化管理和教育的过程中,使幼儿园（所）由解决入托难为主的看管型,转变为抓好幼儿德、智、体、美全面发展的教育型。

第三,人员素质提高。这主要体现在食堂和托幼两个专业性较强的服务项目上。

1988年,石化公司食堂146名职工中（不包括新行管区及老行管区食堂）,有22名是烹饪技术学校毕业的,还有一名烹饪专业大专学生。大港油田从1985年到1986年底,先后五次组织146名炊管人员参加天津市烹饪学会举办的中、高级学习班,并经常在油田内部举办烹饪技术比赛,促进了炊管水平和伙食质量的提高。

在幼教方面,两家企业办园之初经历的是一个老大娘看孩子的时期,到1982年石化公司第三幼儿园开园前,石化公司通过社会招工的形式招收具有初、高中文化的待业女青年,经考试择优录用,然后集中进行半年培训。参照幼儿师范专业的情况,培训班设置了音乐、舞蹈、美术、体育、语言、心理学、教育学等课程,由有实践经验的幼师毕业生讲授。重点课外请教师或专家。以后,每当新园筹建都采用这种方法,几年内共培训幼儿教师五批,总计217人。到1983年底,就将全部家属工替换成经过培训、有一定专业知识的青年幼儿教师。从1987年起,公司有大批保教人员参加天津市组织的教材教法合格证考试,52人取得教材教法合格证。很多幼教人员获得天津市、大港区和公司不同级别的表彰。大港油田则在大港油田石油中专专门设立了幼教专业,为油田托儿所输送专业人才。1980—1990年的十年间,保教人员年龄、文化结构发生了很大变化。1990年底石化托幼系统中,文化水平为中专、高中的有 121 人，占 43.8%；其中教导员为 86 人，占教导员总数的 55.11%。

第四，服务质量提高。

建立较早的大港油田自 1981 年以后，住楼房的职工均使用了液化气，并普遍改用热水井取暖，统一规划，区、片安装管道，实行集中供热。自 1988 年开始，油田又进行了大规模的平房、危房改造，给钻井队等一线队伍逐步配备了带空调设备的列车式野营房。

在饮食服务上，经营品种和服务方式都有所改善。石化公司食堂主食 10 种以上，副食 12 种以上，还增设了酱货专柜、风味小酱菜以及风味小吃等。大港油田也在原有基础上继续提高了食堂服务水平：食堂开展了以"六化"（职工就餐餐桌化、主副食品种多样化、科学配餐营养化、卫生工作标准化、账目管理程序化、食堂服务社会化）为主要内容的"双文明"活动，推动食堂综合服务水平提高。在服务内容上，不断扩大服务范围，二、三级食堂由为单身职工服务为主，转向为面向单身职工与职工家属的双重服务。具有综合服务职能的中心食堂迅速发展。

两家企业的副食品供应也日益多样化。以大港油田为例，为了调剂余缺，改善职工家庭饮食结构，油田于 1985 年建成副食品加工厂，当年生产酱制品、豆制品 52.996 吨，1986 年又增加到 134.031 吨，全面供应职工家属。1989 年，大港油田将原来的蔬菜供应工作发展为系统的菜篮子工程。蔬菜副食品不仅做到了节日供应，而且开始平时供应和定量化供应。1990 年，油田正式实施了"4230"菜篮子工程，即每月以优惠价格向职工供应鱼、肉、油、蛋各 2 斤，蔬菜 30 斤。仅当年，油田就向职工供应各类副食品 427.2 万公斤，比 1986 年的 15 万公斤增加了 27 倍。

幼教工作水平显著提高。1990 年，大港油田有 5 所幼儿园经各项指标综合评定为天津市一级园所，10 个园所评为二级园所。环卫、园林工作也明显深入发展。

第五，特殊需要的满足。由于企业的生存环境比较特殊，便产生了对某种特殊服务的需求。在单位体制下，这种服务也是由单位提供的。

其一，自来水除氟问题。大港区是高氟地区，石化公司由于工业生产的需要，工业生产和居民生活都使用宝坻水，不存在除氟问题。而大港油田不得不为解决地下水含氟量过大问题在各单位都建立了除氟装置。在不能解决根本问题的情况下,一度抽出近百部罐车每天到几十公里以外拉水使用。

其二,居民吃粮问题。大港油田地理位置较为偏远,地理格局分散,且职工家属户口复杂,特别是部分无户口的职工家属长期在油田居住,给油田造成不同程度的"吃粮难"。1985年以后,油田的生活后勤部门自筹粮店33个(占油田粮店总数的61.1%),负责油田内部沧州户口和农业户口居民的粮食供应工作。这些粮店补充了大港粮食局下设粮店仅负责天津户口居民粮食供应的不足。1986年向6 114户农业户计18 732人供粮1 829.5吨,主要包括大米和面粉两类。1983—1986年4年间,油田先后解决了约2万个农业户吃粮问题,此外还向农户供应食用油45.5吨。自1985年中央一号文件将统购统销改为合同定购以后,油田先后与汉沽、南大港、芦台农场签订了供粮合同,组建农业户粮店33个。油田扮演起"地方小政府"的角色,向随矿农业户发放粮本,使他们同工业户一样吃上平价成品粮。1986—1990年,油田累计供应粮食18 520吨。

其三,矿区市场组建问题。大港油田偏离社区中心,市场体系不发达。为了方便职工生活,大港油田还担负起管理个体摊点的职责,分别在二号院、三号院中心商业区和部分二级中心建立了两个大型自由市场和若干小型市场。

3.3. 企业空间膨胀

单位体制下,国有企业特别是国有大型企业不仅有自己的生产区域,也有自己的生活区域。它们存在于社区内,但是由于企业内的职工生产、居住相对集中,因而企业又成为社区内相对独立的空间。企业生活后勤,特别是其中的住房及配套的水电气暖供应和居民区内的浴池、托幼、环卫、绿化服务构成了企业生活空间的主体部分。生活后勤的发展造成了企业空间的膨胀及社区管理整合度低,在大港这个新兴的企业型社区,地区与大港油田、石化公司两家国有特大型企业的力量对比明显偏低,企业生活后勤服务在社区整体的服务体系中占有重要地位。

其一,住房。大港区建立以后,虽然建设了部分区管居民楼,但是由于人力、物力、财力等客观条件限制,数量较少。区政府对区内的居民和居民区一直没有实行统一管理,而遵循厂建厂管、区建区管的原则。由此石化公司在20世纪80年代投资十多亿人民币兴建了三春里、七邻里、六合里、曙光里、重阳里、前进里、前程里等居民区,40多万平方米的住宅成为大港区城区居民住宅体系的主导。大港油田也重新确立了矿区建设的总体规划目标,改变原来分散的居住方式,开始分区进行调整改造、配套建设。滨海生活区成为大港区的亚中心。

其二,托幼。大港区办的托幼月服务起步很晚。1985年,大港区才正式创办了一所国办幼儿园,仅占用10间平房,共180平方米。同期,厂矿办幼儿园已得到迅猛发展。1985年,区内厂矿幼儿园数量达到历史最高水平118所,占全区幼儿园总数的67.4%;1990年虽减至100所,但仍占57.1%。大港油田幼儿园数量于1986年达到最大值——69所,后因团泊洼农副业基地幼儿园的逐渐撤销等原因减至1990年的53所,入托幼儿6 314人,职工1 209人,其中教师232人。石化公司也先后在各生活区成立了10个幼儿园。这个悬殊的比例进一步显示出社区空间的狭小以及企业尤其是国有大型企业在社区生活中的主导地位。

其三,环卫。大港区的绿化、环卫工作也是由企业、政府分别管理的。区环卫局只负责工业企业占地以外的街道清扫和绿化。就1988年的统计情况看,区管的大量绿化项目水平都低于石化公司(见表1)。这里虽然缺少大港油田详细的指标加以比较,但是从到1985年即已发展为203 000平方米的绿化面积可让我们对其情况略见一斑。"七五"计划期间,大港油田又植树65.26万棵,成活49.17万棵,建成园林绿地36.8万平方米。截止到1990年底,全油田共有存活林木80万棵,累计建成园林绿地430 000平方米,人均3.4平方米,绿化面积达300万平方米,按"三区"(生活区、生产区、办公区)占地面积平均,覆盖率为5.4%。

从社区空间结构上讲,两家企业逐渐塑造了大港区"双中心"的区位特征。石化居民区是大港城区居民区的主体,它是1976年由市计委设计的规模为5万—5.5万人口的城市型住宅区。截止到1988年,生活区总占地面积103.05万平方米(按四周道路中心线计)。整个生活区由职工住宅、集体宿舍以及相应的生活服务、文化体育、医疗保健设施等配套项目构成,其中石化公司的各项设施扮演着重要角色(虽然商业、副食业服务以社区为主体,但不少国营网点均为石化公司投资代建的)。这样,以石化生活区为主体的商

表1 1988年大港区、石化公司园林绿化管理情况比较表

	绿地（平方米）	公园（平方米）	铺装（平方米）	草坪（平方米）	土建小品						盆花（盆）		花坛（平方米）	树木（棵）
					栏杆（米）	雕塑（座）	花架（平方米）	石桌椅（套）	凉亭（个）	长廊（平方米）	大盆	小盆		
区政府	2 800	18 000	4 500	8 000	2 640	2	79.2	5	6	37.8	100	1 760	500	39 583
石化公司	30 400	10 244	65 595	6 328	—	8	160	8	5	—	1 000	3 000	6 500	77 820

数据来源：在《大港区志》有关数据基础上整理而得。

业、文化、居住中心同东部的区党政机关、西部的石化工业区形成了大港区东迄上古林村,西连万家马头村,南接独流减河北堤,北到李港铁路路北,面积达16.1平方公里的新兴城区。大港油田远离城区中心,但也以局机关为中心建成拥有商店、影剧院、展览馆、青少年宫、体育场、职工医院、滨海公园等公共设施,面积达1.85平方公里的综合服务的新型城区。此时,大港城区的发展水平已超过大港油田,在大港区中居中心地位,是大港区的政治、经济、文化、生活中心,而大港油田滨海地区则作为一个亚中心存在。中心对亚中心的控制非常薄弱,滨海地区的社区规划未纳入大港区城区的建设规划内,也不设有街道办事处这样的政府派出机构,因此,它成为一个相对独立的"石油城"。

从社区成员的心理特征角度讲,由于生活后勤服务的规模与水平代表着一家企业的经济实力和职工生活水平,因而居民都趋向于进入生活服务较健全的企业。不同企业职工之间在生活服务上互相攀比,企业特别是经济实力雄厚企业的职工对内认同强烈,这种以企业为单位形成的认同团体也得到其他居民的承认,例如石化公司职工的子女常被称为"石化子弟"。渐渐的,企业职工认为:企业职工的身份是无偿或低偿获取企业生活后勤服务的资格;同时,企业应该为职工提供周到、低廉的生活后勤服务,这是它的职责。

20世纪80年代是两家企业生活后勤体制不断制度化、日趋完善的时期。这不仅仅意味着生活后勤服务项目的增加、规模的扩大,更包括生活后勤费用支出的增加、制度体系的完善、服务人员的培训、组织形式的变革以及社区格局的塑造等多个方面的内涵。在大港区这样一个企业型社区中,两家企业的生活后勤体系已发展为庞大而周到的企业社区服务系统,鲜明地显示出单位制下的企业生活后勤在社区空间结构上的影响。同时,它也造成企业行为的多元性和功能的失调。

企业生活后勤体制的完善,另一方面体现为生活后勤服务开始不断向企业化经营、专业化管理、社会化服务方式靠近,与企业生产功能关系疏离的生活福利服务逐渐分化出来,成为独立的经济组织。尽管如此,它仍然是存在于企业这个特殊的体系中,并以集体福利的形式低价面向职工服务的相对封闭的体系。诚然,诸如百货商业、餐厅服务是以相同的标准面向社区内所有居民的,而作为生活后勤服务的主体(例如住房及水电气暖供应、浴池服务、托幼等),仍是封闭的或通过不同的收费标准作为企业内和企业外的区别。

4. 企业生活后勤体制改革(上)(1990—1996年):模式比较

4.1. 集团化与"三产"[①]兴起:改革契机

20世纪90年代是我国由计划经济体制向市场经济体制正式转轨的时期,这个时期有两个主要特征:一是地区经济日趋繁荣,大港区已由过去的"津南跑水洼"发展为滨海新区一翼,并开始了"开展二次创业,创建文明城市"的历程[②];二是企业经济主体功能日益凸显,生活后勤服务等社会功能逐渐走向剥离。在这个过程中,集团化改制和"三产"企业的发展起到重要的引导作用。

4.1.1. 集团化与生活后勤专业化

生活服务公司的组建实现了企业生活后勤的企业化管理,但在两家企业中,生活后勤服务仍不同程度地存在于生产企业中。改制要求突出企业的经济功能,要求企业不再承担生活后勤这种社会职能,实现生活服务社会化。因而,企业集团化改造实现生活后勤专业化管理,企业内生产单位不再兴办生活服务便成为生活后勤体制改革的第一步。

大港油田和天津石化公司都是在国家政策推动下实现集团化改造的。

1981年,国务院批转了国家经济委员会、国务院体制改革办公室《关于工业管理体制改革座谈会汇报提纲》,要求进行工业组织结构调整,大力推进工业的改组和联合。1983年底,为充分发挥"油—化—纤"的整体优势,中

[①] "三产"是国有企业对全民体制以外的所有制的俗称,最初都是服务业、服务型的制造业,总体特征是规模小、产品不定型以及临时性。
[②] 1995年大港区实现国内生产总值65.5亿元,比上年增长20.5%,其中地方经济完成国内生产总值13.6亿元,比上年增长27.5%,超过"八五"计划21.1个百分点。1996年是大港区"开展二次创业,创建现代城市"的起步年,该年大港区实现国内生产总值80亿元,比上年增长22.1%,其中地方18.5亿元,比上年增长36%。

国石化总公司和天津市对以大港油田为原料的炼油、石油化工、化纤企业实行联合与改组,成立天津石化公司。然而,公司长期存在"一厂两制""两级法人"的情况,一边是紧密型的厂,一边是松散型的公司,造成管理上的不便,在后勤部门的管理上甚至出现重叠。

为加强石化公司对人、财、物、产、供、销的全面规划、统一管理,充分发挥集团化优势,1990年1月1日,公司以燕山石化为样本,进行了"二改一"的内部管理体制改革。在此前后,石化公司对一些生活后勤项目也实行了归口管理。1988年,建修公司管理站划归生活服务公司:原管理站环卫队和劳动服务公司清洁队合并成环卫科,共有职工188人,其中家属工49人,划分为三个小分队,分别负责厂区和生活区内的清洁任务;原管理站园林队负责厂区和生活区绿化工作,共有职工180人。1991年,主要的调整工作有以下三项:

第一,生活服务公司管辖的容貌办公室(含公司绿化委员会和爱国卫生委员会)、生活管理办公室(公司生活协会)划归行政处领导。从此,它对绿化、环卫及其他生活服务的监督职能丧失,生活后勤服务职能强化,服务监督机制更加健全。

第二,炼油厂灌油站和一个换瓶站划归生活服务公司燃料系统,加强了生活后勤服务的统一管理。

第三,游憩园划入文体中心管理,结束了谁建谁管的历史,加强了职能管理的专业性。

1993年4月,为适应住房制度改革和企业转换经营机制的要求,房产管理及维修、供水、供电、供气、供暖等部门从生活服务公司的综合性服务体系中分离出来,组建天津石化公司房产公司,列属石化公司二级单位,职工702名,固定资产2.77亿元。

"二改一"的企业管理体制改革,不仅冲破了单位壁垒,实现了生活后勤服务的集中统一管理,也完善了服务部门之间以及服务与管理部门之间的职能分配,推动了专业化归口管理。它虽然没有直接实现企业生活后勤体系的剥离,却在这个过程中做了大量的准备工作。同时我们也应该看到这种准备工作做得并不彻底,其所触动的范围仅局限于生活后勤中的生活福利型服务,而生产保障型服务仍由各二级单位管理,在生产区域内并没有实现集中统一的专业化管理。相比之下,大港油田为建立"油公司"体制所进行的企业管理体制改革对生活后勤体制的触动更大。

"油公司"是大港油田1995年被国务院确定为全国百家现代企业制度试点后,按照建立现代企业制度的要求所采取的一种改革模式。它是将原有计划体制下以钻井为龙头的企业体制改为以"油公司"为核心的企业集团,塑造能动的经营主体,促进形成以提高经济效益为目的的新机制。

以"油公司"为核心的企业集团由三大块构成。

第一,"油公司"主体单位。包括油气勘探公司、油气开发公司、炼油厂、油品销售公司、天然气公司、技术研究中心等单位。这些单位是集团公司生产经营指标的主要承担者,是企业集团的核心组成部分,实行分公司体制。

第二,施工作业、技术服务单位。包括物探、钻井、井下作业、油建、矿建、运输、机修等单位。这些单位为模拟法人,实行生产专业化、运行市场化,具备条件的单位成为独立法人,逐步形成子公司体制。

第三,教育、医疗卫生、生活后勤等社会职能。它们从下属单位分离出来,按系统重新调整组合,由集团公司统一管理,按区域设立分支机构,实行社区化管理、社会化服务、企业化经营,使后勤服务由单纯的福利型向服务经营型转变。

以上三项内容都独立地面向市场,成为能动的经营主体:"油公司"是靠油气获取利润的经营主体;施工作业单位和技术服务单位是以劳务吃饭的经营主体;文教卫生、生活后勤等社会职能组织是以服务为手段的经营主体。它们共同构成了"油公司"的整体改革模式。

1995年5月16日,集团公司下发了〔1994〕141号文件,决定全面推行生活后勤改革。根据要求,下属单位35个生活大队或生活科,共8 600人(含离退休人员)从主业分离出来,成立8个生活服务公司,列属集团公司二级单位。以港东生活服务公司的形成为例。港东生活服务公司是在原钻井工程公司生活服务分公司基础上组建而成的,改革重组时,原管辖的钻井一分公司、二分公司、三分公司和王官屯地区钻井十五站的生活后勤工作分别划归港西、港南、港中和港狮四个生活服务公司管理。定向井技术公司、炼油厂、物资供销公司机关、石油学校等单位的生活后勤服务同钻井生活服务分公司合并,成立港东生活服务公司,形成目前的格局体系。在港东服务区域内共有7 000多户居民、3万余名职工及其家属。

生活后勤服务从二级主业单位分离出来,并不意味着生产企业不再负有社会责任,而是它们不再成为兴办生活后勤服务的主体。在主业单位中,还需要必要的行政部门从事协调和监督工作。尤其在生活后勤社区化管理、社会化服务、企业化经营的运作模式刚刚开始时,不少环节需要企业作为中介或企业协调。

集团化改造改变了企业的内部结构,实现生活后勤企业内的专业化管理,为社会化改革目标奠定了初步的组织基础。而实现生活服务社会化还必须面向社会服务,逐步同企业分离,形成社区服务产业。

4.1.2. "三产"与生活后勤初步社会化

1992 年,邓小平同志发表南方谈话,党的十四大确定建立社会主义市场经济体制的改革目标,从此,我国的改革和现代化建设事业进入了一个新的历史发展时期。1993 年,国务院批转了国家计划委员会拟定的《全国第三产业发展规划基本思路》,其中指出:机关、团体和企事业单位的后勤部门是我国发展第三产业的一个充满活力的力量。"机关、团体和企事业单位的生活服务设施和交通运输工具等,在搞好对内服务的同时,应向社会开放,实行有偿服务,并可扩大服务领域和经营范围,逐步成为独立经营主体……今后,新建的机关、团体和企事业单位,原则上不再办封闭的自我服务体系。"这项政策的推行正式开启了企业生活后勤面向社会的大门,天津石化盛达经营公司和港东生活东宝公司也应运而生。如果说生活服务公司是生活后勤组织在企业内的形象,那么盛达经营公司、东宝公司则是它们向社会打出的招牌。

在国家和中国石油化工总公司的推动下[①],1992 年 4 月 11 日天津石化生活服务公司主办正式成立天津石化盛达经营公司。该公司为集体所有制性质,实行自负盈亏的经营方式。其主要经营管理范围是生活服务公司所属的餐厅、商店、招待所、卡拉 OK 歌舞厅、房屋维修及环卫清扫。盛达经营公司职工 490 人,由生活服务公司划拨。同年 11 月,根据石化公司的要求,盛达经营公司进一步扩大管理范围,托幼系统和液化气供应系统及浴池服务也划归其管理,职工总人数达 1 056 人(不包括 48 名家属工)。至此,天津石化生活服务公司整体由企业后勤部门转变为为企业提供劳务服务为主,同时面

---

① 1993 年 6 月,中国石化总公司专门制定了《中国石油化工总公司用国有资产支持发展第三产业试行办法》。《试行办法》规定:"各直属企事业单位在不影响本单位生产经营和正常工作进行的前提下,挖掘国有资产潜力,可以利用多余或闲置的资产支持开办第三产业。"

向社会的第三产业主体,实现了生活后勤服务同企业的初步剥离。目前,盛达经营公司与生活服务公司是"一班人马,两块牌子",石化公司每年根据历年行政拨款金额和盛达经营公司的创收能力以及自身的资金状况核发劳务费用。

东宝公司也是"三产"企业,但是更准确地讲,它是港东生活服务公司组建的"三产"企业,负责管理服务公司的多种经营项目。[1] 因此,它不同于盛达经营公司是实现生活后勤同企业初步剥离的一种组织形式,而单纯是港东生活服务公司安置剩余劳动力、增效挖潜的一种形式。这些"三产"企业大多数是港东生活服务公司成立时,由主业单位分离出来的,包括宏伟建筑公司、银鑫工贸有限公司、金港食乐城、花生油蛋白粉厂、汇荣公司等多种经营单位。

两家企业虽然都在集团化改造和兴办第三产业的契机推动下进行了生活后勤体制改革,将一个封闭的自服务体系变为开放的社会性经营实体,但是两者借助契机重点并不相同:石化公司经过"二改一"的专业化调整后,在组建天津石化盛达经营公司时实现系统的产业化改造,强调服务的市场导向和经济效益;大港油田在建立"油公司"体制时即已初步体现出生活服务公司的经营主体特征,并在建立"三产"企业中进一步深化。从两家企业改革具体的操作过程看,由于两者的客观条件不同,因而改革模式也各有特色。

4.2. "油田模式"与"天化模式"

改革模式既是一个主观选择的过程,也是由客观环境决定的。我们在分析两家企业生活后勤体制改革模式时,更加着重对建立在客观基础上的比较差异的研究。从大港油田"模拟市场""模拟政府""模拟法人"的"油田模式"和天津石化公司生活后勤服务细密型产业化的"天化模式"中,明显看出了以下两个方面地理因素的影响:(1) 从企业与社区中心的距离来看,大港

---

[1] 根据大港油田〔1994〕141号文件规定:"各区域生活服务公司成立以后不能安排工作的富余职工(经劳资部门确认),管理局负担两年工资、奖金,按年人均1万元借给区域生活服务公司兴办多种经营。"同时,"为扶持生活后勤单位发展多种经营,近两年内,对生活(房产)公司多种经营实行'四优先':安排项目优先;提供资金(贷款)优先;使用其产品劳务优先;提供技术、人才、资源优先"。

油属于独立工矿企业,天津石化公司是城区企业;(2)从企业格局角度讲,由于两家企业作业条件不同,因而前者呈分散型格局,主要的二级单位散落在矿区(只有在中心地带较为集中),居民区紧邻主要工作单位,后者是集约型格局,生产、生活区域各自集中,两个功能区域相分离。下面我们将详述在不同的客观基础上,"油田模式"和"石化模式"两种改革实践的比较差异。

4.2.1. "模拟市场""模拟政府":缺少社区依托的选择

实现生活后勤服务社会化改革目标的一个中心任务,便是使生活后勤组织逐渐发展为自主经营、自负盈亏、自我约束、自我发展的市场主体。大港油田和天津石化公司生活后勤组织"模拟法人"和向细密型产业化发展的改革实践即体现了这点。但是经营主体的生存必须要求有一个健全的发展环境,包括市场竞争体系和管理体系。在这方面,石化公司和大港油田之间产生了差异。上文已经介绍过,大港区在两家国有特大型企业的影响下,明显呈现出"双中心"的格局特征:以石化生活区为主体的大港居民区和政府周围为社区中心,以大港油田机关为中心的滨海生活区为社区亚中心。亚中心相对于中心而言,社区市场体系发育水平和政府管理力度都很低,社区建设、社区管理更大程度依靠企业力量完成,这种缺少社区依托发育而成的中心区域是不健全的。在这种条件下,大港油田为实现生活后勤社会化,首先在企业内部明确了服务关系双方的角色关系,并实现企业区域间以及某一区域内服务主体的竞争关系。

1995年集团公司根据"相对成片,便于管理,服务职工,方便生活"的原则组建8个生活服务公司,列属集团公司二级单位。根据各区域的需要,油田共关、停、撤、并锅炉房9座、托儿所4个、食堂4个、浴池3个,扩建增容锅炉房1座,新建液化充气站1个、菜站1个,使服务结构更趋合理。各区域生活服务公司相对独立,自成系统,业务上受大港油田生活管理办公室(1996年改为公共事业部)指导。这样便消除了生活后勤单位同主业单位行政上的依附性,生产单位与服务单位的分离以及专业服务组织的建立为企业内市场的形成奠定了组织基础。

这种组织框架形成以后,在市场竞争条件下便会形成两种关系:一个是服务关系双方的契约关系;另一个是服务主体间的竞争关系。在完全竞争条件下,这两种关系都在市场上处于自由变动状态,但是在改革过渡阶段,集团公司用行政手段对两种关系进行了调控。集团公司规定后勤服务单位分离的前两年内,仍保持原有的固定服务关系,被服务单位不得另行雇用其他服务单位。服务契约关系的限定,同样制约了服务主体间竞争关系的实现。但这种过渡模式的实行无疑是体制转轨时期的一个安全阀。应当补充说明的是,改革后的服务关系毕竟不同于原来。服务关系双方签订了共保合同,服务单位还制定了承诺制度,设立服务监督电话,促进服务监督体系健全与完善。

同时,大港油田采取的是生产保障型和生活福利型服务统一由生活服务公司提供的改革方式。这种方式对原有单位体制的冲击程度更大,对企业内社会化服务体系健全程度的要求也更高,否则便会滋生各种矛盾与问题。如在生产保障服务方面,直接的服务关系双方是生活服务部门与被服务职工或企业整体,服务者作为市场经营主体,与被服务者之间是市场关系,服务以市场价格提供。而生产保障服务的真实内涵是在企业内体现的,其福利性体现为企业以一定比例向职工提供补贴以平衡职工的费用负担,或作为一个整体全部承担费用。然而,油田机关在控制服务单位对服务方选择(为期两年)以扶持生活后勤组织的同时,也限制了各项费用的流动及其数额。尤其在一些特殊服务中(如井队食堂服务),收入不能有效地反映成本,服务单位无法实现自主经营、自负盈亏。

尽管在内部市场的初步培育中存在着此种问题,但大港油田内部的关系仍逐渐由组织原则向经济系统式的关系转化。而在一个经济体系的制度化结构中,除市场原则外,还应有政府对市场的管理监督。集团公司机关即承担着这样一种"模拟政府"的职能,对企业区域市场、市场主体以及各项公共事业进行管理。

1996 年 8 月,油田在较为边远的港狮、港骅两个生活服务公司实行矿区管理处试点,把企业中的政府行为与企业行为分开,建立"模拟政府"的组织体系,促进油田社区的发展。管理处作为集团公司机关的派出机构,统一管理所在区域的生活、民政、文教、卫生、治安等社会事务,对生活服务工作起指导监督作用。1997 年,这种管理方式在大港油田正式实行。为了推行这种管理模式,油田将医疗系统的条条式管理形式,调整为块块式管理为主、条条式管理为辅的形式。生活服务公司对区域内医疗系统行使受限制的行政职能:医疗费使用、人员调动、职称评定、负责人任免都要由集团公司卫生处最后决定。各区域内设一所中心医院，单位剥离出来的卫生所、卫生站由中心医院管理。集团公司还准备将学校以类似方式划入各矿区管理。

矿区管理处对后勤服务实体的监督，是通过矿区管理委员会执行的。由于大港油田居民区附属在各二级单位周围，因此社区内二级单位的负责人便成为重要人物，也理所当然地成为矿区管理委员会的成员。这种企业内重要个人同社区内重要个人的角色重合，给企业管理人员带来了不少负担。因此，矿区管理处应在各居民区内，选拔群众中的意见领袖及热心于居民区管理工作的人员，组成类似于居民委员会的群众自治组织，负责基层事务。这一方面可以激发居民自治，逐渐减少居民对工作单位的依赖心理；另一方面也在工作方式上将各单位的管理人员解脱出来。

目前，矿区管理处与各区域生活服务公司机关仍处于"一班人马，两块牌子"状态，其"模拟政府"的管理模式正处于建立之中。

4.2.2. 条块结合与条条管理

在本章开头，我们便将大港油田和天津石化公司的企业格局分别概括为分散型和集约型。由于企业格局不同，石化公司对生活后勤服务管理的集中程度和生活后勤同生产管理的分离程度都要高于大港油田。在生活后勤服务向产业化方向发展的过程中，两家企业也采取了不同的组织模式。

大港油田按"相对成片，便于管理，服务职工，方便生活"的原则组建生活服务公司以后，在生活服务公司内部普遍采取了条块结合的管理方式。对于专业性较强的项目，生活服务公司实行条条式管理。例如，港东生活服务公司内部设有基建、房产、饮食三个分公司，医疗、托幼、液化气、环卫绿化四个中心。而对其他的项目，如水电气暖供应与计量、管网维修、浴池、环卫绿化等则以居民区为单位实行综合性管理，成立区域生活服务分公司。目前，大港油田逐渐试行物业管理方式。然而，由于物业管理分公司处于企业这个特殊的环境中，便拥有了不尽相同的内涵。通常实行的物业管理是由房产开发企业在出售住宅小区房屋以前选聘物业管理公司，与其签订物业管理合同。在生活服务公司中，基建分公司、房产分公司、物业分公司都是下属的三级单位，因此不存在选聘与签订物业管理合同的问题。从资金来源看，房产开发公司提供的维修基金和政府扶持是物业管理公司经费来源的重要渠道。而对于生活服务公司的物业管理分公司来说，房产开发公司和政府角色的扮演者集中于集团公司一个主体。在大港油田广大的区域内,物业管理公司也很难找到其他的市场。因此,目前乃至以后相当长的时期内,大港油田内物业服务的发展和完善,仅是生活后勤管理和服务日益科学化的表现形式。条块结合的管理方式,既将条条式管理的高效率和块块式管理的低成本有机地结合起来,也减少了改革过程中服务关系双方以及生活后勤组织内的调整。

石化公司仍然沿用了原有的细密产业型的条条式管理。盛达经营公司成立以后,原有的饮食科、商业科、环卫科等职能科室取消,设置为公司的二级单位,如饮食公司、商业公司、环卫清运公司等。这些由科室发展出来的公司是盛达经营公司的分公司,没有法人资格,甚至它们也不能被称为企业性公司。它们没有独立的人、财、物使用权,在下属服务实体进行核算后,不留存根,全部上交盛达经营公司。从承包关系上看,各基层服务网点与这些公司的行政管理人员,均作为乙方同石化盛达经营公司分别签订经营(费)承包和管理承包合同。因此,它们的职能仍只局限于行政层次,而非真正意义上的分公司。公益型项目和福利型项目仍设置于基层单位中的专业化职能科室,如浴池科、托幼办等。

这两种不同的管理模式分别适用于拥有不同管理传统和不同地理格局的企业。很好地使用这两种模式,一方面可以提高生活后勤组织的管理水平,另一方面也可以降低改革成本。

4.2.3. 集约化管理

在计划体制下,企业生活后勤的管理是不计成本、不讲效益的粗放式经营,在向专业化、产业化、社会化的改革目标迈进时,生活后勤的管理方式也不断向集约型转化。

大港油田生活后勤体制改革初期,笼统要求各类服务不分种类、不分层次地均要实现"四自",经过一年运行,效果不佳。1996年,大港油田细化了经营管理制度,在生活服务公司内部把生产服务型、社会公益型、后勤服务型和经营型项目分开,实行不同的承包经营政策。在具体落实过程中,集中体现在各生活服务公司对承包政策的制定上。1996年,港东生活服务公司经营项目分为三个承包类别。对五个生活服务公司、基建、饮食、物资供应分公司、液化气、托幼、绿化环卫管理中心以及定向井、石油学校服务队、汽车修理厂、金港食乐城采取"模拟法人"管理,自主经营,在确保国有资产保值增值的情况下,实行上交管理费后以收抵支的经营承包责任制;对公司机关及附属小车队、生产管理分公司实行费用包干联产承包责任制;对"三产"企业东宝公司实行包上交资产租赁费、包上交管理费、包上交占用流动资金利息、独立核算、自负盈亏的资产经营承包责任制。1997年,承包政策更加细化:除对原有单位进行适当调整外,在一类承包政策中,根据不同情况又分为三个小类;为保证东宝公司顺利运作,专门制定了《港东生活服务公司关于加快发展多种经营,推行承包经营责任制的暂行规定》。

天津石化盛达经营公司成立以后,承包制度制定得也更为细腻。它可分为以下四类:经费型、经营型、管理型和内部租赁型。

经费型承包的主要对象是幼儿园、环卫清运公司、燃料站、浴池等经费单位,在承包方式上采取"定额补贴,超额不补,减亏自留"的方式,也就是包死经费基数,保证服务质量。在此基础上,减少费用支出或扩大服务搞创收,均用于职工奖金、加班费支出。

经营型承包的主要对象是餐厅、招待所、基建公司等经营单位。承包方式为利用公司提供的场所、设施,核定定员、定编后,"定额上交利润,费用包干,超额减亏,按比例分成"的自负盈亏方式。职工收入上不封顶,下不保底,并鼓励各网点人均奖金超过200元以上部分留存,用来以丰补歉。歌舞厅、广告公司亏损时只能借钱发工资。

管理型承包的主要对象是各级行政管理人员。通过承包,一方面将管理目标、政绩与奖金挂钩,另一方面在管理费用上也得到量化控制。

内部租赁型承包的主要对象是经营难度大或亏损的经营单位,如四化里烤鸭店等。这类承包相对于经营型承包最大的区别是:组织定员较少,承包人可以自行向社会招聘、雇用临时服务人员。即使公司内部职工,也是由承包人自行决定的。因此,这类承包,承包人有更大的自主权,职工也有更大的积极性,有一荣俱荣、一损俱损的危机感。它也常被称为"大包"。

大港油田和石化公司生活后勤单位推行的承包政策虽不尽相同,但从本质上讲,都将盈利和非盈利服务项目划分开来,区别对待,从而使公益、福利型项目获取足够的资金扶助,也保证经营型项目有足够的适应市场的能力。这种划分是企业生活后勤将社会第三产业内不同服务项目的特性内化,并形成适宜的内部管理制度的反映,也是生活后勤服务由福利型服务向第三产业社会化服务转变过程中的一个进步。然而,两家企业生活后勤的承包制度都带有很强的行政色彩,行政手段的运用削弱了承包制的激励作用,有的承包人将自己称为"铁打的盘子,硬派的兵",便是一种形象的反映。

除此以外,两家企业在工资制度、劳动用工制度中都纳入了竞争机制,同时进一步严格了成本控制、服务监督、考核等各项制度。从运行效果看,1996年上半年大港油田8个生活服务公司减亏13.8%,港东生活服务公司实际支出6 362.4万元(应冲减成本85.8万元),实际收入2 864万元,差额补贴3 508万元,实际盈利9.6万元。与1995年相比,剔除各种因素,多收349万元,支出下降126万元,总体投资回报率提高了6%,成本下降8%,职工人均收入提高9%;同年盛达经营公司实现利润26.3万元,比1995年递增31.5%。

4.3. 评述

生活后勤体制改革的目标是实现生活服务的社会化。在这个过程中,大港油田和石化公司为将生活服务公司逐渐培育成注重经济效益、自主经营、自负盈亏、自我约束、自我发展的市场经营主体,而进行了专业化和社会化改革,细分了服务种类,实行集约经营。同时,在两种不同的客观环境基础上形成了"油田模式"和"天化模式"两种改革类型。根据影响模式形成的因素,它们有两个方面的不同。第一,"模拟市场""模拟政府"的建立:由于两家企业到社区中心的距离不同,大港油田的企业空间相对封闭,除商业公司外,公有制商业网点少,市场不发达,市场监督机制不健全。由此,大港油田除推动生活服务公司"模拟法人"运作外,还承担了塑造"模拟市场""模拟政府"的任务,逐步搭建起社区管理和内部市场竞争体系的基本框架。第二,条块结合与条条式管理:由于企业功能区域的分布格局不同,大港油田和天津石化公司分别推行了条块结合和条条式管理两种不同的实践方法。

需要指出的是,这两个层面的区位因素之间不存在必然的一一对应关系。如果我们将其简单地分为城区企业(A1)、独立矿区企业(A2)与集约型格局(B1)、分散型格局(B2)的理想模式,则有四种可能的组合方式,即A1B1、A2B1、A1B2、A2B2,它们分别代表四种企业类型。石化公司和大港油田只是A1B1、A2B2两种模式的代表。尽管它们只能体现两种改革模式,即"天化模式"和"油田模式",但其中对改革产生影响的区位因素是健全的,反映的问题也是较为全面的。虽然这种简单的数学组合不尽科学,但它在理想形式上拓展了本文详述的两种改革模式的可推广性。同时,在实际情况中,每个层次的区位因素两极之间必然是连续的、不规则的。即使文中的调查对象也不是两极的绝对代表,这两家企业的改革实践,尤其是大港油田"模拟市场""模拟政府""模拟法人"的改革实践,只适宜于在较大规模的国有企业中推行。

5. 企业生活后勤体制改革(中):社会化评估

住房、水电气暖供应、食堂、饮食业、商业、副食业、托幼、服务业以及"三产"企业,构成了目前两家石油企业生活后勤服务的主体部分。它们在改革中进行了不同程度的社会化调整,扮演着不同的角色。在这一章中我们将对两家企业各项服务的社会化水平进行评估。那么,什么是生活后勤社会化?其评估标准是什么?一般讲,生活后勤社会化是指生活服务由社会性的服务组织提供。在我国"大后勤"的社会体制下,面临的一个重要问题是企业生活后勤向社会性服务的转化,具体是指:生活后勤部门成为拥有专业化运行规则的行业范畴;其服务是面向社会的,原隶属单位是社会的一个组成部分;其服务产品通过商品交换的有偿方式提供。由此,我试图从相关主体的角色关系、市场范围和价格水平三个角度衡量两家企业不同生活后勤服务的社会化程度。

5.1. 相关主体的角色关系

相关主体的角色关系是一项比较复杂的衡量指标,在企业生活后勤体制改革中,它不仅涉及直接的服务与被服务者间的关系,而且涉及重要第三方——服务者所在单位。下面我将简要分析各项服务中所体现出的相关主体的关系特征。

其一,住房。石化公司和大港油田形成了不同的住房建设、分配和维修系统。石化公司由房产公司对职工住宅的建设、销售、维修实行一体化管理;而大港油田则是在各个生活服务公司内设立基建分公司和房产分公司,负责本区域内各油田单位职工住宅的建设、销售和维修。组织结构的差异仅是在专项管理程度上的不同,它们都不是,企业也不要求它们成为自主经营、自负盈亏的房产开发主体。实际上的开发主体只有一个,即企业自身。1991—1993年,大港油田共投资1.06亿元进行"平改",是前三年的2.5倍,危陋平房改造基本完成。三年中,新建住宅54万平方米,是70年代十年住宅建筑面积的总和。1993年,石化公司也新建五栋住宅,共计4.5万平方米,其中包括三栋高层住宅楼(建筑面积4万平方米),结束了大港区没有高层住宅的历史。两家企业房产公司开办的"三产"企业都是为了安置富余职工成立的。在住房维修方面,企业根据产权归属划清了公有住房售后维修服务费用承担主体,从制度上减轻了企业的维修费用负担,增加了职工在其中的角色参与。①

其二,水电气暖供应与维修。在历史上,两家企业的水电气暖供应都经历了一个由企业直接面对服务单位的免费服务,到企业与职工共同面对服务单位,企业向职工提供定额补贴的"企业—职工—生活后勤单位"角色关系模式的转化(大港油田的转化过程尤为明显)。这样,企业便不直接参与到服务关系之中。但是在改革过渡时期,主业单位仍会在服务关系中承担中介与协调角色。这主要体现在以下两个方面。

第一,与职工的关系。由于职工长期以来已经习惯不收费的服务方式(因为象征性收费已失去了实际意义),职工偷水、偷电严重,水费、电费的回收率一般只有50%—70%。对此,生活后勤部门除进行检查、监督和惩罚外,更具根本性的措施是增加仪器的精密性。更换仪器的费用从哪儿来?只有企业出。同时,大港油田针对职工拒交水费、电费的情况,规定"个人不交者,由生活服务公司通过职工所在单位财务科,从本人工资中代扣",也同样将所属单位引入服务与被服务者的纠纷中。由于各项社会保障制度不健全,油田各二级单位均按照集团公司有关规定,还要负担没有收入来源的职工遗属的水电气费用。

第二,与生活服务公司的关系。由于大港生活服务公司毕竟还处于初建时期,不仅组织机构运作才刚刚开始,而且服务价格也未实现商品化(一些

---

① 《大港油田石油管理局公有住房售后维修服务暂行办法》规定:"单位向职工出售的新建住房十年内出现的结构问题,一年内出现的维修、设备质量问题,由售房单位保修,对内出售的现有住房,单位只负责维修结构问题";"职工购买的住房,其室内自用部分和自用设备的维修费用由住户自己负担……室内供暖、上下水、平房天然气管道的维修,仍由产权单位负担";"住房的整体共用部位和共用设施的维修所需的费用,由售房单位提取售房款的14%和购房人预交的1%中负担。以上资金不足时,应由购房人按住房的建筑面积分摊"。

管道维修甚至仍是免费项目),不少业务费用来源于集团公司的差额补贴。1996年,港东生活服务公司进行的锅炉维修,大修4项计43万元,管网维修、改造10项计295万元。其中集团公司投资7项,计181万元;公司自筹改造3项,计114万元,仅占38.7%。当年,集团公司用于系统管网和设备大修改造或更新的奖金达3 000万元。向港东生活服务公司提供的各项服务差额补贴3 508万元,占港东生活服务公司实际支出的56.2%。这种半商品化服务和半自主性经营往往影响到生活服务公司资金的良性循环,有时会形成生活服务公司经营中心有余而力不足的情况。例如,老钻井生活区平房的管道设施老化情况严重,天然气管道跑冒滴漏问题严重。时值采暖期,以上情况不仅影响了居民冬季取暖,也影响了生活服务公司的经济效益。但是,公司没有足够经费用于管网改造。生活服务公司与居民协商,将天然气供暖改为烧煤,由公司将炉具和煤送到各家各户,未能成功。因为以煤代天然气不仅供暖质量差,而且容易引发火灾。最后,钻井工程公司与港东生活服务公司协商:钻井工程公司出钱,港东生活服务公司出人力,共同解决该区域职工的取暖问题。在维修上,油田对服务单位都实行两年的保护政策。

其三,食堂与饮食业。经营性餐厅直接面向社会服务,服务关系是十分明确的,因此,我们就将评估的焦点直接指向职工食堂。大港油田职工食堂在改革过程中处于两难处境:企业一方面保护食堂与单位之间的服务关系,要它为职工提供低廉优质的饮食服务;另一方面又希望压缩补贴经费,各项补贴不到位,造成食堂的角色冲突。以提供生产保障服务的井队食堂为例,在旧体制下,井队食堂隶属钻井工程公司,同井队职工同吃、同住、同劳动,所需经费由钻井工程公司直接行政调拨。分离以后,油田没有建立起服务方与被服务方之间完善的社会化服务运行机制。目前,井队食堂伙食资金的来源:一是油田给四班两倒井队小班每人每月80元、大班104元生活补助费;二是向职工收取40—50元不等的生活费;三是职工每月12.7元夜班费,作为井队内部伙食补助费。三项总计每月职工人均伙食费为132.7—142.7元,按工作日15天计算,人均每天生活费为8.8—9.5元,每天按四顿饭算,每顿生活费为2.2—2.37元。经费不足严重影响了食堂设备的更新,也影响了食堂的服务质量。石化公司厂区食堂由各单位管理,因此此种矛盾不十分突出,生活区内食堂则逐步向经营性转变。

其四,托幼。两家企业所处的地区环境不同。大港油田是矿区内唯一的托幼服务设立主体,因此被服务者一般只有在油田不同的幼儿园之间进行选择;而与天津石化公司幼儿园进行竞争的还有区办幼儿园,因此被服务者可以在不同主体设立的幼儿园间选择。两家企业浴池服务的情况与此相同。

其五,环卫绿化。大港油田是其矿区绿化、环卫工作的主要承担者,油田对服务单位与原单位之间的服务关系进行两年的政策性保护,其争端也常常在服务关系方面发生。与大港油田不同,石化公司有关环卫、绿化的工作及费用问题主要体现在企业与政府间的讨价还价。每周日,大港区在石化生活区中心的迎新街开办市场即为一例。近几年来,大港区在由石化公司负责清扫的迎新街开办周日市场,规模不断扩大。目前,集市南侧从东六区开始,一直向北延伸至迎新街同曙光路的交界处,长约1公里。周日市场的开办大大增加了负责清扫这片道路的11名环卫职工的工作量。经双方协商后,大港区每年向环卫公司提供1万元作为补助费用。在其他"三角"地区也同样存在类似的问题。

两家企业的商业、副食业服务都是在市场调节下建立服务关系的。而其设立的"三产"企业则可分为两种:一种是受企业优惠政策保护的垄断型服务关系,如企业内的建筑任务能由企业内建筑队伍完成的,则不对外委托;另一种是市场调节下的服务关系,如天津石化盛达毛衣编织店。后者的职工为了闯开市场,一方面出去揽集团业务,如为乡镇企业做工作服,为大港餐厅做窗帘,为六小、二小做校服等;另一方面她们将毛衣样品无偿地送给西郊区几个朋友穿,从而打开了当地的农村市场。7月本来是业务淡季,但是她们第一次去农村揽了10件活,第二次揽了30余件,第三次揽了100余件。消息越传越广,市场也越来越大,北京顾客、大港油田的顾客也慕名而来。1987年,毛衣编织店承包指标将近翻一番,为5300元每月。

根据以上分析,我们大致可将各种角色关系分为三类:(1)垄断下的甲乙方关系;(2)保护下的甲乙方关系;(3)市场中的甲乙方关系。

"垄断下的甲乙方关系"是指住宅分配、水电气暖供应以及大港油田的幼儿入托、浴池服务,石化公司的环卫绿化、住宅维修等服务项目中显现出的相关主体角色关系,它来源于企业在社区内的垄断地位。从另一个角度讲,也是由于社区生活服务设施、社区市场体系不发达和管理体制因素造成企业办社会的历史遗留。"保护下的甲乙方关系"是指企业在一定时期内通过干涉被服务方对服务方的选择,以达扶持服务单位实现自主经营的目的。它存在于住宅基建、水电气暖管道维修、食堂、大港油田的环卫绿化、矿区维护以及部分"三产"项目。"市场中的甲乙方关系"是指服务主体在社会大市场中,接受被服务者的选择和淘汰,这里不排除企业内被服务单位对服务单位的自愿扶持。它主要涉及饮食服务网点、商业及副食业网点、石化公司托幼园所、浴池服务及部分"三产"项目。它们三者共同形成了在角色关系上社会化程度不同的序列。

5.2. 市场范围

在单位体制下,生活后勤服务范围主要局限在企业内部。在不断的变革中,各服务项目在不同影响因素的作用下,市场范围发生了不同程度的调整。

住房。住房制度改革以后,企业的住房仍仅供本企业居民购买,它仍是企业为职工提供的一项重要福利。

第一,从住房出售对象的角度讲。申请购房的必须为企业的全民、集体职工,这便首先划定了企业内和企业外人员的资格界限。同是企业内职工,双方为企业职工同单方为企业职工的要求不同;全民所有制单位同集体所有制单位比例不同。一般同企业关系越紧密,对其他方面的要求越少,反之越多。[1]

第二,从房屋分配方式的角度讲。两家企业都采用传统的计分方法,年龄、厂龄、工龄构成计分的三大要素,它们同样是依据三个要素同企业的相关强度赋予不同的分值。三个标准由年龄、工龄、厂龄逐项递增,从而突出了职工对该企业的贡献在房屋分配中的重要作用。

水电气暖供应是与住房相配套的一项福利。补贴制度的推行在形成"企业—职工—生活后勤单位"角色模式的同时,进一步严格了企业内外的

---

[1] 如《天津石化公司1995年住房出售分配意见》中,对住房出售对象做出如下规定:"在有房源的情况下,凡本公司全民、集体职工符合下列条件之一者,可向本单位房管行政部门申请购买住房。1. 夫妻双方均系本公司正式职工(以男方为主);2. 男职工本人的直系亲属确属无房居住,并迁入户口满三年的(截止到1995年4月30日);3. 一方系现役军人,另一方为本公司职工的;4. 具有中级以上职称及荣获天津市、总公司、全国劳动模范称号,其家属农转非户口;5. 本企业工龄满15年以上,其家属农转非户口满三年的,十年以下,其家属农转非户口满三年的(截止到1995年4月30日)……"另外,全民所有制单位的房源指标为申请购房人数的79%,集体所有制单位为55%,比前者低24个百分点。

界限,有利于解决历史原因造成的不少单位尤其是有关政府机关职工占住企业住房,并享用与住房相配套的水电气暖福利问题,减轻了企业额外的社会负担。

环卫绿化。大港油田和石化公司的环卫绿化工作在服务范围方面不尽相同。油田环卫绿化业务来源于自身,盛达经营公司的环卫、园林公司除对石化公司有关区域实行有偿服务外,还要向社会服务,赚取职工部分奖金。环卫清运公司主要承办拉运土方业务,但是缺少挖掘机,设备不配套,因此带有很强的临时性、不规范性及非专业化的个体户特征。所以,它仍是企业内增效挖潜的一种方式,向独立经营、专业化的第三产业迈进还有很长的一段路要走。

托幼、饮食业、商业、副食业、浴池等服务业,以及大部分第三产业的市场范围,都是面向社会大市场的,但是两家企业都保留了面向企业职工的蔬菜和副食品供应。大港油田称之为菜篮子工程,1992年油田实施了"32430"菜篮子工程,即每月以优惠价格向职工供应鱼、肉、油各2斤,鸡蛋4斤,蔬菜30斤。1987—1993年,油田生活服务部门共为职工供应各类副食品3.3万吨、蔬菜2.9万吨以上。部分"三产"企业的市场范围也局限于企业内部,如天津石化盛达修建公司50%以上的业务都来源于生活服务公司内部。据1996年3—10月的统计,其全部建筑任务均来自天津石化公司内部。港东生活服务公司宏伟建筑公司的业务来源也仅局限于油田内部,同企业内其他建筑企业相竞争。

比较特殊的是职工食堂,它的目标市场不十分明确,这是由它在改革过程中的两难处境决定的。即如果市场局限于企业职工内,保持福利的特征,则收入不能满足自身生存与发展的起码要求;如果市场面向社会,向经营型半经营型转变,企业职工又不满意。

由此可见,各生活服务的市场范围大体可分为以下三类:(1)企业内或企业区域内市场;(2)社会大市场;(3)过渡阶段。

"企业内或企业区域内市场"是指局限于企业内或企业区域内、需求相对稳定的市场。基建公司、水电气暖供应、环卫绿化的市场范围都属于此类。"社会大市场"是指没有明确划分企业内或企业区域内界限,而是同社会大市场相融合的市场。饮食业、商业、副食业、托幼园所、浴池服务业及大部分"三产"项目面对的都是此种市场。虽然一些服务项目位于企业、生活区内,顾客来源很大程度上集中于企业职工,但是它毕竟没有划清一条市场界限。随着企业区域内流动人口的增加及其他各种服务网点的增设,其与社会大市场融合的趋势将更加明显。前两种类型的过渡形态是肩负职工特别是单身职工三餐供给的食堂在自负盈亏压力下开展社会化服务阶段所处的状态。它是在食堂两难选择的处境下形成的,同时又塑造了半经营性特征的价格水平。

5.3. 价格

价格是同前两个因素相关的第三个衡量标准。在改革前,服务的价格是福利性的,它并不反映成本的变动,而往往同企业的经济实力有关,具有显著的单位性特征。

住房。目前,两家企业均依据《天津市出售新建住房办法》出售住房。石化公司按郊区住房价格标准销售;大港油田兼执行中国石油天然气总公司《关于石油系统住房制度改革若干政策问题的规定》,按独立工矿区企业靠近城镇的基地住房价格标准收费,即当地标准价减10%。这种以地方定价为主、行业管理部门辅助调整的定价关系,保证了房屋出售价格的合理性和可比性。但由于住房毕竟仍是职工的一项重要福利,因此在售房价格上又有许多显著的单位性特征,主要体现在以下两个方面。

第一,从购房的优惠政策角度讲。为鼓励职工购房,两家企业除设置了一次性交清房款等优惠政策外,还设有工龄优惠。在这方面,大港油田的售房政策具有典型特征。由于商业公司在大港油田的特殊地位与作用,油田集资建房的政策规定,"一方为我局职工,另一方是商业公司职工,已购买了油田平房,集资时的工龄折扣按油田职工工龄的1.5倍计算";而对于"一方是我局职工,另一方是外单位职工,符合油田分房条件,并已购买了油田平房,在集资建房中,另一方单位如支付房屋造价三分之一的建房费用,可享受我局双职工待遇参加集资。凡单位不交付费用的,集资建房时只计算油田一方职工工龄折扣"。从中,我们可以鲜明地看到隶属关系在售房价格上的量化影响。

第二,住房补贴基数也是一项颇具单位特征的指标。住房补贴一般是以某年末月基本工资的一定比例发放的。由于它要进入单位成本,从工资计划中列支,因此不同单位会根据企业效益及其他各种条件而有所不同。从两家企业的比较来看:大港油田以前一年末月基本工资的22%计发住房补贴,而石化公司以1992年末月基本工资的25%计发。由此,不同企业住房补贴提取办法的区别形成了补贴金额单位间的差异。

水电气暖供应。在历史上,两家企业的水电气暖供应都经历了一个由无偿到象征性收费的过程。进入20世纪90年代,随着各种费用和职工收入的增加,象征性收费逐渐失去应有的约束作用。1995年,石化公司经理邢明军明确提出:"目前,水资源已成为制约我公司发展的重要因素和危及我公司生产的重大隐患。去年,公司最高日用水量达8万吨,超过天津市批准我公司的日平均用水量不得超过7万吨的指标……几年来,我公司宝坻水从120公里以外送入厂区,成本价格每吨水1.09元(排水费每吨0.80元不计算在内),对居民只收0.15元,实际上实行的是半包费制。每年公司补贴近千万元清水费和排水费,成为公司财务上的一大负担。同时,造成职工节水意识淡薄……"为此,石化公司从1995年5月1日起,调整了宝坻水的收费价格及管理办法,其中生活区居民每人每月用水指标为4吨,在用水指标内水价为1元/吨,超指标部分按2元/吨计算。经过调整,石化公司居民水费价格基本涨到成本水平。电费、液化气费仍保持在较低水平:电的价格为0.135元/千瓦时,比大港区低0.11元;液化气为4元/瓶,大港区同等重量的液化气价格为45元/瓶。

大港油田在全面推行生活系统剥离时,对一系列服务项目重新制定了价格(见表2)。由于大港油田地理位置偏远,其电费价格高于大港区和天津市区水平。比较起来,大港油田各项费用价格更接近于成本水平。

表2 大港油田水电气暖收费价格表

项目	指标	指标内	指标外
原水	15立方米/户·月	0.93元/吨	每立方米加收0.1元
滦河水	6立方米/户·月	1.60元/吨	每立方米加收0.1元
电	62千瓦时/户·月	0.41元/度	加收0.16元/度
液化气	18瓶/户	18元/瓶(15千克/瓶)	市场价收费
天然气		0.54元/立方米,净化0.06元,管输费0.03元	
取暖		6元/平方米·月	

食堂和饮食业。经营性餐厅的目标市场是社会大市场,因此其服务价格的制定便是根据其在市场中的定位来决定的。但是职工食堂由于目标市场不明确,因而造成服务价格也较具特色。天津石化公司原单身职工食堂改为副食店后,仍保留一个面积约50平方米的小型半经营半服务餐馆。餐馆设两套菜价:一套是为单身职工设置的,价格水平与原食堂相当;另一套是为其他就餐人员设置的市场价格。大港油田不少食堂的价格也处于半经营状态。

托幼系统。两家企业的托幼系统都是面向社会服务的,但是在收费价格上则存在企业内和企业外的差异。以天津石化公司为例:石化职工子女入托只交24元/年的管理费(用餐费另交),而公司以外职工还需交50元/月的支教费用。幼儿园开办珠算、识字等各类特色班另收费,主要用于购置器材、教具等项开支。在收费水平上,大港油田在生活后勤系统改革中做了较大的调整,根据幼儿园的教学、卫生保健、行政管理和营养膳食四项指标,将132个幼儿园分为三个等级:一级园为200元/月;二级园为160元/月;三级园为140元/月。幼儿园开办的各种特色班不再另收费。收费价目表中所列费用,职工可凭收据在单位报销75%。面向社会招生时,一级园收费125元/月,二级园为100元/月。

商业、副食业以及其他第三产业普遍实行市场定价。这些服务网点大多较小(一般为商住楼的沿街门面),因此为了在激烈的市场竞争中站稳脚跟,大多以薄利多销和保质保量为第一经营要义。比较特殊的是油田菜店的经营方式。大港油田为平抑市场蔬菜价格,发挥生活区片蔬菜供应主渠道的作用,以低于市场价20%—30%的价格销售,运输费不计入成本。

在浴池服务方面,石化公司仍沿用企业内统一价格、企业内外有别的收费方式。而大港油田改革时澡票价格的大幅度调整,引起了成本—收益的比较变化和职工逃避服务的行为,浴池纷纷取消了企业内外澡票价格上的差异,实现了全面的社会化运作。

综合以上情况,我们也可将各项服务的价格分为三个种类:(1)企业内统一价或低于成本的福利价;(2)市场价或社会统一价;(3)过渡价格。

属于第一类价格的服务项目大致有水电气暖供应、石化浴池、环卫绿化、矿区维护、房屋维修和油田蔬菜价格等。其中需要说明的是,由于企业处于特殊环境等,企业内统一价格有可能高于市场价或社会统一价格。例如,大港油田的电价即高于大港区和天津市的电费价格等。属于第二类价格的主要是商业、副食业、饮食网点、"三产"网点、油田浴池以及住房销售价格等。这些项目的价格随着市场价格波动而发生变化,其变化的目的在于期望在市场竞争中处于更加有利的地位,或随同社会统一价格规定而调整。属于第三种类型的,我认为只有食堂。因为食堂在改革中处于两难境地,从而塑造了它在价格上的半经营性的过渡价格特征。

从上述相关主体角色关系、市场范围和价格三项指标的衡量中,我们发现不同服务项目的社会化程度具有很强的一致性。这正反映出三项指标间的一致性相关:角色关系决定了市场范围,又影响了价格水平。同时,我们也会发现,这种对应关系受到从宏观到微观多种因素的影响而发生变异。宏观上是企业所处社区环境差异的影响。两家的托幼园所都实行企业内统一价格和在社会化大市场中运作的管理方式,但由于两家企业所处的社区环境不同:大港油田的托幼园所同企业职工之间处于"垄断性的甲乙方关系";而石化公司的托幼园所同企业职工之间处于"市场中的甲乙方关系"。改革过程中,企业职工作为被服务者的行为反应和企业对生活服务自负盈亏的要求,也影响了上述对应关系的一致性。例如,两家企业的浴池原来都实行企业内一致、内外有别的澡票价格和社会化大市场的运作方式。但在价格调整中,大港油田澡票价格的增长幅度大大超过石化公司,职工洗澡人数骤减,导致浴池收入锐减。为了弥补此项损失,实现指标要求,油田不少浴池以同样价格对社会开放。石化公司浴池压力相对较小,企业在服务中补贴数额较大,因而仍保留了内外有别的收费方式。这些因素不仅影响着生活后勤服务的社会化程度,还将作用于生活后勤体制实现社会化改革目标的具体道路。

6. 企业生活后勤体制改革(下):单位意识的障碍

单位意识是企业生活后勤体制改革中遇到的更深层次的文化内涵。改革中的冲击带来了多方面的不适应,尤其在大港油田,改革的速度快,调整的幅度大,矛盾更为突出。不少涉及的主业单位及其职工、生活服务单位及其职工在不同程度上都表现出不适应、不理解甚至抗拒的心理和行为。

首先,从生活后勤单位职工的角度讲。在单位体制下,他们的利益同所在单位的经济实力是紧密相关的。因此,在生活后勤体制改革中,便面临着利益的调整。如果这种调整是有利于职工经济利益或至少是没有损害其利益的,那么职工不会有太大反应;一旦这种调整损害有些职工的利益,这些职工便会起来反对。例如,1983年天津石化公司成立时,原化工总厂与化纤总厂后勤服务合并,进行统一管理。化工总厂是公司主要的利润来源,职工收入普遍较高,后勤职工调走后收入明显降低。再加上新体制运作不协调,公司发放的奖金、福利有时不能及时到位,造成职工极大不满。因此,医院50余名职工去公司机关上访,要求调回原单位。1985年,原化工总厂(当时为天津市炼油厂)的医院、学校及部分生活后勤服务组织又划回原单位。1995年大港油田生活后勤体制改革时,历史重蹈了覆辙。炼油厂职工因分离后每人每月收入减少约300元,而聚集90名被分离的生活后勤职工到局机关上访,拒绝分离。经调解后,这些职工仍从主业单位分离,被划入港东生活服务公司。然而,人们与原单位之间并非仅是一种经济利益的依附,更有一种乡土情结在内。石油学校的服务队从学校分离时,有的职工说:"钱多钱少都无所谓,就是不愿分出去。"在刚刚分离的一年内,石油学校职工发放的各种福利品也向他们提供。可是,毕竟已是两个单位,进入1996年,两个单位间便没有了这种藕断丝连的情感。

在服务过程中,有些职工服务意识淡薄,服务不及时、不到位,有时甚至把服务推给主业单位。在实践中,还存在收人情费、不合理收费等不诚实服务的现象。但是,生活服务公司内激励、监督、制约机制不断健全以后,职工的行为规则有了较为明显的转变,从原来的"吃经费"到目前的"赚服务"。在这方面,大港油田生活后勤系统改革的力度大,效果也更为明显。下面,我以港东生活服务公司试行物业管理的第二服务分公司为典型,揭示以下几个方面的转变。

第一,收费意识的加强。

为了加强对收费工作的监督检查,堵塞收费工作中的漏洞,避免收人情费,1996年,第二物业分公司组织机关人员与两队收费员,先后进行收费夜查8次,组织两个基层队互查2次。收费工作和收费率重要性的不断加强,提高了职工进入市场抓收费的意识。1996年11—12月是完成全年经营指标的关键时期,分公司的4位领导和经营办主任亲自对"堡垒户""钉子户"挂点承包收费,实现了分公司建立以来的收费最高水平。1996年,港东生活服务公司水、电、气回收率比上年增加10%;大港油田整体水、电、气商品回收率分别达76.8%、82.7%和31.4%。

第二,服务、监督意识的加强。

港东生活服务公司一方面以《大港油田生活服务项目服务规范及考核办法》为蓝本,根据本公司的具体情况制定了规范化社会服务承诺;另一方面及时、主动地发现漏洞,及时补救。1996年4月,第二物业分公司发现钻井新村原水月亏损4万立方米。为尽快查明原因,分公司共出动120多名职工,在港东供水队到钻井村1.5公里距离之间沿原水管网摆开了"一字长蛇阵",奋战三天,找出漏点。这一行动,极大地震慑了违章用水单位,使该区供水量恢复正常,及时避免了不应有的损失。

第三,区域性统一规划,促进降耗节能。

1996年,分公司改造了通往学校的系统管网,增加供暖面积3.2万平方米。大港油田全部区域内,经过类似这样的节能改造,不仅没有影响供暖质量,而且在1994—1995年、1995—1996年两个采暖期共节约渣油4 000余吨、煤10 000余吨。

其次,从被服务职工的角度讲。生活后勤体制实行有偿服务,无疑触动了他们的经济利益。尽管大多数服务企业都向职工提供了补贴,但职工仍不习惯于从自己的手里花钱,这就是职工的福利认同观念,因而,配合工作做得少,拒绝现象严重。两家企业的水电费回收率只有50%—70%。

职工对幼儿园收费制度改革也显示出明显的抵触倾向。油田从1992年开始推行提前退休政策,不少女职工因此提前离开工作岗位,回家为子女看孩子。但是,从入托儿童人数看,从1992年至1993年底,入托儿童减少的幅度并不明显:1992年,入托儿童为6 109人;1993年,降低到5 855人,只减少了4.2%。1995年,油田推行新的生活后勤服务价格后,儿童入园率显著下降:从1993年的5 855人降低到1995年的4 801人,减少了18%;1995年继续降至4 078人,比上年又降低了15.06%;1996年方有所回升,增加到4 386人,相对于1995年上升了7.55%。儿童入托率的下降使幼儿园满园率相应下滑。在浴池和存车服务方面也遇到了同样的问题。改革之初,港东生活服务二分公司洗澡人数减少约三分之一,存车数量减少约二分之一。目前,已恢复正常。

最后,从相关主业单位的角度讲。以往各级领导都把搞好职工的生活后勤服务作为调动职工积极性的一项重要手段,生活后勤系统改革后,一些领导一时难以适应,普遍感到在调动职工积极性方面缺了一条腿。同时,往往形成这样一种认识:"改革就是多花钱","分离后一些生活服务工作,原来在一个单位时,一个电话或一次会议就能解决的问题,现在变成层层协商、层层审批,不好协调"。这种思想往往使某些主业单位表现出变相地打破有关规定的倾向。集团公司已明确规定:生活后勤服务分离以后,主业单位不得以任何名义重建生活服务。但是,由于企业富余人员多,再加上对企业兴办"三产"的鼓励政策,这种重建行为以变相的形式出现。以食堂为例,在主业单位食堂被剥离以后,不少单位(如定向井、物资供销公司)又成立了职工食堂。它们不再以企业生活后勤服务的面目出现,而是以分流富余人员、成立"三产"网点的角色登场。例如,物资供销公司成立的银桥饭店既面向社会服务,也为企业职工就餐提供方便。已经习惯了肥水不流外人田的单位职工自然不愿到生活服务公司的饮食网点就餐,这使得饮食分公司食堂纷纷"落马"。因此,在职工心理定势与企业人员超编没有发生根本改变的情况下,任何机体分割都会引起再生现象,被分割出去的机体则由于成为无源之水、无本之木而难以生存。

由此可见,生活后勤体制改革中所遇到的单位意识障碍是多方面的,因此对其进行调整也必然是多角度、多层次的。而作为一项指导性原则,我们必须从社会发展的角度明确生活后勤体制改革、生活服务产业化发展对人的发展的现实意义。我们应该认识到社会一切物质、精神文化的发展都是为了满足人的各种需求,提高人的全面生活质量。社会根本性的发展是人的发展,生活后勤体制改革,实现生活后勤服务产业化、社会化也是为了实现这样一个目的,因为人的发展离不开人文环境与物质生活条件的改善以及精神生活的满足,其中精神生活的满足离不开服务业是众所周知的。实质上,物质生活的改善也离不开服务业的介入。以就餐为例,过去社会性的餐饮服务不发达,服务网点少,服务时间短,单位仅根据自身工作的需要提供就餐服务,要在特殊时间就餐,只有自己动手;现在不仅服务网点增加,而且服务时间加长,服务方式多样化,大大方便了人民生活。因此,优化服务业已渗透到人民生活的方方面面。生活后勤体制改革使更多的人能获得周到、快捷、经济、优质的服务,是人民生活质量提高和社会发达的重要标志。重视发展以服务业为特征的第三产业,推动生活后勤体制改革不仅是我国产业结构的重大调整,也是以人为中心社会发展的具体体现,是衡量现代国家发达程度的重要标志。尽管改革过程中会遇到这样那样的困难,但我们应该坚持这个方向。

在对单位意识进行全方位调整时,首要的是生活后勤单位职工思想意识的转变。因为生活后勤体制改革所要实现的规模化、专业化、社会化服务,就是要以低廉的价格换取高品质的服务。这就首先要求服务方具备以人为本的服务理念、畅通宽广的原料供给渠道、完善的规章制度以及快捷周到的服务方式等要素。其中以人为本的服务理念是一项核心因素,只有服务者内化了以人为本、以服务求生存的服务意识,才能从根本上推动各项服务的开展与发展。天津石化盛达毛衣编织店便是生活后勤体制改革中一个较为成功的例子。当然这其中也离不开服务者及有关主业单位的配合:一方面要突破单位意识,不为改革设置人为障碍;另一方面要严格检查、监督服务质量,从被服务者角度建立服务监督体系。

7. 总结

从社会学结构-功能主义的观点讲,生活后勤作为企业组织内的一种结构存在,是因为它满足了某种需要,承担了一定的功能。从这个观点出发,我们回顾一下两家企业生活后勤体制的变革历程。

第一,企业生活后勤体制初建时期(1963—1983年)。

企业生活后勤体制的形成,是为了在较低的社会经济发展水平和社会承载力下,大干快上,发展民族经济,尤其是重工业。大港区"津南跑水洼"的历史和两家企业兴建的过程就是一个例证。这时的企业采取紧密的集中统一生产型的组织模式,生活后勤仅是保证生产顺利进行的辅助性结构。

第二,企业生活后勤体制成熟时期(1983—1990年)。

在我国,国有企业办社会是一个制度化的结构,它在国家试图通过国有企业带动工矿区、小城镇建设的政策下经历了一个反复强化的过程。生活后勤作为企业承担的一项社会功能占据着日益重要的地位,形成了庞大的结构体系。在封闭的单位体制下,这一方面造成了企业格局的相对松散和企业功能泛化,另一方面也造成了企业空间的膨胀和社区整合度低。在大港区,天津石化公司生活区是大港城区的主体部分,是大港区最繁华的商业、文化中心所在地,石化公司工业基地和大港区政府辅配左右。大港油田经历30余年的开发,建设成为一个以集团公司机关为中心的石油城,可被认为大港区的亚中心。两大工业企业奠定了大港区"双中心"的区位格局。

第三,企业生活后勤体制改革时期(1990—1996年)。

企业生活后勤体制改革是要实现生活后勤服务由封闭型的单位服务向开放型的社会化服务转化,使其成为拥有自身经济效益的社会产业的一部分。大港油田和石化公司的生活后勤服务在集团化改造和兴办"三产"企业的契机下,由过去单纯强调社会功能,逐步向体现经济效益转化,作为松散层存在于企业结构内,并形成"油田模式"和"天化模式"两种改革类型。目前,两家企业内部已经形成功能完善、专业性强、职能分明、初步社会化的生活服务体系,企业内功能分化达到最高程度,企业内社会化逐步实现最高水平。企业已为生活后勤成为独立自主的市场经营主体,由政府进行管理做好了最完备的组织准备。但是,长期的单位体制和较低的社区管理水平使大港区仍然存在这样的矛盾:一方面区政府提出"政府创造环境,企业发展经济"的根本要求;另一方面大港油田仍呼唤"请把阳光、雨露洒过千米桥来"(千米桥是从大港区通向大港油田津歧公路的一座桥),石化公司就后勤问题同大港区政府协调,但没有得出任何解决办法。大港区虽已有很大发展,但仍不具备承担和发展任何一家企业生活后勤系统的管理能力和经济实力。社区力量相对弱小以及由此形成的社区建设、社区政府管理职能的相对滞后,是使距离城区20余公里的大港油田不得不承担模拟市场、模拟政府任务的重要原因,也是实现企业生活后勤体制改革的根本性障碍。

企业的发展迫力、社区的振兴要求需要国家政策给予国有大型工业企业基地社区更多的关注,它不仅是政策中的宣传,更是财政、税收等一系列配套政策的扶持,甚至是企业区域内强化政府管理职能的特殊政策。放水养鱼、筑巢引凤,这是我国兴建经济特区的经验。我们也不妨在国有大型企业工业基地放一池清水,养活国有企业这条大鱼。否则,社区发展的相对落后将成为长期制约大型企业生活后勤体制改革的重要因素。

"大后勤"的社会体制不仅存在于企业的组织层面,也涉及职工的思想意识。长期的企业福利服务,形成了职工浓厚的单位意识,包括生活后勤职工的单位利益认同、被服务职工的福利服务认同以及领导的行政手段认同。单位意识在心理特征的深厚文化层次阻碍了生活后勤实行有偿服务、市场化运作的改革进程。因此,我们必须多角度地,尤其是从生活后勤职工的角度改变单位意识,逐步适应社会化的服务方式。

综上所述,我们可以初步形成以下三点认识:

第一,社区发展是生活后勤体制改革的宏观环境因素,也是根本性途径;

第二,"油田模式"和"天化模式"是改革的两种过渡模式;

第三,单位意识的转变与以人为本服务意识的确立是改革的深层文化内涵和微观要素。

国有大型企业生活后勤体制改革是一个崭新的话题,也是一个牵动我国国有企业改革的重要课题。生活后勤服务组织是一个规模相对较小、结构体系也不尽健全的社会组织,但这却像一面三棱镜折射出社会方方面面的问题。我试图将大港区内两家特大型国有企业,天津石化公司和大港油田集团有限公司生活后勤服务体系作为典型,进行比较性的初步研究。"解剖麻雀"、以小见大是本文的风格和方法论基础。然而,国有企业生活后勤体制改革的多样性使典型调查的细腻内涵无法掩盖它由点及面推理中的局限性。要综合反映国有企业生活后勤体制乃至整个企业办社会体系的问题,我还需要上下求索。

参考文献

《大港油田集团有限公司解体"小而全"改革文件汇编》,未刊资料。

《大港油田年鉴(初稿)》,未刊资料。

《中国石油天然气总公司油气田企业体制改革研讨班汇报介绍材料》,未刊资料。

大港油田管理局党委宣传部,《辉煌三十年——献给大港油田勘探开发三十周年》,未刊资料。

路风,1989,《单位:一种特殊的社会组织形式》,《中国社会科学》第1期。

路风,1993,《中国单位体制的起源和形成》,《中国社会科学季刊(香港)》第5期。

全国后勤管理研究会编,1996,《95中国后勤改革纵论》,北京:中国轻工业出版社。

天津石化公司修志办公室,《天津石化公司年鉴(1993—1995年)》,未刊资料。

天津石化公司修志办公室,《天津石化史志资料(1991年)》,未刊资料。

天津石化公司修志办公室,《天津石化通志(1989—1990)》,未刊资料。

天津石化通志编委办公室,1990,《天津石化通志(1962—1988)》,天津:天津科学技术出版社。

天津市大港区史志编修委员会,1994,《大港区志》,天津:天津社会科学院出版社。

社区的构成

作　　者:欧阳觅剑　王列军
指导老师:王汉生

摘要:本文希望从社区的构成过程的角度,接续项飙对"浙江村"的研究。文章结合吉登斯的结构化理论,利用"浙江村人"如何在流动、融入、做生意的过程中化解困难、扎根城市的田野材料,批驳了社会/个人二元对立的观点。本文认为,社会关系这一概念的引入能够帮助解决个体行动者能动性与社会结构的对立。社会关系通过塑造行动者的理性并提供限定的资源信息,规定了行动者的行动;行动者在与他人的交往中不断维持和改变着自己的结构,从而维持和改变了社会关系,塑造着社会。这亦是"浙江村"社区构成的关键机制。

关键词:现代化　社区　结构化理论　社会变迁

1. "浙江村"社区的构成和社会学的百年难题

　　"浙江村"是北京一个很有名的外来人口聚居社区,也代表一种现象。研究它的人很多,研究的角度、使用的方法各有不同。项飙从1992年开始研究"浙江村",采用的主要是人类学的田野调查方法,关注的问题主要是过程,即这个社区的形成、运行过程,它从传统到现代的转变过程。经过六年多的研究,项飙积累了大量有关"浙江村"的资料,也对这个社区进行了很多的理论探讨。到1998年,他要出国学习,于是把他的研究成果及后期研究任务交给了笔者之一。

　　我们秉承了项飙的研究风格,坚持实地调查,切入生活,关注事实过程。在思考"浙江村"问题时,令我们关注的一个问题是这个社区如何得以形成。从下面的"故事一"中我们可以看到,"浙江村"是一个自发形成的社区,是政府不太愿意认可的。一般的社区,不是古已有之,就是政府通过移民等方式形成,或是有号召力的人物召集而成,唯独"浙江村"是一大群毫无组织的人(八九万人)聚集到一起形成的,并且虽经政府多次驱赶,它却能顽强地存在下去,似乎社区本身具有生命力。它的这样一个特点,使得它成为思考社会的构成这个问题非常有意义的材料。当我们思考社会的构成时,有一个问题就自然进入了我们的脑海中。这个问题一直伴随着社会学的发展,这就是社会/个人的二元对立①以及与之相关的方法论上的结构主义与个人主义的分歧。②

故事一:赶不走的"浙江村"

"浙江村"坐落于北京丰台区南苑乡大红门地区,是在京的浙江(主要是温州)务工经商人员的聚居地,以服装加工和销售为主导产业,已成为东北、华北地区中低档服装业的基地,产品远销俄罗斯。

早在20世纪80年代初,就有温州农民到这一带租住北京人的房屋,加工服装,到市区摆地摊叫卖。到1985年,浙江人数量达到1000人,先是处于散居状态。1986年和1987年,大批温州人从全国各地涌入北京,其中有很大一部分是在其他地方(青海、内蒙古、陕西、山西、河北、山东、东北三省)做买卖的人。这时北京的政策是"以轰为主",在1986年、1989年以及1990年的8—9月份,当地政府都要组织专门力量进行"清理"。用"浙江村人"的话来说,是年年要"刮台风"。被赶的人就五六户亲戚、好友结伴搬往河北省"躲风头",但并不停止生产,继续往市里商场送货。而且他们相信"台风"总会过去,走之前就与房东说好:"风头过了还来住你的房子。"一旦治理稍有宽松,他们又成群结队迅速返回。外来人口"越轰越多",到1989年,"浙江村"有了浙江人自己办

---

① 很多著述都把这个二元对立称为结构/能动,我们认为这表述的是社会与个人关系的问题,因而结构/能动与社会/个人这两个指称意义相差不大,由于个人喜好,同时也为与下文概念一致,我们用了社会/个人。
② 方法论上的这个二元对立有很多种不同的指称,不同的著者由于学术背景不同而使用不同的概念,如吉登斯用结构主义、功能主义与解释学,王铭铭用社会决定论与方法论个人主义,华康德在《实践与反思》一书中就使用了不同的称法,如社会物理学与社会现象学、客观主义与主观主义、结构主义与建构主义。我们最喜好,且认为最贴切的称法应该是社会主义与个人主义,但由于社会主义已用于指称另一个更著名的概念,所以只好用结构主义替换,因而在此场合下的结构主义与一般意义有些差异,相信读者能够辨别。

的菜市场、饭馆、理发店、诊所、幼儿园等生活服务体系,俨然是一个完整的社区。浙江人与北京人杂居一处,却没有相互之间的认同感,温州人只是借北京人的地方形成了自己的社区,而不是加入北京人的社区中。

1992年,邓小平南方谈话发表之后,丰台区工商局和温州市工商局联合在社区内投资兴建京温服装批发中心,向温州人招商。这似乎是对外来人员的承认,于是一大批温州人兴建的市场和大院随之而起。但是1995年11月,北京市又一次对该地区进行规模空前的清理整顿。温州人建起来的大院全部被拆除,大部分外来人口被疏散离京。浙江人在河北、东北或回浙江转了一圈之后,又在1996年3月以后陆续返回这里,摆起菜摊,盖起大院,被"彻底清理"的社区重新又建立起来。看来这个社区已不是在短期内能够人为消除的,它还将继续存在较长时间。

社会学产生以来,在方法论上就存在着结构主义与个人主义的分歧。结构主义的方法将"社会看作一种客观结构,可以从外部加以把握,可以无视居处于其间的人们的各自看法而从物质上观察、测量和勾画这种结构的关联接合"。结构主义往往"将自己建构的各种结构看作自主的实体,赋予它像真实的行动者那样'行为'的能力"。各种结构主义与功能主义流派的社会学家一般使用这种方法。而在解释学思想传统里,则更注重对主体动机、主观意义的理解,关注具有资格能力的社会行动者对他们的社会世界的建构(布迪厄、华康德,1998)。早期的社会学就有了比较明显的区分,法国传统有结构主义的倾向,而德国传统则更偏重个人主义。现代社会学中这种对立更强烈了,功能主义的社会学作品中可能根本就见不到行动者,而常人方法论的社会学家则直接表示对结构这种概念的反对(吉登斯,1998)。也有很多社会学家试图综合这两种方法论取向,布迪厄便试图对这种二元对立进行超越(布迪厄、华康德,1998)。

吉登斯认识到这种分歧关涉到本体论上的二元对立,这种观点是有道理的。在古典社会学家那里,也有对方法论的区分,但我们在涂尔干的著作里能发现他不但进行功能解释,也进行因果解释,有时也考虑个人;韦伯虽然一再强调社会学是对行动者动机的理解,但他也用了很多结构的解释(Coser,1977)。而在某些现代社会学家那里,这种方法上的分歧变得几乎不可调和。这种分歧的由弱变强,原因可能是对立的层次不同。古典社会学家考虑的是方法论的问题,是哪种方法更利于研究的问题,因此当另一种取向更利于研究时,他们很容易就能改变自己一贯使用的方法;而现代社会学家从本体论思考使用的方法,就牵涉到了方法的正确性,合乎本体论的方法才是可采用的,而其他的则应反对,他们反对该种方法时,也往往先从本体论入手。

因而,消解本体论上的二元对立也就成了综合这两种方法取向的关键。社会学在本体论上对立的是社会/个人二元,结构主义与个人主义要在这两者中区分出主次关系,分出第一性与第二性(吉登斯所说的"霸主地位")。结构主义认为结构具有自主性,超越个人,并对个人有制约力,它具有行动者那样的行为能力,有所谓的"必要功能"。结构主义隐含着个人会按社会的需求采取行动的假设,因而不关注具体个人的行为。而个人主义则认为真正有意义的只是具有能动性的行动者的社会行动,社会只是对这群行动者集合的指称,并不具有客观性,更不是一个自主的实体,结构等并不是真实存在的,只是研究者的建构,研究它既无意义,也不能揭示社会真实的状况。

吉登斯提出了结构化理论,试图消解这种社会/个人的二元对立。他重新规定了结构的意涵,把结构定义为"作为社会系统的特性组织起来的规则与资源,或一系列转换关系"。他不认为社会(系统)与个人(行动者)是对立的二元,而是把它们看作结构的二重性,其基本观点大致可用下图表示:

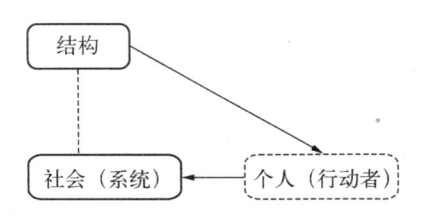

图1 吉登斯结构二重性示意图

结构是作为社会系统的特性组织起来的规则与资源,隐含在社会之中,是社会的深层特征。作为规则与资源,对行动者具有约束和使动的作用,是行动者社会行动的依据,而行动者的行动构成了社会,显然,这种构成是按照潜在的结构性特征进行的社会再生产。这样,社会与个人不再是对立的二元,而是统一在结构下,是结构的二重性。

吉登斯的结构化理论有其独到之处。在方法论的综合上,很多人都做出过重要的贡献,但像吉登斯一样试图在本体论上消解二元对立的人并不多。而且吉登斯的理论确实提出了一种值得考虑的解决方式,这种取向无疑会影响到后来者的方向。但吉登斯的理论不完善之处也同样明显,这个理论对实际的社会与历史的考虑是不够的,因而过于简单,只是一个粗线条的勾画,许多实际的过程都没有涉及,如结构是怎样将它的特性渗入行动者的行动过程的,行动者又是如何构成社会的,社会的自主性又从何而来,这些在下文中将详细论述。而在这个粗线条勾画中,又有很多论述对于说明他的理论并无帮助,只是增加了读者理解他的理论的难度。

吉登斯的这个缺陷是许多现代理论家多少都具有的,他们在学术分工中从事的是理论研究,关注的是理论的建构,而忽视对事实的关怀,这使他们的理论缺乏事实的检验,缺乏具体过程的说明。因为具体过程只有在对事实的观察中才可获得完整的印象,也只有深入事实时才能引起对过程的关注,这些具体过程才是研究真正应该关注的问题。他们以学术为志业,构造各种新颖的学术名词成为他们的专业技术,成为用以维护他们专业地位的手段,运用这些学术名词进行思考成了他们的主要活动,学术名词代替了事实,造成了对事实过程的屏蔽。吉登斯在《社会的构成》中用了很多新颖的术语,这中间有很多是构建他的新理论所必需的,但也有一些对说明问题毫无帮助,只是增添结构化理论的复杂性,如吉登斯颇为满意的"共同在场""不在场"以及关于时空的一些叙述,我们在下文中将把它们还原为社会学中的常用概念"社会关系"。

我们无意构造概念来代替对事实的体察,我们是很反对这样做的。我们不愿意依靠虚构大家都不懂的东西以获得地位与别人的承认,而只想去追问事实到底如何。我们认为为了维持一种专业地位而构造新概念的做法其实是学术上的迷惘。学术是为了获得自由,是受一种永恒思想的指引,以"达到对自然状态的克服"(韦伯,1987)。如果学术是为了维持一种专业地位,就是受控于社会,是不可能获得自由的。而且这种"构造"侵害了对事实的理解,它对过程的说明是极其有限的。

也正是为了了解过程,正是为了了解现代化的过程,项飙开始了他的"浙江村"调查(项飙,1998)。我们秉承了项飙的研究风格,强调对事实过程的关注。我们注意到,"浙江村"这个社区,社区人员自发组织到同一地域,它从无到有,逐渐壮大。透过"浙江村",我们能观察到社区的构成过程,结合这个社区的构成过程,我们能更好地反思社会/个人的问题,也正是在思考"浙江村"时,我们对吉登斯的结构化理论有了一个更全面的认识,我们想结合"浙江村"这个社区的构成,来讨论吉登斯关于社会构成的理论。我们的探讨将关注过程,关注事实之间具体的联系,与吉登斯忽视过程相对。

本文将使用大量的"浙江村"生活材料,而且会在不同的地方对同一材料进行分析,材料不专属于任何一部分正文,又不能作为附录,因为它们与正文是一个整体,因此我们将采用基辛的《文化·社会·个人》的写法,把材料插入正文中,在引用时标明序号,这样就能在不同地方引用。下文中引用资料的来源为项飙的《跨越边界的社区:北京"浙江村"的生活史》(出版申请资料)[①]和王春光的《社会流动与社会重构》以及一些我们实地调查的资料。"浙江村"的资料在本文中的作用,主要是对理论的启发和佐证,以及用我们的理论框架解释某些现象。

另外需要声明的是,我们在论述中采取价值中立的原则。坚持这一原则会遭到两种非议:一是认为这是没有可能的,研究者总会带上自己的主观色彩,我们建议他们再理解一下韦伯这个原则的意涵,并注意到韦伯的价值相关的概念;二是认为这种方法是不讲道德的,我们只能说我们没有自信,不敢认为自己的价值判断就是道德,向别人兜售自己的个人性很强的价值观就是一种不道德。因而我们还是要坚持价值中立,隐藏我们的价值观点,这当然不表示我们没有自己的价值观。

2. 理性的农民与农民的理性

"浙江村"既然是流入北京的农民逐渐建起来的,而不是历来就存在,那么要考察这个社区的构成,对这些不断流入的农民做一个考察无疑是必要的。我们遇到的问题是:这些在土地上生存了几千年的农民,为什么会如此规模巨大地涌入一个原本陌生的城市?这些做出与他们的先辈完全不同行为的农民,与他们的先辈有什么不同呢?

农民学不同的传统对农民的行为有不同的理论。古典主义认为农民是

[①] 本文写作时,项飙《跨越边界的社区:北京"浙江村"的生活史》尚未出版,故只能引用出版申请资料中的文字。待到本文最终被收入本书结集出版时,项飙(2000)该书已出版。考虑到文章的时代特征,本文打算不参照项飙该书逐字核对文中的案例,而是仍保持着出版申请资料的原貌。有兴趣的读者可翻开项飙《跨越边界的社区:北京"浙江村"的生活史》一观。

理性的小农,是为追求最大利益而做出合理生产抉择的人,他们是"便士资本家",其行为类似小企业家。新民粹主义认为农民与经济人毫无共同之处,他们的行为基于道德而不是理性,他们的行为特点是避免风险、具有复原性(秦晖、苏文,1996;黄宗智,1986)。争论的焦点是农民是不是理性的,那么还得先把理性的意义分辨清楚。

对理性的解释似乎也是多种多样的。韦伯在《新教伦理与资本主义精神》中论述了西方社会与非西方社会的重要区别就是西方文化中特有的理性主义,但他并没有谈到理性的具体含义。据我们的理解,韦伯所说的西方特有的理性是指成体系的,并在体系中具有一致性。经济学由于其经济人的基本假设,有很多关于理性的讨论,一般而言,理性就是行为具有最大化的特性[①],如果人的偏好是稳定的,那么最大化行为也就具有一致性。秦晖对理性的规定是最严格的,他认为理性有三重含义:认为事物发展合乎其内在的逻辑或自然法则;认为自然法则能为人所认识;把从表象深入事物本质联系作为认识的目的。他认为理性是一种思维方式,即在思维过程无矛盾性的基础上进行抽象分析与逻辑建构,无矛盾性其实也是一致性。可见在理性具有一致性这一点上,大家的意见还是比较一致的,只不过是一致性的层次不一致而已。我们只是要建立一种行为理论,只要考虑到行为一致就可以了,而行为一致在经济学中,与行为具有最大化性质是等价的命题。行为最大化,也就能说明其思维无矛盾,符合主体的某种标准,但这种标准却并不一定就合乎逻辑。本文就在最大化这个意义上使用理性这个概念,所谓行为的理性化,就是指这种行为是行动者当下最满意的行为。

判断一个行为是否理性,就是判断行动者是否在多种可能性中选择了自己最满意的那种。这种选择牵涉到三个问题:一是偏好,行动者如何看待他已经得到和将要获得的东西,这决定行动者需要什么;二是对资源的利用,行动者可以采取什么措施得到自己所需要的东西;三是信息,对当下哪些条件可用于满足需要的认知。这些问题经济学已有论述,经济学用效用函数来描述偏好,可利用的手段用预算约束来表示,而信息也作为一种约束条件,早已

[①] 贝克尔似乎把理性与最大化分开了,他把人的行为具有普遍的最大化作为其分析的基本假设,却有非理性行为的分析。但贝克尔又说明"理性行为就是指效用函数或福利函数等良序函数的一致的极大化"。从分析中可以知道,他所说的非理性行为其实是指家庭或厂商,而不是个人行为,可见行动者的理性与最大化在贝克尔那里还是一致的。

被制度经济学和信息经济学用来分析经济行为了。

　　这三个方面确实已为经济学所阐明,但经济学中主要用此分析人的经济行为,并把行动者看作经济人,这三个方面是既定的,问题只是解出一个效用函数的最大值。我们所要做的,就是借这些工具分析人的社会行为,分析社会人的行为。这是经济学很少涉及的,贝克尔做过专门的研究,但他也把偏好如何形成这样的问题留给了社会学(贝克尔,1995)。而我们则要探讨这三个方面是如何形成的。

　　偏好是怎样形成的呢？有一些欲求诚然是先天具有的,如食欲、性欲等,但转化为需要,却要受到后天习得的知识的影响,这些知识决定了行动者对可满足欲求的事物的认知,从而决定了他满足欲求的可能范围,以及更偏好哪种可能;这种知识体系也包括行动者的价值观念,这也影响着行动者的偏好。某人本来爱吃某种东西,后来听说这种东西有致癌作用,于是就不再吃了,这就是知识的改变使他改变了偏好。还有一些偏好直接就是知识所创造的,本来人并无此类需要,有关的知识却使他认为此类需要是很重要的,如对纯粹表现为数量的财富的追求。偏好既然受到后天知识的影响,那么知识不同的人就有不同的偏好,如果有一块土地和一笔钱,在同等条件(同样的机会成本,同样的收益)下,传统农民会选择土地,而现代人一般会选择钱,经济学家则认为这些选择没有差异。这反映出偏好的差异,而偏好有差异是因为知识不同:在传统农民看来,土地是生存之本,有了土地才可能有其他东西,也可能意味着就会有其他东西;而现代人对钱的认识是更强烈的。经济学家知道,这两样东西实际上是一样的,可以用土地换得钱,也可以用钱买得土地,他用成本-收益法计算一下就知道了。

　　如何利用资源满足需要也是受到知识影响的。有什么样的知识,你就知道有什么样的需求满足方式,就对这些需求满足方式有什么样的评估,知识也影响你采用某种需求满足方式的能力。农民不使用某些新科技,是因为他们没有认识到新科技的优越,而只是看到了原有方式的好处。"城里人"可能由此就觉得农民笨,可是农民还觉得"城里人"有点小病就去医院排队也有点不可理解,他们可能会挖点草药把病治好。人们只用自己非常熟知的方式使用资源,因为他们确信这种经常使用的方式会包含着一种必然的联系。吉登斯指称,行动者需要一定的本体性安全感和信任感(吉登斯,1998),因此行动者一般不会使用他不熟悉的方式利用资源,尽管这种新的方式可能收获更大。我们辛辛苦苦读书十几载，那也是因为我们熟知这种方式能获得某些自己想要的东西，这好像也没比不接受教育的传统农民更有理性，他们也是选择了一种熟知的可以满足自己需要的方式。如果扣除风险因素，我们就会知道很多被认为是不理性的行为其实还是行动者自己最满意的。

信息的获得方式，以及对信息的利用，也与知识有着密切的联系。现代人可通过书本、网络等方式获得信息，可是农民一般通过与别人聊天获得信息，这是因为他们对信息渠道认识的差异；现代人对某地某东西短缺的反应可能是进行倒卖，农民可能会无动于衷，这是他们的知识差异影响到了对信息的利用。现代人有很多获得信息的方式是农民没有的，可农民也有现代人所没有的方式，他们能根据自然现象预测天气信息，而现代人一般不会。很多在我们看来不理性的行为，其实是源自行动者的信息不完备，这一点，制度经济学与信息经济学做了很多研究。

当然，满足需要的资源和信息的获得与利用，都还与其他外界条件有关，但这里探讨的只是在同等外界条件下的行为选择。只有假定这些外界条件相同，才能对人们的行为进行比较，才能讨论是否理性的问题。这些外界条件作为一种约束条件对行为的影响，下文将讨论。

讨论至此，我们可以知道理性与人们的知识体系相关，具有一种知识体系的人可能会认为另一种知识体系的人的行为是不理性的，但考虑到偏好、对资源的利用、信息等方面，我们就能发现这些行动者做出的确实是他们当下最满意的行为。理性与否实际是一个主体感觉的问题，是一个个人性很强的问题，我们能确信，人们的行为，总是当时在所有可能中使他自己最满意的行为，人是不会自我伤害的，因而人们都是理性的，农民同样也是理性的。这么普遍的行为假设，只有贝克尔坚持过。实际上，韦伯就指出过，理性可以有完全不同的终极价值和目的，"从一种观点来看是理性的东西，换一种观点来看完全有可能是非理性的"（韦伯，1987）。许多关于理性与否的争论很大程度上是理性概念的争论，只是各人使用的理性标准（可是很多人对自己使用的标准并无自觉）不一样而已（张其仔，1997），对实际行为的讨论用处不大。因而我们规定一个标准，把理性定义得如此宽泛，并没有伤害以前的讨论，而且这个标准也正是以往大家用得最多的。以往对非理性行为的界定，其实是站在一种知识体系的立场对另一种知识的解说，而这种解说是以本知识体系是合理的这样一个潜在假设为前提的。文化人类学的文化相对主义告诫我们,不应该以这样的眼光去看待别种文化。对于理性,当我们自觉到自己理性行为中的不带普遍性的知识基础时,我们便不能以自己的理解作为别人行为的标准。

理性一旦被定义得如此宽泛,便有失去解释力的危险。但以前所用的理性概念本身对行为的解释也是没有多少力量的,有意义的只是对行为的具体讨论,以及隐藏在背后的对理性的理解。我们这里重新规定理性,把它作为人的行为的普遍前提,并不是认为借此能有所发现,我们只是提出了人不会自我伤害这样一个基本上大家已经承认的命题。任何对概念的单纯创造、定义都是毫无意义的,有意义的是运用它去分析具体的过程。我们对理性的重新界定,也是为了对具体行为过程进行讨论,为了对行为中的偏好、可利用资源、信息的获得进行讨论。也只有具体的行为讨论,才可以把我们的"理性的农民"与农民学新古典主义传统的"理性的小农"区分开来。

我们需要讨论的是行为的偏好、对资源的利用、获得与利用信息的方式以及可利用的资源、信息等外界条件。我们以此为工具具体讨论"浙江村"农民的流动行为,对他们的社会流动行为做出解释。

项飙把"浙江村"农民的流动史分为五个阶段:

1. 1970—1980 年:地下的小群体流动;
2. 1980—1982 年:公开的小群体流动;
3. 1982—1984 年:完全进入市场的小群体流动;
4. 1985—1986 年:连锁流动;
5. 1987—1995 年:集体流动。

从下面的"故事二"与"故事三",我们可以了解这个流动史的大致情况。

故事二:"哥伦布"的故事

谁是第一个到"浙江村"拓荒的"哥伦布"呢?在"浙江村"内有几种不同的传说,但比较一致的是认为刘泽波是"浙江村"的"哥伦布"。我们可以通过刘泽波来看一下"浙江村"是如何形成的,这些浙江人是如何来到"浙江村"的。

刘泽波生于 1943 年,1963 年初中毕业,跟着别人学裁缝,后来自立门户,每月交给队里 30 块钱,因为一个满劳动力一天的工分是 1 块钱,30 块钱等于是全出满了,这样就能在年底和大家一样分粮食。那时他一天能挣 5 块钱,剩下的收入就归自己。后来分了地,但刘泽波仍然做衣服,地由老婆种。1980 年,有一个支边青海乌海市的温州人回家过年时告诉同乡人:乌海做衣服一件能比家里多赚 3 块多!劝同乡人出去试一试。"他当下这么一说,先是一些手艺不太好,或者根本不怎么会做衣服,在家里挣钱不多的人跟他去。人嘛,去那么远的地方总有点担心,我当时在家里就算不错,就没动心思。哪里知道他们年底(1981 年春节的时候)一回来,一个人挣了一两千块!而那时在村里做衣服,一年吃剩用剩能有一两百块就不错了。"于是刘泽波也决定出去,他带上老婆和一个孩子,还有一个妹妹,总共才带了 1 000 多块钱,来到了乌海。在乌海做了一年,赚了一万多块。听说包头很大,东西卖得起价,于是又去包头做了一年。去包头前刘泽波等 10 户比较亲近的人家进行商量,"那时不像现在,到别的地方去还总想和别人一起走。我们 10 户中有人反对去包头,觉得冒险"。10 户中只有 6 户去了包头。在包头做到 1983 年,刘泽波去北京进布料时发现北京人很多,布料也多,"在这里肯定赚钱",于是刘泽波又来到了北京。"我们随便上了 17 路车,乘了几站在木樨园下来。也是随便下,觉得差不多了,下了车边走边问。"他们租了几间北京人的房子,就在北京做起了服装,并且到长椿街租了一个摊。

刘泽波他们在北京赚了钱,就有消息传到芙蓉、虹桥,说北京钱好赚,这个消息又传给了外地的温州人,钱容光、姚信安等本来在甘肃的温州人也全来了北京。刘泽波等还不断从家乡带人来北京,村里的亲友请刘泽波等在北京帮忙租间房,教做衣服,跟着他们来到了北京。"我们没有这种心理,说自己赚了钱,就想主动把别人带来。他上来要是不赚钱呢?生意这东西是不敢劝的,除非是在家里有苦难的,真想帮他忙。""人都是灵的,哪里生意好做,你不讲,他也会知道。在北京,一条裤子能赚七八块,是外地的两倍!到 1985 年下半年,这里的温州人就有 200 来户了。"

"浙江村"就这样不断扩大,生意也越做越大,浙江人忙不过来了。从 1990 年前后开始,"浙江村"大规模地从湖北、江西、安徽等地招聘工人,吸引了大量外地人流入北京。当北京聚居的浙江人达到八九万时,由于他们从事的行业相近,竞争势必加剧,温州人就开始从北京向其他地方扩散。1988 年前后,有人向四川、河北、陕西、天津等地扩散,1998 年向武汉、重庆等地进军,趋势是从大都市向更小的城市扩散。"浙江村人"认为:越是小本的生意,越要在大地方做,因为那里老乡多,"就跟火车站人挤人一样,不用你自己用力,抬着你就走了"。而有了一定的资本,到小地方做,资本的利用率反而高。

这种流动行为似乎很容易解释:城市的生活条件比农村好,因此能吸引农民大批涌进城市,这是人口学迁移理论中常用的"推—拉"模式。但这个模式对解释农民的行为是有缺陷的,按照这种解释,农民的迁移应该是自古就有,至少是鸦片战争后出现城市/农村二元经济以来流动会持续不断,但这种情况并没有出现;而且"浙江村"农民的流动还有"历史",并不是一直不变的,而城市比农村"好"这个条件却没有改变。我们从刘泽波的流动经历中知道,刘泽波第一次外出是有顾虑的,没有欣欣然往城市跑,虽然那里做衣服比家里更赚钱;当他们决定向包头进发时,也有四户农民不肯再往更"好"的地方流动。这种理论没有考虑到农民的理性行为是与现代人不同的,用自己所认为的"好"规定了农民的"好",所谓城市比农村"好",是用他自己的标准去衡量的,并且认为农民把他们自己与城里人进行了比较:城市收入更高,生活水平更高,文化水平更高,城市每样都比农村好。可是农民是这样认为的吗?

人口学迁移理论中的"推—拉"模式还有修订版,加入了对迁移障碍的讨论。农民在20世纪80年代以前无疑是存在迁移障碍的,因此不是简单的"推—拉"所能解释的。米格达尔(1996)讨论了一种迁移障碍:农村中存在的社会分层阻碍了农民的现代化。新中国成立以前的农民迁移可能存在这种障碍,但以后这种障碍并不具有重要性,农村已经很平等了。从刘泽波及项新平、张有文的叙述中,我们也确实没有发现这种障碍;而且到80年代中后期,中国有几千万农民离开了祖祖辈辈耕耘了几千年的土地,如果存在米格达尔所说的社会分层的阻碍,这种超大规模流动是不可能存在的。

农民流动的障碍还在于他们的理性,在于他们的偏好与现代人不一样,因此他们不容易产生"城市比农村好"这样的想法。韦伯在《新教伦理与资本主义精神》中举了这样一个事例:

> 在农业中……雇主常常遇到一个很奇特的困难,其发生频率之高往往令人惊讶,即提高计件工资常常招致这样的后果:在同一时间内做完的活儿不是多了,而是少了,因为劳动者对工价提高的反应不是增多而

是减少其工作量。例如,某个人按每英亩1马克的价钱一天收割了2.5英亩地,从而挣得2.5马克。现在,工价提高到每收割1英亩得1.25马克。本来他可以轻而易举地收割3英亩地,从而挣得3.75马克。但他并不这样做,他只收割2英亩地,这样他仍然可以挣得他已经习惯得到的2.5马克。挣得多一些并不比干得少一些来得诱人。他并不问:如果我尽力去做,那么我一天能挣多少钱呢?他却这样问:我要做多少活儿,才能挣到以前挣的2.5马克来打发传统的需求呢?这就是这里所说的传统主义的一个例子。人并非"天生"希望多多地挣钱,他只是希望像他已经习惯的那样生活,挣得为此目的必须挣到的那么多钱。

这个事例说明农民的偏好与现代人确实不一样,他们以"维持原状""避免风险"为偏好,而不是我们所熟悉的"利润"。刘泽波开始时不愿去乌海,就是因为"去那么远的地方总有点担心",为避免风险,就"没动心思"。这与现代人急功近利有天壤之别,好像无法理解,实际上也是农民的理性行为,是农民最满意的行为。这种偏好对流动行为造成的障碍,是最难克服的:他都不以此为目标,又怎么可能达到呢?农民根本不对城市高收入感兴趣,又如何有决心克服种种阻挠向城市流动呢?农民的这种偏好,使中国农村保持高度稳定,新知识、新科技很难进入,确实是对中国现代化进程的一个障碍。

这个障碍最后消除了,要不然我们就看不到今天几经拆毁却依然壮大的"浙江村",就看不到几千万农民"南征北战"。西方农民的改变,是受到新教伦理的影响,具备了资本主义精神,勤勤恳恳地工作。中国没有新教伦理,那这个障碍又是如何消除的呢?

故事三:寻求生存

刘泽波是最早来"浙江村"的人之一,但他显然不是最早外出的人,这从刘泽波的叙述中就可得知,在他之前就有人外出了。那么,这些较早出去的人又是怎么想的呢?是什么促使他们离开家乡的呢?我们想通过"浙江村"中两个比刘泽波更早外出的人的故事,了解一下早先外出的人的经历。

项新平父母早丧,由小叔和婶婶抚养成人,上了三年小学。到10岁时,因为小叔家很穷,还得抚养他兄妹和四个堂妹共六个孩子,项新平就自愿辍学,帮小叔干活,放牛、割草、砍柴。17岁时开始跟小叔背树做买卖,当时这种活动是被严厉禁止的,因此要在晚上背树上路。一次下雨,项新平走过一座小桥时掉入河中,摔成重伤,小叔再也不敢让他去背树了。"我知道他是为我着想,但我不能不干活、不赚钱。那时我有一个堂叔一直在江西省当包工头,那年春节他回家想再招一些包工。当时我想这是个好机会,就把想法告诉我小叔,小叔最后勉强同意了。那年我刚满18岁,就外出干苦力。"他先在江西上饶干活,后来又到湖北襄樊。"我们正好是12月去的,襄樊比上饶冷多了,冰天雪地。当时我赚了一点钱就寄回给小叔,舍不得买鞋袜,脚上穿着破袜子和破解放鞋,即使这样,我还舍不得穿着它们上工地干活,一般干活时穿草鞋,脚冻红了,就用手使劲搓几下,接着再干活。"他还去过宜昌、太原、新疆等地。

张有文21岁报名参军,七年后退伍,当时"文革"刚结束,但尚未恢复正轨,就没给安排工作。"退伍时我已28岁,还没学到一门手艺,怎么养家糊口呢? 我们老家人多地少,仅靠种田是没办法养家的,再说我当了这么久的兵,也不愿再干种田活。"他先在大队米厂干了一年多,赚的钱仍很少。去学开车,又觉得太冒风险,生意也不好。他就外出到江西当木头工,赚了点钱,就回家过日子。"家庭生活如果好,就不必外出做工;因为家里生活差,才必须外出赚钱填口养家。""在家里干了三年农活,同时在农闲外出季节靠体力赚点零花钱用,生活很简朴。当时看到很多邻居外出做生意,每年都能赚回一些钱,比我在家种田好得多,外出的念头又重新拾起来。所以1986年全家来到北京。"

这两个人都是在"文革"后期、改革开放以前就有外出经历的,我们能看出,他们都很艰苦,他们出去的动因主要是家里过不下去了,是为了寻求生存才远走他乡。这可以说是大部分早期外出者的共同特征,只是出去的方式不一样。①

我们来看最早自发外出的那批农民的想法,他们是偏好发生变化了吗? 我们可以用"故事三"的标题"寻求生存"来概括当时外出人的心态。项新平的小叔家要养活六个孩子,过不下去了,项新平在家里也没有什么赚钱的活可干,为了生存,他必须外出做工;张有文自己说"因为家里生活差,才必须

---

① 项飙(1998)总结了三种外出方式:"师傅带徒弟""参加修建社""从事供销业"。

外出赚钱填口养家",农民家里的生活一直就不好,一般的生活水平低不会让他们有太大的感觉,张有文如此说,说明家里不是一般的差,可能是影响到生存的问题;而先于刘泽波去乌海的人也是"一些手艺不太好,或者根本不怎么会做衣服,在家里挣钱不多的人"。

　　土地压力是中国农民遭遇的最大难题,中国的可耕地面积比例很低,而人口众多,因此人地关系十分紧张。到清朝中期,全国人口迅猛增长,已经造成了农业生产过密化,劳动力的边际产量十分低,大多数农民仅能勉强维持生存。共产党取得全国政权,进行土地改革,后来实行农业集体化,又通过城乡的二元分割,把农民牢牢地固定在土地上,但农业生产的密集化程度并未根本降低,农民生活水平还是非常低,基本上是维持在生存线上下(黄宗智,1986)。这种状况下,情况比较特殊的家庭生存难以维持是不罕见的,人口较多的家庭更是如此。农民仍然愿意维持生活的原状,并有恢复的努力,但又实在没有希望维持下去,在生存的威胁下,迫不得已只好外出做工,开始了中国农民大规模流动的第一步。但是这种外出做工还必须有一个条件,那就是外出找到工作的可能性很大,对外边也有些了解,也就是他们要有外边工作情况的信息和获得工作的资源。这通过他们在外的老乡、亲友而获得,项新平就是有一个堂叔在江西当包工头才去江西的,刘泽波他们则因为乌海的老乡而去了乌海。当时这样从农村出来的人也是有的,主要是各级政府的行为,比如项飙所说的"修建社""供销",都是跟政府有关的,与后来自发外出的性质不一样,却是这种流动的基础。只有自发的迁移才能声势壮大,真正触及农村的传统结构。

　　发生流动后,农民的偏好发生变化了吗?显然没有。张有文赚了点钱,就回家过日子不再外出做工了,这说明当时的流动行为纯粹是由生存的威胁引发的。开始时外边做工很苦,从项新平在襄樊工地的劳动我们便能看出这一点。因此外出做工在农村并不被认为是好事,刘泽波就认为比他先去乌海的人是不如自己的。这是流动史的第一阶段。

　　后来刘泽波看到,这些做衣服不行的人居然比自己还赚得多了、过得好了,这才动了心思。他听说城里赚得多,是不动心的,对维持原状的喜好压倒了对赚钱的喜好,因为他根本没想过要把自己与那帮城里人比较,他们似乎属于另一个世界。但他看到本村原来不如自己的人居然比自己好了,他心里就不能平衡了,也是为了维持原状,维持他比那些人好的原状,刘泽波下决心去了乌海。流动史的第二阶段开始了。

这里要涉及社会比较的问题。人们一般都有自己的比较群体,这个比较群体与他自己地位、观念相似,他会很注意这个群体的行为方式,并做出反应。这个比较群体一般是他生活于其中的群体,也有例外。农民的比较群体就是与他相处很久的同村居民,这些人与他相处既久,互相之间就进行比较,并互相学习。他们一般不会与城里人比较,因为那些人本来就与他们不一样,没有可比性,也就不会形成城市比农村好的概念;而同村人与他各方面都比较相似,就能进行比较了。比较会导致相近的行为,因为大家原本相似,其他人能做到的事,他也自信能做,并努力去做,力求做到不比别人差。刘泽波在农村生活较好,本没有了赚更多钱的念头,但看到他的比较群体赚得更多了,自然就想超过他们,至少不比他们差。流动史的第二阶段就是在社会比较的激励下发生的,这虽然也是一个比较,但与"推—拉"模式所说的比较城市与农村是不一样的。有了第一批人的流动经历,他们对外面的信息、谋生的手段有了更多的了解,出去的风险降低了,虽然社会比较的动力比寻求生存要弱,但农民较以前更愿意流动了。

这个阶段农民的偏好仍没有转变过来。到第三阶段,农民的偏好就发生改变了。刘泽波等六户农民毅然决然从乌海奔向包头,后来又转到北京,他们这时的行动既不是受生存的压迫,也不是为了比某些人更好,而是为了追求更高的利润。这时刘泽波的行为就像通常所言的理性人的行为了,追求利润成了他的偏好。也只有这种偏好的转变,才能使刘泽波等在无亲无友也不熟悉情况的条件下,勇敢地奔向据观察(没有人为他们提供任何保证)利润更高的地方。这与刘泽波最初不愿外出形成了鲜明的对比,那一次是在情况基本明朗的条件下他不愿冒险,而这一次是在情况基本未明的情况下力排众议地去冒险,这时可利用的手段、信息都远不如第一次,因而这种流动的形成只能是偏好的改变所引发的。偏好为什么改变了呢?我们将在下文讨论,但是第三阶段的流动,我们称为"利润驱动"好像没有疑义。这时的流动是在一些改变了传统偏好的人中间发生的。但后来由于北京的生意实在好做,又有先去者的示范作用,这一阶段流向北京的人越来越多,实际上还有一部分连锁流动发生。

连锁流动是项飙对第四阶段流动的描述。这时的流动是由先去北京的人带或吸引家乡的人前往北京。北京的温州人要扩大生产,需要增加人手,就回家带人出来；而家乡的人则为北京所吸引，也上北京找熟人做工或做生意。在这一阶段的流动中，大部分参与流动的人仍然是传统理性者，他们纷纷跑出来，不是他们要追求利润，而是因为老乡、亲友的示范作用，这与第二阶段的流动相似，流动意向由比较群体而引起；也带有第一阶段的特征。刘泽波说，他带来北京的人"是在家里有苦难的"，家里劳动力过剩，虽然生存可维持下去，但也只是在生存线徘徊，生存压力没有大到逼迫他们去未知的地方，因此他们不会最先外出。但在这个时期，他们的老乡、亲友已经证明了外边的世界也是可以生活的，并且老乡、亲友们为他们提供了很好的条件：给他们外界的信息，告诉他们在外生存的手段，并且直接帮助他们获得这些手段。中国多的就是这种在生存线徘徊的农民，他们在条件有利的情况下，也愿意改变这种状况，因而大规模流动的潜力很大。但这些农民还是传统理性者，只要有好转，他们就要回家，外出只是为了回家更好地维持原状，有许多农民就在家建房，时刻准备回家去。这说明，只有偏好转变引起的流动才是可持久的。这中间也有少量追求利润的人，他们大都已经有过外出的经历。这一阶段的流动主要是由于先行者的带动而引起的，并且依靠他们提供了资源和信息，提供示范、资源和信息的人随着外出人口的增加而增多，流动的人也就越来越多，因此称为"连锁流动"是很贴切的。

第五阶段是大规模的集体流动。这时流动已成为一种常态，深入农民的思想意识中，外出不再被认为是迫不得已的行为，而是发家致富的条件。很多人富裕起来了，发家致富也就成为一种较为普遍的理想。20世纪70年代出生的一代成长起来了，他们生活在流动的时代，更是以流动本身为偏好，他们喜欢四处打工的生活，愿意学习新知识、新技术。我们在东莞进行社会调查时就遇到过这样的青年农民，这种青年农民无疑具有新的偏好。当人们外出时，他们已不再考虑这种行动是否冒险，赚取更多的钱已成为他们流动的动机，并且没有满足，"浙江村人"向全国扩展，就是他们不知足的表现。有这群不知足的人，这个因偏好变化而发生的流动，也就不断地持续下去。

我们以理性为工具分析了农民的流动行为，我们更有信心确认农民的行为是理性的。我们也确信，社会行动者的行为都是理性的，我们就把理性作为分析的工具。我们还需要探讨的问题是：行动者差异很大的理性，又是如何形成的呢？他们的偏好、利用资源的方式、利用信息的方式是如何形成的呢？他们又是如何获得所需要的资源与信心的呢？下文就要解决这些问题。

3. 生存方式、系与理性

上面我们讨论了农民的理性问题,以农民的理性分析了农民的社会流动行为。从上面的讨论可以看出,影响人们理性行为的作为偏好形成、对资源的利用、获得与利用信息的基础的知识体系是如何形成的,可利用的资源、信息等外界条件是如何获得的,下面还要具体分析一下。

刘泽波在离开乌海去包头时,我们确信他的偏好已经发生了变化。乌海短短的一年是如何使刘泽波的偏好发生转变的呢？原因在于刘泽波的生存方式变化了。刘泽波在家做衣服时,分田前向队里交钱,就能分得粮食,剩下的钱就是盈余;分田后有老婆种田,保证温饱。他在家做衣服并不涉及基本生活保障的问题,只是为了能比别人稍好一点,手头有一点多余的钱,他们家的生存方式基本上还是农作,做衣服并没有成为主业。刘泽波确实以做衣服为主,不怎么种田,但生活在农村,又保留有不做服装改种田的可能,在刘泽波心中占最重要地位的还是农作,他还是以农作作为自己的生存方式,而做衣服则是获得生存以外的东西。因而农作保收之外的做衣服的收入,他不会看得很重,有则有,没有就没有,他不会去刻意追求增加做衣服的收入,不会主动找生意,而且农村做衣服的人也不多,没有扩大生产的可能与动机。在非商品经济的农村,钱的用途比较有限,对钱的需求也就有限,形成不了对钱的持续不断的追求。这样,他尽管职业已变化,但仍保有农作的思维方式。而农作是周期性、稳定性很强的生存方式,这就使得他具有维持原状、回避风险的偏好,因为农作是要求每年都一样的,保持原样操作,没有什么风险。去乌海做衣服,刘泽波的生活方式就变化了,做衣服之外他再无别的收入来源,这时固定的粮食来源没有了,刘泽波的所有收入就只有做衣服收的钱。现在刘泽波必须花钱去买粮食,他的生存与钱直接相关了,脱离了与实物的关联。钱与实物不同,人对具体实物的需求总是有限的,很容易满足,拥有一种实物也不会形成对另一种实物的需求,当以实物维持生存时,就形成不了不断上进的动机。而钱不一样,钱能用于购买几乎一切实物,当以钱来维持生存时,就不再是饿了要吃饭,而是钱所能购买的实物都成了他的潜在需求,因为钱确实具有满足这些需求的能力,使他相信这些东西都应该被用于满足他的需求,钱创造了对其他东西的需求欲望。他拥有粮食时,一般不会想到用粮食去交换一张沙发,这样的物物交换是不常见的,他不会想到拥有一张沙发;而拥有钱时这就成了可能,沙发就成了潜在的需求。钱通过展示它与一切商品交换的能力,就把人对实物的需求都转化为直接对它的需求,这就创造了人对它本身的不断需求。人们一旦割断与实物的直接联系而与钱签订契约,就很难避免对钱表示终身的爱慕,很难避免对它投注全部的热情,这时人对钱的需求就没有了止境,就像一个热恋中的人,为了向心上人倾吐自己的爱意,他愿意不断进取。这样,传统的维持原状的偏好就变成了永不满足的追求新的货币的偏好。刘泽波来到商品经济的城市,开始了他的赚钱生涯的时候,他的维持原状的偏好就慢慢被追求利润的偏好取代了,城市里的衣服做不完,城市里的东西买不完,因此他的钱就赚不完、赚不够,他为了利润愿意冒险了,毅然决然就来到包头,又来到北京。其他四户的偏好应该也转变过来了,但害怕风险使他们不敢贸然去一个一点也不熟悉的地方,这就涉及能力及适应力的问题,刘泽波的能力比他们强。

生存方式决定了人们与事物的接触方式,影响着人们对事物的认识。生存方式的改变使人接受了不同的知识,认识到不同的事物,改变了对事物的原有看法,生存方式的改变往往就意味着偏好的改变,意味着理性行为的改变。当人们的生存方式改变、理性行为改变时,他们的行为就不再符合原有的行为模式,就与在原有行为模式的基础上建立起来的制度发生了矛盾,就会有冲突。那么是强大的原有制度获胜,还是弱小的理性行动者获胜呢?

故事四:国家的退却

"浙江村人"开始在先农坛、前门、天桥、东单等地摆地摊卖衣服。北京市有专门的摊点,但他们一般不租那里的摊位:一是因为摊位太少,很难租到;二是因为"政府搞生意上的事就是不行,那里当时没什么行人,来去的都是车,他偏偏在那里摆一排摊!如果在他们那个圈圈里走,挣不了钱"。摆地摊经常要被警察追赶,有时东西会被没收。但在担惊受怕之下,摆地摊还是很赚钱的,好的一天能卖下几百块钱,这种方式也就长盛不衰。后来北京市甚至对摆摊的人进行收容,驱逐出京,但被驱逐的人到外地逗留半个月,又会溜回北京,重操旧业——北京市场的吸引力实在太大了。

1985年前后,温州人开始包租商店里固定的柜台,固定柜台赚钱多,衣服价格高,一年能赚好几万元,而且没人赶。开始时商店的柜台是不准出租的,说这会危害到公有制的主体利益,发现了还要重罚。但温州人不管这些,他们一旦看准了正式商店的柜台,就采取各种方式向商店求租:送礼、请吃饭、软磨硬泡。他们都形成了一定的模式,知道什么时候应该送礼,送什么样的礼。有一个温州人为租一个柜台去了商店七次,还去了一次经理家,最后经理只好把柜台租给了他。这种出租当然是瞒着工商局的。商店知道这是违法的,但商店东西陈旧,效益很差,而"浙江村"的东西很合时,非常好销,商店出租能收到丰厚的租金,这些租金可能比整个商店的利润都要多。周住权就这样租了一个柜台,营业员用商店的,周自己收现金,每月交租金。"开始营业员的工资是店里给的,和别的营业员一样。后来我不放心,这样营业员和我没感情啊,多卖少卖和她一点关系没有。我和经理商量,每个月我的租金减下来100元,营业员的基本工资由店里按过去的规定给,她的奖金我来给。试了三个月店里又说不行。别的营业员有意见,因为我给的奖金太高。最后我给奖金的时候先跟店里通气,商量着给。"

工商局顶不住了,底下偷偷摸摸搞出租的越来越多,根本查禁不了。1985年开始允许搞联营,也就是引厂进店,工业企业可以在商店里摆自己的专柜,派信息员,商店负责经营。开始规定联营比例不得超过总柜台数的20%,这样工商局更不好查了,他们分不出哪个柜台是商店自己经营,哪个是联营,只好再退一步,1987年开始允许出租,但不能超过30%,1990年又增加到50%,再后来只要不是全部出租就可以。

国家毫无办法,只能步步退后,而农民工商户却很有手段,引厂进店时,他们在全国各地租、借企业的营业执照,还有一批人专门干这种事,使得商店里从天南海北引来的"厂",实际上就在北京。

上面的"故事四"讲述的是农民怎样使国家一步步退后,使制度发生改变的。"浙江村人"不再是传统的农民,他们的生存方式不再是种田,而是从事服装行业,他们需要销售自己的产品。而原有制度没有这些已经改变身份的人的地位,它要迫使他们恢复到从前。可是生存方式发生了改变的农民不能再像以前那样,他们必须在城市销售衣服,他们看到了制度的阻挠,但他们要生存,这比什么都重要,于是他们充满力量、想尽办法与制度展开了较量。他们不知道这是制度设置,他们只知道不允许他们包柜台的是一个个具体的人,是商场经理、警察、厂长,他们也就没想去人大立法改变这一制度,也没想去政府决策部门要求改变政策,他们就跟这些具体的经理、厂长交涉,劝他们接受他们及产品,并且用了很多他们在家乡时不会使用的手段。制度开始时无比强大,无可改变,但他们的行为具有韧性与长期性,因为这关乎他们的生存,一点一点渗透,把那些具体的人一个个说服了,制度仍然存在,但没有人坚持,大家都另有一套,最后制度只能改变了。

理性的行动者很弱小,他们是水滴,制度很强大,是顽石,当水滴往下掉时,最后总能把石头磨穿。而因为重力的作用,水滴总是要往下掉的,这个重力就是人们的生存方式。人们就是用这种默默的但是坚定的理性行为改变了强大的制度。这正像弗里德曼描述的,在理性人的共同行动之下,政府政策在长期内无效(Dornbusch,Fischer,1994),在理性行动者面前,与他们的生存方式相悖的制度也必将消亡。

改变了生存方式的理性行动者不但能使旧的制度一步步退却,最后消解,而且还能创造出适应他们的生存方式的新形式。从下面的"故事五"中我们能看到"浙江村人"创造了亲友独立经营、记细账、采用股份制、雇用营业员等新的形式。

新的形式是因为新的需要而出现的,"故事五"中也分析了这些新的需要。创新先是在少数几个人中间发生的,后来大家"觉得合理,跟着学"。学的人多了,并且不断改进,便成为一种形式保留下来,甚至成为一种制度。"觉得合理"是因为与他们的生存方式相适应。

故事五:农民的创造

"浙江村人"都把亲友关系看得很重,他们从家乡出来远走世界各地,一直就是依靠这个关系网络流动、做生意。亲友网络是他们能发展壮大的很重要的原因。早先外出时,全国的温州人还是比较少的,在一个人生地不熟的地方,他们最好的方式是团结在一起,进行合作。开始做生意,亲友之间互相信任,加工服装的把衣服卖给销售的,或是托人代销,交货时不立即交钱,甚至不用交定金,等衣服卖出后,或资金紧张时再一次性清偿,有时连账都不记,就凭记忆。在生产过程中,相互调用生产资料,交流技术,换工;在销售中,采用代理,先提货,后付款……通过这些,节省了交易成本,极大地提高了经营效率。开始做生意时资金比较少,而对这种社会资本的利用则起到了弥补的作用,使得温州人生意越做越大。

1989年,"浙江村"的拳头产品皮夹克远销俄罗斯,生意做到了外国;1992年,"浙江村"的产品进入国有大商店;又开始投资建"大院""市场"这种大项目。生意做大了,情况也就发生了一些变化。亲友一般不进行合作,各做各的,账目分开,只在需要时仍能从关系网络获得帮助,"浙江村人"有一个观念,"能分的时候马上分",亲友合作做生意难免影响到亲友关系,不是长久之计。[1]

在大商店租柜台,不能再自己直接卖衣服了,就招聘营业员。营业员不能找亲友,甚至找温州人都不太合适,因为她们普通话说得不太好,营业员一般来自北京、河北、江苏和安徽。这就出现了一些新问题,卢连德说:"我们只让服务员记总账。就记下一天下来总共卖出多少件,收了多少钱。卖了多少件,每件多少钱是没有账的。我们毕竟是从农村里出来,没有做账这套习惯,都用脑子记。结果自己一天给柜台上送多少件衣服自己都搞不清楚。那几年生意是好了,可是赚的钱就不多,就是内部管理跟不上,全是糊涂账。有一个营业员给我干了两年多,自己买了一套20多万元的房子,你说她钱从哪里来啊?后来'浙江村'里有开始做细账的,我觉得合理,跟着学。"

"浙江村"在做衣服的和绣花的、锁边的之间建立信用制度,月底或年底记账;大院和市场兴起之后,在这些大项目上采用股份制,还聘人做经理,实行经营权与所有权分离。这些新形式虽然在其他地方早已存在,但"浙江村"采用这些形式却并不是模仿,而是根据自己的需要进行的创造,他们的细账就做得具有"浙江村"特色,不是从其他地方学来的。

上文已经论述,偏好形成受生存方式的影响。从上文对农民理性行为的

---

[1] 关于这个问题,项飙(1998)有详细的论述。

分析中，我们还能看出，理性行为也受到"系"①的影响。"系"是行动者的现实的和潜在的社会关系网络，是他和与他交往及有可能交往的人的社会关系的总和。

人们的知识体系受到系的影响，一般与自己系里的人相同，因而理性行为也相似。这种相似的知识体系是通过社会化传输给行动者的，社会化是在系里进行的。人们的知识都是通过与人交往获得的，人们通过系——与他人的关系——与人交往，关于社会的知识也就由系传输给行动者，系的行为就影响了行动者的行为，这使行动者学习了系的偏好、对手段的利用、获得和利用信息的方式。社会化一般被认为是教人以社会的规范，又被认为是教给人一种亚文化，实际上教给行动者的是系的知识体系，这包括系的价值观与行为方式，这些价值体系不一定就是符合社会规范的，也包括如何去摆脱社会的规范的束缚。社会化也不只是发生在童年时期，只不过童年时期的社会化影响比较深远，社会化是随着系的变化而变化的，先前的社会化会影响行动者的交往，因而影响行动者的再社会化，这使系比较稳定，因此人的行为也就具有稳定性和可预测性。

由此可见，所谓"理性"也不过是社会化的产物，是一种社会理性，是按社会一般的行为模式去行动。有些行为好像很有个人性，如口味，每个人都是不太一样的，但同一地方的口味还是大致一样的，还是有社会化的痕迹。我们可以知道，人的行为很多其实是社会的产物，现代人好像很有个性，但实际上只是因为现代社会的社会化形式多样，人们的接触面更广，可模仿的模式更多了而已。一般而言，社会所教的东西是最可靠的，它的条件和可能导致的结果都被人们看得非常清楚，考虑到本体性安全感和信任感，人们一般不会做出太令人意外的行动，因为这会使他们得到让自己意外的后果。解放时分田地，很多农民不敢要，这不是他们的行为不理性，而是这种取得田地耕种的情况以前没有过，不可靠。现在的股民们敢于冒险，那也是因为他们见过了很多玩心跳的人暴发了一回。

---

① "系"是项飙最早使用的概念，项飙指出：系是以某一行动者为中心的不同关系的组合，或者可以叫作"关系丛"。

与社会理性相对,还有个人理性,即个人独特的行为方式,这种个人理性①是很罕见的,必须对自己的理性背后的社会化背景有深刻的自觉才有可能。举例来说,建筑师建造房子,追求独特性,这是建立在他对建筑的深刻理解的基础上的,是一种个人理性行为;而农民在家乡建房子,一般都是仿照别人,因为这样不致让人看不顺眼,这便是社会理性行为。很多行为好像很有个性,但实质仍是一种社会理性,只不过模仿的不是主流而已。个人理性一定要对社会理性有深刻的自觉并进行扬弃才有可能,不是简单的追求个性就叫个人理性。按社会理性行动还是一种自然状态,韦伯说"只有靠一种永恒的思想所指引的生活,才能达到对自然状态的克服",我们的理解,这种永恒的思想只来源于深度自觉的个人理性,从这种意义上说,社会学知识是获得自由的手段。

人们行动的资源与信息的获得也与系直接相关,社会的资源和信息也是通过交往才获得的,人们的交往范围就限制在系里。温州人外出前,一般是有亲友在当地,在外地一般找亲友帮助,直到能够自立,这样才能有可靠的信息来源,并且有亲友提供资源。这使温州人早期的流动有扎堆的特点,这也是早期流动与连锁流动能够发生的原因,也是温州人以做衣服为主的原因:并不是大家原本都会做衣服,而是从亲友那里能够得到的信息和资源都是与做衣服有关的,"技术不够,关系来凑"。

人们的理性由生存方式决定,又受到系的影响,那这两个方面是不是独立地对行动者的理性行为发生影响呢?我们应该注意到,人们不是在自然界中孤零零地生存,而是生活在与别人的关系中,生活在他的系中,他的生存方式就是与别人的交往,就存在于与别人的关系之中。因此,理性行为就是由系决定的。系决定了他的生存方式,与生存相关的交往决定其他交往,生存方式又决定了他与别人的交往方式,决定着他的系。"浙江村"的关系网络影响了里边人的生存方式,而这种生存方式又反过来决定着他们与别的人(国家干部、商场经理等)发生关系的方式,并且使其内部的关系也发生了重构。

上面我们讨论了理性行为的发生过程,我们再来看一看吉登斯对行动的

---

① 张其仔的结构理性与个人理性与此概念不一样。他的结构理性其实就是考虑到制度约束等外界条件的理性,而不是由于理性的内部结构有什么不一样,而我们所谓的社会理性与个人理性的区别正在于内部结构的差异。

论述。

吉登斯认为行动者的行动总是有意为之,这就是能动作用,行动者的意图虽然不一定能用话语表达出来,即受到话语意识的指导,但他的实践意识总在发生作用。行动者有意的行动总是以较大的社会系统的结构性特征为依据。吉登斯对行动的能动性讨论得非常详细,对意识、行动本身都有大量的论述,但是他没有对"行动以结构性特征为依据"有更多的论述,我们无从知道结构是如何影响行动者,使他的有意图的行动带上结构性特征的。作为试图超越二元对立的理论,结构化理论应该更多论述结构/能动的关联,可是吉登斯花费大气力讨论行动本身,却对这种关联基本上没有论述,只有一句话:"社会行动者的日常活动总是以较大的社会系统的结构性特征作为依据。"一方面,他反复地强调行动的能动性,依据结构性特征成为一句空话,这使他的理论带上了他所谓的"解释学"的色彩;另一方面,吉登斯的结构是社会系统的规则与资源,如果这种规则没有通过任何具体过程就作用于人的行动,吉登斯就又带有结构主义的色彩。吉登斯不但没有超越二元对立,反而弄得在结构主义与个人主义之间左右都不是,只是具备了双方的缺陷。原因就在于他的理论没有具体说明,等于什么也没说,空洞的理论总有被人任意填充内容的可能。吉登斯对行动在社会中的具体特征,也只有不多的论述,他提出例行化的概念,行动者需要一定的本体性安全感和信任感,他要做出习惯性的行动,以使日常活动与社会情境之间的关联可以预见,这样才能保证本体性的安全感,否则就会产生焦虑,因此行动者的行动带有熟视无睹的盛行的行为风格与形式,这就是例行化。例行化的概念非常重要,吉登斯为超越二元对立而对行动进行分析的过程中,创造了不少的概念,例行化概念与实践意识是对分析有所帮助的不多的几个概念中的两个。例行化解释了行为方式为什么保持基本稳定,但是这个概念解释不了行为方式的变化,如果人们的行为只是例行化,那么新形式的行动就不能产生。吉登斯用了"意外后果"这个词,好像就解决了这个问题,但意外后果又是如何发生的呢?意外到什么程度呢?他没有说明。如果仅靠一个概念就能说明问题的话,那么直接宣称问题已获解决更方便,吉登斯的结构概念也有这样一个缺点。结构被界定为社会系统的特性,是一套规则与资源,吉登斯论述到,结构性特征是行动的依据,行动又再生产了结构性特征,结构是行为的中介与结果,这样循环往复下去,再怎么样都无法产生变化,结构总是再生产自己,没有其他因素的介入,它是无法发生变化的。吉登斯没有说明结构为什么得以产生和维持,他说结构化是支配结构维续或转换的条件,却不说明这种条件到底是什么。吉登斯确实有他的变迁理论,但这个变迁理论与他的结构化理论对二元对立的超越没有直接的理论关联。

我们提出行动理性化,基本可以解决吉登斯的上述缺陷。我们消解了吉登斯的结构概念,行动者不是依据虚无缥缈的结构性特征采取行动,而是通过理性化这样的具体过程,使自己的行动带有系的特征,他们的行动只受到系的影响。而生存方式的变化,则是行动者理性变化的原因,是行动方式发生变化的原因。

按照吉登斯对结构的界定,把结构理解为一套规则,他的结构概念就与人类学中的文化概念相近,基辛(1988)对文化的讨论与吉登斯对结构的讨论连过程都比较相似。但是人类学家所说的文化是一个个具体部落、村庄、聚居群体的底层规则,不似吉登斯的结构虚无缥缈,文化是一个有意义的分析工具,而结构则是空洞概念的创造,什么问题都说明,又什么问题都说不清楚。现在有人随意套用文化概念解释问题①,这就使他们所说的文化不再像人类学中那样具体,而是和吉登斯的结构一样,随意往任何问题上套,却不做具体的分析与说明,因此变得毫无意义。

关于文化的变迁,有很多人类学家用人的物质生活解释,马文·哈里斯(1990)更是认为:社会文化系统的演化主要是人类生活对物质条件的适应。哈里斯把自己的理论称为文化唯物主义,他用人类生存条件的变化来解释文化的起源,论述了人类的文化是怎样随着生存条件、生存方式的变化,一步步发生变化的,他引用了很多原始部落文化论证了这一点。可吉登斯是绝不会用这种理论的,因为它带有马克思主义历史唯物论的色彩,哈里斯自己也宣称受到马克思的影响。我们能从吉登斯的作品中随处发现他对历史唯物主义的警惕,不管是谁的理论,只要有历史唯物主义的倾向,吉登斯马上就会不假思索地认为是一个缺点,他一般也不论述为什么是一个缺点。可是很多读者都发现吉登斯有些东西像是马克思主义,我们却认为像那些随意套用马克思概念的庸俗马克思主义者的空洞论述。为反对一个人的理论体系而反对他所有的论述,甚至相似的论述,这是学术上的不宽容。是作者带有意识形

---

① 秦晖在《文化决定论的贫困》一文中探讨了这个问题。

态呢,还是以批判马克思为职业?要不然为何如此警惕?这对学术明显是有害的,特别对吉登斯这种准备综合的学者更加有害。一种对社会现实做出过深刻考察的具体研究,不管其基本观点对错与否,总有可吸收之处,不问究竟的批判、不涉及实际的理论才是无意义的。

我们的观点与哈里斯是相近的,我们也强调生存方式对人们理性行为的决定作用,把生存方式的变化作为人们行为模式发生变化的原因。哈里斯主要把这个观点使用于原始社会,用于文化的起源,我们认为这对于现代社会也是同样成立的。现代社会精心营造消费需求(方文,1998),生存资料的生产已经成为很小的一部分,人们的生存好像已不成为一个问题,但是不断地创造消费正是现代人的生存方式,如果不创造消费,他们就会失业,失去生存的基础。而创造消费这种生存方式,使大家忘却了根本,变得虚浮起来,这使现代的东西大都带有泡沫的性质,如经济泡沫、学术泡沫。生存问题已被现代社会埋藏到了最底层,因而遭到了忽视,它对人们的影响也更隐秘,隐秘到连学者也不能注意它,因而他们还要自己创生出很多问题,构造出许多概念,才能证明自己存在的意义,像韦伯和涂尔干那样的直接生发自实际问题的思想越来越少。我们现在要创造问题,这样的生存方式,不是一种悲哀吗?不是一种毫无自觉的社会理性行为吗?

4. 理性化与社会自主性

吉登斯宣称要超越结构主义、功能主义与解释学的对立,我们在上文中已经指出,他实际上仍然有解释学的色彩,只是加入了结构主义的缺点。结构化理论带有解释学色彩的另一个方面是这个理论基本没有论述社会的自主性(物化)。吉登斯也提到过这个问题,但很简单:"社会系统的结构化特征在时空向度上延伸开去,超出任何个体行动者的控制范围。它也不排除以下可能性,即行动者自己有关社会系统的理论会使这些系统物化。"与他长篇累牍地对行动的论述相比,关于社会系统的描述无疑是太少了,因而他虽然也说系统物化具有可能性,但一直也未对这种可能性如何可能做出论述,他接下来有对制度的一点论述,但没有提到制度如何物化。他对上面论述的补充,"而这些社会系统的反复构成却正是得益于这些行动者自身的活动",

使他看起来更像一个原子论者,虽然这句话只是说"得益",但看上去像在表达社会无非是个人的集合这样一个个人主义的观点。吉登斯实际上就是把社会看作个人的集合,他的论述与解释学相差无几,他无非是强调了具体情境对行为的影响,可是这一点解释学的某些代表人物早有论述;他还在行动中加入了结构化特征的调料,但既然没有结构物化的论述,那这种调料就改变不了原来的味道。空洞的理论总是会带上自己不自觉的特性,因为它没有经过深刻反思。

吉登斯对社会(系统)的论述是如此之少,以致在他的理论中实际上找不到他对社会/个人这个二元对立的超越。他在书后对结构二重性的解释是:结构同时作为自身反复组织起来的行为中介与结果;社会系统的结构性特征并不外在于行动,而是反复不断地卷入行动的生产与再生产。从这句话的后半部分可以看出,吉登斯原本要解决的问题仍然是社会系统与行动(社会/个人)的二元对立,结构性特征只是社会系统的规则和资源。但是在他的理论阐述中,他又好像是生造了另一个问题:对结构/个人二元对立的超越。结构只是被定义为社会系统的规则与资源,社会系统怎样体现这种规则却没有详细论述,最多是一个行动者对另一个行动者的共同在场制约,他们相互体现着结构性特征,可是就能称这两个行动者为社会吗?吉登斯好像是这样认为的,所以他的社会仍然只是行动者的简单集合,根本不会存在什么自主性。我们上文中对结构化理论的图示,其实在吉登斯的理论陈述中是不清楚的,根据他的陈述,图示似乎应该是:

结构 ←——— 行动者

图 2 吉登斯结构化理论图示

但这样根本不能说是在解决社会/个人(结构/能动)这个二元对立,图示好像表明吉登斯是在解决结构/能动的二元对立,但我们要注意吉登斯对结构概念的替换,如果这算一种解决,那就是偷换概念的解决方式。我们只是根据吉登斯所应解决的问题,替他思考了一部分,画出了上面的图示,这是符合他在书后对结构二重性的解释的。

我们决心不用概念推演理论,我们从事实来分析物化,分析社会的自主性,我们还要证明,这种自主性是以个人的理性行动作为基础的。

故事六:"我们"眼中的"他们"

在外人看来,"浙江村"是一个整体,但在"浙江村人"看来,却是分成不同的"帮"的,刘泽波就分得清楚,他说"我们就算芙蓉帮的",而钱容光"他们是虹桥帮的",这是最早的两批人,姚信安则带来了另一帮人。在居住上也分得比较清楚,虹桥芙蓉镇人多住在马村、邓村和后村;乐清蒲岐、城关一带人多住在石榴庄;西罗园以大荆人为主;大红门东后街几乎全是虹桥区港沿乡人;马家堡以永嘉人为主。他们看一个地方的人习惯于把对方作为一个整体,形成一个总的印象,一个大荆人评价白溪人说:"白溪人横,做生意厉害,但是不好处……他们来北京开始还是挺团结的。但外面人怕他们,不太和他们来往。他们的生意反正一直没做上去。"一个芙蓉人说:"像芙蓉、虹桥的,有钱的上千万、几百万的有,亏的亏个几十万的也多得是。岭底人就比较平均。每个人家里都有个几十万的。这一平均,势头就上来了,哪个出来别人都敢和他做,路数就广了。"芙蓉人被想象为最坏的,"赖皮"。比如在代销中出现的拖欠款,以及有意的诈骗,一般是虹桥人作案较多。大荆人则被想象为最老实,但经济上较差,赚大钱的少。大荆人认为芙蓉人和虹桥人差不多,可归为一类;芙蓉人认为虹桥的和清江的差不多。这些相互的想象,在与别人交往越少的人中间就越强烈。

但是"浙江村"也出现了各个地方人之间的杂居,当永嘉人做皮夹克、乐清人包柜台的格局形成以后,就有一些乐清人为了生意上的方便,及时了解加工情况,就通过永嘉籍的生意伙伴的帮助,搬到永嘉人聚居的马家堡,渗透到永嘉人的"领地"中去。永嘉人也积极向乐清人居住的海慧寺等地渗入。

从上面的"故事六"中我们可以看到集体意识的存在。涂尔干认为,集体意识存在于个体的意识之外,每个个人的意识都只包含其中的一小部分,它不是由个人质素构成的,却影响到个人质素,大多数集体意识都很弱,因此在个人心中扎不下根来,影响是肤浅的,几乎完全停留在外部(涂尔干,1996)。"浙江村"内部不同地方的人对其他地方人的整体性看法,便是这样一种集体意识;而每个地方的人给其他地方人一个总的印象,也是一种社会事实。无论是给其他地方人的印象,还是对其他地方人的看法,都不是每个人形象或看法的加总,也不是每个人形象或看法中共同的部分。"浙江村人"会对别人说他对其他地方人的看法,但与这个地方具体的人交往时,他便不会再这样认为。乐清人对永嘉人有一个整体看法,他们认为永嘉人与他们是不一样的人,但他们和永嘉人也做生意,相处得很好,并且搬去与永嘉人住在一起,这不是因为乐清人改变了对永嘉人的整体看法,而是他与之做生意的、住在一起的是具体的永嘉人,不是永嘉人整体,这些具体的永嘉人与他们自己没有什么区别。这种整体看法并不影响交往,表明它并不扎根在人们的心中,人们虽然这样说,却并不是内心很清楚的认识。

整体看法与总体印象是社会事实,具有物化的特征,但也是人们理性行为的结果。开始来北京时,温州人都是依靠亲友出来,形成了一个地方的人进行交往的局面,对别的地方的人不甚了解,这样容易根据少数人的情况形成泛化的看法,而持有这种看法,对于与自己交往圈子里的人的认同是有益的,能促进大家的团结,表明自己不会与别人做生意,这样在自己圈子里更能赢得信任。而对自己地域的强调,又增强了别人对他们的整体看法,他也愿意别人把他看作某一类人,这样与人做生意时就显得背景宽广,可调动的资源很多。这种个人理性行为产生的整体印象,经过传播、加工,就变得比较一致,不再为个人明确持有(它本来就不是个人所明确持有的),变成了一种社会事实。现在又随着大家生意圈的扩大,这种整体看法逐渐消失。

社会不但是一个物化实体,而且能自我满足需要,能生产出各种必需的功能。"故事七"讲述了"浙江村"是如何建立起自己的生活服务体系的。没有任何人提出要在"浙江村"建立生活服务体系,满足大家的需要,因此生活服务体系的建立不是个人有意识的行为。个人也不需要一个完整的服务体系,也没有个人能够建立一个完整的服务体系。建立生活服务体系是社会的需求,不是任何个人的需求,个人需要的是一个菜摊、一个饭店。社会有了需求,便自我满足了这种需求,"浙江村"的生活服务体系很快就建起来了,社会总是能创造出各个部门,满足它的种种必需的功能,这个过程外在于任何理性个体的理性行为。但这个完整的生活服务体系的建立也是个人理性行动的结果。从"故事六"中我们已经看得很清楚,每一个菜摊的设立,每一个诊所的开业,每一所幼儿园的建成,都是一群理性的行动者的理性行为,他们谁也没想要在"浙江村"建成完整的服务体系,可是这个服务体系的成型又确实是因为他们的理性行动。社会实际上是通过社会化塑造理性行动者而完成种种功能的,理性行动者都知道什么样的行为是被别人需要的,他们会根据这些需要采取行动,需要具体的个人采取这样行动的不是社会,而是具体的个人,具体的个人也没有意向去满足社会的需要,但社会通过社会化过程,塑造了足够多的社会理性行动者,因此它的需要总会被满足。

故事七:靠自己

1988年前后,"浙江村"形成了自己的生活服务体系。浙江人只是借北京人的地方形成了自己的社区,这是现有体制不能完全认可的,他们既不可能也不打算融入北京人的社区中去,他们就不能有效地利用北京已形成的生活服务体系。"浙江村"的居民说:"北京的医院是为北京人开的,北京的学校是为北京人的孩子办的,我们都是外来人,根本享受不到这些待遇。"温州人与北京人语言沟通比较困难,常常遭到歧视;生活习惯也与北京人不一样,很多温州人需要的东西北京人并不提供;而且有诸如户口一类的问题。早先的"浙江村人"基本上都是从事服装行业的,遇到了买菜难、看病难、孩子上学难等生活困难。[①] 随着"浙江村"的扩大,不能满足的需求增加了,社区对生活服务体系有了急迫的需求,就有了一部分在京浙江人从事服务行业。又是什么样的人在从事这些行业呢?

一类是没有能力从事服装业的。服装业本钱大,需要裁缝技术或其他能力,这不是所有人都能具备的,不能从事服装业的人,来北京之后一般就干起了服务业。有一个卖皮皮虾的,在家里经济比较差,到北京之后没有本钱做衣服,就在后村菜市场卖菜。有一家人做生意赔了本,全家来到北京,不敢再做生意,就办了一个成本少、风险小的幼儿园,干了两年之后,赚了一些钱,就又做起了衣服,"幼儿班还是累,赚得少"。还有一些老人,随儿子来到北京,服装做不了,就开个饭馆之类的。

另一类是在家乡就从事服务业的,家乡的人很多出来了,服务对象少了,赚不了钱,就把自己的店子开到了北京。开诊所的一般都在家乡时就有行医的经历,没有执照的赤脚医生也大都这样。一位姓朱的医生,本来

[①] 王春光(1995)详细分析了"浙江村"的各类需要。

在一所医院工作,但是"现在老家的人都跑出去了,病人都没了",工资、奖金太低,在朋友的鼓动下,就来北京开了诊所。一般需要技术的服务行业都属这一类,如理发、看病等。

"浙江村人"靠内部的力量,在北京解决了他们的生活需要,很快就在北京的土地上建起了菜市场、饭店、理发店、幼儿园、诊所、客运三轮车、长途汽车等生活服务体系。

理性行动者个人的行为,却建构了外在于个人的具有自主性的社会实体,这就是上文所要揭示的基本观点。理性行为是能动作用,它是一种在众多可能中做出的选择,因而是一种有意识的行为,即使人们没有话语意识层面上的思考,他们也是经过了实践意识的指导的——这是吉登斯的贡献。吉登斯通过意图界定能动作用,理性行为明显是满足这一要求的。但是我们认为能动行为还不仅就是一种有意图的行为,如果意图只是在社会提供的可能中进行选择,那还不是完全的能动性,能动性既然是要区别于社会结构的,那么就应该具有独立于结构的性质,具有个人性。吉登斯所说的行动是依据社会系统的结构性特征的,这如何能算真正的能动行为呢?理性行为就具有很强的个人性,行动者在做出行为时,很少考虑到整个社会的要求,他们不是按社会的要求行动,而是出于自己很具体的想法做出那些决定的,这使他独立于社会,具有能动性。只有这种能动性,才能使行动者具有改变社会的能力。

这样,能动与社会结构这两个原来被认为不可调和的二元,现在居然同时存在,并且相互包含,社会自主性中包含了理性行动,理性行动中包含着社会自主性,这是为什么呢?

涂尔干(1996)认为社会的自主性基于两个原因:第一,社会是个人的联合,而这种联合本身也是一种产生特殊影响的积极因素,又是一种新东西,它的特性并不存在于构成它的因素之中,一个氧原子和两个氢原子组成了水分子,水分子的性质与氧原子和氢原子都不一样,也不是它们的简单加总,水分子中找不到氧原子和氢原子的性质;第二,社会并非只由个人构成,它还包含一些物质性的东西,我们的物质创造体现着我们的社会生活,这些物质创造就把社会生活具体化和固定化了,能从外部影响我们,约定俗成的信条和戒律也有这样的作用。涂尔干的分析已相当精彩,我们只想补充两个概念,以使这个论述和我们的理论结合起来并能继续发挥。我们把涂尔干说的联合称为现实的社会关系;而把他所说的物质性的东西称为潜在的社会关系,涂尔干说这些物质性的东西指建筑、工具、戒律等,但他明显更强调其中体现的社会生活,这才是对社会学真正重要的东西,这些物质性的东西体现着原有的社会关系,这些社会关系对人们的行动仍然有潜在的影响,虽然它并不明白表现出来。当然,潜在的社会关系还不尽是这些物质性的东西中所凝聚的社会关系,还包括所有行动者可能发生的关系。

吉登斯用了共同在场与不在场来说明行动者受到的限制,这似乎与社会关系相似,但这概念远不能说明社会的自主性(物化),在场与不在场也不能描述行动者之间的确切关系,两个人共同在场发生互动,相互之间确有影响,但是如果只考虑到这种在场及行动,还不能说这就构成社会,这还只是行动的简单集合。

而社会关系则具有自主性。行动者面对的社会关系就是行动者的系,这些系具有独立于个人的性质,个人总是处在他无法改变的已经存在的系中,系是外在于个人的,具有物化的性质;系又影响着个人的理性和他们的行为,不断地再生产自己,又具有自主性。项飙记录了一段与刘东的对话:

刘东:我们还是没有背景的人,背景和关系还不一样。

项飙:怎么不一样呢?

刘东:有背景的人找关系不像我们这样吃力啊。他说他老爸是谁谁谁,别人就凑上去了,路就容易走通了。

项飙:你是不是说有背景的人肯定也有关系,但是他们的关系不用去拉。他们本来有一大堆一般人没有的关系,别的关系也自然会有人来给他拉?

刘东:对。

项飙也指出,背景强调的正是一个人潜在的关系丛,但潜在的社会关系不尽是项飙强调的社会网络,还包括一些制度性的东西,就是涂尔干所说的物质性的东西,以及一些可能发生的社会关系。农民的身份就是一种潜在的社会关系,它束缚着农民。这些关系不是个人可以选择的,所以刘东说"我们还是没有背景的人",没有任何具体的人去限制他,但他确实感到了限制。但这种关系也不是无可改变的,刘东就说要把"没有背景搞成有背景",个人确实有力量改变社会关系,"浙江村人"不就把商场出租制度改变过来了吗(故事四),不就把原有的生意形式改变了吗？改变是因为社会关系虽然具有外在性,但他毕竟是由行动者构成的,是一种联合,社会关系的外在性其实就是他人的外在性。当每个人的行动都改变之后,这种联合也就改变了。"浙江村人"去租商场时,他们不是一下子就改变了制度,而是改变每一个经理的行动,改变与他们的关系,这体现了个人的能动性。

制度规定等社会的巨型结构,只有体现着某一种社会关系才是有意义的,否则在实践中会成为一纸空文,毫无意义。社会事物归根结底只是社会关系的体现和凝聚,所以社会只是社会关系的总和。社会的自主性就体现为社会关系的自主性,也只体现为社会关系的自主性,此外再无神奇力量,不能像吉登斯的结构那样不经过任何具体过程就影响行动者。

至此,我们通过引入社会关系的概念,解决了个体行动者的能动性与社会结构的对立。社会关系通过塑造行动者的理性并提供限定的资源和信息,规定了行动者的行动；而行动者在与他人的交往中不断维持和改变着自己系的结构,从而维持和改变了社会关系,塑造着社会。因为社会关系是具体的并只是由一个个行动者构成,行动者直接面对它,就有改变它的能力,具有能动性。而社会关系又有先在于个人的特性以及构成关系的其他行动者的外在性,并通过行动者的系影响他的理性行为,使得社会具有自主性。

还有一个问题没有解决,那就是社会变迁问题。我们在上文中已解决了行动方式的变迁问题,我们仍通过生存方式来解决社会变迁问题。人们的生存方式体现为与别人的关系,所有这些关系的总和就是社会的生存方式,社会的生存方式也是一些社会关系。人类的生存条件变化了,其生存方式也就会发生变化。人类生存条件的变化包括自然条件的变化、生产工具的变化,对于某一部分人来说,与另一部分人的交往也会促成生存方式的改变,这与汤因比所说的挑战与应战很相似。生存方式又决定了人们的其他社会关系,影响了他们生活的方方面面,生存方式的变化就促成了社会关系的变化,引发了社会变迁。

我们不惮于承认自己的理论受到历史唯物主义的影响,敢于指出社会的生存方式与马克思所说的经济基础极为相近；而上文阐述的这个生存方式决定社会其他方面的理论,与马克思的经济基础决定上层建筑极为相似。读者能够从本文中发现我们很多地方有马克思主义的印记,我们好像只是具体应用了马克思的理论。但我们在本文中不能把我们的概念都与马克思主义的概念统一起来:一是因为这中间还有一些我们自己创设的概念,不但这些概念无法用马克思主义原有的概念,而且与之相关的也为统一而不能使用;二是我们对马克思的思想没有进行很深入的研究,他使用的概念极为重要,在我们深刻理解这些概念的具体内涵之前,我们不会轻易套用,因为这样只会损害这些概念。

我们可以用下面的图示来简单地总结一下我们的理论:

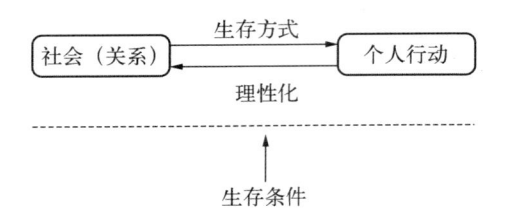

图3 社会与个人行动关系示意图

吉登斯用结构二重性来解决社会/个人的二元对立,他把结构分离出来作为一个统一社会系统与个人行动的东西,我们理论中的社会关系似乎与结构相似,实际上是不一样的。吉登斯的结构是一个实体,类似一块黑板,上面写有"$n^2 = 2n + 1$"之类的公式,规定着行动者的行动,又生成着社会,它超越了社会与个人,占据着吉登斯所反对的霸主地位,吉登斯通过建立这一个虚构的霸主来反对原来个人或社会的霸主地位。而我们理论中的社会关系不是从社会、个人中分离出来的特殊因素,没有超越社会、个人的特性,只是作为中介使社会与个人得到对方的体现。我们的理论与常见的辩证法也不一样,因为我们具体指出了这种辩证关系发生的途径。

我们的本体论观点是社会(关系)与个人行动是相互包含的,相互体现着对方。因此,我们认为无论就哪一方面展开讨论,都同时包含着对另一方面的揭示,虽然没有明白表示出来,却可以进行再发掘。这样,结构主义与个人主义这两种方法都是可取的,采用何种方法要看讨论问题的需要与个人喜好,两方面同时进行探讨也是可能的,并且能揭示得更清楚。对社会的研究,只要是从实际问题出发的,确实研究了实际问题,使用的方法是有效度和信度的,那就不要管属于什么传统。揭示问题才是真正重要的,纠缠于方法选择是不合适的,而用很"正确"的方法去说明一个毫无意义的或者创造一个并非实际的问题,更是不足取的。

5. 资本主义精神与现代化

上文中我们探讨的是一个从"浙江村"实际中建构理论的问题,下面我们遵循理论从实践中来、到实践中去的原则,用我们的理论框架,谈两个实际问题:现代化和改革。

现代化是中国百余年来的一个主题,也是学界论述最多的问题,项飙也提到,他去"浙江村"调查的动机是要了解传统到现代的转变过程。现在的现代化研究是有缺陷的,人们太注重对现代这种状态的讨论,而忽视了转变的过程。对"浙江村"的现代性问题,周晓虹(1996)有过专门研究,还做过问卷调查。他根据对现代性的理解,主要提到这样几个方面:对种田的看法、对外出的看法、对改革的态度和对命运的态度。周晓虹要进行定量调查,当然必须将现代性分为几个具体的可测量的问题,这些问题与现代性确实相关,但是否就能说明现代性,我们是存疑的。我们更关注的是理性的转变,传统与现代的差异既然体现在实际的行动者的身上(方文,1998),而理性则标明一个行动者的行为特征,那么,传统转变为现代,根本上应该是行动者理性的转变。

韦伯(1987)也认为西方特有的理性主义区分了西方与非西方的特征,西方现代资本主义的特点也在于它是理性主义的:按照理性来追求利润,相应的行为根据资本核算来调节,在做出任何决定之前,要有一番计算,以弄清是否有利可图;用理性的方式组织自由劳动;理性的工业组织只与固定的市场相协调,既不受政治的干预,也与家庭分开,不受非理性活动的影响。如果按韦伯的方式理解资本主义:资本主义的经济行为是依赖于利用交换机会来谋取利润的行为,亦即依赖于(在形式上)和平的获利机会的行为,而不是按通常的意识形态的意义去理解它,那韦伯所说的西方理性资本主义的特征也就是现代社会的特征(我们在下文中称之为现代经济活动,以免人们对它产生意识形态上的误解)。如果把理性理解为精打细算,系统性地采取行动——这正是我们对韦伯所说理性的理解,那么理性地追求利润,理性地组织自由劳动,理性地适应市场,这些确实是现代社会的特性,是现代社会高效运转的原因。而韦伯所说的(西方特有的)理性也就是现代理性,与传统的安于现状、简单模仿的理性相对。韦伯说明,支持这种现代理性的是资本主义精神,资本主义精神是现代理性的伦理基础。那么,现代与传统的对立,可以理解为资本主义精神是否在社会生活中占主导地位,影响人们的理性行为。

韦伯指出资本主义精神是现代经济活动的伦理基础,是这种伦理为现代经济准备了勤恳的、有责任心的、以劳动为自身目的的自由劳动力,准备了节制有度、精打细算、敢想敢为、全身心投身于事业的资产阶级,这才使现代经济形式区分于传统经济形式而成长起来,最终成为占统治地位的经济形式。韦伯没有给出资本主义精神的确切含义,但通过富兰克林的劝世格言,我们对这一精神有了比较深刻的印象:资本主义精神主要是(但不仅仅是)认为个人有责任增加自己的资本,增加资本本身就是目的这样一种观念。

韦伯认为资本主义精神的产生是因为新教的预定论,是新教伦理促成了这一精神气质,中国没有这样的宗教形式,因而是不会自发形成资本主义的。很多年来,很多学者对韦伯的理论进行了批判,特别是新儒家,因为牵涉到儒家伦理是否阻挠现代化的问题,反驳得特别卖力。后来东南亚发展起来了,他们就用儒家资本主义、新加坡的事例向韦伯的理论发难。但新加坡的资本主义明显受到了世界资本主义的影响,它的发展是资本主义向全世界的扩展,否证不了韦伯的理论。并且东南亚经济好景不长,如果它只是一个短期内的现象,依靠政府有了点成效,而弗里德曼告诉我们,在长期内它就必然无效,布罗代尔也说明了,短时段内的事件对历史进程几乎没有影响(张芝联,1992)。短期内的物质繁荣是有可能与传统精神共存的,但现代化不是物质的拼凑,它要体现为一种现代精神,没有这样一种现代精神,物质拼凑出的繁荣就长久不了。要否证韦伯的理论必须用中国的事例,只有中国才受到儒家思想几千年根深蒂固的影响,也只有中国足够庞大,能够在世界资本主义浪潮中保持原有的文化,使其最深层不受到冲击。新儒家面对中国就只有气馁了,中国似乎距离现代化还远着呢!儒家精神说到底还是一种传统精神,与现代社会就是无法融合,现代社会就必须有现代社会的精神气质,这一点韦伯无疑是正确的,中国的现代化也必然要呼唤这样一种精神气质,这必然要求摒弃传统的儒家伦理。我们不想徒劳地在传统伦理中找现代化的生长点,我们把中国现代化的希望寄予出现资本主义精神这样一种现代精神气质。

我们在"浙江村人"平凡的话语中发现了以下这些"箴言":

我这一辈子睡了几个小时觉都能算得清楚；

这么勤劳是要都要不来的东西；

自己有手艺、勤劳，是天下最重要的事，谁也管不住你；

没有说你学什么就应该做什么，没有这个观念，你学的东西过时了，你还硬抱着它干什么呢？什么赚钱做什么嘛。

这些话确实让我们想到了富兰克林的劝世格言，这些话中无疑也包含以增加自己的资本为目的这样的观念。不同的只是这些农民的文化水平不高，不能说出像富兰克林那样很有逻辑、很成体系的话。但在现实经济生活中，他们又确实具有不逊于人的逻辑能力。我们应该还记得"故事四"中周住权给营业员发工资的演变，周住权的这种思维方式我们并不陌生，在微观经济学里我们见过类似的思维。"浙江村人"做生意也是很有系统性的。他们摆脱亲友合作，搞股份制，这不就是韦伯所说的经济活动与家庭分开吗？这是韦伯所说的资本主义理性企业组织获得发展的两个重要因素之一。另一个因素是合乎理性的簿记方式，而这我们也在"浙江村"看到了，虽然比较简单。"浙江村人"从温州出来的时候，身上只带了千把块钱，可是今天他们的生意已做到几十万，积累的资本当在几百万，这不正和韦伯所说的"整个革命过程只是从亲戚那里筹借来的几千马克的资本推动起来的"相似吗？"浙江村人"在创业初期，每天工作达16个小时，要不是靠一种新的精神气质的支持，哪来这样的动力？韦伯区分了两类不同的企业家，今天，中国也有这样两类不一样的企业家，这些农民通过辛苦劳动积累资本，而有一些人则通过自己的出身、地位进行资本积累[①]，这些农民或许不如依靠权力资本进行积累的人资本雄厚，但他们才是中国现代化的希望，因为他们的精神气质与那些人不一样，他们才具有现代精神。

这些形式上的简单、朴素，带有农民的特点，说明这是他们自己创造的，没有受到外界太多的影响。我们因而确信地说，资本主义精神在这群农民之中产生了，并且具有原生性。在东莞调查的时候，一位企业家很自然地对我们说："做企业嘛，就是要把它做大，有了一百万就想做一千万。"他不正是以增加自己的资本为责任吗？我们从他们身上，看到了资本主义精神在中国的

---

① 这方面的论述可参见何清涟的《现代化的陷阱》或杨帆的《狙击风暴》。

生长,看到了中国现代化的希望。中国人已经抛弃了传统的理性,抛弃了维持原状、回避风险、墨守成规的传统精神气质。中国的优秀分子为现代化奋斗几十年,没有获得成功,现在现代化之光已经闪现在中国许多平凡的人身上,也只有在他们身上能发现现代精神气质时,中国的现代化才有真正的可能。

中国受到基督教的影响至今仍是很弱的,更不会影响到这群从土地来到城市的平凡的农民,这种精神气质不会是新教伦理的产物,那么这种资本主义精神是怎样在中国产生的呢?我们在上文中分析流动史的第三阶段利润驱动时已经对这种理性转变的原因做了说明:理性的变化与生存方式的转变有关。生存方式改变了理性,改变了行动者的行动,我们知道,这必然改变社会。既然已经从个人的层次做了分析,我们还应该从社会的层次再探讨这个问题,我们下面讨论一下"浙江村人"生活空间从传统向现代的转变。生活空间是人们处于其中的社会关系,生活空间标明了人们可能有的生活形式,生活形式包括人们的日常起居、社会活动等。我们把社会界定为社会关系的总和,那么生活空间就是社会的一部分,是关涉个人生活形式的那一部分。对社会空间的讨论就是对社会结构的具体化的讨论,正如对系的研究是对社会关系的具体化研究一样。

我们用"乡土→城市"来描述"浙江村人"的流动与变迁。"土的基本意义是指泥土。乡下人离不了泥土,因为在乡下住,种地是最普通的谋生办法。"(费孝通,1998)"土"描述的是一种耕作的生存方式,这种方式具有周期性,非常稳定,年年不变,甚至一辈子也没什么变化。"市"的本意是交易,进行买卖(城市可能也正起源于此),这也是一种生存方式。这种方式以追求利润(金钱)为直接目标,充满变化和风险,变化不仅指生意的情况会不断变化,而且指生意关系会不断变化,交往的人非常多,社会关系网络不稳定。生存方式与职业有很大的相关性,如"浙江村人"由原来的种地改成了现在的经商,生存方式就改变了。但又不仅仅由职业决定,我们在"故事二"中提到的刘泽波,从温州到乌海,职业没有变化,但他的生存方式却发生了变化。从事农业不一定就是"土"的生存方式,为市场生产就与自给自足的农业不一样。

"乡"是一种生活空间。"乡"(生活空间)与"土"(生存方式)的结合——"乡土"正是几千年中国基层社会的特征。"乡"的特点,费孝通做了比较详尽的描述。费孝通用差序格局来指称"乡"所特有的亲属关系，也就是系的结构，在这样的格局中，人们"以'己'为中心，像石子一般投入水中，和别人所联系成的社会关系……像水的波纹一般，一圈圈推出去，愈推愈远，也愈推愈薄"。而在个人之上，占主导地位的是家族势力和传统礼俗，家族中有严格的等级区分；"乡"中维持秩序的行为规范是礼，它依靠传统来维持（费孝通，1998）。

"乡"之所以能延续，是与"土"相关联的。由于耕作方式的稳定性，农民在社会交往中能分辨出哪一种关系对他是重要的，哪一种不是很重要，因此在他的系里就能分出亲疏远近，就有了差序格局这样的情况。农民的系可以伸缩自如，又与他们的权益不明晰有关。"土"的耕作方式使农民的地缘关系很强，血缘关系也很强，因为交往范围比较窄，限制在家族的圈子里，很容易形成家族统治（等级结构要牵涉到社会分层问题，这是我们尚未认真思考的问题，这里不能深究）。费孝通也论述了"乡"中的长老统治是因为长者掌握着教化的权力，这种权力的获得与"乡"的固定不变相关。固定不变又使得社会规范依靠传统来维持，这使得农村长幼有序，尊卑分明，并且成为一个礼治社会。这都表明，"乡"这种生活空间与"土"这种生活方式紧密相连。

"浙江村人"的生活方式由"土"变成了"市"①，其生活空间也相应变成了"城"，费孝通所描述的乡土特征正在慢慢消失。"浙江村人"的关系已经扩展了，从"故事八"中我们发现他们已经与北京人建立了比较好的关系，在京经商必然要跟当地人打交道，从房东、工商人员直到政府官员；从"故事二"中我们看到，"浙江村"从湖北、江西、安徽等地招聘工人，生意向全国扩展。他们系的核心虽然没有变化，还是原来的亲友，但是这些亲友之间基本上已没有生意关系，只是作为他们的背景，作为他们做生意的后盾，在困难的时候才会得到帮助。他们系的差序格局正在发生变化，只有最亲密的亲友才是他们差序格局的核心圈，但再往外推就没有亲疏之分了，大家都是生意上的伙伴，处于同等重要的位置。宗族也变化了，在"浙江村"的时候，大家基本上不再以家族划分圈子，在家乡还有宗族的存在，但原来的家族所包含的内部等级结构和它的一套规则已经消失，现在的家族主要是维持一种关系，在北京能够有个照应，原来意义上的家族实际上已经不存在了，对地缘和血

---

① 本文中的"城市"有两种含义，一是就地域而言，一是指生活空间，打引号的表示生活空间。

缘的强调也会慢慢减弱。礼治与长老统治已消失殆尽，在"浙江村"内部，纠纷的解决有"讲案"的方法，就是请有地位的"大人物"进行协调、裁决，另外还有"自我化解""倒他的楣""自己打""叫人打"等办法（项飚，1998），这些与长老统治和礼治较为相似，但在与北京人交往时，他们也会使用法律武器，如"故事九"中提到的与京温的纠纷。

故事八：套近乎

"浙江村人"刚来北京时，与北京人只有租房的关系，除此之外再无来往，北京的地痞还经常欺负浙江人，"浙江人刚来那几年，真是老被本地人欺负。打、骂、侮辱，瞧不起呀！"后来浙江人逐渐多起来，这一局势得到扭转，浙江人开始还击北京流氓，组织了一些帮派，"浙江人倒常有欺负北京人的了。这毕竟是两伙人，好好相处就是难！"

这难以相处的两伙人后来还是改变了关系。"浙江村"人与北京房东已经建立了一种比较好的关系，他们在被政府驱赶时，经常把东西寄放在房东家，并嘱咐回来之后还要来租房子。很多人还给房东买贵重礼物。

"浙江村人"很注重和北京人的关系，想尽各种办法与北京人建立关系，与他们套近乎。1996年春节，"浙江村"的两个工商户带着由大红门一带的派出所、工商和税务的几个办事员组成的"旅游团"去永嘉游玩，在温州过春节，先玩楠溪江，再游雁荡山，一趟下来总共花了三万多块钱。这样的旅游团并不是什么新鲜事。大红门一带的基层办事人员有相当一部分去过温州。1998年3月，全国"超霸杯"足球赛在温州举行。陈圣存、高建平专程带着北京的几个关系户去温州观赛并旅游。趁着几个北京人上街逛，"团长"和他的朋友在旅馆里聊天。朋友说："你跟他们那么熟，明年给我搞个京温的摊位！贵一点没关系，位置要好。""团长"发话："我跟他们说。把这帮'糖儿'养起来干什么用的，就给我们帮忙的么！"

1999年1月8日，由乐清政府驻京联络处牵头，在钓鱼台国宾馆举行了乐清同乡联谊会。邀请了中央领导及北京市领导和浙江、温州、乐清市领导出席；李谷一、王结实、白雪等十多位著名演员和艺术家前来助兴；《人民日报》、中央电视台等多家新闻媒体做了现场采访报道。

这些"浙江村人"的生活空间确实在转变之中,他们开始与北京人融合,与"浙江村"社区的联系正在减弱,他们在融入城市中去。这种融入远没有完成,这个社区还是有很强的地域特色,有传统色彩。但改变正在进行,我们确信,当"市"的生存方式继续渗透到他们的生活中,他们就会继续融入"城"的生活空间中去。"土"到"市"的生存方式的转变已改变了他们的一部分生活空间,并将继续改变他们的生活空间。因为"市"具有瓦解"乡"的作用。"市"既然意味着广泛的交往,意味着与所有人都可能发生关系,这种关系就是不能固定化的,因为无法知道谁可能进入你的系里,而系的每一个人的作用再也不是无可取代的,生意做的是钱的买卖,而钱生来就一个样,当与之交往的人能用钱来衡量时,他们就是可替代的了,这样在系里就无法分出亲疏重要与否,系也不会再像从前一样具体,指向具体的人(亲友)。这样,差序格局就一定会瓦解。乐清人与永嘉人做生意,后来就住在一起(见"故事六"),这说明他们对地域已经不再如从前那样看得很重要,决定他们系的结构的,不再是地缘和血缘,而是生意关系,原来的系已经在解体,与北京人及全国各地、全世界的人的进一步交往,会促使原来的系更快解体。这种由差序原则建立起来的系,在创业初期是其逐渐壮大的重要原因,可是现在却要因为这种壮大而解体,"浙江村人"自己也觉得,现在没有当初团结了。生意上的关系是平等的,钱总是平等的,因而所有一切自然的尊卑关系均被取消,家族中的等级秩序在这些生意人面前全是空话。随着生意中依靠的血缘、地缘关系的减少,家族的联系纽带作用消失,家族迟早也会消失。原有的秩序既已瓦解,传统已被变化取代,那么长老的礼治基础丧失了,必由法制取代它。

所有这些都在"浙江村"已现端倪,但并没有达到压倒原有秩序的程度,"浙江村"现在还只是在转变之中,"浙江村"社区的形式阻碍了它的转变,使得"浙江村人"的许多传统得以保持,如"大人物"的作用还类似长老,虽然这些"大人物"都是年富力强的中年人;他们与北京人的认同还存在障碍,关系也不是很正常。这一方面与现有体制对这些农民的态度有关,更重要的还与这个社区的封闭有关。项飙说"浙江村"具有聚合与开放的性质,这正是"浙江村"当初壮大的原因,但现在聚合对开放的生意作用并不大,反而限制了"浙江村人"的向外扩展,使他们中很多人总觉得是一个"浙江村人",而没有把自己看作世界公民,而这正是现代经济形式向整个世界扩展的原因。"浙

"江村"人依然是有根的,一些生意做大了的人正一点点把这个根拔起来,但这个根仍束缚着他们。这使"浙江村"的发展有两种可能的结果:一是"浙江村"生意做得越来越大,生意圈越来越宽广,最后从"浙江村"中脱离出来,至少是意识上脱离对"浙江村"的依赖;二是继续保持现状。但可能性最大的还是这两种可能的综合,生意做大了的人脱离了"浙江村",融入城市之中;而剩下的人不能不依赖社区,与外界联系减少,变得更加封闭。项飙经常把"浙江村"与唐人街做对比,并说这个社区在封闭性上与唐人街不一样,但我们还是觉得"浙江村"有变得和唐人街一样的可能,或如王春光(1995)所说,有变成贫民窟的可能。

但不管怎么说,中国已经有很大一部分农民正处在从乡土到城市的转变过程中,这个过程是现代化很重要的一个方面,从某种意义来说,从乡土向城市的转变正是传统向现代的转变。这个过程中有农民内部的分裂,有些人是摆脱乡土之链的束缚,有的人则是失去同乡互助的依靠。

费孝通在半个多世纪前就指出,法律和法庭推行下乡在理论上是好现象,因为只有这样才能破坏原有的乡土社会的传统,使中国走上现代化的道路。但事实上,"它破坏了原有的礼治秩序,但并不能有效地建立起法治秩序。法治秩序的建立不能单靠制定若干法律条文和设立若干法庭,重要的还得看人民怎样去应用这些设备"(费孝通,1998)。费孝通的观点非常正确,现代化的过程只能由经历着生活方式和生存空间改变的农民来完成,只有现代化的行动者组成的社会才可能是真正的现代化社会,否则只是"精英"们的徒劳,只能表现在纸上和空洞的指标上,最多也不过是带来短暂的繁荣。

现代化理论家们在构造他们的概念时都十分强调,在传统社会和现代社会中,起作用的规范和价值观是不同的,这确实是很有见地的。但他们又认为,从传统社会下狭隘的经济关系向革新了的复杂的现代经济联系的转变,有赖于人们事先改变价值观、态度和规范。但价值观和态度是怎么改变的?有的重视教育,有的重视文化交流,于是有了文字下乡、法律下乡,这些无疑都是重要的。但我们从"浙江村人"的经历来看,倒不如说是经济联系的转变改变了他们的价值观、态度和规范。"浙江村"的事实告诉我们,中国农民现时代所发生的变化,不是因为文字下乡、破除"四旧"或者普法宣传,也不是精英知识分子努力和教育、启蒙的成果,而是生存方式和生活空间的改变所带来的,它们将要带来真正的文明、普法和启蒙,影响知识分子的现代化。

6. 理性农民与改革

很多学者把"浙江村"的兴起看作改革的结果,认为是改革打破了城乡二元对立,给农民进城创造了条件,改革后的城市对农民也更有吸引力,于是才有了今天的"浙江村"。我们在上文中却根本没有涉及改革对农民的推动,这不是我们对改革进程不关心,而是我们认为,在农民的流动及"浙江村"兴起的过程中,改革更多是以它的结果而不是它的原因出现的,因此我们在谈论结果的时候才谈到我们也感兴趣的改革问题。

改革对农民的影响并不深刻,"浙江村人"谈自己的生活时,无论谈历史还是谈现状,都很少涉及改革。像"没有改革哪有我们今天的幸福"这种见诸报纸、杂志的话语,"浙江村人"是很少说的,就是提到,也是受到报纸、杂志的影响,并不是内心的真切感受。他们讲起自己的流动故事时,并不提到1978年是一个转折,不像我们的学者把改革这一事件看得很重要。这种情况可能与农民对巨型事物并不关心有关,他们对改革这种全国性的大事不去了解。但这起码说明农民对改革带来的变化印象并不深刻,不深刻的原因可能有两个:一是改革带来的变化与他们生活关系不大;二是改革带来的变化对他们而言没有突然性,他们已经习以为常,没有感到惊奇,也就不会加以关注。第一个原因应该否定,改革扩展到中国的每一个地方、绝大多数领域,改革对原有体制的改变也是巨大的,生活在20世纪八九十年代的中国人,不可能不与改革相关联。"浙江村人"原来是农民,现在基本上是城里人了,这就与改革改变了城乡二元对立相关。那么就应该是第二个原因。改革在体制上宣布的变化,在他们生活中其实早已转变过来,这对他们来说没有什么新的东西,没有带给他们惊喜。当商场不能出租柜台的制度改变过来时,"浙江村人"早已在租柜台,改革只是对这一形式的承认。

诸多的改革都是这样,是工人、农民、管理人员等普通群众在生活中实际已经创造了这种形式,改革只是对这种形式的确认。理性的群众随着生存方式的改变,就能在实际中消解原有的制度,创造新的制度。家庭联产承包责任制也无非是对农民自己分田的承认与推广。改革也只有对普通群众的创造进行承认,才有切实的意义,否则在实际中很难行得通,会被理性人一点点地改变,最后变成一纸空文,没有任何意义。

那么是不是说改革本身没有意义呢?改革虽然并不是创新,但是对创新予以承认,而不是以反对的面貌出现,这能使创新合法化,缩短创新在社会确立的过程,并激发新的创新。改革对新的社会力量给予一点让步,也能缓和社会冲突,不致使这种改变的力量积聚起来,危及社会安定。改革对中国的贡献还是很大的,我们应该保持改革的态度。

可是有很多人和部门并没有改革精神,他们对群众的创新不予承认,不能认识到他们也是理性的行动者,而把他们想象成愚昧的人。这表现为两种与改革不同的态度。

一种是复原的态度。他们要把创新恢复成原状,千方百计阻挠创新。

对"浙江村"不予承认,采取以轰为主的政策就属此类。这些决策部门看到,"浙江村"治安混乱,卫生很差,就想用简单的恢复原状的方法,采取拆除的政策解决这些新问题。这种思路很简单,带有传统特色,他们没有认识到,"浙江村"是理性行动者的创造,因而具有长期性和稳定性,不是简单的拆除就能让它消失的。事实也证明了这一点,虽然动用了上千人力,进行了一次又一次拆除,"浙江村"总是能再次出现。这些部门好像很有韧性,很能把这件事情坚持下去,但事实证明,理性行动者更有韧性。

在这个问题上,正确的改革的态度应该是对"浙江村"先予以承认,这是无法否认的,在这个基础上,再来解决"浙江村"的治安与卫生问题。由于先前的以轰为主,政府部门对"浙江村"涉入不深,管理有限,致使"浙江村"现在的治安与环境问题已经非常严重。进城农民采取这种聚居方式是否合理,也可以进行探讨,采取以轰为主这样的简单方式,使这种探讨没有进行,以致我们面对新问题总是手足无措,或者政令不通,屡遭挫折。

现在"浙江村"里的社会关系已经与原来大不一样了,"浙江村"的生意关系大大扩展了,与外界联系日益紧密,而原有社会网络对他们的作用有所降低。这些变化应该促使我们思考是否应利用理性行动者新的特征使"浙江村"变得更现代化,不再保持强烈的地缘特色,而渗透到城市中去,成为正式的城市居民。这种做法是否会使城市更加拥挤?这种观点无疑值得重视,它提出城市生态的问题,具有长远意义。但以此观点来反对农民成为正式的城市居民,却是比较迂腐的。实际上,农民已经来到了城市,已经在城市生活,可能给城市带来的问题都早已存在了,阻止他们以更加现代化的方式在城市居住，对解决这些问题非但无助，反而有害。而且，既然农民的社会关系形式变了，我们也不能长久阻碍他们以新的方式在城市居住，事实是有很多"浙江村人"已经搬到外边去住了，理性行动者的行动不是简单的反对、阻挠就能遏止的。我们应该在理性行动者的特征已经改变这样的基础上来谈问题，那么合理地把"浙江村人"以更现代化的方式分散到城市中去才是问题最少的做法，要不然有钱的人都出去了，"浙江村"可能变成北京的贫民窟（王春光，1995）。当然问题也没这么简单，不是所有"浙江村人"都有能力不依靠地缘而维持生存的，这个问题还有必要继续调查、讨论，但我们在思考这些问题时，要时刻想到这些人是理性行动者，他们是有能动性的，不会听任何人摆布。

这个讨论可以扩展到全国的情况。这些年来，我们对大城市的弊端认识越来越清楚，因而我们对城市化也有恐惧，我们总想用离土不离乡的方法来进行城市化，乡镇企业似乎能使这一想法变成现实，可后来它还是容纳不了中国几亿过剩的农民劳动力，农民还是往城市跑。对城市膨胀所带来的生态的弊端，无疑是要考虑的，但解决的方法绝不能是简单阻止农民向城市流动。农民在城市找到了他的生存方式，也给很多城市居民带来了机会和利益，用王权的话来说："我们可是坚决贯彻了邓小平的政策，我们自己先富起来，然后带动北京人也富起来了。"农民流动是符合他们理性的事件，因而必然不能被简单地停止，不管阻碍他们的人为力量有多大，城市化的进程是不可阻挡的。思考这个问题的正确思路不是让农民复原种田去，把他们束缚在土地上，而是加以引导，不致带来太多的负面效应，这才是正确的改革思路。

复原的思想是很多人都有的，这是思考问题和办事时图简单的做法，结果总是使问题变得更加复杂。这种思想基本上属于传统的理性，要进行现代化，就应该把这些人的思路改变过来，适应普通群众的现代化理性行动。只有改革的态度才是真正可行的，才能正确地解决问题。

另一种态度是不与农民建立对等的关系，就想用非经济手段从农民身上获得利益。这种态度也是传统思维方式的继续，原因之一是没有认识到农民是理性的，原因之二是从身份地位来看待农民，觉得农民的地位比他们这些政府小职员低一等，因此在与农民交往中不与农民建立平等关系，而是想方设法把他们推向不利地位，好从他们身上赚取不正当利益。

故事九：罢市风波

1992年，北京、温州两地工商部门投资兴建京温服装批发中心。因为资金短缺，所以进行集资，"浙江村"的工商户只要交13 000块钱，就能得到一个摊位，一定5年，每月只需交60块钱工商管理费。开始时"浙江村人"对工商局不信任，不愿意交钱。工商部门只好先盖了一个简易的过渡市场，凡是集资交费的，可以先到过渡市场得到一个摊位。"浙江村人"这才纷纷集资，最后供不应求，一个摊位炒到8万元。

过渡市场最初不收管理费，到1993年，管理费却由30元猛增至200—400元。工商户不同意交这么多管理费，认为过渡市场的管理费不应高于正式市场的60块钱，全市场700多户拒绝按新标准交纳管理费。3月1日，市场管理人员不准未交费的工商户进入市场，不满的工商户在两个工商户鼓动、组织下，干脆罢市抗议，并四处活动，向当时来京的人大、政协的浙江代表反映情况。最后丰台区工商局做出让步，把管理费调到50元左右，又换了市场工商所所长，风波才平息下去，工商户复市营业。

1995年7月，京温市场要求每个摊主一次性增交4 000元摊位装饰费，工商户认为原来合同上规定"不另收其他任何费用"，于是决定集体打官司。有几名组织者出来募捐，凑了两万多块钱，去杭州找浙江省法院，希望它出面为自己撑腰，工商部门改变了主意，不再增加这4 000块钱。

1998年底，笔者之一去京温，听王权神采飞扬地讲了又一个"京温案"："去年，京温不像话，时间还没到就要提前收，还要多收！这下我们可不干了。我们20多个经营户牵头，我也是一个，请了个大律师。乐清的1 450个经营户联名上诉，告管这事的大红门工商局。这可是中华人民共和国有史以来最大的诉讼案。后来浙江省、温州市政府都过来协调。官司一直打到今年，我们胜诉了！"

上面的"故事九"正说明了这样一种态度。"京温"开始建立的时候，工商局的思路还是很对的，平等与农民做生意，并且用各种形式吸引他们。但这也是农民教给他们的，如果没有农民的不信任，他们也不会想到要农民投资也是需要对等经济关系的。后来他们就忘了这一点，向农民乱收费，他们以为这些农民没有办法对抗，可没想到农民的法律学得比他们好，尽管他们原来是任劳任怨的农民,没有"私有财产神圣不可侵犯"的观念,遭受过各种形式的剥夺,但现在他们的利益很清楚地摆在面前,他们也会捍卫,他们现在知道了自己的正当利益,不再容许别人的无故侵犯。结果工商局两次收费都碰了壁。

农民已经变了,他们的理性行动也变了,再用老眼光看待他们已经不合适了。他们已经现代化了,那么就要用现代化的方式对待他们,要与他们建立平等的关系,不能再侵犯他们的正当利益,不要再用非经济的手段去侵害他们,否则必将遭到惩罚。

这两种态度都是不合适的,说到底是传统思维方式的延续,对待已经现代化的农民,这种方式是注定要失败的。我们还是应该坚持改革的态度,承认普通群众的创新,不要拖他们的后腿,成为现代化的障碍。

参考文献

贝克尔,1995,《人类行为的经济分析》,王业宇、陈琪译,上海:上海三联书店。
布迪厄、华康德,1998,《实践与反思》,李猛、李康译,北京:中央编译出版社。
方文,1998,《大众时代的时尚迷狂》,《社会学研究》第5期。
费孝通,1998,《乡土中国;生育制度》,北京:北京大学出版社。
哈里斯,1990,《文化的起源》,黄晴译,北京:华夏出版社。
黄宗智,1986,《华北的小农经济与社会变迁》,北京:中华书局。
基辛,1988,《文化·社会·个人》,甘华鸣等译,沈阳:辽宁人民出版社。
吉登斯,1998,《社会的构成:结构化理论大纲》,李猛、李康译,北京:生活·读书·新知三联书店。
米格达尔,1996,《农民、政治与革命:第三世界政治与社会变革的压力》,李玉琪、袁宁译,北京:中央编译出版社。
秦晖、苏文,1996,《田园诗与狂想曲:关中模式与前近代社会的再认识》,北京:中央编译出版社。
涂尔干,1996,《自杀论》,冯韵文译,北京:商务印书馆。
王春光,1995,《社会流动和社会重构:京城"浙江村"研究》,杭州:浙江人民出版社。
韦伯,1987,《新教伦理与资本主义精神》,于晓等译,北京:生活·读书·新知三联书店。
项飙,1998,《逃避、联合与表达——"浙江村"的故事》,《中国社会科学季刊(香港)》春季卷。
项飙,2000,《跨越边界的社区:北京"浙江村"的生活史》,北京:生活·读书·新知三联书店。
张其仔,1997,《社会资本论:社会资本与经济增长》,北京:社会科学文献出版社。
张芝联,1992,《费尔南·布罗代尔的史学方法》,载布罗代尔:《15至18世纪的物质文明、经济和资本主义》,顾良、施康强译,北京:生活·读书·新知三联书店。
周晓虹,1996,《传统与变迁:中国农民的社会心理——昆山周庄镇和北京"浙江村"的比较研究》,《中国社会科学季刊(香港)》夏季卷。

Coser, Lewis A. 1977. *Masters of Sociological Thought*. Orlando: Harcourt Brace Jovanovich, Inc.

Dornbusch, Rudiger, Stanley Fischer. 1994. *Macroeconomics*. New York: McGraw-Hill, Inc.

职工群体分层与认同差异[*]
——对沈阳市两企业改制后职工内部群体的相互认同的经验研究

作　　者：周　晖　田　耕
指导老师：杨善华　张　静　唐　军　刘爱玉

摘要： 本文研究了沈阳市两改制企业中职工内部的群体认同差异。本文试图说明，在工人阶级这一认同背景下，被访者对现有分层结构的认识差异是什么，以及如何解释群体间的相互认同，职工群体的某些特定的身份是否能在态度层面解释认同的差异。本文的研究发现，在所调查企业当中，人们对于认同问题的考虑是什么，主要从他们的经济地位期望出发，经济地位期望的高低成为划分工人阶级的主要因素。工人阶级的内涵开始和较低的经济地位联系起来，而普通工人则在企业的经济和实际的权力地位上处于相对边缘的地位，他们与技术－管理人员之间的阶级认识差异非常明显。而与此同时，政党身份在较高经济地位职业群体（技术人员、管理人员）认同低经济地位职业群体（普通工人）时有效，对维系工人阶级内部统一的认同发挥着作用。从既有的社会学研究来看，本文力图表明引入诸如认同分析这样的态度研究对于研究分层的意义与可能性；同时，从本文所联系的实际社会经济背景来看，目前中国国有企业内部职工群体已经出现的认同差异与整个社会的分层与整合息息相关。因而，本文也试图就如何促进现阶段社会各阶层的整合以维护社会稳定，在工人的经济利益保障和社会安全机制下发挥党组织的作用，尤其是以政党内部的流动来平衡阶级内部分化的过激，以及重视工人利益的代表机制的建设方面尝试给出合理建议。

关键词： 职工　群体分层　认同差异　企业改制

---

[*] 本文写作的数据和个案资料来自北京大学社会学系刘爱玉老师负责的"企业制度变革与职工生活"课题组2001年12月19—22日在沈阳进行的企业调查，本文第一作者周晖参与了调查的全过程。

1. 问题的提出

针对中国改革前的体制中形成的政治资本(political capital)是否以及如何在形成中的新分层体系里保持对收入分配的决定作用,不同的解释路径产生了重大的分歧。[①] 边燕杰和罗根通过对1978—1993年天津市的收入分层变化的研究发现,在这一分歧点上,无论是市场转型(market transition)取向还是权力转向(power conversion)取向都不能成立。这一研究的统计结果证明党员身份(communist-party membership)和单位等级(work-unit rank)等原有体制中的政治资本对15年间的个人收入变化保持了显著影响,特别是党员身份的作用随着改革的推进愈加突出。这也就支持了研究者所谓"权力维续假设"(power persistence hypothesis)(Bian,Logan,1996)。这样的分层研究严格说来是关注哪些因素对收入分配保持了影响,相应也就可以说明凭借对这些因素(比如政治资本)的持有,哪些群体能够在生成中的新经济分层格局中占有优势地位。它有两个特点是我们在这里所感兴趣的。第一,在检验特定因素(如党员身份)对于分层的影响时,为了说明这一影响的普遍性,作者所面对的研究对象实际上被视为同质的劳动力群体,也就是待说明的这个因素贯通于研究对象的全体是可以保证的。但是,职工内部其实是有分化的,党员身份完全可能只对某个阶层起作用,即集中在某个高收入阶层(如管理人员),这在国有企业中特别明显。第二,作者的分析集中在分层的经济结构上。在我们看来,分层格局本身是社会研究中的中间问题,它还需要去解释在这一分层格局下社会成员的特定行为取向,从而去解决自身在社会行动与相应的制度变迁下的存续问题。而无论何者都离不开对分层中社会成员的态度分析。在这个意义上,上述两个问题的讨论从理论上来看可以归结为分层研究中态度研究视角的缺失。

在社会学研究史上,就分层研究和态度分析的关系展开的讨论并不是新近的话题,不过此类研究的基本问题集中于社会成员在经济分层格局中的位

[①] 关于不同解释路径的分歧点和各自的具体内容,边燕杰和罗根的文章有较为充分的介绍(参见Bian,Logan,1996)。

置(position)与其态度(attitude)之间的关系。较早的经典研究是库恩与斯哥勒通过综合人们的教育与职业等级地位得到人们的社会经济地位,从而说明这一社会经济地位与人们的态度及价值取向之间的关系,虽然这一关联初始只是一般显著(moderate),但是随着研究历时性的增强,研究发现在被访者的评价工作、道德变迁、自我认同、自信及信任他人等方面,这种内生于(intrinsic)社会经济地位的影响不仅存在,还可能存在代际沟通。类似结论在美国之外的地方也得到了部分证明(Kohn,Schooler,1969;Kohn et al.,1990)。

戴维斯针对上述观点,将分层格局与他设计的49个不同的态度问题之间的关联重新进行了研究,发现其关联程度并不如之前研究所认为的那样明显,由此他质疑将人们的态度定位与社会分层中的位置相匹配的做法。同样,他又在地位不一致(status-inconsistency)的分析框架中验证了这样的结论(Davis,1982)。但是他没有质疑这一因果关系的合法性,即分层对于人们态度的影响并未遭到放弃,只不过戴维斯认为与其固执于结构层面,文化层面的解释也许会有所突破,这与古尔德纳(Gouldner,1979)、布瑞特(Brint,1984)及马斯(Macy,1988)等进行的所谓"新阶级研究"(new class research)有共同之处。在这一系列的研究中,研究者针对文化的解释,强调指出社会化及人文和社会科学的教育对于人们的认识与话语网络独立发生作用。

实际上,我们发现,研究的深入并没有取消阶级、阶层这些用语的作用,而是朝着更为综合性的分析方式前进。比如斯库曼、斯蒂与鲍勃针对种族态度的研究发现,教育的等级实际上也只影响了白人的态度,而不是所有人;而在白人的态度中,也是对一些关于种族宽容与平等的抽象观念有所影响,对于诸如支持政府通过人权法案的观念影响甚微(Schuman, Steeh, Bobo, 1985)。分层与态度之间的关系进一步复杂了。

正如迪马奇奥所说的,尽管对分层与人们态度之间的关系研究已经取得了大量的微小结果(small effects),但说明它们之间如何互动和积累则进步甚微,并很难在某一个模式中做到以互惠和互动(reciprocating and interacting)的术语表达这一关系,他认为这有待于对更充分的经验研究进行综合(Dimaggio,1994:463)。

因此,在我们看来一个比较完整的分层研究的理论分析框架可以概括如图1。而我们在下文中所要探讨的问题,也就是框架中"态度研究"这一过程(C→D,图中右半部分)可以得到怎么样的说明。很显然,如果缺失了右半部分，左边的结构层面虽然能够独立支撑一个论证体系，但会遇到类似我们在上文中提出的问题，而本文的简单分析在学理上也就是试图说明这样一个态度研究的过程如何可能有助于提高分层研究的解释力。

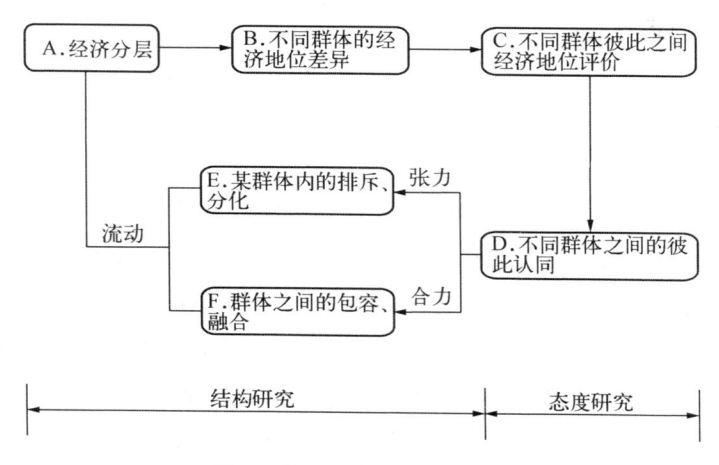

图1　分层研究理论分析框架

那么选择怎样的切入点来说明这个过程会是比较合适的呢？我们基本考虑来自中国的社会经济变迁情况。无论是边燕杰和罗根所要检验的各种解释途径，还是他们自身的分析，都还止步于20世纪90年代的前半期（1995年之前）。而在此之后，中国国有企业改革的进行，尤其是其中的下岗分流，对无论是经济分层还是社会成员的态度认同的影响都超出了上述研究所能涵盖的范围，这些研究中的一些假设如"国有企业主导的城市经济"（Nee, 1991），并未对这种变化做出适宜的解释。在这样的情况下，结合国有企业改制的情况对上述研究进行检验和进一步的反思，不仅是可行的，也是必要的。①

结合本文的企业调查个案的特点，本文分析的核心问题是：在工人阶级

---

① 在这一过程中，我们不难发现，所谓的与中国的城市经济密切关联的工人阶级的分层变化——它的组成、变动以及相应的属性——已成为改革进行的焦点和中国社会分层的关键之一。因此研究工人阶级这一群体的分层本身是对中国社会分层和经济结构变迁进行解释的一个必要过程，它的意涵实际上不能局限于一般意义上的意识形态因素和阶级分析当中。

这一认同背景下,(国有)企业中不同群体之间的相互认同[①]的差异可以从哪些方面得到解释,以及特定因素的解释机制是什么?

2. 研究设计

2.1. 基本概念的界定

第一,社会分层。笔者采用《国际社会学百科全书》对这一概念的界定,即"社会分层是指在复杂的社会中,对不同的群体通过诸如相对经济财产、政治影响和社会尊崇等标准进行等级划分(hierachical ranking)"(Magill,1995:1262)[②]。学术界对社会分层的理解和相应的处理方法总体上有两种:一是建立在韦伯对分层的多元标准理论基础上的客观方法,即认为社会分层是指社会成员由于获取社会资源(财富、权利和有声望的职业等)的能力和机会不同而呈现出高低有序的等级或阶层的现象和过程;二是视其为主观方法的界定,即认为社会分层是根据一定的标准将社会成员划分为高低有序的等级或层次的方法(刘祖云,1999)。在本研究中,笔者主要研究的是认同改变对工人阶级内部的分化造成的影响,将采用第二种理解。

第二,经济地位期望。经济地位指的是个人或群体在经济收入等级中所处的位置,经济地位期望是指人们对自身或他人的这种地位的估计。在本研究中,它的操作化定义为,调查对象对于自身和他人群体的经济地位等级评定。

第三,认同。笔者采用《麦克米兰社会学百科全书》的界定,即"认同是指与角色或者通过角色与有组织的社会关系中的特定位置相联系的自我认

[①] 这种相互认同是否可以并入或包含所谓的"阶级意识"(class consciousness)或者是"阶层意识"(strata consciousness)与本文的写作是有关联的,但这本身是另一个比较复杂的问题。相关讨论可参见刘欣(2001)。我们在本文中的基本立场是阶级意识与阶层意识最好分开使用,但在讨论诸如工人阶级这样的术语时,我们沿用传统的称呼,但实际在中国社会经济的分层研究中,它并不完全能用经典马克思主义的界定解说(米尔斯,1987:363—364)。同时,我们同意一些研究者的看法,即使阶级意识也不能完全说是一个集体意识的概念(刘欣,2001:9)。

[②] 该书的界定实际上从马克思主义理论、功能理论、韦伯理论及现代社会学理论等不同取向都做了说明,本文所取的是该书总的界定(general definition)。

知(self-cognitions)"(Borgatta,1992:1255)[①]。在本研究中,笔者所指的认同概念是指,调查对象是否将自身归为某个群体,以及是否将另一类人和自身视作同一群体。由于本次研究所有的对象都是在工人阶级背景下考虑的,因此对工人阶级的认同指的是调查对象将自己视为工人阶级,对某一职业(普通工人、技术人员、管理人员)的认同指的是调查对象将自己与这一职业同时置于工人阶级中或将自己和这一职业同时抽离出工人阶级。

第四,政党身份。本次调查所研究的只是共产党员身份对于人们态度认同的影响作用,因此本文中的政党身份仅调查对象是共产党员或非共产党员,不涉及其他党派。

2.2. 关键变量的生成

对被访者职业的重新划分。笔者将调查对象的职业类型进行了重新分组,将"一线生产工人"和"辅助生产工人"作为"普通工人",将"车间技术人员"和"工艺、工程技术人员"作为"技术人员",而将"各级(科室)管理干部"和"车间(厂级)管理干部"作为"管理人员"。这里的所有人员均为国有企业内的普通工人、技术人员和管理人员,下文不再赘述。

对经济地位的重视程度。此变量分成两个方面:第一,被访者对经济因素本身的重视程度,根据调查对象是否选择"工资收入水平"作为寻找目前工作考虑的因素,乃至入选的顺序,来确定调查对象目前对经济因素的重视程度,即将"工资收入水平"作为考虑的第一重要因素的人视作"最为重视经济因素",依此类推,将未选择"工资收入水平"作为考虑因素的人视为"最不重视经济因素"。第二,被访者对自身经济收入的维护,笔者假设,当人们的某方面利益受到损害时,做出的反应越激烈,则表示他对这种利益重视程度越高。将调查对象的回答进行重新分组后,确立出代表三种重视程度的选项,"抱无所谓的态度""与同事们在一起发发牢骚,工作干劲下降"和"向上

[①] 该书对认同的界定是在符号互动论(symbolic interactionism)的理论框架下进行的,认为认同的发生需要两个条件:1. 个体被作为社会的客体,使得他人对之做出某种地位指派(positional designation);2. 个人接受这一地位指派(Stone,1962;Stryker,1968)。因此认同还可以作为一组认知图式(cognitive schemas),这些图式能对持续发生的认识和感受过程产生影响(Borgatta,1992:1255)。但就本文关心的问题而言,使用的主要是正文中的界定部分。

级或有关机构反映情况",以此作为从弱到强的三种态度。

对普通工人的认同。被访者认为自身与普通工人同属于工人阶级,或者认为自己与普通工人均不属于工人阶级。相应地,被访者认为自身与普通工人分属工人阶级内外时,可以认为是对普通工人的不认同。

对技术人员的认同。被访者认为自身与技术人员同属于工人阶级,或者认为自己与技术人员均不属于工人阶级。相应地,被访者认为自身与技术人员分属工人阶级内外时,可以认为是对技术人员的不认同。

对管理人员的认同。被访者认为自身与管理人员同属于工人阶级,或者认为自己与管理人员均不属于工人阶级。相应地,被访者认为自身与管理人员分属工人阶级内外时,可以认为是对管理人员的不认同。

经济地位差异期望。被访者对自身职业的经济地位期望与被访者对其他职业的经济地位期望之间的差距。比如,对普通工人经济地位差异期望=|被访者对自身职业的经济地位期望-被访者对普通工人的经济地位期望|。

2.3. 抽样设计

笔者于2001年12月19—22日参加了"企业制度变革与职工生活"课题组的实地调研,跟随老师调查了沈阳的两家国有大型企业,对这两家企业进行了问卷调查,本文使用的数据如无特殊说明,均来自这次调查。

表1 样本基本情况简介

		频次	占比(%)
年龄(岁)	18—29	77	17.19
	30—39	187	41.74
	40—49	140	31.25
	50岁以上	44	9.82
	总计	448	100.00
文化程度	没上过学	1	0.22
	小学	2	0.45
	初中	114	25.50
	普通高中	34	7.61

续表

		频次	占比(%)
文化程度	中专、技高或职高	97	21.70
	大专以上	199	44.52
	总计	447	100.00
职业身份	普通工人	207	46.83
	技术人员	105	23.76
	管理人员	130	29.41
	总计	442	100.00
政党身份	非党员	305	70.77
	党员	126	29.23
	总计	431	100.00

本次研究的抽样群体是两个企业的全体在职职工，采取分层定比随机抽样方法，将企业按照科室和车间分开，然后再随机抽取每个科室和分厂中10%的职工，即保证样本中各职业身份人群比例与总体的比例一致。调查一共发放500份问卷，立即回收，共回收473份，有效问卷450份，有效回收率达到90%，数据可用。

本次抽样调查对象的基本情况如下：平均年龄38岁；学历初中以下占比0.67%，普通高中占比7.61%，中专、职高或技高占比21.70%，大专以上占比44.52%；职业身份中普通工人占比46.83%，技术人员占比23.76%，管理人员占比29.41%；党员占比29.23%（参见表1）。

2.4. 研究假设

在市场经济体制下，与自身经济地位相关联的因素已经受到了人们越来越多的关注。在近几年国有企业改革进程中，企业职工的收入发生了变化，然而这种变化在不同职业群体之间并不相同，收入变化的不均带来了不同职业群体之间的相对剥夺感，将会对工人群体内部的分化造成影响。在此背景下，笔者围绕着经济、政治身份这两个一般来说受到重视的解释因素来提出我们的研究假设：

1. 经济地位期望影响调查对象对其他群体的认同。被访者对A群体经济水平的期望越低，越倾向于将其归入工人阶级；被访者对A群体经济水平期望和对自身群体经济水平的期望越接近,就会对 A 群体产生更多的认同。

2. 被访者的职业身份、政党身份会对工人群体之间的认同造成影响。

3. 分析与解释

3.1. 经济地位重视程度分析

改革以来市场机制的引入,使得经济地位在个人社会生活中更加受到重视。收入是决定一个人经济地位的主要因素,被访者对自身收入高低和稳定性的重视即反映了他们对自身经济地位的重视程度。关于被访者寻找工作时候首要考虑的因素,接近92%的被调查者选择将工资收入作为现今寻找工作的三个最主要的因素之一,而有74.18%的人将它作为考虑的第一重要因素。笔者以此指标作为衡量人们对于经济收入水平的重视程度的一个维度。另外,人们在自身的经济收入受损失时的行为态度,也可以反映出他们对经济收入水平的重视程度。在遇到自身的经济收入受损失时,大多数的人(62.5%)都会主动去寻找途径维护自身的利益,也就是说,大部分调查对象对于维护自己的经济收入是很重视的。

表2 被访者对经济地位的重视程度

		频次	占比(%)
工资收入在找工作时的重要性	工资收入第一重要	316	74.18
	工资收入第二重要	58	13.62
	工资收入第三重要	17	4.00
	工资收入不重要	35	8.22
	总计	426	100.00
工资调整分配指标分配不公时,被访者的行为与态度	无所谓	51	13.56
	发牢骚,工作干劲下降	90	23.94
	向上级或有关部门反映情况	235	62.50
	总计	376	100.00

续表

		频次	占比(%)
被不公正地下岗或分流时,被访者的行为与态度	无所谓	52	15.71
	发牢骚,工作干劲下降	48	14.50
	向上级或有关部门反映情况	231	69.79
	总计	331	100.00

3.2. 被访者对经济地位的态度

那么被访者又是如何评价自身和其他群体改制后的收入变化,以及改制后各自的经济地位的呢?

对于企业改制以来的工资收入变化状况,一半以上的被访者都认为自身收入没有什么变化(55.77%),约三分之一(32.69%)的被访者认为有所提高,而剩下11.54%的被访者则认为收入下降了。

对于企业改制以来收入提高最快的阶层,半数以上的被访者认为是管理人员,31.11%的认为是技术人员,认为普通工人收入提高最快的人最少(参见表3)。

表3 自身与他人收入变化期望

		频次	占比(%)
自身收入改制后变化情况	减少	48	11.54
	没有变化	232	55.77
	提高	136	32.69
	总计	416	100.00
改制后收入提高最快的阶层	普通工人	36	8.89
	技术人员	126	31.11
	管理人员	243	60.00
	总计	405	100.00

调查对象对于普通工人、技术人员和管理人员在改制后的经济地位进行了评定。在调查对象看来,改制以来管理人员的经济地位是最高的,其次是技术人员,普通工人的经济地位最低(参见表4)。根据阶层意识的相对剥夺

命题(刘欣,2002),人们在社会转型时期生活机遇的变化,尤其是社会经济地位的相对变动,相对于人们所处的客观阶层地位来说,对阶层认知的差异会有更大的解释力。笔者并不认定工人阶级内部已经出现明显的阶层分化,但是在人们对自身经济收入状况的重视程度普遍很高的情况下,人们自身感受到的个人经济收入变化和他人经济收入变化,必定会对人们看待自己和其他职业之间的关系产生影响,其中之一就是笔者在下文提到的工人阶级认同,然而这种认同的变化同时又是预测今后工人阶级内部阶层化趋势的一个指示器。

表4 对各职业群体经济地位期望

		频次	占比(%)
对普通工人经济地位期望	最高	7	1.89
	较高	35	9.46
	中等	140	37.84
	较低	105	28.38
	最低	83	22.43
	总计	370	100.00
对技术人员经济地位期望	最高	77	20.98
	较高	178	48.50
	中等	80	21.80
	较低	26	7.08
	最低	6	1.63
	总计	367	100.00
对管理人员经济地位期望	最高	196	53.41
	较高	84	22.89
	中等	54	14.71
	较低	24	6.54
	最低	9	2.45
	总计	367	100.00

在明确了上述两个因素之后,我们要做的就是对阶层认识差异的解释,这个解释重在说明在工人阶级的内部,阶级成员会将工人阶级中的哪些人定

义为自己的"同路人",哪些人定义为自己的"异路人"[①],这种认同是受到哪些因素的影响的,以及如何影响的。

3.3. 工人阶级背景下群体的相互认同情况

3.3.1. 经济地位对阶级认同的解释力

前文所探讨的"认同"与"认异"问题是以工人阶级为背景进行的,即就工人阶级这一身份而言,被访者所确认的自身群体和他群体之间的关系。因而这样的一种态度,无论是"同路人",还是"异路人",都与被访者对工人阶级这一身份类别的确认直接相关,这使得在这一部分所做的分析可以包容工人阶级这一身份类别内部的相互认同关系。[②]

调查对象将国有企业的工人百分百地列为工人阶级内部,而对于技术人员和一般管理人员是否处于工人阶级内部有了分歧,54.89%的人认为技术人员属于工人阶级,49.11%的人认为管理人员属于工人阶级。然而在过去,特别是在"文革"时期,社会结构呈现出一种非阶层化(destratification)的趋势(Parish,1984,转引自刘欣,2002:81)。即使是在1991年城市改革开始以后,人们之间的社会经济地位有了相当程度的分化,中国城市居民仍然认为人们之间并无阶层分化(卢汉龙,1993,转引自刘欣,2002:81)。本次调查的结果表明,改制之后,工人内部不同职业相互之间的认同差异已经开始出现:一方面,有一部分调查对象已经不将自己认同为工人阶级一员;另一方面,在认为自己是工人阶级一员的调查对象中,已把原本属于工人阶级中的其他人排除在工人阶级的外部。

由于这次研究中的群体认同问题,完全是在工人阶级认同背景下考虑的,也就是通过调查对象将哪些职业归入工人阶级,哪些职业不归入工人阶级,来判断调查对象认同与排斥的职业群体,所以必须知道调查对象是以什

---

① 我们可以看到,实际上本文所谓的"同路人"与"异路人"问题实际上反映了个案企业中被访者的"认同"与"认异"之间的不平衡甚至是挤压的状态,这与社会分层格局及流动本身的不稳定是有关的,不过,本文还不能对此进行说明,它还有待于更大范围的经验研究来做出说明。
② 在这个意义上,本文的分析也就不能等同于所谓的"阶层(级)意识"研究。因为在后者中,它所关注的基本问题是研究对象是否存在对地位结构不平等的认同,以及他们将以什么样的标准将自身归入那个群体或阶层当中去(参见刘欣,2002:3);而本文的分析与之相比,针对的问题更为具体。

么标准来决定工人阶级归属,以及这一标准是如何运用的。调查显示,41.71%的人使用"收入水平"作为划分阶级归属的因素(参见表5)。也就是说,使用人们对"经济地位分层"的认识来解释人们认同上的差异是有可能的,而问题在于人们如何使用这一认识结果,或者在多大程度上对"经济地位分层"这个维度的认识可以解释被访者认同上的差异。既然被访者以"收入水平"作为划分阶级归属的首要因素,那么究竟被访者倾向于将在经济地位水平期望处于何等的群体归为工人阶级呢?

表5 划分阶级归属所依据的因素

	频次	占比(%)
收入水平	176	41.71
职业类型	97	22.99
权力	44	10.43
教育水平	37	8.77
家庭出身	28	6.64
生产资料所有权状况	26	6.16
其他	14	3.32
总计	422	100.00

在上文分析中,笔者指出,调查对象认为普通工人最应该属于工人阶级,其次是技术人员,再次是管理人员。人们对于不同职业的工人阶级认同程度不同,是否也可以用人们对这几个职业不同的经济地位评价来解释呢?通过对调查对象给予工人阶级的经济地位和技术人员的经济地位评价这两个变量进行配对样本t检验,发现调查对象对于工人阶级的经济地位评价,显著低于对技术人员的经济地位评价($t = -23.97$, $sig = 0.000$);同样检验调查对象对技术人员和管理人员的经济地位评价的差异,笔者发现,对于技术人员的经济地位评价显著低于对管理人员的经济地位评价。因此该企业中的三种职业身份,对于普通工人的经济地位评价最低,其次是技术人员,对管理人员的经济地位评价最高;同时普通工人的工人阶级认同是最高的,其次是技术人员,最次是管理人员。这就是说,三种职业的经济地位期望差异,对三个职业的工人阶级认同程度的不同的解释力是可信的。

表6　各职业对于技术人员、管理人员工人阶级归属的判断

			频次	占比(%)
普通工人判断	技术人员是否属于工人阶级	是	130	62.80
		否	77	37.20
		总计	207	100.00
	管理人员是否属于工人阶级	是	135	65.22
		否	72	34.78
		总计	207	100.00
技术人员判断	技术人员是否属于工人阶级	是	84	80.00
		否	21	20.00
		总计	105	100.00
	管理人员是否属于工人阶级	是	56	53.33
		否	49	46.67
		总计	105	100.00
管理人员判断	技术人员是否属于工人阶级	是	83	63.85
		否	47	36.15
		总计	130	100.00
	管理人员是否属于工人阶级	是	89	68.46
		否	41	31.54
		总计	130	100.00

另一方面,并不是所有人都将技术人员和管理人员列为工人阶级,我们因此要检验人们对这两种职业的经济地位期望差异与人们将这两种职业列为工人阶级之间的相关性。在"改制后技术人员的经济地位"与"技术人员是否属于工人阶级"的偏相关检验中,我们发现给予技术人员经济地位不同评价的人,在认为技术人员是否属于工人阶级时存在显著的差异(chi-square = 13.823,sig = 0.003),同时对技术人员经济地位评价与对技术人员阶级划分之间存在着强线性相关(Spearman Correlation = -0.159,sig = 0.002),也就是说,对技术人员经济地位评价越低的人越会将技术人员划归为工人阶级。[1] 再来

---

[1] 对经济地位的评价编码中,"地位最高"赋值1,"地位最低"赋值5。

看对管理人员的经济地位评价和对管理人员的阶级划分之间的差异,在评价其经济地位差异能够解释对管理人员阶级归属划分(chi-square = 12.012, sig = 0.017)时,这两个变量之间同样存在着很强的线性相关(Spearman Correlation = -0.159, sig = 0.002),同样,给予管理人员经济地位越低的评价,越倾向于把管理人员划定为工人阶级。这一事实的意义在于被调查者对工人阶级已经产生了这样一个印象——工人阶级等同于城市中经济地位低下的职工群体,我们也可以说,工人阶级的范畴在认同过程中实际传递着经济地位边缘化的意涵。

以上的检验说明,我们划定一个职业是否属于工人阶级,是受我们对这个职业的经济地位评价影响的:对某职业经济地位评价越低,越倾向于认为这个职业是工人阶级;反之,评价越高越不认为这个职业是工人阶级。

同时,如表7所示,人们对自身经济地位期望与其对某一群体经济地位期望越接近,越倾向于认同这个群体。经济因素成为人们决定自己认同群体时的考虑因素之一,这点在对普通工人、技术人员和管理人员的认同上都是有效的。假设1得到了验证。

表7 被访者工人阶级认同差异 logistic 回归

自变量	对普通工人的认同	对技术人员的认同	对管理人员的认同
党员身份	0.865*	0.166	0.093
职业身份	-0.708	0.818***	0.755*
其他群体对自身和普通工人经济地位期望差异	-0.364*		
其他群体对自身和技术人员经济地位期望差异		-0.336*	
其他群体对自身和管理人员经济地位期望差异			-0.296*
Constant	3.197	-0.814	-0.613
R^2	0.152	0.194	0.186
样本总量	450	450	450

双边检验:* $p < 0.05$;** $p < 0.01$;*** $p < 0.001$。

3.3.2. 党员和职业身份对阶级认同的解释力

我们再引入党员身份和职业身份这两个变量。如表7所示,我们发现当管理人员和技术人员考虑是否认同普通工人时,拥有党员身份的人要比非党员更倾向于将自己和普通工人视作"同路人"。对于这一现象,可以认为党员在党的组织生活中不断地接受有关党性、党史的教育,比如"中国共产党是中国工人阶级的先锋队""党员是工人阶级的一员"的观念使得他们比非党员对工人阶级有更强的认同,所以在认同对象是普通工人时,党员表现出更多的认同。而谈及管理人员或技术人员,虽然我们也认为在社会主义革命之后,他们也成了工人阶级中的一员,但却并不强调党、党员和这两种职业的必然联系。这样一来,党员和技术人员、管理人员之间并没有他们和普通工人之间那么强的亲和力,所以当认同对象是技术人员或管理人员时,党员并不比非党员更加认同他们是工人阶级。

就职业身份而言,当管理人员和技术人员考虑对普通工人认同问题时,他们之间的职业差异并不影响他们对普通工人认同的判断;而当普通工人和管理人员考虑对技术人员的认同,或者普通工人和技术人员考虑对管理人员的认同时,职业的差异却能影响人们的认同判断。具体说来,管理人员要比普通工人更加认同技术人员,技术人员同样比普通工人更加认同管理人员,而管理人员和技术人员对普通工人的认同却没有差异。很容易看出,在技术人员同管理人员与普通工人之间有一条明显的劳动分工界限,前两者是从事脑力劳动的工人,也就是我们常说的"白领",而后者正是从事体力劳动的"蓝领",这样,假设2也得到了证明。

从上面对两个假设的检验中可以看出,市场机制引入之后,经济因素成为目前人们普遍重视的问题,同时有的人已经开始在认同上脱离工人阶级这个群体,也有人开始将原来的"同路人"视为"异路人"。人们在考虑工人阶级划分的时候,倾向于将那些经济地位期望低的群体划归到工人阶级这个群体中,原来形成的工人阶级概念在发生破碎,新的观念则在形成。在人们的观念中,工人阶级由原先代表政治上的先进,转变成代表经济上的弱势,相反对应了一种低收入群体的含义,而经济地位又必然影响到人们的社会地位。这样一来,人们将经济地位偏低的普通工人定位于工人阶级,而经济地位高的技术人员或管理人员则主动脱离或被剥离出工人阶级。这种变化必然带来了在新的市场机制下,原有工人阶级内部阶层的分化。

前面提到,被访者判断阶级归属主要依靠经济地位这个标准。我们从研究中发现,实际上被访者是在认识自身所属群体与其他群体经济地位期望差异的基础上,来运用经济地位这个标准的。职业与经济地位的强相关性以及职业分工自身的特性,使得工人阶级的内部出现了新的分化:由技术人员、管理人员形成的"白领"群体和由普通工人形成的"蓝领"群体。上文的分析指出,技术人员与管理人员形成了类似的认同倾向,而他们又明显区别于普通工人的认同倾向。政党身份在人们的认同问题上仍然存在着影响力,党的性质决定了管理人员和技术人员中的党员向工人阶级的回归,从而他们比非党员对普通工人有更多的认同。

在本次有关"态度—认同"问题的研究中,我们可以看到,与经济地位和职业地位分化相比,党员身份呈现出与工人阶级认同之间的正相关,而这一点是我们讨论当前工人阶级地位的稳定和其内部分化时所不能忽视的。

4. 总结

本文的分析与说明在理论上源于这样的基本问题,即结构层面上的经济分层研究与态度分析两者之间如何可能更好地结合起来,从而完善对于特定经济分层格局中的个体或集体行动的解释。我们在本文开篇提到了这一考虑在社会分层研究的逻辑过程中的作用。

在具体的认同问题上,本文所选择的是国有企业的员工对于工人阶级的认同问题,即在工人阶级这一认同背景下各群体之间的相互认同情况。之所以将认同问题确定于这样的层面:一方面,工人阶级作为阶级身份和实在的政治经济力量,在中国社会分层中具有的意义,在本文开篇指出的既有研究类型中,或者是作为意识形态因素规避,或者把它分解为职业类型、政治身份和科层制等级等因素,但无论上述何者都不能特别准确地进入问题本身;另一方面,选择这样的问题也是由于自企业改制以来,工人阶级本身产生着急剧的变化,它的内部分化影响到了整个社会的分层与流动,而这也是止步于20世纪90年代的既有研究未能完全覆盖的。

本文正是通过对改制后的国有企业中不同职业群体之间就工人阶级这一身份的相互认同的差异来说明上述问题。笔者的分析过程沿着我们就人们经济分层认识、党员身份和职业身份给出的假设进行,通过分析发现:

第一,经济因素成为目前各个群体十分重视的问题,人们对于认同问题的考虑将主要从他们对经济地位、经济地位差异的期望出发。

第二,人们对改制后自身的经济收入变化评价不高,认为不同职业群体在改制后经济收入变化情况不同,其中管理人员的收入提高得最快,普通工人提高得最慢。

第三,原有的统一的工人阶级认同开始分化,经济地位期望的高低成为划分工人阶级的主要因素,工人阶级开始和较低的经济地位联系起来,技术人员和管理人员开始主动或被动地剥离出工人阶级,经济地位低的普通工人成为工人阶级的显著代表。

第四,在选择自身的认同群体问题上,经济地位差异期望显著地影响人们之间的亲疏关系,差异越小认同度越高。职业类型上的分化,尤其是"蓝领""白领"的区分成为人们的一条主要认同界限,技术人员、管理人员同普通工人之间的差距在加大。

第五,政党身份在维系工人阶级内部统一的认同上仍然发挥着作用,但仅在高经济地位职业群体(技术人员、管理人员)向低经济地位职业群体(普通工人)的认同时有效,前者中的党员比非党员更多地认同普通工人。党员身份对分层的影响趋于向普通工人集中,从而与职业身份和经济水平差异导致的认同发生分离。

通过本文所尝试的分析来看:首先,与一般的社会分层格局相比,改制后国有企业内部的分化同样也有较强的经济关联,即对于经济格局的实际认识仍然是人们的态度形成与行为选择过程中的重要因素,经济分化任其进一步扩大,将会增大不同的劳动职业群体间的分歧,甚至引发一些利益上的冲突。其次,政党身份在解释对工人群体认同的显著性方面表明,当前的党员身份仍然保持着对工人身份的关联,但与此同时,党员身份对认同态度的影响已无充分解释力(他无法解释所有群体之间的认同差异),这说明,政党身份不能够完全归之于一种结构分析上的变量,同时它还保有强烈的阶级认同因素,这在改制后仍然是可能的。最后,市场机制改革的直接后果是造成了技术人员、管理人员两种职业身份相对于工人阶级的合流,他们和普通工人之间的差异日趋明显。这样的一种认同秩序表明,工人阶级在经济、权力和文化资本上的弱势地位将有很大可能反映在实际的阶级流动与社会行为中。这使得其弱势地位短期内很难改变,而这很难为社会稳定与改革的深入创造良好的分层秩序。

本文的分析说明，不同职业群体在目前经济地位的差异及收入在改制后的变化，应归结于新的以市场为导向的分配体制。原有的再分配格局下，普通工人可以依靠年龄、资历、党员身份来向高的地位攀升；而在新的体制下，普通工人这条向上流动的渠道越来越狭窄，而在新的经济形势下成功地实现了个人原有资本的转化，技术人员与管理人员从而获得或保持较高的地位，这将会不断地拉开前者与后者的差距。当那些在体制改革后出现的新群体——他们大多为新的所有制形式下的群体——进入这个分层体系后，这些新生群体所拥有的经济地位与职业声望，即使是目前的技术人员与管理人员都无法比拟。可以推断，工人阶级内部在经济地位上的差距将会进一步拉大。这样一来，本文所研究的三个职业群体的认同将会进一步发生变化。技术人员和管理人员在职业类型上与这些强势群体的关联要强于普通工人，因此，技术人员和管理人员的认同将会更进一步趋向于这些强势群体，而不会是普通工人。同时，随着这些强势群体获得党员身份，党员也将会接纳这些新进入的强势群体，而党员是否依旧比非党员保持更多的对普通工人的认同将会受到挑战。对普通工人来说，市场机制的引入虽然也带来了经济收入的提高，但是他们与强势群体（对于普通工人来说，这些人是技术人员、管理人员和新所有制下的群体）的经济地位差距却在不断拉大，同时政治上的平均化——这一方面是由于政治分层的重要性下降，另一方面是由于政党身份的普遍化——使得普通工人相对于强势群体来说，自身优势被弱化了。如果普通工人没能在新的制度下找到向上流动的渠道（哪怕这种流动机会很小），也将不断固化他们的弱势地位，同时激化他们与优势地位群体之间的矛盾。

在解释和分析的过程中，我们越来越清楚地认识到，社会学的理论和方法并不能完全还原为操作模型来说明。对中国社会的问题进行说明，还必须经过更为成熟的定性分析过程，这是本文所缺乏的地方。应该说，本文并不求全责备，但正如我们在上文中提到的，怎样不断地对经验研究中的细节进行有效综合，对于中国社会在改革中分层格局的说明是非常关键的。另外，在调查问卷的设计、访谈、抽样直至具体的分析手段上，笔者都感到有有待细化和深入的地方，特别是有一些相关的态度认同数据有待引入，这些都局限了本文对问题做更为全面的分析。笔者相信，这些也都将构成更为精确和成熟的研究所要借鉴的经验。

5. 政策性建议

工人阶级涵盖了大部分的中国城市居民,随着中国企业改制的不断深化,其内涵和结构都将进一步趋于复杂,工人阶级拥有的巨大的社会行动能力是我们进行任何社会经济改革都不能忽视的。为了给我国目前社会发展继续提供稳定的环境,我们必须重视工人阶级的地位和境况。而工人阶级认同分化是市场转型带来的体制分化、职业分化和收入分化的必然结果,也是分层研究应该考虑的内容之一。根据上面的论述,工人阶级认同发生分化的根源是工人阶级在市场转型过程中经济地位和政治地位的差异,这种差异是和市场转型以前工人阶级"公有制贵族"的地位形成巨大反差的。因此,笔者认为,现阶段维持工人阶级的认同,尤其是促进社会各群体的整合,对我国社会稳定是有很大帮助的,我们认为维持认同能够从以下几个方面做出政策努力。

第一,从我们的研究结果来看,导致工人阶级内部认同分化的主要原因来自不同职业群体间收入差距的扩大,但是单纯地增加普通工人的收入显然不符合我们目前市场经济的效率原则。因此我们认为,应当完善我国目前的累进税收制度和福利保障制度:一方面将收入的差距控制在社会能够容忍的范围之内;另一方面保证低收入者能够达到基本的生活水平。

第二,本文的研究显示,中国共产党在维持工人阶级内部的整合方面有着明显的作用,在"三个代表"提出的新形势下,党员身份与工人阶级认同之间的亲和力仍然有助于加强技术-管理阶层对工人的认同。我们有充分的潜力通过加强在国有企业中的党组织建设,尤其是发挥各个职业群体中党员的作用,来尽力"愈合"各群体在阶级认识上的"硬伤",减小阶级认识上的过激差异,从而促进社会整合。并且从以往的研究(Li, Walder, 2001)来看,在新中国成立以后建立的职业流动机制中,中国共产党内的流动能够给其成员的职业向上流动提供必要的支持(教育、政治地位等),从而并不构成对一般意义上的职业流动的否定。这一机制对普通工人尤其重要,并且也应当在现阶段给工人中的党员提供一定的机会,包括技术上获得继续教育的可能。也就是说,我们可以像党校系统那样逐步建立对工人党员的再教育和培训的专门部门和体系,保证其在阶级分化的情况下有继续流动的体制环境。因此在现阶段,党在扩大了自身包容性的同时,仍应该保持自身与工人阶级的亲和力,通过党内的资源扩大普通工人向上流动的渠道,打破逐渐形成的阶层闭合。

第三,改制以来,普通工人在企业的管理中逐渐边缘化,这导致了普通工人和技术-管理人员在企业内权力地位差距扩大和认同的分化,从我们的研究看来,企业内部的利益代表机制与工人对自身利益的关心仍然有着明显的相关。因此重建和完善企业内部职工代表大会制度,特别是其中的选举制度,使得普通工人真正能够参与到企业内重大事情的决策过程当中就具有两方面的意义:它不仅能够改善企业内部的权力差距,提高工人的政治参与度,也有利于确保普通工人的利益表达渠道。实际上,在现在企业内部的工人阶级已经发生分化的情况下,我们也应当积极寻找在利益争取方面对单位代表的完善办法(张静,1998)。这也是提高工人阶级地位、维护阶层整合的关键举措。本次调查发现,许多工人因为对利益表达机构——工会的职能失去信心,而无法为自身失去的合理利益找到说法。建立由职工选举、真正代表广大普通工人利益的工会组织,是维护工人阶级稳定、防止过激社会行动发生的合理措施。

由于样本的限制,本文不可能对目前工人阶级内部的分层做出判断,但是本文所反映的调查对象中各职业群体之间,以经济地位为基础的,以职业分化为标志的,部分受到政党身份影响的认同差异,则可以作为对工人阶级内部阶层分化预测的依据,以及为在更大的范围内研究中国工人阶级分化状况提供依据。但是,从目前规模的实证研究中所能发掘的现象和提供的建议是有限的,我们也期望在有条件的情况下通过更大规模的、更为严谨的调查来确保更加切实可行的政策建议和措施。

参考文献

刘欣,2001,《转型期中国大陆城市居民的阶层意识》,《社会学研究》第 3 期。

刘欣,2002,《相对剥夺地位与阶层认识》,《社会学研究》第 1 期。

刘祖云,1999,《社会转型与社会分层——20 世纪末中国社会的阶层分化》,《华中师范大学学报(人文社科版)》第 4 期。

卢汉龙,1993,《社会地位观:"中国市民如何看待自己的地位"》,天津:国际社会学研究方法研讨会,8 月 24—26 日。

米尔斯,1987,《白领:美国的中产阶级》,杨小东等译,杭州:浙江人民出版社。

张静,1998,《法团主义》,北京:中国社会科学出版社。

Bian, Yanjie, John Logan. 1996. "Market Transition and the Persistence of Power: The Changing Stratification System in Urban China." *American Sociological Review* (61): 739 -758.

Borgatta, Edgar F. (ed.) 1992. *Encyclopedia of Sociology*, Vol. 2. New York: Macmillan.

Brint, Steven. 1984. "New Class and Cumulative Trend Explanation of Liberal Political Attitudes of Professionals." *American Journal of Sociology* (90): 30 -71.

Davis, Tames. 1982. "Achievement Variables and Class Culture: Family, Schooling, Job, and Forty-Nine Dependent Variables in the Cumulative GSS." *American Sociological Review* (47): 569 -586.

Dimagio, Paul. 1994. "Social Stratification, Life-Style, and Social Cognition." in David Grusky (ed.), *Social Stratification: Class, Race, and Gender in Sociological Perspective Boulder*. Colo: Westview Press.

Gouldner, Alvin. 1979. *The Future of Intellectuals and the Rise of New Class*, New York: Seabury Press.

Kohn, Mekvin et al. 1990. "Position in the Class Structure and Psychological Functioning in the United States, Japan and Poland." *American Journal of Sociology* (94): 964 -1008.

Kohn, Mekvin, Carmi Schooler. 1969. "Class, Occupation and Orientation." *American*

Sociological Review (34): 659-678.

Li, Bobai, Andrew Walder. 2001. "Career Advancement as Party Patronage: Sponsored Mobility into the Chinese Administrative Elite." *American Journal of Sociology* (106): 1371-1408.

Macy, Michael. 1988. "New Class Dissent among Social-Culture Specialists: The Effects of Occupational Self-Direction and Location in the Public Sector." *Sociological Forum* (3): 325-356.

Magill, Frank. (ed.) 1995. *International Encyclopedia of Sociology*, Vol. 2. London: Fitzroy Dearborn.

Nee, Victor. 1991. "Social Inequality in Reforming State Socialism: Between Redistribution and Markets in China." *American Sociological Review* (56): 267-282.

Parish, William. 1984. "Destratification in China." in J. Walson (ed.), *Class and Social Stratification in Post-Revolution China*. New York: Cambridge University Press.

Schuman, Howard, Charlott Steeh, Lawrence Bobo. 1985. *Racial Attitudes in America: Trends and Interpretations*. Cambridge: Harvard University Press.

Stone, Gregory. 1962. "Appearance and the Self." in Arold Rose (ed.), *Human Behavior and the Social Process*. Boston: Houghton Mifflin.

Stryker, Sheldon. 1968. "Identity Salience and Role Performance." *Journal of Marriage and the Family* (30): 558-564.

田野作为一种自我教育

访 谈 者:宋丹丹(以下简称"宋")
受 访 者:田　耕(以下简称"田")
访谈时间:2020年9月21日

宋:主要是想请老师讲一讲当时做挑战杯的过程。

田:当时是周晖找的我,我印象中是他寒假的时候参加了刘爱玉老师和唐军老师他们在东北的项目。

宋:所以您相当于是参与了后期的分析和写作的过程?

田:对,分析和写作。我是这么看的,它其实是一个经验研究,而且非常具有现实针对性。当时利用他们寒假时做项目获得的数据和访谈回来分析,就写。那时候已经上完统计课了嘛,已经上完了SPSS,就是纯数学,但是可以做一些简单的分析。

宋:您是大三的时候做的挑战杯,大二的时候学的统计?

田:对,统计课就完全是学推理,不涉及应用。其实可能统计的分析作业你都做对了,但是你并不会分析一个东西,对吧?所以我们当时就觉得还有些新鲜感,就你拿这些材料、拿这些问卷去分析一下,去跑那些table啊,全都是知识上学过的,但是你不知道可以拿它来解释和运用什么,所以对我们来说是一个新的东西。所以当时就是写,慢慢写,然后比如说我先去看一些文献,周晖去做,不断地修正假设,然后同时去做一些描述统计啊什么的,再去问老师我们的这个问题提得怎么样。

宋:这个过程会比较困难么?

田:体验上就是,事非经历不知难嘛,做的时候才会觉得首先你要在那个问卷里面找到一些有意思的问题,这就不容易。因为做统计作业是给你一个指令说谁跟谁有没有相关性,检验,对不对?那都是有指令性的,是一种非常被动的学习。但是这种就非常主动,你也不知道要写它的什么,而且还要构成一种有逻辑的事情,然后我们就不停地试,尝试过程中有些技术你还没有学的,现去学。

宋:现去学?

田:嗯,看书啊,对啊,有些分析,因为 SPSS 分析是模块嘛,那个时候学的比较简单,有些你需要做但是技术上没有学,你就现学呗。

宋:就是自己现学,两个人讨论?

田:对,我觉得这一点是很好的,因为锻炼学习能力嘛,包括跟文献对话啊什么的,都是摸索的,现在我们系学生这些方面都很成熟了,学生很早就有这个意识了,那个时候还不是。

宋:那个时候是不是整个上课的体系没有那么严密?

田:对,就是知识点多,学一个分支课程,你会知道一些知识点,但是独立思考的能力,这些实际上是要靠学以致用的。那时候一些学以致用的机会不多,比如本科生科研训练、挑战杯、校长基金,还有实习报告,都没有现在这么一环扣一环,你看我带的 2016 级本科班就是这样的嘛,我仔细想了一下,从大一到大四他们都有练习的机会。所以我觉得这个是慢慢能体会到的,而且这个过程中需要反复被修正,我觉得它无形当中锻炼了很多你基本的素质,跟你做认同、分层等具体的什么领域没有关系,就是一些笨功夫,那些基本的耐心,基本的检验、分析能力,其实这些都是很基本的素质,而这个是有收获的。当时经常晚上干到很晚,我们那个时候周晖在团委工作,团委那会儿还有些小办公室,晚上就在那个里面,因为我们要熄灯,晚上有的时候就在那里做。

宋:当时的文章写了多久呢,就是整个文章的分析、写作?

田:嗯,一整个学期吧。

宋:那么长?

田:嗯,卡了好多次。

宋:改是因为给老师看,还是自己讨论的时候觉得需要改?

田:我们那个很简单,因为有的时候跑的一些结果它解释不了,那就是要重新解释,或者是推翻原来的解释。

宋:那当时这个切入点是怎么找的呢?

田:就是"认同"和"认异",简单来说就是,你认为哪些不是工人阶级,跟你认同哪些人是工人阶级,其实这两个逻辑是不太一样的。虽然结果表明,好像都在说一件事情,就是在说,谁才像工人阶级,但是其实你排除谁和你认同谁,这个是有差别的。因为你把这些人排除了,并不意味着剩下来的人你都认同,这个和做逻辑不一样,因为剩下来的就是正确答案,所以你要两方面都问,逻辑上肯定是多余的,但是实际上在这个认同里面,就是很必要的。

宋:所以检验的核心是一个什么东西呢?

田:就是说,"认同"和"认异"的标准是不一样的,"认异"就是我不认可哪些,这个标准和我认可哪些人所使用的标准其实是不一样的,那么这个就很有意思,因为它们就分裂了。那么直接的后果就是可能有相当一部分阶层,可能属于既不认同也不排除的,有一些中间范畴。

宋:这个方法好有意思啊。

田:对啊,当时就是这么想的,嗯,但是这是我现在说,当时怎么一步步到那里的,也是反复讨论的,大体上就是这样。

宋:所以老师您怎么看待挑战杯这个参赛机制呢?

田:我自己当了老师之后才觉得,大家参加挑战杯,本身在这个过程里面,赛制是没有什么回馈机制的,对吧?你写得好不好完全在乎自己,所以你不能靠着最后的名次,因为名次带有偶然性。

宋:对,名次带有一定的偶然性。

田:对,所以你也不能说名次高的人就一定写得好,如果完全照着名次高的学,也有可能会学坏了,所以我是觉得院系应该建立回馈的机制。

宋:回馈主要指的是老师,对吧?

田:比如说我们系举办的"田野工作坊"这种类型。因为挑战杯指导,学生和老师之间,主要看老师个人,因为老师可能每一年的事情都不一样,正好你找他指导的时候他比较忙,那他可能就疏于指导,要是赶上空闲的时候就会指导得细一点,但是无法出一个指导细则来要求老师,所以还是要有一个类似"田野工作坊"的机制,帮助学生自己有意识地总结,这个是最实用的。

宋:您挑战杯的研究结果,对您的认知有什么特别大的触动?

田:就是你自己经历了一遍吧,你要强迫自己去读一些文献,当时我们要读一些,比如说市场转型啊一类的文章,当然是为了比赛。但是经历了一下就会更完整。因为我自己以前读这种经验研究是比较少的,主要是在读理论和历史的部分,相当于知识上有一些完善。而且你确实在做这个经验研究,你也不会觉得这个东西离你很远,简言之这个过程会简化你的偏见,就是觉得有些还是说得挺明白、挺有意思的。

宋：就是如果不去做这个,可能就不会读这些东西。

田：对对对,实际上我觉得这个挺好的,做进去之后你会发现各种知识之间,我觉得对于本科生来讲,应该不具备那么大的隔阂才好,因为本质上都是一个让你学得比较完备、开阔你的见识的东西。因为做了这个东西之后,后来我又读了一些关于工人阶级的历史研究,当时我们有一本已经夭折了的杂志,张静老师和马戎老师主编的,《北大社会学》杂志,类似这个名字,没办几期。当时我就因为做了这个,我就有点兴趣了,又读,又写了一篇评裴宜理的那个《上海罢工》,写了书评,张老师说可以发在她的那个杂志上面,这就是延续。因为裴宜理那个讲的就是上海 20 世纪 20 年代的工人阶级认同。

宋：在做挑战杯之前您有过别的经验研究经历吗?

田：主要就是跟杨善华去做调查,那就谈不上研究了,杨老师一般就是在假期组织,我第一次跟杨老师去应该是大四寒假了,那会儿是在 2002 年的寒假吧,是第一次完整地参与一个调查,做访谈,然后基本上每个假期都去。当年我因为不做这个嘛,算是去得不多的,但是平均下来每个假期都去,主要是跟着杨老师的调查点。之后还有实习。

宋：实习是说?

田：那会儿是 2002 年的夏天吧。就是一个实习要求,是这样的,那个时候你也可以跟着系里,系里有若干实践团,不跟着实践团你就自己定,我们就自己定了。那个时候是真的很简单,你开介绍信,对方很接纳你,就这么做了。所以这种田野的密度,跟我的学生比是少很多了。

宋：现在来找您做挑战杯的学生多么?

田：挑战杯的……嗯,我想想啊,每年都有吧,但是并不是我一开始当老师就有,然后还有外系,纯外系的。

宋：纯外系的也会过来?

田：对,就是哲学系什么的,是因为我开家庭社会学,他们要是有家庭方面研究的项目,也会找我,然后还有一些本研的,当然全部都是经验研究的,比如说,去年是两篇,差不多每年都有,算上本研的这种,每年都有。

宋：所以会有挑选吗,或者是拒绝的这种情况发生?

田：一般不拒绝,即使拒绝我也会给出一些建设性的意见。因为我好像只拒绝了一个学生,他还是我们班的,但是他也就是试探一下,试探一下自己能不能做,所以我也就觉得实在是没有太强的决心吧。我一般的原则是不拒绝的,但是我必须给出要求,所以我觉得一般来讲,效果还可以吧。

宋:您的要求是什么呢?

田:要求就是说,第一要尽可能地充分占有材料,这是最起码的,就是在你的时间、精力允许的情况下,要尽可能地去占有材料。

宋:占有材料?

田:比如说有的是高度依赖访谈的,有的除了访谈你还需要一些公开材料,用一些公开数据,比如说政策啊,人口啊,对吧?

宋:占有的意思是说你一定要自己去……

田:对,就是你一定要去获取吧,一定要去获取。我坚决反对学生说我只有这么点时间,那你就给我想一个办法,只有两个小时,你帮我选一个只有两个小时做的研究。我觉得学生的这种心理必须要克服,因为这实际上是一种高度不负责任的精神,因为这种依赖,我想要一个好结果,但是我又意识到不可能付出,其实就是最后变成我们一起想办法弄个小聪明。

宋:对付这个事情?

田:对,一起耍个小聪明、小把戏,那其实没意思。我觉得我跟学生,要做就认真做,可做可不做那大家就都别浪费时间,这个态度一定要明确。然后就想办法,因为其实只要他主动去扩展的话,一定是能找得到材料的,这个我觉得基本上是没有问题的,因为我自己第一次当助教的时候,是给唐军老师的"社会学概论",当时是第一次上那种大课,全校通选课,上百人。

宋:那是您上研究生的时候?

田:对,那是我在北大最深刻的一个助教的经验。当时印象很深刻的是,如果你的考查方式就是死记硬背或者是照本宣科的话,学生就只能拿出对付这点东西的那个心气来对付你;但是如果你的考试方式不是这样的,其实他会调动他高度的积极性。当时我们的题目是让写文章,有些理科生会去分析,南门外面有很多偷自行车去卖的,就是你想买自行车你就过去跟他说我想买辆自行车,然后他就会问你想要一辆什么样的,什么样的价钱,指定地点在某某地方去取就可以了。

宋:像什么神秘的地下交易。

田:对,当时就有个理科生就自己去做这个嘛,就跟他们聊天。我觉得只要是你让他发挥积极性,他就一定能拿出一些你绝对意想不到的东西出来,很好,非常好,那些都是理科生写的,我刚刚说的都是一些理科生的例子。

宋：所以为什么要强调是理科生写的？

田：因为他们毫无任何文科的基础，而且他们也不需要在这个上面证明自己，这个跟今天是不一样的。这些理科生就是觉得这个课听起来有意思，没有那么多的"黑话"，就听下去了，但是他也是需要文科学分的。但是其实这个课上得不好，他也不会觉得有什么，他就是不需要在文科上面证明自己，对吧？所以这种心理就比较朴素了。今天北大就是什么课好像都丢不起人了，但是学分也有计算嘛，所以无形当中就会让自己趋同的。那个时候理科生根本不在乎你社会学的规矩什么的。

宋：所以是纯粹直觉性的兴趣？

田：对，就是纯粹直觉性的，这个就比较有意思。今天理科生可能就特别想多了解一下社会学的习惯了，那个是没有什么了。

宋：学生来找您的时候他们应该准备也是不一样的吧？

田：对，是的，大部分的学生肯定还是有的放矢的，比如说他对家庭啊什么的会感兴趣，但是有的学生可能就是读书的状态会好一点，他会比较成熟一点，这种研究就是他读书的起点。但是我觉得这一点没有太大的关系，我觉得向学之心是最重要的，你如果能够真一点一点读下去，其实收获是很明显的。但是这个赛制本身，我还是觉得你不能把它当作纯粹学术的去设计，因为我也比较能理解学生，你如果跟学生强调说我们一切事情都按照做学问的态度，是非常不通情理的，我认为学生这样做有一大部分原因是要归咎于我们的制度设计和要求的。我觉得尽可能地得一些好名次很重要，但在这个前提下尽量发现一些和学术有关系的东西更长远，因为赛制本身是不提供这个的。

宋：其实是能够体谅他们或许有些急功近利的心情？

田：这个完全可以体谅，因为这其实一点都不复杂，你只要为学生着想，其实都可以理解。但是呢，自己也要稍微急功近利一些，这个就不能再推脱了，你不能说把急功近利的压力甩给别人，如果你想、你觉得这个东西得奖或者是对你好、对你有益的话，那就应该以百分之百的负责任的态度去面对它、完成它。如果你连这个都不顾了，那就没什么可做的了（笑）。我就是在这一点上要求学生，没有一定要为学术而学术，但就是希望你得一个奖，在里面写出一个东西来，发表也好，申请也好，这个目的我认为都是正当的。做事情的时候就是要投入。

宋：所以指导他们的密度会很大么？

田：对，但是我也不能保证学生都能做，这个当然是根据他们自己的时间了。当然，他们要来找我，我一定会拿出时间来看、来给他们意见的。但是他们是不是都愿意去做，我是不能保证的，但是我希望学生再主动一点。比如说你在这个地方有欠缺，不是说虽然我也知道这样不好，但是没时间了就这样吧，而是要么你就把这一块拿掉，要么你就把东西准备充分一点再写。还是那句话，你写这个东西本身是为了给自己一点强制，最后如果变成了迁就自己，那就没有意义了，你总归要给自己一点压力去做一些原来做不到的事情。

宋：班上同学做田野相关的比较多？

田：对，大一的时候我鼓励他们去做田野小调查，回来后再组织那种 workshop，利用周末和他们一起，每个组、每个人分享心得，根据他们交上来的东西，我们给意见，他们回去再改。

宋：对，后来编成了一本书嘛。

田：对，当时就是六七篇文章嘛，这里面的作者后来基本上本科的研究都做得不错，对比一年级和四年级的论文，我觉得还是很欣慰吧。

宋：所以您觉得田野很重要？

田：是的，从职业学者来说这是他的工作，从社会学系的学生来说也很重要，因为这是一个很主动的学习。首先，你并不知道你会遇到一个什么样的状况，所以你处于一个非常积极的状态，因为这个东西你无法控制，所以你总是在接触一些新的东西。在这个过程当中，你学习的意愿是比较自然的，因为没有什么现成的目标约束你。因此，我觉得哪怕你本身的学术兴趣不是在这里，挑战杯研究也是一个非常好的过程。而且，我们社会学系的调查向来是一个社会化的环节（笑），因为你身上的特质，比如说你不太善于沟通的部分会暴露出来，你善于组织或者善于观察人的特质也会暴露出来，对不对？这两方面都是很好的，因为它是一个非常自然的状态。就像打篮球、踢足球一样，有时最终收获的不是运动技能的提高，而是形成了一种社会化，达成一定组织。比如为什么大家觉得这个人是领导，你要服从他，或者这个人我们信任他，最后球要给到他手里，你不能说我想投就投。这些都是很明白的问题。

宋：所以大部分的时候，本科研究都是一个集体性的东西？

田：对，我觉得这是很自然的，而且有的时候你会收获友谊啊，朋友啊，这是比你做的成绩更重要的事情。首先，心智成长方面是很关键的，它在我们系也是一个看家本领，所以我就有义务去推动这个事情，但我并不是一个田野研究上的学者，而是在制度上面去出点力，这个我还是很愿意的。

宋：现在来说已经比较完善了，相对于之前来说？

田：对，这几年围绕这个目标的环节是比较多的，但是要形成呼应，就是你一年级为什么要做这个，二年级为什么要做这个，然后写实习报告，一环扣一环的，让学生意识到他其实并不是在做一个具体的任务，他应该能够充分地调动他以前的所学所得，最终让他成为一个有独立的工作能力、有观察、有灵感的一个人。田野的意义就在这里，它并不是单纯地让你接地气、理解社会现实，从教育年轻人的角度来讲，它是一个独一无二的手段。这是我自己的认识。

当代大学生价值观新动向
——后现代语境下的大学校园亚文化

作　　者：张　帆　沈　旭
指导老师：佟　新

摘要：本文通过问卷调查和个案访谈相结合的形式，描绘出当代大学校园亚文化的全景式图景，剖析了大学生行为表象背后的价值理念，凸显出后现代语境下校园亚文化的独特之处，呈现出当代校园亚文化与传统文化以及主流文化的断裂之处并指出其存在的合理性基础。

关键词：校园亚文化　社会参与度　后现代　消费文化　个人主义

1. 研究背景和问题提出

在传统语境下，大学生被视为国家栋梁、社会改革先锋、民族振兴的同义词，但是，以改革开放为背景，当代大学生群体却在能力与道德上呈现出与传统的明显断裂。1762年，卢梭在《爱弥尔》一书中这样描绘青年人："他对我向他说的话以前是乖乖地服从的，而现在则充耳不闻了；他成了一头发狂的狮子，他不相信他的向导，他再也不愿受人管束了。"（卢梭，1978）震惊全国的"马加爵事件"在社会上引起了轩然大波——声调批判中掺杂着痛心惋惜，然而作为旋涡中心的大学生群体却显出异常的冷漠。在各大高校的网络论坛（BBS）上，有相当数量的大学生对于这些负面报道采取了一种审慎的态度——价值中立或是不予置评，更有一部分人认为马加爵的行为是一种理性的行为。

大学生群体与主流社会在原本被视作是非分明的焦点事件上的态度如此不一致，使得笔者不由重新思考和审视当今的大学生群体：他们之间是否存在着一种身份认同？这种认同是否构成了一种大学生的亚文化，使得其明显地区别于主流的意识形态与社会期望？

带着这样的疑问，笔者一方面求助于文献资料，一方面基于专业背景，以社会学的想象力和人类学的方法论为依托，用自己的心灵感受这个群体，既可以获得"我群体"的真实感受，也可以寻求"他群体"的理性审视。通过对于大学生群体关于特定事件的行动逻辑和态度立场的研究，笔者试图去还原他们的生存状态，进而勾勒出一幅校园亚文化的图景，并在此基础之上进一步探究这种亚文化背后的价值内核；并结合对于后现代思潮的分析，考察其对于大学生群体价值内核的建构作用；最后，在总结当代大学生价值观特点的同时，结合研究中出现的不足与缺陷，进行理性的再反思。

2. 概念界定和研究方法

基于大量文献研究，同时基于本研究的调查基点，本文对当代大学生"校园亚文化"的界定为："校园亚文化是在一定时期内为整个大学生群体所共享的一套价值观念，是校园的微观文化；其与主流文化之间存在着微妙的互动逻辑，体现为校园亚文化对于主流文化既抗拒反叛又依附承认的双重特质；其同时由于与主流文化的互动和社会的变迁的影响而呈现出动态稳定的状态。"

在本研究中，笔者将采用"社会参与度"指标进行具体分析。所谓"社会参与度"，即"一种主动地以社会的准则与标准来模塑自己的思想，约束自己的行为，以期望符合社会的主流规范，从而获得社会认可的亲社会性行为"。为了研究的深入和细化，笔者将依照生态系统的模型将社会参与度进行层级化的分类，从小到大划分为：个体系统（个人层面）、微观系统（小群体层面）、中观系统（学校层面）和宏观系统（社会环境层面）。因此，在操作意义上，社会参与度便是在个体系统层次考察大学生对自己的前途和命运的关注程度；在微观系统层次考察大学生个体在寝室的人际关系以及与室友的交往状况；在中观系统层次考察大学生在系级以及在学校的活动中的参与状况和对学校活动的关注程度；在宏观系统层次考察大学生对社会的关注程度和对社会活动的投入程度。

为了保证研究的广度和深度,在具体研究方法的选择上,本文采取了调查问卷和深度访谈相结合的形式,辅之以文献研究和参与观察。问卷调查共分两次进行,分别为试调查和累计在半年内完成的正式调查。两次调查都围绕着"社会参与度"这一概念展开。试调查的地点选在了河南洛阳,问卷发放50份,回收49份。经修改的正式调查主要在北京、郑州、上海、洛阳和南京进行,共发放问卷500份,回收415份,回收率83%,基本符合社会科学研究大样本的要求。在问卷调查的基础上,笔者基于半开放无结构的访谈形式,从北京某重点大学的11名在校学生那里获得了关于大学生社会参与度状况的更深入翔实的资料,继而梳理出后现代语境中对校园亚文化最具有冲击力的几种思潮,以及思潮影响下大学生群体新的行为逻辑。

本文将以问卷分析为基础,结合部分访谈资料,分别从个体系统、微观系统、中观系统和宏观系统四个层次展开社会参与度的分析。

3. 实证分析:大学生社会参与度分析

3.1. 个体系统

3.1.1.

(单选题)独处的时候,我的感受:
A. 朋友很少,没人相伴,孤独寂寞;
B. 朋友很少,无人影响,怡然自得;
C. 朋友很多,但是我享受独处;
D. 朋友很多,所以我从不独处。

本题试图考察大学生群体对于孤独的态度,即对自我的关注程度。从样本总体而言,无论朋友多寡,"享受独处"的占绝对优势(占到总体的82.6%),且无明显的学校差异。相对而言,C选项较B选项在对于"个体自由"的选择上更为积极和主动。由此可以看出,享受孤独已经成为不受朋友数量限制和学校开放程度限制的独立变量,即享受孤独已成为当今大学生普遍而自觉的行为方式。

> 我很少会和人做一些深刻的交谈……两个在一起的人,不能完全进入彼此的内心,应该保持一定的神秘感,离得越近就应该保持越远的神秘感,这样可以防止人性的伤害。——北京某大学化学系大二男莫某

> 对于真正的精神贵族,孤独感是他们真正的财富。一旦你过了一种临界点,说不说都无所谓了。到了一种极致的话,最大的孤独和你内心最大的宣泄其实已经合和了,已经等同了,你不需要在外界再找一种渠道。孤独是精神意义上的,如果在物质上找一个词的话,那应该是寂寞吧。——北京某大学哲学系大三女赵某

或许这种疏离感来源于现代社会经济的高速发展与信任机制的相对落后,由此带来的高度流动性和匿名性导致社会结构固化、社会人群角色化。为了应对这种孤独焦虑,个人主义成为大学生潜意识的选择。个人主义的利刃割断了人际网络的纽带,后现代的孤独将个体的灵魂交给了书籍等私人化的物质载体,个人主义成了现代大学生的行为法典。

3.1.2.

> (单选题)有心事的时候,我首先会选择:
> A. 找朋友倾诉;
> B. 喝闷酒;
> C. 写日记;
> D. 上网打游戏;
> E. 听音乐;
> F. 憋在心里;
> G. 其他。

本题旨在度量当代大学生内向化——对自我的投入——的程度。从类型上来看,A选项为与别人沟通的开放型的排遣方式,占到32.2%;而B到F选项属于自我消解的封闭型的排遣方式,共占到50.7%。说明大学生更倾向于采取内向型的自我排遣的方式。然而,这种封闭究竟是一种主动选择的行为方式还是一种被动的人际疏离带来的无奈,抑或是信任的缺失,还有待于更深入的分析。但是,无

论如何,从传统向现代的过渡中,大学生群体个体化趋势比较明显。

3.1.3.

(单选题)我比较向往的生活方式:
A. 平平淡淡的市井生活;
B. 轰轰烈烈的伟人生活;
C. 花天酒地的贵族生活;
D. 逍遥自在的小资生活;
E. 自由自在的自由职业者;
F. 舒适安逸的白领生活;
G. 被人供养的有闲生活;
H. 其他。

样本主要显示出大学生群体对小资生活(28.0%)和白领生活(25.4%)的偏爱。当然,可能在很多人看来这两种生活本身存在一定同质性,都属于有钱有闲的阶层,受过良好的教育,待人接物优雅得体,有比较稳定的工作和不菲的收入,注重生活的质量。相对而言,小资更关注生活的质量和品位,而白领则更强调工作的性质和收入。从大学生追求的主要生活形态来看,主要是在一定的经济基础前提下,尽可能地追求自我个性的张扬和自我风格的树立,但与此同时也是一种犬儒主义的呈现。对于自由职业者的向往(13.4%)可能更多地源于对于个人主义和自由主义思想的接纳。追求"轰轰烈烈的伟人生活",可以看作当今主流意识形态精英式教育的反射,不过样本数量上呈现出势单力孤的状况(6.0%)。

小结:大学生群体明显地处于一种享受孤独的疏离状态,沉浸于一种小资情结,曾经轰轰烈烈的集体主义和忧国忧民的理想在风中悲鸣。

3.2. 微观系统

3.2.1.

(单选题)我们寝室经常开"卧谈会":

A. 是；
B. 否。

寝室卧谈会已经成为校园文化中的一个很重要的组成部分,对于寝室卧谈会状况的分析,从中可以得到个体对于寝室的认可程度和寝室对于个体的接纳程度。卧谈会的方式绝不仅是信息的交流,更是寝室关系的晴雨表。从反思的角度来考察,近三分之一(32.2%)的寝室没有卧谈会,这么大比例的一种基本的情感交流方式的缺失,说明现代大学生的大学寝室更大程度上只是一个共同的栖居地,而不是情感的交流场。

3.2.2.

(单选题)上自习的时候,我通常:
A. 独来独往；
B. 和朋友一起；
C. 无所谓,有则一起,无则独行。

如果说上一题反映的是宏观寝室文化和室友对"我"的态度定向,此题则侧重于"我"对室友的主观态度。"无所谓"(55.4%)的背后表现出的是现在大学校园中人际关系网络的断裂,在很大程度上是大学生主动选择的结果。从"一群群的行动"到"一个个的行动",行为表象的背后是一套新的行为逻辑在起作用。

小结:大学生群体从情感共同体变为地域共同体,抽离了热情,投入了理性,朋友的概念在这里发生了质变——从实质上的情感触碰到柏拉图式的理性想象,朋友不再是肩并肩手拉手一起上课、一起吃饭的伙伴。

3.3. 中观系统

3.3.1.

(单选题)我经常参加班级、系里、学校的各项活动(诸如运动会、辩论赛等):

A. 否；

B. 是。

以及(单选题)我之所以不经常参加各种活动,是因为:

A. 很想参加但是能力不足；

B. 这些活动很无聊；

C. 这些活动简直就是哗众取宠；

D. 害怕结果不好丢面子；

E. 其他。

对参加班级和学校活动的状况的调查,可以进一步挖掘大学生对学校活动低参与度的背后是何种逻辑。样本显示,愿意参加者占39.3%,不常参与者占59.7%。说明大学生对于学校各项活动的参与热情是不高的。进一步探究大学生这种不甚高涨的热情的来源,对于"活动很无聊"(34.6%)的看法当然可以是活动本身的成色不足造成的,但同时也可能是基于一种机会成本的比较后做出的选择,即活动相对于可以从事的其他事务而言是无聊的,而这些事务,据笔者推测,可能是更个体化、隐私化的活动,而非一种人人参与的公共活动。这不能不算是一个警示:对于公共空间的撤离和对于私人空间的投入是当代大学生群体的特质,这背后反映的是对于社会责任承担的冷漠。

3.3.2.

对于班里、学校发生的各种事件,我总是:

A. 不闻不问,置身事外；

B. 积极打听,第一时间得知内幕；

C. 不甚关心,但听无妨；

D. 甚为反感。

对于班级和学校发生的各种事件的关注程度,反映出对于公共事件,大多数人(71.8%)都持着一种"不甚关心,但听无妨"的态度。这种消极被动的态度可能来源于这些信息不关乎他们的切身利益,不与他们的个人生活产生冲突,不影响他们的自我追求。这里展现出的对于公共事务的冷漠,也在一定程度上印证着对于"马加爵事件"的反应。曾经是社会激情的发源地的校园为何如此冷漠?

3.3.3.

当代大学生对于社会责任感的界定又持何种观点?

在访谈中有这样的表现:

> 如果指的不是法律意义上的责任,我觉得责任是一种习惯吧,我权衡一下怎样是更合算的,我破坏这种习惯的成本和我维持这种习惯的成本,如果我觉得继续维持下去比较合算的话,就是我尽责任了。——北京某大学哲学系大三女赵某

> (自己将来的生活)当个小官吧,人要对得起自己就行了,不要把自己想得太高大。中国的许多儒生就这样,把国家前途和自己的事业连在一起,在别人看来他们做的没什么用,但他们认为实现自己了。——北京某大学中文系大二男廖某

责任,在中国传统话语的表述下,既是"修身齐家治国平天下"的自我实现,也是"穷则独善其身,达则兼济天下"的悲天悯人。在中国传统儒生的思想世界里,从来都存在一个"我—家—国"的逻辑,但自我理想与家国梦想交织的责任感终于在后现代的语境中轰然倒塌。新时代的儒生——大学生群体赋予"责任"以新的含义。责任,已不再具有群体意义和道德评判,转而呈现出一种个体性——对于国家、民族、社会的责任都转化为对于自我的责任。责任承担成为一种建立于成本—收益模型上的社会经济学。

小结:大学生群体自觉将责任与前途等同起来,将义务与道德私有化。从一种潜意识里的责任承担到一种潜意识里的理性选择,学历和绩点都成为筹码,整个社会成为赌场,大学生在玩一场赌博游戏。

3.4. 宏观系统

在两份关于政治背景及宗教信仰的调查中,大部分人处于一种无信仰状态,占到了样本的91.6%,是何种价值观导致信仰的退场? 这引发了后面对

于入党动机的调查。

3.4.1.

  (单选题)入党(中国共产党)的态度：

  A. 积极争取；

  B. 无所谓；

  C. 保持距离。

  以及(单选题)入党的原因是：

  A. 信仰；

  B. 前途；

  C. 随大流；

  D. 家长意愿；

  E. 其他。

  这两题主要考察对于入党的态度以及动机。从数据中可以看出，对于入党，"积极争取"(38.0%)与"无所谓"(51.1%)的态度占据了大多数，而"保持距离"(9.6%)的并不是很多，这反映了大学生对于入党的矛盾心态。除了一些有志青年积极寻求入党，大多数还是选择了暧昧中庸的态度。

  在后一题的追加提问中，我们可看出大学生对于入党态度的模棱两可的根源所在。选项主要集中在"信仰"(30.5%)和"前途"(47.7%)两项，且"前途"较"信仰"处于数量上的优势地位。身处于中国这样一个社会，成为一名共产党员可能对其人生将来的发展产生巨大的影响。因此，在"信仰"和"前途"之间的抉择其实更像是在"理想"与"功利"之间的抉择。大学生的暧昧态度源于从一种实用主义的逻辑出发，将党员的资格视为一种成功的砝码，因而生发了一种攫取的冲动。可是，这种冲动却受到了对于信仰的反思的制约，大学生的思想矛盾体现了一种主体意识的初步觉醒，但由于受到物质化与功利主义的影响而产生了信仰反思的危机。因此，入党动机的"信仰"与"前途"的截然二分是物质化时代对于信仰的消解和信仰本身的维持之间的张力的体现。对于共产主义信仰的反思，其实也是具有时代意义的机遇和挑战。

在个案中则更加充分地显示出信仰的迷茫。

> （对于入党的看法？）现在还不是（党员），也不想。不过有时也挺迷茫，暑假旅游的时候听好多人说还是考公好，真的，挺迷茫的，自己也在琢磨是不是将来要进政府机关。——北京某大学光华管理学院大三男曲某

> （为什么会入党？此个案的案主为党员。）在中国你要做任何事情没有权力的支撑是不行的，在中国总不能创造空间，只能寻找空间。入党没什么坏处吧，而且它提供很多资源和机会。——北京某大学中文系大二男廖某

这一代人内心中充满空虚，所有可信仰的神圣都在解构中无可遁形。然而灵魂需要一个挂靠的支点，否则人生将悬浮于流浪，并非每个人都能承受生命中的不可承受之轻。

3.4.2.

对于大学生未婚同居的看法：
A. 有伤风化；
B. 没什么，见多了；
C. 很正常；
D. 无所谓。

这里提出了"大学生未婚同居"这一具体的社会现象——从传统的价值观来看属于比较严重的失范行为，而考察的目的在于通过对大学生关于社会问题的解读，从性观念变迁的角度入手看大学生的思维的发展。样本分布比较明显地显示出大学生群体由于传统价值观、现代价值观和后现代价值观三者的共同作用出现的价值观分化。从选项中就能体现出这一特点来："有伤风化"（15.1%）代表了传统价值判断，"很正常"（37.3%）和"无所谓"（25.2%）代表了现代的观点，而"没什么，见多了"（22.4%）则是一种后现代的观点。其实这一题不仅体现了空间上的分布格局，更体现了一种价值观念

上的变迁:传统的否定式的判断成为弱势声音;多数人持一种不褒不贬的态度;后现代的拒绝评论则成了另一种趋势。

在这一意义上,此问题很好地显示出在当代大学生的价值体系中后现代思潮的强大影响力,在个案中有着更明显的流露:

> (如何看待同性恋?)我不是很在乎。我高中交过的一个男朋友,就有一个男朋友,是我们班的,我不在乎,只要不是女的就行。——北京某大学社会学系大三女许某
>
> (如何看待同性恋?)我不会去否定这样出于人的本性的东西。同性恋是人与生俱来的东西,你无法去质疑它。就像一个男生喜欢一个女生,你无法质疑他是一个男生一样。——北京某大学社会学系大四男李某

这些个案中,让人震惊的并非大学生性观念的开放,而是那种无所谓的态度,淡然中透露出一种新的气息:性由唾弃的对象到狂热的焦点再到研究的客体终于内化成我们行为主体的组成部分,性成了如呼吸般地自然——无以感受然而无处不在。当一种外在行为方式不留痕迹地内化为一种内在行为逻辑时,性也就不再成为我们远望的客体,性观念亦无须成为我们审视的对象。

小结:价值体系的解构使一切成为可能。没有准则、没有尺度的社会里每个人都是自己的上帝。大学生未婚同居、同性恋结婚登记,一切都成为可以包容且可以理解的私人事件。

4. 理论解读——后现代的视角

每个人都会问:大学到底是什么? 它在以一种什么样的方式存在着?

社会学家倾向于将大学定义为一个社会化的场域,而社会化的核心就是社会文化的认同与主流价值观的内化。在这个意义上,我们将大学视为一个文化的载体。然而,在主流文化的话语霸权之下,大学校园文化呈现出另一种声音,即为我们所指称之大学校园亚文化。

4.1. 语境阐释——关于后现代的辨析

人的存在靠占据一定的时间和空间彰显出来,时间和空间以时代背景和社会背景的形式凸显出来。长期以来,我们生活在不可动摇的总体性之中,个体性淹没在信仰的光辉中,人是"为……存在"的整体性个体。后现代则要破除各种各样的迷信,包括科学迷信和上帝迷信。于是,人成了"与……共在"的个体性的个体,后现代的情绪浸透在现代生存方式和现代文化脉络之中。后现代是一个思潮指称,一如文艺复兴,其口号是解放人性,特点是主体性,其表征是个体化,其后果是碎片性。

我们被后现代的强势话语所笼罩,或者说,我们心甘情愿走入后现代的迷雾。

4.2. 理论分析——生态系统的视角

4.2.1. 个体系统——个人主义下樊篱中的孤独

中国的传统儒家文化,秉承的是一种积极入世的原则和集体主义的取向,几千年来,集体主义笼罩着中国社会,每个人都背负着"为了他人"的重担,每个小我都融入大我的建设中。改革开放的春风唤醒了个体主义,只是,过与不及以两种极端在中国社会同时呈现。每个人都成了人海中的孤岛,享受着前所未有的孤独。

如果说现代意义上的个人主义是时代赋予我们的被动选择,那么后现代话语中的个人主义则是我们的自由意志。如果说原子化是后现代的特征,那么原子化就是我们的自由意志;如果说疏离是后现代的生存状态,那么疏离就是我们的自主选择。"任何人的行为,只有在涉及他人的时候才须对社会负责;如果仅仅涉及本人,那么他的独立性就是一种绝对的权利。对自己、对自己的身心来说,个人是最高主权者。"(卢克斯,2001)于是,享受孤独登堂入室成为一种行为理性。

4.2.2. 微观系统——博弈论洪流中的交往

从"为……存在"到"与……共在",伦理缺席了,道德在迷雾中迷失,人性在不确定性中失去了平衡。整个社会都处在一种博弈之中——以最小的成本实现不朽。最小的成本就是"群"——"群"秉承能量最低原理,永远比个体更长寿。为了自己的利益,很多人并不会选择道德上的善,但是,正是由于道德判断和选择的自由,一种强迫人们为了拯救自己、为了自己的幸福或者为了自己的利益而行善的外部力量成为可能。责任承担在这样一种道德悖论中实现救赎。

基于博弈论而建立的交往理性彻底毁灭了中国传统的人情社会,在这种背景下,大学生的寝室终于由情感交流的私人空间变成了共同栖居的公共空间,大学生的交往成为一种检测有用性的功利主义诉求。

4.2.3. 中观系统——消费文化陷阱中的理想

追求自我的大学生在消费文化的洪流中迷失了自我,他们将自我的实现与成为新型文化人阶层等同。他们追求特立独行又不可避免地成为追求特立独行的千军万马中的一员,他们追求的是做人生的主人;但在某种意义上,他们是在重复过去,成为享受的奴隶。学习在这种意义上被异化了,成为提供所预期生活的物质保障;绩点作为未来生活的筹码的重要性,被视为并非个人能力的产出而是将来生活质量的投入。

在消费文化的冲击下,绩点成为一种商品,学历成为一种筹码,留学成为一种资本,它们成为明天的赌注。时尚生活方式所引领的对于金钱的强大依赖使得工作这个唯一的物质来源成了决定性的存在。

4.2.4. 宏观系统——后现代重锤下的信仰

在彷徨与迷茫中,在对于解释的怀疑与对科学的质疑中,大学生将自己的目光投向了无以言说的命运、不可解释的星象,或者是拒绝语言的佛学。更有甚者,直接收回目光,将注意力转向自身的快感。性解放,回荡着对于未来信仰的解构,伴随着对于当下快乐的关注,轰轰烈烈,如火如荼。

解放人,解放人体,解放性,"我们大家都生活在性社会里,或者说,生活在性之中"(福柯,2002)。福柯第一次以非主流的声音发出呐喊,世界在疯癫中重新建构着文明。如果自古典社会以来性压抑一直是连接权力、知识和性经验的基本方式,那么我们只有付出高昂的代价,才能从中解放出来。在中国古老的性伦理与性解放的夹缝中,中国大学校园文化呈现出对性观念的强大包容。

5. 调查的总结与反思

基于所做的 415 份问卷数据和 11 个访谈个案,笔者不妨大胆地将结论推广,试图诠释当代大学生的精神状况。当然,基于人类学式的亚文化的调查方式,即使样本不具有大范围的推广意义,也代表了一定时空范围内一种亚文化的存在形态。因此,在本调查研究的意义上得出如下结论:

5.1.

通过问卷分析的全景式的描绘,呈现在我们面前的是这样一幅大学校园亚文化生态系统:

个体系统:呈现出以人际关系断裂和享受孤独为主要特征的个体化倾向,以及以追求物质利益和自我幸福实现为鲜明特质的自我化趋势。

微观系统:展示出以寝室亲密关系的变质与粉碎为表象的情感交流缺失的现象,其背后是社会疏离增强和社会信任下降的后现代特征。

中观系统:表现出以社会参与度的降低为标志的社会责任感的萎缩和社会游离感的强大。

宏观系统:凸显出集体主义神话破碎后的信仰危机和后现代冲击下传统道德的塌陷。

5.2.

通过深入访谈的纵深式的求索,探究出大学生行为表象背后的价值体系构成:

个体系统——个人主义下樊篱中的孤独:重视自我与个人空间,反对集体话语。

微观系统——博弈论洪流中的交往:一切都基于相互制约的共同利益。

中观系统——消费文化陷阱中的理想:将物质满足与精神享乐作为自己的追求。

宏观系统——后现代重击下的信仰:对于一切宏大叙事的质疑和批判,

对于一切差异性与弱势群体的关注。

　　本文旨在提供一个观察和分析大学生问题的视角,即以后现代主义理论为分析框架,以传统与现代的文化断裂为主要线索,以校园亚文化的生态多样性为表达体系,试图还原校园亚文化在当代各种思潮影响下的真实图景,找到其与传统文化的断裂处,并探究其背后可能的合法性基础。当然,由于预先假设造成的思维定势和理论框架的视野局限,包括问卷样本的代表性不足,本文存在着多方面的缺陷,笔者将在后续的研究中加以弥补和纠正。

参考文献

福柯,2002,《性经验史》,佘碧平译,上海:上海人民出版社。
卢克斯,2001,《个人主义》,阎克文译,南京:江苏人民出版社。
卢梭,1978,《爱弥儿》,李平沤译,北京:商务印书馆。

历史脉络中的大学生亚文化

佟 新

重读十几年前指导的张帆和沈旭共同完成的挑战杯获奖论文《当代大学生价值观新动向——后现代语境下的大学校园亚文化》,依然可以感受到鲜活的生命力和灵性。

大学生们,趁青春年少、思想活跃之际,要走进现实,要研究,要写作,用心去感受社会和群体的存在,学一点历史,将所思所想所感融进历史的脉络,融进思想史的长河。大学生参与科研工作是一项重要的学习内容和社会实践。

谈谈研究选题。在学生有参与挑战杯的热情的前提下,提出什么样的社会学问题进行研究是关键。我常常对学生谈的一点就是:一定要做对自己有所困扰的问题,至少对于自己是真正想要解决的问题,即问题中有自己的真情实感。给自己出一道题,抽丝剥茧地用阅读、实践、调查的钥匙来解题,再将问题纳入社会学的理论框架中进行归纳总结。能够解决自己的思想困扰是第一步。要做有趣的研究,由此展开社会学的想象力。张帆和沈旭就是对身边的校园文化和大学生价值观的变化有所困扰,所以在论文中试图诠释当代大学生的精神状况。在历史的脉络中,个人的经历十分渺小;但从一个群体看,个人的经历却有代际关联性,反映了时代转折。他们的研究发现揭示了这样的历史进程:一代年轻的大学生正经历个体化过程,人际关系断裂并且享受孤独;经历自我化趋向,追求物质利益和自我幸福;表现出以社会参与度的降低为标识的社会责任感的萎缩和社会游离感的强大;凸显出集体主义神话破碎后的信仰危机和后现代冲击下传统道德的塌陷。论文本身就具有极强的后现代主义特征。

谈谈研究方法。如何做研究,用什么样的方法去解答自己的困扰?这的确是个问题,与选题的来源有一定关系。如果选题的来源是阅读,是在书本当中发现的问题,那么就要借由阅读更多的文献深入了解相关概念和理论,梳理前人解释问题的诸多答案,这便是在思想史的脉络里延伸。如果问题来自身边的生活,那么就一定要对生活有透彻的理解和扎实的田野。对于本科生而言,我建议做有可行性和可操作性的研究。

张帆和沈旭的这篇论文使用的方法可圈可点。问卷研究对提出问题有帮助,访谈资料的收集使答案更为丰富。更重要的是,他们身处大学校园,最好的研究方法就是人类学式的亚文化研究。对此,如何使研究者跳离身处的文化现域,用一个远距离的他者身份去观察和理解所在的文化空间,就十分必要。

谈谈思考和阅读。面对资料,如何写作?如果你觉得这是一件特别难做的事,那么唯一的解决办法就是多阅读,阅读、理解名著,学习大量的文献,理解他人是如何思考和写作的。大量的阅读积累,是学好社会学的基础。阅读使我们知道社会关注问题的理论渊源,张帆和沈旭的这篇论文讨论校园亚文化与传统文化的断裂,并且从个体、微观、中观和宏观四个系统来诠释。这种分类虽然简单,但也使思考具有了逻辑,归纳研究成果也能有章可循。

谈谈写作。在依赖电脑写作的时代,人脑常常处于或快速运转或一片空白的状况,文字堆砌成为常态。我建议大家的提纲和初稿还是要用手写,在慢慢写作的空闲处发现思想的活跃和创新。论文是改出来的,在张帆和沈旭写作的过程中,几乎面目全非的修订有三次,一次比一次概念更清晰,逻辑更清楚,文字更干净,愈加具有说服力。

能够获奖是对学生成绩的重要肯定,但永远要记得一分耕耘一分收获,做学问没有捷径可走。

张帆老师访谈

访 谈 者：宋丹丹（以下简称"宋"）
受 访 者：张　帆（以下简称"张"）
访谈时间：2020 年 9 月 18 日

宋：您当时做挑战杯的时候是几年级？

张：大三的时候。

宋：我看了你们的文章，既发了问卷，又做了访谈。在这之前，有做过别的什么调研吗？

张：当时好像是没有，但是跟着杨善华老师做过一些。当时我们还一起做了一个叫作"中国社会调查中心"的，之前是王汉生老师的那个，参与她的一些国家项目，我们去发问卷，然后回收问卷，做数据统计。

宋：当时跟杨善华老师做的调研是什么样的呢？

张：其实主要就是他在访谈，我们在旁边听着，偶尔插个嘴。

宋：听的时候会有感觉吗？

张：会，会思考"为什么杨老师会问这个问题"，我们回来还要总结，他会告诉你他为什么要问这个问题，慢慢地就会体会到一些诀窍。但是还是会有收获，因为我们是学生嘛，访谈时总是会有恐惧，会畏缩，张不开嘴，不知道要跟人家讲什么，又有各种年龄的差异啊，社会阅历的差异啊，就好像我不知道跟这位大爷讲什么。不光是访谈的技巧，包括社交的技巧，跟领导、干部怎么去讲话，都是有一些技巧的。

宋：当时也是做了一些数据统计的？

张：田野调查我想起来一个，当时周飞舟老师是我们班的班主任，他当时和国土资源部有一些合作，关于征地的一个项目，非常大，当年我们全班同学的暑期实践应该做的都是周老师的这个项目，但是去的地方不一样。我们寝室的四个人去了四川，在双流那边做的征地调查。那个时候以访谈为主，所以在做挑战杯之前,定性、定量调查都有过参与(笑)。

宋：咱们系当时是有实习的课程要求么？

张：那个好像不是一个课程,也没有硬性要求,也不是很记得了,反正就是我们班当时都去了。碰巧赶上周老师的那个项目,我们每个人都有一个相对成熟的结构式访谈问卷带下去。田野经验比较难的地方是得到当地政府允许,因为征地这块牵涉到政府;还有当地的村民,本来是一个自然村的,征地之后村民就散开了,到了不同的地方;所以怎么跟他们联系上,怎么取得他们的信任,怎么得到我们想要的信息,这些都是关键。我们还赶上了由征地引起的一些小风波,出于多方考虑,我们没有办法继续访谈。

宋：当时为什么想要做挑战杯？

张：就是因为自己比较迷茫,觉得应该做点事情。当时挑战杯刚开始没几届,又没有什么经验,也学了一些社会统计的课,就觉得得让它有点用(笑),就给自己找点事情做。

宋：刚刚您说比较迷茫是说……

张：就是没有想清楚,不像现在的同学对自己的未来有比较清晰的规划。

宋：哦,就是规划方面？

张：对,不知道自己是要继续走学术这条路,还是要走出学校,就想给自己找点事情来看一看自己的兴趣在哪里。另外是对学校生活本身的迷茫。我调查的内容本身就关于学生群体,我们当时可能都成熟得晚,到了十八九岁,有各种各样的困惑,所以就想：既然自己是做这方面研究的,为什么不自己去解答困惑呢？可能没有这么系统,但是现在回想就是这两方面的因素。

宋：我昨晚跟凌鹏老师聊,他做的白领研究,我问他为什么做这个研究,他也说因为很迷茫。

张：(笑)所以我们当时可能都成熟得比较晚。

宋：然后我问是对什么迷茫,他说一方面是那会儿国企改革刚过,整个社会上对自我定位很迷茫,另一方面是他对自我也有迷茫。刚来大学那会儿,他在学校里找不到自己的位置。至于白领对自己迷茫,是因为白领找不到自己在社会中的位置。所以我觉得个人体验和研究兴趣的交叉还是很有意思的。

张：对,因为你要是没有个人兴趣,纯粹是学术兴趣的话,你的研究或许就走不长,一旦你换了一个学术兴趣,你很快就会转向。假设你对它有兴趣,你就会对它有激情。当时我们发问卷,我印象很深刻的是,天气非常非常热,在大学里面谁也不认识,就随机拦人发问卷,挺苦的。但是因为自己有这个热情,所以做了下来。

宋:发了400多份问卷对吧?

张:应该是500份,但是收回来的可能没有那么全。

宋:当时怎么想到要用这个方式去发问卷的呢?

张:我的合作者是沈旭,他是上海考过来的,我是河南考过来的,不同地区的人进到北大之后可能会有不同的落差,我们就想做个比较。比如说我会觉得北京、上海的孩子眼界更广阔,我们内地来的孩子相对来说信息量就没有那么大。我们的知识储备可能差不多,但是人生阅历差距非常大,所以就会产生一些心理压力,甚至抑郁情绪。所以就想做一个比较,看看上海大学的学生和郑州大学的学生之间是不是有差异,我们两个就开始合作。当然问卷是一起发的,因为只有两个人,选的点好像是复旦和郑大。

宋:但是这两所大学之间的比较和差异在文章中是没有的?

张:对,其实这篇文章不是我们挑战杯的原稿,因为要发表,篇幅被压缩得很短,所以中间的一些数据都没有得到很好的呈现,但是原文我实在是找不着了。我记得有一些数据统计,我们做了很多,但是后来发现差异好像没有那么明显。发问卷还是很苦的,访谈则比较愉快,因为访谈主要集中在北大的学生那里。

宋:就是找的身边同学?

张:对,就是身边的同学,用滚雪球的方法(笑)。

宋:访谈做了多少?

张:我记得就一二十个吧,样本量不是很大。既然是访谈,我们就想以深度为主,聊得还是比较深入的。

宋:当时之所以用问卷的方式,其实是跟自己学过的统计学方法有关?

张:对。当时的思路就是,至少要有一个相对比较大的数据支持,才能得到一个科学的结论(笑),现在想想其实四五百个也不算什么大样本,科学性也还很受质疑,但是当时自己手里拿的工具统共就这么多,然后就进行深度访谈。当时跟着杨老师做项目还是有收获的,比如怎么样比较深入地推进对话。当时也就大概懂这么些东西,现在去做的话方式肯定会更多,但当时就是这样。

宋：两个人做400多份问卷也挺多的了。

张：对，所以其实还是比较辛苦的。

宋：您挑战杯的指导老师是佟新老师，为什么找了佟老师做指导老师呢？

张：我们当时前期调研都已经做完了，但是申报项目要求必须有一个指导老师，当时正在上佟新老师的一门课，觉得佟老师特别好，所以就找了佟老师做我们的指导老师。

宋：你们的调研和文章都已经做完了？

张：佟老师后期指导过文章。前期的项目设计比较盲目，纯粹是出于兴趣。

宋：当时除了课外的这些调研，学校的科研压力大不大？

张：当时我们都很轻松的，和现在的同学比起来，当时就没有什么压力。我看现在的孩子们好像特别累，我当时的大学生活还是挺惬意的，没有那么大的压力。我们也没有那么多的评奖评优，奖学金制度那会儿才刚刚有，大家就都比较淡泊，就是自己把自己的做好了就行了，没有那么大的竞争压力。

宋：班上做挑战杯的人多吗？

张：还挺多的，当时刚办几届，大家也觉得好玩。不像现在有很多加分政策什么的，我们当时没觉得它能给你带来什么好处，都是比较感兴趣就做了。

宋：您当时在做挑战杯之前，对它有什么直观印象或者感觉吗？

张：没有，我们纯粹出于兴趣来做这个项目，做完之后听说有挑战杯这件事，那就申一下吧，就是这样。

宋：先有项目，然后再申报的挑战杯？

张：对，我印象中我们做这个周期还比较长。

宋：做了多久呢？

张：我记得应该是从春天学期开学开始，一直做到暑假结束——我们利用暑假跑了很多地方。访谈则利用学期中时间，陆陆续续地做，工作量很大。现在很多人做了两三个礼拜就写文章了，我们当时至少拖了两个学期。

宋：最后写文章花了多长时间？

张：写文章花的时间挺长的。当时不是很清楚挑战杯的体例要求，至少我印象中它没有很多指导意见，就说要出一篇论文，也都没有明确规定论文格式、体例，好像要提供原始数据。在这个过程中，佟新老师给了我们挺多的指导意见。当时青年问题好像是个很大的话题（笑），我们莫名其妙地就撞到了这上面去。拿了奖之后,有很多报纸来采访,我记得最严肃的一家应该是《中国青年报》,用很大篇幅报道过。后来研究论文还被收到了一个什么蓝皮书里面,好像是给国家政府部门参考的。再然后就有了《中国青年研究》约稿,我们的调研报告改写成了一篇论文发表。这个过程挺痛苦的,因为我们都才本科,也没有接受特别系统的学术训练,写的东西现在看上去都不是很严谨。我觉得现在大家的准备都很充分,参赛论文内容很成熟。

宋:为什么当时青年问题会成为一个重要问题?

张:当年出现了一个非常轰动的"马加爵事件",因此国家非常重视为什么天之骄子进入高等学府后会出现心理问题。然后我们又正好撞上了一个亚文化——那时候"亚文化"还是一个很火的关键词——我们把青年和亚文化结合在一起刚好就火了。

宋:做完之后,您最大的收获是什么?

张:最大的收获就是坚定了我做科研的信心,我之前比较迷茫,觉得我的能力不足以支撑我继续读硕士和博士,想要放弃。还有就是我的心理转变,之前我老觉得自己处于某种非常迷茫的青春期(笑),做完研究之后我发现这个状态挺普遍的,是制度性或结构性的问题,这样我的压力就小了。我当时还很害羞,也不好意思问别人是不是也跟我一样,能跟我讨论的只有宿舍的四个人,然后我就会觉得是不是我们四个人都很奇怪、不正常(笑)。

宋:那种心态是什么呢?

张:比较小众的心态,不是那种特别积极、阳光的,遇到事情大家处理起来比较保守、消极。后来我发现这种心态比较普遍,而且越是好的大学越是多。比如郑大,大家的安排都非常统一,到了什么点应该做什么事情,哪些东西是你的,哪些东西不是你的,都有非常明确的安排,大家就像延续了高中生活一样,按部就班地学习就可以了。但是复旦或者北大——尤其是北大——非常散漫,没有任何人告诉你这四年应该怎么过,大家普遍迷茫,而且学生高中时候的精英意识到了大学之后会有落差,人就会变得保守,不太愿意往前冲。

宋:所以跟学校给个人的自由也有关系?

张:对,我们就是自由太大了,有时候反倒是负担。但是我觉得这是好事儿,提前进入这个阶段总比进入社会之后再遇上这个阶段受到的冲击力相对小一些。

宋：我觉得可能大家都要经过这个阶段。

张：总要在心理上经历从学生到社会、从未成年到成年的转化，我觉得这是一件好事儿。

宋：您那篇文章中用了很多后现代词汇和分析方法，当时是刚开始接触这些理论吗？

张：可能跟我自己的阅读兴趣有关，比如我接触福柯的理论就很受刺激。因为青春期来得太晚了，刚开始进入一个反权威的状态，福柯的写作就非常对我当时的胃口，觉得读起来非常带劲儿，当然现在想起来觉得用这些东西去分析并不是那么合适。

宋：不合适的点是在哪里？

张：应该是国情不一样。所谓"亚文化"并不纯粹来源于对主流的反抗，某种程度上也可能是对主流的延续或延伸。但西方左派就会认为一切亚的都是反主流的，而我觉得这在中国就不那么合适，所以现在觉得我当时可能有些过激了。

宋：也就是说，您之所以读后现代理论，完全基于自己的后现代处境？

张：好像是，就觉得很酷。我们当时比较天真（笑），没有系统思考进行什么样的调查，和什么样的理论对话，回应什么样的现实。当时是反过来的：考虑到周围的现实是这样的，又读了一些有趣的理论，就想做一个小调查，看看是不是相关，或者能不能指导我。我觉得目前大部分本科生是有非常系统的指导的，而我们做的研究和老师的项目、课题等没有太大的关系。

宋：您去年参加挑战杯的校级答辩，有印象特别深刻的作品吗？

张：我们系周老师指导的研究抗争的那两个学生，我读他们的论文就特别开心，他们的分析非常到位。我觉得定性分析比较难出彩，因为大家都能做，要想分析到位是需要功力的，而且你还要把它展示出来。他们俩的写作很好，文本很完整，分析很到位，材料也很扎实，这是非常难得的好文章、好研究。还有一篇印象深刻的文章，是我在系里审的。我觉得他文笔非常好，但是田野过薄，材料太少，没有什么样本和案例。看一个文本好不好，第一看材料，第二看分析，第三看呈现。抗争那篇三个做得都特别好。还有一些，拿去年来说，10篇论文里面至少8篇都在做定量研究。

宋：这是我们系的还是全校的？

张：全校的。我对这种情况感觉不是很乐观，定量做得都浅尝辄止。举个例子,有个作品非常荒谬,十几个样本还用了定量分析的表。我心想:十几个样本有什么代表性啊,能说明什么问题啊?做成定性研究的效果都比十来个人做定量研究的要好!之所以如此,可能人们觉得定量研究看起来比较牛,很科学。但我觉得,定量研究的写作难度可能降低了,但是你呈现一个数据在那里,出来几个结果,然后给学校一个建议,给政府一个建议,有点天真(笑)。这就导致中文系的一位老师发言时觉得很伤心,认为人文社科都在社科化。他觉得这个趋势对中文很不利,我也觉得这不是特别好,我们系最好要引领对抗这个潮流吧。

宋:您带的本科生会跟您交流他们的田野经历吗?他们的主要困惑是什么?

张:他们不知道田野是干什么的,拿不到想要的数据,总觉得隔了一层,他们想要这个,但受访人讲那个,拿回来的数据就不知道怎么分析,各个环节都有疑惑。

宋:那么您会怎么跟他们讲这个事情?

张:我会觉得,他们才刚进来,田野进不去太正常了,这是一个手艺活,得慢慢练。接下来要跟着比较成熟的田野调查点或者规范的老师多做,慢慢体会,训练一下田野的感觉、实际操作技术、实际操作技巧等。不要急于到田野中去,否则就是浪费时间。也不要太过失望,关键是让数据分析与理论对话,慢慢地学习就好了。不是说读了一本马克思或者韦伯的著作,就能直接跟他们挂钩了,没有那么快。要慢慢地做文献的积累,这些都是一体化的。

制度体验与白领想象
——一项关于社会分层的探索性研究

作　　者：纪莺莺　凌　鹏　张秋实
指导老师：杨善华　张　静

摘要：本文通过对国企与外企白领员工的深度访谈，呈现他们在体制内外工作经验的不同，以及他们对制度差异的认识和对白领的主观想象。通过分析我们发现：制度差异认识强的人认为白领大体只能来源于外企或者私企，制度差异认识弱的人则没有这种明确界定。体制内职员更强调工作环境、内容对白领的重要性，而体制外职员则更强调收入水平的重要性。这就是说，在客观分层界定的白领阶层内部，存在着体制内外区分造成的制度体验分裂和阶层想象分裂。本研究一方面在结论上对现有社会分层图景进行补充，另一方面试图厘清主观分层和客观分层研究之间的复杂关系，将两者整合于整体社会分层理论中。

关键词：制度差异　制度体验　白领想象　社会分层

1. 综述及问题提出

1.1. 理论综述

中国社会学重建以来，社会学家们就一直密切关注转型中国的社会分层，这一领域的研究也由开始时对于西方研究的模仿，发展到近十年的反思与探索，由描述性研究向解释性研究深化，分析视角涉及宏观和微观各个层面，并开始触及研究方法论、西方分层理论及其对研究理念本身的反思（李路路，1999；张宛丽，2000）。这些反思越来越凸显了中国社会分层研究的本土化面向:转型中国这种不同于西方的社会格局和体制环境,使得西方分层理论进入中国语境之后产生了新的问题意识和解释功能。在1978年以后的转型中国,社会权力结构和利益结构都发生了相应的转变,而社会分层研究正是切入这种转变的最好视角之一(李路路,1999;李强,2002)。例如孙立平的"断裂论"、李强的"碎片论"、陆学艺的"层化论"和倪志伟(Victor Nee)的"市场转型理论",这些研究实际上都将社会分层处理为特殊体制环境下的中国现象。

但是仔细划分,其内部仍然有差别。孙立平(2003)的"断裂论",李强(2002)的"碎片论",陆学艺(2002)的"层化论",这三类研究实际上都将体制作为一种潜在条件,它直接影响了整个社会的资源分配,并在此基础上进而讨论资源分配与社会分层之间的关系。而"市场转型理论"及其争论导向了另一不同的问题意识:再分配体制向市场转变的过程本身如何影响了社会结构,因此它们实际上更着重于分析体制与资源分配之间的关系。以上这些研究最终都支持着同一个逻辑:二元体制影响了资源分配的模式,而后者进一步影响了整个社会分层图景。

体制的二元性是观察中国社会的重要面向,但同时它也经常使西方理论应用于中国社会时出现偏差。以张静的《阶级政治和单位政治》为例,由于单位制的存在,人们通常根据单位利益而非阶级利益组织起来,这就是说假设中国存在一个基于阶级利益而集体行动的阶级是可疑的(张静,2003)。这项研究给了我们重要的启示:西方社会分层理论,是以其明晰层化的社会结构为基础的,因此笼统地运用西方概念来描述中国社会时,很有可能遮蔽一些不同于西方的特点。上述各项着眼于体制与社会分层关系的研究,试图从"碎片化""断裂化""层化"等各个角度来展现中国社会结构图景。问题在于:它们是否穷尽了体制对社会分层的影响呢?

换句话说,我们的问题是:如何找到体制转型与社会分层相关关系的新认识呢?这里,我们需要引入新的方法论资源——主观分层研究。

上述研究主要着力于对社会分层做出客观性的描述,主观分层研究则是与之相对的另一种取向。国内这一倾向的分层研究相对较少,但仍然可以从中得到重要启发。在刘欣2001年和2002年的两篇文章中,他所探讨的是城市居民的阶层意识[1]状态以及形成社会认知的原因[2],他认为"将阶层意识的产生、发展同分层机制的变化联系起来研究,尝试为当前学术界'社会转型与分层机制变化'这一热点问题的探讨另辟了一条思路"(刘欣,2001;刘欣,2002;张宛丽,2004)。

在此方法和问题域下,本项研究将要处理的具体问题是:体制内外的区分是长期以来中国社会的一项基本特征,它与新兴阶层白领是否存在某种相关呢? 由于中国的体制转型是一个历时性的过程,国家体制不断撤离社会生活,市场制度也在不断地扩展和变化,而白领作为社会转型中的新兴阶层概念,这个概念在西方并没有与所谓的"体制"概念相联系,但是进入中国语境后就与体制内外的区分产生了模糊的关系,因此正是研究中国体制转型与社会分层机制相关关系的一个极好切入点。

1.2. 方法论的讨论

本文应用了主观分层的研究方法,还具有一个重要的面向:客观分层与主观分层之间的关系是什么? 两者如何互动并构成对社会结构的完整理解? 我们认为,在一定程度上人们的分层想象[3](即人们心中对于社会结构的阐释)与实际存在的社会结构之间有着对应关系[4]。对应关系本身并没有固定

---

[1] 刘欣将"阶层意识"界定为"一个阶层的成员所具有的相似的情感、幻想和思维方式等",同时将其操作化为"是否有阶层认知""主观分层的标准"和"阶层地位认同"三个变量进行分析。具体分析参见刘欣(2001)。

[2] 刘欣在2001年的《转型期中国大陆城市居民的阶层意识》一文中,以对武汉居民的抽样调查资料为主要依据,从阶层认知、阶层划分的主观标准、阶层地位认同等几个方面,概述了城市居民阶层意识的基本状况,同时对于主观分层与客观分层之间的关系进行一定程度的探讨;在2002年的《相对剥夺地位与阶层认知》中进一步讨论相对剥夺感在形成人们阶层认知中的重要作用。与此类似的研究还包括李春玲对于社会阶层身份认同的研究和对于中国人分层主观想象的研究,以及其他一些关于阶层意识和身份认同的研究。但与研究客观分层的文献数量相比,对于主观分层的研究并不多,同时在这些较少的研究中,更少有研究从理论上探讨主观分层与客观分层的关系(李春玲,2003;李春玲,2004;张翼,2005;郑晨,2001;等)。

[3] 在某种意义上来说,我们可以认为社会学家进行的分层研究是一种特殊类型的主观分层,即考察主观和客观多种因素进行主观分层,希望能够得出与实际存在的社会分层结构相符合(没有扭曲)的主观社会分层图景。

[4] 从某种意义上来说,这样的一种对应关系来自两个方面:一方面,传统上对于阶层意识的解释依旧有其重要性,即客观的影响对于主观意识的作用;另一方面,这种对于社会结构的主观阐释同样是一个社会事实,是构成社会结构的一部分(Ossowski,1998),同时也在影响着社会结构的形成(高宣扬,2004),而在这个研究中,体制的区分作为影响中国社会结构的重要因素,既影响着客观因素的区分,也影响着主观因素的区分。

形式,而对应方式则有可能是直接的、间接的、正常的、反常的甚至是极度扭曲的。① 概言之,实际的社会结构影响人们的分层想象。这一假设有两个方面的意涵:第一,在个体层面上,他所感受到的社会结构是局部的、片面的,与之对应的个体的分层想象图景也是扭曲的、片面的;第二,在群体层面上,分层想象的结构则可与实际社会结构密切对应,成为社会结构的一部分。推理来说,在社会稳定、社会结构固定化的社会中,人群分层想象的结构也相对固定化和层级化。② 在这个基础上,引入主观分层研究的视角,将对中国社会分层研究本身产生两重意义:1. 主观分层研究可以作为对客观分层研究的补充和验证(刘欣,2001;刘欣,2002;李春玲,2003;李春玲,2004),来说明社会阶层是否已经定型;2. 主观意识直接影响个体的行为,进一步形成社会文化和社会结构的再生产。所以,通过考察人们主观分层意识可以考察体制的维持和再生产机制。

在国内既有的主观分层研究中,一般将主观意识作为研究的直接与最终对象,描述人们的主观意识状态并做出解释③,而没有考虑到上述主观分层与客观分层之间的关系④。一方面,主观分层没有紧密地与社会体制相联系,没有着重考虑到这两者之间的相互关联;另一方面,对于主观分层与客观分层的复杂关系往往没有清楚阐释,很多情况下只是说明其重要性(刘欣,2001;刘欣,2002),或者利用主观分层来验证对照客观分层研究(李春玲,2003;李春玲,2004)。在这种情况下,研究的意义往往局限于与客观分层研究相割裂的主观分层领域,而无法真正将两者统合在对于中国社会体制与分层这个本应统一的研究领域中。并且,以往对主观分层的研究获取资料的方法,往往是通过问卷考察被访者对于影响社会分层的重要因素的选择和排序。刘欣在对于武汉居民的研究中就采用了这种方法(刘欣,2001),其优点

---

① 此处将对应的方式表述为"正常的、反常的、扭曲的"仅仅是一种表述方式,实质上并没有这种带有价值判断的意味。比如,"扭曲的"对应关系有这样一种可能性:某个社会的人群 A 强烈地认为自己不是阶层 B,但也许这一意识正反映着他们属于阶层 B。这也正是斯坦尼斯瓦夫·奥斯索夫斯基(Stanislaw Ossowski)所说的"假性阶级意识"。
② 参见布迪厄对于社会结构与心智结构的关系的研究(高宣扬,2004)。但在这里,为了研究的方便,将其中关键性的哲学化表述进行了简化。
③ 在国内,现今能看到的绝大部分对于人们主观意识的研究都属于这样一种类型(郑晨,2001;罗忠勇、陈绮,2002;张翼,2005)。
④ 在现有的研究中,对于这一问题做出回应的有刘欣和李春玲的一些研究(刘欣,2001;刘欣,2002;李春玲,2003;李春玲,2004),但他们并没有明确地探讨体制因素对于主观分层的影响。

在于清晰明了、便于处理。但是,问题的抽象性和固定性也产生了一些问题。[1] 在本文的研究中,我们不以抽象问题促使访谈对象对相关因素进行排列,而是希望对象能够自主描述出其印象中某一阶层的具体形象,从中理解他在意识与潜意识中划分阶层的因素的重要性。[2]

2. 研究思路

作为一项小型探索性研究,本文选取一个国有企业与一个外资企业为研究对象,从两类企业中抽取 11 名白领[3]作为访谈对象,以他们的制度体验来描述体制内外的差异,以他们的白领想象从一个侧面来展现其主观社会分层的特征和阶层认同,并探索两者之间是否存在相关。在我们所获得的访谈资料中,我们发现在这两个特定的企业间,由于制度差异带来的资源分配[4]不平衡表现并不明显,同时由于制度体验的差异所造成的认知差别要明显强于资源的实际不平衡。在我们访谈对象适用的范围内,制度体验的差异直接影响了个体在社会环境中的白领想象,其逻辑关系如图 1 所示。

这里出现了四个需要解释清楚的概念:

第一,制度差异,这指体制内与体制外的区分。在这里,体制内是企业所属的国有性质,而体制外则是私营或者外资性质。20 世纪 80 年代以来中国的国家制度改革,对企业发展产生了重要的影响。私营企业大量涌现,国有

---

[1] 问卷问题需要访谈对象抽象出一些重要因素,这个过程很可能受到媒体和舆论意见的左右,而无法呈现真实信息,同时固定性可能会引入问卷设计者的一些主观意见。
[2] 但这种方法的不足在于,访谈对象在回答问题时的主观偶然性较强,很容易使研究陷入过渡阐释的误区,加之这是个小规模的探索性研究,其不确定性可能更大,我们在这儿做的只能是尽量谨慎地进行分析,得出一些探索性的假设和结论,提供一些新的研究思路。
[3] 判断白领的职业和收入标准参照肖文涛(2001)、张宛丽(2002)。
[4] 按照传统的韦伯的分层标准,这种资源包括权力、经济和地位三个维度。在当代的中国,由于急剧的市场化改革,国有企业在改革前的社会中由于与国家政权的密切联系而带有的权力和地位优势已经大为削弱,尤其是对于访谈选取的 A 企业而言,已经同市场上的私营企业在权力和地位方面处于平等状态,在经济资源方面更是平等。自然,由于产权性质所带有的优势一定程度上还是存在的,例如与妇联的密切关系所带来的一些其他 A 企业无法得到的顾客以及"国有"性质在人们心中的传统印象等,但由于这个研究重点在于处理"制度体验"和"白领想象"的关系,同时并非国有和私有 A 企业的对比,所以 A 企业的一些特殊性质如与妇联之间的密切关系是从制度体验的角度来研究的,而不是从资源分配的角度。

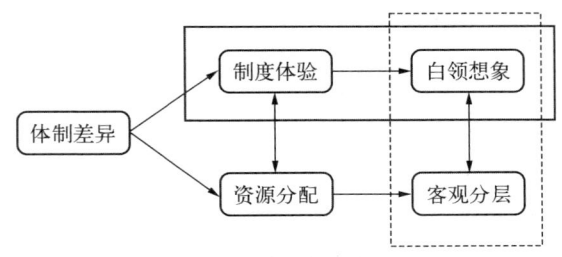

图 1 实证研究逻辑图

注：实线框部分是本研究具体问题的位置，而虚线框部分是本研究理论问题的位置。

企业在私营化浪潮中改革，合资企业与外企大量兴起。总体来说市场经济的兴起逐渐打破计划经济与政治体制的壁垒，尽管这种变化并非一蹴而就，但是却逐渐产生了巨大而深远的影响。

第二，制度体验[①]，这指个体在其生命历程中所经历的在不同的制度中工作与生活的体验，另一方面也是中国的社会转型在个体身上凝聚成的经历。对于个体而言，制度体验的来源可以表现为强弱两种：一种是指他真实经历过的体制内外或者体制内外转换等复杂的工作经历，这一类型的体验较强；另一种是即使个体没有真实的工作经验，但他仍然有可能在理性、感性上具有对于体制内外差异的认识，而这种认识则可能来自媒体、亲友意见或者大众舆论，这一类型的体验相对较弱。制度体验本身直接影响着个人的主观意识(包括主观分层)以及由主观意识引发的行动。

第三，制度差异体验，这是基于制度体验概念而引申出来的一个分支概念，我们用这个词来概括个体对于体制内外差异的认识，基于在上文所说的两种制度体验类型的区分，这一认识本身又可以分为强弱两种。在文章中，我们将主要在制度差异体验的视角下来讨论体制内外成员的制度体验，当我

---

① 这个概念在某种程度上与布迪厄的阶级轨迹(刘欣，2003；高宣扬，2004)类似，布迪厄的阶级轨迹的概念，指的是个人和社会集团所拥有的资本量和构成比例在一定社会时空中的变化，既指一个阶级在整个社会阶级结构变动中的向上或向下流动，也指阶级成员个体的社会流动。而个体的轨迹说明了个人的阶级惯习与阶级流动的关系，由于不同的阶级、同一个阶级内的不同成员，不可能有完全相同的发展经历，因而，哪怕是同一阶级内的成员之间，在阶级惯习上也有着各自特殊的标志。对于中国来说，布迪厄所说的阶级轨迹自然是一个重要的因素，但另一个更为重要的因素便是与阶级轨迹类似的制度体验。而对于中国的制度体验来说，一个关键的因素便是年龄。在 20 世纪 50—80 年代，城市中的绝大部分中国人的制度体验都被强制性地限定为体制内体验；而在 80 年代以后，人们的制度体验开始变得富有自主性和多样性，继续影响着人们的行为和惯习，由此形成在社会分层中不能不考虑的因素。

们使用这个概念时也就具有两重意义：一方面我们将在制度体验的强或弱的维度中来区分在生命历程中有不同制度体验的人群；另一方面我们还在这一视角下阐述不同制度下的制度体验的具体内容。

第四，白领想象，我们用这个概念来概括访谈对象对于白领群体一系列相关因素的个体性界定，它所凝聚的正是判断社会分层的主观标准以及人们对于自我地位的认识。在他们的想象中，白领首先是作为一个具体的形象出现的，然后人们从这个形象给他的最深印象的特征开始描述。经过抽象之后，虽然每个人的想象侧重点不同，但大体可以认为它具体包括了访谈对象想象中的白领收入、工作内容、工作地点以及生活方式等因素，同样也包含了他们对于自己是否为白领的主观判断。

3. 研究的对象与经验材料

我们选取北京市某旅游企业（以下简称 A 企业）和北京某医用器械公司（以下简称 B 企业）[1]作为研究对象的选取单位。A 企业原为全国妇联下属的挂靠事业单位，20 世纪 90 年代末期进入事业单位企业化的改革，在经济上自负盈亏但仍然保持挂靠性质。同时全国妇联始终保留着对 A 企业的中上层领导任免权，并管理着 A 企业相当一部分的福利。因此，现在本质上它属于提供旅游服务的国有企业。我们在它的中层部门中选取研究对象。B 企业为日方所有，北京区的销售、生产皆由中方自行管理。我们在它的商贸部、秘书处和生产处选取研究对象。因此，两个对象尽管产出产品不同，但可以认为各自都具备了体制内与体制外的典型特征。

表 1 访谈对象基本资料整理

年龄段（岁）	性别分布	
	A 企业	B 企业
20—29	2 名女性	2 名女性
30—44	2 名女性，1 名男性	1 名男性
45—60	2 名女性	1 名男性

---

[1] 应访谈对象自己要求，不公布对象具体资料。

在两个企业中我们共选择了11个对象进行深度访谈(见附表,每位访谈对象的基本信息):从收入与职业特征来说,他们都属于一般意义上的白领;从年龄来看主要分为三个年龄段;性别上8女3男,但在具体分析中,证明性别并不会对我们选取的因变量产生影响,因此并不影响资料的效度。访谈主要获得他们的制度体验、对白领认定标准以及对于自我地位的判断几个方面的资料。

4. 基本发现:制度体验

通过对访谈资料的分析,我们得出的基本发现是:在具有制度差异的社会生活环境中,个体的制度体验凝聚了他们对于转型中国体制变化的感知。我们在制度差异体验的视角下,将个体的制度体验分为强制度差异体验、弱制度差异体验两种,而在前者中又可以区分出基于体制内工作经验的和基于标签化认识的两种。本文在这种分类框架中讨论体制内外的制度差异和体制的转变历程这两个因素对于个体的影响。这就是说,在客观分层标准所界定的白领阶层内部,还存在着体制所造成的规律性差异,我们将这种现象概括为制度体验的内部分裂,接下来从制度体验的具体内容来说明这种分裂。

这项结论是根据访谈资料分析出来的逻辑关系,如果要进一步证明它的推广意义则需要更为完善的问卷设计以及大范围的问卷调查。下一部分是对于这一发现的详细阐述。

我们所选取的研究对象大体可以分为普通办事员和中层管理层两大类,这就是在陆学艺分层研究中划分为中下与中中层的部分,同时也被包括在学术研究概念上的白领之中。但是基于个人经历、工作企业、工作性质等方面的不同,单纯地以白领概括这个群体将会遮蔽群体内部的一些特征。下面基于访谈资料对于制度体验的体现,首先将他们分为三类。

4.1. 制度体验的类型

在我们的研究对象中,制度体验主要可以分为三种类型。

4.1.1. 基于体制内工作经验的强制度差异体验

这类人具有长期国企工作的经历,对国企制度、福利有相对成熟的看法,同时对体制外体验只有概念上的认识,并无亲身体验。他们都认同体制外可能有更好的待遇与收入,但就他们自己而言,不可能考虑去私企或者外企从业,他们不认为在真实生活中自己可以选择体制外职业。这一类人集中体现在年龄层较大的人那里,他们从开始工作到现在已 30 年左右,始终在国企或者机关工作(如个案 6、7、11),体制外的工作选择对他们来说是不可能的。6号个案的话代表了这一部分人对于体制内与体制外的严格区分:

> 如果我现在没在民营企业做过,就根本不会去做,我们这个年龄段的,为什么我们后来不动,就因为我们的观念不允许我们,就是不可能想到我现在能到私企去做什么,除非我现在退休了,可能再应聘一个,但让我现在把这个单位给辞了,到私企去工作,这种可能性特别小,对于我们这个年龄段,我们的观念一直都是这样的。

即使在长期的体制内工作之后转入私企工作,先前的工作经验也将强烈地影响他在私企中的行为方式。11 号个案先后在学校中工作 10 年,国企工作 5 年,然后才因为朋友介绍转入 B 企业。在 B 企业中,他经常站在对比的角度上感知,对于私企的管理方式,在体制内形成的价值标准仍然影响着他在私企中的判断:

> 假如说我是来主持招聘的话,我会考虑这个因素。因为我原来在学校也支持过学生工作,在学校里头能入党的也不错。因为我来招聘肯定是找大学毕业生,那我要考虑他在学校里的……既然能入党,那肯定是在各个方面比较活跃,起码是在学生中比较突出的。比方说你思想靠近党组织,积极汇报思想,团结同学、同志,认真学习。

当然,11 号个案由国企转入私企的工作经历并非没有影响,相反,后者在更大程度上真实地强化了他的制度体验。对于他来说,他经常以先前体制内工作的经验与体制外工作的经验做比较,并获得强烈的制度认识:

在这个私企中论资排辈的现象少,在私企中主要看你的经验和工作能力。员工的忠诚度很重要,说实话就是忠诚于他本人,我们说是做 B 的事业,做 B 的人,也就是做老板的事业和做老板的人。……国企把这个叫事业心,忠于党的事业,忠于人民,实际是一样的,表现在具体工作上都是,对你干的这份工作是不是有很高的责任感,是不是有很高的工作热情。

在我们的访谈范围内,6、7、11 号个案的年龄都在 50 岁或以上。为什么会出现年龄上的一致性呢？这又说明了什么呢？我们认为,现在年龄 50 岁左右的人,他们在最初找工作时只能进入国企,当市场经济迅速发展时,他们已经在原单位工作了很长时间,因此,或者由于惯性不会选择离开体制内企业,或者带着一二十年的工作经验离开原企业。因此,这一类 50 岁左右的人,他们的工作经验偏向于单纯的体制内类型。那么,随着近 20 年以来市场经济的迅速发展,体制外企业的大量涌现则为二三十岁左右的人提供了大量新的就业选择,他们也应该会具有另一种制度体验。这就是下面要说的第二种制度体验类型。

4.1.2. 基于标签化的强制度差异体验

第二类人的年纪分布在二三十岁之间,个体在进入实际工作之前,往往受到媒体、亲朋意见和大众舆论的影响,对于国企(体制内企业)和私企、外企(体制外企业)的特征和性质有了先在的标签化认识。而即使在真正进入企业之后,由于尚且短暂而且单一的制度体验和工作经验,这种认识往往容易得到单方面的强化(如个案 1、2、8、9)。因此,他们同样可算作具有强制度差异体验的人。

比如,在 A 企业工作的 1 号个案在找工作时是为"做公务员"做了充分准备的,她在谈到这一段经历时,就对体制内外做了鲜明的判断。1 号个案实际上只找过不到半年的工作,她的这种对于体制内与外的鲜明判断很难被解释为这短暂时间内积累的经验,而更应当看作标签化认识在短暂实际经验中的强化。而在 B 企业工作的个案 8,一方面由于她的父母都是工人,根据父母的生活,她对体制内的生活获得了强烈的印象,因此当她回忆时可以将国企职工和私企、外企职员明确区分;而另一方面据她所说,她所在的语言学校学生毕业后几乎都会将外企作为第一选择,这使得她对于制度的体验很大程度上也来自大众舆论。因此当我们在询问她是否认为国企中有白领时,她可以明确地否定。

总体而言,他们和第一类人一样,强烈的制度体验意味着对于体制内外差异的明确认识,同时他们的标签化偏向于两个方向:A 企业员工对国企的良好保障和宽松环境具有正面评价,而 B 企业员工则更满意于本企业的自由竞争和充实工作。

4.1.3. 弱制度差异体验

前两类人总体上都可以算作强制度差异体验的人,但是接下来的第三类人则属于弱制度差异体验的人。这就是说,他们并不认为在体制内与体制外存在不可弥补的差距。第三类人多为年龄在三四十岁间的资深职员,他们一方面可能具有制度间流动的真实经验,更多遇到过在体制内外进行权衡的机会。因此,他们比第一类人对于体制外有更多的了解和认识,又比第二类人具有更多的对于体制内的真实体验。但是恰恰是这两种经历的调和,使得他们对于体制内外的区分与偏向并不那么明显(如个案 3、4、5、10)。

换句话说,长久的工作经验使他们实现了去标签化的过程。以 A 企业为例,在 A 企业年轻的工作人员看来,A 企业虽然工资不高,但至少有两项优势:1. 国家企业提供"三险一金"的保障,在一定程度上这可以弥补基本工资的不足;2. 国企工作较为轻松,"人情味更浓"。但是 A 企业中的资深职员并不这么认为,他们不再将保障作为优势的一种,因为私企或者外企中偏高的工资完全可以弥补这一点。同时,他们认为自己作为资深职员必须承担起比较多的工作,因此实际上所做的事与"繁忙的白领"并没有本质区别。这在后面他们的白领想象中可以得到更清晰的证明。

很容易发现,当我们通过制度体验对人群进行区分时,大致可以发现一种年龄上的规律:50 岁以上的个体具有强烈的制度体验,对于他们来说体制外工作是不可想象的;二三十岁的个体则同样具有强烈的制度体验,但是他们的体验明显具有不同价值面向;而三四十岁的个体相比于以上两者来说,他们更在乎体制内外区分背后的待遇、工作、满意度等综合因素的考虑,这种复杂的考虑使得他们并不着意于对体制内外的简单区分,相较于前两者来说,不妨将他们的体验称为"弱制度差异体验"。如果借用生命历程研究(life course research)的视角,将个人的生命历程看作更大的社会力量和社会结构的产物(李强等,1999),则这种规律性便可以与中国的体制转型关联起来。不同年龄段的制度体验暗示背后不同的社会体制状况,中国社会体制转型的轨迹与不同年龄段的制度体验演变重合起来。对于 50 岁以上的人来说,他们生活的时间大部分属于国家体制内,后者很大程度上框定了他们的生活方式与思维方式;而逐渐开放的市场环境和体制改革为年青一代提供了冲破壁垒的机会,他们目睹了体制外企业的逐渐繁荣和体制内的逐步改革,并在长期的工作中得以权衡与思考体制内外之差别;对于当前这一代最年轻的工作者们来说,他们已经置身于一个体制外企业发展如火如荼的时代,没有工作经验的他们带着从前辈、舆论处听来的意见在体制内外做比较和选择。

4.2. 制度体验的具体内容

以上是对研究对象中制度体验的三种分类,主要依据制度体验的强弱及其原因加以区分,下面我们要具体讨论的是制度体验在内容上的差异。

4.2.1. 体制内企业在党政制度上明显更具有形式完整性

在 A 企业中,随着向企业方向改革的深化,党员身份在职员的晋升、工资水平以及人际关系方面的影响已经大大削弱。但是同时又存在这样一些基本事实:1. A 企业正式员工共 120 名左右,党员人数 50 多人,占到三分之一强,A 企业中将近一半的中层领导(如部门领导)和高层领导都是党员,他们兼任着 A 企业领导、党委领导和工会领导三重身份[①],A 企业总社长在全国妇联中担任一定职务(个案 4、6、7)。2. 我们所采访的个案,都认为尽管党员身份与工资、奖金和晋升没有关联,但是在 A 企业中入党是一种必要,而且有一种较为特殊的意义。"我觉得我要是对共产党有什么认识,真谈不上这个,只不过就是一个归宿感,众望所归和大势所趋。从我一入社不久,大家都说一定要入党,赶快要入党。"(个案 4、5)3. A 企业中存在完整而持续的党组织活动,比如保持先进性教育以及平时定时开展的党员活动,领导同样动员个人积极申请加入中国共产党。"上上星期五,刚开了一次党员发展

[①] 我们推测,一方面是由于传统以来的影响,另一方面正是由于 A 企业领导、党委领导和工会领导三重身份的统一,使得党组织在这个没有专门党支部的企业中不断开展较为丰富的活动和得到绝大多数职员的支持。

会,发展了三个党员嘛,然后就是有的挺激动的,恨不得流眼泪。"(个案4)
4. 在招聘新员工时,其他竞争条件同等情况下,党员身份构成一种优势(个案1)。这些事实与 B 企业形成了鲜明的对比,在后者中被访对象的党员观念非常薄弱,他们并不具体清楚整个公司中是否有党支部,也不知道身边的同事是否为党员。同时,他们认为是否为党员是一件无关紧要的事情(个案8、9、10)。在访谈对象的被聘经历中,党员身份是完全无关的(个案8、9、11)。

4.2.2. 体制内比体制外具有更多样化、更完善的福利与保障要求

体制内的职员更多地体会到来自体制内的保障以及特殊形式的福利,这些构成了他们衡量自身收入、生活条件以及评价工作的重要条件。这些特殊的条件包括基本工资、保险制度、生活福利、同事关系以及上级领导的家长作风这几个方面的主要内容(个案3、4、5、6、7)。个案3说:

> 我周围人有在私企干的,他们的保障就没这么好,他们有不签合同的,你不签合同,什么劳动法都没用,要签合同就不要你,很容易解决,这个 A 企业,周围这些人,党员又这么多,它还是有原来的影子在里面,原来的做法在里面,保护度还比较高,我觉得。……那当然重要了,很重要啊,社会保障系统("三险一金")对每个人都很重要的。……我们社福利吧,越来越不好……但现在归入企业了嘛,企业就保护它自己的利益,现在福利越来越不好,少,但还有,过节还有过节费什么的,到2005年底还有,每季度300块钱劳保费什么的,今年都改到效益工资里了。我们觉得福利基本上是没有了。

对于在 A 企业工作时间较长的员工来说,他们更为重视企业所能提供给个人的包括实物在内的各种福利与保障,并且认为对于职业来说这是一种必要(个案3、4、6、7)。与之形成对比的则是,B 企业的职员相对来说并不十分重视企业有没有必要给每个职工详尽的保障,他们更加认为只要提高工资,员工就可以自己去购买商业保险(个案8、9、10)。实际上,在这种情况下,后者因此并不会觉得国企就比私企更有保障。换句话说,福利、保障的要求在某种程度上可以为更高的工资所抵消,尽管两者在形式上很有不同。

4.2.3. 体制内企业比体制外企业管理层年龄偏大和上升流动较慢

我们还发现,A 企业中层领导的平均年龄在四五十岁,少数部门的经理年龄超过了 50 岁,A 企业的社长今年已经 60 岁左右,社长助理也达到了 55 岁左右;而 B 企业中层领导的平均年龄则在三四十岁之间,还有一些更为年轻。究其原因,可能有两个方面:一方面是由于国企相对存在时间较长,很多员工在年轻时进入,然后慢慢在企业中年龄上升,或者由于体制内的调动而出现,而私企则存在时间相对不长(B 企业是 20 世纪 90 年代才进入中国的);另一方面则可能是由于在国企中更为稳定地按部就班,或者说是论资排辈。个案 10 认为:

> 我不会考虑跳槽去国企,因为对我这个年龄段来说去国企没意义。主要还是得按部就班的,对于我来说我不会选择国企。……往上升的可能小一些。在私企自由度、可能度更大一些,我觉得更方便一点,包括同事之间的关系,包括你接触的环境可能更有利于发展。

在晋升这个问题上,虽然 A 企业和 B 企业的被访者都认为工作能力和与领导关系两个方面很重要,但两者的侧重点似乎有些不同,对于 A 企业来说,重点在于你的工作出色,使得"领导觉得该升你了。这种都是领导想起来了,不然干得最好的也不会得到晋升"(个案 4、5);而对于 B 企业来说,似乎更加侧重的是工作绩效,"要是升迁的话,那还是能力,看你对公司的贡献,你工作得好,上头自然会注意到你"(个案 10)。

4.2.4. 工作关系与私人关系相反的互动逻辑

根据我们的观察和被访者的陈述,在 A 企业中,员工的工作强度和管理强度较小,工作氛围较为轻松。根据个案 1 给我们的描述,在 A 企业中很多年纪较轻的人之间互相有着绰号,而对于受人尊敬的资深职员和部长、副部长等则以"姐""叔"相称,即使在工作时间内,只要不影响正常工作,大家也时常会开开玩笑,活跃一下办公室里的气氛。"日企管理特别严格,自己不许打手机,基本上也不能闲聊;像我们办公环境这么好,大家可以开玩笑,中午就别提多休闲了。"(个案 2)而在 B 企业中,工作压力大,每个人在工作的时间忙忙碌碌,没有闲话和玩笑,在工作之余,大家也许能利用中午吃饭时间聊聊天，同时在年终的时候还有公司举办的联欢会，有时候过节时整个办公室里的人会一起出去吃一顿饭（个案 8、10），就个案 10 来说，这也是"人情味比较重"的表现。在此基础上，我们可以做出这样的判断：在 A 企业中，良好的工作关系以良好的私人关系为基础，私人关系如朋友关系、长幼关系等在一定程度上具有独立性，当职员考虑换工作的时候，他们首先会感觉到对同事的不舍；而在 B 企业中，尽管私人关系也有发展，但是它们是以工作关系为基础的，换句话说，私人关系的发展实际上是为了结成更好的同事关系与上下级关系。

我们发现在体制内与体制外企业之间，个体制度体验的具体差异非常明显，它们并非基于某种个体心理差异，而呈现出与体制内外区分相对应的规律性。入党与政治气氛浓淡之分，福利与保障完善与否，晋升流动是否畅通，工作与人际关系的轻重区分等方面，在客观上造成了体制内外职员对于制度与企业环境的不同认识，这进而构成他们价值判断、行为选择的基础。至少根据本文提供的资料，我们可以得出这样的结论：在客观分层所区分出来的白领群体的内部，实际上还存在着体制差异造成的分裂。

5. 制度体验与白领想象

对于白领与中产阶级的研究，现在大体的研究脉络是，首先遵循将白领限定为某一职业和收入的范围内，确定其在社会结构中的位置（张宛丽，2002；肖文涛，2002），然后讨论这一特殊的阶层在各种社会关系结构中的功能（李友梅，2005）。但是，在这样的研究思路中没有真正包括对白领主观分层的讨论，即使有也仅是在第一步确定其社会结构中的位置之后局限性地探讨其主观意识（张伟，2005），既没有体制相关的敏感性，也没有从主观分层反观客观社会分层研究。

在对中国白领的探讨中，首先必须注意到无论在社会学界还是在日常生活中，白领都是一个外来概念，而非中国社会内生的概念，同时也不是一个与通常意义上的按照职业进行分层完全吻合的社会分层概念。根据对人们心中中产阶级和白领的研究（张宛丽，2002），百姓对于中产阶级已有印象，而对白领则更为熟悉。究其原因，一方面在于媒体和舆论的应用和宣传；另一方面则在于与较为抽象的中产阶级相比,白领是一个更为形象和具体化的概念,明确地意味一种工作方式和生活方式。它不仅是对于社会中某一个位置的称代,也不仅是某种职业或者某种收入水平的代表,更是一种与概念产生地(西方)密切相关的意义。中国首先接受了"白领"这个概念在美国和欧洲的意义,然后将之运用于中国社会,寻找与之对应的阶层和人群。在日常生活中,人们往往将之定义为:在大公司(在初始阶段,这一范围更是限于外企)工作,坐在高档的写字楼里,工作时穿着正式的工作套装,有较高的工资,有能力追求时尚,等等。同时,在接受这一概念的十几年过程中,中国社会本身也发生着巨大变化,对于白领的理解在巨大变迁之中受到各种因素的影响。其中最为重要也是不能回避的影响在于体制的变更和市场经济的发展,这种变化所带来的制度体验的差异与变化使得人们对于白领的想象产生差异,进而影响他们对于自己地位的认定。

在第四部分中,我们已经力图说明在研究对象的内部,制度体验具有分裂性,它与体制转型进程本身正是一致的。我们还将制度体验区分为三个类型,在这一部分我们将进一步分析制度体验与白领想象的相关关系:强制度差异体验的人强调白领应当处于体制外企业,弱制度差异体验的人则对此没有特殊要求;在弱制度差异体验的人的白领想象中,体制内职员强调白领的工作压力和工作环境,而体制外职员则更强调白领的收入水平。

5.1. 强制度体验的人倾向于明确界定白领在外企或私企工作

我们发现在这两类强制差异体验的群体中,尽管他们仍然对生活方式、工资收入有所要求,但都对白领所属的企业性质做了界定。回访时我们将以个案 8 为例拿给 A 公司中的年轻职员判断,尽管前者的工资并没有达到她们预设的标准,但她们同时又都认为个案 8 可算作白领。

个案 1 明确地说白领的界定就一条"在外企中工作",而相应地她认为之所以这么区分则是因为:

> 我觉得国企嘛,各种制度比较陈旧,人浮于事。像我们学校一样,每个人都舒服地坐在办公室里喝茶聊天,但真正办事的没有几个。没有工作的感觉,完全是每天坐在那,在混时间。我觉得这就跟白领的

概念完全不一样了,我觉得白领还是要高强度地工作,要从严的环境里出来的。

尽管从业经历短暂,但仔细思考过职业方向的她对体制内外的差别有着较为清楚的预期,而 A 企业的事实气氛恰又证实了她的种种预期。A 企业的各个访谈对象都提到,该企业的办公室氛围正是以"人际关系好、轻松"为主要特征的。

第一类人同样明确地界定了企业性质,个案 11 说:"我就认为白领这个概念,一个是工作条件好一些,待遇高一点,大部分在私企或者合资企业中。"他还认为在不同性质的企业中,工作性质和生活方式亦具有不同的状态,体制外企业才会"生活习惯反正都小资化些。就是生活比较自由些,随心所欲些,没有那些约定俗成的东西来限定着"。对于 A 企业中的年龄较大的管理层领导来说,他们的判断则更为明确。个案 7 说:

我觉得白领跟我们都没什么关系了,那都是年轻人的事,一般像什么大公司啊外企什么的,比较年轻,像我年龄都这么大了。

正好相反的是,第三类被我们称为弱制度差异体验的人,他们则对白领的身份界定没有企业性质的局限。他们从不同的角度强调了生活方式、收入水平、工作条件等方面的内容,但是并没有强调企业性质的问题。比如 A 企业中的一位被访者说:

以前的感觉可能就是在好的办公楼里面,然后呢,周围是外国人居多,办公室的业务比较多,这样就称作白领;现在反正工作这么多年,给我的感觉是白领是有一定层次、有一定学历的人,只要你从事的不是蓝领,不是体力劳动者,都可以称作白领,现在的白领的概念比以前要宽很多。

而 B 企业中的某位被访者也持有类似的观点。她们都认为白领实际上已经是一种扩大化的概念,是对劳动方式与劳动内容本身的区分。

这三类现象实际上可以支持同一个判断:无论对于哪一类人来说,白领在概念上更接近于一种经过媒体传播的大众想象——白领应当具有不低的收入、良好的办公室工作环境、承受工作压力以及特定的生活方式。因此，那些明确区分体制内外差别的人，就会认为白领必须处于体制外的私企或者外企，才会更接近上述想象。而那些具有资深工作经验的人，在长久的权衡和体验中模糊了体制内外的严格差异，从收入、人际关系等诸多方面考虑时，反而会忽略体制的限定，而从劳动性质本身加以区分。概而言之，在研究对象范围内，人们对于白领的想象具有相当的一致性，但是由于体制差异的存在，一部分人基于自身制度体验对于白领所处企业性质有明确的限定，并且后者在很大程度上影响了人们对于自我白领身份的认同。

5.2. 在体制内工作的人，更强调白领的工作内容、压力、环境等含义；而在体制外工作的人，则更强调白领的收入标准

不考虑年龄的维度，被访对象对于白领概念大致上可以分为两种趋向：在 A 企业工作的人们更强调工作环境、工作方式甚至福利的重要性；在 B 企业工作的人们则更强调收入水平。A 企业的员工在不同程度上强调了被访对象的工作地点、工作环境，他们并不以收入来界定白领。相反，个案 5 表现出一种更有趣的逻辑，收入甚至呈现于白领身份的一种后果："那如果是白领的话，工资自然也不低啊，你想一个外企坐办公室的工资能低到哪里去呢。"A 企业 1 号个案说："白领应该是在很高的写字楼里，穿职业套装，做很多工作的那种。"而 B 企业中的员工首先对工资做了明确的界定，尽管每个人的底线不定。

而在三种类型的分类中，第三类年龄处于中间，工作经历比较久的人，持久的工作经历加深了他们对于工作本质的理解，因此并不强调企业性质。但是重要的是，我们发现 A 企业员工与 B 企业员工对白领标准的强调中仍然各自有区分。个案 3 首先强调了收入以外的诸多因素："他们那办公楼都不错，工作环境很好，其次是收入也好，白领给我的印象啊，我周围有，同学就是，一个是比较高档的办公楼，在那里工作，然后工资也比较高，还有就是福利也比较好。"而 B 企业中的个案 10 则认为："首先是知识。收入应该是中等吧。中等也就是我说的是普通的，包括所有的，不是有车有房的，他们一般的生活保障都是可以。"

对于 A 企业员工来说,他们所缺失的正是取得白领认同所需要的工作方式、工作内容,而这一点在 A 企业中,大多数普通职员在悠闲的日常工作中是体会不到的,因此当他们需要建立起自身的白领认同时,便力图通过对共同工作方式的分享来界定白领。比如个案 5:

> 我不知道别人的概念怎么样,一般可能都是在外企才能称作白领,可是我觉得现在你就是在国企或者机关,因为你从事的工作和白领没有区别,所以我觉得把他们称作白领也可以,只不过他们可能在穿着打扮上和一般人不一样,但其实从事的工作应该是一样的。

而 B 企业的员工严格地遵循着朝九晚五再加班的生活,显然承受着相当大的工作压力,因此他们认为能与白领身份对应的不仅是工作压力,更重要的还要有相应的报酬。而当这种报酬达不到要求时,白领认同建立的基础也就被推翻了。个案 9 说:

> 所谓的"白领",他每月的工资连一平方米的房子都买不起,每天住在很远很远的地方,开车来上班,车和房子都是他非常大的债务,没有办法考虑换工作,每天都不能停下来,因为有很大的压力,一大早就出来。以前有人说你是白领啊,你会很高兴,现在可能就会说:你才是白领呢,你全家都是白领……他可能是白领吗,但每月只有 2 000 块钱的工作,必须到处跑,吃盒饭啊。

上述分析,使我们看到处于体制内外的人对于白领各个构成要素的强调也是不一样的。这背后实际上潜藏着另一层意思:除去资源分配差异外,体制内外的制度差异本身导致了在其中工作和生活的人们的制度体验差异,从而影响到他们对于白领想象的不同要素的强调。这种认同标准的不同:一方面暗示着中国社会并没有产生严格意义上的白领阶层,而是被体制区分为不同的差异群体;另一方面,白领想象的差异以及与此密切相关的自我定位将会造成不同群体之间的区隔,并且强化体制内外员工的制度体验差异。

6. 基于研究的讨论

对于处于体制转型中的中国而言,单纯的客观阶层划分由于遮蔽了对人们阶层意识的关注而使其解释力值得怀疑。在本项研究中,我们仅以白领想象标志人们的主观分层,以个体的制度体验表征他们对转型中国体制变化的感知,发现了制度差异与白领阶层意识之间的微妙关系,而这种关系在既有研究脉络中很难被呈现出来。在制度差异体验的维度上,我们可以将访谈对象区分为基于体制内工作经验的强制度差异体验、基于标签化认识的强制度差异体验和弱制度差异体验三类。不仅制度体验的强弱有差异,制度体验的具体内容也从四个方面上表现出鲜明的差异:党政机制是否健全,福利与保障是否完善,晋升流动是否畅通,工作与人际关系的轻重区分。这就是说,体制差异在客观分层界定的白领阶层内部造成了规律性的分裂,它表现为制度体验的分裂。在此基础上,我们进一步发现制度体验与白领想象的关系:强制度差异体验的人强调白领应当处于体制外企业,弱制度差异体验的人则对此没有特殊要求;在弱制度差异体验的人的白领想象内部,体制内职员强调白领的工作压力和工作环境,而体制外职员则更强调白领的收入水平。

基于此,本项探索性研究在社会分层研究的发现和方法上都具有一定意义,在体制与社会分层之间找到新关系,证明了讨论主观分层研究方法的意义。

首先,从事实发现的层面来看。

第一,泽林尼以来的市场再分配机制研究、单位制研究,都已经证明制度作为一种资源配置方式,直接影响了社会分层机制的形成。既有的研究都十分关心个体在这一整套分层机制中的位置,从而描绘出整个社会的分层图景。但是在对两个企业的探索性研究中,我们发现客观图景的描述并不是充分的,在其之下潜藏着社会个体自身对于阶层的想象:尽管制度壁垒逐渐淡化,但它的影响已经深刻地凝聚于个体真实经验与理性认知之中,这使得当我们观察所谓"白领阶层"时,他们基于制度体验的差异而产生了一种认同分裂,这就是说,体制在塑造了社会层化结构的同时,也塑造了层化内部的分裂化。

如果单纯看客观分层研究的结果,将只能看到体制对于社会结构层化的影响,而经由主观分层的视角则揭示了层化内部的结构,两者共同构成对于白领阶层的完整理解。在另一方面,客观分层将这一群收入、职业符合白领标准的人认作白领群体,而主观分层却发现其内部存在着认同分裂,即白领的阶层认同在严格意义上是值得怀疑的。正是在这两重意义上,主观分层研究的结论对客观分层研究起到了重要的补充和深化作用,主观分层与客观分层有机结合在一起才能构成对真实社会分层的完整理解。

需要强调的是,我们的目的并非判断白领阶层是否已经形成,而是要证明在中国,一个新阶层的构建与体制密切相关。这种相关,既意味着体制影响了客观分层(资源分配),也意味着体制影响了主观分层(阶层意识)。只有在两个方面都考虑到体制的影响,我们才能完成在文章开始提出的目标:经由主观分层研究的方法,发掘出体制与社会分层之间的新关系。

第二,既有整体社会分层研究往往截取近十年来某个时间段并根据此段的资源分布状况来描述社会层级。因为1995年以后社会转型逐渐趋缓而社会开始定型化(孙立平,2004),这种分层方法因此被认为客观反映了社会分层状态,但这种研究方法并不强调历时性观照。我们同意这种做法,但在它将历时性制度影响凝聚到当下的同时,也失去了对制度历时性本身的解读。沿着这个思路,本文则可以对此构成一定的补充。在大众群体的日常生活中,尽管制度壁垒造成的资源分配越来越淡,但是它却历史性地塑造了人们主观意识的差异。换言之,本文所揭示出的白领制度体验的内部差异以及白领想象的差异,实际上是中国制度特征的某种历史性结果。

第三,就中国的白领研究而言,一个关键的问题在于:白领之于中国不仅仅是一个标定社会层级的概念,其背后隐藏着特殊的文化含义、社会经济含义甚至情感含义。这是因为白领建立在西方特殊的社会结构和制度框架上,而在中国白领则作为一个外来词被理解与接纳,它有两方面的意义:其一,反映着中西两种社会结构与制度在意义层面上的冲突与融合,对于研究者来说则意味着在使用外来概念时必须仔细考虑概念背后的社会背景;其二,反映着中国转型社会非固定化和非层级化的特殊结构,在这个结构中,各种制度与非制度的因素对于社会阶层结构产生重大的影响,使之表现为分裂化和碎片化的复杂形式,而体制正是其中一个极为重要的因素。

其次,从研究方法的角度来看,我们得到基于本项探索性研究的第四点讨论。

为什么主观分层可以构成对既有客观分层研究的补充呢？除却文章开始的方法论讨论外，实证研究给我们提供了新的启发，即主观分层研究可以凸显出被客观分层研究抽象掉的内容。

　　现有的社会分层理论，分别以卡尔·马克思和马克斯·韦伯为理论渊源，可以区分为"阶级论（关系论）"与"职业地位论（分配论）"两种理论（李路路，1999）。[①] "关系论"的目的在于解释社会资源与成员之间的关系，将阶层划分建立在共同利益的基础上，阶层意识最终被解释为阶层间关系。而"分配论"则通过两个过程消泯了太多因素：第一，不同群体内部对于职业声望的不同评价被平均数消泯了；第二，作为平均数而存在的整体准主观分层中的主观性又被转化为其他自变量的计算消泯了，这些计算是对收入、教育等因素的社会经济地位指数测量。所以，当使用"分配论"传统进行社会分层研究时，它的假设是除指数之外没有其他因素会对社会主观分层产生影响。因此，"分配论"传统的社会分层研究需要较为严格的社会条件，即社会应该是一个可以按照某些主要因素如收入、教育划分为秩序化的层级结构，是一个稳定发展、没有动荡的社会，而不是多种因素共同影响之下并产生断裂和碎片的社会。而对于中国社会来说，一方面，体制内外的差异使得完全从"关系论"的角度考虑便会忽略掉阶层内部的细节，而这些细节恰好构成中国与西方社会结构的重要差异；另一方面，社会转型这一动态的、发展的过程，也使得单纯使用"分配论"并不恰如其分。

---

① 帕森斯之后，韦伯的多元分层理论成为社会分层理论中的主导，依照这一理论模式发展起一系列重要的社会流动理论模型。由于这一模型建立在对于职业的地位声望评估和由此计算出的社会经济地位指数之上，故被称为"职业地位论（分配论）"。这种传统虽然有着解释和分析的基础，但却是描述性的。而"阶级论（关系论）"传统则主要是解释性和分析性的，它偏向于分析社会不平等产生的根本原因，其理论基点在于社会成员与社会资源之间关系的性质，以及在此基础上产生的不同社会阶级之间关系的性质。

参考文献

高宣扬,2004,《布迪厄的社会理论》,上海:同济大学出版社。
李春玲,2002,《当前中产阶级的规模和构成》,载《断裂与碎片:当代中国社会阶层分化实证分析》,北京:社会科学文献出版社。
李春玲,2003,《当前中国人的社会分层想象》,http://www.sociology.cass.cn/shxw/nbwg/t 20030919_1096.htm。
李春玲,2004,《社会阶层的身份认同》,《江苏社会科学》第6期。
李路路,1999,《论社会分层研究》,《社会学研究》第1期。
李强,2002,《转型时期的中国社会分层结构》,哈尔滨:黑龙江人民出版社。
李强、邓建伟、晓筝,1999,《社会变迁与个人发展——生命历程研究的范式与方法》,《社会学研究》第6期。
李友梅,2005,《社会结构中的"白领"及其社会功能——以20世纪90年代以来的上海为例》,《社会学研究》第6期。
刘欣,2001,《转型期中国大陆城市居民的阶层意识》,《社会学研究》第3期。
刘欣,2002,《相对剥夺地位与阶层认知》,《社会学研究》第1期。
刘欣,2003,《阶级习惯与品位——布迪厄的阶级理论》,《社会学研究》第6期。
陆学艺,2002,《当代中国社会阶层研究报告》,北京:社会科学文献出版社。
罗忠勇、陈绮,2002,《转型期青年工人的阶层意识研究——以10家企业青年工人为例》,《青年研究》第11期。
孙立平,2003,《断裂:20世纪90年代以来的中国社会》,北京:社会科学文献出版社。
孙立平,2004,《1990年代以来社会分层三大趋势——答友人问》,《天涯》第2期。
肖文涛,2001,《中国中间阶层的现状与未来发展》,《社会学研究》第3期。
张静,2003,《阶级政治与单位政治——城市社会的利益组织化结构和社会参与》,《开放时代》第2期。
张宛丽,2000,《中国社会阶级阶层研究二十年》,《社会学研究》第1期。
张宛丽,2002,《对现阶段中国中间阶层的初步研究》,《江苏社会科学》第4期。
张宛丽,2004,《现阶段中国社会分层近期研究综述》,载景天魁主编,《中国社会学年鉴(1999—2002)》,北京:社会科学文献出版社。

张伟,2005,《冲突与变数:中国社会中间阶层政治分析》,北京:社会科学文献出版社。

张翼,2005,《中国城市社会阶层冲突意识研究》,《中国社会科学》第4期。

郑晨,2001,《阶层归属意识及其成因分析——中国广州市居民的一项调查》,《浙江学刊》第3期。

Ossowski, Stanislaw. 1998. *Class Structure in the Social Consciousness*. London: Routledge.

附表:访谈对象资料简列

A 企业

1 号个案,女,23 岁,月收入 2 000—3 000 元,低层职员,已工作半年,无换工经历。

白领想象:在外企工作,工作环境好,在高档的办公楼,工作时严肃,处理较有挑战性的工作,工作压力较大,工资较高。

自我定位:非白领,中等水平,认为个案 8 是白领。

2 号个案,女,24 岁,月收入 2 000—3 000 元,低层职员,已工作 1 年,无换工经历。

白领想象:工资较高(4 000 元以上),工作环境好,工作压力较大,与企业性质无关。

自我定位:非白领,中下等水平,认为个案 8 是白领。

3 号个案,女,36 岁,月收入 3 000—4 000 元,资深职员,已工作 10 年,无换工经历。

白领想象:工资较高,工作地点在高档办公楼,福利较好(特指),与企业性质无关,工作压力。

自我定位:非白领,中下等水平,认为个案 8 是白领。

4 号个案,男,42 岁,月收入 3 000—4 000 元,资深职员,有换工经历。

白领想象:工资较高(10 000 元以上),高雅生活,高档写字楼,与企业性质无关。

自我定位:非白领,下等水平,认为个案 8 是白领。

5 号个案,女,34 岁,月收入 4 000—5 000 元,部门副经理,无换工经历。

白领想象:脑力劳动,高档写字楼,工资较高。

自我定位:算是白领,心理上上等,收入上中等,认为个案 8 是白领。

6 号个案,女,50 岁左右,月收入 4 000—5 000 元,部门经理,无换工经历。
白领想象:年龄轻(与自己无关),私企或外企。
自我定位:与白领无关,中等偏上。

7 号个案,女,50 岁左右,月收入 4 000—5 000 元,部门副经理,无换工经历。
白领想象:大公司工作,年轻人,工作套装,私企或外企。
自我定位:与白领无关,中等偏上。

B 企业

8 号个案,女,24 岁,月收入 2 000—3 000 元,低级职员,无换工经历。
白领想象:收入高(4 000 元以上),与企业性质有关,国企中的职员不能算。
自我定位:非白领(由于工资较低),中等。

9 号个案,女,26 岁,月收入 5 000 元以上,销售部项目经理,有换工经历。
白领想象:收入不多,累死累活也很难买一套房子,生活质量不高,属于消极想象,与企业性质无关。
自我定位:不谈白领概念,不希望自己成为白领,中等。

10 号个案,男,34 岁,月收入 3 000—4 000 元,较高级职员(非管理层),无换工经历。
白领想象:大学本科以上,收入中等,生活方式有些小资,与企业性质无关。
自我定位:低层白领,中等。

11 号个案,男,53 岁,月收入 4 000—5 000 元,经理(厂长),有换工经历。
白领想象:年纪轻,工作条件好,收入高,私企,合资或者外企,生活小资化。
自我定位:非白领,中等。

对《制度体验与白领想象》的点评

杨善华

　　2012年4月,《北京大学校报》曾在肯定北京大学社会学系坚持鼓励和指导学生投入挑战杯学术竞赛的一篇文章中指出,这是"学以致用,坚持第一课堂和第二课堂结合,不断推进学术创新,加强学生学术训练"的成功做法。笔者作为指导多届学生参加挑战杯的老师,深切体会到挑战杯的实践对提升学生从发现问题、提出问题开始,到提炼和概括出有理论潜力的概念和判断,直至最后用精练、准确与缜密的语言完成作品的能力,具有极大作用,也是一种全面的学术训练。

　　因此,我首先肯定的是纪莺莺、凌鹏与张秋实为了完成这篇作品而倾注的既热情又严谨的工作态度,他们看到了这样的实践的益处,就毫不犹豫地全身心地投入。最主要的是,这样的在实践中的投入是没有老师跟随的,完全要靠他们自己来完成从资料获取、形成写作框架到论文写作的全过程。这对于本科二年级、社会学专业课程顶多才学了三分之一的学生来说,无疑是一个很大的挑战。

　　因为有上述这样的工作态度,所以他们对自己的作品坚持高标准、严要求,因此,他们的论文在学术规范上无可挑剔,在语言锤炼方面也下了很大的功夫,而最主要的,还是他们对文章学术价值的把握。由于经历了当时的指导过程,我知道他们对学术问题的发现和提出是以大量的文献阅读为基础的,而这样的伴随自己批判性思考的阅读,正是凝练出论文有创新价值的主题的必经程序。

　　这种带有批判性思考的阅读方式开阔了他们的视野,使他们进入实践伊始,就将自己的研究定位于社会转型期中国城市社会分层这样一个社会学经典研究领域。不过,他们知道,将这样的宏大领域作为一篇论文要解决的问题有点不切实际,所以他们把论文处理的问题聚焦于在中国社会向社会主义市场经济转型过程中新形成的一个阶层——白领,意欲透过在社会转型期形成的白领阶层如何看待自身以及社会中其他阶层如何看待这些在市场经济中被非公有企业雇用的职场新人来寻找经典社会分层理论对此的合理解释。若是经典社会分层理论或以往相关研究无法给出一个准确、合理的解释,那么他们就有了与以往研究得到的理论结论的对话点,这也就是他们研究的新意之所在。在他们的挑战杯作品中我们可以清楚地看到,这一研究策略非常清楚地体现在论文的第一部分,包括问题的提出和文献综述。

就论文而言,其核心价值在于两个方面。其一,是将客观分层与主观分层相联系的新视角。与以往分层研究往往着眼于客观分层来考量研究对象在社会结构中所处位置不同,这三位作者认为仅仅着眼于客观分层的一些指标,比如职业声望、薪酬和财产、权力,来考察分层情况是不够的,必须引入主观分层这一维度。作者认为,引入这一视角,将对中国社会分层研究本身产生两重意义:1. 主观分层研究可以作为对客观分层研究的补充和验证,来说明社会阶层是否已经定型。2. 主观意识直接影响个体的行为,进一步形成社会文化和社会结构的再生产。所以,考察人们主观分层意识可以考察体制的维持和再生产机制。这对中国现时期社会分层研究的启发在于:1. 研究中国目前的社会分层,仅看客观指标是不够的,必须要对人们对社会分层的意识和想象以及对自身所处阶层的归属性认识也加以考察;2. 对主观分层的考察亦意味着将主观分层与客观分层联合起来考察的可能。

其二,是认为对体制给予社会分层的影响要重新加以审视。作者指出,以往对体制给予分层的影响的分析,有碎片论、断裂论与层化论。但这三类研究实际上都将体制作为一种潜在条件,它直接影响了整个社会的资源分配,并在此基础上进而讨论资源分配与社会分层之间的关系。而市场转型理论及其争论则导向了另一不同的问题意识:再分配体制向市场转变的过程本身如何影响了社会结构,因此它们实际上更着重于分析体制与资源分配之间的关系。以上这些研究最终都支持同一个逻辑:二元体制影响了资源分配的模式,而后者进一步影响了整个社会分层图景。将体制与主观分层联系起来,我们由此得到的启发是:若从体制的二元性来看主观分层,它是不是也可以导致在体制内和体制外对社会分层的标准与体制内外不同个人对自身所处阶层的归属性认识的差异?这就有可能对客观分层研究所提出的阶层划分标准构成挑战。

由这样的理论分析出发,作者认为在他们的研究中应该以体制作为制度背景将主观分层与客观分层联系起来考察,这在某种意义上也构成了他们研究的方法论特色。

从文章最后的研究结论看,作者也照应了他们最初的研究构想。作者认为,主观分层研究可以凸显出被客观分层研究抽象掉的内容。并且,现有的社会分层理论,分别以卡尔·马克思和马克斯·韦伯为理论渊源,可以区分为阶级论(关系论)与职业地位论(分配论)两种理论。关系论的目的在于解释社会资源与成员之间的关系,将阶层划分建立在共同利益的基础上,阶层意识最终被解释为阶层间关系。而分配论则通过两个过程消泯了太多因素:第一,不同群体内部对于职业声望的不同评价被平均数消泯了;第二,作为平均数而存在的整体准主观分层中的主观性又被转化为其他自变量的计算消泯了,这些计算是对收入、教育等因素的社会经济地位指数测量。

作者指出,因此,当使用分配论传统进行社会分层研究时,它的假设是除指数之外没有其他因素会对社会主观分层产生影响。因此,分配论传统的社会分层研究需要较为严格的社会条件,即社会应该是一个按照某些主要因素如收入、教育划分为秩序化的层级结构,而不是多种因素共同影响之下并产生断裂的和碎片的,应该是一个稳定发展、没有动荡的社会。而对于中国社会来说,一方面,体制内外的差异使得完全从关系论的角度考虑便会忽略掉阶层内部的细节,而这些细节恰好构成中国与西方社会结构的重要差异;另一方面,社会转型这一动态的、发展的过程,也使得单纯使用分配论并不恰如其分。作者的这一观点,对于我们认识转型期中国社会的特征以及这样的背景之下社会分层的特征无疑会有重要的理论启发。

当然,因为毕竟这是三位同学初出茅庐的作品,所以无论是行文还是分析都难免有稚嫩之处。然而对于他们而言,这篇作品使他们对社会学产生了浓厚的学术兴趣,甚至影响了他们在此之后的人生道路,这可以说是创作之外的一个收获,这也同样可喜可贺。

凌鹏老师访谈

访 谈 者：宋丹丹（以下简称"宋"）
受 访 者：凌　鹏（以下简称"凌"）
访谈时间：2020 年 9 月 17 日

宋：主要想听听您当时参加挑战杯的经历。

凌：之所以做这个研究，有两个原因。一是 20 世纪 90 年代后期，尤其在北京，国企改革带来的下岗潮影响很大，几乎就是个断裂，原来的一套社会分层体系基本上被打掉了，21 世纪初慢慢形成一个新的分层，这涉及关于社会分层的理解过程。在这个过程中，关于白领的讲法非常多。那时最简单的一个讲法是"你的收入在某个层次"，或者被叫作中产阶层、白领。上海较早进入了这一阶段，北京要晚一些，正好在这个转型中。二是我们到大三时，总是会想如果将来要进公司，那是不是可以被称作白领、中产阶层。白领、中产阶层的讲法恰好在社会里兴起，老师在课堂上也常提到米尔斯的《权力精英》。

宋：老师们在课堂上会提到这些作者？

凌：我们的文章里好像没有提到米尔斯，当时为什么没有去看米尔斯，我也不知道（笑）。一个原因可能是米尔斯没有讲白领的认同问题，而是讲权力，是讲一个已经形成的社会阶层。这跟我们研究的不太一样，我们还处在大家都不知道白领是什么的阶段："我是不是白领啊？我是不是中产阶层啊？"觉得自己是，又好像不是。

宋：中产阶层是一个外来的词，对吧？

凌：对，所以大家觉得自己好像是，又好像不是。我们当时也在想自己以后成了白领、中产阶层会是一个什么状态，但也想不明白，所以就想去了解这个东西在中国语境里的含义。所有人都想明确自己在社会中处于什么位置，学生是，老师也是，其他下岗工人、公司职员，都有这样一个疑问。

宋：对，白领更多按照收入来评判，如果按照这个词自带的文化背景来看的话，它是跟中国体制内外的身份定义完全不同的概念，因此大家会有所好奇。这跟整个社会秩序被打乱也有关系,大家自己也不知道自己在社会上处于什么位置。

凌:当时北京的状态更复杂一点,北京有很多体制内的事业单位。同样的收入,在体制内工作的就会觉得自己和外企员工不太一样,那么为什么都被叫作中产阶层、白领?因此,我们找了两个公司,想了解:私企和国企里收入相差不大的人,他们相互之间有什么区别?不同年龄的人,对白领的理解到底有什么不一样?白领在中国社会中到底是什么含义?普通人到底是怎么理解的白领,这个理解是怎么产生的?我们最后的结论其实就是因类而异。首先有一个年龄分类,不同年龄背后其实是人的生命历程。50岁的人可能很长一段时间都在体制内,体制内的东西对他们影响非常大。在他们的理解里,白领更像外企的某种形象,更加自由,压力更大,更没有人情味。而二三十岁的人没有体制内的工作经验,单纯地在企业里面工作,他们对白领的理解和50岁的人就不太一样。很有意思的一点是,上述两类人都把体制内外做了明确区分,反倒是三四十岁的人没有那么强的区分,因为他们经历了一个从外到内或从内到外的变化。

宋:他们其实有一种更广阔的生命体验?

凌:我觉得某种意义上是这个意思。他们能够体会到更多的东西,所以在看这个事情时,就不会简单地用体制内外来做区分,对他们来说体制可能不是根本问题。

宋:这个研究方法好有趣。你们用了深度访谈,还要建立一些因果变量联系?

凌:对,其实我们并不是在做社会阶层研究,只是把白领作为切入点,要看不同的人对白领的认识背后,他们的整个生命史是什么样子的,而生命史反映了中国社会几十年的变迁。

宋:大家对于白领的理解,背后有很多影响因素,可能是跟他的生命序列有关的生命体验,也可能跟他在体制内外的工作经历有关。

凌:我觉得跟中国这几十年的历史变迁还是有关系的。在这个过程中,三四十岁的那一代人有着从体制内转移到体制外的工作经历,他们对于白领的认识可能更丰富。在这个意义上白领只是一个切入点,所谓的阶层在当时——包括现在的中国——也没有像美国那样明确的范围。白领可以被看作一个社会想要重新建立社会秩序时,人们所依靠的或者说想引进的一些东西,人们通过这个词会产生不同的理解,可以看到中国社会本身的复杂结构。

宋:其本身折射出了大家对社会的不同看法。

凌:这个结构本身就是在历史里形成的,不同时代的人都在结构里边。例如,体制结构和其他结构是相互牵扯在一块的,对于二三十岁的人来说,体制内外是一个非常明确的结构;而对于三四十岁的人来说,这个结构已经没有那么重要了,他们能够打破这个东西。

宋:他们恰恰是经历了改革的那一批人?

凌:对,这一批人恰恰是经历了改革的。因此,在这个意义上再来看中国的社会结构,就不能仅仅用简单的某一两个维度来确定一个像金字塔的阶层划分,对于不同年龄的人,社会结构的形态可能都不太一样。

宋:这个很有意思。白领这个词和工人不太一样:后者是从中国自身结构中长出来的,大家对它的认知比较一致;白领是外来词,处在一个秩序正在发生变动的时代,它可以作为一面镜子来反映个人和时代的变迁。当时您是怎么想到做这个题目的?

凌:(笑)跟我的个人怀疑有关。我们做学生,其实并不很能明确意识到自己的位置。比如说当时我们组里有北京的同学,我们和他在社会结构意义上到底是什么关系呢?我不是很清楚。虽然我们都在一个地方读书,但是我们出身不同,相互之间的自我认同到底是什么?自己在社会里面甚至在班级、学校里面到底处于什么位置?我非常迷茫。

宋:你们对自我认同的迷茫,也出现在你们的讨论中?

凌:对自我认同的迷茫会折射在研究兴趣上。如果以后我和同学都在一个地方工作,那么我们是不是都是白领、中产阶层?我觉得我跟周围同学有很多东西,比如价值观或者对未来的设想等,是完全不一样的,那么我们是不是处于同样的阶层?

宋:我懂您的意思了。其实阶层的划分是很个人化的,譬如白领就是由个人收入、生活方式衡量的。但是一个人的自我认同和原生家庭的生命历程有非常大的关系。

凌:这和生活方式有关系。收入只是一个标准,但生活方式却更关键。例如我们都是北大社会学系的本科生,但是不同成长环境的人之间难以互相理解。

宋:在合作过程中会产生一些……

凌：不是。合作本身就是一个不断讨论的过程，他们会和其他同学有各种各样的活动，这在我看来就很难理解，会有一种格格不入的感觉。

宋：其实大家都会有（笑）。

凌：本质上，把这个放在对白领的想象上是同一个问题，因为中国社会本身并不特别固化，流动非常多，有很多历史结构嵌入其中，比如体制、城乡关系，其中都会遗留很多原来的结构，这些结构在改革开放以后又会有大量流动，所以会在社会中造就各种各样人的接触与整合。

宋：因此更容易迷茫，是这个意思吗（笑）？

凌：对，会产生认同问题。

宋：对，我觉得很奇妙，大家研究认同，好像认同在一个比较固化的情况下才会产生，但其实在社会不那么固化的时候人们才会产生认同的危机。

凌：其实是同一个过程。你想在社会里面找一个明确的位置，因此必须找一个认同，但在这个过程中你发现你要找的定位又不像自己的现在所处。

宋：其实是理解自我和社会理解你的一个互动过程？

凌：不能这么说，因为整个社会就没有一个明确理解你的声音，好像我们可以用某个东西来理解，但其实并不能，这个就是当时比较明显的感受。

宋：刚刚您说，你们做了一个看上去像但实际上是要突破分层的研究，是这样的吗？

凌：对，我觉得肯定不是分层研究，因为我对分层没有太大兴趣，做的更像是自我认同研究。

宋：那时学术界做分层研究的很多，像孙立平老师的系列文章跟这个也有关系。当时系里老师教学或讨论问题时，会涉及这方面的问题吗？

凌：对，我们的指导老师是杨善华老师和张静老师，我受杨老师的影响很大，因为杨老师上课很实在，都是讲你表面看的而不是心里想的事情，心里想的事情又是另外一整套的理解。杨老师讲故事背后的人的想法是什么，这和表面上看起来不一样。我觉得这非常重要，其实所谓主观体验就是自己到底是怎么想的。张静老师很有逻辑性，给我们最大的影响就是告诉我们怎样一步步地把事情说清楚。

宋：写作过程中你们找老师讨论的次数多不多？

凌：应该还挺多的，因为初稿出来就会去找老师商谈。中间肯定要找老师聊，成稿之后他们给意见让我们改，来来回回很多次。

宋：在做挑战杯之前，你们有过别的实地调研经历吗？

凌：应该都有，反正我有过。我大一暑假凑了个团做了暑期调研。

宋：所以大三想要继续尝试做一下挑战杯？

凌：对，当时想要继续做一下挑战杯。因为我在北京的方向感不太好，确实不适应这边。我印象特别深刻的是，大一时去天成市场买应急灯用来晚上熄灯后看书，当时还没有地铁四号线，我是坐公交车去的。回来之后就晕得不行，我觉得这跟我没适应大城市也有关系。

宋：冲击还挺大的，对吧？

凌：对，其实很大。现在觉得距离很近，但那个时候觉得好远。第一是距离远，第二是对大城市的陌生感，找不到自己在北京的位置，不适感，回来躺了两天才恢复过来（笑）。回过头来讲，白领这个东西只是我们当时迷惘的折射。我跟身边同学聊得挺多的，最后想着要不就做这个，就组了一个小组。

宋：当时找大家做访谈是三个人一起去吗？

凌：是的，我还记得第一次是在一个西式餐厅访谈他母亲，吃的是类似白领中午吃的便餐，当时觉得还挺新奇的（笑）。

宋：第一次访谈会有不适的感觉吗？

凌：这倒没有。因为他母亲虽然在体制内，但并不像一般理解的那种白领，而是有点像大姐，但又和工厂里的大姐感觉不一样。他妈妈虽然在国企，但不像一些研究所，旅游公司毕竟是很企业化的，因此国企、私企两个特质都有。

宋：一开始就确定了用深度访谈法做研究？

凌：是的，一开始就想要深度访谈，首先了解他们对白领的认识，其次理解他们为什么这样认识白领，这个理解和他们的生活有什么关系。

宋：我有一个直觉性的困惑：当时使用深度访谈法，但这样呈现的一般是一个人的整体生活，而关于个体的白领想象，我们要从其中抽取一些可能会影响大家理解的因素，会有方法论上的矛盾吗？

凌：我觉得没有这种矛盾，因为他们自己就会考虑这个事情。白领以及中产阶层当时在社会上是新词，所有人都听过这些词，都会对这些词有一些接触与理解，我们就直接去问他们对这些词的理解，这一点和访谈农民是不一样的。你问农民中产阶层是啥他可能不知道，但我们访谈的恰恰是被认为是中产阶层或白领的群体，他们也可能认为自己是中产阶层或白领，而且他们也关注这个问题。我们慢慢聊,聊他们的日常生活、工作经历。

宋:刚刚我想的问题是,对一个人整体生活的想象,不太好从他的讲述、访谈中抽离出某些东西,而白领恰恰是一个很清晰的切入点,大家在谈话中会直观地对这个东西有一个折射。

凌:对,就像刚刚讲的,整个社会都在找自己的定位,白领、中产阶层这些概念在当时之所以很火,恰恰跟人们的生活体验有关系。

宋:对,有三位老师参赛主题都跟认同有关。您是白领的主观认同,田老师做的是职工的认同,张帆老师做的是大学生认同的差异。

凌:我觉得和那个时代确实有关系。那时大家正处于一个建立新社会秩序的认识过程中,这也是社会秩序慢慢建立的过程。到现在,体制的遗迹少很多了,体制内外的区别在现在当然也有,没有那么强了。

宋:刚刚您说,您和纪莺莺老师对自我身份有特别强烈的疑惑,但我感觉现在的学生并不太会对认同产生疑惑,大家似乎是用更自嘲的语气来讨论这个问题。

凌:我觉得当时的疑惑不仅仅是自嘲的,还会对生理造成影响,感觉整个城市都非常压抑。

宋:您过了多久才适应过来?

凌:这个过程和出去做调研有关系。这个过程最有意思的是会表现在一些事情上,比如一旦我不再晕车了,某种程度上我就找到了自己的定位,而不再晕车和出去做调研有关系。我去更多的地方做更多的调研,看到更多的东西之后,就不会有那么强的差异感。

宋:这种感觉和你们在文章中表达的,一个人从体制内跳到了体制外,他原标签的认同就没那么强了,一个人生命体验的广度是很有必要的。

凌:这确实很有必要,因为它会体现在你的某些反应上。我觉得我之所以不再晕车,恰恰是因为去外面做了很多调研。我进入一个完全陌生的环境,感到很不适应,就特别容易晕车;但一旦去了很多地方,接触到了很多事物之后,就不会有那么强的不适感,这就是慢慢地给自己找到一个定位,这个定位并不是白领或中产阶层,而是自己给自己在世界中定一个位置。

宋:到最后,"白领"这两个字对您来说已经不重要了,而社会学给您带来的这种体验更重要,从这个意义上来说,挑战杯对您来说还是挺重要的。

凌:对对对,就是这样。挑战杯确实挺重要的,但有些东西当时可能没有真正考虑到,现在回去想的话会有不同的感觉。

宋:这个"重要"是指研究意义还是……

凌:首先在研究上有重要性,挑战杯是我真正进入研究的过程,这个研究的过程非常仔细,大家也有很多学术性讨论。其次现在回看挑战杯,这对自己也算是一个适应的过程。我会发现,原来感受到不一样的地方可能是很标签性的,原本直接感受到这是大城市,这是小城市,但是其实大城市和小城市有很多相通的东西。

宋:当时的整个研究过程是很完整的?

凌:研究过程是很完整的,我们每天晚上都在南门外面讨论到很晚。

宋:每天都讨论?

凌:也不是每天,但是做挑战杯那段时间经常讨论,就算是赶个课程作业什么的也一起去那边。我们做挑战杯时结下的友谊、朋友关系等都非常重要,我和纪老师现在关系很好,就是那时打下的基础。

宋:组员之间会有分歧么?

凌:不会有大的分歧,有分歧就要讨论。不同的理解其实都来源于各个的生活体验,我们要做的就是通过讨论把不同的生活体验融合到一块,看到不同的侧面,这和我们系的训练密切相关。最后的感受就是,韦伯所讨论的社会阶层背后也是这个东西。韦伯并不是在进行抽象的理解,而是很具体地理解社会,然后发现社会里好几个比较凝固的阶段。这个研究,你没有办法也不能直接和韦伯对话,你要做的是看了这些研究之后出现一些不一样的想法。

宋:就是会有相通的地方。

凌:对,这个相通的地方并不是说你在文章中能够直接把它说出来,但你要觉得韦伯讲得很有意思,很妙,或者讲得很深入,再到中国问题时,你就会自然而然地觉得问题没原来想得那么简单,背后可能还有更复杂的问题在。

宋:其实是一个从简单到复杂的过程?

凌:对。因此我非常推荐大家参加挑战杯,这不仅是加分的问题,也不是获奖的问题,而是说这是一个自己找到自己的问题的过程,只是它会被折射成另外一个学术问题。

乡村连带团体:"双重缺失"下如何提供公共产品[*]
——一个乡村的修路事件

作　　者:秦长运　谢生金
指导老师:张　静

摘要:这是一篇关于自组织的乡村连带团体在提供公共产品方面发挥作用的调查报告。本文意在探究,在村委会等正式组织失能,而学者们阐释的各类传统组织(如宗族网络)亦不存在或作用不明显的地区,由谁以及怎样发挥提供公共产品的功能。这是通过何种组织实现的?这类组织为什么能够产生?其自主性和行动力又是怎样的?

研究所用资料来自笔者寒假进行的深度访谈、实地观察以及当地的政策性文件。过程-事件分析是本文主要的研究方法。

本研究发现,乡村税费改革后,村委会财政权丧失、不被信任,新政策形势的约束,以及农民迫切的公共产品需求,是连带团体"路委会"产生的原因。路委会的非正式地位——不同于官方的村委会组织(使其并非以官方收费身份出现,因而可以绕过政策限制),又和正式的村委会成员保持密切合作(使其能够和乡镇政府沟通,并使用后者的资源),是其成功发挥作用的关键。为此,这一组织发展出等级关系,其中领袖人物扮演着组织内协调和组织外沟通的角色。"路委会"在完成修路任务的同时,给当地负责官员和团体内领袖人物都带来了很大的收益。

关键词:双重缺失　连带团体　自主性与行动力　农村公共产品提供

---

[*] 连带团体即 solidary group,也有"团结团体"等译法,这里取题目中的译法;出于学术惯例,题目中涉及的具体村名用"西村"代替。

1. 引入：西村修路事件

西村位于华北贫困县 L 县的边缘地区，原来是乡政府所在地，撤乡并镇之后政府搬离此地，2001 年与 L 县一同划入 B 市，属于市（县）交界处，由于地理位置偏僻，被当地人戏称为"西伯利亚"。西村北边是河流，且通往邻近镇上的路都很差，形成孤岛的格局。主要种植小麦、大豆，近年来以外出打工为主，人均收入在全县处于中等水平。村庄主要是东西沿路带状分布，乡政府在的时候，组织修了一条从西村到主要公路的柏油路，但历经十几年，这条路已经变得坑坑洼洼，一下雨就泥泞不堪，给村民的生产生活造成了很大的影响，所以村民都盼望着村里头能铺上水泥路面。但由于种种原因，路一直未能修成。

两三年前，村主任接到上级文件，如果村里修路，上级将给予补助，但是必须先由村里把需担负的钱筹集好。[①] 同属一个行政村并且紧挨着的 J 村（J 村和西村的"拔点干部"都由村主任担任，但村主任住在 J 村）在村主任的组织下开始平整路面，准备修路。同时，邻近的 C 村变卖了属于集体的宅基地，并由村民出了很少的钱，也开始了修路工程。村主任虽然也是西村的"拔点干部"，但开始时对西村的修路没有任何通知和过问。西村的 X 和 F 觉得这样很不好[②]，主动找到了村主任要求修路，并组建了负责修路的村民代表会。代表会的成立和运作并不顺利，而是经历了许多的困难，并且在整个过程中遇到了组织外甚至是组织内部人员的阻碍，不过，他们积极运用了多种策略，最终得以完成了多年来的修路愿望。本文的研究就是在对这一组织的形成和发展过程演变进行分析的基础上完成的。

如案例所呈现，公共产品对于农村的发展有着至关重要的作用，"要想富，先修路"即是这一问题的典型写照。但在发展中国家，弱势群体往往很难享受到上级政府提供的服务，所以不得不依靠所在社区提供的公共服务

[①] 乡村公路管理站负责人据文件说，上级指示，村里修水泥路或是柏油路随意，如果修水泥路，当时修筑水泥路价格是每公里 23 万元，上级拨款 15 万元，所以村民每公里自己需集资 8 万元；如果是柏油路，价格每公里 15 万元，上级补助 10.5 万元，村民自己集资 4.5 万元，成本低些。

[②] 他们说，修路毕竟是关系到大家切身利益的事情，更何况紧挨的两个村庄都修了，"我们村这一大家子老少爷们，连路都修不起来的话，在其他人跟前还有什么面子"。

(World Bank,2000)。在集体化的人民公社时代,由于强大集体力量的存在,农村社区的公共产品和服务的供给大体上可以正常保证,但是实行家庭联产承包责任制之后,绝大多数村集体的能力受到极大削弱,社区内公共产品的供给受到很大影响。尤其是税费改革之后,原有的以公积金、公益金和管理费三项"提留"为主的货币成本和以义务工和劳动积累工的形式向农民分摊公共产品的部分人力义务几乎全部丧失。税费改革在减轻农民负担的同时[1],对主要依靠所谓"制度外筹资方式"(林万龙,2002)的农村公共产品提供产生了非常大的影响。许多原来依赖于乡统筹、村提留等的农村公共事业经费不得不完全依靠上级政府的转移支付以及村级的"一事一议"资金。然而,一事一议办好事情的不多;上级政府的项目转移支付也往往要求1:1或1.5:1的当地配套资金,这使得越穷的地方越没办法享受到这类转移支付(孔祥智,2008)。农村公共产品的提供陷入了一个非常困难的境地。

这一问题受到不同学科背景的学者们的关注。公共产品提供是经济学尤其是福利经济学的传统研究领域(国外研究如 Samuelson,1954;Coase,1974;国内如雷晓康,2003;席恒,2003)。社会学、政治学等学者亦对此有很多探讨(奥斯特罗姆,2000;贺雪峰、仝志辉,2002;Tsai,2007)。综合看来,已有的研究得出了许多有益的成果,对探索现实状况下的农村公共产品提供有着很好的借鉴意义。其中,许多学者对各类非正式组织(例如宗教、宗族网络)在提供公共产品方面的探索具有很大的参考价值。

不过,对于那些正式组织没有发挥应有作用,而学者提到的各类传统组织亦缺失的地区(比如本案例中的西村)而言,问题似乎变得更加复杂。笔者提出的问题是:这些地方能否把路修建起来? 如果能,又是通过何种组织? 这类组织属于何种性质? 它们为什么能够产生? 这也是笔者在本文中试图回答的问题。本文选取税费改革肇始的安徽省西村的修路案例,从回顾农村公共产品供给制度的变迁和面临的问题出发,着重考察贯穿于事件过程中的"路委会"这一连带团体的形成和发展过程。我们试图揭示出这一组织内部

---

[1] 在现有制度下,或许我们应当审慎地看待税费改革的深远影响。在对西村副书记的访谈中,他认为:现在国家政策变好了,但是,一亩地给个几十块钱起不了什么作用,还不如把这部分钱集中起来给人看看大病。对于研究者而言,在肯定税费改革积极作用的同时,必须对这一举措对农村公共产品提供产生的影响有着充分和清醒的认识。

的角色定位、危机应对及其与村委会的互动方式和策略,并分析这种农村公共产品提供新兴路径对现实的深刻意义。

2. 文献回顾

2.1. 相关概念的说明

2.1.1. 连带团体

连带团体(solidary group)是一种基于共同责任和共同利益而建立的集团,比如村庙、乡村教堂或者血缘集团等等。基于以往类型的划分,本文中所论述的连带团体兼有包容性和嵌入性两种结构性特征。当然,这种非正式制度可能只在镇和村这样的低级别层级起作用。在市或全国层次上,既具包容性又是嵌入式的连带团体的相关性和存在的可能性会更低。必须说明的是,笔者虽然也已经注意到,如果公民认为非正式制度和连带团体对于良好治理来说已经足够,他们就有可能会对正式制度的角色和合法性产生疑问,从而为将来建立正式制度制造难题,但这已经超出本文的研究领域,所以并不做很多讨论。

2.1.2. 农村公共产品

对农村公共产品的含义,学者们的认识大同小异,只是在范围或分类上,有的侧重其与农村私人物品的不同,有的强调其与城市公共产品的差异,也有的更关注农村公共产品在受益空间上的层次性。本文采用较广泛的概念,将农村公共产品定义为那些外部性特征明显、惠及农村居民的产品或服务。内容涉及农村公共设施、公益事业、公共福利等各个领域,既有农业生产方面的内容,又与农民生活和农村社会发展密切相关。本案例中的农村道路就是典型的代表。

2.2. 研究回顾

很多学者的研究基本上都是在认定农村公共产品可以由不同主体这一假定上进行的,他们从较宏观的角度提出,农村公共产品提供应当由多主体来完成,包括利用非正式组织的力量(吴峒山、熊中武,2007;孙巧云、杨文选、孟琰,2008;等等)。

有人指出,士绅是晚期中华帝国乡村公共产品的主要提供者。士绅分为官绅和学绅,官绅是获得了功名并且担任官职的,学绅则是指获得了功名但却没有担任官职者(瞿同祖,2003)。为农村提供公共产品的一般指的就是学绅,因为他们获得了功名,但却未能进入帝国的官僚体系。在不能进入帝国正式权力机关的情况下,他们只有退而求其次,即寻求成为地方政治的领导者。他们意识到在不能获得国家授权的情况下,只有赢得普通民众的认可,他们的权威才具有合法性(卜正民,2005)。对于他们来说,赢得民众认可的一个重要方式就是为乡村提供公共产品,比如修建水利工程、修建义仓、组织防卫、调解纠纷、捐助宗教活动等,一旦他们不能有效地提供公共产品,他们的权威将会被削弱甚至丧失(张仲礼,1991;杜赞奇,1994)。20世纪上半叶,中国农村士绅不断丧失合法性乃至遭到反抗的主要原因之一,即是其不能提供民众满意的公共产品。

贺雪峰与仝志辉(2002)引入社会关联(social solidary)的概念,从村庄秩序的角度对这一问题进行了间接的阐释。他们认为,归结起来,村庄秩序具有两种功能,即建设性功能和保护性功能。① 建设性功能即可以增加村庄和村民收益的功能,如经济的协作、道德的保持,可以降低村民生产生活中的交易成本。中国现代化的特定条件决定了村庄所具有的独立社区社会的特征,这一特征的首要表征是村庄秩序获得的内生性,村庄秩序内生获得不仅与村庄之外的宏观经济形势和治理制度安排有密切关系,而且与村庄内在结构状况密切相关。社会关联是村庄秩序的基础,诸如宗族组织等传统社会组织资源和农村经济社会分化产生的积极后果,都可以构成衡量村民行动能力的指标。

黄宗智(2000)曾经对华北平原的自然村结构做了精辟的描述。他指出,集结和商品化程度较低的华北村庄,有较紧密的街坊关系,也比较孤立和内向,与成都平原的村庄相比,内部团结力更大而村际关系更疏远。而且,华北平原上自然村宗族组织并不突出,这也可能是由于村内街坊组成的共同体发挥较大作用。案例中的自然村确如其所指,并没有类似于宗族的组织,所

---

① 陈劲松(1999)在论及中国传统社会的关联形式时,根据人与人之间的关联方式,将社会关联分为巫术关联或神性关联、伦理关联和契约关联三种形式。他认为在一个复杂的社会系统中,可能各种形式的社会关联都存在。若以占主导地位的社会关联来划分社会,中国传统社会就是一个以伦理关联占主导的社会。

以,"小型和大型的水利工程,是与个体小农和建于其上的国家机器一齐组成的政治经济体制相适应的"。不过,他并没有对"国家机器"缺失情况下的华北农村公共设施的提供做出进一步的阐释。

而蔡晓莉(Tsai,2007)的专著或许更直接地论述了特定的连带团体对农村公共产品提供的强大作用。她收集了来自中国316个村的原始数据,经过在全国七个不同的省份历时两个月的初步调查和在南部福建省对一系列村庄历时八个月的深入实地考察,研究了正式和非正式责任制度对村政府公共产品供给的影响。在威权和转轨体制下,民主和官僚政治制度通常很薄弱,为什么处于这种制度下的政府官员所提供的公共产品,往往还超过了足够维护社会稳定所需的最低水平呢?基于案例的研究,她认为,即使正式责任制度很薄弱,非官方惯例和规则的约束仍然能够促使当地官员设立并履行其公共责任。而这些非正式责任制度由特定类型的连带团体提供,并在全社区发挥其道德权威。在其他条件都相同的情况下,存在这类集团的村庄比没有这类集团的村庄更有可能获得较好的公共产品供应。

这一类型的连带团体是基于共同责任和共同利益而建立的集团,这种集团可以提供可替代正式责任制度的非正式责任制度。它带有两种特殊结构性特征:其一,连带团体必须具有包容性,或者说对于当地的任何人都是开放的,所以其社会边界与政治边界重叠。大体上,这些组织都把本地居民视为潜在的成员发展对象,当然在实际操作中,这些组织的边界也可能会向非本地居民渗透。其二,连带团体必须是嵌入式的,它们的成员往往包括当地官员,典型的如村庙、乡村教堂或是血缘集团。她认为,具有这两种结构性特征的连带团体可以给当地官员带来足够强大的提供公共品的激励;但不具有包容性或者非嵌入式的连带团体,例如村教堂和次村血缘集团,尽管它们也能利用自己集团的标准组织集体项目,且这些项目与当地政府无关,也不会使整个村社区受益,但是它们却不能带来相同的动力以激励政府提供公共品。

另外,孙秀林(2008)在对村庄民主影响因素之一"村庄内的组织资源"进行探讨时,重点分析了宗族组织,并附带提到其对农村公共产品提供方面的影响;邓燕华、阮横俯(2008)以浙江农村老年协会为例,阐述了社团组织的自主性和行动力,文章中选择性管理和附带性吸纳的观点都对本文的写作提供了积极的借鉴意义。

综合看来,已有的尤其是中国学者对公共产品的供给主体问题的研究,基本上都是在认定农村公共产品可以由不同主体提供这一假定上进行的。如奥斯特罗姆(2000)所言,对公共资源的有效治理并不是必须通过政府管理或建立私人产权才能达到,这一点已经为许多学者所认同。我们看到,原本提供公共产品的正式组织如村委会等并没有发挥应有的作用,其职责反而由各种非正式组织代而完成。不过,对于非正式组织,已有的研究基本上都是试图从传统的机制里寻找正式组织的替代物,譬如宗教、庙委会或者宗族之类,是对业已存在的事物的分析。但是,这种分析对较少存在这类组织的地区的解释力大为削弱,或者根本不能解释。而且,其中更鲜有对这类组织发展过程的实证研究。

另外,以上研究多是结合来自不同社区研究的案例或一个社区的多个事件中的案例讨论出现的认知框架,并为各自的研究提供相应的理论可能性。我们的研究则特别关注了一个特定场域的特定事件,而且事件本身具有时期延续性和矛盾集中性。事件的时期延续性在给我们的研究提供更多可能信息和资料的同时也带来了挑战,这不仅仅是时隔年余,当事人的模糊记忆带来资料的不确定性,也来自在事件发生的不同时期,矛盾的不断呈现对我们梳理主线带来较大困难。不过,借助基于详细资料的深度挖掘,我们仍然可以较为清晰地还原出本初的图景,并借此对仍然保留在村庄记忆中的这一特定组织进行探究。

3. 研究资料与方法

3.1. 研究地点的选择

本文的研究地点选择在华北西村,是出于对研究的可行性和结论的代表性考虑:

1. 在有限研究条件下,选择笔者较为熟悉的华北西村,不仅能从直观上感受到事物的变迁,而且更具可行性。

2. 通过各种关系,可以较为方便地了解和获取相关政策规定,并在调查之中得到被调查者的积极配合。而且,被调查者或是熟人,或是通过熟人介绍,访谈中可以畅所欲言,较少隐瞒和保留。同时,被调查对象居住在笔者较为熟悉的社区内,因而可以从不同侧面获取有关资料,其中有些资料是无法从单独的访谈中得到的。

3. 西村位于税费改革肇始的安徽省北部地区,处于皖、豫、鲁三省交界地带,对华北农村的代表性较强。

3.2. 研究资料与研究方法

调查采用了深度访谈和实地观察相结合的方法,收集了一部分资料,另外一些资料来源于乡镇公路管理站,主要是政策性文件和手册,其中以深度访谈所收集的材料为主。

对案例的探讨则主要用了过程-事件分析的方法,笔者力图将所要研究的对象由静态的结构转向由若干事件所构成的动态过程,并将过程看作一种独立的解释变项或解释源泉,从而使得微观层面的行动可以为我们揭示宏观社会现象提供翔实丰富的资料,为架通微观与宏观创造了可能性。

有必要指出的是,基于有限的地域和个案,笔者清楚地看到研究结论的局限所在。本文亦无意做出总体的推论,只是希望可以借此案例研究对学术界没有解释或较少解释的现象做出补充。

4. 作为连带团体:"路委会"的构建

如果以社区记忆强弱和经济社会分化程度高低二维因素对村庄做理想类型的划分的话,西村大体上当属于 B 类。[1] 稍微不同的是,村庄内部存在着两种意义上的社会关联,即传统社会关联和现代社会关联。[2] 就传统上的

---

[1] 贺雪峰等(2002)依据社区记忆强弱和经济社会分化程度高低二维因素对村庄做了理想类型的四种划分。其中,A 类村庄(经济社会分化程度低和强社区记忆)不具有建立起现代型社会关联的能力,但有着较强的传统社会关联;B 类村庄(经济社会分化程度低和弱社区记忆)既缺乏传统社会关联,又缺乏建立起现代型社会关联的能力;C 类村庄(经济社会分化程度高和强社区记忆)传统社会关联力量较弱,但具有建立起现代型社会关联的可能性;D 类村庄(经济社会分化程度高和弱社区记忆)则不仅具有强的传统社会关联,而且具有建立起强有力的现代型社会关联的能力。这样,从村庄社会关联的强度来讲,D 类村庄因为传统型社会关联和现代型社会关联密集而有很高的村庄社会关联度;A 类村庄因为有着可靠的传统社会关联而具有较高的村庄社会关联度;C 类村庄因为有着建立现代型社会关联的潜力而在村庄社会关联强度上较 D 类村庄次之;B 类村庄则因既无建立现代型社会关联的潜力,传统社会关联又已消失,而使村民处于原子化状态。

[2] 最早对社会关联(团结)的叙述,参见涂尔干(2000)。

社会关联而言,如"门"或"院"①的观念依然受到重视,村庄每年都会请地方戏班来表演②(虽然与以往相比,他们之间的关系慢慢淡化),在修路收钱的过程中,他们就很好地利用了这些社会关联。对于后者而言,则主要体现在同一村庄的两个生产队之间,为了共同的利益和生存需求(修路),走向一起,这种能力③促成了公共生活的顺利进行。

另外,本文中所指涉的"路委会",就是为修路而专门成立的一个非正式组织,也即村民所说的村民代表会。它与当地官员之间有着较密切的关系,而且在组织内部亦有一定比例的村委会成员——这种兼具包容性和嵌入性的连带团体在村庄道路的修筑方面发挥了不可替代的作用。

4.1. 产生的社会基础:正式组织缺位

从社会控制的形式来说,组织是社会对其成员进行控制的主要形式。新中国成立后,基于对农村传统组织力量的体认和实现社会主义现代化的要求,国家政权以史无前例的方式实现了对农村社会基层的全面控制,重新组织了农民的生产和生活,建立了国家与社会完全合一的强大的社会控制,即所谓"国家政权内卷化"的过程。这时候,传统农村组织如宗族组织等成为被改造和消灭的对象,结构规模和社会功能大大收缩。进入20世纪80年代后,随着家庭联产承包责任制的实行以及人民公社解体,国家与社会逐步分离,高度集权的农村社会控制模式逐渐放松。尤其是税费改革的实行,使得基层政权更加弱化。而且,由于农民对村干部的普遍不信任,加之税改之后政策的约束,村干部对公共事务的积极性明显下降:

> 实际上呢,村干部因为修路没有多少利益,所以不问事,镇里的领导

---

① "门"或"院"由同一个村庄之内没有出五服的家户组成,在过年上坟的时候,同一个"门"或"院"的人应当一起行动。
② 今年没有请人唱戏,一是出去打工的人比较多,二是村里盖楼房的人比较多,把原来搭建戏台的路面侵占了。
③ 不过,就本文而言,"村庄社会连带"不同于"村庄凝聚力",它指涉的是以村民一致行动能力为基础建立起来的村庄社会关联范畴,不是村庄所有村民的一致行动能力,而是指村庄内部不同小集团的行动能力。

也不重视,咱们这是边缘地带,是偏僻的地方。①

改革在缓解干群矛盾的同时,枯竭的村财也使村干部失去了为民做事的凭借和动力。而向上级争取拨款更多地与"上头有没有人"联系在一起,这让修路的事务难上加难:

> 老百姓都被这些干部哄怕了。过去行政村开会也有这个提法,今年拿一部分修这个,明年拿一部分修那个。但是老百姓怕了,比如这个治理片,一出工就是给别人治理,咱可有?比如挖这个运河,原来讲的是2007年修南边一段,2009年挖到咱这个,但是2008年跑到其他地方了,那么咱们这个还能不能修?再来个书记,他说的算!大家伙不敢信了!毛泽东那时候,"村看村,户看户,社员看的是干部",干部旗往哪摆,老百姓不就往哪去嘛!现在仍然还是这样,干部素质差啊你怎么弄!②
>
> 账目不公布,什么东西都掌握在一个人手里。老百姓,什么时候都背啊,"瞎社员"说的一点没错。这些干部,殡葬、计划生育都是他们捞钱的好机会。你看看,谁的势力大,混得好,谁就可以不付钱,或者少付钱了,你也不知道。③

税费改革从政策上变"汲取"为"反哺",不仅引起了村庄财力来源的改变,而且使村庄权威和村庄内部结构显现出与传统模式的显著不同。税费改革之前,由于长久以来在税费征纳过程中所积累的干群矛盾,村干部和农民之间信任缺失,以至于到如今,农民对村干部仍怀有不信任的态度:

> 对,过去不出钱,牵走你的牛,拿你的粮食,现在就是老百姓高兴什么就什么!过去是行政命令,现在是政府为你服务,性质不一样了。(问:转变是从什么时候开始的?)几年了,总书记胡锦涛上台以后,农民不纳税,这方面就慢慢起来了。你看过去,每年每个人得交二三百块钱,还不能抬杠。现在,一个人交25块钱,还是好事,他都不愿意。过去拿那么多钱,当时的收入哪有现在的收入多呢,经济和现在差多远,就那时候拿钱都能拿

---

① 对小组成员 A 的访谈。
② 对党员 B7 的访谈。
③ 对小组成员 L 的访谈。

上去。现在 100 块钱都不好拿。农民,只有给他点才是好的,让他拿出来点怪难。都是惯的,就是你给他们钱分不均还得找你后账呢!国家政策变了,一亩地给个几十块钱起不了作用,还不如给人看看大病。现在干部算啥?他们敢和你斗!说好了还行,说不好就敢和你斗。咱得低着头和他商议。(问:当干部还是受人尊重些,比老百姓好多了!)但是具体到事情的时候,不对他的胃口,他不服,烦得很。我知道有个村庄,因为省长说不准向农民征物、征钱、征工,所以有的农民又把已经上交修路的钱要了回来。①

税费改革之后,村干部已经不再拥有以往税费征纳中凭借乡镇政府的授权而对农民任意"威逼利诱"的特权,这些都意味着村干部的权威大大削弱。尤其是新的政策和规定的出台,大大减少了村干部的权力,使得他们做起事来有时感到束手束脚。所以,他们对于修路中的收钱感到特别头疼,也不愿意为此付出太多努力。

财政权的丧失、群众的普遍不信任以及政策上的限制,极大地制约了村干部的工作积极性,他们不得不考虑这件事情的成本与收益,权衡的结果是,这一正式组织并没有完成提供公路这一公共产品的任务。正式组织在此一事件的退出也成为西村非正式组织产生的社会基础。

4.2. 形成的根本动力:急切的生存需要②

如果说农村社会控制的弱化,客观上为农民组织的兴起提供了社会空间

---

① 对书记 X5 的访谈。
② "生存需要"当然是最根本的原因。不过,我们并没有否定社会激励的作用。奥尔森(2005)提到,经济激励并不是唯一的激励,人们有时候还希望去获得声望、尊敬、友谊以及其他社会和心理目标。当不存在经济激励驱使个人为集团利益做贡献时,可能有一种社会激励会驱使他这么做。如果对一件集体物品感兴趣的一个小集团的成员同时也正好都是私人朋友,他们之间可能会运用社会压力来迫使他们承担实现集体目标的责任。西村的案例很好地证明了这一点,在满足生存需求的同时,组织发起者也有潜在的声望等社会激励,而且在寻找组织成员的时候很少遇到推辞,即便是找到的成员并不想为此劳神,他们更可能做的也只是加入组织后的不作为,而不是推辞掉这件事,社会压力的影响在村庄里更是巨大的。奥尔森同时指出,对社会激励的分析反而强化了其在著作中的分析,因为社会地位和社会承认是个人的非集体物品。社会制裁和社会奖励是选择性激励,即它们属于可以用来动员一个潜在的集团的激励。社会激励的本质就是它们能对个人加以区别对待:不服从的个人受到排斥,合作的个人被邀请参加特权小集团。尤其是,社会压力和社会激励只有在较小的集团中才起作用,这一点在案例中得到了很好的验证。

和社会环境,那么农村基层正式组织的弱化,则使得很多农民不得不走向非正式组织来寻求公共物品的提供。因为,群众对公共产品的需求并不因正式组织不愿意承担这项任务而减弱。而且,一般情况下,对于绝大多数农民个体,无论就动力还是财力而言,要完成公共产品的提供都几乎是不可能的。

> 从主干路到我们这里总共五公里,一般的卡车什么的都进不来,在这种情况下,农民自发地要求修路。向镇政府、县政府要求多少次,但是资金仍然拨不下来。国家投资的这部分钱不知道弄到哪里去了,所以,我们这几万群众仍然与外界隔离,外边的东西运不进来,这里的东西运不出去。比如,一袋子水泥比外面要多加两三元的运费。从老乡政府(就是街上,后来乡并镇,镇政府挪走了)到县委、地委的车停通几年了。沙子、石子都运不过来,酒运不过来,农民群众的生活用品也都运不过来,但镇政府仍然不考虑这个问题,有钱干这干那的,不往这边投。①
> 这个路牵涉到千家万户的利益,赶集也好,走亲访友也好,从外面回来的人只有走着,车过不来,那种小三轮都不愿意来,本来5块钱就行,但是必须得给15块,给20块,是不是这个道理?②

原有道路的破败,极大地影响了村民们的生产和生活。西村是老乡政府所在地,并曾经因此获得集中全镇力量修路的权益。但是,乡政府迁走以后,失去了政治优势,西村的地位一落千丈,因地处较为偏僻,被戏称为"省、市、县三级西伯利亚",反而成为被忽视的对象。失去了政策照顾的村庄,仍然面临着道路问题带来的巨大影响,随着经济的发展,外出和返乡、运输乃至走亲戚的行动都受到极大影响,公路问题已经成为农民不得不直面的生存需求。几十年来的制度使得他们习惯性地把目光转向了村委会。但是,在群众最需要的时候,本应出来主事的村委会却不合时宜地出现了各种问题。比如,有的村干部甚至出去打工,根本不在家,更不用说组织大家去修路了。于是,迫在眉睫的状况使得村民在抱怨村干部的同时,不得不自己面对这个问题,寻求解决之道和可能的组织途径。这样,在对上级的期望不断失望的情

---

① 对小组成员 L 的访谈。
② 对小组成员 G 的访谈。

况下,"路委会"的筹措在生存需求的动力鼓舞下应势浮出水面。

5. 自主性与行动力:组织的正式形成与运作

5.1. 组织的正式形成

> 我们老少爷们也是一大家子人,跟过日子似的,把我们丢这,人家不说吗?怎么着你修我们也得修吧,一赌气我就说行。后来我跟他们说,就咱们几个还不行,找几个代表在一起,一起收钱,众人抬鼓打得响啊。于是,他们队出来五六个人,我们队出来五六个人,才把钱收上来。①

贺雪峰在涂尔干概念的基础上,提出了村庄社会关联的含义,他认为村庄社会关联指的是在村庄内村民因为地缘关系(同一自然村或同一居住片所产生的邻里关系)、血缘关系(宗亲和姻亲关系)、互惠关系(礼尚往来和生产互助产生的关系)、共同经历(同学、战友、生意上的合伙人)以及经济社会分层产生的社会契约关系和权威—服从关系等等,所结成的人与人之间联系的总和。事实上,最开始的发起者 X1 和 F2,从一开始就想利用 T 的号召力来达致修路的目的,但是没能成功。不过,他们本身亦有着强烈的意愿,即为了村庄共同的利益决定联合起来,共同致力于公路的修建,他们两个人成为组织的发起者和号召者。当然,他们也明白,仅仅依靠他们两人的力量显然不足以完成这样艰巨的任务,于是他们决定,再组织一些人,通过集体的力量来完成修路的工作。在修路的过程中,他们很好地利用了包括传统和现代意义上的两种社会关联,而这种新的社会关联显然是原来所不具有的。

> 当时不是说就他们俩能办起来,当时他们俩就"霸住"T②,想让他起号召作用,但 T 不愿意操这个心,才是他俩组织和发动的。X1 年龄在

---

① 对小组成员 F2 的访谈。
② T 曾担任县财政局局长,已经退休并居住在县城,此次回来主要是处理其叔叔(即 F 的父亲)的丧事。

70岁左右,有四个儿子,丈夫早年参加革命,老共产党员,曾担任乡长,后来转到合作社工作。X1年轻时积极向上,成为党员,后来成为大队妇女主任,以后乡政府迁到我们这儿,任乡政府妇女主任,历时一年左右;后来经商,开商店,直到如今。她语言泼辣,比较能说。F2也有四个儿子,原来当过生产队仓库保管员。①

当时村主任明知道咱们村弄不好,他说我们又没头(牵头的人)。我说:那我们的路就不修了吗,你怎么知道我们修不起来?正好X1也在那里,她就对村主任说:"你一点都不要担心,你把我们的路推好,该多少钱我们付就是了。"第二天就把我们的路给推好了。实际上原先就是没有人问这事,只有X1,有我。②

社会关联确实存在着,但是静态意义上的存在并不能导致行动的成功。这个时候,就需要有促发因素,或者是人,或者是事件。X1和F2就充当了这种角色。我们看到,在试图"霸住"T未果的情况下,他们并没有退缩,而是主动担负起这项责任。于是,在领袖型人物的促成下,社会关联也才真正地发挥作用。他们促成了组织的形成:

当时讨论就说,钱由F2保管,谁也不许动这个钱。如果要动这个钱,必须由我们这12个人批准。由V(队长)掌账。其实呢,L3想动这个钱,就是没让他动!我对这12个人说,谁也不准动一分钱,谁吸烟自己掏腰包。有人就问我能不能管住,我说能,大会公布,各项支出都是多少钱,还剩多少钱。③

在组织所需要的人员找齐之后,这12个人在一个村民小组组长家里开了一次会。出于认同和见证的需要,他们找来了村主任,并且建立了严格的规程,这表明了组织的正式形成。

---

① 访谈中获知的X1和F2的资料。
② 对小组成员F2的访谈。
③ 对小组成员X1的访谈。

5.2. 组织内角色分工

组织形成之后,在组织内部形成了很明显的等级或梯度。这个组织集聚的人中,有原来的干部,有群众和党员,也有现任的干部。以下拟从个人担负功能来看其在组织中所扮演的角色,例如,谁在内部进行协调,谁主要负责收取修路费用等等,这些共同构成组织的功能系统。而且,每个人的功能恰恰也预示着他(她)在组织中的地位:

> 当时队长没在家(出去打工),没有人主事啊,那我们就出来……当时我出去找小孩,看见他们在那坐着,就问他们那个机子是干吗的,他说是推土机,我就问他们为什么不向东推呢,他回答说,你们的村主任说不修这个路了,你们的钱难付。我当时在那坐着,就一站,一拍大腿,说:"这话谁说的?钱都付上去两年了,说不修就不修啦?""不行!他说的不行!"现在我就去找他去!原来的60块钱还没用完,剩余的钱还都在他那里呢,怎么又说钱难付了?我说:"你们老板都不了解情况,我们已经都付上60块钱了,过这个村没这个店了,一定要修!"我撑这个头!收钱时我也说,"走,我领头",12个人一起去。①

X1在组织形成中发挥的重要作用和老辣的处事风格,使其和另一主要发起人F2自然成为领袖型人物。无论是从她的语言,还是以后的具体行动来看,这一角色的认定都非常正确。在两次②修路事宜眼看就要泡汤的时候,都是她力挽狂澜,确保了事情的顺利进行。他们两个是第一等级的成员,其中X1不仅是组织内的协调者,同时她还是与"村委会"进行沟通的"掮客",以下将会有更为详细的论述:

> 老实说,西队的代表只有G和F2能主事,"拉了套"(能办事),但是组长不行,办事不行。东队只有L3,他也"不拉套",怎么办呢,只能硬拽

---

① 对小组成员X1的访谈。
② 还有一次是当修路只剩下几十米的时候,恰逢冬季,由于气候原因,路必须等到来年再修。而此时包工头提出,已经没有钱了,要离开,她采取果断措施,才确保来年的修路继续进行。

着往前走,鸭子跟鹅拽啊。①

但是,这个组织不可能只有这两个人,L3 虽然并不很出力,但是碍于其在当地的势力,也和其他比较管事的人(如 G)一起构成第二梯队,第三梯队则主要是不怎么"有用"的人了。事实上,这一分级从一开始就存在,在运作的过程中更为明显。每个人都很明白自己的角色定位,从而在具体活动中做出适合自己角色的行动。类似地,上一级对下一级的人有着更大的"权力",在他们做错事情的时候甚至给予斥责②:

> 我斥责他:你还是不是队长,你这说的什么?! 这钱也收好了,路也量好了,一家拿出 130 块钱而已,过了这个村就没有这个店了! 人家都修好了,我们丢不丢人?以后连媳妇都不好娶,你家的楼盖得挺高的,但走的都是泥路怎么办? 什么都弄好了,就差付钱了,你为什么说费事! 后来总算他掏出来,他 5 家掏出来 4 000 多块。G(老队长)也说他:你胡说什么,说话还算话吗?你还是队长呢,还没有你搅乱的多! ③

如果不考虑权力来源,就效果而言,这些权力确实是卓有成效的。它使得组织中潜在的破坏因素得以解除,使组织在群众面前起到了很好的表率和带头作用,至少,组织的完整和凝聚力使得其工作能够更加专心专意。

5.3. 组织内角色分工

组织的运作并非一帆风顺,相反,从一开始就遇到了很大的阻力,这主要体现在三个方面:首先是不被理解,有人认为他们是在"出风头";其次就是收钱困难,不给钱的各种状况,包括外出打工、家里实在太穷,乃至故意拖着不给的情况都有;最后则更加令他们"心痛",因为这是来自组织内部的"破坏"。

---

① 对小组成员 X1 的访谈。
② 当然,我们不排除这种权力来源与辈分有一定的关系,这也是格尔茨所谓的"地方性知识"。
③ 对小组成员 F2 的访谈。

此人语言泼辣,逞强好胜,为了炫耀她很能,有势力,有本事;当然也是为了大家好,不过在修路的同时显摆一下,表现一下。①

不被理解或许是很多新事物都要面对的首要问题,上述的评价就是这种不理解的典型。不过,他们显然也已经认识到这个问题,所以,从一开始,他们就制定了严格的规程,防止内部出现问题,并维护自己良好的信誉,从而赢得村民的信任,便于工作的展开。而且,在这种压力下,他们更坚定了把路修好的决心:

乖乖,你可知道我们跑了多少趟,光×家就跑了七趟,最后把他骂了一顿。后来是我主动和他们说话才行的。②

L3 真是个坏孩子,×交钱的时候,他就说:你们不要交这个钱,路的事八字还没一撇呢,谁能修? 于是,×媳妇又去找村主任把交过的钱要回来了,×也要回来了……然后到×那去,让他替他女婿交上,因为他女婿不在家,而他种的是他女婿的地,女婿的爹就不问了。但是他拒绝了。大家很泄气。队长就说:还是完不成,不行就是不行啊,要不来,还有外出的,还有没钱的,收不上来,这怎么办?!③

从某个角度来看,村干部不愿意组织修路的一个非常重要的原因就是收钱过于困难。对多个人的访谈发现,虽然大家都认为修路是必需的,但是收钱毕竟关涉到具体的个人利益,加上各种因素的影响,使得收钱过程变得非常艰难。面对困难,组织内部难免会产生动摇的情绪,这种情绪给组织的凝聚带来非常坏的影响。

5.4. 困境的应对策略

面对诸种困境,他们当然不会坐以待毙,在不断遭遇困难和挫折的同时,他们也逐步摸索出应对困境的方式。

---

① 某人对 X1 的评价。
② 对小组成员 W12 的访谈。
③ 对小组成员 F2 的访谈。

5.4.1. 制定严格的规程

当时讨论就说,钱由 F2 保管,谁也不许动这个钱。如果要动这个钱,必须由我们这 12 个人批准。由 V(队长)掌账。其实呢,L3 想动这个钱,就是没让他动!我对这 12 个人说,谁也不准动一分钱,谁吸烟自己掏腰包。有人就问我能不能管住,我说能,大会公布,各项支出都是多少钱,还剩多少钱。①

他们很明白,群众之所以不愿意把钱交给村干部,很重要的一个原因就是村干部的腐败造成了干群之间的普遍不信任。如果他们也落入窠臼,结局会很明显。于是,从一开始他们就制定了严格的规程,从而在群众中间树立了威信,让群众可以放心地把钱交给他们。这给以后的工作带来了不小的便利。

5.4.2. 率先垂范

60 块钱我是第一份交的,我大儿媳妇是第二份交的。村主任就拿着我们的钱说我们已经交了,号召大家去交钱,最后把钱基本收齐了。后来的第一份钱还是我先交的,因为我的几个儿子都没在家,我都先替他们出了,最小的儿子在家,交的是第二份。第三份是我亲戚交的。②

作为组织者,带头交钱而不是利用特殊权力谋取利益,可以给其他人留下很好的印象。这样,别人就会明白,"组织者都已经交了,我当然可以放心地把我的钱给他们"。对于那些仍不愿意交钱的家户,他们可以采取软磨硬泡的方式,最终让他们交钱为止。这些,当然是村委会做不到的。

5.4.3. 寻找群众的"代表人"

话说回来,我铁定是要两个队一块收钱了。我们就抽出来 12 个人作为群众代表。抽人要抽那些"家数"③大的,这些人难摆平,一旦有人

---

① 对小组成员 X1 的访谈。
② 对小组成员 X1 的访谈。
③ "家数"与"门"和"院"一样,指的是父系纵向两三代左右的家户。比如,这两个人是同一个爷爷的,那么他们的家户就可以称之为一个"院"的。选择代表的一个标准即是"家数"比较大。

撑头,就容易收钱了。即便他们不愿意,可是我们"挤"着呢! 就是说在一种"将军"的状态下,你不交不好意思啊。××出来了,他是咱们"院"的代表,比如说另一个"院"的人交了,你不交,就会将他的军,说:我们院的人都交了,你院的人为什么不交? 就是利用这样一种互相激将的方法,一个"院"的人对上了钱,就去找另一个"院"的人。为什么找这个人呢? 因为你们是"亲"的(有亲缘关系),他不掏,你得替他垫上,回头他再还给你。就用这个方法筹钱。①

如果挨家挨户地收钱,不但过程漫长,而且很可能会出现相互攀比不交的状况。"擒贼先擒王",所以,他们并没有一家一户地去磨缠,而是主动找到了可以作为部分家户代表的"代表人",这些"代表人"选择的标准是"家数"比较大的,由他来统一交上,毕竟他们家户之间的商讨要容易得多。而对于这些"代表人",所采取的主要措施就是利用群体的压力进行"将军"。这样做,在省事的同时,更避免了与同村人的直接纠纷。

5.4.4. 应对内部人员的"破坏"

对于内部人员的"破坏",更多地采用了斥责和批评的方式来应对。

6. 连带吸纳:与村委会的默契协作

6.1. 修路:双方的不可缺失与相互依赖

很显然,双方都已经认识到,单纯依靠任何一方都不可能把这一艰巨的任务完成好。按照政策规定,村委会不允许强制募款,但是想要"号召号召"就能把钱收齐是不可能的。同时,村干部在村庄的威信大不如前,村民对村委会仍然坚持税改前的不信任态度,不愿把钱交给村委会来组织和管理,村委会不可能完成收钱工作。而"路委会"则不同,"路委会"可以向外界筹钱,以弥补项目拨款的不足,同时可以参与资金的使用,上级的钱拨下来以后,防止村里把钱挪作他用。所

---

① 对小组成员 F2 的访谈。

以,人们对"路委会"的信任远高于村委会。不过,要得到上级的拨款,又少不了村委会在立项及申请方面的作用。"路委会"是民间的组织,所以拨款还是要通过村委会来转给"路委会"。这种状况下,由"路委会"分担了本应由村委会完成的任务,而"路委会"又通过村委会申请到了上级的拨款,双方默契地达成共识。

6.2. "掮客":在村委会和"路委会"之间

两者的互为依赖关系已经成为不争的事实。但是,笔者感兴趣的是:这两个委员会是如何联系起来的呢? 前面已经提到,"路委会"中的几个成员同时也在村委会担任职务,他们是不是担任这一角色的"掮客"呢?

我们不妨把角度投向这两个组织里的个人。据 Gould 和 Fernandez(1989)的论述,对于地方网络内部调和(coordination)和掮客业务(brokerage),可以通过三元组模式(traid)的直观方法进行测量。掮客(broker)或协调者(coordinator)都是在两个并不直接联系的行动者之间进行调解。不过,这两者之间的显著区别在于,掮客在不同派别之间发挥协调作用,而协调者则是在派系内部活动。

Gould 和 Fernandez 的解释显然是基于纵向的研究,比如国家与当地政府的关系。但是在本案例中,村委会与"路委会"显然并不属于上下级关系,而是平级的。所以,在对其部分内容进行借鉴的同时,笔者也对这一概念做了修订,并构建了简单的三元组模式图。"路委会"组织内的协调者和"路委会"与村委会之间的"掮客"如下所示:

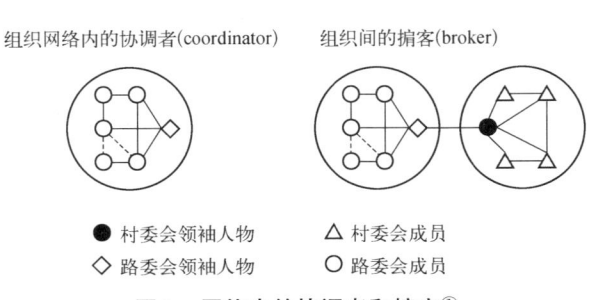

图 1 网络内的协调者和掮客[①]

[①] 这一图中,对于"路委会"而言,实线表示的是较为直接的关系,非直接关系则用虚线加以标示。对于村委会,实线则主要显示直接的事物关联。

图1显示的是典型的协调者和掮客的位置。节点表示的是这样的个体行动者,他们的活动依靠的是自己的关系网和他们在当地的成员资格。Gould和Fernandez(1989)对两者的解释是,左边图形中代表的组织内协调者通过非直接的关系巩固了内部的团结,右边图形则显示了不同组织之间的两个掮客。类似于协调者,掮客也试图通过结构洞(structure hole)寻求两方关系的协调,但其与协调者的关键区别在于他们寻求的是派系之间而非派系内部的整合。这样做的一个后果就是,本派系内部结构的弱化。不过,对于这些掮客而言,危险在于,如果派系主义非常强的话,掮客会被认为对其所属派系的身份和责任缺失,从而不能获得任何一方的信任。

对于本案例,"路委会"组织内部的主要协调者被当然地"授予"了领袖人物 X1 和 F2,而非原先所认为的那些同时在村委会担任职务的人。不过,既然我们已经知道"路委会"与村委会之间存在着很大的联系,那么它们之间的"掮客"又是谁呢? 其作用是否又如 Gould 和 Fernandez 所言呢? 对事件的深层挖掘发现,在其间充当掮客的是村主任和 X1。村主任是村委会的代表,而 X1 则是"路委会"的领袖人物。不过,X1 在完成其协调者的角色任务的同时,这样的掮客并没有对组织内的结构进行弱化,反而利用其在网络关系中的重要位置积极促成了组织的巩固。这或许也在一定程度上验证了,协调者作为掮客的有力平衡物,在促进与国家政治联系的同时,并不削弱本位组织或社区的利益(Hillmann,2008)。而且,对于村主任等人而言,对修路的成功支持,显然提升了他在村里的威望,也得到了村里精英人物的支持;而 X1 也为自己赢得了很大的荣誉。[①] 因而,这种吸纳当地官员进入的连带团体可以通过非正式的制度促使当地官员也承担起修路的义务,使得修路的工程得以良好地完成。

7. 结论

就宏观方面而言,农村税费改革无疑是成功的,但对于最终解决"三农"

[①] 在"路委会"组成之前,村主任曾经对 X1 等人说过:"只要有你、F2 等人对我的支持,一分钱不要你们出,按个手印,我就把路先修好,你们啥时候有钱再给我就行……你和 H(原西队老队长)都是共产党员,你们对我支持,钱暂时出不了没关系,按上手印就行。"另外,X1 在访谈中也不止一次提到别人对她的夸赞。

问题,只能算作一个开始或起步,还有大量艰巨的综合性后续改革需要完成。基于乡村道路建设这一公共产品的供给现状和农民需求意愿的分析表明:尽管许多地方近几年来都增加了对农村基础设施的投入,但道路等完备状况仍然较差,更多的地域仍然未被政策覆盖;而即便是政策覆盖的地域,上级要求的按比例转移支付也使得有些地方出现了"越穷越没法享受到这类福利"的状况。从微观层面来看,基层组织的功能削弱使得农村公共产品提供状况雪上加霜。

西村的"路委会"这种连带团体给农村公共产品提供构造了一个新的路径。通过对修路过程的详细阐述与分析,笔者希望已经对"路委会"得以产生的根源,它的自主性和行动力等问题做出具体而切实的回答。研究发现:

1. 如果社会和政治制度能够得以融合,当地官员属于或者与某个社区协会或其他希望他们提供公共产品及服务的连带团体有密切关系,即使正式责任制度薄弱,他们仍有可能会联合起来共同提供足够的公共产品。"路委会"这一非正式组织并不是完全自治的,实际上它的效力得以产生与它并不是完全独立于政府有着密切关系。当连带团体既具包容性,同时又是嵌入式的时,负责向当地行政单位(例如镇、村)提供公共服务的官员也需要向连带团体履行集体责任。遵守连带团体有关集体责任的规定能帮助他们在所有选民中获得道德地位。如果其他的条件都相同,拥有较高道德地位的当地官员会发现执行政策,尤其是那些并不受欢迎的政策将变得更加容易。

2. 税费改革之后,村干部已经不再拥有以往税费征纳中凭借乡镇政府的授权而对农民任意"威逼利诱"的特权,这些都意味着村干部的权威大大削弱。群众的普遍不信任尤使他们感到很被动,而且,上级政府新的政策和规定的出台,更是大大限制了村干部的权力和工作的主动性,他们更加不愿意独自承担这样的责任,因此单纯依靠他们不可能完成公共产品的提供。而这些因素,与农民急切的生存需求一起构成了非正式组织或连带团体应当存在的根本缘由。

3. 连带团体"路委会"出现后,为了自身的生存和发展,首先会用严格的规程维持团体的名誉,并在团体内部形成等级梯度关系,上一等级的人对下一等级的人有着更高的"权力"和更大的影响力,即便是在任的村委会成员亦必须遵守这一规则。

从功能的角度来看,每个人的角色扮演与其在团体中发挥的作用有着直接的关系。这一团体在与外界的联系上存在着所谓"掮客",在团体内部同样存在着维持团体凝聚力的协调者,他们维持了团体的良好运作,并给他们自身赢得良好的名誉,这种社会激励机制也是他们组建团体的重要诱因。

参考文献

奥尔森,1995,《集体行动的逻辑》,陈郁等译,上海:上海三联书店。
奥斯特罗姆,2000,《公共事物的治理之道:集体行动制度的演进》,余逊达、陈旭东译,上海:上海三联书店。
卜正民,2005,《为权力祈祷:佛教与晚明中国士绅社会的形成》,南京:江苏人民出版社。
陈劲松,1999,《传统中国社会的社会关联形式及其功能》,《中国人民大学学报》第3期。
邓燕华、阮横俯,2008,《农村银色力量何以可能?——以浙江老年协会为例》,《社会学研究》第6期。
杜赞奇,1994,《文化、权力与国家:1900—1942年的华北农村》,王福明译,南京:江苏人民出版社。
贺雪峰、仝志辉,2002,《论村庄社会关联——兼论村庄秩序的社会基础》,《中国社会科学》第3期。
黄宗智,2000,《华北的小农经济与社会变迁》,北京:中华书局。
孔祥智,2008,《集体林权制度改革与农村公共产品供给》,北京:中国人民大学出版社。
雷小康,2003,《公共物品提供模式的理论分析》,西北大学博士学位论文。
林万龙,2002,《乡村社区公共产品的制度外筹资——历史、现状及改革》,《中国农村经济》第7期。
瞿同祖,2003,《清代地方政府》,范忠信、晏锋译,北京:法律出版社。
孙巧云、杨文选、孟琰,2008,《农村公共产品供给机制的可行性研究——基于山东省文登市S村的个案分析》,《中国农业经济》第6期。
孙秀林,2008,《村庄民主及其影响因素——一项基于400个村庄的实证分析》,《社会学研究》第6期。
涂尔干,2000,《社会分工论》,渠东译,北京:生活·读书·新知三联书店。
吴峨山、熊中武,2007,《我国农村公共产品供给不足的原因及解决对策》,《经济纵横》第6期。

席恒,2003,《公共物品供给机制研究》,西北大学博士学位论文。

张仲礼,1991,《中国绅士:关于其在十九世纪中国社会中作用的研究》,李荣昌译,上海:上海社会科学院出版社。

Coase, R. H. 1974. "The Lighthouse in Economics." *Journal of Law and Economics* (17).

Hillmann, Henning. 2008. "Localism and Limits of Political Brokerage: Evidence from Revolutionary Vermont." *American Journal of Sociology* 114(2).

Samuelson, P. A. 1954. "The Pure Theory of Public Expenditure." *Review of Economics and Statistics* (3).

Tsai, Lily. 2007. *Accountability Without Democracy: Solidary Groups and Public Goods Provision in Rural China*. New York: Cambridge University Press.

World Bank. 2000. *World Development Report 2000/2001: Attacking Poverty*, Washingtong, DC.: World Bank.

对《乡村连带团体："双重缺失"下如何提供公共产品》的点评

张 静

秦长运的论文写于2009年。那段时间，我开的课程和读书会要求阅读的文献，有费孝通和张仲礼的中国士绅研究，埃莉诺的公共事物治理之道研究，蔡晓丽的中国乡村内聚群体研究，以及赫宁的地方社会结构的政治关联角色研究。这些研究案例来自古今中外，但共同的问题意识在于解释集体怎样通过协调行为发挥作用，提升基层的公共品提供水平，建设地方社会。这一主题引起了学生的兴趣，影响了他们在基层观察现象的分析框架，从而使原来杂乱无章的材料组成清晰的分析框架回答问题。

长运和我谈论文的准备，我告诉他："北大社会学系的传统是尽量采用一手材料，你掌握什么资料？"他给我讲了家乡西村修路的事，村民为此专门成立了一个组织，叫"路委会"。我问："为何无法利用原来的基层组织，比如村委会，而是要另建一个组织解决这个问题？这个新组织有什么已在组织无法实现的作用或者限制？比如新组织可持续吗，为什么？如果你的材料可以回答这些问题，可写。"

长运受到了鼓舞，明白了要想将故事转化为证据，还有许多事要做。他决定再次深度挖掘，确定主题，回答我的提问。通常，我指导论文的原则，是既看题目也看人：除了问题的重要性，还要看学生认真的品质、力求达到最佳的追求。他的表现使我毫不犹豫地答应了指导。我推荐了一些阅读文献，以拓展他对分析概念的了解。

为何要另建一个组织？长运的论文发现有三个原因：西村干部对公共事项不关心、不作为；修路需要经费，但在乡村税费改革之际，村干部已经没有了集资特权，他们对收费（尽管是用于提供公共品）有顾虑，怕有人举报他们行政犯规，不愿为此事尽责；因为多次口头承诺没有实现，村民对村干部的言行存在长期的不信任。而村民另建的 12 人"路委会",不是正式机构,其目的就是修路,区别于村委会的行政职能,也不会取村委会而代之,这样就可以克服信任缺乏、动力不足和行政限制三个障碍,干成修路这件事。这是社会通过自组织化提供公共品的一个例证。

通过自发行动绕过各种限制以解决实际问题的模式,在中国基层颇为常见。它在特定条件下甚至受到正式组织的默认,比如村委会个别成员的帮忙、两个委员会的领袖人物有密切联系等。但是这个组织是临时的,路建成后就结束使命,各自回家,没有可持续性,也不能制度化。论文揭示了这种现象,清楚回答了几个经验问题,触及了基层公共品提供的激励机制。但是论文并没有试图解答"为什么"的问题,没有一般化的解释意图,比如针对蔡晓丽道德激励的发现,讨论西村是否表现出激励模式的差异性。不过,用这样的深度来要求长运的调研报告并不公平,毕竟让经验案例回应理论问题是对博士学位论文的要求。

徘徊在城乡边缘的"候鸟"*
——危机语境下返乡农民工去留困境的解读

作　　者：张好雨　张勇军　刘　锐
指导老师：卢晖临

摘要：农民工作为一种流动中的社会现象，其社会身份是一种双重的缺席：作为城市的圈外人和农村的失落者。同时，作为城市现代化的苦力和农村变化的输血者，农民工又是城市与农村都不可或缺的组成部分。传统农民工研究对农民工去留选择大多做出宏观制度性与结构性的解释，或基于城市适应、社会认同的角度进行研究，并未超越现代性与城市化的宏大叙事，对抉择机制与动因缺乏一种较为系统的解释。本研究着眼于在危机语境的逻辑与情境之中，具有返乡打算和已经返乡的农民工如何做出去与留的抉择，希图较为系统地阐释农民工的内在抉择机制，以及比较不同类型的农民工，即传统农民工与新生代农民工的抉择机制的差异。在实地研究中发现：在离乡与还乡、封闭与开放、传统性与现代性的碰撞、推拉与张力之中，新老两代农民工在都市文化自信、乡土情结、人格特征、机会结构、身份认同、未来期许、流动意愿、奉献精神以及承受能力等诸多方面表现迥异。本研究以代际差异视角对"候鸟"群体无根、无序的生存危机与内在抉择的内部差异进行细致解读，并提出相应政策建议。

关键词：农民工　危机语境　返乡　边缘化　抉择机制

1. 引言

2009 年，当"中国工人"作为一个群体跻身美国《时代》周刊年度人物榜

---

* 本文受到校长基金资助，特此感谢。

时,有评论称"这是一种带泪的荣耀"。今年以来,富士康公司员工跳楼事件,开创了一种抗争的次文体(a resistance genre)(Ngai,2000),似乎使"荣耀"成为唏嘘,而为"泪水"添加了一笔沉重的注解。

"一个社会,如果其年轻人带着梦想离开家庭,却在异乡自杀,这社会终究是病态的。"(秋风,2010)十几个如花生命的凋零,让一些人对整个社会的生存伦理深感失望,这样的呼声并不矫情。"富士康魔咒"的影响已经远远超出人们对于死亡事件本身的震惊与恐慌。哀悼之余,人们开始了理智反思——劳动者生存尊严的讨论,工厂管理形态的探究,中国制造业整体前途的思辨,对新生代农民工的关注。多维度的舆论浪潮中,一个十分值得我们关注的问题是在外务工的农村流动人口的精神状况与信仰系统。这些都市边缘的陌生人,被称为"城市候鸟"的农民工群体,不仅备受物质生活匮乏的压力,还有徘徊在城乡之间的一颗游动无依、饱经风霜而又缺乏信仰的心灵。

我国流动人口已经超过1.2亿,其中从乡村流出的人口有8 760万,占总流动人口的73%。农村流动人口为城市的经济增长提供了充实的人力资源,也为国家的经济腾飞做出了巨大的贡献,但是因为二元制度结构的客观障碍以及城市居民的种种歧视的存在,农民工虽有了进城工作、生活的权利,却难以真正融入社会的主流。在城市中,农村流动人口所从事的大多是城市居民不愿承担的各种危险、艰苦、沉重的工作,无论是从身份还是从工作上来讲,农民工无疑处于城市生活的最底层,遭受着城市人的边缘化与歧视。[①]一方面是被现代文明撕裂与机械化分割的身体疼痛,另一方面是被城市话语排斥、歧视与污名化的精神疼痛,生活的难题、工作的压力、社会的冷漠与前途的绝望,长期而不可改变的苦难使他们已经形成了习得性无助的一种苦难应对方式(杨海龙、张雪峰、刘泰然,2005),候鸟一般边缘性的身份与无根无序、去留无依的困境,是农民工普遍的生存体验与生活实践。

[①] 学界对农民工的身份界定有四个层面:第一个层面是职业,农民工从事的是非农职业,或者以非农为主要职业,也就是说,他们的绝大部分劳动时间花在非农活动上,主要收入来自非农活动;第二个层面是制度身份,尽管他们是非农从业者,但是他们在户籍上还是农业户口,属于农民身份,与非农户者有着明显的身份差别;第三个层面是劳动关系,严格地说,农民工不是雇用者,而是被雇用者,他们是被个体户、私营企业主、外企老板、乡镇企业、国有和集体单位甚至各种NGO雇去从事非农活动的,而那些自己不但不是被雇用者,反而去雇用其他人的农村人口,不应属于农民工;第四个层面是地域,即他们来自农村,是农村人口。总之,农民工指被雇用去从事非农活动、属于农业户口的农村人口(王春光,2005)。

1.1. 研究背景

"心逐南云逝,形随北雁来。故乡篱下菊,今日几花开。"在人们灵魂深处,离乡与还乡是一个深刻的悖论,在追索中渐行渐远,沧海桑田,肉体的流浪、心灵的游弋却始终在此岸与彼岸之间徘徊不安。在现代性激情引发的危机与困境之中,农民工的还乡诗歌却不再是唐风宋雨中的优美灵性,而是一部艰辛而厚重的现实主义经典。

本研究课题来源于现实问题的迫切需要。2008年,全球经济经历了几十年的高速增长和繁荣后,出现了金融危机。我国沿海地区大批企业破产倒闭,失业农民工的返乡潮拉开了序幕。在宏观的金融危机语境下,当媒体的镜头和世界的目光更多地聚焦在世界性大企业时,我们决定把关怀的目光投向农民工——这个一直被我们繁荣的时代边缘化的弱势群体。当宏观经济发展良好,需要大批劳动力支持之时,城市用资本与契约吸引了大量的农民;而当经济形式恶化,大批的农民工便被无情抛弃,被迫回到农村。让农村成为城市经济荣枯的蓄水池,是我国多年来以城市为中心、城乡二元体制不断加剧的后果,也是和谐社会进程中不和谐的音符。在危机语境下研究农民工的压力、资源与生机,对"城市候鸟"的制度保障和生存策略进行探讨,具有重要的理论与现实意义。

1.2. 研究目的和研究意义

1.2.1. 理论意义

(1) 从解释维度上看,关于农民工流动迁移的研究,已经有不少学者从社会资本、社会网络等理论入手,进行过深入研究,但是缺少一个系统的整理和解释。本文试图从危机语境入手,综合社会、经济、政治各方面的因素,构建关于农民工流动迁移的模型框架,全面综合地解释农民工迁移流动的机制。

(2) 从研究地域来讲,关于农民工的研究,目前较多的是在农民工打工所在的城市进行的,本文通过对来源地和就业地的农民工进行调查,希图做一个比较研究。同时本文也对不同代际的农民工进行比较,系统地分析新生代农民工与传统农民工的不同之处,寻找新生代农民工在危机语境下的特点。

1.2.2. 实践意义

1.2.2.1. 农民工的返乡意愿关系着城乡统筹以及中国城市化的进程

农民工的返乡一方面可能会造成城市劳动力市场供给的短缺,例如近年来由于金融危机的影响,在我国东南沿海频繁发生的"民工荒"现象;另一方面农民工的回流是一种自选择的机制,而且,农民工的回流模式对于农村以及城市发展的影响是不同的。如果返乡者主要是由能力较强和受过更多教育的人组成,形成正向选择,则通过二次迁移,他们将在城市积累的人力资本及社会资本带回农村,不仅可以提高农村的人力资本水平,还可能逐渐减小城乡差距。而如果回流者是负向选择的,那么农村与城市,无论在人力资本水平还是在收入上的差距都将进一步拉大。因此,农民工的迁移决策以及返乡意愿关系着中国是否能突破二元经济社会结构,实现城乡统筹发展。

1.2.2.2. 深入了解农民工面临的危机语境有助于进一步改善其城市生存环境

农民工的进城给城市的基础设施、社会服务、房屋租赁、教育医疗保障体系都带来了巨大压力,同时,城乡二元体制之下的城乡差距也对农民工长久留居城市带来了不少的生存压力。从农民工面临的危机语境入手,深入了解城市社会系统与农民工生存以及留居城市的关系,通过相应的保障政策,协调农民工与城市发展之间的互动关系,发挥外来人口对经济社会发展的积极作用,消除农民工增加而造成的城市发展的不确定性,保障农民工在城市生存的基本权利,改善并创造农民工在城市的生活和发展条件。

1.3. 研究地的选择

本研究选取了北京市和河北省两个地区的农民工作为研究案例。北京作为农民工的迁入地,河北作为农民工的迁出地,两地分别选取案例进行研究,全面理解农民工迁移的全过程。

北京是外来人口的重要集聚地。2000—2004年间的统计数据显示,自进入20世纪90年代以来,外来人口便大量涌入北京,成为北京人口迅速增长最重要的原因之一,并且外来人口占北京市总人口的比重正在逐年加大(于牲牲、张晔,2007)。

选取河北省唐县下辖的村镇的返乡农民作为研究案例。河北省靠近京津等发展较快地区,而农村土地资源稀缺,人口数量大,农村的土地难以满足较快增长的劳动力需求,因此,根据《河北农村统计年鉴》的数据分析,河北省从新中国成立以来就一直是劳动力输出省份,特别是2000年后,劳动力的外出增长情况加剧。作为劳务输出大省的河北省在此次金融危机中农民工返乡潮现象明显,而且当地政府制定的一系列应对措施取得一定成效,具有典型性。

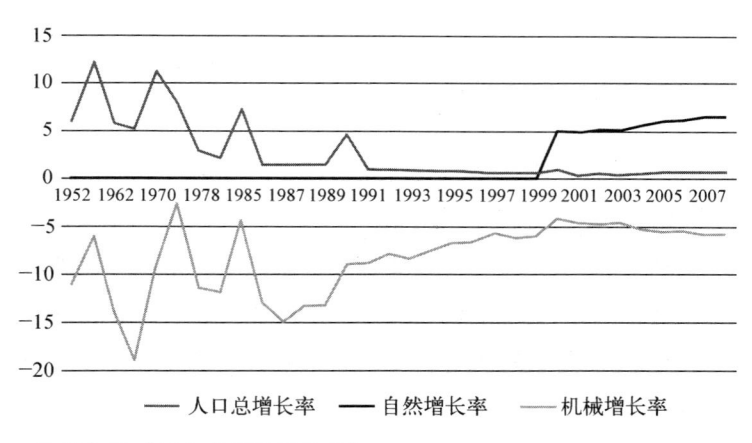

数据来源:《河北农村统计年鉴》。

图1 河北省人口增长情况

1.4. 研究模型与分析框架

1.4.1. 研究模型

总体来说,农民工面临的危机语境大致可以归纳如下:宏观的政治、经济、社会、文化大背景;生存能力和生存资源;生活质量;社会福利状况;都市文化习得;城市认同感;心理结构特性(相对剥夺感、安全感);生命周期阶段;等等。当然,这些研究林林总总地分散在众多学者的论述之中,没有形成一个较为整合、系统的解释体系。在综合上述已辨析影响因子的基础上,本文构建出一个综合模型用来系统解释危机语境下农民工去留选择问题。具

体模型如下:

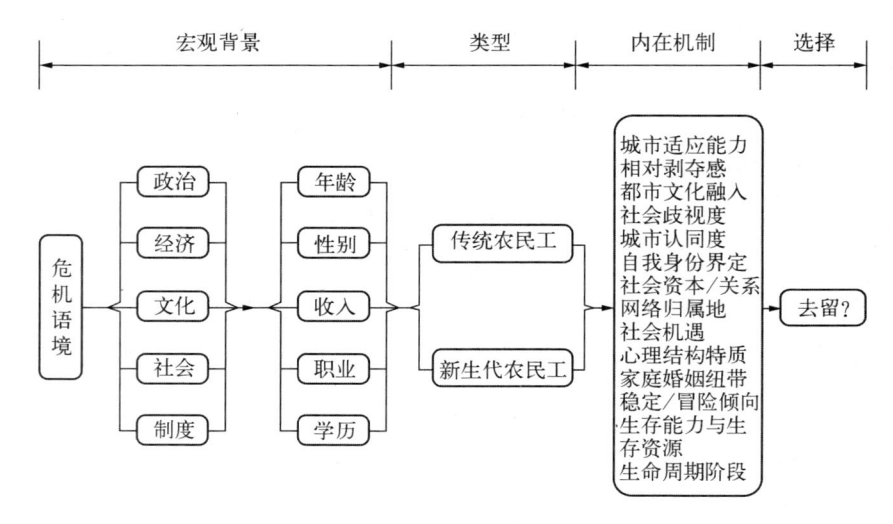

图 2 本文研究模型

本模型的创造性体现在将已有研究的核心因子通过危机语境给贯穿起来。危机语境是具体且富有深刻内涵的,作为一个宏观的框架性背景,为我们提供了讨论农民工边缘身份与具体选择机制的历史情境。这种情境可以具体化为:经济性的,如金融危机、就业形势等;政治性的,如政府政策、地区动乱等;文化性的,如社会歧视、传统观念、网络资源等。其也可以是制度性的,如户籍政策、城乡二元体制等。

然而,宏观的危机语境并不是直接地作用到农民工去留选择上的,而要通过一系列具体的中间机制。这也是本文探讨的另一个核心问题,即对农民工进行划分,依据生命周期阶段把农民工粗略地分为传统农民工和新生代农民工两大类,并根据性别、职业和受教育水平又可以进一步细分,如男/女性、受过高/低等教育、对传统/新生代农民工进行代际差异探讨和解读。这种区分是必要的,从而为甄别不同类型的农民工去留选择的具体机制提出了一种解释视角。

1.4.2. 分析框架

本文将传统的农民工迁移研究放在危机语境的概念框架中进行分析。

第三节主要探讨危机语境的内涵,并进行类型学的划分,为下文具体的案例分析做出理论铺垫。这一节的分析主要从宏观层面入手,提出影响农民工返乡的主要危机因子。

农民工的迁移分解为迁入城市和迁回农村两个步骤,因此在第四节主要分析了农民工迁移的第一步,即迁入城市。第四节将从影响农民工迁入城市的原因,以及迁入城市的过程中面临的问题等入手。文章的重点是分析农民工的返乡,但是农民工迁入城市的原因不同,对于其最终回乡意愿的制定也是不尽相同的。另外,农民工在最初迁入城市的时候,他们所面临的危机语境在其整个打工生活历程中会是最大的,因此这种危机的放大分析,也将有助于我们进一步研究其在危机语境下返回农村的情况。

第五节主要分析农民工在不同的危机语境之下是如何做出返乡决定的,以及返乡之后在乡村生活的情况。这一节从迁移的"推—拉"理论视角来看,从城市和乡村的层面提出具体的推力和拉力。城市生活的危机语境,是城市推力的显著体现,也正是在和城市的危机比对中体现出乡村的拉力。

第六节从代际差异角度对以上现象提出了一个可能的解释,主要将新生代农民工和传统农民工在不同的危机语境之下的回乡抉择做一个对比。新生代农民工和传统农民工在职业、受教育程度、回乡意愿上都有极大不同,新生代农民工已经成为农民工群体中的重要一员,通过两者的对比,也可以全面地了解农民工这个群体。

第七节是总结前面几节之后提出的简要结论,并且提出了几点政策建议,并在本文不足与局限性的基础上提出了进一步研究的方向。

2. 文献综述

2.1. 影响农民工去留选择的因子

作为流动中的"双重边缘人"(王春光,2001),农民工的社会身份是一种双重的缺席:作为城市的圈外人和农村的失落者。同时,他们又是城市与农村都不可或缺的组成部分,既是城市现代化的苦力,也是农村变革的输血者。

在传统的农民工研究中,农民工去留选择更多的是放在一种宏观的体制角度或者农民工城市适应以及社会认同角度来做研究,缺乏一种较为系统的解释。综合梳理目前已有的学术研究,我们可以辨析出一些基本的影响农民工去留选择的因子。

2.1.1. 经济社会体制因素

从总体上看,当代中国农民外出就业之所以大规模发生,有其历史文化的根源,也有其现实社会经济的原因,同时也受人多地少等自然性因素和制度规范等结构性条件的制约。

长期以来,中国农村从总体上说走了一条过密化的道路,其文化层面的原因就是传统农村人口还没有条件对不同的谋生方式进行比较,且还更多地笼罩在传统的生存原则之中;而在社会经济层面是生产力过于落后、生存压力过大而使得传统农民还无法超越生存理性选择(文军,2001)。在所有的制约因素中,以户籍为代表的城乡二元体制是农民工去留选择最重要的桎梏,对既有户籍制度的政府需要是户籍制度及农民工制度长期被维持的基本背景。作为中国社会中的第三种身份,农民工已被广泛建构和被广泛认同(陈映芳,2005)。

2.1.2. 职业状况和收入水平

职业状况和收入水平是影响农民工进城定居与否的重要因素。宗成峰(2008)对北京市部分城区中394位农民工社会保障状况的调查发现,北京市进城农民工以男性为主,占65%以上,处于18—35岁年龄段的农民工占75%,小学和初中文化程度的占69.2%;从事的工作多属以低技能、重体力劳动为主的各种劳动密集型产业,包括建筑业、制造业(服装、纺织、电子)、服务业(餐饮、娱乐、家政)等;以制造业和建筑业比例最高,分别占30%和20%,服务业的农民工数量也比较高,占30%左右,部分地区甚至达40%。调查样本同时也反映出进城农民工收入的绝对水平低,增长幅度小。北京市农民工以中低收入为主,月收入在1 000元以下的占被调查人数的47%,且年际收入增长不明显,与北京市居民收入的差距较大。农民工劳动力市场属于典型的低收入、工作环境差、福利低的"次属"劳动力市场,这使他们成为城市中的底层弱势群体。

底层的生存环境极有可能使得农民工对城市的生存环境持负面态度,进而影响到具体的去留选择。但章铮(2006)的研究指出,在现有收入与支出条件下,青年进城,中年回乡,是农民工的理性行为,对打算回家乡办厂、开店的农民工来说,工资的增加反而会导致他们提前回乡,从而减少农民工供给。

2.1.3. 生存能力、资源与生存策略

以往的研究指出,农民工的生存环境非常恶劣:农民工的工作条件差,收入低,基本权益缺少保障,社会交往一般囿于在乡村中已有的人际关系,生活空间狭窄。但是这并不排除农民工阶层本身存在的分化。李强(2003)认为不同的生活目标、生活预期、心理定位和生命周期的形成,使得流动人口劳动力队伍自身分化为准备回乡的农民工和不准备回乡而确定要在城市定居的农民工。这两种农民工有着截然不同的生存策略:前者积极,后者消极。而生存策略的形成受到诸如性别、教育程度、城市中生活机会、地位上升的可能性等因素影响。不同的生存策略和生存能力,以及个体拥有的生存资源成为农民工去留选择的重要决定因素。

2.1.4. 家庭婚姻状况

家庭与子女教育是传统农民工考虑的重要问题,留守儿童以及进城务工人员子女受教育问题成为目前中国社会的一大难题。农民工家长的流动造成其正常的生存状态的异化,并使其子女的社会角色发生转化,引发诸多社会教育问题,包括被接纳问题、适应性问题、认同感问题,以及对流出地农村教育的影响、农村留守儿童的教育与监护问题等等(祁雪瑞,2009)。而新一代农民工则更多地受到婚姻状况的影响,婚姻同时也包含着生育问题,部分新生代农民工仍旧受到传统的赚钱回老家盖房、娶妻生子思想的影响。有学者从进城后农民工的道德外在约束力和社会监督力减弱的角度论述对婚姻家庭带来的负面影响,认为进城之后,外在约束的软化使得不少农民工在五光十色、灯红酒绿的城市生活中迷失了自我,越来越不满足于现状,家庭的责任与义务淡化,家庭的矛盾与冲突增加,"婚外情""第三者"并不少见。同时,也因为精神文化生活的贫瘠,长期的生理和感情需要得不到满足,"嫖小姐""找情人"等不道德现象屡见不鲜,这也成为农民工家庭不稳定的重要因素。重庆市妇联2006年的调查显示,因婚外情抛弃糟糠之妻而提出离婚的情况占男性农民工提出离婚的70%(徐鲲、冉光,2009)。

2.1.5. 城市适应能力和社会认同感

有学者指出,进城农民工家庭在经济、社会、文化和心理层面都还无法全面融入城市文明中。农民工家庭虽然已改变某些原有的生活方式和价值观念,向城市文明体系靠拢,但从总体上看,在职业、经济收入等方面还大多处

于较为明显的低下水平,直接妨碍了他们在社会层面与城市人的交往和接触;社会层面上与城市人交往的困难,又直接妨碍了他们在文化层面上与城市文明的融合。农民工家庭的城市适应性总体上说还处于初级阶段,水平较低(徐志,2004)。

也有学者曾一针见血地指出,这是一种过客心态。所谓过客心理指的是外来者对所生活、工作的城市没有归属感和认同感,权利、义务观念比较淡漠,缺乏对城市的热爱和责任感,进而与这个城市以及城市中的市民产生一种疏离感。朱考金于 2002 年 11 月份在南京市范围内组织的"城市新移民生存状态"问卷调查发现,在南京市务工、经商的人员中有很大一部分成员对南京存有过客心理(朱考金,2003)。更有学者用"半城市化"概念来分析农村流动人口对城市的适应与认同情况。半城市化是一种介于回归农村与彻底城市化之间的状态,它表现为各系统之间的不衔接、社会生活和行动层面的不融合,以及在社会认同上的内卷化。新生代农村流动人口和第二代农村流动人口在壮大,逐渐地取代第一代农村流动人口。与第一代农村流动人口相比,他们对社会越来越不认同,既不愿返回农村,又难以融入城市,他们对不公平现状有更多的感受和意识,对他们的边缘化地位越来越敏感,他们的相对剥夺感在增加,在行动上表现出越来越多的对抗性和报复性(王春光,2006)。

2.1.6. 心理结构特质和自我身份界定

农民工的心理结构是脆弱的,农民工进城后,市民在与农民工的互动交往中,往往存在着对农民工的偏见与歧视,这是农民工心理脆弱的一个重要诱因。章洵(2007)对农民工的总体幸福感研究发现,相对于过去在农村来讲,认为自己"更加不幸福"的农民工比例有所上升。通过对影响农民工幸福感的原因分析研究发现,影响农民工幸福感个人方面相关的因素主要是婚姻状况、心理健康状况、工作环境状况以及目前在本城市的生活水平等。对于回答不幸福的那小部分农民工来说,他们自己总有一些理由,比如收入太低、生活不安定、受到歧视、不能与家人团聚、与城里的人相比生活质量太差等。农民工对自我的身份界定也是混乱的:农民工家庭从农村走向城市,本身具有浓厚的乡土气息,同时又受到城市文明的强烈冲击和影响,其生活方式、价值观念已带有一部分都市文化气息;在原有农村社区人看来,他们已是

"城里人",但在城市社区人看来,他们仍是"乡下人",而对他们自己来说,可能什么都不是,既不是城市人,也不是农村人,只能算是一半一半,成了双重边缘人。他们身上较多地体现出农业文明和城市文明冲突与兼容的特点(徐志,2004)。

2.2. 劳动力回流或迁移的相关研究

国外解释回流现象大多是针对国际劳动力流动现象的,目前解释农民工的暂时流动现象,主要包括三方面的因素:人力资本回报率、本国信贷市场的不完善、自我选择机制。Dustmann(2001)通过建立生命周期模型,提出来源地更高的人力资本投资回报率、更高的购买力以及消费偏好是导致回流的主要原因。Stark(1996)对于劳动力回流给出了三种解释:一是,他们在流入国没有找到待遇较高的工作;二是,相对于流入国而言,劳动力在原籍国的人力资本回报率要高;三是,在生活成本上,原籍国要低于流入国。有学者认为国内信贷市场的不完全性造成了流动性约束,劳动力为了克服流动性约束会迁移到所在国,以此来积累一定的资本,之后,再回到原籍国进行投资(Gaumont,Mesnard,2000)。经济学者尝试用劳动力的自选择解释跨国劳工的回流(Nakosteen,Zimmer,1980;Borjas,1987;Chiswick,1999)。他们认为迁移并不是一个随机的过程,而是劳动者根据自己的能力以及教育水平做出的理性选择,但劳动者的回流加重了这一自选择的过程。如果那些迁移的劳动力当初是正向选择的,则回流的劳工就可能是这些迁移的劳工之中能力及教育水平都较低的群体;而如果迁移是一个负向选择的过程,则回流者的能力以及教育水平都要超过留下来的人。但是关于劳动力的回流模式,学者们并没有一致的结论(转引自续田曾,2010)。

针对中国劳动力回流的研究中,宋洪远等人(2002)是较早关注我国农村劳动力回流现象的学者,并对农村劳动力回流的原因、过程、后果及其对输出地的社会经济影响做了较为全面的研究。在机制方面,学者们多从"推—拉"理论的角度入手。Hare(1999)强调来自农村的拉力是造成农民工回流的主要原因,而并不在于城市没有合适的工作,农村季节性的农业活动是导致农民工"候鸟"式流动的巨大拉力。通过分析 1999 年在六省市的调查数据,Zhao(2002)分别从推力、拉力两方面解释农民工回流的原因:推力是城市劳动力市场分割造成的农民工相对于城市就业者的低人力资本回报率;拉力则是与家人分离所造成的心理成本使得一部分农民工回流。李强(2003)认为户籍制度使得中国的"推—拉"模式与国际上相比存在着巨大差异,流动农民工在长期户籍制度的影响下心理发生了变形,因此户籍制度使得"推—拉"理论失去效力。

关于留城意愿方面:1. 家庭式流动可以显著促进农民工的定居意愿(赵艳枝,2006;李强、龙文进,2009);2. 社会文化因素是农民工迁移决策的制定和融入城市过程中影响更为长久和深层次的决定性因素,这其中包括了户籍制度、城市的社会公共福利制度、子女的教育、城市医疗保障体制等(吴兴陆、亓明杰,2005;陈金永,2006);3. 侯红娅等(2004)则基于收入预期来解释留城意愿,她认为年龄越小、文化程度越高的农民对进城务工的收入预期越会高过其他农民,因此他们更愿意进城定居;4. 赵延东等(2006)从社会资本的角度解释农民工的留城意愿,他认为社会资本降低了他们的信息成本,同时也节约了他们使用正式制度的成本,在很大程度上决定着他们在城市的收入和地位;5. 除经济地位之外,社会网络也为农民工提供了必要的情感支持,减少了他们的心理成本。Stark(1996)通过对发展中国家农村劳动力的实证研究发现,迁移决策不仅是出于利益最大化的考虑,也是出于风险最小化的考虑;保险市场的建立以及与政府有关的保险项目对人口迁移有明显影响。农民工在移动到城市后,所面临的风险由传统农业社会的风险转变为工业社会的风险,这些社会风险主要包括失业、养老、工伤、疾病、公共卫生等(关信平,2005)。政府以及企业对农民工社会保险的供给提高了农民工在城市抵抗风险的能力,从而很可能提高其留城意愿。因此,在改善农民工在城市中的生存困境时,政府的保障政策有必要做出相应的调整和改动。

2.3. 新生代农民工研究

随着青年农民工逐渐占据农民工群体的主体,学界对于农民工的关注也逐渐转向了新的视角。新生代的农民工们面对城市这个"外在的世界",在社会网络支持下的城市适应过程研究成为一个不可回避的话题。对此,学术界的理论和经验研究颇多。

新生代农民工,通常指 20 世纪八九十年代出生的登记为农村户籍而在城镇就业的人群。他们生长在农村,初高中毕业后进入城镇就业,或是自幼随打工父母在城镇长大。与老一代农民工相比,新生代农民工的优势主要体现在文化素质较高(普遍接受了初中、高中、中专或职业教育)、视野开阔(能从报纸、杂志、书籍、电视、网络等多种渠道获取知识、信息)、易于融入城市(能成长为现代产业工人和接受城市生活方式)。许多研究发现,新生代农民工往往把自己看成"准城市人"(齐心,2007),在与城里人享有同等待遇方面有更强烈的要求;同时,他们对农业生产缺少专注,对农村和土地没有强烈的眷恋之情。具有活力的新生代农民工是我国人口红利的主要组成部分,是未来20年宝贵的人力资源。从各个角度对于新生代农民工的研究也在不断开展。

以往的相关研究基于现代性的理论视角,强调农民从传统向现代、从乡土向城市、从封闭向开放转变的过程,以及由此所获得的现代性特征(李培林,1996;周晓虹,1998;江立华,2003)。从传统—现代、乡土—城市和所属群体—参照群体的二元模式出发,以具备现代性特征的城市居民为参照群体,农民工的城市适应过程被看作理性调整、改变自己,并充分利用社会网络向现代性和参照群体靠拢的过程(符平,2006)。另一种解释类型则基于对农民工个体生命历程与城市生活社会化的关注,其中融合了社会网络理论的内容,将网络结构因素、关系霸权等概念纳入青年农民工重建生活世界和支持系统的过程。然而由于结构性与个体性因素的模糊界限与交互作用,这些解释较为零散,并趋向于将农民工千变万化的生活世界假设为一种理论上纯粹的应然与必然,而忽视了农民工作为社会行动者的能动性与策略性,尤其对于农民工面对危机语境的去留困境与不同抉择机制,更不具备解释力度。

随着实践社会学对研究对象生命实践与经验事实本身的关注,学界对农民工的研究逐渐转向了实证性与反思性的互动视角(Burawoy,1998)。符平(2006)提出,青年农民工并未被社会性地整合进他们身处的城市世界,在适应城市生活的实践中,在乡土世界、想象世界、城市世界与实践世界的交互作用中不断被形塑,并提出青年农民工适应城市生活的四个世界的动态作用的模型图(如图3所示),并提出现代性的获得并非适应城市生活的必要条件,多年城市生活所获得的实践性足以适应城市的一般工作和生活。

多重冲突关系与限制因素与现代性特征的对抗,使得农民工难以适应和融入城市世界,成为徘徊不定的"候鸟群体"。在既往研究中,在城市与乡村图片来源：符平（2006）。

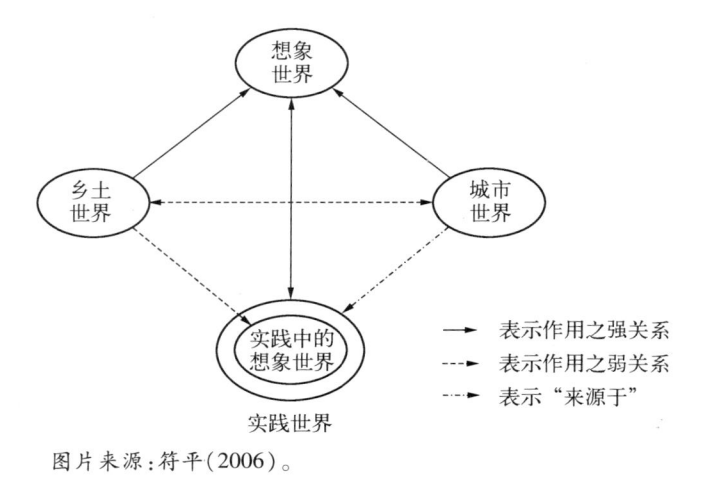

图3 四个世界之一般动态关系图

的推拉与张力之间，"候鸟群体"自身的创造能力、反思性、互动性甚至是冲突性、反抗性的特征并没有得到足够的关注；而新生代农民工由于其生存时代、政策话语以及自身生命历史的不同，在危机语境中与其父辈不同决策机制的呈现，在理论上尚未得到一种成熟的解释。

3. 危机语境：实践情境与运作逻辑

3.1. 危机语境的内涵

前面在介绍模型的时候也已经提到，危机语境不是一个空洞的大概念，而是一个非常具体且具有丰富内涵的概念。危机语境是一个宏观的、涵括性的历史情境，在这个背景下我们去讨论农民工去留的具体选择机制。当然，这种语境可以是经济性的，如金融危机、就业形势等；也可以是政治性的，如政府政策、地区动乱等；还可以是文化性的，如社会歧视、传统观念、网络资源等；更可以是制度性的，如户籍政策、城乡二元体制等。但危机语境不仅仅只是一个宏观要素，事实上也是一个涵盖各种影响农民工选择的微观要素，比如对于农民工来说，某次具体的工伤或疾病会迫使其不得不返乡。当然，对于一个具体的农民工而言，关注的往往是与自身有关的具体微观因素，而不是所谓的大的经济背景。事实上,在我们的研究过程中,遇到的大部分农民工也往往把自己回到农村解释为季节性工作已经完成或者家里有事发生等。只有一个例外,有一个访谈对象对金融危机做出了明显的回应,他认为"金融危机对许多人的工作有破坏性的影响,许多工友找不到活计,就只能回家了"。另外需要指出的是,危机语境并不是直接地作用到农民工去留选择上,而是通过一系列中间机制的细致、交互的作用发生作用的。

3.2. 危机语境的运作逻辑分析

3.2.1. 外在逻辑

把危机语境的运作逻辑分成外在和内在两方面,主要是为了区分其客观的外在环境因素和主观的内在心理因素对农民工去留选择的影响。不论农民工是否把外在的情境感知为不利于自身停留在城市的危机因素,实际上这些因素始终都在起作用。危机语境的外在运作逻辑是独立于农民工本身的选择的,它自始至终都在发挥着作用。比如说,金融危机作为一个外在的环境因素导致企业调整裁员使得许多农民工失去工作,不完善的社会保障体系使得农民工发生工伤时得不到较好的医疗保障,城乡分离的户籍制度使得农民工无法享受城里人的待遇,这些因素都在宏观地影响农民工的去留,因此我们可以把这些因素当作外在的运作逻辑来考虑。

3.2.2. 内在逻辑

危机语境的内在运作逻辑是农民工对自身生活的情境定义过程,即主观上对其所面临的语境的觉察和认知。在这里,需要指出的是大部分农民工并没有受到非常好的教育,因此在认知方面存在一定的偏差。比如说,我们在唐县做的农民工调查,大部分返乡农民把其进城或返乡的原因解释为"有活就去,没活就不去;包工头根据年龄和体力以及关系在村里招工,被招了就去,没招就不去等",并没有归因为城乡二元体制、金融危机等宏观因素。但是我们可以看出,宏观的如金融危机、不利产业政策等在农民工眼中成了简单朴素的"是否有活干""包工头是否招人"等语境。

更深一层次,我们可以认为,农民工对危机语境的感知基本上与其个人利益范围相适应,并通过"贴标签"的手段来主观定义情境:家里有老人需要照顾,小孩需要上学,打工受了伤在城里待不下去,家里有农活需要自己干,自己文化水平不高无法找到好工作,建筑包工头欠工资,等等。这些挂在农民工口头的日常话语,便是危机语境内在运作逻辑的最好诠释。

3.3. 危机语境的类型学分析

3.3.1. 经济因素

经济因素指的是危机语境中农民工所面临的城市和农村的生存、收入、务工等环境。在农村,农民面对的是"一亩三分地",经济收入低,乡镇企业的就业容纳能力也有限。同时农村的生存、生活条件也较差,在我们调查的河北农村,绝大部分家庭年收入在一两万元,基本上刚够生活、生产开支。如果建房的话,向亲戚借的钱需要还好多年。在唐县一个姓石的农民告诉我们:"新房总共花了10多万(我们无法考证这个数字是否被夸大),向亲戚借六七万;每年还3 000—5 000元。"同城市相比,有部分农民表示"农村生活是脏乱差"。在城市,农民工的收入是家里的好几倍,但工作强度大。一位在建筑工地工作的唐县农民工告诉我们,他们"一天至少干14小时,5:30上工,12:00左右吃中饭休息,13:30左右上工,天黑看不见为止下工地。但每月至少有1 500元左右的收入,这在农村是赚不到的"。但在城市工作也不稳定,能不能找到工作是一个难题,昆明螺蛳湾民工聚集点每天都聚集着几百个民工,有招工的来了则蜂拥上前:"每天都来,6:30就来,等大半天。找不到工作大家就坐在一起吹吹牛什么的,晚上回去就睡觉了。"同时,还面临工资被拖欠的风险,有个农民工就向我们诉苦,说"在工地上干了三个月,工资一分钱也没有拿到"。

3.3.2. 政治因素

政治因素指的是政府制定的各种影响农民工切身利益的政策,既有的许多政策都是不利于农民工在城市定居生活的:户籍身份的二元限制,在北大做保安的任某说自己"是农村户口,想要北京户口基本不可能,因此很难留在北京";社会保障政策的缺失,大部分农民工缺少基本的社会保险,医疗、工伤、养老等几乎无所依靠,"生点病什么的全靠自己撑着";工资可能无着落,农民工赵某说自己"曾经有过一次因为工资没有拿到,于是一大群人一起去北京昌平的劳动局,找完后,包工头给了一部分工钱";农民工子女上学难,子女被农民工赋予了很大的期望,但却深受教育障碍,"对于我们这些农民来说,没有什么能力在城里面生活的,要想出去,就是只有通过子女读书的方法了"。

3.3.3. 文化因素

文化因素指的是诸如农民工的生存心态、社会对待农民工的态度等影响农民工自身去留选择的因素。农民工对城市和农村的认同感是一个重要的因素。城市对于农民工来说,也许是一个值得留恋的地方,但也不完全是,农民工融入城市的过程是一部辛酸史。在城里,大部分农民工的生活交往圈子都很小,"平时交往的人都是和自己一同打工的工友,他们基本上也是自己的老乡。平时工作很累,都是睁开眼睛就干活,活计干完了就睡觉。有的城里人对人很好,有的不好;和城里人打交道的机会也就是在商场里面买东西的时候。别人喊我'农民工',其实没有什么大不了的,因为自己本来就是打工的。而且觉得自己和城里人的区别在于城里面的人有社保,但是农民没有;然后就是在穿衣打扮上不一样,其他的没有什么区别"。在调查中,我们也发现传统农民工的恋土心理还是比较重的,许多人都表示"对于未来,觉得今后如果没法留在北京还是要回老家的","老家好歹有地啊","老家有两三亩地,现在都是出租出去,一年500元左右的租金","只是觉得自己出来这些年,自己和老家的人还是有差距的,做事情的方式不同了,也不太看得惯他们"。

3.3.4. 社会因素

社会因素主要指的是诸如农民工的婚姻家庭、赡养抚养等影响农民工选择的因素。农民工的处境如同深陷沼泽,挣扎得愈厉害愈有可能陷得更深。这种尴尬的境况使得农民工面临很多状况,比如说婚姻家庭,大部分农民工和妻子都是处于"牛郎织女"的状态,全家外出打工毕竟是少数,长期的两地分居对夫妻关系和睦带来一些不利的影响,有的甚至闹离婚。而子女和老人因为农民工的外出也分别成了留守儿童[①]和空巢老人,留守儿童的教育问题成为一个重要的社会问题,同时也是制约农民工进城定居的一个重要因素;

---

① 目前,全国农村留守儿童约5 800万,其中14周岁以下的农村留守儿童约4 000万。近三成留守儿童的家长外出务工年限在5年以上。《农村留守儿童家庭教育活动调查分析报告》显示,目前,每年有数以千万计的留守儿童的家长常年在外务工、经商。外出务工年限在一年以上的家长合计占了六成以上,其中,28.5%的家长外出务工年限在五年以上。调查中,那些外出务工年限在一年以内的家长多属于年轻人,他们的子女目前还比较小,如果没有大的变化,他们今后继续外出务工、经商的可能性非常大。调查结果还显示,父母外出务工一年、五年的比例分别为37.8%、28.5%。随着父母外出务工时间的不断延长,因父母经常不在身边,绝大多数留守儿童家庭亲情团聚频率低,儿童将会存在不同程度的亲子教育缺位现象。家长与孩子分离的时间越长,留守儿童亲子教育缺位现象将越严重。

空巢老人的存在使中国传统养老方式面临一定的挑战,也给社会增加了许多风险,例如老人自杀问题等。在我们的访谈中,赵某孤身一人进城打工,他自己的妻子、一儿一女都在农村,他的两个孩子在上初中,家里面还有一个需要赡养的老母亲。他觉得自己好累,但是没有办法,因为他是这个家庭的唯一支柱。贵州毕节的王某带着刚生育的妻子与襁褓中的儿子一同来昆明打工,一家三口蜗居在8平方米的出租房里,每月房租、饭费、奶粉钱使得他的生活捉襟见肘:"每月要花2 000元钱,180元的房租,生活费包括吃穿用度,一家人要花1 000多元,要给妻子补充营养……没有存款。"

4. 离乡:迁徙动因与移民生活

本节考察农民工迁移的第一个阶段,即脱离农村迁入城市的过程,主要强调农民工进入城市的原始动力及其原因,是农民工开始"候鸟迁徙"或成为城市人的第一步。另外还论述了第一次迁入城市的类型,第一份职业获得的途径。可以看出,农民工外出的主要目的是挣钱,由于对目的地信息资源的匮乏,他们的第一次流动基本都是靠亲朋的帮助完成的,职业类型和收入总体水平较低。

4.1. 从乡土到城市

从农村的桑田垄亩走向城市的水泥森林,城市对于农民工而言无疑是一个陌生而新奇的世界。从马斯洛的需求层次理论(生理的需求、安全的需求、社会交往的需求、尊重的需求和自我实现的需求)上来看,农民工进城,除了有生理的需求,即赚钱的动机之外,还有就是为了自身获得更好发展的需求;另外,家人以及亲戚关系网络,甚至同乡的邻里进入城市也是一个重要的影响因素。

4.1.1. 经济驱动力为根本原因

4.1.1.1. 经济驱动力包含了"农村低收入"的推力和"城市高收入"的拉力

对比我国城市居民与农村居民的人均消费水平,一个城市居民的消费水平相当于一个农村居民消费水平的倍数,从改革开放以前的2.9倍不断攀升,到20世纪90年代末期和21世纪初,已经超过3.6倍。在如此巨大的差距下,以经济利益为核心的推力和拉力,两者都是十分巨大的(李强,2003)。

在访谈中,河北唐县上庄村的石秀芝、尹泰山、赵金庄等人都明确提到了"外出的目的就是谋生赚钱"。对于这批40多岁的农民工来说,赡养老人、教育孩子的生活重担,全家的开支都指望他们,而农村种植玉米、小麦等二亩多的土地要维系一家人的开销远远不够,城市打工生活是对农村开支的一种重要补充。

唐县王京镇东冯村的王某说他外出打工是因为种地的钱根本不够花,养不起一家人,孩子上学花销很大。回家后,他的家乡在平原地区,经济情况和山区比起来不错,村里也有些私营的小工厂,但是王某不会到村里的工厂上班,主要是挣钱太少,而且乡村工厂的生产是季节性的,有活的时候就干一阵子,没活计就停工,经济收入会很不稳定,虽然体力强度不大,但和大城市建筑工地的收入相比,挣钱太少了。

昆明螺蛳湾附近的招工点聚集了来自天南海北的外出务工人员,从几位农民兄弟的倾诉中,我们了解到,面朝黄土背朝天的辛苦劳作不能使他们富足,甚至难以维持基本的生活。"家里有山没水,农业用水不足,被迫出来了,这边收入好。"云南宣威的小徐是家里的独子,年迈的父母在家务农,因为气候不好作物歉收,支持儿子外出打工。"家里的地不好种了,地干,化肥又贵,今年的天气不行,连土地都往外送人了,地要干死了。"

4.1.1.2. 农村收入与城市薪酬的显著差距

河北的石秀芝一家四口人,她和丈夫都外出打工,但是时间错开,即一人种地,一人外出,两个孩子在上小学。她一般都是在内蒙古呼和浩特等地的建筑工地上做饭,在外一般一年工作四五个月,一年的收入可以达到五六千元,因此夫妻两人通过在外打工,可以收入一万元左右。石的家中共有两亩土地,种植玉米、小麦及杂粮等,扣除农药、化肥的开销,一年的农业收入不到2500元,仅是外出打工收入的四分之一。农村务农的收入和城市打工的收入之间的巨大差距,让外出打工对农民具有极大的城市拉力,农村务农的低收入成为农村巨大的推力。

4.1.2. 机会结构分布的代际差异

4.1.2.1. 城市发展机会的吸力

发展机会的吸引程度,对于传统农民工要弱于新生代农民工。

传统农民工在外出时更多的是出于赚钱的动机,对于将来留在城市继续发展则没有兴趣,这也决定了他们在城市生活中,融入城市生活不积极,对城市的娱乐消费设施使用量少,大多与同乡交往,与城市人接触仅仅囿于工作等现象。

但是新生代农民工决定外出打工时,提到的最多的原因就是"城里面有发展机会""出来见见世面",而赚更多的钱则是位于发展机会之后的原因。老家在齐齐哈尔的任某在大专一年级的时候就"决定来北京闯一闯",现在在北京大学做保安。他觉得自己的家庭境况同老家的邻居、朋友相比,处于中等水平。他认为自己还年轻,所以决定出来闯闯,家人也同意,因此他在北京待了几年。在北京的这段时间里,他觉得增长了自己的见识。他自己有空的时候也去听听讲座,看一点点书,主要是一些烹饪厨艺的书,为将来做点准备。

最初吸引他们来城市的原因不同,也将会导致当他们在城市中面对危机时,做出的抉择不同。本文将在第五节详细论述关于不同代际的农民工在危机语境下的抉择异同。

4.1.2.2. 教育身份的桎梏

城市的发展机遇不论是在质量上还是在数量上,无疑都是要远远胜于农村的。传统农民工对于城市的发展机遇的认识,多是出于子女教育的考虑,希望能继续从事城里的工作,把孩子带到城里受到良好的教育。河北唐县农村的赵某说到自己都把希望寄托在小孩子身上,觉得自己这辈子很难改变了:"对于我们这些农民来说,没有什么能力在城里面生活的,要想出去,就只有通过读书的方法了。现在我在外面打工,也是希望两个小孩子可以争气,能够读书读到城市里面去。"传统农民工由于年龄以及家庭负担的限制,不太可能自己做出太大的改变,但是正是城市生活和农村生活的巨大反差,让他们深刻意识到要改变自己生活的迫切性,而改变的途径则是对下一代教育的投入。

不同于传统农民工,新生代农民工立足于自我发展,为自己拼搏,打造他们的新市民梦想。河北高阳县北路台村的笑笑一个人十几岁时就在城市闯荡,做过产品销售代理、售楼员以及美容行业、健身中心的会籍顾问。城市的机遇提供给了她更多的舞台,让她能够从最初的"第一次上班,活也干不好,普通话不会讲""上班说话土,见人就紧张"的初中毕业生,到现在能够熟练应对客户和上司的"老油条",并在工作中发现自己的价值。她说她在做健身中心的会籍顾问工作中体会到了销售工作的乐趣与工作本身和她天性的契合,并对自己的职业持有相当高的评价。城市机会提供给了笑笑更多的发展空间,从职业上的、技能上的到人际交往方面的,这种磨砺机会也是城市提供给她的成长机遇。

山东菏泽的张某高中没有毕业就来北京闯荡了,他说自己平时也买点书准备成人高考,但也不一定去读。他想先学点技术再回去,城市带给了他更多的学习和发展的可能性,即便将来回家创业,城市打工经历也给他带来了知识以及阅历上的积累。

一个特例在于贵州毕节的王某,年仅 24 岁的他对后代却投入了更深远的考虑。自己通过十来年辛苦的打工生活,攒钱做个小老板。孩子一出生,他便携妻带子来到昆明,目的就是让孩子从小在城市生活的环境中成长并接受教育。

4.2. 移民生活的实践

4.2.1. 迁入城市的类型

访谈研究发现,农民工选择打工的城市大多具有这样两个特点:一是较为发达的城市,如北京、上海等地;另一个是靠近家乡的大城市或者县城,如昆明、呼和浩特、大同、保定。

这恰与农民工迁入城市的原因解释相吻合:大城市意味着更多的生存空间与发展机会,多元化的就业选择,对于以"见世面""有发展潜力"为主要目的的新生代农民工来说,无疑是最好的选择。而靠近家乡的大城市以及县城,能够利用较为熟悉的邻里关系,回家的成本也较低,对于以赚钱为进城目的的传统农民工来说,外出打工成为一种有效改善家庭经济情况的方式。

4.2.2. 工作性质与获取途径

4.2.2.1. 以劳动密集型工作为主

在我们接触到的案例中,传统农民工由于受到知识技能水平的限制,因此所从事的一般也是劳动密集型的工作。我们在河北唐县农村的访谈结果中,大多数外出打工的人都是在建筑工地上工作,甚至女性(石某)也是在建筑工地上从事煮饭之类的工作。赵某说他从20岁左右开始外出打工,前几年在北京,去年在卢沟桥,都是在建筑工地上做瓦工。尹某说他建筑工地、挖山、修公路的活都做过。他的两个儿子,也是在内蒙古、山西等地从事挖煤、修路等工作。

虽然新生代农民工和传统农民工不同,但也都是在从事体力劳动。

4.2.2.2. 通过亲戚、老乡的介绍获得工作

由于农民工缺乏相应的技术,加之初到城市时就职信息的缺乏,即使有技术或手艺,也很难找到适合的工作,因此依靠自己的亲戚、朋友得到一份工作,在城市稳定下来才是第一次外出就业的首要目标。

河北唐县的赵某、尹某都说外出工作是在建筑工地的包工头来招工的时候才出去的。笑笑说她的第一份美容院的工作是大姑姑帮忙给找的,后来她自己在外面租了房子,工作换过几次,也都是靠自己应聘或者自己朋友帮忙介绍的。齐齐哈尔的任某说他来北京大学做保安,纯粹是因为其一个姨夫在中关村做手机销售生意,认识了北大的一个保安队长(在到中关村买手机时认识的,因为都是东北人)。后来任某让姨夫通过保安队长的介绍进入北大做一名保安。山东菏泽的张某说,他在北大的这份保安工作是通过在化学楼做保安的老乡介绍获得的。

4.2.3. 适应与隐痛

4.2.3.1. 地域认同与乡土情结

被访谈农民工的社会交往,多表现出较强的地域认同感与乡土情结。他们与同乡交往密切,和家人之间联系频繁。在河北农村的访谈中我们了解到,大多数外出的农民工由于工作时间和工作性质的限定,日常活动中接触的人大多是乡里一同外出打工的,或者是自己的工友,和当地人接触得较少。

王某说他自在城市生活接触到的人主要是老乡,工作强度大,累得没有时间休闲和娱乐,因此也不会和城里人打太多交道。新生代农民工任某评价其他的从农村来的一起打工的同事说:"他们来北京只是混混,然后存点钱或者回家盖房子或者娶老婆。而且不善于与人沟通,通常只跟自己的老乡用自己的方言聊天,显得无法融入这边的生活,外出打工纯粹是一个过渡。"

4.2.3.2. 当地人的交往互动

农民工在城市生活中,除了受到职业和工作时间的限制外,代际的因素对农民工的交往群体也有很大的影响,新生代农民工相较于传统农民工,和打工所在地城市的人交往较为密切。传统农民工在城市中多在建筑工地上从事工作,工作时间和强度都很大,和城市人接触的机会少,另外,他们外出打工的目的就是赚钱,因此,自身觉得和城里人接触没有必要,也就减弱了与城里人的交往欲望。40多岁的田某觉得,"但北京人素质也高,也不会很为难我们的",自己也能和北京人和谐相处,但"平时接触最多的是老乡,还有就是工作上有联系的人"。

新生代农民工自身的文化素质相对较高,并且工作过程中也会和城里人有打交道的机会,因此,客观上会和城里人有更多的接触机会。另外,新生代农民工希望留在城市中,希望能够融入城市生活中去,不仅从穿衣说话等外在形式对自我进行包装,在内心上也会有更加强烈的动机和愿望去和城市人接触、交往、做朋友,成为城市人中的一员。

齐齐哈尔的任某在北大做保安,他觉得这份工作也让他学到了很多东西,认识了很多北大的学生。他平时爱打篮球,打篮球的时候认识到了几个东北同学,和他们关系不错。虽然他觉得自己之后不会待在北京,但是他觉得在城市当中打工,接触到的文化和社会都对自己有很大帮助,"觉得自己文化素质也提升了",他说自己刚来北京的时候说话总是带脏字,而且嗓门特别大,但是现在他说话也文明了,注意许多了。

4.2.3.3. 歧视与隐痛

媒体话语对于农民工形象多冠以"肮脏、随地吐痰、偷盗、不礼貌、不文明"等描绘与报道,使得农民工与小农意识、说话粗鲁、手脚不干净、随地大小便乃至看黄盘和小报等等负面意向联系起来。农民工污名化,使得社会公众对这一群体"贴标签",从而使得农民工受到更多的社会歧视。

在城市中生活,农民工作为一个弱势群体,和城市人接触的过程是"不得不"的过程,也是一个体会自身弱势的过程。这种委屈和无奈,是农民工作为城市和农村的夹心人的弱势。山东菏泽的张某说,做保安工作,难免会和进进出出的人之间发生矛盾冲突,他也有过受委屈的感觉,比如"有些人开车来,你给他解释了学校的规章制度了,他还要向你撒气。委屈的时候也想过,他们不就有几个钱吗,我大不了不干了,到别处去"。但他说毕竟过分的人还是很少,也没那么严重。

5. 还乡:推—拉之间的张力与困境

本节考察农民工从城市迁回农村的阶段,是一个回归乡土的过程,主要强调农民工进入城市所面临的危机,以及最终如何做出返回农村的决定。这是农民工开始"候鸟迁徙",从城市回到乡土的重要转变。另外,本节从"推—拉"理论入手分析,将危机语境纳入城市的推力和乡村的拉力中具体进行解构,结合案例,主要论述了影响农民工回乡的最核心的两个城市推力——经济和制度因素,以及吸引农民工回乡的两个主要乡村拉力——乡村土地保障给予的退路以及乡村的归属感。

农民工在城市中面临的危机语境有经济、政治、文化和社会四个方面的因素,本节将经济和政治危机纳入城市的推力中去分析,将文化和社会危机纳入乡村的拉力中去分析。但是,这种划分并不意味着城市的推力中没有文化和社会层面的因素,事实上,正是因为城市对农民工的排斥,才有了农村对其的吸引,任何拉力和推力都是在比较中显现出来的。本节将它们分开来进行具体分析,是为了凸显在经济、政治、文化、社会等各个层面上,具体是城市还是农村作为主体性因素对农民工的去留抉择构成影响。

5.1. 城乡之间的推拉与张力

5.1.1. 城市的推力——就业艰难,生活昂贵

5.1.1.1. 机会与技能断层

正如经济因素是吸引农民工进城的核心因素一样,经济因素也是导致农民工离开城市、回到乡村的关键性因素。无论是金融危机,还是市场周期性的波动,虽然农民工不会直接受到这些宏观经济格局的影响,但是折射到具体行业中,就是产业量减少,就业量锐减,所需的工人数量减少。而对农民工来说,自身专业技术的缺乏导致了寻找工作的难度进一步增加。就业或者经济上的危机成为决定城市推动农民工回乡的重要因素。河北的尹某说:"现在连大学生都找不到工作,何况农民工呢?农民工和大学生比较,更加没有

基础。"

5.1.1.2. 都市生活成本限制

大城市的生活成本较高,从吃穿住行到大额的房屋消费。农民工一般从事的都是收入较低的工作,又缺乏相应的技术,在职业上也没有长远发展的希望。对于新生代农民工来说,在年轻的时候可以一个人在城市打拼,等到年龄大了之后,需要担负整个家庭的开支,就会觉得城市的生活成本过于高昂了。在北大做保安的任某在谈起为什么不待在北京时,他说因为这边生活成本太高,辛辛苦苦干一辈子也买不到一套属于自己的房子,这样的想象令人绝望,没有人对他们未来的生活做出任何的保障和承诺。这也反映了城市在接纳性上仍然存在制度性的缺陷。

5.1.2. 城市的推力——制度性障碍,城乡二元体制

5.1.2.1. 户籍身份的二元限制

对于需要停留在城市中获得长远发展的人来说,户口和子女的教育都是需要解决的重要问题。但是对于农民工来说,在中国城乡二元体制之下,这两样涉及制度性的需求是很难实现的,因此户口和子女教育上的障碍也成了推动农民工回乡的重要因素。

这种现象在传统农民工与新生代农民工身上都有体现。在北大卖水果的田某表示,她其实很想留在北京,但是太难了:"一个是农转非,很难啊;另一个是北京的户口很难办的。"在北大做保安的任某说自己是农村户口,想要北京户口基本不可能,因此很难留在北京。户口很大程度上和房子联系在一起,对于低收入的农民工来说,在都市买房几乎不可能,因此自身的生存能力也就决定了他们很难留在城市,而户口只是无法留城的一个制度性表象,其实本质还是农民工自身的生存能力导致的经济弱势。

在户籍制度之下隐含着另外一个重要影响因素,那就是农民工在城市中不被认同所产生的孤独感。农民工自我身份认同是一个介于城市和农村人之间的两难尴尬局面,在城市中得不到城市人和当地政府的认可,回到农村,毕竟亲戚、朋友都在周围,社会交往以及交流沟通都更为方便。

5.1.2.2. 教育排斥和区隔

在北大卖水果的田某说自己最心寒的就是北京的高中不接纳自己的孩子。她说自己的孩子今年在上高三,以前一直是和自己一起在北京的,从小

学开始就一直是在北京念的书,回去上学后很不适应那边的学校教学:"因为户口在河北,到了高中了,不得不回去,没有办法。""那边只是重视分数,孩子今年就要高考了,也不知道能考得怎么样。"可见城市无法接纳农民工的孩子在城市上学。

5.1.3. 农村的拉力——土地作为退路与保障

土地是农民回乡的保障,也是吸引他们回乡的最重要因素。很多农民工认为家乡的土地是自己的后援,如果在城市里面待不下去了,至少有家乡的土地作为最基本的保障。30多岁的李某现在在北京做一些小生意,在谈到关于未来的发展时,他说"不可能留在北京","将来还是回家去,侍弄土地,好歹还是有田地的"。和河北唐县的赵某交谈中谈及土地时,他表示没有转让和买卖土地的意识,认为卖了地,可能会"喝西北风"。对于传统农民工来说,他们大多三四十岁,对于农村、农业、土地有很深厚的感情,并且他们的父母、妻儿也大多还留在农村,在农忙时节也回家帮忙。因此,他们不仅在精神上,而且在经济上和家乡的联系都甚为密切。城市对于他们是一个过渡的地带,一个仅仅为了赚钱而工作的地方,他们对城市没有太多的眷恋和感情,因此,对于大多数传统农民工来说,等到"年龄大了""干不动活了""孩子可以出来了",就必然会回到农村去,回到他们熟悉的生活环境中去。

但是对于新生代农民工,他们从小对农村生活、农业耕作、土地都不熟悉,他们更加喜欢和接受的是城市的生活。不过,对于土地,新生代农民工和传统农民工的态度极其相似,都是将土地看作自己回乡的重要保障。在北大做保安的任某对于将来返乡,他认为由于自己不会干农活,爸妈年纪已大,所以准备把土地出租出去。至于能否适应那边的生活,他觉得没有问题,因为来北京只是一个过渡。而笑笑认为农村户口相对于城市户口其实更加实惠,她的解释是:"农村人有地,还可以卖钱,农村的每个人都有一亩三分地。城市户口倒是没什么大用,除了说着好听,是个城市人,真正的作用倒没什么。现在的人们还是比较看重自己的实际利益。真正到了没饭吃的时候,咱老百姓还可以回家种地呢!"

笑笑对自己的定位是"小市民"。在笑笑的概念里,城乡的二元划分并不重,她本人也从来没有受到过来自城市人的歧视与排斥。城市人徒有虚名,而农村人有实际的利益,而且农村那"一亩三分"的自留地则是她给自己留的万不得已时安身立命的退路,因而在竞争激烈、压力大、风险大的城市中生活,她仍觉得自己的生活是有保障的。

土地对于传统农民工或者是新生代农民工来说都是具有极强的返乡吸引力的。拥有土地是农民的身份标志,无论家乡的土地是否贫瘠,是否能够维持生计,无论他们在城市中生活多久,在城市的危机之下,土地的保障性是他们内心归属感的重要来源。

5.1.4. 农村的拉力——乡土温情与归属感

农民工在城市中属于一个尴尬群体,不仅身份上得不到认同,经济上也处于弱势。回到农村,虽然经历过外出打工的经历,或多或少对于农村生活有所不适应,但是自己的亲人和朋友大多仍然在农村。特别是对于中国人,乡土观念在文化基因中含有很大的比重,因此,农村对于农民工来说是一个心灵的避难所,也是一个最终的归宿,其内心深处对于农村仍然具有很大的归属感和认同感。因此,当城市不断向外排斥农民工的时候,乡村作为他们祖辈生活的地方,作为和他们血脉联系最为密切的地方,仍然具有很大的吸引力。

齐齐哈尔的任某告诉我们说自己虽然现在在北京打拼,但是最终还是要回到老家去的,除了北京户口很难办之外,还因为"大多数亲戚都在东北,这边无依无靠"。

农民工在城市的状况实际上是一种经济上被接纳、文化上被排斥的状态。城市的迅速发展离不开农民工的廉价劳动力,因此在经济方面,城市对农民工敞开了怀抱,但也并不是所有方面,仅仅是停留在低层次的如建筑业、服务业、劳动密集型工业等领域。相比于经济上站稳脚跟,农民工对城市生活的文化自信的树立却是一个非常艰难的过程,农民工事实上处于一个不断被排斥的过程,尽管可能有的农民工自身并没有感觉到。比如,访谈对象笑笑拿的工资很高,甚至比一般的城市人收入还要多些,尽管她自身也体会不到什么来自城市人的偏见和歧视,但是"农村户口""临时工""自由职业者"的身份却依然使其在社会融合上处在一个比较边缘的地位,比如享受不了医疗保险,也没有任何社会保障,体现出了城市对农村进城务工人员"经济上接纳,社会上排斥"的城乡二元结构的影响。又如在同村人眼中的青嫂是个"文化人",她聪明能干,也十分勤劳。她的高中文凭在当时农村妇女中虽然算不上出类拔萃,但也是个不低的学历了。但是"包饺子"使得她的文化没有任何用武之地,她也感觉自己的文化水平和工作之间没有任何联系,在这样的职业中根本体会不到任何乐趣。但是生活的重担与对家庭的责任感迫使她牺牲自己的闲暇、乐趣、追求甚至健康,去实现她挣钱养家的使命,被动地选择适应了这样一种被劳动如此异化的艰辛生活。

5.2. 还乡之后的生活

5.2.1. 返乡频率

根据我们在河北唐县调研的资料整理可看出,大多数外出打工的农民工,一年在外的时间有5—7个月,大多是遇到秋收时节家里面急需劳动力时回来,另一种情况是在外面找不到工作的时候才回来,回乡的随机性较大。河北唐县的尹某基本上是在遇到没有工作的时候就返乡,遇到秋收也会回来,他一年大概在外面工作五六个月,在外面过过两次年,今年他大概是在6月份的时候回来的。唐县王京镇东冯村的王某说,他返乡的原因主要是建筑工地一期活干完,回家帮助妻子一起照看地,收庄稼。

5.2.2. 还乡之后的苦闷

乡村作为城市经济荣枯的蓄水池,从物质、人力到精神生活都被掏空,甚至成为没落、懒惰与腐朽的代名词,返乡后的农民工经历过城市生活的充实与繁华,对农村生活存在着再适应的问题。

一方面是生活环境的变换。河北唐县的尹某现年41岁,在内蒙古、山西等地从事挖山、建筑等工作,一般在外工作七八个月,在农忙时节才回家。他评价自己的农村生活,认为同城市环境相比,家里生活脏乱差。在同其的交谈中,明显能感到他对当今社会和自己的生存状况的不满足,希望生活有更大的改善,尽管他自己也承认同以前相比有很大的进步。

另外一方面是接触的社会群体的变化。在接触到的人和事情上,农村和城市也有很大的差别。对外出过的农民工来说,他们是"见过世面"的人了,和乡村的人在交流和沟通上已经存在差距。齐齐哈尔的任某觉得,在城市当中打工,接触到的文化和社会都对他自己有很大帮助,现在他女朋友觉得他仿佛变了一个人。可以想见,他回到农村之后,城市文化给他的烙印必将深深影响着他。在北京卖水果的中年妇女田某觉得自己出来这些年,和老家的人还是有差距的,"做事情的方式不同了,也不太看得惯他们"。笑笑也提到过,回老家会感觉以前的同学很"土气",许多已经早早地为人妻,为人母,她觉得"她们很可怜,过几年就完全成了乡村妇女了"。

这些讲述似乎刻画出返乡农民工与家乡生活之间的某种断裂。农民工还乡之后,虽然在乡土温情中找到了归属感,可是与曾经的玩伴、同乡之间,却因为生活经历的分化而衍生出情感与认知上的裂痕。更进一步讲,则是对都市文明繁华生活的向往与深深的无奈——不仅是城市人眼里的外来者,也成为家乡人眼中的"异乡人",他们的心中依然难免苦闷彷徨。

6. 解读困境:"候鸟群体"内部的代际差异

同样是处于离乡与还乡、封闭与开放、传统性与现代性的困境与张力之中,同样的边缘性身份,相似的生活体验,但在返乡农民工群体中却存在着不容忽视的异质性。传统的农民工对于危机的回应相对消极,如金融危机后没有楼盖而回乡的尹某、石某,攒些钱回家继续种地的王某。即使对城市生活充满憧憬,但迫于生活压力、制度屏障与养育负担,自己的移民愿望更多地寄托在了下一代身上,他们在城市中只是卖苦力挣更多的钱,追求更为稳定富足的乡间生活,并甘于作为后代的铺路石。

新生代农民工对危机语境的回应更多的是积极性、适应性甚至反抗性的,一如每天蹲在螺蛳湾的招工点倔强等待的王某、李某,在北大积极结交学生、听讲座的保安任某,还有用辞职和跳槽来回应主管的不公正待遇,不服输的笑笑。他们更有意识接受城市文化的熏陶,更勇于适应城市生活,并积极拓展有益于其发展的社会网络与社会资本,其生活轨迹呈现出多元选择与频繁流变的鲜明色彩。

在两年的观察与调研中,我们发现的一个不容忽视的事实是,新生代农民工对于危机语境的适应性更强,他们的移民愿望更为坚定,对都市生活的风险有更高的承受能力,对自身的生存技能、知识水平也有更高的自信,不放弃任何可以抓住信息资源、提升文化资本的机会。因而,对新生代农民工与传统农民工在危机应对上的代际差异进行深入的探究与解释,显得尤其重要。

6.1. 都市文化融入程度的差异

新生代农民工较传统农民工较易融入城市文化,可以从以下几个方面探讨原因。

一是职业性质限定。对于传统农民工,其来城市主要是在建筑工地工作,平时和城市人接触的机会很小。在河北访谈到的赵某、尹某等在建筑工地工作,职业性质限定了其接触的人群。与此不同的是,对于新生代农民工,从事的职业使得他们和城市人接触得更多,对于城市文化的融入更深。在北大的保安任某通过工作也认识了很多北大的学生,在体育活动中也认识了来自家乡的同学,他觉得自己文化素质也提升了,有很大的改变。

二是接触人群有限。农民工进城主要接触到的是一起做活的同事,而且这些人也大多是同乡,鲜有和当地市民接触的机会。例如,工人石某说他们一起做活的都是同一个地方来的人,都没有和城里人接触的机会;任某说他的同事有些不善于与人沟通,通常只跟自己的老乡用方言聊天,无法融入这里的生活。显然,和任某相比,他的同事对城市文化的融入较浅。

不论是新生代农民工还是传统农民工,不同的接触人群对于他们自身的自我认同以及对城市文化的融入都有影响,同样打工背景的交际圈子限定了农民工对城市的认同和融入。真正的市民化不仅仅是物质空间的留驻,更有思想意识形态和情感上的认同。

三是工作时间限定。传统农民工的工作性质大多为体力性劳动,工作强度大,在都市里大多时候处在工作状态,难以和当地市民深入接触。那些在农闲时来城的农民工,大多是短暂停留,同时,从事的职业工作强度大,石某说她每天至少工作 14 小时,如此高强度的工作让她很难有机会融入城市文化。

6.2. 身份认同、留城愿望与都市梦想的差异

6.2.1. 自我身份认同的差异

传统农民工,认同自我农民工的身份。在河北农村访谈到的赵某说对于农村生活,自我有种宿命式的感觉,没有改变的能力,觉得别人喊他"农民

工",没有什么大不了的,他自己挺认同"农民工"这个称谓的,因为他觉得自己本来就是打工的。而且他觉得自己和城里人的区别在于城里面的人有社保,但是农民没有;此外就是在穿衣打扮上不一样,其他的没有什么区别。相较而言,新生代农民工对于农民工这个身份就没有那么强的认同感。访谈到的保安任某说他自己是比较好的,从他的表述中,感觉他并不认同自己是一个农民工,不是"那种传统的人"。从事美容职业的笑笑对自己的定位则是"小市民",作为城市人徒有虚名,而作为农村人有实际的利益。

6.2.2. 留城愿望与都市梦想的差异

年轻人的都市化意识和改变现状的愿望也许会比老人更加强烈。虽然农民工普遍表现出较为强烈的留城愿望,但是因为客观原因难以留城,因此,回乡是被迫无奈的选择。虽然部分新生代农民工与传统农民工并未表现出对城市生活的崇拜与留恋,但如果条件允许他们都会选择留在城市。但从自我发展的意愿上来看,还存在一定的代际差异,主要体现在:传统农民工多是出于子女教育的考虑,希望能继续从事城里的工作,把孩子带到城里受到良好的教育;而新生代农民工则立足于自我发展,为自己拼搏,打造他们的新市民梦想。

6.3. 自身谋生技能的缺失成为留城阻力

无论是传统农民工还是新生代农民工,自身谋生技能的缺失都是其难以留城的因素。对于留不留城,在河北的访谈中,尹某说:"现在连大学生都找不到工作,何况农民工呢？农民工和大学生比较,更加没有基础。"从事美容职业的笑笑觉得自己的初中学历对于她的职业发展产生了很大的消极影响。北大的保安任某说自己毕竟也没有什么技术,因此很难待在北京。这里,我们可以对政策有所回应。2010 年 1 月 31 日,国务院发布的《关于加大统筹城乡发展力度,进一步夯实农业农村发展基础的若干意见》中,首次使用了"新生代农民工"的提法,并要求采取有针对性的措施,着力解决新生代农民工问题,让新生代农民工市民化。那么,要实现新生代农民工的市民化,让他们得以在生疏的土地上自信立足,就要增强农民工自身谋生技能的培训,提高谋生技能才能真正帮助农民工实现市民化的梦想。

6.4. 土地成为回乡的吸引力和退路

传统农民工认为家乡的土地是自己的最终归属,而新生代农民工认为那只是一条退路。农村户口带来的土地也是他们回乡的一个吸引力。对于传统农民工,在北大卖水果的李某谈到关于未来的打算时,他说:"还是回家去,侍弄土地,好歹还是有田地的。"对于新生代农民工,虽然观念新潮,充满激情和梦想,但笑笑身上仍然表现出了一个小农式的理性考虑:认为农村户口相对于城市户口其实更加实惠,农村的土地是他们的退路。

6.5. 都市未来期许的差异

两代农民工对自己未来城市生活的期许有明显的不同。传统农民工将希望寄托在下一代身上,期待自己的孩子能够通过读书、上大学成为城市人。河北的石某说,如果自己的孩子学习好,一定会支持他们读出去的。赵某说他对于未来的希望就是寄托在自己的孩子身上了,只有希望两个孩子可以好好读书,通过读书才可能闯出去,自己是不可能在城里面安家的。"现在的社会,对于我们这些农民来说,没有什么能力在城里面生活的,要想出去,就是只有通过读书的方法了。现在我在外面打工,也是希望两个小孩子可以争气,能够读书读到城市里面去。"当被问到有没有想过把两个孩子带到城市里面去时,他说没有想过,因为根本不可能带过去。大人自己在外面都是不稳定的,在外面就是赚钱,要把小孩子带出去根本是不可能的。在北大卖水果的田某说,他就是希望将来自己的孩子留在城市,然后自己才能留在城市。相较而言,新生代农民工则更多地觉得可以依靠自己的力量留在城市。

6.6. 主体性意识的彰显

新生代农民工相对于传统农民工而言,更加注重自身的切实利益,也即主体性意识不断加强,敢于同损害自身利益的行为做斗争。笑笑直率泼辣的性格活生生地反映在了她公开对抗健身中心的管理权威并愤而辞职一事上,这似乎可以使我们看到新生代打工妹主体意识的彰显,她"不是为钱,但是咽不下这口气,受不了这样的管理方式",这种行为方式已经和传统农民工很不同了。她不会为了保持一个经济来源而对生活困境逆来顺受,而是奋勇质问还击,索求公道,并最终以辞职的方式表达出她的反抗。

6.7. 消费模式的差异

与传统农民工相比,新生代农民工收入中用于个人消费的支出比重增大,不再为攒钱而使自己变成"苦行僧",这是不同于父辈的显著特点。比如,在青嫂的个案中,我们看到了她面对生活艰辛时的无奈与坚强。她对工作抱有的信念,始终就是挣钱养家,作为家里的长女,她高中毕业十几岁时就去做民办教师,结婚后由于丈夫不爱劳作,孩子上学花销又大,她只能累死累活地继续着这负担更重的挣钱养家。笑笑称自己"大吃小花",除了作为对幼年生活困苦、"没有皮鞋穿"的补偿性心理外,也体现了"通过与城市生活相匹配的服饰打扮、语言和行为方式,适应城市生活或者说完成城市生活所要求的社会化"。

随较高的时尚消费额度而来的身体城市化,则更有利于新生代农民工建立对都市生活的信念与认同,甚至有益于交往中的自信与友谊的建立。

7. 简单的结论及政策建议

7.1. 结论与讨论

农民工在城市的状况实际上是一种经济上被接纳、文化上被排斥的状态。城市的迅速发展离不开农民工提供的廉价劳动力,因此在经济方面,城市对农民工敞开了怀抱,但也并不是所有方面,而仅仅是停留在低层次的如建筑业、服务业、劳动密集型产业等领域。相比于经济上站稳脚跟,农民工对城市生活的文化自信的树立却是一个非常艰难的过程,农民工事实上处于一个不断被排斥的状态,并在城市与乡村的推拉之间、现代性与传统性的交互碰撞之中,不断走向边缘性的地位。

吸引农民工进入城市的原因中,经济驱动力是最为主要的因素。然而,在高于农村的薪酬因素之外,相较于传统农民工,新生代农民工更加看重城市生活的机会、信息与教育资源,以及工作与生活对个人素质的提升与发展机会的吸引力;而传统农民工则将期许的目光投放在下一代的身上,自己则是卖苦力,尽量多地获取经济资源,作为后代的铺路石,相对忽视自我素质的提升。

其次,虽然在耕种土地的经验与技能上存在差异,但土地的亲和力却成为农民工在应对城市危机时共同想到的选择退路,万不得已之时,还有种地可以安身立命,这种自信与底气让我们颇感欣慰。当农民工的地位被城市日新月异的繁荣神话日益推向衰微,回乡后的土地是其维持生计的重要保障。

当农民工在城市生活中遇到危机,萌发出回乡的念头时,是什么因素在起作用,让他们选择回去呢?如果家乡没有任何让他们留恋的地方,或者回去之后并不见得比在城市生活得更好的话,他们就不会回去。但是事实上,土地以及农村的乡里、血缘关系带给他们回乡的巨大吸引力,特别是土地。

既往研究曾指出,青年农民工视种地生活为一种羞耻,他们藐视与土地相联系的职业,更不用说将土地视为自己生活的根基(符平,2006)。然而本文的实地调研发现,新生代农民工对于土地的传统情感连带并不虚弱,也曾多次主动提到回家种地是自己的退路与保障,只是对农业生活相对缺乏经验和自信。另外,在我们的研究中,在北京打工的任某对未来"在北京买房连想都不敢想",而在昆明的王某、保定的笑笑则有较强的留城生活意愿。当然,这种差异可能受到研究时间与地域的影响——北京的房价、物价等生活成本高于昆明等二线城市,且这种差异日益显著。

对于传统农民工而言,土地对他们的吸引力很容易理解,因为,他们外出打工就是一种谋生的手段,并没有放弃对土地的耕种,只是间断性地外出,他们对土地的依赖性较强。但是新生代农民工,对农业劳动则缺乏亲身体验与认知,土地的概念在他们的脑海里是模糊的,虽然面对城市生活的风险与危机,他们像父辈一样表态"回家种地",似乎意味着相对于下岗工人与城市底层民众的某种优越感,但"好歹还有一亩三分地"的叙述方式,则透露出一种不得已而为之的无奈。而一个隐忧在于,冰霜期的经济形势加重了就业结构的排挤,并使得社会环境与制度安排的歧视日益彰显,户口身份的制约、就业技能的缺失使得农民工大量失业返乡,这些农业技能生疏、眼高手低的新生代农民工是否能适应并安于春种秋收的辛苦劳作?这其中也可能会引发家庭内部的矛盾,甚至衍生为社会治安的隐患。

7.2. 相关的政策建议

城市化作为国家现代化意志的体现,其进程有赖于政策的改进与完善。随着市场经济与城市化的步伐,农业作为一种古老价值被现代化进程湮没而迅速衰微。政府机构的基础设施、市政设施都有必要将农民工纳入城市生活的范围内,考虑到他们的需求,将各项文化及公共基础设施公平地对农民工开放,开放的意义不仅是让现有的农民工可以去使用,而是应该从规划建设的选址方面就要将其纳入使用人群中来,在农民工聚集的地方多投资建设相关的基础设施,让农民工能够真正享受到和城市人一样的待遇。

对于新生代农民工应给予特别关注,这个群体和传统农民工有相似的打工经历,却和他们的父辈有着不同的心态和城市定居意愿,他们也是城市化发展过程中需要紧密关注并给予引导和规范的群体。对于返乡的农民工,当地政府有必要做好安置工作,帮助其就业,提供创业帮扶的措施及信息咨询,让他们顺利从城市过渡到农村,给农村带来新的观念、知识和技术生产力。

春节长假刚过,珠三角和长三角的许多企业就面临着"用工难"的问题,许多媒体认为新生代农民工价值观的转变是导致民工荒的主要原因,中山大学郭巍青教授通过对珠江三角洲地区农民工的收入与支出状况的调查分析,认为"新生代农民工在工作价值与生活价值上的观念变化与行为方式变化,标志着一个重大转折,即农民工在整个经济结构中的谈判主体地位逐渐上升。它要求政策制定与相关研究从结构观点转向主体观点"[1]。对于这一现象,本文的研究发现似乎可以给予进一步的解释。

城市吸力中的发展机会在新旧两代农民工身上表现是不同的,具体来说,是作用对象与具体方式不同。因此,要改善他们的危机语境,增强城市的发展机会对他们的吸引力,也要从不同的层面出发,不能一概而论。

新生代农民工较传统农民工更加看重城市中更为丰富的机会结构与更加广阔的生存空间。传统农民工将发展的机遇更多地置于下一代的身上,而

---

[1] 郭巍青:《难以消除的歧视:我们对"新生代农民工"的描述》,https://wenku.baidu.com/view/20b309340b4c2e3f572763aa.html。

新生代农民工则是更多地立足自己的发展。也就是说,传统农民工也重视城市所具有的发展机会,但是他们更加关注的是城市所具有的教育资源的优势,在城市里面上学,孩子可以得到很好的教育条件,未来才能有更好的发展,因此,从城市对于传统农民工的吸引力上看,发展机遇是在孩子的教育水平的提升层面上起作用的。

新生代农民工更多怀抱着自我移民愿望与对未来生活的浪漫想象,城市能够带给他们更多的发展机会,有更多的职业选择,以及更多的学到新技能的机会,因此,选择来到城市,他们关注城市的发展机会,这是一种对自己有益的思考,和传统农民工出于对孩子有益的思考是不同的。同样都是吸引他们来城市的发展机会,但是对于新旧两代农民工,带给他们的机会和收益对象是不同的。

因此,在危机应对方面也就出现了分歧。在子女遭受教育排斥时,传统农民工不得不选择返乡。教育制度造成的危机语境对传统农民工的影响更大,但是教育制度的改善要触及整个中国的户籍制度、教育体制,在短期内得到解决的可能性很小。

对于新生代农民工来说,他们看中的城市发展机遇是立足于自身的,因此,当城市经济效益不高,打工工资低,新生代农民工面临着将要离开城市的压力时,政府如果能够采取方式提高他们的人力资本和人力素质,让他们看到在城市中有发展的机会,就可以有效地改善这种危机语境。改善他们的劳动能力和劳动技能的成本,相对于改善教育体制的成本是要低得多的,并且在短期内,新生代农民工劳动技能提高之后,对城市的贡献也要更大,进一步又会促进他们留在城市,促进城市化。

7.3. 不足与展望

本文将农民工去留问题结合其具体的危机语境来考虑,并将代际视角引入选择机制,从而做出解释,并在分析案例的基础上初步得出了一些结论,比如传统农民工受家庭因素、稳定倾向的心理结构特质、较低的城市认同等影响更多,而新生代农民工则受婚姻因素、冒险倾向的心理结构特质、较高的都市文化认同度、农村生存能力缺乏等影响更多。

新生代农民工无疑是整个农民工群体中值得探讨的一个群体,他们代表了未来农民工群体的发展趋势。本文在对比危机语境下新生代农民工和传统农民工的去留困境时,对新生代农民工着墨颇多,但在关于新生代农民工维权意识、市民意识等方面的探讨上还有待进一步加强。本文的危机语境并不是直接作用于农民工的去留选择,而是通过一系列的中间机制,这些中间机制就是已有研究辨析出的影响因子。但是基于研究经费以及时间的限制,我们的样本量与数据资料是比较缺乏的,因而我们做的只是系统地辨析出中间机制的影响因子,至于哪些因子是最显著的,哪些是无关紧要的,有待于未来的进一步验证。同时,限于文章篇幅,我们也未涉及文章中提出的机制是如何具体地作用于农民工的去留选择情境的,这一方面也有待于未来的进一步完善。同时需要指出的是,我们只对农民工这个群体做出了新生代与传统这样一个简单的类型学划分,而农民工生命个体的差异性十分多元化,如不同的人格特征、认知方式等,因此,有必要做进一步更加广泛的讨论和研究,放大研究的群体,在不同职业、不同地区中去研究。

当然,基于以上不足,批评者可能会认为本文在有限的样本与数据上做出的观察与结论会存在极大的偏差,甚至可能失实。但是需要声明的是,本文的部分缺陷并不能掩盖这个社会留给农民工的"阳光"是如此之少、农民工的生存境遇是如此之恶劣的事实。回到文章开头提到的富士康事件,也许有人会觉得就工作强度、加班时间、薪酬福利而言,富士康还远称不上"血汗工厂"。可是我们需要质疑的是:即使在物质待遇相对合理的情况下,富士康的员工为什么还要选择自杀?一个可能的解释是,比起物质匮乏的难过,精神的疼痛、信仰的缺失、文化的贫瘠等非物质性的因素使他们承受了更大的痛苦。虽然不是极度压榨剩余价值的"血汗工厂",但一个带有残酷、强烈的物质主义色彩的管理标准,对于人的精神完整性的忽视,流水线附属品的员工概念,使得当今中国农民工陷入原子化的状态,甚至不如卓别林早期电影里的"机器悲剧"——精神的干枯、文化的荒漠与信仰的贫瘠,使得农民工的生命形态扁平干枯,这样的生存已经毫无生趣。他们最终选择用性命去诠释这种痛苦,以死亡去寻求现世之外的救赎,是一种生命抗争的文本。

借用托尼在《中国土地与劳动力》中对中国农民状况的比喻——"中国目前农民工的境况",就像"一个人长久地站在齐脖深的河水中,只要涌来一阵细浪,就会陷入灭顶之灾"。因此,基于现实的考虑,我们认为本文的贡献不在于得出什么结论,而在于我们本身经历的这个研究过程,这个过程让我们走近农民工,了解农民工,甚至为农民工发出一点脆弱的呼声。

事实上,我们也不用如此之绝望。危机往往伴随着机遇,农民工在困境中不断地寻找资源并顽强地生存,农民工的发展潜力和生存适应能力是无限的,他们在用一种朴素的智慧,不断地拿起弱者的武器,与不公正的生活世界抗争。在昆明的城中村改造调查中,一名布依族男子给我留下了深刻的印象,他是一名拾荒者,住在昆明最繁荣的五华区的一个破落凋敝的城中村。政府的发展主义思维、充满激情的大拆大建使得整个城市处在吊车飞舞、房价飙升的困境之中,显然也给这名拾荒者带来了生存上与心理上的危机:频繁的拆迁让他随时搬家,居无定所,风雨飘摇;居住是人基本的需求,连最基本的需求都得不到满足,内心深处不安、孤独与无助的扩大使这些他乡人的身份认同更受到威胁,甚至逼迫他们不得不离开城市。但这名男子却隐约提到一句,同乡叫他一起到附近的工地上捡拾建筑垃圾——这些城市发展的物件给他带来了更多的"掘金"机会,他反而从中受益。当然,这毕竟是一种非正式的就业,甚至是一种非法的活计。

同时,新生代农民工也在不断地发出自己的呼声,白岩松曾对新生代农民工如此评价:他们的"惊人之举,让人们见识到了'80'后农民工维权意识的觉醒"。

参考文献

陈金永,2006,《中国户籍制度改革和城乡人口迁移》,载《中国转轨时期劳动力流动》,北京:社会科学文献出版社。

陈映芳,2005,《"农民工":制度安排与身份认同》,《社会学研究》第3期。

符平,2006,《青年农民工的城市适应——实践社会学的发现》,《社会》第2期。

关信平,2005,《现阶段我国农村劳动力转移就业背景下社会政策的主要议题及模式选择》,《江苏社会科学》第5期。

侯红娅、杨晶、李子奈,2004,《中国农村劳动力迁移意愿实证分析》,《经济问题》第7期。

江立华,2003,《城市性与农民工的城市适应》,《社会科学研究》第5期。

李培林,1996,《流动民工的社会网络和社会地位》,《社会学研究》第4期。

李强,2003,《影响中国城乡流动人口的推力与拉力因素分析》,《中国社会科学》第1期。

李强、龙文进,2009,《农民工留城与返乡意愿的影响因素分析》,《中国农村经济》第2期。

齐心,2007,《延续与建构——新生代农民工的社会网络》,《江苏行政学院学报》第3期。

祁雪瑞,2009,《"多重流动"境况对义务教育阶段农民工子女的影响》,《信阳师范学院学报(哲学社会科学版)》第5期。

秋风,2010,《富士康,请让农民工完整地生存》,《南方都市报》5月17日,第A23版。

宋洪远、黄华波、刘光明,2002,《关于农村劳动力流动的政策问题分析》,《管理世界》第5期。

王春光,2001,《新生代农村流动人口的社会认同与城乡融合的关系》,《社会学研究》第3期。

王春光,2005,《农民工:一个正在崛起的新工人阶层》,http://www.sociology.cass.cn02063905111.pdf。

王春光,2006,《农村流动人口的"半城市化"问题研究》,《社会学研究》第5期。

文军,2001,《从生存理性到社会理性选择——当代中国农民外出就业动因的社会学分析》,《社会学研究》第6期。

吴兴陆、亓明杰,2005,《农民工迁移决策的社会文化影响因素探析》,《中国农村经济》第1期。

徐鲲、冉光,2009,《农民工的道德状况及其引导——基于重庆956名农民工问卷调查的实证研究》,《重庆大学学报(社会科学版)》第5期。

徐志,2004,《进城农民工家庭的城市适应性——对福州市五区132户进城农民工家庭的调查分析与思考》,《福州大学学报(哲学社会科学版)》第1期。

续田曾,2010,《农民工定居性迁移的意愿分析——基于北京地区的实证研究》,《经济科学》第3期。

杨海龙、张雪峰、刘泰然,2005,《农民工民权问题研究》,《中国劳动关系学院学报》第5期。

于牲牲、张晔,2007,《北京外来人口结构与分布问题分析》,《环境科学》第5期。

章洵,2007,《农民工的主观幸福感及其影响因素分析——以武汉市512名农民工为例》,《社会工作》第5期。

章铮,2006,《进城定居还是回乡发展?——民工迁移决策的生命周期分析》,《中国农村经济》第7期。

赵延东、王奋宇,2006,《城乡流动人口的经济地位获得及决定因素》,载《中国转轨时期劳动力流动》,北京:社会科学文献出版社。

赵艳枝,2006,《外来人口的居留意愿与合理流动——以北京市顺义区外来人口为例》,《南京人口管理干部学院学报》第4期。

周晓虹,1998,《流动与城市体验对中国农民现代性的影响——北京"浙江村"与温州一个农村社区的考察》,《社会学研究》第5期。

朱考金,2003,《城市农民工的心态与观念——以南京市600例样本的频数分布为例》,《社会》第9期。

宗成峰,2008,《城市农民工社会保障问题的实证分析——以对北京市部分城区农民工的调查为例》,《城市问题》第3期。

Burawoy, Michael. 1998. "The Extended Case Method", *Sociological Theory* 16 (1): 4 – 33.

Borjas, George. 1987. "Self-Selection and the Earning of Immigrants." *The American Economic Review* 77(4): 531 – 553.

Chiswick, Barry R. 1999. " Are Immigrants Favorably Self-Selected?" *The American*

Economic Review 89(2): 181-185.

Dustmann, Christian. 2001. "Why Go Back? Return Motives of Migrant Workers", in *International Migration: Trends, Policy, and Economics Impact*, [S. l.]: Unknown: 233-252.

Gaumont, Damien, Alice Mesnard. 2000. "Altruism and International Labor Migration." *Journal of Population Economics* 13(1): 113-126.

Hare, Denise. 1999. "'Push' versus 'Pull' Factors in Migration Outflows and Returns: Determinants of Migration Status and Spell Duration Among China's Rural Population." *Journal of Development Studies* 35(3): 45-72.

Nakosteen, Robert, Michael Zimmer. 1980. "Migration and Income: The Question of Self-Selection." *Southern Economic Journal* 46(3): 840-851.

Ngai, P. 2000. "Opening a Minor Genre of Resistance in Reform China: Scream, Dream, and Transgression in a Workplace." *Position: Asia Critique* 8(2).

Stark, Oded. 1996. "On the Microeconomics of Return Migration." in V. Balasubramanyam, David Greenaway (eds.), *Trade and Development: Essays in Honour of Jagdish Bhawati*. New York: Palgrave: 32-41.

Zhao, Yaohui. 2002. "Causes and Consequences of Return Migration: Recent Evidence from China." *Journal of Comparative Economics* (30): 376-394.

对《徘徊在城乡边缘的"候鸟"》的点评

卢晖临

  重读这份十年前的文稿,往事浮上心头,也生出一些感触,与诸君分享。
  2007—2010年间,我的研究兴趣集中在建筑业用工体制和建筑工人抗争方面,平时,尤其是寒暑假,经常带着学生往工地和工人家乡跑。记得是2009年春季一开学,我碰到二年级本科生张好雨同学,她提到我们刚刚完成的寒假调研,表达了想参加类似调研的意愿。我此前对她的印象是一个出身于城市中产家庭的女孩,综合素质高、聪明、学习能力强,这样的学生是否对不同于自己的世界感兴趣,是否愿意走出自己的舒适区并能够迅速适应新环境,我是没有底的。她表达的这个意愿让我对她刮目相看,但对于她是否适合做农村调研,能否做好农村调研,我并没有太高的期望,也没有太大的信心。毕竟,寒冬腊月到农村地区做调研,没有一股以苦为乐的精气神是很难做到的,勉力为之,自己痛苦,别人看着也难受。这次谈话之后,我一直没有带她去农村调研的机会,但没过多久,她到我办公室,说找了同班同学张勇军和刘锐,准备做一个关于农民工研究的本科生科研项目,希望我做他们的指导老师。我知道他们这是认真的了,便欣然接受了他们的邀约。
  当时,美国次贷危机引发的金融危机正波及中国,一个直接的冲击就是造成相当规模的农民工返乡。经过几次讨论,我们确定了将返乡农民工的去留选择作为研究主题。在接下来的一年多时间里,三位同学在北京、昆明和河北唐县农村等地开展了广泛而深入的实地调研,搜集了大量访谈和观察资料。在此期间,我们不定期地碰头讨论,既对已有资料做出初步的解读,也不断调整调研思路和方向。
  报告写作基本上是三位同学自主独立发挥的一个过程。我有意识地不贡献明确的思路,也不提供具体的观点,更多情况下扮演的是一个质疑者的角色,对他们提交的文本中的具体观点和逻辑不断提出质疑,而他们也在回应我的质疑过程中不断修改文本,最终形成诸君看到的这份文稿。

三位同学的作品最后获得了挑战杯竞赛全国一等奖,这当然是他们长达一年多的艰苦努力之后的回报,但是荣誉和它所带来的直接好处(如保研时的加分、找工作时的履历亮点等)是一时的,并且是外在的,我想,只有放到他们自身的成长这个脉络中,才能理解这一本科科研项目对于他们的真正意义。相比于大多数同龄人,张好雨、张勇军和刘锐已经用考入北大的成绩证明了他们的聪明和勤奋,他们进入大学,当然进入了一个专业知识积累的新阶段,但是就对社会的认识水平而言,他们可能仍和大多数刚刚走出高中阶段的同龄人一样稚嫩。他们认识社会的方法,可能也与大多数同龄人没有什么分别,主要依靠的是自身的直接经验。在专业知识积累和对社会的认识之间,似乎有一道无形的鸿沟隔开彼此,各行其是。在我看来,本科科研项目为他们提供了一个很好的弥合鸿沟的机会。他们运用课堂上教授的理论、概念和方法去认识自身所处的社会,观察自己熟悉的和不熟悉的人、处境和社会现象,不断提高对于社会的认识水平;与此同时,也赋予那些容易被教条化处理的理论、概念和方法以生命力,以默然于心的方式开启新的专业知识积累之路。

今天,三位同学都已经走上工作岗位。张好雨和张勇军在高校从事教学科研工作,刘锐在规划院从事城乡规划工作。今天,他们自己已经有能力对十年前的这份作品提出更多的质疑,但我相信,这份作品,连同挑战杯的这段经历,是他们专业知识积累和个人成长历程中的一个重要起点,这种内在的和持久的效应,正是本科科研的真正意义。

农村电网改造和农民行为偏好的变迁
——恩施州的一项实证研究

作　　者：方　辉
指导老师：刘世定

摘要：本文以湖北恩施土家族苗族自治州农村电网改造前后农民行为偏好的变迁为例，分析了内生行为偏好变迁在经济改革中的过程和内在机制。按照塞缪尔·鲍尔斯的定义，"偏好"是关于行为解释的丰富集合，如价值观、义务、冲动、嗜好、习惯以及更加广泛的心理特征。狭义偏好函数仅仅包括实物资料，扩展性偏好函数还包括影响效用水平的人力资本的一部分——个人资本和社会资本。尽管扩展性偏好函数具有跨时稳定性，但是随着人力资本在数量和结构上的变化，狭义偏好函数会发生跨越时空的变迁。

本文对贝克尔的扩展性效用函数模型做了补充和修改：首先，将消费资本之外的认知习得过程加入个人资本概念中；其次，详细讨论了个人资本和社会资本存量的变化过程及其影响偏好变迁的内在机制。本文认为，通过输入信息、提供亲身体验的机会和激发社会网络效应，电网改造工程改变了农民个人资本和社会资本的存量和结构，最终导致农民内生行为偏好的变迁。这种偏好变迁体现在农民的消费行为、生产行为和生活休闲行为当中。

研究行为偏好变迁，尤其是内生变迁过程，对指导经济改革有重要意义。如果社会经济政策可以影响个体的行为偏好，那么评估社会福利政策的时候，就不能基于偏好稳定性假设，而必须考察经济政策和行为偏好的互动演化过程。本文分析了电网改造过程中农民行为偏好的变迁，强调了基础设施建设对农民生活福利的深刻影响。

关键词：偏好变迁　扩展性效用函数　人力资本　社会资本　创造性选择

1. 前言

湖北恩施土家族苗族自治州位于湖北和重庆的交界处,是比较贫穷的边远山区。2000 年,恩施州开始了农村电网改造工程。电网改造后,农民的生活方式发生了巨大的变化,掀起了使用家用电器的高潮。短短三年时间内,电视、音响、洗衣机以及农用生产小机械大规模进入农村。而电网改造前,这一切对农民来说还是很陌生的概念。这让我联想到经济学家关于我国农村基础设施建设的论述:"良好的农村基础设施恰好是城市文明向农村延伸的桥梁。农村基础设施建设有助于推进农村现代化,有助于缩小城乡差距,为广大农村居民参与经济发展过程、分享经济发展的成果创造必要条件。"(林毅夫,2003)电网改造前,有的家庭已经购买了电器,但由于电价过高、电压不稳等,只能当作摆设。电网改造使农民的用电成本下降,同时用电质量提升,用电环境得到改善,使用电器成为农村的一种潮流,并逐渐形成一种习惯。

通过和一些农民的交谈,我发现电网改造前后,不仅农民的生活方式发生了重大变化,而且在消费层面的背后,农民对新生活方式的态度有一个由不赞同到赞同的转变过程。一方面,在物质层面,电网改造促使农民的生活方式由传统小农经济向现代化生活转变;那么,另一方面,是不是也促使了农民在认知层面的变迁呢?

带着这个疑问,我回到了学校,并找到老师进行了一些探讨。讨论的结果是:电网改造前后,农民的某些行为偏好出现了变迁。首先,这和现代理论经济学的偏好稳定性假设不一致。经济学假设人们的偏好是内生给定的,而且一旦确定就不会变化。其次,在基础设施建设的政策评估上,主流的观点是,社会资本的投入降低了社会生产成本,同时提高了私人资本的积累,减少了交易费用,加强了市场竞争力度,最终提高了社会的生产能力,其前提是当事人偏好的稳定性;但是,事实上,经济过程和经济主体的行为偏好是一个互动的过程,电网改造为经济主体提供了行为偏好改变的机会和途径。这样,我把论文题目确定为《农村电网改造和农民行为偏好的变迁——恩施州的一项实证研究》。

带着这个假设,我在 2003 年暑假回到家乡,通过电力公司的资料,选择了两个具有代表性的村子,进行了试调查。根据电力公司的农网整改数据和农民调查的一手资料,我发现在电网改造前后,农民在消费、生活和生产三个维度的行为偏好发生了变迁。人们行为偏好变迁的途径主要有三条:第一,农民通过各种途径接触新信息,改变了对事物的认知,树立了新的价值理念,养成了行为偏好;第二,农民通过重复使用电器和接触新事物,不断积累人力资本存量,从而改变了行为偏好,出现了传播学意义上的单纯暴露现象;第三,中国农村是一个舆论压力很大的社会,农民非常注重自己的相对地位,他人的生活状况对个人的行为偏好有重大的影响,电网改造之后,随着周围人生活方式的改变,特定社会网络中的个人创造性地选择了自己的参照群体,通过改变自己的社会资本存量而使行为偏好发生变迁。

在广泛搜集相关文献资料的时候,我发现1992年诺贝尔经济学奖得主加里·贝克尔(Gary Becker)就行为偏好做过论述。让我兴奋的是,贝克尔对上述后两条偏好变迁途径有深入的分析。他把个人资本和社会资本引入传统经济学的需求理论当中,做了详细又精彩的论述。这提高了我继续研究的信心,我开始广泛阅读不同学科的相关材料,希望能从经济学、社会学、传播学和心理学等不同的人文社会科学找到一些启示。

在有了一些理论准备之后,带着一些新的问题,我在2003年回到家乡开始了为期一个月的正式调查。通过走访个案,我收集到了相当丰富的翔实资料,通过资料分析和文献研究,我开始构思文章的框架结构。

论文一共分为五个部分。第一部分为导论,介绍相关问题和概念,回顾国外学者对行为偏好及变迁理论的研究文献,并就自己的实地调查方法和调查资料做一个简单介绍。第二部分介绍两个村子电网改造的基本情况,以及农民生活方式的变化,农民在生产、生活和消费三个维度上行为偏好的变迁。第三部分和第四部分是本文的重点,详细分析了农民的行为偏好发生变迁的过程和机制。我借用贝克尔"人力资本"和"社会资本"概念将三种影响机制归为两类,分别影响农民的个人资本存量和社会资本存量。第三部分集中分析影响个人资本存量的机制——新信息的输入和农民的个体体验;第四部分集中分析影响农民社会资本存量的机制——参照群体的影响。第五部分对本研究做理论和经验上的总结,简单阐述研究行为偏好的改变对经济理论研究和现实经济改革的重要意义。

2. 问题和概念

经济学定义的"偏好"指经济主体面对选择集合的时候，按照喜好程度的差异对集合中各种"商品"排出先后次序。我们这里讨论的行为偏好，其意义要宽泛一些：偏好是对一个可选择集合中各种事物相对价值的评估和排序。人们偏好某种事物，是因为该事物带给人们更多的效用或者带给个体更多的能产生效用的资源。在偏好系统中，偏好所指的对象可以是可观测的连续性实体，也可以是不可观测的非连续事物，比如"观点"。偏好隐藏在个体的长期记忆中，当个体做出抉择的时候，偏好就凸显出来。古典经济学认为进入我们偏好系统的都是独立于我们的外部事物，但是最近的研究显示，偏好系统中的事物与我们的内部世界并不是完全没有联系的。个体对颜色会有自己特殊的偏好，但是颜色并非完全独立于我们的内部感官，就像莱考夫和约翰逊(Lakoff, Johnson, 1980)所说：

> 颜色并不是独立于我们的外部事物，我们的大脑和身体在面对外部世界的时候创造了颜色。我们对颜色的体验是下面四种因素综合作用的结果：(1) 我们的视网膜结构，它们用来吸收各种波长的光；(2) 与视网膜相连的复杂神经元回路；(3) 光波的长度；(4) 光线背景。

这一认知科学研究的重要启示是，个体的体验影响个体对事物的偏好。我们的经历促使我们去区分事物和重新唤起记忆，而我们的认知能力影响我们对事物的认识和评价。

偏好与我们对事物的认识有关。对事物的认识包括事物的质地、特性等，比如，我们对各种水果的偏好首先基于我们关于各种水果保质期长短的认识，对事物的认识依赖于我们了解的关于事物的信息。学习就是一个不断获取新的知识，进而改变我们对事物特性的认识和信念，最终影响我们对事物偏好的重要机制。

我们关于事物的偏好是一个多维的认知系统，比如我们通常从色香味三个侧面对食物进行评价。我们在潜意识中对事物进行特征分类，然后搜集信息对每个侧面的特征分别进行评价，从而建立我们对这件事物的偏好系统，最后综合各个侧面的认识,给出我们对这一事物的总体评价。在这个过程中,对事物各个侧面的分类是一个重要的方面。我们对事物各个侧面的分类越详细、越准确,我们对事物的认识同真实的事物才最可能相近,这样,我们对事物的评价才最客观。

经济学通常假定,个体在具备完全信息的基础上对事物做出偏好排序,而且不管在什么样的情境下,偏好排序都具有一致性。但是,正如其他社会科学所说,个体都是在特定的时空中做出选择的,个体对事物的评价离不开特定的社会背景,社会环境会成为影响个体偏好的重要因素。经济学中有"情境理性"(situational rationality)的概念,那么我们也可以说所有的偏好都是"情境偏好"(situational preference)。

首先,他人的福利状况会影响个体对特定事物的偏好。个体生活在社会网络中,个体感受到的效用和福利水平同一定的社会群体有密切的联系。其次,个体对事物进行价值排序的时候,通常不具有完全的信息,而拥有事物信息量的大小会影响个体对事物的认知,认知又直接影响个体的偏好。因此,接触新信息会通过改变个体对事物的认识,从而改变个体的偏好。

古典经济学家并不否认社会科学需要进一步讨论偏好问题,但认为偏好的形成和变迁独立于经济系统,因此研究个体偏好的形成和变迁属于心理学、社会学、政治学的范畴。经济学只在外生给定偏好的前提下探讨经济活动的规律,经济学只能关注社会活动的一个侧面。现代经济学关于偏好有了更强的假设,通常假定偏好是外生稳定的,个体的偏好不会随着时空的变化发生变迁。

但是,正如下文所述,在现实生活中,由于时空场景和个人特征的变化,经济主体的行为偏好变迁非常普遍。个体在特定时空的偏好受到以前的经历和对事物信息了解程度的影响。经历和信息的理解都可以归结为个体的资本存量。

我们借用贝克尔的模型,将上述几种因素区分为个人资本和社会资本。

个人资本一方面指个体过去的经历和体验,另一方面指个体对于特定事物的认识和信念。比如,对上瘾性商品(比如毒品)的消费会使消费者产生消费依赖,通过重复消费和不断积累资本存量,从而影响消费者对这种事物的评价。通过电视等各种渠道了解的旅游信息和知识会促使个人修改对旅游的多维认知系统,对旅游的偏好就会发生变化。

社会资本特指能够影响个体效用水平的其他个体和群体的生活福利水平，以及他们对相应事物的评价。比如，小孩因为看彩色电视而获得了知识和快乐，那么孩子的父母也会感受到快乐，从而对彩色电视的评价提高。本-纳和普特曼(Ben-Ner, Putterman, 1998)通过博弈实验的结果认为，个体的偏好实际上可以分为三类：一类是自我取向的偏好(self-regarding)，一类是他人取向的偏好(other-regarding)，还有一类是过程取向的偏好(process-regarding)。自我取向的偏好关注自我的消费和其他产出，他人取向的偏好取决于他人的消费和产出，过程取向的偏好关注个体与其他人互动的方式和途径。我认为，影响个体对事物偏好程度的终极原因，是事物能带给个体的效用水平或者能生产效用的其他资源。他人取向的偏好可以通过将社会资本存量引入效用函数中而归结为自我取向的偏好。

通过改变个人的资本存量，经济和市场组织会影响个体的行为偏好，从而出现偏好在经济系统中的内生变迁。如贝克尔(2000)所说：

> 很多人似乎都意识到，参与公共计划可能会大大改变他们的偏好。有相当一部分人，他们完全符合福利计划和其他转移支付计划的申请条件，却没有到政府部门进行登记，可能是因为他们预料到，领取这些补助实际上会降低他们的效用，因为这样做会养成依赖别人和其他的不良习惯。

电网改造为当地农民提供了启动偏好变迁的机制。电网改造之前，农民用电条件很差，电压低而且不稳，电价高得离谱。在这种情况下，农民即使有钱购买家用电器，也会因为电价太高而用不起，或者因为输电质量差而根本没法用，因此农民没有机会过多接触电器，了解电器的功能，体会用电的实惠；同时，农民也就不能通过电视等渠道了解相关的生产、生活和消费信息，对从事加工等事情缺少足够的信息并做出评价：个体现代化生活方式的体验从而停留在低水平上。电网改造之后，随着家用电器配备种类的增加和使用频率的上升，一方面，农民对现代化生活的体验增多，真实的经历改变了原来的信念和偏好，通过电视等途径对相关事物的认知水平也得到提高；另一方面，作为从封闭的小农经济向现代化开放社会转变的农村，变革中的社会舆论压力对个体的影响是巨大的。社会潮流和他人社会福利水平状况的变化都会使个体的偏好发生变化,比如,农民原来提倡完全紧缩的消费观,即使手里留有部分剩余也舍不得消费;随着电网改造之后大量电器的引入,农民在使用电器的过程中,逐渐感受到了科技的实惠,原来的紧缩性消费观念开始发生变化;在综合考虑未来的收益和花费之后,农民会适当考虑眼前消费。因此,农村消费扩张不仅仅是因为基础设施建设为农民提供了消费的基本条件,也因为农民原来的紧缩性消费观念和消费偏好发生了变化。

在经济建设的过程中,基础设施建设不仅影响农民选择集合的扩大,也促进个体偏好的变迁。评估经济政策不仅要关注经济政策对提高人们物质收入和消费水平的作用,更要注意在改革过程中人们对某些事物的偏好是否发生了重大变迁。因此,社会福利政策的评价标准不能建立在稳定的偏好的基础上,而应该将政策改变之前和之后的偏好变迁作为一个内生变量纳入评价体系中。

3. 文献分析

3.1. 偏好的来源

政治学家詹姆斯·德鲁克曼(James Druckman)和亚瑟·卢皮亚(Arthur Lupia)探讨了个体偏好的来源以及影响偏好的途径等问题。他们首先引入心理学和行为科学的相关知识,对偏好的形成和变迁进行了理论综述,然后对政治领域中的偏好行为做了深入研究。他们认为,个体偏好源自个体和环境的互动作用,研究偏好的一个重要任务就是揭示在一些重要的社会情境中个体和社会互动的机制对个体偏好形成的影响。他们认为,个体面对选择集合的时候,通常会有两种机制促使个体做出偏好判断。第一种是基于记忆的模型(memory-based model),个体在做出偏好评价的时候,都要重新搜集相关信息,进而做出价值评价并为多个事物排序;第二种是在线模型(online model),认为个体心智内部隐藏着一个事物评价系统,对每个事物都存在一个"价值计算器"(evaluation counter)。个体不断利用新信息更新自己对事物的偏好认知,改变自己的信念。在这种模型中,当个体利用新信息更新了对事物的评价之后,个体可能会忘记这种新信息及其作用。洛奇(Lodge,1995)

等学者研究发现,在政治领域,人们更多地使用在线模型而不是基于记忆的模型来评价候选人。在选举官员的时候,人们常常根据偏好评价体系中先有的被不断更新的认知态度,而不是现在接收到的待选人信息做出判断。如果个体依据在线模型做出偏好评价,他自己不能说出产生这种偏好的原因,因为他已经遗忘了用来更新偏好系统的信息。

菲什贝因(Fishbein,1963)认为,我们的偏好部分依赖于我们对事物的信念,而对事物的信念是我们的身体、大脑和外部世界相互作用的结果。在个体的体验中,身体、大脑和外部世界相互作用,从而产生个体的感受。

克拉克(Clark,1997)提出,在幼儿时期,婴儿对于外部世界的刺激根据感受到的快乐或者痛苦而有了生理上的好恶反应,这个时候,对事物的认知还处于一种被动的感知和接受阶段;随着儿童逐渐体会到自己对周围环境具有一定控制能力,就开始有了选择的概念。这个时候,选择对个体而言,是主动的取舍,个体按照效用水平高低给选择集中的事物进行排序。偏好产生的途径可以区分为直接途径和间接途径两种:在个体生命早期,由于知识结构和认知能力的限制,主要是直接感受事物带来的效用和福利;而当个体具备一定的知识水平和认知能力之后,就开始通过间接途径来移情体验事物带来的福利,比如通过书上的故事。一个人的一生是不断深入体验、不断感知的过程,因此偏好的形成是一个动态的过程。从这里,Clark 把偏好的形成看成一个不断改变、不断建构的过程。

3.2. 偏好稳定理论

古典经济学家给予偏好更多的解释和探讨,认为在经济体系中,偏好是外生给定的,具有稳定性。偏好问题值得深入研究,但这是心理学、社会学等其他生活科学的范畴。后来,随着经济学体系的逐步完善,偏好研究逐渐被搁置。而现代学科的交叉发展使得偏好的一致性和稳定性假设受到越来越多的关注,行为科学家和心理学家倾注了大量的精力从事偏好研究。

史蒂夫·霍夫勒和丹·艾瑞利(Hoeffler,Ariely,1999)认为,即使偏好可变,那么影响偏好改变的也是一些非理性的因素,比如有意识的大量广告或者其他形式的宣传等,在经济系统内非理性的机制可以改变行为偏好。

经济学力图从现实生活中抽象出一般的经济规律和经济活动原则。对经济学而言,偏好稳定性和外生性假设可以为学术研究带来方便。很多经济学家也承认现实生活中偏好可能会因为各种因素发生变迁,但是在经济分析的过程中假设偏好稳定是有其合理性的,因为短期来看偏好是稳定的(Bryan Norton et al.,1998),由此认为,偏好稳定性假设对学术研究而言是合理的。但是,经济分析不能仅仅限于短期分析。在社会福利政策的评估研究中,由于福利政策会影响个体偏好的变迁,因此偏好稳定性假设就不再合理。这时候,偏好稳定性假设的方法论意义就没有任何运用的价值了(Silberberg,1978)。

霍夫勒和艾瑞利(Hoeffler,Ariely,1999)试图融合不同学科的知识分析偏好现象,维护传统经济学的偏好稳定性假设。他们认为,关于偏好问题,有两种对立的观点:经济学传统假设偏好是预先存在而且稳定的;而建构主义传统则认为偏好基于做出偏好抉择时个人面对的事物和所处的环境,并不存在一个预先给定的偏好系统。霍夫勒和艾瑞利试图弥补二者之间的鸿沟。他们认为,个体在没有任何体验和信息的时候不能做出偏好判断。个体总是通过不断地接触或者是其他方式的体验来建构自己对事物的信念和偏好,当个体拥有一定经验之后,个体的偏好就会呈现稳定的状态。他们给出了衡量偏好稳定性的几个指标:偏好强度,对事物某方面特征重要性的信心,在做出偏好决策时所需的时间。他们通过实验检验个体不同的经验对个体的偏好稳定性的影响,发现在选择集小、事物之间的优劣明显从而很容易做出抉择的环境下,个体从这种经历中获得的关于事物的偏好是不稳定的,但是个体相信自己具有较多关于事物特征的客观知识。而在比较艰难做出抉择的环境中感受经验,个体从中获得的对相关事物的偏好是相对稳定的,同时个体认为他们拥有的客观知识相当有限。在容易做出判断的条件下感受体验的个体,其偏好较容易受到他人的影响而呈现不稳定性;在艰难条件下感受体验的个体,其偏好不太容易受到外部世界的影响。但是,不管怎样,个体的偏好在经受过体验之后,都是相对稳定的,只存在稳定程度的区别。个体在经历了初次的感受体验后,他们的偏好就会相当稳定。而艰难的选择经历有助于个体偏好稳定性的加强。两位学者从偏好的可锻性开始讨论,最后又回到偏好的稳定性假设。

综合经济学的偏好预先存在理论和建构主义的偏好呈现理论,我们可以看到,偏好一方面和过去对事物的认知相关,同时,在特定场景中对事物的偏好评价并不完全取决于过去的经验和认知。情境偏好概念已经表明情境因素会影响我们对事物的偏好评判。

3.3. 偏好变迁理论

3.3.1. 综述

关于偏好变迁的原因和过程的研究,近年来,已经有很多的学者从不同的侧面进行了论述。主要有以下三个领域:(1) 经济学和心理学最近几年关于显示偏好和偏好逆转(Tversky et al., 1998; Fischoff, 1991; Knetch, 1994)、建构性偏好(Gregory et al., 1993)、不确定条件下的抉择过程(Heiner, 1983)和内生偏好(Bowles, 1998; O'Hara, Stagl, 2002; Carpenter, 2002)的研究;(2) 社会心理学和社会学关于情境偏好的研究(Platt, 1973; Cross, Guyer, 1980);(3) 人类学关于文化和生态系统共生演化的适应性(Harris, 1997)。

杨雷、席酉民(1997)研究了群体讨论对个体偏好极端性转移的影响;李树茁和马科斯·费尔德曼运用文化传播和演化理论模型讨论了中国农村男孩偏好文化的传播和演化。萨宾·奥哈拉(Sabine O'Hara)和西格丽德·斯塔格尔(Sigrid Stagl)则利用内生偏好模型,通过研究参与美国食品生产和消费联合计划的 CSA 农场人员在参加计划前后对参与原因的不同权重的变化,分析了 CSA 个体偏好的变迁,进而分析了这种变迁对可持续发展的重要意义。下面我将近年来在偏好变迁理论上有突出贡献的学者和重要的研究文献介绍给读者。

3.3.2. 情境偏好理论

社会学家和制度经济学家已经指出,个体的效用受到其他人生存状态的影响。因此,研究相对效用(relative utility)以及个人社会关系的质量等就成为学者越来越关注的话题。凡勃仑(Veblen, 1919)甚至将"制度"定义为"解决一般人共有的思维习惯"。凡勃仑(Veblen, 1964)认为,在一个社会影响很大的社会中,消费变成人们用来建立社会地位的工具。

另外,社会背景发生变化也会导致个体对特定事物的偏好发生变迁。在特定情境下对同一事物的不同表达也会导致个体不同的反应(Kahnman, Tversky, 1979):不同的疫苗 a 和 b,在描述其药效上,使用生存和死亡两种不同类型的表达,可以得到 a 优于 b 的同时 b 优于 a 的悖论。因此,描述对象特征的语境(texture)也会影响个体对事物的价值判断。

贝克尔在情境偏好理论领域进行了卓有成效的研究,为经济学的基本供需模型的重构做出了突出贡献。很多学者都认为贝克尔的偏好理论是在论证传统经济学的偏好稳定性假设的正确性,从而对其进行批判(Druckman, Lupia, 2000; O'Hara, Stagl, 2002)。我认为这是学者误解了贝克尔的理论。1977年,贝克尔和斯蒂格勒(Stigler)通过将个人资本和社会资本引入效用函数中,说明了扩展性偏好函数的稳定性。扩展性偏好函数将能够影响个体效用的各种资本引入效用函数中,而传统经济学中只包含消费品的效用函数在贝克尔的理论中是次效用函数。个体之所以会有不同的次效用函数,仅仅因为他们继承了不同水平的个人和社会资本(Becker, Stigler, 1997)。同样,在个体的一生中,次效用函数会发生变化,即传统意义上的偏好会发生变化。但是,加入个人资本和社会资本的扩展性偏好函数不会发生任何变化,而且每个人的扩展性偏好函数都是一样的。这个时候,对事物的偏好不仅仅是对事物单独的偏好,还要加上与这种事物相关的资本存量,这样,个体的偏好就成为对事物和相关资本存量这个集合的偏好。但是贝克尔并不否认狭义偏好会发生变化,相反,他详细论述的个人资本存量的跨时性变化,正是一般意义上的狭义偏好函数的变化。

我的论文借用了贝克尔的扩展性偏好函数分析框架,在效用函数中引进个人资本和社会资本,但根据研究的需要对模型做了一些修改和补充。我们把效用视为一个连通集,个人在某时刻的行为可能影响以后各期的效用。个人资本包括有关影响当前和将来效用的过去消费和其他个人经历(我认为还应该包括个体对事物的认知);同时我们将别人的生活福利状况引入效用函数中,构成了个体的社会资本存量。在 t 时刻的效用函数可以表达为:

$$U = u(x_t, y_t, P_t, S_t)$$

其中,x、y 表示不同的商品,P 表示个人资本存量,S 表示社会资本存量。

t + 1 时期的个人资本存量 $P_{t+1} = X_t + (1 - d_p)P_t$。其中,$d_p$ 为固定的贬值率,X 为在 t 时期投资于个人资本的数量。

由于社会资本包含了社会环境效应,因此,个人的社会资本存量主要不是靠他自己的选择决定的,而是取决于相关社交网络中他人的选择。个人 i

在 t+1 时期的社会资本存量可以表示为 $S_{t+1}^i = X_i + (1-d_s)S_t^i$,其中,$d_s$ 为社会资本的贬值率;$X_i = \sum x^j$ 为 i 的社交网络中编号为 j 的这些成员的选择对 i 产生的影响。但是,尽管个人对于其社会资本无法施加过多的直接影响,他们仍可以施加一些间接影响。比如,他们可以通过选择自己的社交网络(如果可能的话)而使自己从中受益而不是受损。

因此,尽管 $U = u(x_t, y_t, P_t, S_t)$ 这个扩展性偏好函数没有变化,但是,通过个人资本和社会资本的变化,$V = v(x_t, y_t)$ 狭义(只对直接的事物)效用函数会发生变化,也就是对具体事物的偏好发生变化。

在贝克尔的模型中,"个人资本"被定义为个人的经历和体验,但是还可以通过其他的认知途径获取关于事物的信息,从而改变自己对事物的信念,发生狭义的偏好变迁。因此,对事物的认知也应该是影响个人资本存量的一个因素。但贝克尔没有涉及这一点,可能是因为他专注于个体的内生偏好,而内生偏好强调偏好在经济系统中的内生变化。

贝克尔试图利用扩展性偏好函数理论来重建经济学需求理论,从而不仅扩展了经济学的研究领域,也为经济学的偏好(广义的)稳定性假设找到了坚实的基础。贝克尔主要从扩展性效用函数资本的积累出发,解释一系列社会现象,但是对资本积累的途径和资本积累影响狭义偏好函数导致行为偏好变迁的过程机制没有做过多的分析。在本文中,我们将探索资本积累的机制和影响偏好变迁的内在逻辑。

3.3.3. 内生偏好理论

社会科学家已经注意到经济系统外的社会力量对个体偏好和动机的影响。偏好变迁也可以从经济系统内自动衍生。作为社会力量的经济组织一方面通过预算约束集,另一方面通过作用于个体的偏好和动机,对个体行动产生重要影响。这种产生于经济系统内部的内生偏好区别于外生给定的偏好。主流经济学家经常认为经济系统外的非理性因素可能会导致偏好发生变化,而事实上,市场和经济组织也会导致偏好的变迁。

塞缪尔·鲍尔斯(Samuel Bowles)是研究内生偏好理论的重要人物之一,他认为内生偏好是"市场和经济制度的文化结果"。他认为,偏好是丰富的关于个人行为的解释的集合,比如价值观、义务、道德偏好、个人对于环境的解释、冲动、嗜好、习惯以及更加广泛的心理特征。市场和其他经济制度所作用的不仅仅是产品和服务的分配,还影响着价值观、品位、个性等。市场配备原则通过指定基于不同位置上的任务、权力、地位、义务和互动模式建立了人们之间的互动关系。经济制度和市场主要通过以下几条途径影响个体的行为偏好:(1)提供行为的场景和对特定场景给出解释和说明。经济制度为个体提供了社会学意义的互动场景,可选择集合是否来源于市场过程,会促使个体在相同的资源约束下做出不同的选择,也就是发生偏好变迁。(2)通过内在的和外在的动机。可供选择的集合大小和回报的不同社会意义会影响个体的偏好和价值观念,比如,有的个体会追求竞争范围以及自我决定意志等文化意义。(3)通过影响社会规范的演进。经济制度决定了社会互动的结构,通过奖励或者惩罚某些特定的社会行为而影响社会规范的发展,从而影响个体的价值取向。(4)经济组织和市场机制决定了个人的工作。个人在工作中学习知识和技能,工作不仅影响他们的能力,更影响他们的价值观念。(5)经济制度影响社会文化的演进途径。主要是通过影响文化内化和文化学习传播的过程而影响演化的路径。

鲍尔斯认为,内生偏好研究无论是在理论上还是在经济实践中都至关重要。首先,经济学如果将个体和其他个人完全隔离开来研究,那么,经济学将为此付出巨大的成本。研究经济制度和市场影响个体偏好变迁可以更好地解释人类的活动,从而为我们解开一些至今困扰主流经济学的难题。其次,经济政策的生存能力可能取决于它们"引致"的偏好变迁过程。关于财产权的完美市场理念会削弱促进社会合作、协调的非市场力量。完全理想的社会合约市场可能会通过破坏信任和互利等社会规范的再生产而导致市场失败,而非完全契约恰恰能让社会规范发挥作用,从而促使社会走向更为有效的市场均衡配置,这就是福利经济学次优理论。再次,研究经济制度对偏好变迁的影响给经济学提出了新的挑战。偏好的内生变迁经常是不可能用合约来加以调节和限制的,因此,对反社会规范行为的惩罚会通过改善行为者的偏好,从而树立良好的社会规范而产生正外部性,而毒品上瘾这类消费行为又会通过增强对毒品的依赖降低社会福利水平而产生负外部性。因此,怎样准确衡量这类无形的偏好影响就成为经济学面对的新问题。同时,某些传统上认为属于私人生活领域的事件也会给社会带来福利,经济制度通过影响某些行为偏好来激发社会成员给社会带来正的或者负的外部性。

4. 调查方法和调查资料

4.1. 调查地点的选择

我于 2002 年寒假回到家乡，发现电网改造前后农民的生活方式发生巨大的变化，背后原因是农民行为偏好的长期内化性变迁。结合本人所学的经济学、社会学理论，我认为在基础设施建设背景下，在农村由传统社会向现代社会转变的过程中，农民的某些行为偏好发生明显的变迁。在定题之后，我选择了家乡恩施州巴东县作为调查地点，因为正是家乡巨大的变化激发了我的研究兴趣，而从生活经历看，我对家乡的深刻变化有直观的感受。家乡电网改造前后的变迁为我提供了研究经济发展和行为偏好变迁的互动关系的绝好场所。同时，通过当地的各种亲戚、朋友关系，我很容易就和当地政府官员以及其他事业人员建立了信任关系。通过不断的交流，我获得了研究所需的所有政策资料和数据资料。此外，通过从上至下的介绍，我很容易就进入农村社区。而且，我使用家乡的土家族方言和被访农民交谈，马上就有一种亲切感，减少了介入的时间。在和谐愉快的范围中交谈，我得到了他们的积极配合，因此，从农民那里获得信息的信度和效度较高。在我熟悉的社区里，我可以获得一般访谈无法获得的关键资料。比如，在访问关于社会声望压力的时候，有的农民会将很多社会攀比的详细情况和自我的真实感受告诉我。

我原本设想找到两个村子做对比研究，一个村子没有进行电网改造，另一个村子电网改造完毕。但遗憾的是，由于电网改造启动于 2000 年，到我了解情况的时候，电网改造二期工程已经结束，所以我只能通过被访问者的回忆来比较电网改造前后的行为偏好变迁。

通过在县电力公司资料室查看的资料，我抽取了两个具有代表性的村子作为我的调查对象，它们是溪丘湾乡的下庄坡村和瓦屋基村。原因在于，从与县电力公司负责人的谈话中，我了解到这两个村子电网改造前后电力设施的变化相当大，更重要的是，通过资料我也发现两个村子在电网改造前后的用电量发生了重大变化，这表明两个村子在使用家用电器和农用小机械方面的变化很大。

4.2. 调查方法

此次调查以实地访问为主,使用半开放式的深度结构访谈。我首先设计了访谈提纲,主要是要了解在电网改造之前和之后的基本情况:一方面是生活方式的变化,另一方面是了解在这种生活方式变迁背后农民对生产、生活和消费三个维度的认知和偏好情况。在访问的过程中,根据需要,我采取灵活的方式,尽可能了解更多的信息。针对个案的特点,每个个案的访谈时间比较灵活,平均访谈时间是 1 个小时。

2003 年暑假期间,我回家乡做了初步的试调查,通过走访个案,对基本事实有了感性认识。个人资本存量的不同会导致行为偏好的不同,个体的知识水平、生活境况、社会声望等都会影响个体行为偏好以及偏好变迁的程度和途径,因此,在调查对象的选择上,我首先将两个村子的农民分为三类:(1)村主任、书记、组长和电工(电网改造之后原来的组电工位置不再存在,但是村电工仍然保留下来)等直接负责电网改造工程的人;(2)村里具有较高社会声望的精英,基本上是有一定知识文化、比较有经济实力的一些人;(3)普通的农民。这三类中,前两类是少数,根据从电力公司派出的陪同人员那里了解的信息,我访问了前两类所有的 5 个人,而普通农民则抽出了 19 个样本作为访问的对象。

4.3. 调查资料

通过调查所得到的资料,主要有以下几类:

(1)从电力公司拿到的国家政府和电力系统关于电网改造的政策规定。分别是国家电力公司农电工作部编制的《农村电力体制改革文件汇编》和恩施州电力总公司编印的《恩施州农电"两改一同价"工作的文件汇编》。

(2)从溪丘湾乡电力公司拿到的关于两个村子在电网改造之前、改造期间和改造之后的用电分户审核清单,涵盖从 1997 年开始到 2003 年 4 月的最新资料,数据量大而且详细。还有从两个村子的村委会拿到的关于两个村子电网改造工程规划方案的申请报告和一期、二期电网改造之后的情况汇报。

（3）到农民家里实地访问录制的语音资料。

本研究的研究范围有限、访问的个案数目有限，因此我无意做整体的推论，只是希望能够描述在中国的经济变革过程中，农民行为偏好变迁的实例和可能的内在机制。下面我将访问的个案资料分列如下：

表1　个案资料

个案号	姓名	性别	年龄	文化程度	职业
1	冯晓辉	男	42	小学	农民
2	谭文志	男	34	小学	农民
3	冯有枝	男	62	小学	退休
4	向国栋	男	42	初中	农民
5	冯国军	男	42	初中	农民
6	冯国召	男	48	小学	农民
7	向应龙	男	55	小学	退休
8	冯建	男	31	初中	农民
9	汪胜华	男	42	小学	农民
10	向宗明	男	46	小学	农民
11	冯家虎	男	38	初中	农民
12	冯国珍	女	42	小学	农工
13	冯永权	男	23	初中	农工
14	王习成	男	53	小学	退休
15	冯家彩	女	34	小学	农工
16	杨祖军	男	26	初中	农工
17	胡宗英	女	32	初中	农工
18	吴学状	男	64	小学	退休
19	冯国剑	男	49	小学	农工
20	焦兵	男	47	小学	瓦屋基村书记
21	谭联华	男	47	初中	瓦屋基村村主任
22	冯家胜	男	44	高中	下庄坡村村主任（兼书记）
23	谭斌	男	38	高中	村电工
24	谭联魁	男	46	初中	村电工

5. 电网改造基本情况和农民行为偏好的变迁

5.1. 电网改造的基本情况

瓦屋基村和下庄坡村位于湖北省恩施州巴东县境内,地处长江北岸,209国道横穿其中,两个村子相邻,总国土面积为9.9平方公里。地理呈梯状分布,平均海拔216米,属于丘陵地带,气候宜人,物产丰富,交通便利,两个村子都属于县政府产业结构调整的示范村。瓦屋基村辖7个组,280户,1 130人(截至2003年底),年总收入207.6万元,年人均纯收入1 837元;下庄坡村辖8个组,410户,1 533人(截至2003年底),年总收入220.6万元,年人均纯收入1 439元。

两个村子都于1982年开始通电,但在电网改造之前,电力系统存在很多问题。主要是:第一,电网基础差。两个村子各有一台30kVA的配电变压器属于高耗能型,载流量小,供电半径最大只有3千米。第二,电网质量差。导线截面小而且不符合要求,400V、200V线路很多都是破股线,木桩腐朽严重,存在安全隐患。第三,供电质量差,末端电压只有120V,供电没有保障,停电时间多。第四,线损高,台区综合线电损32%以上;电价高,农村到户电价达到0.95元/度,两个村最高电价甚至达到1.52元/度。

2000—2002年,两个村子分别实施了一、二期中低压改造:总投资33.95万元;新建、改建60kVA配电台区5个;新建、改造10kV线路5条,共达708千米,400V线路12条,共达13.5千米,220V线路共达34.2千米;安装水泥电线杆418基,一户一表690只。

通过农村电网建设与改造工程的实施,两个村子的电网结构得到优化,供电可靠性明显提高,到户电价明显下降。在实行了直抄到户管理之后,电价由原来的0.95元/度下降到0.508元/度,线损由农改之前的32.4%降到14.7%,年供电量由原来的97 932千瓦·时上升到191 083千瓦·时,年为农民直接减轻负担5.78万元。各项供电质量指标均达到国家规定的标准,实现了安全、经济、可靠供电。

电网改造之后,两个村子在家用电器拥有量上发生了巨大的变化。根据了解的资料,几乎每家都有电视(普及率高达99%左右),而在电网改造之前,电视的普及率只有20%左右。其中,彩电普及率则由电网改造之前的8%(60多户)提升到30%左右,电风扇、音响和影碟机已经开始进入农民家中,出现家用电器的消费高潮。

5.2. 电网改造背景下农民行为偏好的变迁

5.2.1 农民休闲生活偏好的变迁

休闲是社会文明的重要标志,是人类全面发展自我的必要条件。对于农民来说,从小农经济的纯农业劳作中部分解脱出来,适当安排自己的自由休闲时间,对于提高农民生活质量、提高农民福利水平有重要意义。随着电网改造的实施,一方面,电视、音响等家用电器为农民提供了娱乐的条件;另一方面,农民从现代化电器中享受到的实惠和快乐已经无形中改变了农民的闲暇生活偏好。通过访问调查,我认为,两个村子农民的休闲生活偏好的变迁可以从以下两个方面反映出来:

第一,生活时间配置模式由电网改造前的同质性向电网改造后的异质性转变。在电网改造之前,单一的农业劳作是两个村子农民生活的全部。农民回到家里,几乎没有任何娱乐活动。

> 那个时候,没有电视,也没有音响,也没得这个想法。早上很早就出坡,要天快黑的时候,等娃娃到坡里喊我吃饭,才回屋里。回来哒也没得么呢(什么)可以娱乐娱乐的,很早就睡哒。(个案1)

当时,仅有的娱乐生活就是农闲的时候聚到一块打打牌,谈论社会逸闻趣事。个案5这样回忆电网改造之前的休闲娱乐安排:

> 当时我们家买了个黑白电视,17英寸的,当时信号不好,电压带不起,一搞(经常)就断电。放那就很少用过,反正看不成器(看不成),就不爱动它了;不忙的时候,几个老伙计凑到一堆(一起)打打牌,打得小(钱少,不算赌)。

而在电网改造之后,两个村庄农民的活动时间安排出现了多样化的模式。少数家庭还是没有多少休闲时间,而绝大部分家庭用于休闲的时间大幅度增加,可以说出现了劳作性、闲暇性、家务性和均衡性并存的局面。这可能是因为,电网改造为农民休闲生活提供了灵活选择的空间。但是,由于各个家庭的资本存量不一样,休闲、生产的效用对每个家庭而言各不相同,因此,各个家庭关于休闲的偏好变迁程度不一样。有的农民受教育程度高,提高现代化生活质量的意识强,因此,通过电网改造,新的休闲理念信息对他们的影响较大,通过休闲经历积累起来的个人资本高,因此对休闲的偏好强。

个案6有三个儿子,家境在村子里相对较好,具有一定的社会声望。他说:

> 我的两个儿子在县里工作,他们让我在家里歇着,说种田划不来,也是。我们这样的人嘛,种田种惯哒,不下田不行。当时(电网改造前)又没得么呢(什么)可以打发时间,只有下田。现在不同哒,人开始老哒,电网整改(农村电网改造)之后,儿子给我买台电视机,彩色的,还有个看头,现在没事的时候就打开看,主要是看新闻和跟我们老百姓相关的一些东西,现在有天锅(地面卫星接收器)哒,效果好,喜欢看。下田也少哒。

电网改造之后,休闲时间安排的随意性减弱,时间界限更加分明,而且具有了某种共时性特征。在电网改造之前,对农民来说,时间概念是相当模糊的。日出而作,日落而息,有太阳的时候,常常以事物影子的长度作为划分时间的标志,而且时间概念都是循环的。而在电网改造之后,随着钟表、电视等现代化设备的引入,标准时间逐渐成为农民生活的坐标,看电视等休闲活动的安排都相当准确,因此,时间的模糊性消退,时间的划分越来越精确。个案4为我们提供了最好的素材:

> 我喜欢看那个《还珠格格》,那个时候(指放映的时候),经常看时钟算,一到放节目的时间,家务事也停下来,先看。成习惯哒。

第二,在休闲内容上,由旧娱乐方式向新型娱乐活动如看电视、听音乐转变。我到村里调查的时候恰好是春节期间,所到的每家每户几乎都开着电视,或者放着音乐,而很少看到有人在打牌或者打麻将。这和几年前我的感受是不一样的。休闲不仅仅是自由时间的支配,更是自我发展的重要因素。传统农村社会中的休闲,主要集中在聊天、打牌等活动上,这些活动的范畴主要是小社区内部的交流,和外部世界的互动很少,因此,在这些娱乐活动中获得信息少,比较单调。而家用电器的引入,为农民展示了新的休闲方式。电视为农民提供了在休闲中了解外部世界、增进知识和增加人力资本存量的机会;影碟机、录音机为农民提供了欣赏电影和音乐、释放情感的渠道。这种休闲不再只起到恢复体力的简单作用,更可以增加认知存量、增进个体愉悦、体会现代化生活。

> 原来觉得电视没有什么看头,光是雪花点点,当时大家都说这电视怎么总是在炒米花子,现在好多了。(个案 15)
>
> 像我,我每年卖七八十头猪,比较注意看电视上关于猪价的信息,你说看电视是闲活(休闲),也是的,但我可以看其他地方的猪价,有个比较。(个案 17)
>
> 原来的时候不太喜欢听歌,因为不太喜欢这么吵吵,爱清净,现在不同,娃娃喜欢听点音乐,周围的每家每户都买了音响,放点音乐可以调节调节气氛,热闹热闹,你看现在别人结婚什么的,还不是买音响、电视。(个案 11)
>
> 我们这些打工的,出门感受多哒,回来喜欢放点音乐,一来为了热闹,另外,有时候也唱上几句,我们蛮喜欢陈星的歌,都是打工人的心里话,比如那个《流浪歌》。(个案 13)

5.2.2. 农民消费偏好的变迁

我发现,在两个村子里,消费扩张现象一方面与电网改造提供的消费条件有关,另一方面农民的消费观念在这个过程中也发生了变化,消费偏好发生了变迁。下面是一些访谈资料:

> 我们把原来的黑白电视换成彩电。这个电饭煲也是在农网整改以后买的,当时我媳妇说用电饭煲要烧电(用电),花钱,家里个人(自己)煮饭就行哒,我是觉得电饭煲方便,现在电价又下降哒。

我还想买个洗衣机,这个方便,冬天里,要我媳妇洗衣,蛮冷,我和她商量了,反正花不了几个钱,干脆买了。

现在农民没么呢收入来源,但是,实话实说,农网整改确实是国家为我们老百姓办的一件好事,这个应该要感谢政府,老百姓也确实从中得到了实惠。

第一,农民的用电消费水平提高。从陪同我的电力公司人员那里,我了解到,以前两个村子的月用电量还不到3 000度,平均每家一个月的用电量在10度以下。以前线损厉害导致平摊的电价很高,农民不愿意交纳电费。他们觉得自己没有怎么用电,没有得到实惠却交这么多钱,认为不合理。也正因为如此,村电工都不太愿意继续从事这个工作,因为收不到电费,而且电损太厉害而导致差价小,赚不到钱。但是,在电网改造之后,电价低,用电环境好,电量计量准确,老百姓从用电的过程中体会到了实实在在的好处,因此,尽管每个月用电很多,农民也愿意交纳电费。现在,每个村每个月的用电量是原来的三倍,加上线路好,电损低,线路问题少,因此,村电工工作量少了,而报酬增加,比较愿意从事这个工作。

第二,农民在电器消费过程中有一个由摆设显示功能到消费体验功能、由不接受到接受的过程。在我访问的人当中,促使很多人购买电器的原因并不是为了使用电器。个案8这样说:

开始的时候,电便宜了,大家都去买电器,当时,你说你一家什么都不买好像不合适,别人走到你屋里,一看么呢都没得,也不好,所以就狠了心去买了个电视,但当时对电视晓得的不多,买回来哒,还不知道怎么去用,开始的时候也用的少,耗电嘛,又不懂,怕搞坏哒,后来电视看的也多,就习惯,娃娃要看,我也不说,只要把作业做完,到晚上我就让他们看。

开始买个电饭煲总舍不得用,耗电厉害。有人来,要凑急的话用这个方便。娃娃说用这个煮的饭要香,有时候就用这个煮饭;特别是到蛮忙的时候,就用这个。

很多情况下,购买电器的动机其实就是显示消费,这个时候,电器更多成为一种社会地位的象征。随着农民对电器了解越来越多,从其中感受到的实惠越来越多,对电器的偏好就提升了,这时候,看电视、听音乐成为一种满足自我的享受,而不仅仅是显示消费的功能。

第三,农民其他方面的消费意识增强。我发现陪同我一起下乡调查的电工每次出门都穿上比较整洁的西服,而一回到家,就换上别的衣服。对此,他说:

> 现在农村的消费观念和以前不一样了,以前要是穿得太好,别人会有闲言杂语,但是现在,出门还要穿好点,不然别人会说你邋遢。
>
> 现在的农村和以前不一样了,别看收入不高,消费水平倒很高,而且成了一股风气。从电网改造开始,家户儿都开始有了电器,你有黑白的我买彩的;后来又是沼气池改造,家家只要有条件,就上。
>
> 现在信息了解渠道多了,大家视野放开了,看到电视里的人怎么穿,就有人要试一试。

两个村子主要的经济收入,一是在溪丘湾茶场做工,另一个就是外出打工。在电网改造前后,当地人的经济条件并没有太大的变化(部分人做起了茶叶生产的外加工)。在收入没有发生大的变化的前提下,消费出现了大的增长,说明农民原来的紧缩性消费观念已经开始改变,不论是用电上,还是其他比如衣物、食品的消费上。

5.2.3. 农民生产偏好的变迁

随着两个村子用电条件的改善,农民对农业生产和第二产业、外出打工、妇女参加第二产业的态度都有较大的变化。信息的增加和生产条件的改善,一方面为农民提供了新的生产经营渠道和获利方式,另一方面改变了以前某些劳动方式的利润回报,从而改变了农民的生产偏好。

第一,我调查的两个村子在电网改造之前,除了农业基本上没有其他副业。而在电网改造之后,专职或者兼职的第二产业开始兴起。当我们到个案3家里访问的时候,看到主人正在用砖机做砖,后院堆了很多砖。他告诉我们:

> 农网整改前,电压太低,不消说(且不论)砖机,就连电视都开不了,那个时候,自己要起屋(造房子)的话,就要买砖,贵。农网整改,我开初因为要起个猪圈,想着电压高了,就自己买了一个砖机。没想到,周围的人有很多要砖,请我去做砖。慢慢地,个人(自己)做砖放在那里,等别人买,有时候别人定还要打夜工做。做砖就是自己花点电费,找人背沙,不过现在电价下降后,也用不到好多电费。除了农忙之外,做点砖可以赚点钱……开始的时候,我媳妇说怕我卖不出去,亏,还说这不是正业,后来等赚到钱的时候,就不说了,帮我做。

电网改造为农民的生产解决了基础性的问题,从而使做砖等非农业为农民提供了相对较大的利润空间,农民开始认可这种生产方式。

溪丘湾有一个大型茶场,为当地农民提供了一些从事非农产业的机会。在电网改造之前,茶场为农民提供了外加工的机会,但是由于当时用电质量差,购置的茶叶机械设备无法使用,带给人们的预期收益低,因此人们并不看好,认为做外加工赚不到钱,是不务正业。后来,当电网改造为农民提供了较好的用电环境之后,农民外加工的收益增加,外加工逐渐兴起,人们对外加工的评价提高,开始认可这种非农业的生产方式。

第二,在电网改造之后,人们通过电视等渠道了解的信息增多,改变了生活认知,并且增加了对外部世界的了解程度,对生活水平提升的要求以及对外出打工的态度都发生了变化。电网改造之前,人们认识到的都是小圈子里的生活状态,对现代化生活方式和外部世界的了解程度相当有限。而随着电网改造的实施,现代化电器涌入农村,在农民面前展现了一片完全不同的现代化生活图景。农民通过电视等了解了更多关于外部世界的信息,发现外面世界的精彩之处,再也不满足于当前的生活状态,希望能改善生活状况,过上现代化的生活,享受现代化经济发展带来的实惠。农民通过电视的宣传,看到了外部世界的更多机会。农民一般都是风险规避型的,在电网改造之后,随着接触信息的增多,对于出门打工的担忧相对减弱,对外出务工的预期收入增加,对外出打工的态度开始变化。

> 我下学了开始就在屋里玩起的(闲着的),后来,电网改造哒,看到别人家里都搞得不错,就想有个门路赚钱。你问我电视上的东西是不是

影响我出门打工,有一点,当时看电视,就觉得外面比我们这好,你看我们这个农村没得么呢搞头,赚不到钱。后来出去哒,觉得外边的机会要多,但是也蛮累的。

第三,还有一个显著的变化是对妇女参加第二产业的态度。以前,妇女除了农活之外,大部分时间花在家务活上。而现在,很多妇女进入茶场工作,尽管收入不高,但是是传统生产方式的重要转变。个案12这样说:

当时,我也想去茶场,因为待在家里总不是事(不行),但是,我老伴他反对,说我去,家里没人管家务,猪子等牲口没有人喂,就乱套。后来,村里的妇女都去,我也想去,给老伴做做工作,他也同意;电网改造买的粉碎机蛮方便的,原来要半个小时剁的猪草,现在用机子四五分钟就可以。我可以准备几天的猪草,他只喂一下就可以。我去茶场可以赚点钱也是好的。

用电条件的改善解放了妇女,为生产方式的转变提供了契机,人们对妇女参加生产的态度也发生了变化。

6. 偏好变迁途径:个人资本存量的变化

贝克尔认为,在一个人的人力资本存量中,几种类型的资本存量会直接影响个体的效用水平,他将其分为两类——个人资本和社会资本。前者指个人能影响当前和未来效用的过去个人经历;后者指在个人的社会网络和控制体系中其他人生活福利水平的影响。而之所以人力资本的一部分会影响个体的效用水平,是因为贝克尔认为,效用并不直接取决于一般意义上的经济商品,而是取决于家庭所"生产"的"产品",比如健康、社会地位等。而一般意义的商品只是家庭生产活动的投入品,用来生产能直接带来效用的"家庭产品"的还包括生产时间投入、资本存量、鉴赏能力、社会评判和其他变量。因此,个人人力资本存量影响个人的效用水平。贝克尔独特的洞见是对传统经济学基础理论的推进,但是他忽视了影响个体效用水平的重要因素——个人的认知水平(对事物的信念)。尽管通过个人的体验、经历可以获得对事物的认知,但是,获取认知的渠道并不局限于此。因此,我认为有必要加入认知资本概念来分析学习对行为偏好变迁的影响。

在农村电网改造的过程中,有三种途径影响了个体的偏好变迁:(1)通过政府教育、商家宣传以及社会舆论等途径,社会给农村输入了新的信息,农民利用新信息修改自己对事物的认知,改变对事物的信念,从而产生了偏好变迁现象;(2)通过不断的经历,农民增强了对某些事物的依赖,从而改变了个人资本存量的水平和结构,产生偏好变迁现象;(3)在社会舆论压力和他人福利状况的影响下,个人的社会资本存量发生变化,从而导致个人狭义偏好变迁现象。在第6部分和第7部分,我们分别分析个人资本存量变化和社会资本存量变化的具体机制和对偏好变迁的影响。

6.1. 认知资本存量的变化

6.1.1. 信息引入的途径

第一,政府对农民的教育引导是农民获得信息的重要途径。在电网改造初期,为了积极动员群众参加电网改造工程,溪丘湾乡政府要求每个组都召开动员大会,要有效传达上级部门关于电网改造的精神,更要向农民显示农网改造的实际好处,在村里的公布栏上张贴关于电网改造的通知。为了有效激励农民,政府决定采取措施提高农民对电网整改的预期收益,其中之一就是向农民显示使用电器能带来的实惠。

> 当时我们给老百姓算了一笔账:要是积极参与电网改造,那么除了买电表需要个人出钱,54块钱,电价由9毛钱一度降到5毛左右,一个家儿一年打(估算)用150度,可以少交60块,所以第一年就可以赚回来;要是没有电,用不了电器,生活质量没得提高。

瓦屋基村的村主任对我们说:

> 我们村是县里的产业结构调整示范村嘛,上面要求我们好好给农民做做工作,看电网改造哒能不能把农用机械引入村子里,我们几个干部

商量,从粉碎机做起,在动员大会上,我把个人家里的机器搬出来,示范给老百姓看,让他们看怎么用,怎么好。

农民原来认为电器都是高科技,不知道怎么使用,也不知道使用电器可以在多大程度上带来实惠。通过村基层政府的引导作用,农民对用电的好处的认识得到提高。

第二,茶场和电器销售商的宣传也为农民提供了关于新消费方式、新生产方式的信息。当地茶场是台湾同胞和当地政府的合作项目。溪丘湾乡的土质非常适合产茶,随着茶场经营规模的扩大,一方面,急切需要扩大种茶面积,扩大原茶来源;另一方面,也鼓励当地百姓参与外加工。这就需要当地农民改部分耕地为茶地,同时购置机械设备。但是,农民祖祖辈辈都依靠农耕获得基本的生活来源,因此,农民对改变这种生产方式存在一定的顾虑。电网改造之后,茶场组织一些人给村子里的人做工作,并且详细地分析了在用电条件改善之后,改变传统生产方式的好处和收益。有一部分农民逐渐开始认识到转变传统耕作方式的必要性,在茶场的指导下,开始种茶树,购进机械设备进行外加工。

当地集镇上的电器销售商对促进消费意识的转变也起到了一定的作用。由于209国道横穿这两个村子,部分电器销售商看到电网改造之后的商机,在过春节的时候使用专车,挂上喇叭沿着公路宣传。这种促销活动激发了农民的消费意识,也带来了关于新事物的信息。

第三,电网改造之后,农民通过电视、收音机等了解到更多的信息。这种不同于传统社会舆论的传输方式给农民的影响是非常深刻的。

> 应该说,通过农网改造,思想境界还是提高哒,原来不晓得外面是什么样的,现在你看电视就晓得。
> 我喂猪,通过市场可以了解很多信息。原来我们这个地方有人来收猪,我们不晓得外面的市场行情,卖哒怕过一阵子价格又起来哒;不卖嘛,又怕收完我的猪卖不出去。现在好,一看电视我就晓得邻近几个县的猪子价格,晓得该不该卖。有时候,价格低,我就个人找车,辛苦点,把猪子拉到武汉去卖。(个案17)

农民一般都相信高科技,认为通过这个途径传输的信息质量比社会传闻要好,因此,农民的认知常常受到现代传媒的影响,导致自身的信息结构和认知结构的变化,从而影响偏好的变迁。

6.1.2. 信息输入影响偏好变迁的机制

信息影响个体偏好变迁的程度因个体资本存量的差异而有所不同,同样的信息可能对不同的个体,或是通过不同的信息传输渠道而有不同的效果。

影响信息输入改变偏好变迁效果的主要有三个因素:(1)信息接收者的特性;(2)信息传输渠道和信息来源;(3)信息本身的特征。也就是"谁通过什么途径向谁传输什么信息"(Lasswell,1948)。

信息要影响个体对事物的偏好,不仅要求受体"接收"信息,而且要"接受"信息,通过新信息和原有信息的综合,修改原来对事物的信念,改变认知,从而使得行为偏好发生变迁。

第一,接收者的个人特征会影响信息对个体偏好变迁的影响效果。通过访谈,我发现,文化水平不一的农民面临同样的信息输入的时候,反应不一样。

有一定知识水平的农民更容易接受新信息,可是,他们的偏好不太容易改变。个案6是村子里较有文化的人,上过初中,在乡里当过会计。他这样描述自己对新信息的看法:

> 电视那一套,我也很懂他们在说么呢,但是,我觉得要有选择性地去信,有的东西跑的都是面子上的问题。电视上老说农民要用法律维护权利,我们也晓得,但是,在我们这个地方,行不通,都个人顾个人,哪个还帮你管事?

主观上的原因可能是,具有一定知识储备的个体在面对新信息时,会更加谨慎和具有批判性;而客观上对这类个体而言,新信息和原有信息的冲突越多,改变原有信念越不容易,偏好的稳定性就越强。对于低信息度的个体来说,外部世界对他们持有的信念的反馈少,因此不容易接受新信息,偏好变迁的激励很弱。具有中等信息的个体对新信息的接受程度是最强的,他们关于事物的信念也最容易改变:和低信息度的个体相比,他们更容易接受新的信息;而同高信息度的个体相比,他们接受的信息更容易改变个体对相应事物的信念。

第二,信息来源和传输渠道是影响农民个体偏好变迁的重要因素。在我们的访谈中,农民体现出对科学和技术的崇拜,将技术至上视为现代社会进步的一个重要特征。农民对通过电视等手段接收到的信息真实度表示较高的信任:

  电视上报道的东西不能全信,但大部分还是客观的,像我们要出坡,就要看天气预报,你个人在那里猜,别人用的是知识。

同以前通过社区内的舆论和传言相比,媒体信息的传播依赖科技,给农民一种科技和信息合为一体皆客观真实的幻觉。现代传媒传输信息是集声、光、色于一体的动态演绎过程,为农民提供了直观而喜闻乐见的感受方式。信息在一种貌似繁华的过程中被呈现给农民个体,这种光影交融的影像是农民原来没有见过的,好奇和享受成为新信息传输的背景。

第三,不同类型的信息会影响农民对相应事物的信念和偏好。人们对某种事物的关注程度影响农民的认知和效用评判:对那些可能会改变农民收益的信息,农民尤其留意;而对那些与自己相关程度不大的信息,农民投入的注意力不高,信念和偏好改变的可能性也不大。

正如上面所述,个案7因为从电视上接收到的信息与自己能获得的收益密切相关,因此,他倾注了相当的精力关注相关信息。

6.2. 生活体验

除了上述新信息引入对农民的个人资本存量产生影响,从而影响农民的生产、生活、消费偏好之外,农民的切身生活体验也是影响其行为偏好的重要机制。新事物被引入时,农民对其了解相当有限,其能为农民带来的效用水平也相当有限;当农民在经过一段时间的切身体会之后,个体会改变对事物的认知——不仅仅是知道更多关于事物的信息,更是在不断的体验中积累了一种无形的消费资本(consumption capital)。

在没有任何体验的时候,农民根据掌握的信息对事物有个基本的评价,新信息的输入对已有的信念影响较小。随着电价下降,农民接触电器和其他事物的机会越来越多,他们真实体会到的事物的特征就越强烈,对电器的信念就越强,对自己关注的事物某方面的特征就有更加深刻的体会。

电网改造过程中,农民的生活体验影响行为偏好改变的效果,主要受到以下两个因素的影响:(1) 在多维的认知系统中,个体关注的事物的特征;(2) 如年龄等其他个人资本存量的特征。

6.2.1 个体关注事物的某方面特征

如前所述,对事物的认知是一个多维系统,不同的人赋予事物某方面的权重可能会不一样。因此,同样的经历对不同的个体而言会有不同的体验,消费资本存量的变化与行为偏好变迁的方向和程度也就会不一样。对事物某种特征赋予的权重越大,对农民来说,事物这种特征的好坏就越决定农民个体对这个事物的态度。

> 那时候(电网改造前),打开电视总是闪不停,噪音大,雪花点多,所以不喜欢看。(个案18)

电网改造前,电视在声、光、色方面都没有足够的吸引力吸引农民,而在噪音等方面的特征尤其明显,这个时候,农民体会到的不是娱乐享受。虽然农民这时的经历也会积累消费资本,但是在效用函数中,这种消费资本对电视娱乐消费的影响是负的。"刚买电视的时候,有时候还打开看一下,但效果太差哒,后来干脆不看哒。"个体通过控制这种消极消费资本的积累来维持自己的效用水平。但是,电器在显示功能上的特征又受到了农民的重视,家庭购买电器完全成为一种摆设,成为社会象征品。

电网改造后,使用电器真正成为一种享受:

> 现在好哒,效果和原来不能比,噪音也有,但小多哒,现在看,还有点意思。(个案18)

6.2.2. 其他人力资本存量

第一,资金和时间。资金通过预算集影响农民的选择空间。没有资金,

即使有好的用电设施,农民也不能购置新的生产机械,不能脱离传统小农生产模式:

> 我还不是想搞一个外加工,但成本蛮高,一投资就要五六千,我哪来那么多的钱?现在出门打工一年也才赚个六七千,还不算花费。

没有资金,农民就没有办法购买电器,没有机会体验现代生活,也就没有办法获得新信息和亲身体验,从而不能改变自己的人力资本存量:

> 虽然很多家儿都买了电器,但是,还是有差别的,有的屋里已经有彩电、冰箱,而有的屋里只有一台黑白电视。你说哪个会不想享受、提高生活质量呢,关键还是钱,没得钱,么呢都不用说。有钱的家儿就可以买更多的东西,你看我们村主任屋里搞得那么好,什么东西都有。
> 很简单,有钱哒,才可以享受,才晓得哈数(才了解相关知识)。(个案5)

农民从农业劳动上解放出的可支配时间,是影响个体生产、生活体验的重要因素:

> 我儿子对我好,怕我太累,很早就给我买哒个粉碎机。现在我喂的猪只有两头,田也包出去很多,人轻松多哒,现在有时候觉得没得事做就看看电视。

可见,可支配时间影响了农民用来休闲的机会,在无形中影响了农民对待生活的态度。在访问的过程中,我发现很多人家之所以没有外加工或者从事别的非农产业,很大的原因是没有时间。农活和家务活让劳动力少的家庭顾不上其他事。

第二,年龄。年龄作为一种先赋性个人资本,会影响农民对生活质量的要求、风险承受能力和个人资本存量的回报率,从而影响其行为偏好变迁的效果。

首先,年龄影响农民对生活质量的追求。在访问的过程中,我明显地感觉到,年青一代更容易接受信息,对电网改造之后出现的新生活方式比较感兴趣;年纪大点的农民因为长期生活在传统的小农经济中,已经习惯原来面朝黄土背朝天的生活,对新生活的要求不高:

> 在我们屋里,看电视的一般是年轻一点的娃娃,我们这些人都快老了,还看电视干么呢,喜欢清净一点。

其次,年龄会影响个人的承受能力。电网改造为农民从事非农产业提供了基础设施,但不同年龄段的人对改行或者半改行的反应不太一样。年轻人敢于冒险,敢于去试:

> 因为电网改造,我看到很多家儿需要起屋,要木料,我就想去买个木料机,专门给别人把原木加工成需要的木料。

当问起父母意见的时候,他说:

> 我当时征求他们的意见,他们不放心,怕没得事做,吃亏。后来我想想,就狠了心,去买了一个,花了不少钱,现在生意不错。

另外,年龄会影响一个人的资本积累回报率。如果一个年龄大的人从现在积累资本,那么他未来从这种资本积累中享受回报的时间就少,因此其资本积累动机也要弱。

最后,知识水平、技能、阅历。具有一定知识水平的农民既可以依靠接受新信息,又可以通过亲身体验感知事物的特性而提高个人资本存量。文化层次较低的农民通过接受新信息改变认知的途径相对较困难,因此他们主要依靠实际体验来改变认知。如果个体的知识储备量越高,那么个体对相关事物的了解程度和认知程度就越深,在实际经历中获得的信息就越多,在农用机械上,理性计算能力就越强,认识到的好处就越多,在成本和收益的衡量上就越科学、越准确。

技能尤其指应对基础事物的方式方法,比如对于相对复杂的音响设备和茶叶加工机械,具备一定技能的人更懂得怎么使用能够带来更高效用。

个案 19 原来就在茶场工作,后来自己办起了外加工:

> 我做的茶叶比别家的都好,(茶场)收购评级别的时候,我的都不错,因为原来在茶场做事,懂一点。

个体阅历越多,选择的空间越大,对生活状况的估计和对生活的计划就越周到,转变就越快。

7. 偏好变迁途径:社会资本存量的变化

在瓦屋基村,我走在山路上,能听到村里有人家放着音乐,声音之大,足以让整村人听见。对那户人家来说,单单为欣赏音乐,完全没有必要把声音调得如此之大。可能的解释就是,在当地的农村社会,播放音乐这种行为具有传达信息、显示社会声望的作用。它向周围社区的人传达的信息,首先是热闹、和谐美满的家庭氛围,其次是家庭的现代化生活方式和生活质量。

我们在前面讨论了个人资本存量变化对个人行为偏好变迁的影响,这一章我们讨论个体的社会资本存量变化对个人行为偏好变迁的作用。

个人行为为个体带来多大的效用,取决于其所在的社会网络。人不是一座孤岛,早期经济学家就很重视个体在社会关联中的效用。偏好部分源于个体对事物特征的信念,但他人的评价和福利状况也会影响农民个体对特定事物的偏好。

一般说来,影响农民个体的社会资本主要有两类:(1)周围个人对相关事物的评价,社会评价影响个人的社会声望;(2)相关的其他人经历这一事物感受到的福利水平。下面我们分别讨论这两类社会资本的影响。

7.1. 他人的评价

个人的行为会受到其他人的评价,个人行动的效用不仅仅受制于自己从具体物品消费中获得的快乐,更受制于其他人的评价。一个人的某种行为可能带给个人良好的声望,也有可能使其声誉扫地。因此,个人在行为选择上就必须考虑他人的看法,尤其是在一个较为封闭而又重视声望的传统农村社会里。我们也注意到,尽管个人的社会资本主要依靠环境决定,但是个人也有能力改变自己的环境。个人选择一定的行为,可以引起他人的尊敬和羡慕,从而增加自己的社会声望资本存量:

> 以前也是用不起,你不买电视、不买音响也还好;电网改造了,既然能用,家家户户都开始买,你一家不买,别人会有说法,都是比着的。
>
> 开始买黑白的,后来彩电逐渐开始多起来,你买彩电,我就把黑白的换彩的,都是这个样子哦。(个案13)

在电网改造前,村里相互攀比的风气相对绞弱。当时用电环境很差,没有为农民提供足够的消费、生活和生产的攀比条件。电网改造后,随着电器的引入,攀比的风气越来越浓:

> 开始是电视,第二波是粉碎机等农用小机械,现在又兴起了买洗衣机的势头,其实也没得好多钱,但是,农村里这种比较,不得不买。(个案13)

电工这样说:

> 现在每家每户家里添置了什么东西,周围的人都清楚,你有的我也要有,而且要不一样的。(个案24)

我采访的两个村主任的家里,实在令我吃惊——生活条件完全达到了县城高收入者的水平,各样电器应有尽有,沙发摆了几排,地板安的瓷砖,并且烧着电烤箱,电视是27英寸的纯平彩电。在我采访的过程中,村民们提到村主任,一方面有些不满,因为存在贫富差距,给普通农民一种相对剥夺感,另一方面又表现出对那种生活方式的羡慕。

村主任等农村政治精英正是依靠"高级别"的生活方式维持着自己在农村社区的威望和地位。村主任向我这样描述了1994年他第一个购买电视的情形:

当时没得人看过电视,我买了一个,放在屋里,一到晚上,周围人家屋里的人都围拢来,挤得这个屋里没有地方放脚,当时效果很差,但是勉强看得成器(看得成)。是稀奇啊,以前都没见到过,看到有人在电视上晃来晃去,都觉得蛮有意思。第一天买电视,第二天就传遍哒整个村子,很多人赶过来看稀奇。

这种示范作用为示范者提供了社会声望,又通过大众舆论传播了新的行为理念。在这里,我们看到一个问题的两个方面——从众和求异——但是二者并不冲突。所有的追求都围绕社会声望,求异是积极地追求社会地位和较高的社会评价,而从众是消极地追求社会声望。二者的物质基础都是被认可的具有一定社会象征意义的事物,那些没有社会象征意义的事物不能起到这种作用。同时,示范作用通过求新,促使其他社会成员采取从众倾向。通过访问我发现,在电网改造之后,村里原来的精英人物最先购置电器,在生产、生活和消费方面率先改变。他们原来就是村里的权威,享受较高的社会声望,在环境改变之后,他们会积极争取通过求异来维护和提升自己的社会声望,而普通百姓从众的对象正是这些精英的行为。

7.2. 他人生活福利状况

个人生活在社会网络中,他人的福利水平影响个体感受到的相对效用。我们可以将社会网络分为两类:(1)主要为寻求和谐、安全,以互助为特征的社会网络,如家庭等;(2)主要为寻求效率,以竞争为特征的社会网络。农民可以通过选择两类社会网络中的群体作为自己生活状况的参照群体:前一类社会网络的效用和农民个体的效用具有一致性,这种社会网络中他人福利水平的提高增加了农民个体的相对效用;而后一类社会网络中他人福利水平的上升常常会减少农民个体感受到的相对效用。我们称这两种影响为网络外部性效应。

农民个人可以选择自己的参照群体,根据参照群体与自己的关系,决定自我的社会资本存量,从而调节自我感受到的相对效用,这个过程是创造性选择的过程。由此,个体对特定事物的狭义偏好与个人对社会资本存量的主观选择有很大关系:

我们家里条件不算好,不能和别人比。但是,个人心里有个底,晓得哪些家业(设施)该置,哪些没得条件。现在有人买洗衣机,我们没得这个条件。但和个人过去比呢,还是变化蛮大,日子好过点。

你问和别人比,生活条件改善没得,这要看跟哪个比,我们村子里发财的也有,当然比不上这些人,但是,如果有的家儿还是很穷的,有的家儿一年连吃饭都还成问题,更不用说看电视么呢。(个案14)

在第一类社会网络中,他人福利水平的提高会增加个人的效用。

开始买电饭煲时,舍不得用,但娃娃说,电饭煲煮的饭要香,有时候还用一下。

有电视,一天开到,也要不少钱,娃娃喜欢看,只要他们学习做完,我就让他们打开看。

在家庭内部成员之间,孩子福利水平的提高也促使父母的效用水平上升,增加了用电饭煲煮饭以及电视娱乐的社会资本存量。

在第二类社会网络中,他人福利水平的提高会降低个人的效用,相隔越近,形成的社会压力就越大,对个体社会资本存量的影响就越明显。一个现象是随着农村开放程度不断加深,农民的社会比较范围扩大,可供选择的参照群体增加:

那是,通过看电视,我们晓得外面的人在搞么呢,也有个比较。(个案23)

同时,随着农村两极分化越来越严重,农民现在体会到的相对剥夺感比以前增强了。随着市场经济进入农村,农民的市场交换意识和消费意识逐渐增强。农民被经济利润牵引,不断向高处看齐。这时候,他们选择的参照群体常常是在竞争网络中比自己收入要高、条件要好的人,因此,越是向上看,相对剥夺感越强。

对这一点,下庄坡村村主任深有体会:

村里的矛盾也很多。客观说，每家每户的生活条件和以前相比都好了很多，还要比哪个屋里搞得好些。前几天去解决纠纷，就是因为相邻的两兄弟，因为点小事扯皮，大的(哥哥)家里搞得好些，小的家里差些，小媳妇对大的家里很嫉妒，经常吵架。

现在啊，人都不简单，争得蛮厉害，明的不搞，暗地里比。

8. 总结

第一，本文以恩施州电网改造之后农民行为偏好变迁过程为例，分析了经济改革中行为偏好内生变迁的过程和机制。我们定义的行为偏好概念比传统经济学的偏好定义范围要广。按照鲍尔斯的定义，偏好是丰富的关于个人行为的解释的集合，比如价值观、义务、道德偏好、个人对于环境的解释、冲动、嗜好、习惯以及更加广泛的心理特征。偏好基于个体对事物的信念，但还取决于其他很多因素。狭义偏好函数是指仅仅包括物品的效用函数，扩展性偏好函数还包括影响效用水平的人力资本的一部分——个人资本和社会资本。尽管扩展性偏好函数具有稳定性，但是随着人力资本的变化，狭义偏好函数会发生变化。

第二，本文对贝克尔的扩展性效用函数模型进行了修改：一方面，将消费资本之外的认知习得过程加入个人资本概念中；另一方面，详细讨论了人力资本和社会资本更改的过程，以及对偏好变迁产生影响的具体机制。本文认为，在生产、生活和消费三个维度上，电网改造通过信息输入和亲身体验改变了农民的个人资本存量，通过社会压力对个体的影响改变了农民个体的社会资本存量，从而最终改变了农民对生产、生活和消费三方面的偏好。

第三，研究行为偏好的变迁，尤其是内生变迁过程，对研究经济改革和制度变迁有重要意义。如果社会经济政策可以影响个体的行为偏好，那么在评估社会福利政策时，就不能基于偏好稳定的假设，而必须考察经济措施和行为偏好的演化过程。在这里，我们发现，人们的行为偏好并非稳定不变，人们在强制性制度变迁的过程中可能会发生行为偏好的变迁，从而使得非帕雷托改进转变为帕雷托改进。在制度变革的过程中，通过引入关于变革收益、成本的新信息，让经济主体亲身体验新制度安排，可以促使个体由被动遵从制度安排转变为积极参与制度变迁。

第四,我们只讨论了行为偏好朝有利于提升个体生活质量、提高成员福利水平方向发展的变迁,但是现实中也可能会发生偏好逆转的现象。譬如说现代传媒由"化大众"模式变为"大众化"模式,根据市场化原则推出一系列庸俗的节目,使得农民觉得看了没有收获,产生偏好逆转现象。我们要提供高质量的传媒服务和市场服务,引导农民偏好朝现代化、市场化方向发展。

参考文献

贝克尔,加里,2000,《口味的经济学分析》,李杰、王晓刚译,北京:首都经济贸易大学出版社。

Ben-Ner, Putterman. 1998. "Values and Institutions in Economic Analysis". in Ben-Ner, Pitterman, (eds.), *Economics, Values and Organization*. Cambridge: Cambridge University Press.

Bowles, Samuel. 1998. "Endogenous Preferences: The Cultural Consequences of Markets and Other Economic Institutions." *Journal of Economic Literature* (26): 75-111.

Carpenter, Jeffrey. 2002. "Endogenous Social Preferences." Middlebury College Economics Discussion Paper, No. 2-9.

Druckman, James, Arthur Lupia. 2000. "Preference Formation." *Annual Review of Political Science* (3): 1-24.

Hoffler, Steve, Dan Ariely. 1999. "Constructing Stable Preferences: A Look into Dimensions of Experience and Their Impact on Preferences Stability." *Journal of Consumer Psychology* 8(2):113-139.

Norton, Bryan et al. 1998. "The Evolution of Preferences: Why 'Sovereign' Preferences May Not Lead to Sustainable Policies and What to Do about It." *Ecological Economics* (24): 193-211.

O'Hara, Sabine, Sigrid Stagl. 2002. "Endogenous Preferences and Sustainable Development." *Journal of Socio-economics* (31): 511-527.

挑战杯论文指导旧事与文章再读

刘世定

北大社会学系在庆祝建系40周年之际,要选出若干参加挑战杯竞赛并获奖的学生论文结集出版,方辉的论文《农村电网改造和农民行为偏好的变迁》亦在其中。系主任周飞舟教授打电话告知我此事,并因我是方辉这篇论文的指导教师,要我就此写点文字。

方辉是北大社会学系2001级本科生。2002年的一天,他大概是在听了我和研究生们每周召开的读书会之后来找我,向我讲述了他的家乡恩施州农村电网改造的故事以及改造前后农民行为的某些变化,并认为可能和我们读书会谈论的偏好的稳定性和改变有关。那段时间,加里·贝克尔1996年出版的 Accounting for Tastes(《口味的经济学分析》)是读书会阅读和讨论的书目之一。这部著作对传统经济学中的偏好稳定假定提出了挑战,并引入某些社会学的思想和概念建构新模型以深化对偏好变化的分析,同时对社会学中某些含混表述也有所澄清,因此,我们将它选定为经济社会学研究需要研读的著作之一。除了这部书的理论分析之外,贝克尔为中译本写的序言中讲到的一个想法也给我留下深刻印象。他说,要充分理解经济高速发展过程中中国人价值观的变化,就需要分析偏好形成过程,而"中国是一个考察偏好与经济变化之间相互作用的绝妙实验室"。我在2002年为北大社会学系建系20周年写的一篇小文章中,还专门讲到了贝克尔的这句话。在当时的那种关注下,当方辉向我谈起他家乡的变化和他对这些变化的直觉时,立刻打动了我。我感到他的直觉和贝克尔的专业眼光下的期待不谋而合,于是鼓励他继续调查并阅读有关偏好变迁的学术文献。

正是在这一年,方辉以这个研究设想成功申请了北大鼓励本科生科研活动的校长基金。他于2004年参加挑战杯竞赛的论文,就是在校长基金支持下完成的。我在写这篇文章时,查看了当时我对方辉论文的评语,现抄录如下:

偏好变迁是近年来一些经济学家和社会学家十分关注的一个基础性问题。由于对这个问题进行经验研究在操作上有难度，因此进展也比较困难。特别是，将偏好变迁和社会变迁结合起来的研究更是少见。这不仅因为偏好变迁本身研究的难度，而且因为研究者常常无法获得将两个变迁联系起来观察的场域和条件。方辉的课题正是着眼于这样一个学术上的困难，以湖北西部的电网改造引起的人们行为方式的变化为入手点，试图在前述问题上有所推进。经过近两年的努力，通过调查、资料分析以及理论探讨，方辉写成了论文《农村电网改造和农民行为偏好的变迁》。

我在肯定论文学术价值的同时，也指出论文在实践层面有其意义。

在使用分析性概念探讨影响偏好变迁的机制时，方辉无疑受到贝克尔扩展的效用函数模型的影响。例如，他对个人资本、社会资本的使用，就是沿着该模型的分析脉络展开的。不过需要指出的是，在利用这些概念进行分析时，方辉是有所推进的。我曾指出："论文在影响偏好的个人资本和社会资本（在加里·贝克尔使用的意义上）之间的关系、认知习得过程对个人资本的影响方面所进行的探讨是有新意的。"

偏好变迁研究是深入个人行为的微观研究。今天，借助新的技术手段进行的行为研究，包括脑科学研究、神经经济学研究等正对社会科学研究产生影响，并使偏好形成和变迁研究获得了更丰富和坚实的基础。但是我想，基于社会学田野调查的偏好变迁研究仍然有其不可替代的价值，特别是在偏好变动的方向、社会内涵、与社会环境和人际互动的关系方面，更有其特殊的效能。

就社会科学本身而言，进行微观偏好变迁研究，更重要的意义在于能深入地解释宏观行为的变迁。就分析技术而言，则是更有历史意涵地进行微观行为假定，以引导出有历史意涵的宏观行为分析。在社会学研究传统中，文化变迁研究关注了宏观变化，但缺乏坚实的微观偏好研究基础；理性选择社会学关注了微观行为和宏观行为的一般衔接机制，但过于一般的行为假定加上过于一般的人际互动框架尚不足以解释历史变迁。引入更具体的社会环境因素和人际互动因素的偏好变迁研究（方辉的论文在这方面做出了探索），再加上变迁的偏好和变迁的互动结构间关系的分析，有助于弥合前述两个传统之间的鸿沟。

上面最后两段，是我再读方辉文章时想到的。

社会转型时期大学生职业声望评价
——以北京大学本科生调查为例

作　者：田志鹏　邝继浩　罗晓亚　李昌琦　封之颖　吕　帅
指导老师：刘爱玉

摘要：本文从北京大学本科生中随机抽取部分学生作为分析样本，采用问卷调查法和比较分析法统计分析北大学生对于不同职业在政治、经济和社会三个方面的声望评价，并且本研究作为5年一次的纵贯研究的最新调查，结合1999年和2005年的调查，进一步分析在社会转型时期同一群体对职业声望评价的变化和可能造成这样变化的影响因素。本研究在最新声望排名基础上，对职业声望排名的特征进行了对比分析，如体制内和体制外职业，以及不同亚群体对于声望评价差异的分析。本文发现三次测定声望排序间显著相关，但2005—2011年的声望排序变化幅度总体上要小于1999—2005年的变化。在亚群体方面，划分标准将影响不同群体间差异显著与否。最后，本文深入讨论了如性别、户籍等重要亚群体的评价差异对比，并分析其差异原因。

关键词：职业声望　大学生　社会转型　纵贯研究

1. 引言

现代社会的分工带来了不同职业的分化，而职业对于一个人获取资源、得到其他社会成员的认可至关重要。虽然我国多年来一直强调不同职业没有高低贵贱之分，而且这也是实现不同社会成员身份平等的重要基础之一，但随着改革开放的深入与市场机制的引入，不同职业的分化逐渐明显，形成了一些所谓的"好职业"和"坏职业"。我国的职业声望研究就是随着我国日渐明显的职业分化而逐步展开的，这方面最早的是20世纪80年代初华裔社会学家林楠(即林南,下同)和中国社会科学院社会学所合作在北京城区抽样,对1 774名居民进行了50种职业的声望调查(Lin,Xie,1988)。职业声望研究是社会分层研究中的重要内容,借助统计学,我们能够得到某一群体对于当下职业声望的一般评价。

本文研究的主要内容是职业声望评价,在最基本的层次上,做出最新的职业声望评价排序,并结合1999年和2005年同样针对北京大学本科生的调查进行变迁趋势分析。我们假设我们的调查对象,即三个不同年份的北京大学本科生具有同质性,能够将声望排名变化的原因外在化,因此,本文认为社会转型时期社会结构的不稳定会造成声望评价的不稳定性,社会变迁是造成声望评价变化的重要原因。对比发现,前五年的声望变化要高于近五年的声望变化,总的趋势是职业声望评价趋于稳定。

纵贯研究是本文研究的重要内容,但由于数据资料有限,我们无法说清楚究竟是哪些社会因素导致了职业声望评价的变化,哪些因素导致职业声望评价趋于稳定,所以,我们只能做出一些合理的推测。就职业声望评价排名本身而言,除了历史性趋势分析,我们还针对最新排名的特征进行了分析,即如今的排名本身有何特征,重点讨论了体制内和体制外职业、知识分子和非知识分子、文艺创作类以及工人在职业声望评价上的特征,也对其历史变化趋势做了特别分析。

文章最后讨论亚群体在职业声望评价上的相关性和差异性,这部分的讨论试图找出影响职业声望评价的社会因素。由于社会因素较多,在确定亚群体标准上具有一定的主观性,选取了较为基本的划分标准,主要内容有:专业对口职业的声望评价;女性对家庭主妇的评价;性别、户籍和文理科在声望评价上的相关性。

研究作为纵贯研究的一部分,本研究最基本的价值在于数据更新,是5年一次的北京大学本科生声望评价调查最新成果,并且我们结合社会变迁,调查诸如家庭主妇、城市管理行政执法人员、证券投资分析师、驻外使领馆文官、社工、交通协管员等10个新职业,为以后对比分析打下基础。在职业声望评价本身方面,我们对各种职业做了类型学的考察和分析,提出了职业分类的一些看法。本文试图探索从不同亚群体对声望评价的相关性和差异性角度探索影响职业声望评价的一些因素,在数据分析的基础上形成一些初步的结论。我们认为职业声望评价是社会分层的重要内容,对于我们理解社会结构及其变迁具有重要意义。同时,我们认为大学生对于声望的评价与其未来择业具有很强的相关性,对于理解大学生择业具有指导意义。

2. 文献综述

2.1. 国外职业声望研究经验

由于新中国成立后社会学研究中断近30年,并且有着职业平等的社会主义意识形态,所以我国职业声望研究起步较晚,而职业声望一直是社会学的研究传统之一,主要用于解释职业地位与社会分层之间的关系。这类研究认为职业分层与社会分层相关,最早提出社会分层标准的是社会学家韦伯(M. Weber),他认为划分社会层次结构必须依据三重标准,即"财富-经济标准""权力-政治标准""声望-社会标准",并且韦伯(Weber, 1966:21)认为社会声望分层由社会价值评价体系所决定,具有一定的稳定性,对人们的身份认同、价值态度和行为方式有直接影响,而经济分层对这些方面的影响则不那么直接(转引自李春玲,2005)。韦伯的观点引出了后来诸多关于声望的研究,职业声望便是其中之一。韦伯之后,关于分层和声望的研究更多的是经验层面的,产生了一系列的实证研究,许欣欣(2000:68)将这些研究分为四类:一是对声望进行了经验研究和实际测定;二是将社会统计学方法运用到社会分层研究,发展出多种职业声望量表(Duncan, 1961);三是将声望研究的成果引入其他专门的社会学领域,其中最有代表性的是地位获得模型(Blau, Duncan, 1967)和社会网络理论;四是通过职业声望进行不同国家和地区文化差异的比较研究(Treiman, 1977)。

肇始于韦伯的声望研究,经过后世社会学家从各个方面的扩展,已经形成了一个较为完整的研究体系。本文所做的工作处于较初级的层次,属于经验研究和实际的声望测定。特莱曼(Treiman, 1977)认为职业声望评价上存在的差异是由社会结构自身所决定的,并且人类社会的分工和每一种职业所扮演的功能和角色在各国十分相似。换言之,特莱曼根据他得出各国职业评价的较高的相关分数,认为职业声望评价在世界各国具有相当的普遍性。特莱曼开启了国际比较研究,实际上,他所做的这些工作都是要验证职业声望评价存在的差异纯粹是由客观社会结构所决定的,从而提炼出各国职业声望评价的宏观结构因素,这样的结构论排除了评价者个人因素的影响。特雷曼的重要贡献就是发现了评价背后更为重要的结构因素,我们从其研究推论一个国家不同时期职业声望评价的差异很可能也是结构因素造成的,毕竟国与国之间结构上的差异很可能是由于不同发展阶段造成的,那么在一个急剧变迁的社会中,职业声望评价的变迁是剧烈的。

如果说特莱曼是结构主义的视角,那么我们在这里还必须讨论功能主义视角的职业声望研究。实际上,这样的研究从功能主义大师帕森斯(T. Parsons)那里就开始了。帕森斯认为,不同职业声望、身份的高低是人们道德价值观评价的结果,评价的根据是一种共同的价值观念体系,而这种共同的价值观念体系又是由社会的首要机构所塑造的。如在注重经济机构的社会里,人们崇尚财产地位,收入高、经济地位高的职业社会声望就高。根据这种理论,职业声望的差异是由共同价值观体系和首要社会机构所决定的。帕森斯还认为,至于究竟哪一种机构能成为首要机构,则是由特殊的历史、文化、环境因素决定的(参见李强,1993:39—41)。帕森斯将共享价值观作为能够得出较为一致职业声望评价的基础,并且提出了首要机构的决定性作用和其决定因素。而本文研究受韦伯启发,将职业声望评价分为政治、经济、社会三个维度,讨论三个维度对于某一职业声望的影响,在一定程度上探讨在当代中国社会,哪一维度是声望评价的首要结构。

职业声望并不是帕森斯讨论的重点,他更多的是从宏观社会发展角度讨论的。与本文研究更为相关的是戴维斯和莫尔(Davis,Moor,1945)关于职业功能的研究,他们认为,职业地位的差异是普遍存在的,其原因在于一些职业在功能上比另一些职业更重要,需要有特殊才能和技术者去承担,并且相对于其他职业要付出更多的劳动。因此,这些功能重要的职业就必须具有足以吸引人的特点或特殊利益才会有人愿意接受这种特殊才能和技术的培训,并且付出更多的辛苦。这些特殊利益包括职业的报酬以及舒适性、消遣性、自我尊重性、自我扩张性等,总而言之,是更高的职业地位。戴维斯和莫尔的观点因其极端的功能主义而遭到了批评,其研究结论可能被认为是为拥有高地位职业的人群辩护,毕竟并不是所有拥有重要职位的人都经过特殊的才能和技术培训。戴维斯和莫尔从功能主义视角出发,提出职业地位的差异和声望的差异,起因于职业本身功能的差异性,与特莱曼的结构性视角相对应。

本文主要从结构主义和功能主义两个视角梳理了国外关于职业声望的研究,这一领域实证研究多于理论探讨,或许职业声望排名本身就足以引起研究者的兴趣和争论。不同学者对于同一个职业声望排名会形成不同的看法和认识,形成了对排名本身和排名变化不同的解释,这些研究给予本文的研究很多启发。当然,任何研究都存在推广性的问题,如果按照特莱曼的观点,职业声望是由社会结构决定的,并且各国职业声望排序具有相当高的相关性,那么声望研究具有很强的普遍性。

2.2. 中国职业声望评价研究

2.2.1. 林楠等的早期职业声望调查

中国社会的职业声望评价较早的研究应该是林楠根据1983年的调查数据所写的中国职业声望的研究,这篇文章开启了中国的职业声望研究,并且成为后来研究分析的重要数据基础。林楠(1988)指出,当时中国经历了改革开放等一系列历史事件,但是社会分层、流动本身并没有发生根本性的改变,同时也不可否认的是,某些职业的排列顺序在这一特定的社会发展历史阶段受到技术、资源或者是近期的一些政治事件的影响。他对职业声望进行排序后发现,专业性职业例如医生、科学家、工程师等是得分最高的职业;其次是中小学教员、干部、机关专业人员等。因为他们作为技术人员,能得到价值很高的资源,这些是声望较低的半技术或者非技术人员所不能得到的(林楠,1988:49)。这一描述性统计的结果,一方面反映了当时经历了巨大社会变迁后的人们在社会结构和制度尚未稳定的情况下如何形成自己的一套价值观念,这为我们提供了职业声望评价20多年来的一个纵贯研究的基础;另一方面林楠也发现不同性别、年龄组的成员对于同一职业有相差甚大的声望评价,这也是社会转型时期的一个重要表征。这就为我们现在这个新的社会转型时期对于职业声望的评述有了一个借鉴:如何从社会结构和时代变迁的角度理解这种职业声望变迁。

林楠最后还为后来的研究提供了三点可能的趋势研究,这也是本研究在做综合声望评价的过程中值得借鉴的一些视角。第一,城乡二元化的长远影响是否随着时间的推移而对不同生活区域的大学生有了更加深远的影响(林楠,1988:50)。这种城乡之间的差别也反映了早年实行责任制和市场开放制度以来,中国社会长期的职业价值认识和职业声望评价的变迁。第二,有关在企业以及官僚机构和官僚制度中实行党政分开的问题,这涉及中国社会更加深层的社会官僚制度及更为广泛的政治制度的整体架构的问题(林楠,1988:50)。这也为本研究分离出政治、经济、社会地位三者,并在选取典型职业分类的过程中,对设计有明显政治意涵的职业有系统的类型学的划分。第三,林楠(1988:51)也指出职业结构现在更多地有按照性别分开的趋势。

2.2.2. 变迁中的职业声望研究

运用纵贯研究方法,将不同年份的职业声望做一个队列分析,可以分析在不同时代背景下人们对于职业声望评价的差异,从而得出职业声望在不同社会环境中,受到不同社会结构、制度等因素影响,并有不同的声望评价。从变迁中列举一些可能的共同因素,为职业选择提供一些借鉴。

林楠之后,不少学者都在不同年代对职业声望进行了不同范围内的研究。其中一些比较具有代表性的研究是,许欣欣1999年的调查通过描述统计显示了三类职业发生了重大的地位改变,这种改变反映了时代变化的情况下社会制度对于资源的配置、结构制度如何影响了人们对于职业的观念:第一类包括党政机关领导干部、工商税务管理人员和警察等,他们的职业声望有大幅度的提升;第二类是一些新兴职业,例如影视演员、民营企业家等,也有较大幅度的提高;第三就是国立中小学教师的职业声望也有较大的提升,相比之下,国有企业工人现有的职业声望则大幅度下降。从这种直观的职业声望地位的转变可以分析出当时国企改制对于人们原本高度牢固的单位制的摧毁,不仅仅是在职业上,更多的是对于个人原本赖以生存和发展的各种资源配置的机制上的改变,这也就是通过职业声望评价得出社会因素的一个典型。

除了这种描述统计意义对于职业声望的研究之外,还有一些研究是从城乡二元化等更多地结合时代背景,尤其是2000年之后转型时期的集中时期本身作为影响职业声望评价的重要来源,这也是纵贯研究的一个关键因素。

例如李春玲在其研究中指出,可以将职业声望与社会经济地位相联系,对中国社会的声望分层方面得出认识。首先是对林楠城乡二元分化这一观点的否定:她认为工业化社会普遍主义、一元化价值观继续扮演着主导性地位,虽然中国城乡二元分立的现实存在,但是这并没有导致中国有城乡区分明显的特殊的声望评价标准。研究数据支持了特莱曼的观点:"无论是城里人还是农村人,不论是有文化还是没文化的人,不论男性还是女性,不论是年轻人、中年人还是老年人,不论白领阶层还是蓝领阶层,职业声望评价基本趋于一致。"(李春玲,2005:99)最后基本结论是总体上声望等级排列还是体现出工业化社会的普遍价值取向。

但是李春玲的研究也指出,在工业化普遍主义价值成为主流的同时,相互冲突的多元评价标准仍有可能存在。人们可能因为原有的官僚制度、传统儒家思想等,同现在改革开放之后市场经济所引领的拜金主义、实用主义和能力主义之间仍存在相互冲突、多元化的价值评价取向(李春玲,2005:100)。随着工业化的发展,普遍主义以及货币市场经济带给人们价值观念上的冲击同原有的认知之间发生冲突,从而有了这种转型时期特有的职业声望评价,这也是李强等人的一系列研究。李强指出新兴职业、高收入与权力型、公众服务型和体力工人型的职业声望是人们职业声望最有区分性的四类职业(李强,2000:107—109)。

2.2.3. 大学生职业声望评价研究

大学生作为最直接同社会的就业渠道紧密关联的一个群体,其对于职业声望的评价是对未来的就业选择最为重要的一个影响源,这也是研究比较缺乏的领域。对于这样群体的调查,有利于深入了解大学生群体对于职业声望的评价,这也是预测就业的一个重要来源。而目前国内这方面的研究除了在量上较少、更新数据较为落后之外,还存在以下问题:最为明显的就是研究缺乏必要的理论框架,分析也就停留在较为直观的描述统计上,并且这种统计的量较小,采取的是直接给职业打分的方式,这可能存在信度较低、职业分类不够齐全的问题。同时在深入的方面较为欠缺,缺少对职业的类型划分以及对职业声望评价的相关性分析,这也是本文试图努力改善的方面。

国内有关大学生职业声望评价方面的研究,例如余新丽等学者认为随着改革开放的深入和社会主义市场经济体制的进一步完善,国际力量的广泛深入、国内的社会结构、社会流动机制都发生了变化,从而大学生的职业价值观念也发生了现实化、多元化、短期化、功利化(余新丽、费毓芳,2006:17)。余新丽还指出大学生发挥自己的才能是毕业择业时的一个首要考虑因素,这在经济学家萨缪尔森看来就是在一个完全平等竞争的情况下,自身价值的实现和社会创造价值之间的平衡过程。同时大学生择业在空间上更加倾向于向大城市、沿海开放地区聚集。这也反映了现代择业观念的开放化、功利化以及劳动力市场本身的流动有关。

李永鑫等学者指出大学生最为欣赏的10种职业依次是白领人员、企业管理人员、军人、公司经理、企业策划人员、厂长、信息分析人员、大学教师、工程师和律师。不同专业、性别、生源、年级间职业声望评价差异较小,但在具体职业上存在差异,表现出职业意向共性与个性的统一(李永鑫等,2001:70)。

总体上对于大学生职业声望的研究年份比较早,其结论到如今已经有了某种滞后性,所以本研究试图更新数据,做纵贯研究的分析。另外,笔者对于探究五年内中国经济发展、社会主义制度的继续完善对大学生价值观念的解组与重构的程度及其具体影响,以及城乡、性别、家庭收入、教育程度等没有系统作为理论框架内的有效因子有进一步的整体性假设,希望能通过定量研究的方法,进一步证实或证伪假设,发展并更新有关劳动声望的研究,为大学生择业提供一定的借鉴。

3. 研究设计与假设

3.1. 研究设计

3.1.1. 纵贯研究设计

纵贯研究是指在一段长时间内的不同时刻点对所研究对象进行若干次观察和资料搜集,以描述事物发展的过程、趋势和变化的研究类型。主要有三种具体的研究类型:第一种是趋势研究,它是对一般总体随时间推移而发生的变化的研究,特点是在不同时刻点所研究的对象不同;第二种是同期群研究,也叫人口特征组研究,指对某一特殊人群随时间推移而发生的变化进行的研究。同横向研究相比,纵贯研究的最大优点是可以描述事物的发展过程和变化,并从这种变化中考察事物的发展趋势。因此,可以从一个长期的纵向的角度,对不同年份进行纵向比较,从而得出因为时代变迁引起的社会结构、制度及其间接影响结果。

3.1.2. 职业声望测定

对于职业声望的测量,西方社会学家发展出许多职业声望测量技术,而国内研究者大多采用较为简化的测量方法。例如边燕杰(Bian,1996)设计的分组职业声望测量方法,简单来讲,就是将要测量的职业随机分为与随机分配的调查者一样多的组别,然后将各个职业逐一嵌入到不同的调查组中。也就是说,每组被调查者只需评价一组职业(即随机分配所得的一组职业 N 个),把这一组所有的职业进行高低等级排列,排在最高的职业赋值 1,排在最低的职业赋值 N。为了把所有组职业评价整合在一起进行比较,把每一组都出现的职业中固定的一个职业作为参照职业,对各个职业的得分进行标准化转换,转换后的得分再重新赋值,使各职业得分在 0—100 分之间。最终取得的职业声望得分经过了两次标准化转换。这种方法可以在一定程度上减少调查者本身对评分的厌倦感,提高问卷的效度,但是相对样本量较少,可能存在样本少而导致的方差较大。

另一些国内研究学者则是通过列出几十类常见的职业,让被调查者主观评分,然后计算出各个职业的平均得分(许欣欣,2000;蒋来文等,1991;蔡禾、赵钊卿,1995;叶南客,1997;李强、宋时歌,1998)。这种方法可以较为准确地提高问卷的信度,但是因为数量较大,评分时调查者心理承受的压力较大。所以本研究采取的是列举 86 种职业,让调查者对其进行一个利克特量表类型的评价:从非常低到非常高分为五类,然后我们将其做一个 5 分的加权处理。

除此之外,我们还采取了定性比较类型学的研究方法。加权处理人们对于经济、政治、社会地位评价的数据之后,将其通过诺斯-海特计算公式计算得出一个综合性分数。然后我们按照方差的集中性,以及各个可能的职业类型之间在经济、社会、政治地位之间的区隔,将集中具有单项指标的共同性的职业与具有明显区隔的职业区分开来,划分到不同的具有高低之分的组别中。

本研究通过定量的方法进行数据采集,并进行加权、相关分析、因果分析等;并结合定性的如个案访谈、类型学划分。力图通过增加样本的信度和效度,从多维度分析有关职业声望评价的现状、发展变迁趋势以及引起这些变化的社会机制等。

3.2. 数据收集

3.2.1. 抽样方法

在职业筛选上,我们沿用了刘爱玉在1999年和2005年所做的研究的调查问卷,为了保持研究的一致性,形成纵贯研究思路,其中涉及的76个职业均被我们取用。但是我们发现,这76个职业并不能涵盖所有有代表性的职业,特别是一些与北大内部一些大院系,如法学院、外国语学院、国际关系学院、社会学系的专业对口职业并没有囊括在内;另有一些近年来在社会中备受关注或争议的新兴职业在前人的调查问卷中也没有反映。为了随同这个飞速转型和发展的社会更新我们的知识,我们认为对我们的研究相应地做出一些更新是必要的,因此我们在保留76个职业的基础上新加入了10个职业。我们研究小组通过"头脑风暴"广泛搜集在当今社会中重要、有影响力、受关注以及与北大学生专业相关的职业,然后在初步获得的数十个职业中,筛选出最具有代表性的10个职业,它们分别是法官、律师、驻外使领馆文官(外交官)、社工和证券投资分析师、翻译、城市管理行政执法人员(城管)、交通协管员、性工作者[①]和家庭主妇。在总共86个职业的编排上,我们采用了随机化处理,采用抓阄的简单随机抽样方法确定职业的罗列顺序,并对初步编排的结果进行了微调,避免性质相近的职业过于集中。

在抽取学生样本上,因为难以确定抽样框,我们采用了定额抽样与整群抽样相结合的方式。前者的操作是:根据样本总量(400),我们结合各院系各年级的男女学生人数进行配额,委托我们认识的各院系同学进行分发。因为配额难以全部满足,所以我们另采用了整群抽样,其操作是:选取一些各院系文理科学生均有选修的大型公共必修课和通选课,如"马克思主义原理""社会学导论""经济学原理"等,对整个班的学生发放问卷,取得了相对满意的效果。

3.2.2. 样本概况及代表性

本调查一共发放问卷400份,回收有效问卷376份,回收率94%,数据统

[①] 性工作者不是一种正规职业,但因其社会事实性的存在,故纳入考虑。

一都由 SPSS 来进行录入和分析。

样本中,男性与女性数量比为4:6。由于样本量较大,因而男性与女性的观点均能得到体现和反映。从年级分布来看,样本主要集中在2010级和2009级,学生的职业观正在形成以及稳定的时期。样本的院系分布包括了社会科学部的法学院、国际关系学院、经济学院、社会学系、新闻传播学院、信息管理系、政府管理学院;人文学部的中国语言文学系、哲学系、历史学系、考古文博学院、外国语学院;理学部的数学科学学院、物理学院、化学与分子工程学院、生命科学学院、城市与环境学院、地球与空间科学学院、心理学系;信息与工程科学部的信息科学技术学院、工学院;跨学科类的元培学院以及医学部。从民族成分来看,样本主要是汉族,占到样本总量的九成以上,其余各民族也均有分布。从原居住地的行政区域来看,越中心的行政区域样本量越大,从一定程度上反映了北京大学学生来源地的比例差异。另外,除两名新加坡同学外,样本的居住地来源包括了中国各省。最后,从上大学前的户口属性来看,超过八成的样本均属非农业户。

3.3. 研究假设

根据以往调查研究经验,本文提出以下几个假设:(1)职业经济地位、政治地位和社会地位评价之间存在着较高的相关性;(2)2011年、2005年和1999年调查所得的职业综合声望排序具有较高相关性;(3)不同亚群体对职业地位的评价具有较高的相关性;(4)有些专业的学生会给予其对口职业以较高的声望评价;(5)大学生的职业声望评价会影响其择业。

3.4. 研究设计中的问题

当然,我们的研究设计和实际调查中也存在一些难以避免的问题。

首先,是样本的局限,我们只在北京大学的学生中抽取了我们的样本,研究结论难以推广至全国大学生群体乃至更广的人群,我们也因此把解释范围限定在北京大学本科生之内。在发放问卷时,我们难以完全满足最初设定的配额,男女比例离实际状况有一定偏差,而各个院系/年级间的样本比例也不满足最初的设定,但总体上各个院系和年级都有分布,也达到了能够进行假设检验的水平。

其次,在声望评价的测定上也可能存在一些问题。我们参照韦伯针对社会地位的类型学划分,将职业声望分为经济地位、政治地位和社会地位三个参数,但实际上这与韦伯的概念含义不一定完全符合。比较受争议的是"政治地位"一栏,人们对政治地位的感知可能不如经济地位和社会地位清晰,而能够体现职业政治地位的职业特性或职业行为原本也比较宽泛,大部分人可能认为政治地位是看掌握有多少政治权力而限于体制内的职业,有人可能还把它理解成对政府决策的影响力而包括了专家职业,还有人的标准可能更宽,认为掌握了公共话语权就是有政治权力,这些可能都因人而异。而实际分析中,我们也发现,相比起其他两种地位,政治地位的评定无论是在个体间还是在职业间,总体上差异都要小一些。另外需要注意的是,职业声望(地位)原本是一个定序变量,每个个体所感知到的等级间的差距是不相同的,诺斯-海特计算公式只是把原先1—5的平均等级扩大到了20—100之间,我们并不能完全用处理定距变量的方式处理它。所以,在一些相关分析中我们使用的是职业等级的排序,而不是职业声望得分本身。

再次,在职业的选取上,为了保证纵贯研究的延续性,无法避免的是,有些职业显得有些"老旧"。某些职业经过了社会变迁,逐渐要被淘汰出职业市场,或者是职能发生改变而名字有所变动,原来的名称对现在的学生来说可能有些生疏或难以理解。这样,在我们选取的职业中,有个别职业就显得有些"不合时宜",比如"乡镇企业工人""集体企业厂长""人力车夫""民办公司工作人员"这些名称。如果有后来者继续我们的研究,我们建议在几年后的纵贯研究中,逐渐剔除一些已经"过时的"职业,或者改掉一些职业的"老旧"名字,并相应地加入一些近十年来新兴起的职业,维持这个"职业框"的规模,这也是我们现在正在做的。

最后,某些参数之间的相关,虽然我们想知道,但却因为工作量和可行性的原因未能成行,比如说择业倾向与职业声望的相关、职业选择的社会关系网络利用效率的探究等,我们希望后续的研究者能在这些领域取得突破。

4. 职业声望排名及其特征分析

4.1. 职业声望得分统计和排名

我们将职业声望分为经济地位、政治地位、社会地位三部分,每一种地位赋予"很好""较好""一般""较差""很差"5 个等级,填答者则在这 5 个等级中依自己的意志勾选其一。根据问卷调查结果,我们采用诺斯-海特计算公式计算各职业声望:

$$S = \frac{\sum_{i=1}^{T} \frac{Fi}{N} \cdot Wi \times 100}{T}$$

式中,S = 职业声望;N = 调查的总体样本数;F_i = 被调查者选择等级的频数;W_i = i 等级的加权数;T = 等级的个数。

4.1.1. 职业地位得分表

问卷一共包含了 86 个职业[①],随机编排顺序,统计结果如下表(按问卷编排顺序)[②]:

[①] 需要说明的是,因为职业的划分没有固定的标准,且某些职业大类是可以再分的,有时人们按行业划分职业,有时人们则按职务或等级划分职业,更多的时候是这几个分类标准的结合。我们并不能保证我们挑选的职业是完全互斥的(因为社会现实就是如此),某些职业如"医生""护士"可能比较清晰,也能够与其他职业完全分开,但我们也必须承认某些职业我们无法做到这样,比如体制内的典型职业大类"国家机关工作人员"和按专业划分的职业"法官"之间、"经济学家"和"大学教授"之间就不能保证没有重叠。但这并不影响我们的统计分析,因为这些职业名称作为一个符号,在人们的思想图式中是被定位在不同的索引范畴中的,人们对各职业名称的印象是独立于其他名称的,即使它们的现实指称可能有所重叠,但它们在人们的脑中是不相重叠的。另外,因为职业可分性,我们筛选的职业包含的范畴可能有大有小,我们的社会现实正是如此。

[②] 我们力图在读者向我们提出质疑之前就先向自己提出质疑。读者可能会问,同一个职业可能在不同人那里的理解是不一样的,比如"运动员",有的人理解的运动员是李宁,而另外的人在填答问卷时想到的可能是丁俊晖;再比如饭店厨师,有的人想到的是外边小饭馆里的小厨,而有的人就会想到五星级大酒店里的大厨……李宁和丁俊晖、小厨和大厨,他们的收入、权力、声望不一样,职业地位自然也就不同。那么将李宁一类的运动员和丁俊晖一类的运动员放在一起统计合理吗?这只是不了解统计学的人的天真疑问罢了——如果每个人都能面面俱到地想到所有的运动员或所有的饭店厨师,那么我们的统计研究就根本不必要存在了。恰恰是因为有的人想到李宁,有的人想到丁俊晖,我们为了得到一个所有运动员集合而成的"平均印象",我们才诉诸统计学——这样才使得每个个体的经验通过我们的统计工具平均成一个抽象概念,把李宁、丁俊晖和其他种种统合成一个原型(prototype),或者说是柏拉图的"理念",这也就是凯特勒的"平均人"要说的意思。

表1 职业地位得分表

职业类别	经济地位	地位内标准差	政治地位	地位内标准差	社会地位	地位内标准差	综合地位	地位间标准差
财务会计	79.68	14.6	61.82	13.8	68.47	13.4	70	9.03
工会主席	72.11	15	84.33	14.4	80.8	15.6	79.1	6.29
国有企业厂长	91.34	12.2	85.63	14.6	85.65	14.6	87.5	3.29
民主党派负责人	75.73	17.2	87.43	16.6	85.88	16	83	6.35
车间主任	69.76	15.2	61.71	14.4	63.16	13.8	64.9	4.29
城市管理行政执法者	59.79	16.6	60.8	17.4	52.65	20.2	57.7	4.44
工程师	84.89	12.8	66.02	14.6	80.22	14.6	77	9.83
作家	68.28	17.6	61.94	16.2	76.81	17.6	69	7.46
影视演员	94.24	11.4	58.77	17.4	75.71	18	76.2	17.74
中外合资企业工人	71.68	18.4	58.18	15.4	63.1	16.4	64.3	6.83
废品收购员	43.69	18	38.71	15	37.75	15.8	40.1	3.19
幼儿教师	59.2	12.4	54.21	12.8	63.06	14	58.8	4.44
乡镇企业工人	51.55	14.4	49.46	14.2	49.84	14	50.3	1.11
民航飞行员	83.37	14.2	64.29	13.4	74.8	15	74.2	9.56
邮递员	53.05	12.6	52.06	13	54.26	13.8	53.1	1.1
美容理发师	61.02	15.2	47.13	14	49.44	13	52.5	7.44

续表

职业类别	经济地位	地位内标准差	政治地位	地位内标准差	社会地位	地位内标准差	综合地位	地位间标准差
公共汽车司机	51.18	13.2	58.58	13.8	51.05	15	53.6	4.31
军人	68.13	16.8	84.66	15.2	82.2	16	78.3	8.92
交通警察	62.69	13.4	68.52	16	71.32	16.6	67.5	4.4
经济学家	85.19	14.6	80.38	16.2	87.02	15.2	84.3	3.43
导演	91.76	11.8	67.28	15.8	81.18	16.4	80.1	12.28
商业公司经理	93.08	10.6	69.57	15.4	79.84	15.8	80.8	11.79
个体户	75.29	15.6	57.64	13.6	60.97	14.2	64.6	9.38
人力车夫	36.84	14.6	36.56	14.2	35.43	13.2	36.3	0.75
包工头	68.88	18.6	48.12	14	47.53	15.4	54.8	12.16
大学教授	78.98	13.6	79.25	16	90.89	12.4	83	6.8
交通协管员	52.24	13.2	53.08	13.8	53.3	14.4	53.5	0.56
时装模特	85.25	14	54.19	15	61.61	17.4	67	16.22
物理学家	74.68	15.4	70.46	17.2	85.44	16.2	76.9	7.72
电子装配工人	53.17	15	49.33	14.2	50.78	14	51.1	1.94
家庭主妇	47.29	19.2	45.32	16.2	49.43	16.2	47.3	2.06
建筑工人	43.97	15.8	42.1	14.8	41.88	15.6	42.7	1.15

续表

职业类别	经济地位	地位内标准差	政治地位	地位内标准差	社会地位	地位内标准差	综合地位	地位间标准差
出租车司机	55.82	14	48.52	14	50.75	13.6	51.7	3.74
农学家	68.82	14.4	68.38	16	73.91	17	70.4	3.07
播音员	74.05	13.6	65.81	15	72.96	15.6	70.9	4.48
记者	71.24	14	71.37	15.4	75.54	15.2	72.7	2.45
售票员	51.23	14.4	48.53	14.6	49.28	14	49.7	1.39
农民合同工	39.47	15	39.37	15	38.66	14.8	39.2	0.44
歌唱家	84.6	14.2	66.92	15.4	79.3	15.8	76.9	9.07
炼钢工人	50.27	14.6	48.55	15	48.95	16	49.3	0.9
证券投资分析师	90.03	13.4	68.01	15.8	78.66	15.2	78.9	11.01
空中小姐	78.88	14.4	59.68	14.8	68.76	15.4	69.1	9.6
车床工人	49.54	15	47.26	14	48.33	14	48.4	1.14
导游	63.21	13.4	54.21	11.6	57.27	13.2	58.2	4.58
大学讲师	71.53	13.4	70.97	15	80	15	74.2	5.06
电工	54.79	14.4	51.4	13.8	52.32	14.4	52.8	1.75
海关工作人员	75.01	15.2	73.87	16.4	74.03	15.4	74.3	0.62
法官	82.35	13.2	89.54	12.6	90.03	12	87.3	4.3

续表

职业类别	经济地位	地位内标准差	政治地位	地位内标准差	社会地位	地位内标准差	综合地位	地位间标准差
集体企业厂长	84.99	13.4	78.12	15	79.25	14.4	80.8	3.68
医生	84.99	12.2	71.43	14.4	83.6	14.4	80	7.46
公安人员	69.63	14	77.85	15	76.68	16	74.7	4.45
地质勘探员	66.92	15	62.2	14.6	67.69	16.2	65.6	2.97
服装设计师	82.31	14.8	60.91	13.6	69.22	15.4	70.8	10.79
售货员	53.03	13.6	50.4	14.2	50.83	14.4	51.4	1.41
种田农民	39.57	16	39.25	16.2	38.71	16	39.2	0.43
海员	62.25	17.6	57.74	17	60	17.4	60	2.26
驻外使领馆文官	80.16	15	87.74	14.6	87.03	14.4	85	4.19
中外合资公司职员	73.4	13.2	61.94	12.4	66.51	13	67.3	5.77
清洁工	37.96	14.2	38.39	15.2	38.49	16.4	38.3	0.28
社工	54.53	15.2	59.03	16	65.23	18.2	59.6	5.37
企事业单位政工干部	76.88	13.8	81.19	14.4	78.17	14.8	78.7	2.21
民办公司职员	67.35	12.8	61.13	12.4	62.96	12.6	63.8	3.2
私营企业主	87.17	13.2	65.55	13	71	13.8	74.6	11.24
外贸公司职员	73.8	13.2	61.4	11.6	65.05	12.2	66.8	6.37

续表

职业类别	经济地位	地位内标准差	政治地位	地位内标准差	社会地位	地位内标准差	综合地位	地位间标准差
翻译	80.54	13.4	68.32	14.2	73.6	14.6	74.2	6.13
汽修工人	53.24	14.4	50	14.2	50.32	14.8	51.2	1.79
税务工商管理人员	75.83	14.6	73.76	15.8	72.2	16	73.9	1.82
律师	85.72	12	80.16	15	84.93	14.2	83.6	3.01
国家机关工作人员	81.07	13.4	89.3	13	86.21	14.6	85.5	4.16
饭店厨师	67.56	15.2	55.54	12.6	58.6	12.8	60.6	6.25
护士	43.8	12.6	55.55	12.8	60.97	15.2	53.4	8.78
保姆	47.1	14.8	43.29	14.6	43.18	15.2	44.5	2.23
历史学家	66.49	15.4	71.13	16.8	78.87	17.4	72.2	6.25
流行歌星	92.92	13	62.1	16.6	77.37	18.2	77.5	15.41
银行职员	76.02	13.6	63.88	12.4	68.09	13.2	69.3	6.16
画家	69.22	16.6	60.43	15	71.29	17.4	67	5.77
矿工	43.95	17	41.36	15.8	40.49	16.2	41.9	1.8
性工作者	58.87	23.2	31.29	15.6	28.71	15.6	39.6	16.72
纺织工人	45.01	14.4	43.94	14.6	44.1	14.2	44.4	0.58
列车乘务员	53.51	13.8	49.41	14.2	50.7	15.4	51.2	2.1

续表

职业类别①	经济地位	地位内标准差②	政治地位	地位内标准差	社会地位	地位内标准差	综合地位③	地位间标准差④
宾馆服务员	49.28	15	45.54	14.2	45.97	14.6	46.9	2.05
殡葬工人	55.01	18.6	45.27	15.2	43.66	16.8	48	6.14
搬运工人	40.59	14	40.11	15	40.16	15.4	40.3	0.26
政府机关秘书	71.94	14.8	75	16.4	71.51	15.8	72.8	1.9
运动员	80.21	16.2	67.47	16.6	78.49	17	75.4	6.91
中小学教师	65.52	12.2	64.57	13.4	74.63	14.4	68.2	5.55

① 对照 2005 年的研究,我们又增加了家庭主妇、城市管理行政执法人员、证券投资分析师、驻外使领馆文官、性工作者、翻译、法官、律师、社工、交通协管员等 10 个职业。

② 即所有样本选择声望等级分布的标准差×20(声望等级从"很差"到"很好"分别赋值为 1,2,3,4,5),与职业声望分数对应。

③ 综合地位即将三种职业地位取平均值,权重视为相等。

④ 即某一职业三种职业地位得分的标准差。

4.1.2. 职业声望分类别得分排序

表2　三个层面的职业地位得分及综合得分排序（自高到底）

序号	职业类别	经济地位得分	职业类别	政治地位得分	职业类别	社会地位得分	职业类别	综合得分
1	影视演员	94.24	法官	89.54	大学教授	90.89	国有企业厂长	87.5
2	商业公司经理	93.08	国家机关工作人员	89.3	法官	90.03	法官	87.3
3	流行歌星	92.92	驻外使领馆文官	87.74	驻外使领馆文官	87.03	国家机关工作人员	85.5
4	导演	91.76	民主党派负责人	87.43	经济学家	87.02	驻外使领馆文官	85
5	国有企业厂长	91.34	国有企业厂长	85.63	国家机关工作人员	86.21	经济学家	84.3
6	证券投资分析师	90.03	军人	84.66	民主党派负责人	85.88	律师	83.6
7	私营企业主	87.17	工会主席	84.33	国有企业厂长	85.65	大学教授	83
8	律师	85.72	企事业单位政工干部	81.19	物理学家	85.44	民主党派负责人	83
9	时装模特	85.25	经济学家	80.38	律师	84.93	商业公司经理	80.8
10	经济学家	85.19	律师	80.16	医生	83.6	集体企业厂长	80.8
11	集体企业厂长	84.99	大学教授	79.25	军人	82.2	导演	80.1
12	医生	84.99	集体企业厂长	78.12	导演	81.18	医生	80
13	工程师	84.89	公安人员	77.85	工会主席	80.8	工会主席	79.1
14	歌唱家	84.6	政府机关秘书	75	工程师	80.22	证券投资分析师	78.9

续表

序号	职业类别	经济地位得分	职业类别	政治地位得分	职业类别	社会地位得分	职业类别	综合得分
15	民航飞行员	83.37	海关工作人员	73.87	大学讲师	80	企事业单位政工干部	78.7
16	法官	82.35	税务工商管理人员	73.76	商业公司经理	79.84	军人	78.3
17	服装设计师	82.31	医生	71.43	歌唱家	79.3	流行歌星	77.5
18	国家机关工作人员	81.07	记者	71.37	集体企业厂长	79.25	工程师	77
19	翻译	80.54	历史学家	71.13	历史学家	78.87	物理学家	76.9
20	运动员	80.21	大学讲师	70.97	证券投资分析师	78.66	歌唱家	76.9
21	驻外使领馆文官	80.16	物理学家	70.46	运动员	78.49	影视演员	76.2
22	财务会计	79.68	商业公司经理	69.57	企事业单位政工干部	78.17	运动员	75.4
23	大学教授	78.98	交通警察	68.52	流行歌星	77.37	公安人员	74.7
24	空中小姐	78.88	农学家	68.38	作家	76.81	私营企业主	74.6
25	企事业单位政工干部	76.88	翻译	68.32	公安人员	76.68	海关工作人员	74.3
26	银行职员	76.02	证券投资分析师	68.01	影视演员	75.71	大学讲师	74.2
27	税务工商管理人员	75.83	运动员	67.47	记者	75.54	民航飞行员	74.2
28	民主党派负责人	75.73	导演	67.28	民航飞行员	74.8	翻译	74.2
29	个体户	75.29	歌唱家	66.92	中小学教师	74.63	税务工商管理人员	73.9

续表

序号	职业类别	经济地位得分	职业类别	政治地位得分	职业类别	社会地位得分	职业类别	综合得分
30	海关工作人员	75.01	工程师	66.02	海关工作人员	74.03	政府机关秘书	72.8
31	物理学家	74.68	播音员	65.81	农学家	73.91	记者	72.7
32	播音员	74.05	私营企业主	65.55	翻译	73.6	历史学家	72.2
33	外贸公司职员	73.8	中小学教师	64.57	播音员	72.96	播音员	70.9
34	中外合资公司职员	73.4	民航飞行员	64.29	税务工商管理人员	72.2	服装设计师	70.8
35	工会主席	72.11	银行职员	63.88	政府机关秘书	71.51	农学家	70.4
36	政府机关秘书	71.94	地质勘探员	62.2	交通警察	71.32	财务会计	70
37	中外合资企业工人	71.68	流行歌星	62.1	画家	71.29	银行职员	69.3
38	大学讲师	71.53	中外合资公司职员	61.94	私营企业主	71	空中小姐	69.1
39	记者	71.24	作家	61.94	服装设计师	69.22	作家	69
40	车间主任	69.76	财务会计	61.82	空中小姐	68.76	中小学教师	68.2
41	公安人员	69.63	车间主任	61.71	财务会计	68.47	交通警察	67.5
42	画家	69.22	外贸公司职员	61.4	银行职员	68.09	中外合资公司职员	67.3
43	包工头	68.88	民办公司职员	61.13	地质勘探员	67.69	画家	67
44	农学家	68.82	服装设计师	60.91	中外合资公司职员	66.51	时装模特	67
45	作家	68.28	城市管理行政执法者	60.8	社工	65.23	外贸公司职员	66.8

续表

序号	职业类别	经济地位得分	职业类别	政治地位得分	职业类别	社会地位得分	职业类别	综合得分
46	军人	68.13	画家	60.43	外贸公司职员	65.05	地质勘探员	65.6
47	饭店厨师	67.56	空中小姐	59.68	车间主任	63.16	车间主任	64.9
48	民办公司职员	67.35	社工	59.03	中外合资企业工人	63.1	个体户	64.6
49	地质勘探员	66.92	影视演员	58.77	幼儿教师	63.06	中外合资企业工人	64.3
50	历史学家	66.49	公共汽车司机	58.58	民办公司职员	62.96	民办公司职员	63.8
51	中小学教师	65.52	中外合资企业工人	58.18	时装模特	61.61	饭店厨师	60.6
52	导游	63.21	海员	57.74	个体户	60.97	海员	60
53	交通警察	62.69	个体户	57.64	护士	60.97	社工	59.6
54	海员	62.25	护士	55.55	海员	60	幼儿教师	58.8
55	美容理发师	61.02	饭店厨师	55.54	饭店厨师	58.6	导游	58.2
56	城市管理行政执法者	59.79	导游	54.21	导游	57.27	城市管理行政执法者	57.7
57	幼儿教师	59.2	幼儿教师	54.21	邮递员	54.26	包工头	54.8
58	性工作者	58.87	时装模特	54.19	交通协管员	53.3	公共汽车司机	53.6
59	出租车司机	55.82	交通协管员	53.08	城市管理行政执法者	52.65	交通协管员	53.5
60	殡葬工人	55.01	邮递员	52.06	电工	52.32	护士	53.4
61	电工	54.79	电工	51.4	公共汽车司机	51.05	邮递员	53.1
62	社工	54.53	售货员	50.4	售货员	50.83	电工	52.8
63	列车乘务员	53.51	汽修工人	50	电子装配工人	50.78	美容理发师	52.5

续表

序号	职业类别	经济地位得分	职业类别	政治地位得分	职业类别	社会地位得分	职业类别	综合得分
64	汽修工人	53.24	乡镇企业工人	49.46	出租车司机	50.75	出租车司机	51.7
65	电子装配工人	53.17	列车乘务员	49.41	列车乘务员	50.7	售货员	51.4
66	邮递员	53.05	电子装配工人	49.33	汽修工人	50.32	列车乘务员	51.2
67	售货员	53.03	炼钢工人	48.55	乡镇企业工人	49.84	汽修工人	51.2
68	交通协管员	52.24	售票员	48.53	美容理发师	49.44	电子装配工人	51.1
69	乡镇企业工人	51.55	出租车司机	48.52	家庭主妇	49.43	乡镇企业工人	50.3
70	售票员	51.23	包工头	48.12	售票员	49.28	售票员	49.7
71	公共汽车司机	51.18	车床工人	47.26	炼钢工人	48.95	炼钢工人	49.3
72	炼钢工人	50.27	美容理发师	47.13	车床工人	48.33	车床工人	48.4
73	车床工人	49.54	宾馆服务员	45.54	包工头	47.53	殡葬工人	48
74	宾馆服务员	49.28	家庭主妇	45.32	宾馆服务员	45.97	家庭主妇	47.3
75	家庭主妇	47.29	殡葬工人	45.27	纺织工人	44.1	宾馆服务员	46.9
76	保姆	47.1	纺织工人	43.94	殡葬工人	43.66	保姆	44.5
77	纺织工人	45.01	保姆	43.29	保姆	43.18	纺织工人	44.4
78	建筑工人	43.97	建筑工人	42.1	建筑工人	41.88	建筑工人	42.7
79	矿工	43.95	矿工	41.36	矿工	40.49	矿工	41.9
80	护士	43.8	搬运工人	40.11	搬运工人	40.16	搬运工人	40.3
81	废品收购员	43.69	农民合同工	39.37	种田农民	38.71	废品收购员	40.1

续表

序号	职业类别	经济地位得分	职业类别	政治地位得分	职业类别	社会地位得分	职业类别	综合得分
82	搬运工人	40.59	种田农民	39.25	农民合同工	38.66	性工作者	39.6
83	种田农民	39.57	废品收购员	38.71	清洁工	38.49	种田农民	39.2
84	农民合同工	39.47	清洁工	38.39	废品收购员	37.75	农民合同工	39.2
85	清洁工	37.96	人力车夫	36.56	人力车夫	35.43	清洁工	38.3
86	人力车夫	36.84	性工作者	31.29	性工作者	28.71	人力车夫	36.3

4.1.3. 职业声望等级划分表

依据职业声望分数,我们将这86种职业分为6个等级,分数范围分别为20—39.995、40—49.995、50—59.995、60—68.995、70—79.995、80—100,反映了这86个职业在北大学生群体观念中的等级。见下表:

表3 职业声望等级划分表

等级	经济地位	政治地位	社会地位	综合地位
第1等级	影视演员、商业公司经理、流行歌星、导演、国有企业厂长、证券投资分析师、私营企业主、律师、时装模特、经济学家、集体企业厂长、医生、工程师、歌唱家、民航飞行员、法官、服装设计师、国家机关人员、翻译、运动员、外交官(21)	法官、国家机关人员、外交官、民主党派负责人、国有企业厂长、军人、工会主席、政工干部、经济学家、律师(10)	大学教授、法官、外交官、经济学家、国家机关人员、民主党派负责人、国有企业厂长、物理学家、律师、医生、军人、导演、工会主席、工程师、大学讲师(15)	国有企业厂长、法官、国家机关人员、外交官、经济学家、律师、大学教授、民主党派负责人、商业公司经理、集体企业厂长、导演、医生(12)
第2等级	财会、大学教授、空姐、政工干部、银行职员、税务工商、民主党派负责人、个体户、海关人员、物理学家、播音员、外贸公司职员、中外合资公司职员、工会主席、政府秘书、中外合资企业工人、大学讲师、记者(18)	大学教授、集体企业厂长、公安人员、政府秘书、海关人员、税务工商、医生、记者、历史学家、大学讲师、物理学家(11)	商业公司经理、歌唱家、集体企业厂长、历史学家、证券投资分析师、运动员、政工干部、流行歌星、作家、公安、影视演员、记者、民航飞行员、中小学教师、海关人员、农学家、翻译、播音员、税务工商、政府秘书、交警、画家、私营企业主(23)	工会主席、证券投资分析师、政工干部、军人、流行歌星、工程师、物理学家、歌唱家、影视演员、运动员、公安、私营企业主、海关人员、大学讲师、民航飞行员、翻译、税务工商、政府秘书、记者、历史学家、播音员、服装设计师、农学家、财会(24)

续表

等级	经济地位	政治地位	社会地位	综合地位
第3等级	车间主任、公安、画家、包工头、农学家、作家、军人、饭店厨师、民办公司职员、地质勘探员、历史学家、中小学教师、导游、交警、海员、美容理发师(16)	商业公司经理、交警、农学家、翻译、证券投资分析师、导演、运动员、歌唱家、工程师、播音员、私营企业主、中小学教师、民航飞行员、银行职员、地质勘探员、流行歌星、中外合资公司职员、作家、财会、车间主任、外贸公司职员、民办公司职员、服装设计师、城管、画家(25)	服装设计师、空姐、财会、银行职员、地质勘探员、中外合资公司职员、社工、外贸公司职员、车间主任、中外合资企业工人、幼儿教师、民办公司职员、时装模特、个体户、护士、海员(16)	银行职员、空姐、作家、中小学教师、交警、中外合资公司职员、画家、时装模特、外贸公司职员、地质勘探员、车间主任、个体户、中外合资企业工人、民办公司职员、饭店厨师、海员(16)
第4等级	炼钢工人、公共汽车司机、售票员、乡镇企业工人、交通协管员、售货员、邮递员、电子装配工人、汽修工人、列车乘务员、社工、电工、殡葬工人、出租车司机、性工作者、幼儿教师、城管(17)	汽修工人、售货员、电工、邮递员、交通协管员、时装模特、幼儿教师、导游、饭店厨师、护士、个体户、海员、中外合资企业工人、公共汽车司机、影视演员、社工、空中小姐(17)	汽修工人、列车乘务员、出租车司机、电子装配工人、售货员、公共汽车司机、电工、城管、交通协管员、邮递员、导游、饭店厨师(12)	乡镇企业工人、电子装配工人、汽修工人、列车乘务员、售货员、出租车司机、美容理发师、电工、邮递员、护士、交通协管员、公共汽车司机、包工头、城管、导游、幼儿教师、社工(17)
第5等级	搬运工人、废品收购员、护士、矿工、建筑工人、纺织工人、保姆、家庭主妇、宾馆服务员、车床工人(10)	搬运工人、矿工、建筑工人、保姆、纺织工人、殡葬工人、家庭主妇、宾馆服务员、美容理发师、车床工人、包工头、出租车司机、售货员、炼钢工人、电子装配工人、列车乘务员、乡镇企业工人(17)	搬运工人、矿工、建筑工人、保姆、殡葬工人、纺织工人、宾馆服务员、包工头、车床工人、炼钢工人、售票员、家庭主妇、美容理发师、乡镇企业工人(14)	废品收购员、搬运工人、矿工、建筑工人、纺织工人、保姆、宾馆服务员、家庭主妇、殡葬工人、车床工人、炼钢工人、售票员(12)
第6等级	人力车夫、清洁工、农民合同工、种田农民(4)	性工作者、人力车夫、清洁工、废品收购员、种田农民、农民合同工(6)	性工作者、人力车夫、废品收购员、清洁工、农民合同工、种田农民(6)	人力车夫、清洁工、农民合同工、种田农民、性工作者(5)

4.1.4. 职业地位折线图

根据上述等级划分,我们将根据职业地位得分划分的职业等级做成折线图,分布结构将会更加直观,如下图:

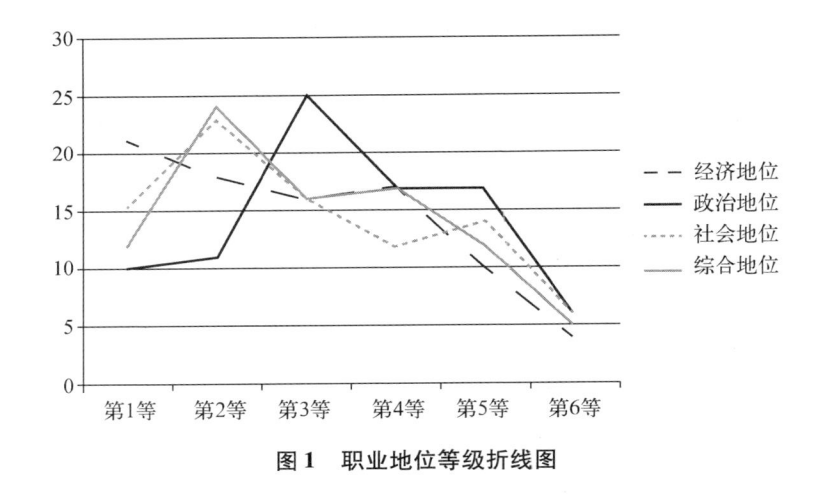

图 1 职业地位等级折线图

从图中可以看出三种职业地位分布的鲜明不同。经济地位位于第 1 等的职业比其他任何一等的职业都多,第 2、3、4 等职业的数量相差无几,而第 5、6 等职业,特别是前者,数量上要比政治地位和社会地位的相同等级少很多。这样,经济地位的数量分布总体呈下降的趋势。这可以反映出在当今社会,职业经济地位相对于其他职业地位是相对容易获得的,相应地,经济地位在对上层职业的区分中作用不是很大,因为大量的职业都能赚钱,但是却不一定有相应的政治和社会地位。

政治地位的分布和经济地位全然不同。位于头两等的职业的数量比起第 3、4、5 等要少得多。政治地位处于第 3 等的职业数量是一个高峰,第 4 等和第 5 等的职业同样多,整个曲线呈一个鲜明的单峰,整体上看,大多数职业的政治地位都分布在中后三个等级中。由此我们可以推断,政治地位是较难获得的。如果我们加入其他两种地位,就会发现,在三种地位当中,政治地位是最难获得的。社会地位的分布也自有特点:位于第 2 等的职业最多,而第 1、3、5 等职业数量差不多。

我们把加总平均的职业综合地位也绘成了曲线,一个有趣的发现是:综合声望曲线的前半部分(第 1—3 等)与社会地位曲线基本拟合,而后半部分(第 3—6 等)则与经济地位曲线基本拟合。虽然没有严格的逻辑推断,但这一结果起码与我们某些社会经验现实有所契合——在中等以上的"好职业"中,人们最看重的是它的社会地位,因为好职业由收入增加带来的边际效用递减,而且随着中产阶级规模的扩大,近年来中上阶层的收入差距也在缩小,所以收入的多少已经形不成社会区隔,而在中上阶层中,"社会地位"则是相对稀缺的(中产阶级更看重社会声望),需求弹性也更大。而在中等以下的"坏职业"中,职业不好总是因为它"穷",经济地位具有基础性的特征,收入最先满足的是人的生存需要,衣食不足,权力和尊严也是虚妄,所以中下等职业的"第一宗罪"总是拮据。

第6等职业在三种地位和综合地位上的数量都很少,且职业种类也相对固定,基本上是由人力车夫、农民合同工、种田农民、废品收购员、清洁工、性工作者等职业构成的。如果我们把综合声望处在第5等和第6等的职业不恰当地称为"坏职业",我们会发现"坏职业"的三种地位的评价之间具有高度一致性。经济地位最低的10种职业分别为(由低到高)人力车夫、清洁工、农民合同工、种田农民、搬运工人、废品收购员、护士、矿工、建筑工人、纺织工人;政治地位最低的10种职业分别为性工作者、人力车夫、清洁工、废品收购员、种田农民、农民合同工、搬运工人、矿工、建筑工人、保姆;社会地位最低的10种职业分别为性工作者、人力车夫、废品收购员、清洁工、农民合同工、种田农民、搬运工人、矿工、建筑工人、保姆。其中,有8个职业在三种地位的评价上都名列末十,而经济地位倒数第10的纺织工人,在政治地位上是倒数第11,在社会地位上是倒数第12;政治地位和社会地位均倒数第10的保姆,在经济地位上也仅是倒数第12。其中比较特殊的职业只有性工作者和护士,性工作者的政治地位及社会地位均为倒数第1,但经济地位却相对偏高,得分58.87,排名为倒数29位,列入了第4等级;而护士显著偏低的是经济地位,得分43.80,排名倒数第7,低于除搬运工人外的工人职业,但其政治地位为正数第54位,其社会地位为正数第53位,列于第4和第3等级。

有了相对固定的"坏职业",我们再转向所谓的"好职业"。相比起"坏职业","好职业"就不那么固定了,从刚才的职业声望曲线中我们就能找到部分原因:获得经济地位相对容易,但获得政治地位却很难,三种地位的分布结构并不相同。如果我们同样考察三种地位前10名的职业,就会发现只有国有企业厂长、律师和经济学家三个职业在三种地位中均有列席。考虑到处在经济地位第1等级的职业数量较多且得分较为集中,我们把排名扩展到前15名,这个数字仍然没有改变;再扩展至前20名,新列入的职业有集体企业厂长、医生、法官和国家机关工作人员。

如果我们用另一种标准评定人们心目中的"完美职业":三种地位得分

均在80分以上,即均处于第1等级的职业。则这样的职业有国有企业厂长、法官、国家机关工作人员、驻外使领馆文官、经济学家和律师6种。

让我们顺着排名从高到低观察处于每个位次的职业在该位次上的职业地位得分分布,并绘出走势图:

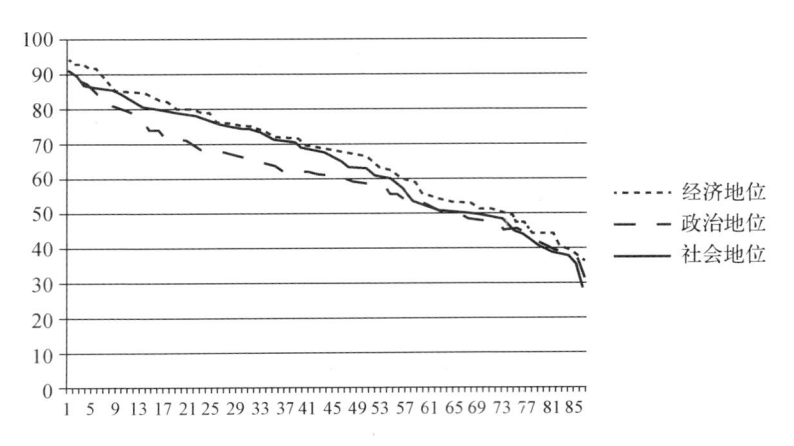

图2 职业地位各次序得分走势图

可以明显地看出,各位次的经济地位得分几乎都高于政治地位和社会地位得分,社会地位得分在55位之前则明显高于同次位的政治地位得分。这说明北大学生群体更容易给出高的经济地位评价,而最不易给出高的政治地位评价。这一结果再一次宣明了之前提到的观点:经济地位的易致性和政治地位的不易致性。

4.2. 职业声望排名特征分析

4.2.1. 体制内职业和体制外职业

我们把20个在党、政、军以及公有制企业和事业单位工作且编制在内的职业划分为体制内职业[①],它们是驻外使领馆文官、企事业单位政工干部、邮递员、国有企业厂长、集体企业厂长、法官、国家机关工作人员、运动员、税务工商管理人员、民主党派负责人、海关工作人员、工会主席、政府机关秘书、公安人员、军人、交通警察、城管、列车乘务员、乡镇企业工人、炼钢工人。

---

① 并不是不列在内的职业就不可能在体制内工作,我们考虑的是在绝大多数情况下,只可能在体制内存在的那些职业。

我们对体制内外职业的三种职业地位进行独立样本 T 检验,发现体制内职业和体制外职业在经济地位的方差(F = 3.951, sig. = 0.050)和均值上(2-tailed sig. = 0.189)均没有显著差异,但在政治地位和社会地位的检验中却差异显著,政治地位的均值差为16.31(2-tailed sig. = 0.000),社会地位均值差为10.99(2-tailed sig. = 0.005)。这说明体制内职业在政治地位和社会地位上具有优势。从实际排名中我们也能发现,在政治地位排名前 20 名中,体制内职业占了 13 个,而在社会地位前 20 名中,体制内职业占了 8 个;而同样是经济地位的前 20 名,这个数字只有 5 个。

4.2.2. 知识分子和非知识分子

我们把掌握了自然科学或社会科学专业理论知识并以此为业的职业界定为"知识分子职业",根据这一标准,纳入这一分类的职业有 9 个:大学教授、大学讲师、经济学家、物理学家、历史学家、农学家、中小学教师、工程师、医生。

接着,我们对知识分子职业与非知识分子职业进行独立样本 T 检验,两种职业在三种地位上均满足方差齐性,但在经济地位上,两者均值没有显著差异(2-tailed sig. = 0.069),在政治地位和社会地位中,两者差异显著(政治地位 2-tailed sig. = 0.014,社会地位 2-tailed sig. = 0.000)。在社会地位的第 1 等级中,知识分子职业占了 6 个,而剩下 3 个都在第 2 等级,其中社会地位最低的为农学家,但也排第 31 名。可见,知识分子职业比起其他职业,在社会地位上的优势更加明显。

4.2.3. 文艺创作类职业

我们将作家、影视演员、时装模特、流行歌星、画家、歌唱家、服装设计师、导演等 8 个职业纳入文艺创作类职业类别。经过独立样本 T 检验,我们发现,文艺创作类职业与非文艺创作类职业在经济地位分数方差上不同,且在地位得分上有显著差异,均值差为18.46(2-tailed sig. = 0.001),而在政治地位和社会地位上均无显著差异(政治地位 2-tailed sig. = 0.857,社会地位 2-tailed sig. = 0.067)。

在所有职业的排名中,影视演员在经济地位上名列第 1,而在政治地位上却名列第 49(第 4 等),社会地位名列第 26(第 2 等);流行歌星在经济地位上名列第 3,在政治地位上名列第 37(第 3 等),社会地位上名列第 23(第 2

等);导演在经济地位上名列第4,政治地位上名列第28(第2等),社会地位上名列第12(第1等);时装模特在经济地位上名列第9(第1等),在政治地位上名列第58(第4等),社会地位上名列第51(第3等);歌唱家在经济地位上名列第14(第1等),政治地位上列第29(第3等),社会地位上列第17(第2等);服装设计师的经济地位排名第17(第1等),政治地位排名第44(第3等),社会地位排名第39(第3等)。这6个职业都是影视、歌舞和服装行业的典型职业,也就是人们常说的"娱乐圈"人士,在职业定位评价上显示出了高度的一致性———一致的高经济地位,而政治地位与高经济地位相比都是不相称地偏低,社会地位的排名则介于两者之间。

让我们看看这6个职业的得分曲线:

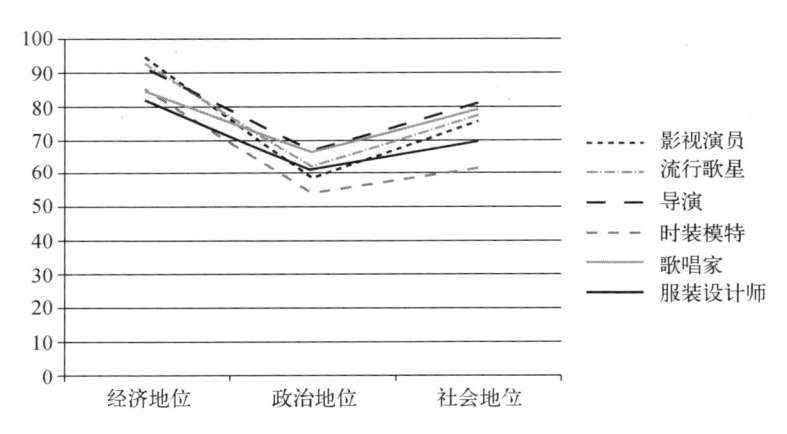

图3 职业地位分数折线图

可以看得出,我们现今对这类演艺类职业的评价仍与传统的看待"伶人"的方式脱不开关系。传统社会中"伶人"即使收入颇丰,也始终处于社会底层,遭人看不起。不过在北大学生的评价中,我们可以看到对这些"伶人"职业的社会地位评价已经有了很大改善。可能是由于年轻一代更加关注并消费他们的文化产品,使得相比于更年长的群体,他们给出的评价要高一些(未验证)。不过,这些职业的弱势体现在政治地位上,这也反映出他们在社会中缺乏话语权。

而余下的两个职业,画家和作家,就不太相同。它们的经济地位都不算高,作家排在第45位(第3等),画家排在第42位(第3等);政治地位上,作家为第39位(第3等),画家为第46位(第3等);比较显著的是它们的社会地位,作家为第 24 位(第 2 等),画家为第 37 位(第 2 等)。作家的职业地位综合来看要高于画家。

4.2.4. 工人的职业声望

在所有的 86 个职业中,包括 14 个工人职业,分别是中外合资企业工人、乡镇企业工人、清洁工、汽修工人、农民合同工、炼钢工人、矿工、建筑工人、纺织工人、电子装配工人、电工、车床工人、殡葬工人和搬运工人。将工人职业平均水平与所有职业平均水平进行独立样本 T 检验,我们发现一个鲜明的结果——工人职业在三种职业地位上的得分,显著较所有职业平均得分要低(均满足方差齐性,2-tailed sig. = 0.000)。工人经济地位和政治地位平均得分(49.3、46.5)比所有职业平均得分低约 18 分,政治地位得分(46.1)低约 15 分。在当今中国的社会现实下,工人的低职业地位长久以来一直都是固化了的社会结构问题。

4.3. 职业声望排名的历史比较分析

4.3.1. 职业声望历史排序对比

我们去除了此次新加入的 10 个职业,按原来的 76 个职业重新排序,并与 1999 年和 2005 年两次职业声望调查的得到的职业排序做比较。

刘爱玉在 1999 年和 2005 年做的职业声望研究数据显示,1999—2005 年间,职业声望可谓发生了剧变,职业声望上升和下降了 20 位及以上的职业分别有 8 个和 4 个,而上升和下降了 10—19 位的职业分别有 7 个和 10 个。但 2005—2011 同样的 6 年间,职业声望的变迁却不及 1999—2005 年,这从侧面显示了中国社会转型的速度逐渐慢了下来——转型已经进入了后半阶段,各阶层在转型社会中渐渐找到了自己的位置,各种职业的地位和声望逐渐固化于社会结构之中。

让我们来看数据,2005—2011 年间,没有一个职业的声望变动了 20 位以上;而职业声望上升或下降了 10 位及以上的职业分别都有 4 个,且都在 15 位以内。

为了便于分析 2005—2011 年的数据,我们重新做了划分:排名变化了 0—5 位的职业,我们认为它们的职业声望基本没有变化;排名变化了 6—10 位的,我们认为这些职业的声望经历了小幅变迁;排名变化了 11—20 位的,

表4 1999年、2005年、2011年职业声望排序对比

职业类别	2011	2005	1999	职业类别	2011	2005	1999	职业类别	2011	2005	1999
国有企业厂长	1	4	32	影视演员	17	16	36	空中小姐	33	36	16
国家机关工作人员	2	3	33	运动员	18	18	20	作家	34	29	14
经济学家	3	1	3	公安人员	19	27	41	中小学教师	35	38	22
大学教授	4	2	1	私营企业主	20	21	28	交警	36	42	49
民主党派负责人	5	7	19	海关工作人员	21	9	21	中外合资公司职员	37	33	24
商业公司经理	6	5	11	大学讲师	22	11	6	画家	38	39	15
集体企业厂长	7	14	31	民航飞行员	23	22	7	时装模特	39	37	34
导演	8	10	10	税务工商管理人员	24	17	37	外贸公司职员	40	28	25
医生	9	6	5	政府机关秘书	25	20	44	地质勘探员	41	51	38
工会主席	10	15	45	记者	26	13	8	车间主任	42	40	52
企事业政工干部	11	25	42	历史学家	27	35	13	个体户	43	44	46
军人	12	24	17	播音员	28	30	18	中外合资企业人	44	50	48
流行歌星	13	23	51	服装设计师	29	31	9	民办公司职员	45	52	55
工程师	14	8	20	农学家	30	26	12	饭店厨师	46	46	39
物理学家	15	19	4	会计人员	31	34	27	海员	47	41	35
歌唱家	16	12	23	银行职员	32	32	26	幼教	48	45	30

续表

职业类别	2011	2005	1999	职业类别	2011	2005	1999	职业类别	2011	2005	1999
导游	49	43	29	汽修工人	59	61	59	建筑工人	69	67	68
包工头	50	48	70	电子装配工人	60	53	47	矿工	79	71	69
公共汽车司机	51	59	64	乡镇企业工人	61	63	60	搬运工人	71	74	71
护士	52	47	40	售票员	62	64	66	废品收购员	72	73	75
邮递员	53	54	50	炼钢工人	63	62	57	种田农民	73	70	56
电工	44	57	54	车床工人	64	65	62	农民合同工	74	75	73
美容理发师	55	49	43	殡葬工人	65	68	74	清洁工	75	72	67
出租车司机	56	55	53	宾馆服务员	66	60	65	人力车夫	76	76	76
售货员	57	58	61	保姆	67	69	72				
列车乘务员	58	56	58	纺织工人	68	66	63				

我们认为这些职业的声望经历了中幅变迁;而排名变化了20位以上的,我们认为这些职业的声望经历了大幅变迁。

这样,我们做出下表对比1999—2005年和2005—2011年的职业声望变迁:

表5　1999—2005年、2005—2011年间的职业声望变迁状况

变迁幅度	1999—2005年	2005—2011年
大幅变迁	9	0
中幅变迁	21	6
小幅变迁	13	16
基本不变	33	54

其中,2005—2011年,职业声望中幅上升的职业有:企事业单位政工干部,排名从25位上升至11位;军人,排名从24位上升至12位。这两个职业都与军政有关,反映出北大学生对以政治工作为主的职业声望评价发生了变化。让我们从三种地位中细看军人的职业声望变迁,在经济、政治、社会地位中,军人的得分都有所升高,显著升高的是经济地位,得分从原来的59.2分上升至68.1分,在经济地位上的排名从原先的52位上升至41位(剔除新加入的10个职业后),这反映了军人待遇的提高,或许是因为国家的国防投入加大。政工干部的三种得分也均有所升高,其中显著升高的是政治地位(72.4→81.2)和社会地位(69.8→78.2)。

声望中幅下降的职业有记者,排名从13位跌至26位,三种职业地位的得分均有小幅下降;海关工作人员,排名从9位跌至21位,其中经济地位得分有大幅下降(85.2→75.0),政治地位有小幅下降;外贸公司职员,排名从28位跌至40位,其中经济地位得分有大幅下降(82.0→73.8);大学讲师,排名从11位跌至22位,其中下降幅度较大的是经济地位(77.6→71.5),社会地位也有小幅下降(84.0→80.0)。在当今经济发展水平不断提高的中国,这些职业经济地位得分较大幅度的下降更引人思考。我们尝试对一些职业得分的下降做出可能的解释:海关工作人员经济地位得分大幅下降的原因可能是体制内垄断资源的权力变弱;记者职业地位得分的整体下降可能由于近年来网络媒体、自媒体快速发展,记者从业规模扩大,但职业群体整体素质下降;外贸公司职员经济地位的下降,很可能与被感知到的2009年国际金融危机造成的出口萎缩有关。

当一种"精英职业"或"好职业"的从业者规模扩大后,职业地位可能会由于职业教育跟不上人员规模的扩大,知识技能和职业道德整体水平下降,导致"精英"被稀释,从而致使职业声望下降。这一假设有待以职业从业者数量变迁的资料加以证明。

职业地位小幅下降的职业有7个:税务工商人员,排名从17位降至24位;电子装配工人,排名从53位跌至60位;工程师,排名从8位跌至14位;海员,排名从41位跌至47位;导游,排名从43位跌至49位;美容理发师,排名从49位跌至55位;宾馆服务员,排名从60位跌至66位。

职业地位小幅上升的职业有9个:流行歌星,排名从23位升至13位;地质勘探员,排名从51位升至41位;公安人员,排名从27位升至19位;历史学家,排名从35位升至27位;公共汽车司机,排名从59位升至51位;集体企业厂长,排名从14位升至7位;民办公司职员,排名从52位升至45位;交通警察,排名从42位升至36位;中外合资企业工人,排名从50位升至44位。

为了把1999—2005年的职业变迁状况也纳入考察,整合探讨1999—2011年12年间这76个职业的总体变化,我们就以1999年、2005年、2011年这三个时点,将这76个职业分为5类:

表6　职业声望变迁分类表[①]

①类职业		25	电工、搬运工人、纺织工人、建筑工人、炼钢工人、汽修工人、乡镇企业工人、车床工人、矿工、个体户、出租车司机、列车乘务员、邮递员、售票员、售货员、保姆、农民合同工、废品收购员、人力车夫、运动员、经济学家、大学教授、时装模特、医生、导演
②类职业	排名上升	12	国家机关工作人员、商业公司经理、私营企业主、国有企业厂长、民主党派负责人、政府机关秘书、工会主席、影视演员、歌唱家、车间主任、包工头、殡葬工人
	排名跌落	16	物理学家、农学家、中小学教师、幼儿教师、播音员、服装设计师、画家、作家、财务会计、银行职员、中外合资公司职员、民航飞行员、空中小姐、护士、饭店厨师、种田农民

---

① ①类职业,非常稳定、职业声望排名一成不变的职业;②类职业,1999—2005年间职业声望有变(上升或跌落),但2005—2011年平稳不变的职业;③类职业,1999—2005年间职业声望排名不变,但2005—2011几年间有新的变化的职业;④类职业,1999—2011年间持续(上升或跌落)变化的职业;⑤类职业,变化有起伏的职业(先升后降或先降后升)。

续表

③类职业	排名上升	3	公共汽车司机、民办公司职员、中外合资企业工人
	排名跌落	4	宾馆服务员、大学讲师、外贸公司职员、记者
④类职业	持续上升	5	企事业政工干部、集体企业厂长、公安人员、交通警察、流行歌星
	持续跌落	5	美容理发师、清洁工、海员、导游、电子装配工人
⑤类职业	先升后降	3	工程师、税务工商人员、海关工作人员
	先降后升	3	军人、地质勘探员、历史学家

可以看得出，那些历久不变的①类职业包括大部分工人和底层的第三产业服务人员以及个体从业人员；此外，经济学家、大学教授、医生、导演这四个"好职业"的地位也是一直没有变过的。而相对于①类，④类职业也是值得关注的：地位持续上升的主要是体制内的职业，特别是公安和交警两个执法职业；流行歌星不仅在持续上升，而且上升幅度很大，由51位到23位，再到13位，侧面反映出流行文化消费市场的迅速发展，以及流行文化需求的多元化。就流行音乐市场的发展来看，世纪之交时是港台流行歌曲的天下，而到了今年，日本、韩国乃至欧美流行音乐强势进入中国大陆，娱乐追星热潮愈演愈烈。而且流行歌手不单单停留于曲艺界，他们当中越来越多的人逐渐发展成影视双栖——这些因素都促使流行歌星的职业声望水涨船高。在地位持续跌落的职业中，导游的地位变化最为明显，这或许与旅游市场的繁荣和导游职业的非正规化有关，导游数量猛增，从前正规培训出来的职业导游逐渐成为非专业化职业和兼职，使得公众对导游的评价降低。

4.3.2. 职业地位之间的相关性

刘爱玉在2005年的研究报告中检验了三种职业地位之间的相关性。"职业社会地位与政治地位之间的相关程度最高，相关系数为0.936，其次是职业经济地位与社会地位之间的相关性，为0.850，职业的经济地位与政治地位之间的相关系数为0.75，在职业地位的三个层面中，职业经济地位与政治地位之间的相关程度稍微低一些。"在此次研究中，我们再次考察了它们之间的相关性：经济地位与政治地位之间的相关系数为0.754，经济地位与社会地位之间的相关系数为0.850，政治地位与社会地位之间的相关系数为0.941，三组相关均在双侧检验的0.01水平上显著——与先前的研究存在高度的一致性。经济地位与政治地位间的相关程度最低,而政治地位与社会地位间的相关程度最高。

4.3.3. 职业声望的历史相关性

我们把1999年与2005年得到的职业声望排序与2011年职业声望排序分别做相关分析,2005年与2011年职业声望排序的相关系数为0.971(2-tailed sig. =0.000),而1999年与2011年职业声望排序的相关系数为0.795(2-tailed sig. =0.000),1999年与2005年职业声望排序相关系数为0.837(2-tailed sig. =0.000)。从中我们也能窥探出十年间职业声望的变化趋势,2005年与2011年间的职业声望排序变化幅度虽然不如1999年和2005年间的幅度大,但总体上看,职业声望变化趋势是偏离1999年的水平变化的。

我们把2005年的三种职业地位分数与2011年的分数做相关分析,发现它们之间高度相关。经济地位分数的相关系数为0.958(2-tailed sig. = 0.000),政治地位分数的相关系数为0.969(2-tailed sig. =0.000),社会地位分数相关系数为0.978(2-tailed sig. = 0.000)。与2005年和1999年的系数相比,相关程度提高了很多(1999年与2005年的详细数据参见刘爱玉,2005)。

4.3.4. 职业地位总体评价的变化

我们还感兴趣的是:76种职业的三种职业地位评价的平均水平是升高了,还是降低了?经过统计得出2005年所有职业经济地位均分为66.7,标准差为16.35,2011年所有职业经济地位均分为66.5,标准差为15.45;2005年所有职业政治地位均分为58.3,标准差为13.4,2011年所有职业政治地位均分为60.2,标准差为13.26;2005年所有职业社会地位均分为61.9,标准差为15.17,2011年所有职业社会地位均分为64.1,标准差为15.22。经过Levene检验和独立样本T检验,三种职业地位得分均值和标准差在2005年和2011年间均无显著差异,即没有出现职业声望评价整体提升或降低、评分区间扩展或压缩的情况,职业声望评价总体上维持在稳定水平。

4.3.5. 标准差的分析

前人的研究在分析职业声望时,多遗漏了标准差的分析。我们认为,标准差在我们的分析中是必不可少的。我们把标准差分为地位内标准差和地位间标准差。地位内标准差,即某一职业的经济、政治或社会地位在所有样本中的评分分布的标准差；地位间标准差，则是某一职业的经济、政治或社会地位得分间的标准差。

地位内标准差的意义在于，反映人们对这一职业这一地位的看法差异程度，如果某一职业某一地位的地位内标准差过大，则显示出人们对该职业在该地位上的看法不一致的程度大。造成这样的原因可能有：一、该职业本身不好界定、边界模糊，或包含了许多差异很大的子职业，以至于人们对它的看法相应地不稳定；二、该职业正处于较为剧烈的变迁时期，或者正处于形成期（新兴职业），人们对其的稳定看法还没有形成；三、该职业因样本群体的某些人口统计学因素不同而有所差异，比如地域、户籍类型等，比如不同地理区域，或者城市和农村的某一职业的待遇差异极大，人们根据自身经验感知的职业声望因此也会有很大差异；四、某些突发事件（舆论事件）引发人们对该职业的议论，导致职业地位受到打击或抬升，对职业声望的感知的差异也随之扩大。

地位间标准差，则反映了该职业三种职业地位之间的一致程度，一般来说，综合地位最高和最低的那些职业中的大多数三种职业地位是高度一致的；而某些特殊领域的职业某两种职业地位之间会显出较大的不平衡，如经济地位极高而政治地位较低，之前讨论过的文艺创作类职业就是一例。

接下来我们就根据我们的数据对两项标准差取值进行分析。通过统计分析，我们发现，职业经济地位、政治地位和社会地位的地位内标准差基本上在11—18之间。低于11的只有商业公司经理的经济地位一项，为10.6，北大学生对商业公司经理经济地位的评定更加一致。

在政治地位的评定中，没有高于这一范围的职业；而在社会地位中，有3个职业的标准差高出了18，分别是社工（18.2）、汽修工人（18.2）和城管（20.2），其中城管达到了20.2。社工和城管都是这次研究新加入的职业，对社工的高标准差可能的解释是，人们对社工的职业认知度还不高；而城管在社会地位上的高标准差，或许反映了近年来城管在舆论上备受争议的现实，城管这一职业的合法性也不完备。

在经济地位的评定中，有5个职业的标准差高出了18，它们分别是中外合资企业工人（18.4）、包工头（18.6）、殡葬工人（18.6）、家庭主妇（19.2）、性工作者（23.2），其中家庭主妇和性工作者是这次研究新加入的职业。家庭主妇自身没有经济来源，其收入主要依靠的是家庭收入，所以不同的人对家庭主妇的经济地位认识不那么明确；而性工作者，传统上收入不高，但现今不乏有一些高级娱乐场所的性工作者,收入不菲,这可能是性工作者经济地位评价差异大的原因。

绝大多数职业的地位间标准差都在10以内,标准差大于10的职业有10个,分别是乡镇企业工人(17.74)、性工作者(16.72)、清洁工(16.22)、汽修工人(15.41)、建筑工人(12.28)、包工头(12.16)、商业公司经理(11.79)、私营企业主(11.24)、证券投资分析师(11.01)、矿工(10.79)。

5. 职业声望评价的亚群体差异分析

5.1. 职业声望的亚群体分析

5.1.1. 女性对于家庭主妇的职业声望评价

我们假设男女对于家庭主妇的声望评价存在显著差异,在问卷中提出如下问题:"如果您是女性,您是否会考虑做家庭妇女而不从事社会工作?"分析结果表明,男性认为回答"是"的比例为24.2%(8),回答"否"的比例为75.6%(25);女性中,回答"是"的比例为13.8%(31),回答"否"的比例为86.2%(194)。男性中认为女性做家庭妇女而不从事社会工作的比例达到24.2%,相较女性而言更高。考虑到调查数据中男性对于这个问题的回答率较低,一共只有33个,其代表性存在一定的问题。单从女性的回答讲,大部分的北大本科女生是不会考虑做家庭妇女的。

若将女性分为"愿意做家庭主妇的女性"和"不愿意做家庭主妇的女性"两组进行比较,我们不难看出她们对于家庭主妇的经济地位、政治地位和社会地位的评价具有一定区别。"愿意成为家庭主妇的女性"所填写的家庭主妇的经济地位和社会地位更高,而政治地位则是稍低。

表7 做家庭主妇的意义与家庭主妇的声望评价

	愿意成为家庭主妇	N	Mean(数值越小,得分越高)	标准差	均值标准误
家庭主妇经济地位	是	31	3.516 1	0.851 31	0.152 90
	否	194	3.783 5	0.890 09	0.063 90

续表

	愿意成为家庭主妇	N	Mean（数值越小，得分越高）	标准差	均值标准误
家庭主妇政治地位	是	31	3.838 7	0.778 75	0.139 87
	否	194	3.809 3	0.761 59	0.054 68
家庭主妇社会地位	是	30	3.600 0	0.674 66	0.123 18
	否	194	3.680 4	0.748 70	0.053 75

从独立 T 检验的结果来看，家庭主妇的经济地位差别 t 值为 -1.562，显著度为 0.120；其政治地位差别 t 值为 0.199，显著性为 0.842；其社会地位差别 t 值为 -0.554，显著性为 0.580，差异并不显著。

5.1.2. 专业对口与职业声望

我们假设学生的职业声望评价会受其所学专业影响，在这一部分，我们选取了法学院学生与法官、律师的声望评价，外国语学院与翻译的声望评价，医学部学生与医生的声望评价以及新闻与传播学院与记者的声望评价，通过对比该院学生与非该院学生对于同一职业声望评价存在的差异，形成初步的结论。

5.1.2.1. 法学院学生与法官职业声望评价

我们首先从政治、经济、社会以及综合声望几个层面比较了法学院学生对法官的评价与非法学院学生对于法官评价的差异，如下表：

表7 法学生与非法学生对法官职业声望的评价

职业类别	经济地位	地位内标准差	政治地位	地位内标准差	社会地位	地位内标准差	综合地位	地位间标准差
法官	82.35	13.20	89.54	12.60	90.03	12.00	87.3	4.30
法学学生值	76.67		84.17		85.83		82.2	
非法学学生值	82.76		89.97		90.37		87.7	

可见，法学院的学生对于法官职业声望评价各方面均低于其他学院的学生。通过均值比较，我们能够更清楚地看到这一差异：

从均值比较中可以看出，法学院学生在法官的经济地位、政治地位、社会地位的评价均大幅低于其他学生。究其原因，可能是法学院学生对于法官职业的工作情况和前景，相较其他学院学生应该有更为深入的了解。法官在大众传媒和舆论话语中总是体现出很高的威望和影响力,故可能实际地位会被高估。

表8 是否为法学院学生与法官的职业声望

	法学院学生	N	Mean(数值越小,得分越高)	标准差	均值标准误
法官经济地位	是	24	2.1667	0.63702	0.13003
	否	348	1.8621	0.66049	0.03541
法官政治地位	是	24	1.7917	0.65801	0.13431
	否	347	1.5014	0.62406	0.03350
法官社会地位	是	24	1.7083	0.62409	0.12739
	否	347	1.4813	0.59533	0.03196

而法学院学生在进行了专业学习和实践后,对法官职业的认识则可能更为客观,法官存在受不满判决的案件当事人的人身或口头攻击的危险,在各类公务员中属于工作量较大的一个群体,正当经济收入水平也很有限。法学院学生对于自己将来的工作有一个比较高的预期,但不免接受一些负面的现实,因而给予了稍低的评价也在情理之中。

从独立T检验的结果来看,法官的社会地位差别的t值为369,显著性Sig为0.072>0.05,不具有推广至总体的显著差别;法官经济地位差别的t值为370,显著性Sig为0.029<0.05,差异显著;法官政治地位差别的t值为369,显著性Sig也为0.029<0.05,差异也是显著的。这正好能体现法官群体虽然声望显著,但政治权力受制于行政部门,收入也常被高估的现实。

5.1.2.2. 法学院学生与律师职业声望评价

同样,与法学院对口的职业除了法官以外,最为紧密的就当属律师了,那么法学院学生与非法学院学生在律师职业声望评价上又有何差异,如下表:

表9 法学学生与非法学学生对于律师的声望评价

职业类别	经济地位	地位内标准差	政治地位	地位内标准差	社会地位	地位内标准差	综合地位	地位间标准差
律师	85.72		80.16		84.93		83.6	
法学学生值	85.83	12.00	75.83	15.00	80	14.20	80.55	3.01
非法学学生值	85.86		80.58		85.48		83.97	

在律师的评分中,法学院的学生对其声望各方面均低于其他学院的学生。与法学院学生对于法官的评价较低类似,法学院学生对于律师职业的工作情况和前景,相较其他学院学生应该有更为深入的了解。律师在大众传媒中常常有很大的能量,形象深入人心,是一个典型的高级白领阶层。

而法学院学生对于律师职业的认识,则更为详细和具体。现如今在北京,由于各个高校中学习法律的比例极高,因而律师数量这几年也大大增多。许多年轻律师难以找到案源,无法发展,生活艰辛。而年轻律师群体常常刚刚从学生身份中脱离出来,与现在的学生群体有较多的接触,因而学生在进入法学院后发现成为律师的学长学姐的生活的难处很多。美国等地许多律师能够进入政界,而中国的律师则没有这样的机会,因而政治地位也得不到保证。因此,律师职业在法学院学生眼里没有其他学院的学生高。同样,我们通过均值比较进一步比较二者的差异,如下表:

表10 法学院学生与律师的职业声望

	法学院学生	N	Mean(数值越小,得分越高)	标准差	均值标准误
律师经济地位	是	24	1.708 3	0.464 31	0.094 78
	否	348	1.706 9	0.602 84	0.032 32
律师政治地位	是	24	2.208 3	0.658 01	0.134 31
	否	347	1.971 2	0.752 09	0.040 37
律师社会地位	是	24	2.000 0	0.589 77	0.120 39
	否	347	1.726 2	0.690 55	0.037 07

从均值比较中可以看出,属于法学院学生的在律师的经济地位、政治地位、社会地位的评价上均低于其他学生。

从独立T检验的结果来看,律师经济地位差别的t值为0.011,显著性Sig为0.991>0.05,不显著;律师政治地位差别的t值为1.505,显著性Sig为0.133>0.05,也不显著;律师的社会地位差别的t值为2.173,显著性Sig为0.039<0.05,却具有推广至总体的显著差别。

5.1.2.3. 外国语学院与翻译职业声望评价

除法学以外,我们认为翻译可以作为外国语学院的对口专业,所以我们比较了外院学生与非外院学生对于翻译职业声望评价的差异,如下表:

表 11　外院学生与非外院学生对于翻译的声望评价

职业类别	经济地位	地位内标准差	政治地位	地位内标准差	社会地位	地位内标准差	综合地位	地位间标准差
翻译	80.54	13.40	68.32	14.20	73.60	14.60	74.2	6.13
外院学生值	84.62		77.6		83.2		81.8	
非外院学生值	80.4		67.81		73.1		73.77	

均值比较如下表：

表 12　外国语学院学生与翻译的职业声望

	外国语学院	N	Mean(数值越小,得分越高)	标准差	均值标准误
翻译经济地位	是	26	1.769 2	0.710 36	0.139 31
	否	346	1.979 8	0.647 98	0.034 84
翻译政治地位	是	25	2.120 0	0.781 02	0.156 20
	否	343	2.609 3	0.683 24	0.036 89
翻译社会地位	是	25	1.840 0	0.746 10	0.149 22
	否	343	2.346 9	0.704 44	0.038 04

图表显示,属于外国语学院的学生对翻译的经济地位、政治地位、社会地位的评价均高于其他学生。翻译,这个职业虽然广为人知,但却很少有机会出现在大众传媒中,少数能够想起来的影视或文学作品中的翻译,则常常是抗日战争中的那些负面人物。

外国语学院的同学对翻译人员的工作前景了解更深。成为翻译的学长学姐常常能与世界上重要的中外政要接触并了解他们的具体生活,并且由于这些接触,常常能得到政要的赏识而在政治道路上走得较为顺畅。

独立 T 检验的结果证实了我们的想法,虽然翻译经济地位差别的 t 值为 －1.587,显著性 Sig 为0.113＞0.05,差别不显著;但翻译政治地位差别的 t 值为 －3.423,显著性 Sig 为0.001＜0.05,差别显著;翻译的社会地位差别的 t 值为 －3.460,显著性 Sig 为0.001＜0.05,差别显著。

5.1.2.4. 医学部学生与医生职业声望评价

同样具有高度专业对口的是医学部学生和医生,医学部学生与非医学部学生对医生的职业声望评价和均值比较如下表:

表 13　医学部学生与医生的职业声望

	医学部学生	N	Mean(数值越小,得分越高)	标准差	均值标准误
医生经济地位	是	15	2.000 0	0.534 52	0.138 01
	否	356	1.741 6	0.614 90	0.032 59
医生政治地位	是	15	2.333 3	0.617 21	0.159 36
	否	356	2.514 0	1.384 96	0.073 40
医生社会地位	是	15	2.000 0	0.654 65	0.169 03
	否	356	1.839 9	0.937 29	0.049 68

从均值比较中可以看出,属于医学部学生对医生的经济地位、社会地位的评价高于其他学生,政治地位的评价低于其他学生。但从独立 T 检验的结果来看,医生经济地位差别的 t 值为1.602,显著性 Sig 为0.11＞0.05;医生政治地位差别的 t 值为－0.503,显著性 Sig 为0.615＞0.05;医生的社会地位差别的 t 值为0.654,显著性 Sig 为0.513＞0.05,都不具有推广至总体的显著差别。

5.1.2.5. 新闻传播学院学生与记者的评价

表 14　新闻传播学院与记者的职业声望

	新闻传播学院	N	Mean(数值越小,得分越高)	标准差	均值标准误
记者经济地位	是	23	2.652 2	0.647 28	0.134 97
	否	347	2.420 7	0.702 12	0.037 69
记者政治地位	是	23	2.304 3	0.634 95	0.132 40
	否	346	2.436 4	0.782 23	0.042 05
记者社会地位	是	23	2.217 4	0.850 48	0.177 34
	否	347	2.219 0	0.751 40	0.040 34

从均值比较中可以看出,属于新闻传播学院学生对记者的经济地位的评价高于其他学生,政治地位和社会地位的评价低于其他学生。从独立 T 检验的结果来看,记者经济地位差别的 t 值为1.538,显著性 Sig 为0.125＞0.05,政治地位差别的 t 值为0.132,显著性 Sig 为0.429＞0.05,社会地位差别的 t 值为0.234,显著性 Sig 为0.992＞0.05,都不具有推广至总体的显著差别。值得玩味的是,新闻传播学院的学生是最接近媒体的人,这可能是他们的评价和大众评价相同的最大原因。

5.2. 不同亚群体对职业地位的评价的相关性

5.2.1. 按性别、户籍和文理科分的亚群体相关性

性别与职业地位评价：根据此次调查数据，男女两性对职业地位综合评价的相关系数为0.988，对经济地位评价的相关系数为0.989，对政治地位评价的相关系数是0.987，对社会地位评价的相关系数是0.975，可以说是高度相关。

上大学前户籍性质与职业地位评价：不同户籍背景的学生在职业地位综合评价上的相关系数为0.990，在职业经济地位评价上的相关系数是0.984，在职业政治地位评价上的相关系数是0.987，在职业社会地位评价上的相关系数是0.990，属于高度相关。

文理科学生与职业地位评价：不同专业背景的学生在关于职业地位的评价上具有较高的相关性。在职业地位综合评价上的相关系数是0.993，在职业经济地位评价上的相关系数是0.990，在职业政治地位评价上的相关系数是0.991，在职业社会地位评价上的相关系数是0.994。

5.2.2. 职业声望分数在性别上的差异

虽然相关分析的结果显示，男性和女性分别对应的职业综合均分在总体上高度相关（并无显著差异），但这并不能排除在某些特定职业的得分上，男性和女性的评价确实存在差异的可能。因此，我们进一步以性别为分组变量，导入86个职业258组职业声望分数，检验每一个分数在不同性别的人群下的均值差异。在检验之前，我们形成如下假设：

假设一：因为三种职业地位类型之间具有高度相关，所以我们假设，性别在三种职业地位评价上的差异存在一致性，即职业评价存在性别差异的职业中，三种职业地位倾向于在某一性别上同高或同低。

假设二：不是所有的职业都能吸引相同比例的男性和女性从业，某些职业存在性别区隔——该职业主要由某种性别担当的现象——是很普遍的，我们假设，某职业从业性别比例更高的性别更可能比异性给该职业更高的评价。

假设三：承接假设二，女性在社会经济地位上较男性存在劣势，女性所从事的职业总体上较男性职业地位要低，由此我们假设，女性更倾向于给职业地位较低的职业更高的评价，反之，男性更倾向于给职业地位较高的职业更

高的评价。统计结果如下表：

表 15 职业声望分数性别差异表①

职业	经济地位	政治地位	社会地位
女性优势↓			
包工头	●♀	●♀	●♀
家庭主妇	●♀	●♀	●♀
售货员	●♀	●♀	●♀
种田农民	●♀	●♀	●♀
清洁工	●♀	●♀	●♀
保姆	●♀	●♀	●♀
政府机关秘书	●♀	●♀	●♀
中外合资企业工人	●♀	○	●♀
废品收购员	●♀	○	●♀
宾馆服务员	●♀	○	●♀
车间主任	●♀	○	●♀
矿工	●♀	●♀	○
纺织工人	●♀	○	○
殡葬工人	●♀	○	○
海员	●♀	○	○
乡镇企业工人	●♀	○	○
集体企业厂长	○	●♀	○
公安人员	○	○	●♀
私营企业主	○	○	●♀
流行歌星	○	○	●♀
性工作者	○	○	●♀
男性优势↓			
大学讲师	●♂	●♂	●♂

① 已省略评分没有性别差异的职业。● = 有差异；○ = 无差异；♀ = 女性均值高；♂ = 男性均值高。2-tailed sig. <0.05。

续表

职业	经济地位	政治地位	社会地位
经济学家	●♂	●♂	●♂
历史学家	●♂	●	●♂
医生	●♂	●	●
作家	●♂	○	●
服装设计师	●♂	●	●
教授	○	●♂	●♂
物理学家	○	●♂	●♂
农学家	○	●♂	●♂
中小学教师	○	●♂	●♂
播音员	●♂	○	○
军人	○	●♂	○
工程师	○	○	●♂
地质勘探员	○	○	●♂
特殊类型↓			
影视演员	●♂	○	●♀

从表中我们发现,在 86 个职业中,一共有 36 个职业的职业地位评价存在性别差异。在这 36 个职业中,有 21 个职业,其中女性至少在 1 种职业地位上的评价比男性高;另有 14 个职业,其中男性至少在 1 种职业地位上的评价比女性高。统计结果很明显,职业的性别评分差异在三种职业地位间存在高度一致性,如果某一性别在一种职业地位上评分比异性高,那么在其他两种地位的评分上至少不会比异性低——这就验证了假设一。唯独"影视演员"这个职业是个例外,男性在其经济地位的评分上比女性高,而女性在其社会地位的评分上比男性高。(值得注意的是,影视演员经济地位总排序第1,社会地位总排序第 26。)

在女性评分占优的 21 个职业中,我们发现家庭主妇、售货员、清洁工、保姆、政府机关秘书、宾馆服务员、纺织工人、性工作者等 8 个职业是比较典型的"女性职业",比较典型的"男性职业"有包工头、车间主任、矿工、海员、公安人员等 5 个;在男性评分占优的 14 个职业中,典型的"男性职业"有教授、大学讲师、经济学家、历史学家、物理学家、农学家、医生、军人、工程师、地质勘探员等

10个,没有典型的"女性职业"。虽然女性评分占优的职业中也有一些典型的"男性职业",但在7个三个地位同高的职业中,"女性职业"占了其中的5个,职业性别区隔造成的评分差异还是较显著的,基本能验证假设二。

验证假设三并不困难。男性评分占优的14个职业的综合地位排序依次是26、5、32、12、39、34、7、19、35、40、33、16、18、46,最高为经济学家第5位,最低为地质勘探员第46位,主要集中在10—40名之间。女性评分占优的21个职业的综合地位排序依次是57、74、65、83、85、76、30、49、81、75、47、79、77、73、52、68、10、23、24、17、82,虽然也不乏排名很高的职业如集体企业厂长(10位)、流行歌星(17位)、公安人员(23位)、私营企业主(24位),但最主要的集群(14个职业)还是分布在50位以下。有两类职业类型值得我们关注,一是工人职业群体(包括第三产业工人和服务业从业人员),在女性评分占优的21个职业中占了11个,男性占优的职业中则没有;另一类是学术科研类职业和专家群体,在男性评分占优的14个职业中占了9个,女性评分占优的职业中则没有。

其实,我们更倾向于把假设二和假设三结合起来看:正因为女性在劳动力市场上不占优势,才被挤压到地位较低的职业群体中,从而形成了特定的职业区隔,使得地位较低的职业也是典型的女性从业的职业。

5.2.3. 职业声望分数在户籍类型上的差异

接下来,我们继续探究是否在特定的职业中,非农业户口的大学生与农业户口的职业声望评分存在差异。结果出乎我们的意料且难以解释:有35个职业至少有一种职业地位差异显著,而且全部是非农业户口大学生评分高于农业户口大学生(见下表)!

表16　职业声望分数户口类型差异表①

职业	经济地位	政治地位	社会地位
乡镇企业工人	●	●	●
交通协管员	●	●	●
建筑工人	●	●	●
电工	●	●	●
工会主席	●	●	●

---

① ●=有差异且均为非农户口高;○=无差异。2-tailed sig.<0.05。

续表

职业	经济地位	政治地位	社会地位
矿工	●	●	●
中外合资企业工人	●	●	●
电子装配工	●	●	●
售票员	●	●	●
外贸公司职员	●	●	○
城管	●	●	○
公安人员	●	●	○
公共汽车司机	●	○	●
海关工作人员	●	○	●
银行职员	●	○	●
车床工人	○	●	●
包工头	○	●	●
纺织工人	○	●	●
财务会计	●	○	○
工程师	●	○	○
废品收购员	●	○	○
历史学家	●	○	○
画家	●	○	○
性工作者	●	○	○
列车乘务员	●	○	○
炼钢工人	●	○	○
医生	●	○	○
售货员	●	○	○
海员	●	○	○
农学家	●	○	○
出租车司机	○	●	○
农民合同工	○	●	○
宾馆服务员	○	●	○

续表

职业	经济地位	政治地位	社会地位
社工	○	○	●
汽车装配维修工	○	○	●

我们意识到其中可能隐藏着某种结构性问题，否则不可能非农户口学生的评分全都比农业户口学生高。为了确证我们的怀疑，我们将两种户口类型的学生对 86 个职业共 258 项职业声望评分的均值做了对比，包括那些在 T 检验中不显著的差异，我们发现非农户口大学生在 216 项职业地位评分上比农业户口大学生高，而后者只在 42 项评分中比前者高（而且都不显著），前者是后者的 5 倍强。因为没有再多的数据，我们无法对这个现象的原因妄加定论。我们仅能形成的一些可能的猜测是：

1. 户口类型的差别的背后是生活空间的差别。虽然某些职业在城镇和乡村都普遍存在，但在城镇从业和在乡村从业的收入、待遇或口碑却常常十分不同，比如乡镇卫生院的医生和省城大医院的医生。因此，农村户口的学生和城镇户口的学生在各自的生活空间中所感知到的某一职业也就有所不同，又因为农村的经济、政治、文化总会落后于城镇，所以农业户口的学生对这些职业的声望评价会较低。

2. 农村户口的学生家庭社会、经济地位可能较非农户口的学生低，所以他们的自卑感较强，或是心境抑郁程度较高。自卑情结或抑郁心境反映在他们对事物认知的态度上，以至于对事物的评价偏低。当然，我们对这个解释持慎重的态度，在没有验证之前，轻易下结论可能会产生污名。

6. 结论与讨论

本文研究最基本的内容即是 2011 年北京大学本科生对于各个职业声望的评价，其他的讨论都是在这一基础上展开的。我们试图从社会转型的角度理解职业声望评价的变迁，探讨影响职业声望变化的社会因素。我们认为纵贯研究的最大优势在于能够得出声望变化的趋势，本文就发现最近五年的职业声望评价相对于前五年是趋稳的，如果我们承认调查对象，即 1999 年、

2005年和2011年北京大学本科生具有相当程度的同质性,并且同意社会结构影响着职业声望评价,那么我们可以认为声望评价趋于稳定与我国社会结构趋于稳定有关。

针对本文的几个重要的假设,文中进行了深入的讨论,并得出初步结论。首先是对职业声望评价本身的一些假设的验证,我们区分了体制内的职业、知识分子、文艺创作类职业以及工人,并将这些职业与其他职业的平均状况进行比较,当然职业的划分根据客观的标准,但也具有一定的主观性,研究发现:(1)体制内职业相对于体制外职业具有政治地位和社会地位的优势,且政治地位优势更加显著,但在经济地位上没有显著差异;(2)知识分子相对于非知识分子在政治和社会地方具有优势,且社会地位优势更加明显,经济地位上同样没有显著差异;(3)文艺创作类职业相对于非文艺创作类职业在经济地位上具有显著差异,在政治和社会地位上无显著差异;(4)工人的职业声望在政治、经济、社会三个层面平均值均显著低于其他职业在这三个方面的平均值。

第二个层面上是相关性分析,分析职业地位之间的相关性发现,政治、经济和社会三种职业地位之间均是显著相关,并且政治地位与社会地位相关程度最高,经济地位与政治地位相关程度最低,经济地位与社会地位相关程度居中。

第三个层面上是亚群体分析,这一部分根据调查中的一些重要社会经济指标,如性别、籍贯、专业等将样本群体划分为两个部分进行讨论分析。在专业对口方面,我们发现法学院学生对于法官的各方面职业声望评价均低于其他院系学生,但经济地位差异不显著,政治和社会地位的评价差异具有显著性。同样,法学院学生相对于非法学院学生给予律师较低的声望评价,但只有社会地位差异具有显著性。外国语学院学生相对于其他院系学生给予翻译更高的职业声望评价,且在政治和社会地位上均具有显著性差异,经济地位不具有显著差异。虽然医学部学生相对于其他院系学生给予医生三个方面更高的声望评价,但均不具有显著差异。类似的是新闻与传播学院给予记者三个方面更高的评价,但与其他院系相比也不具有统计上的显著差异。

专业对口基于差异比较,我们也验证了不同亚群体在声望评价上的一致性,研究发现男女两性对于职业声望评价高度相关、不同户籍背景学生对职业声望评价高度相关以及文理科学生对于职业声望评价高度相关,也就是说,这些亚群体对于职业声望评价不存在显著差异,并不是影响职业声望评价的社会经济因素。

本文在最后进行了一些探索分析,虽然男女两性、户籍属性在总体声望评价上是高度相关的,但是具体到每一个职业,我们还是会发现性别和户籍属性对于声望评价的影响,特别是具体到政治、经济和社会三个方面,我们发现在一些职业声望的评价上,男女两性存在着显著的差异,同样的情况也存在于农业户口与非农业户口的对比分析上,虽然总体上高度相关,但具体各个职业也具有显著差异。

当然,本文研究在设计上仍存在一定问题,在研究设计部分已有论述,相对于之前的研究,本文也有所改进,如增加了一些新职业,提出验证了一些新的假设。职业声望是社会学研究的重要内容,对于职业声望评价变迁的分析更需要历史数据的积累,本文的分析得益于前人的调查数据,同样,本文也将作为新的数据基础,为以后调查提供新的数据支持,以期能做出更好的调查分析。

参考文献

蔡禾、赵钊卿,1995,《社会分层研究:职业声望评价与职业价值》,《管理世界》第4期。

蒋来文等,1991,《北京、广州两市职业声望研究》,《社会学与社会调查》第4期。

李春玲,2005,《当代中国社会的声望分层——职业声望与社会经济地位指数测量》,《社会学研究》第2期。

李强,1993,《当代中国社会分层与流动》,北京:中国经济出版社。

李强、宋时歌,1998,《中国人民大学一项职业声望调查表明科学家高居榜首》,《现代技能开发》第1期。

李强,2000,《转型时期冲突性的职业声望评价》,《中国社会科学》第4期。

李强、刘海洋,2009,《变迁中的职业声望——2009年北京职业声望调查浅析》,《学术研究》第12期。

李永鑫、赵国祥、申淑丽,2001,《大学生职业声望评价研究》,《信阳师范大学学报(哲学社会科学版)》第1期。

林楠等,1988,《中国城市职业声望》,黄育馥译,《国外社会科学》第6期。

刘爱玉,2005,《社会转型过程中的职业地位评价——以北大本科学生调查为例》,《青年研究》第4期。

汪清,2007,《职业声望研究综述》,《重庆职业技术学院学报》第3期。

许欣欣,2000,《从职业评价与择业取向看中国社会结构变迁》,《社会学研究》第3期。

叶南客,1997,《南京市民对职业声望的评价》,《社会》第1期。

余新丽、费毓芳,2006,《论当代大学生职业价值观——来自上海交通大学的调查》,《中国青年政治学院学报》第3期。

折晓叶、陈婴婴,1995,《中国农村"职业—身分"声望研究》,《中国社会科学》第6期。

Bian, Yanjie. 1996. "Chinese Occupational Prestige: A Comparative Analysis." *International Sociology* 11(2):161–186.

Blau, P, O. Duncan. 1967. *The American Occupational Structure*. New York: Wiley.

Davis, K, W. Moore. 1945. "Some Principles of Stratification." *American Sociological Review* 10(2): 242-249.

Duncan, O. 1961. "A Socioeconomic Index for All Occupations." in *Occupations and Social Status*, A. Reiss (ed.). New York: The Free Press.

Lin, Nan, Xie Wen. 1988. "Occupational Prestige in Urban China." *American Journal of Sociology* 93(4):798-832.

Treiman, D. 1977. *Occupational Prestige in Comparative Perspective*. New York: Academic Press.

Weber, M. 1966. *Class, Status and Power: Social Stratification in Comparative Perspective*. Reinhard Bendix, Seymour Lipset (eds.). New York: The Free Press.

对《社会转型时期大学生职业声望评价》的点评

刘爱玉

时光飞逝,10 年前上完"劳动社会学"课程后,田志鹏等 6 名本科生因为对职业声望现象的兴趣,对北大的一些本科生进行了职业声望评价的调研;10 年后的今天,6 名同学已分别进入了职业声望序列中较高等级的职业,而他们的作品,也已成为社会学专业学生学术探索、专业化学习、职业准备的重要印记。

职业声望是人们对不同职业的主观价值评价,是社会成员对各种职业的主观态度的综合,所反映的是职业分层乃至社会分层的主观维度。社会学研究表明,在绝大多数社会里,社会成员常由于其权力、财产、教育、家庭、种族、性别、年龄、职业等特征的不同而被正式或非正式地区分为不同的阶层,即存在给不同的社会成员以不同的地位和荣誉的制度。而职业分层则是区分社会成员的一个非常关键的特征,在当今工业化社会,职业地位的高低往往成了一个人在社会中地位高低的指示器,并影响着人们的择业行为和流动趋向,职业地位和声望的变化因此也成了预测社会结构分化方向和程度的重要指标。因此,职业声望排序是研究社会分层的重要手段,对于理解社会结构及其变迁具有重要意义。从 20 世纪 40 年代 North 与 Hatt 的研究以来,职业声望已经成为社会分层研究、社会流动关于社会经济地位达成测量方面为大家所接受的概念,而职业声望的研究和测量的发展则进一步拓展了社会经济地位、权威和权力以及职业其他相关领域的研究。职业声望的国际比较研究,也显示出了这一研究的价值。Treiman 的比较研究发现,不管问卷的措辞如何,无论回答者被问及特定职业的声望、社会地位还是尊敬度,或者在一个尺度上进行排列还是用另一种方式进行排列都无关紧要,结果都是一样的:受过教育的人与未受过教育的人、富人和穷人、城里人和乡下人、年长者和年轻人,一般来说都对声望等级有同样的理解,各国职业声望间的相关系数达到了 0.79。

田志鹏等 6 名同学以北大本科生为主要对象的研究,在三个方面为职业声望现象的探讨提供了独特的理解。

第一,研究对象的独特性及其价值。北大本科生是一个相对特殊的群体,不仅是因为北大的独特,更因为考上北大的本科学生,是一群经过严酷的高考制度检验而相对胜出的人群,他们有着对新兴事物和社会变迁的敏锐观察力、接受力和应对力,他们也被家长和社会赋予了在未来职业阶梯中的相应地位及其承载的意义。因此,以北大学生为对象的调研,一方面可以验证职业声望的排序与以全国性样本为基础的研究以及其他的过往研究是否具有一致性,同时北大学生作为社会职业阶梯上所谓"好"职业、"坏"职业认知的晴雨表,可以考察中国社会快速变迁时代社会结构以及人们赋予之意义的变化。

第二,三维一体的职业声望测量。职业声望常用的方法有声望尺度和排序法。声望尺度一般先由研究者选择若干职业,然后将所列出的职业制成表格,每种职业的后边都排出从"很好"到"很差"的 5—10 个等级,然后根据抽样调查的原则抽取一定的社会成员作为被调查者,请他们根据自己对每个职业的看法,在其后边的等级上分别划上标记打分;研究者将调查得到的资料汇总统计,并根据声望的研究尺度计算出每一种职业的平均分数,这个分数就代表了这项职业的相对声望。排序法一般要求被调查者依据自己的评价,对研究者给出的一些职业,排出其在职业社会地位等级中的位置。如给出教授、工人、科学家、护士、农民、医生、律师、会计、个体户与门卫 10 种职业,被调查者对这些职业根据自己的评价给出一个从第 1 到第 10 的排列,然后将所有被调查者的排序汇总统计,即可得出各种职业在社会上的相对位置。

两种方法都是基于职业的单一维度进行考量,而本作品非常值得肯定的一个方面是基于韦伯的社会分层理论,将职业声望评价分为政治、经济、社会三个维度,讨论三个维度对于某一职业声望的影响,然后再考察总体的职业声望排序。这种分析有助于揭示当代中国社会何者为声望评价的首要结构,以及职业声望内部的结构化、价值性张力。

第三,分析的历时性。研究充分利用了前人关于以北京大学本科生为对象的两次调研原始资料(1999 年和 2005 年),将 2011 年调研的原始数据与前两次调研进行比较,分析在社会转型时期相似群体对职业声望评价的变化和可能造成这样变化的影响因素。职业声望等级评价的历时性变迁,一方面揭示了劳动力市场机会结构的变迁,尤其是所谓"好"职业和"坏"职业的变迁,另一方面也揭示了"好"职业和"坏"职业价值评价的变迁。两种变迁体现出北大学生理解社会结构及对其变迁所赋予的意义,同时也在某种程度上预示了以北大学生为代表的精英大学学业"内卷化"时代的来临。

微观社会空间内的群际博弈策略
——基于中国人民大学东门地铁口贩证现象的实证研究

作　　者：胡璟怡　张靖华　张艺宁
指导老师：刘　能

摘要：本文以中国人民大学东门地铁口附近的街头贩证妇女为研究对象，从空间生产理论与性别视角出发，描述贩证行为在特定城市空间结构中生成并参与空间再生产的全貌，并阐释假证生态圈内不同社会群体之间的关系形式与互动模式。本研究借助实地调查和深入访谈的方法，通过构建自己的分析框架和解释机制，探究性别身份在贩证行为中的特殊优势，并将研究的落脚点置于解释"这一充满张力的城市空间何以和谐、长久地存在"的背后原因之上。

关键词：贩证生态圈　空间生产　性别　群体关系　互动模式

1. 问题的提出

不同于对宏大社会理论的敬畏，对社会小事件的好奇是本研究的起点。在李猛那里，小事件的重要意义在于真正将联系交往关系和认同关系的各种社会关系作为社会学的分析对象，彻底摆脱了大事件因果性对日常生活中那些微不足道的事件的忽视，从而认识到小事件本身对于理解社会运作的意义（李猛，1996）。

正是出于对社会生活小事件意义的理解，借鉴常人方法学对日常生活实践的解读，我们将研究的镜头聚焦在中国人民大学（以下简称"人大"）东门地铁口附近的贩证妇女及其贩证行为上。在我们看来，作为一种日常生活中屡见不鲜却罕有研究的社会事实,它的意义已不仅仅局限于一种特殊的越轨行为,还触及不同社会群体间关系和互动模式的一般特征,更可以从一种局部结构的场景中跳脱,见微知著地成为某种宏观社会结构与制度变迁的缩影。

如果说小事件的说法为研究这一小范围地区的贩证活动构建了意义基础,那么对贩证妇女的社会关怀则成为坚持该研究的动力:作为怀孕或哺乳期的她们为何走上街头从事贩证的高风险职业?这样的性别和身份特征对于其贩证行为又构成了怎样的意义存在?从韦伯那里获得方法论启示,在从研究选题的情感倾斜到研究过程的价值中立之路上,我们渐渐对整个假证生态圈系统产生浓厚兴趣,对不同群体的行动策略和情感表达有更深刻的理解,进而又产生了新困惑:为何人大东门地铁口地区会出现如此大规模、常态性的妇女贩证现象?这种相对和谐的生态圈及平衡的群体间关系又是如何达成的?带着这些疑问,我们开始了一场解释社会事实、探求因果机制的发现社会之旅。

2. 研究方法与研究对象

2.1. 研究方法

2.1.1. 逻辑分析框架

如果说对于社会学小事件的好奇与关怀是我们研究的原动力,那么研究的具体过程和方法则受到一种被李猛称为"深度模式"的新理论策略的影响。它试图挖掘表面现象背后或下面的深层原因与深层力量,在此框架下,小事件之间结构或系统的关系,可以借助一种复杂因果分析产生联系。这种分析框架不同于传统的、宏观的结构分析或制度分析方法,它跳出了社会的政治结构、组织和制度框架,带有一种日常生活的索引性与场景性。

对诸如贩假生态圈中不同群体间关系的社会学小事件,在李猛这里可以借用一种"关系/事件"的分析方法,通过小事件因果性与对各种复杂社会关系的分析结合起来,"它应同时包容理论与叙事,通过对具体经验问题的探讨来将关系和事件真正结合起来"(李猛,1996)。

同样,对类似贩证行为及相关社会互动的研究则可以利用孙立平提出的"过程-事件"分析法,在由人们的社会行动所形成的事件与过程之中把握现实的社会结构与社会过程,而这种"将所要研究的对象由静态的结构转向由若干事件所构成的动态过程"(谢立中,2007)的分析方法,最适合的就是类似本文这样的深度个案研究。

2.1.2. 微观方法与过程

在"关系/事件""过程-事件"的宏观叙事框架下,本文主要采用定性研究的微观方法,其中既包括对人大地铁口附近空间布局的实地探查,也有对街头贩证活动和社会监管惩治行为的参与式观察,还有对以贩证妇女群体与社会控制机构为代表的直接相关者、过往行人等间接相关者或旁观者的非正式访谈。本研究的资料收集阶段前后历时五个多月,其中遭遇许多之前并未完全预料到的困难和变数。

首先,因为研究内容的特殊性,本文的主要研究对象贩证妇女具有高度的警惕性。虽然我们从调查一开始就表明了研究者的学生身份,并试图借助性别和身份优势以及频繁的接触证明自己的无害化立场,并取得她们的初步信任,但这种信任关系是极其脆弱的,一旦我们的访谈话题涉及她们群体内部关系或私人生活信息时,这种戒备心理就表现得愈发明显,以致在研究接近尾声时她们对我们的在场产生了微妙的排斥态度和躲避行为,这也成为我们反思其群体实体性的重要证据,将在后文详细解释。

其次,自 2012 年 9 月至 2013 年 3 月,部分社会控制机构在这一地区的治安管理力度明显加大,贩证妇女曾经明显减少甚至绝迹,研究一度面临中断的风险,这时我们改变思路,从对警察、城管、社区居民等与贩证妇女直接或间接互动者的访谈中增加了对这一群体的侧面了解;同时,这一变动也启发我们思考非常态事件对该区域贩证行为与生态圈改变的影响,由此考察日常状态下假证生态圈得以平衡的原因。

2.2. 研究对象

本文的研究对象实际上是人大东门地铁口附近的整个假证生态圈及其关系网络,包括但不限于作为中心节点的办证妇女,还囊括了直接或间接与之发生关系和互动的其他社会群体。具体说来,首先,这个生态圈涵盖了整个制假贩假利益链条,街头贩证妇女只处于链条末端,其上游通过中间经销人连接着幕后制假集团;其次,包括代表社会控制力量对贩假犯罪行为进行管制和惩戒的机构,包括城管、警察、联防队员、社区保安等;再次,第三类群体是与贩假妇女发生直接交易或接触的相关者,其中有购假顾客、清理小广告和地贴的环卫工人等;最后,第四类间接相关或旁观者则包括街边眼镜店员工、过往行人、报刊亭老板、附近小区居民等。

在实地调查过程中,我们对以上四种类型的群体都进行了大量的非正式访谈,但在最终的论文写作中,我们对实地调查的访谈对象进行了有针对性的筛选,以明确研究主题范围,其中安田三郎对社会关系的分类对本文的筛选标准具有一定的参考价值。根据社会互动双方的行动对另一方实现目标所发挥功能的不同,他将社会过程中的互动关系划分为三种主要的类型(青井和夫,2002):

表 1　六种社会过程的关系

		A 的行动对于对方目标的实现		
		促进	阻碍	无影响
B 的行动对于对方目标的实现	促进	①结合	②支配	③援助
	阻碍	②支配	④抗争	⑤优越
	无影响	③援助	⑤优越	⑥并存

如表 1 所示,其中①代表的"结合"关系包括一种交换、协作与亲和的过程,就本文的研究来看,"制假集团—中间经销人—贩证妇女—顾客"这一制假贩假利益链条就近似地可以看作一种"结合"关系,尽管他们彼此的角色、功能乃至权力关系完全不同,但仍可以把其当作一个利益共同体,以简化我们对于假证生态圈内不同性质群体的关系形式与互动模式的研究。此外,虽然贩证妇女群体内部具有高度的异质性,可以从不同角度进行类型学的划分,但同样基于上述原因,我们并未在正文中用较大篇幅进行解释。

经过筛选后,文中引用访谈内容部分涉及的人员主要包括:第一类群体,贩证妇女是我们研究的重心,因此访谈规模有 20 人左右,她们的身份特征有一定的同质性,几乎全部来自河南平顶山的农村地区;同时,群体内部也具有高度的异质性,既有全职者也有兼职者,既有孕妇也有哺乳期妈妈、怀抱幼儿的母亲,既有 20 岁左右的青年也有 40 岁左右的中年。这些不同类型的访谈对象我们都有接触,在本文中则选取了有代表性的、信息量较大的 5 人(李二姐、张姐、严妈妈、伍妈妈、王姐)。第二类群体,社会控制机构主要访谈了海淀城管分队宋队长、海淀警亭城管夏大爷、中关村派出所保洁员滕叔叔。第三类群体,直接相关者包括清洁工姚阿姨以及眼镜店店员小王。第四类群体,间接相关或旁观者包括双榆树小区居民郑大妈、刘阿姨,报刊亭老板李叔叔等。

3. 理论视角与文献回顾

在梳理文献时我们遇到的最大难题是,虽然街头兜售假证的行为很常见,但关于这一现象的学术研究却并不多:文章多以新闻报道为主,内容则是从打击违法犯罪的角度出发,站在法律和道德的制高点上,主张加强对贩假现象和贩假集团的监管与惩戒力度,将贩假者塑造为具有高度同质性的"恶"的化身,忽视了对与贩假者发生直接或间接关联的其他社会群体的影响,也没有对贩假现象背后的社会机制进行深度探究。

社会学和其他社会科学的学术领域,对贩假群体和贩假现象也鲜有科学、严谨的实证调查,解释现象背后原因的视角更是庞杂、零碎,这与研究内容的特殊性、复杂性有密切关系。此外,现有的研究往往侧重于其中某个方面,缺乏系统、全面的全景式描述,研究对象的敏感性和警惕性也增加了经验资料收集和实证调查的难度。除此之外,既有为数不多的实证研究也没有对贩假现象发生的城市空间及其影响进行考察,更没有针对类似人大东门地铁口的女性贩假者的经验研究,而这在我们看来,恰恰是着手进行研究的新视角。因此,下文就将主要梳理城市社会空间结构、性别理论,并结合相关的社会学领域经验研究,整理出自己的逻辑分析框架。

3.1. 关于社会空间生产的理论

空间研究,从一种本体论探讨转向后现代显学是自 20 世纪 70 年代开始的,社会学理论的空间转向提供了一种解释社会经验事实的新视角,它关注的是人们在空间中的主体性行为、空间的生产与再生产。空间成为一种社会生活的经验事实,构成了经验现象的表征和知识系统,空间构成了浓缩和聚焦现代社会一切重大问题的符码(潘泽泉,2009),空间的重大意义已成为人们的普遍共识。

首先,空间的社会本体论意义就在于任何实践活动都是一种空间性的在场,其存在的意义中都已经固有地包括了一种空间性的经验内涵(郑震,2010)。因此,在分析的意义上,这就意味着行动总是或多或少地以场所为定向,不仅不同类型的行动会在不同类型的场所中展现,而且同一类型的行动往往会由于场所的变化显示出不同的面貌;而从分析的另一个方面来说,这就意味着正是各种行动的空间性在场建构起了场所的情境性特征或场所的空间结构。

其次,空间也可以被理解为一种社会权力关系类型,社会空间从根本上讲就是人与事(包括物质环境)、人与人之间的关系状态,其分析上的结构形态即一种关系结构,而在行动者的内在性分析层面则显示为对这些关系的理解(郑震,2005)。受这种说法启发,以下正文对人大地铁口假证生态圈的描述性呈现就将沿着城市社会空间(人与物)和社会关系网络(人与人)这一思路展开。

借用后现代主义空间研究的先驱列斐伏尔的"空间生产"(production of space)概念来总结,空间中发生的社会活动不仅关乎个体间的互动,也通过创造对象而改变了空间本身(Lefebvre,1991)。因此,"空间的社会性是社会的产物",既要看到空间的物质属性,也要看到空间的社会属性以及空间与社会的互动关系(蔡禾,2011)。

在本文的研究中,空间生产理论为分析人大地铁口假证生态圈提供了一种互动论的视角:第一,在这一特定时空下,城市交通和基础设施的空间分布影响了这一生态圈内各个群体的活动轨迹和行动逻辑;第二,不同群体通过适应和重塑与之相关的空间结构以更好地满足自身利益需求;第三,不同群体对这一生态圈内的其他群体也有不同的情感体验和主观感知,并赋予他们共处的这一空间以不同的意义和符号体系。因此,这里首先梳理了有关空间意义的宏观理论,加之后文结合经验研究的微观讨论,这些对假证生态圈内不同群体空间体验和行动分析的结论,将帮助我们建立对这一场域内行动者之间的互动和博弈行为的深入理解,并为下一步的解释和反思提供依据。

3.2. 关于身体和劳动力市场的性别视角

有关女性身体的讨论与福柯的"权力"概念有关,因为"社会惩戒最终涉及的总是身体,即身体及其力量、它们的可利用性和可驯服性、对它们的安排和征服……权力关系总是直接控制身体,干预它,给它打上标记,训练它,折磨它,强迫它完成某些任务,表现某些仪式和发出某些信号"(福柯,2007)。身体包括一个生物性的存在以及一个文化性的成分在内,其存在必然交织着许多力量的并存;同时身体必须存在于一个特定的时间和空间场域,因此身体优势是一个时空性的意义结构,被赋予了许多复杂的内涵(黄金麟,2006)。当身体,更具体地说是女性的身体,进入本文研究所涉及的特定时空内,它就被赋予了多重的意义结构:它既是胎儿的母体,是婴孩的母亲,也是贩假活动的社会行动者,是社会性惩罚的对象。因此,我们认为,身体承载着生物和文化上的双重压力和意义,一种内在的紧张和张力反而成为建构正义与和谐的优势所在,成为贩假者与其他社会群体互动,特别是面临社会控制机构制裁时的"护身符"。

而从职业选择视角下讨论性别因素的影响,就必须提到"职业的性别隔离"这一概念:它指的是在劳动力市场中,劳动者因性别不同而被配置到不同类别的职业中从事不同性质的工作。已有的研究表明,职业的性别隔离将大量的女性集中在低收入的"女性职业"(即女性员工占大多数的职业)中。在本文所关注的制假贩假集团中,女性劳动者同样只被安排在街头贩证这一制假贩假链条的下游。一般地,职业的性别隔离被认为是劳动力市场中的一种结构性别歧视因素,它对两性收入差异的影响使女性处于更加弱势的地位(Reskin, Roos, 1990; England, 1992; Anker, 1998; Charles, Grusky, 2004),但是我们在调查中却发现,贩假妇女的"女性职业"虽然处于职业分层中的低下位置,但她们的性别同时也作为一种特殊的符码,让她们拥有与制假上游和社会控制机构讨价还价的社会资本,拥有韦伯所称的以及制假集团上游所看中的市场能力,从而改变了女性劳动者在"女性职业"中全面无权的被动状态。

3.3. 中关村贩假群体的经验研究

与本文研究内容和对象最为贴近的经验研究是北大社会学系陈鸿的博士学位论文,该研究的研究对象是位于中关村附近站街售假的农村外来务工人员:从群体成员身份上看,他们中以男性为主,来自安徽、河南、湖北等地,贩假的业务范围既有假证件也有假光盘;从研究对象上看,该文与本文关注的人大地铁口贩证妇女有很大不同,这些区别对于分析二者的行动和关系差异具有重要意义。

　　陈鸿文章的核心关注在于解答贩假群体如何在宏观社会制度变迁的过程中产生,其在产生后又是如何参与制度变迁过程的,从贩假群体出发,研究该群体独有的特征和矛盾的身份认同,以及贩假群体与其他社会利益群体之间互动的关系模式(陈鸿,2001)。本文探讨假证生态圈内不同群体互动模式时,部分借鉴了该经验研究的思路,同时也有批判性的反思和创新。

　　陈鸿在分析地下贩假经济时提到,包括贩假者、制造者、消费者、版权人和政府在内的各方利益关系链条中,贩假者与制造者结合成利益联合体,对抗着版权人的市场监督和政府的打击。特别值得注意的是,在对贩假群体与政府讨价还价关系的分析中,陈鸿认为,贩假者因其不利地位,只能采取在制度缝隙中生存的权宜性生存策略。然而,关于政府为何没有对中关村一地的贩假聚集现象进行严厉打击,陈鸿的解释是,尽管掌握着平衡各方关系的绝对资源优势,但政府对贩假活动的管理存在着一个位于道德之上、法律之下的"度"的掌控,即在一定社会条件下,政府不得不为各方社会成员的生存让渡出一定的弹性空间以避免群体性事件的发生(陈鸿,2001)。对于这种将贩假者与政府之间关系描述为完全单向支配的观点,我们认为存在一定缺陷,至少并不能完全解释二者常态性共存局面出现的原因。在本文的实地调查中我们发现,以城管和警察为代表的社会控制机构实际上并不是占有绝对压倒性优势的,反而是执法资源和执法需求的不均衡增加了治理和监管的难度。

　　除了以上不同意见,陈鸿在文章中还提到,以贩假者为中心所形成的关系网络中并不存在共生的、既不相互促进也不相互阻碍的、毫无影响的关系,这张网络中任意两两双方均有影响,不同的只是影响的大小及关系的性质。对此我们产生疑义,我们认为整个假证生态圈内不仅存在青井和夫所说的"结合""支配""优越""抗争"等关系,事实上还包括一种"援助",甚至双方利益无涉的"共存"关系。

3.4. 本文创新之处与行文框架

　　因此,基于对相关理论和经验研究的梳理、总结、反思,围绕我们的中心议题——"一个表面充满张力的城市社会空间何以和谐、长久地存在",本文建立了一个自洽的分析框架和解释思路。

后文第四、第五部分主要涉及对这一现象和群体的描述性表达,可以看作一种"是什么"的呈现:第四部分中,我们研究"人与物"的关系,即从空间生产理论出发,分析人大东门地铁口附近贩假行为如何在特定的城市空间结构中生成,并参与建构这种社会空间结构的再生产;第五部分中,我们将对"人与人"关系的研究放置在特定空间维度加以考察,分析假证生态圈内不同社会群体之间的关系形式与互动模式。

在后文的第六、第七部分,我们将转向对"为什么"的解释性分析:第六部分侧重分析性别和身份特征对于贩证妇女从事职业活动的优势,特别是她们如何利用这一优势同社会控制机构进行互动;第七部分中,我们创新性地引入了四个解释因子,试图回答我们的中心议题,即为何在该场域内不同功能和性质的社会群体能够建构一个相对和谐、平衡的生态圈,以及在何种特殊情况下这种平衡会被暂时打破。

综上所述,通过实证调查研究,借助独特的空间、性别分析视角,本文的结论试图对解释贩假行为和贩假群体提供另一种研究的方向和可能性,并希望能为将这种分析方法应用到对类似现象和群体的研究中做出些许贡献。

描述社会行动的过程,意味着行动者的空间性通过其行动生产与再生产空间的关系结构,同时空间的关系结构则生成和制约着行动者的空间性结构,事实上,这两个方面是互动和一体的:在社会行动的过程中,既是行动者在采取行动,也是空间的结构在建构行动。我们深知,城市生态圈是一个纷繁复杂、牵涉广泛的系统,为了在有限的篇幅中切中主题,有所深入,我们选择了街头贩证妇女群体相对集中的局部空间——中国人民大学东门地铁口及周边来进行分析。在探求空间研究的普适性的同时,也必须利用具体的规则和空间特点增添研究的血肉。在整个第五、第六部分,我们将从空间视角出发,聚焦于该生态圈中的人与物、人与人这两对关系,由此来组织第五、六两部分的论述,逻辑思路如下图表,分析阐述也将围绕这一框架展开。

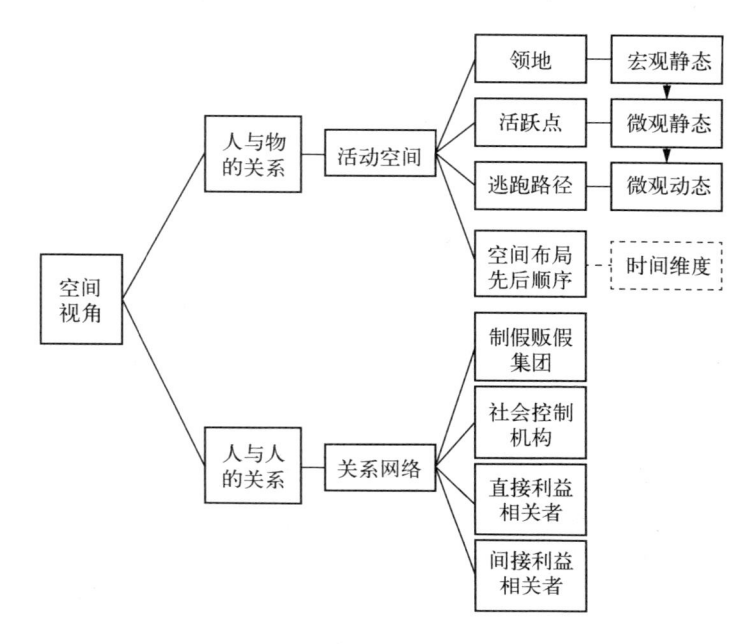

图1 空间视角下人与物、人与人的关系

4. 人与物：社会活动空间

在格利高里和厄里的书中，明确地谈到了空间并不是一种原质，而是实体间的一系列关系，仅当各种实体在某种意义上存在于空间中，空间才存在（格利高里、厄里，2011）。在本研究中，最核心的实体就是活动于此空间中的贩证妇女群体，要想从空间角度理解她们的行为，必须首先分析作为社会人的她们与其活动空间本身的互动。在该部分的阐述中，我们引入了宏观与微观、静态与动态两组面向进行分类演进，旨在层层深入地描述贩证妇女群体在该空间中的活动。

4.1. 活动空间概述

本研究关注的这部分城市空间如图2所示，其主干是中关村南大街，起于当代商城，止于北三环四通桥，总长约500米，主路东西各延伸100米为其宽，总面积约0.1平方公里。区域内部的地标包括人民大学地铁站、当代商城、人民大学东门等，双榆树二街、三街与人民大学南路三条东西走向的主要街道也扮演了重要角色。

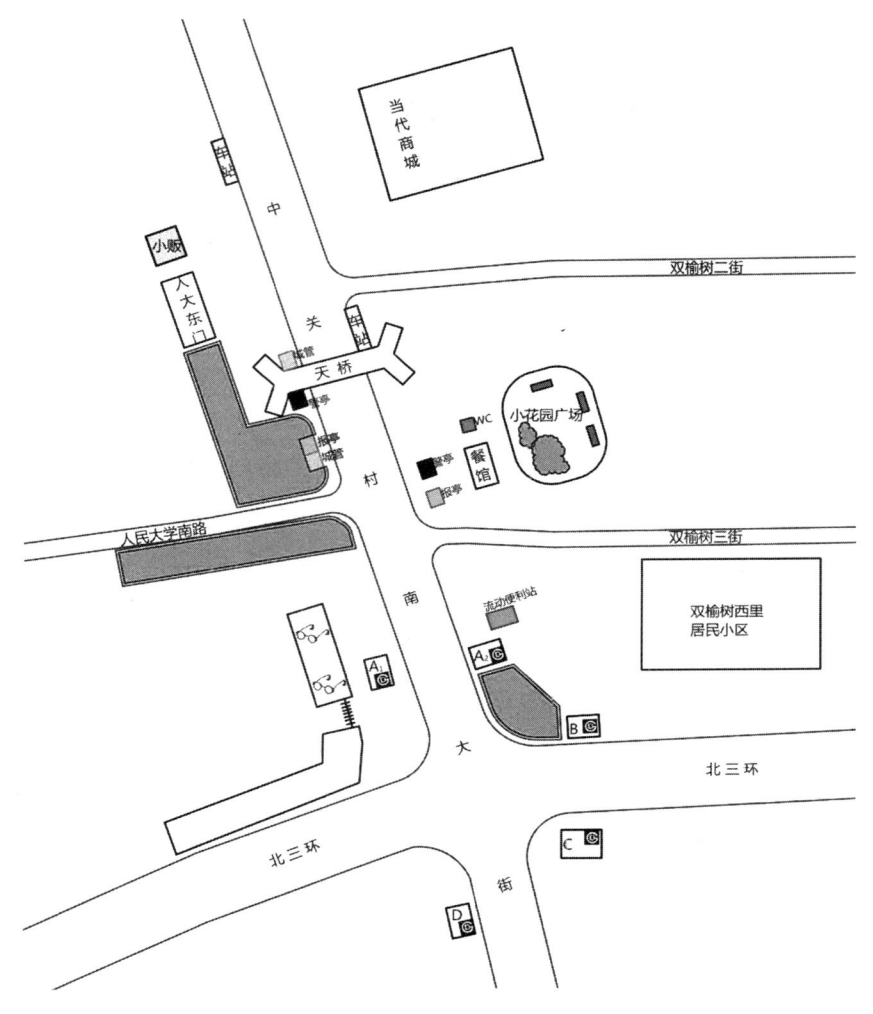

图 2　局部城市空间全景图

在这一区域进行针对贩假妇女的调查,具有得天独厚的优势。此处贩证妇女分布的密度极高,如无特殊情况,每天一般有二三十个怀孕或怀抱婴儿的妇女聚集于地铁站 A1、A2 口附近以及天桥上下等人流量较大的地点兜售假证。这种高密度是可以解释的:首先,该区域同时拥有商场、居民区、学校、地铁站、小广场、餐馆等公共场所,具有购物、居住、教育、交通、社交、餐饮服务等广泛的功能,也使得进入该空间的人员数量多、成分杂、流动频繁,不确定性因素较多。此外,位于此处的中关村与双榆树小区都属于老式小区,周边地形复杂,街道治理比较混乱,空间归属不明,居民并没有明显的"领土意识"。以上特征与王发曾所定义的"公共空间盲区"概念高度吻合。"公共空间盲区"是指由于空间结构的复杂性、人员流动的复杂性或者公共防控系统设计上的缺陷等,在公共空间中产生的不易被公共防控系统或个体防控行为所防控的空间(王发曾,2012)。我们认为,此处所讨论的这个相对独立的城市生态圈就是一个典型的公共空间盲区,为贩证妇女的活动提供了绝佳的场所。

4.2. 领地政治学

贩证妇女不断散播小卡片的行为在很大程度上为我们了解其领地分布提供了便利。卡片上的信息简洁明确,一般仅交代联系电话以及"特殊服务"的具体项目,如办证、租房、开发票等。据我们观察,这些妇女大多将卡片放在腰间的小包中,一边低声叫卖,一边若无其事地不断从腰包中掏出成把的小卡片,即使一手抱着婴儿也完全不影响她们手法娴熟地把卡片撒在地上。她们活动的高峰时段从上午 11 点到下午 5 点左右,地铁站 A1 与 A2 口周边的纸片颇为壮观,街道、地铁口、花坛、绿地上都是密布的小卡片。其分布与贩证妇女活动的领域高度吻合,且区域内各地点密度不同,因此这些卡片被赋予了独特的象征意涵。类似于动物界以气味和尿液标记领地,贩证群体使用这种卡片和地贴来显示自己对这片区域的"管辖权力"。我们注意到,卡片主要集中在从北三环至天桥的主路两旁,并向南北递减,其中尤以地铁站 A1 口与眼镜店之间的街道、地铁站 A2 口前方的空地、小花园广场附近的休息区和天桥最多,表明这几处都是贩假妇女比较活跃的地段,而我们的实地观察也证明了这一点。

贩证妇女的日常活动区域内部还可以进行功能细分。以叫卖、扔传单卡片和交易为主的工作地点集中在天桥、地铁站 A1 与 A2 口以及小花园广场处,地铁站 D 口也不时有被警察从 A1 口赶走的贩假妇女聚集。她们将火力对准天桥和人行道上经过以及从地铁口中走出的行人,有针对性地低声询问而非明目张胆地大声叫卖,当路人表现出兴趣或犹豫时就乘胜追击。贩证妇女李二姐对我们谈道:

有些人知道行情,就直截了当地来找我们,其他的我们基本上都能看出来哪些人是可能的客人,哪些是便衣,哪些就是无关的路人,眼神不一样。

"认人"是她们颇为自豪的一项本领。而休息地点(如图3中斜线表示区域)主要是地铁口的台阶、人行道旁的花坛、小花园广场的石凳、眼镜店门口的低台、A1口旁小铁门内的餐馆等。女性体力相对较弱,且大多是怀孕期或哺乳期的妇女,有的怀抱婴儿,长时间站立必然辛苦,于是她们一般默契地交替工作与休息,节约体力。其实所谓休息也只是坐在旁边的低台上,有行人走过仍会低声询问,与工作状态的界限不明显。

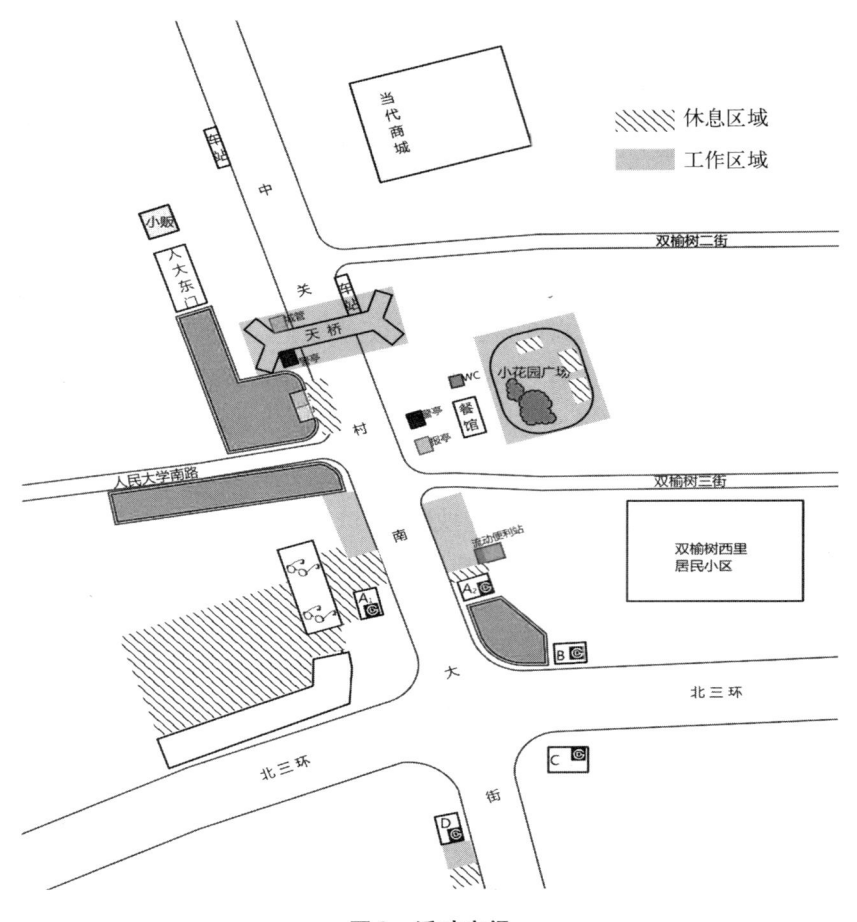

图3 活动空间

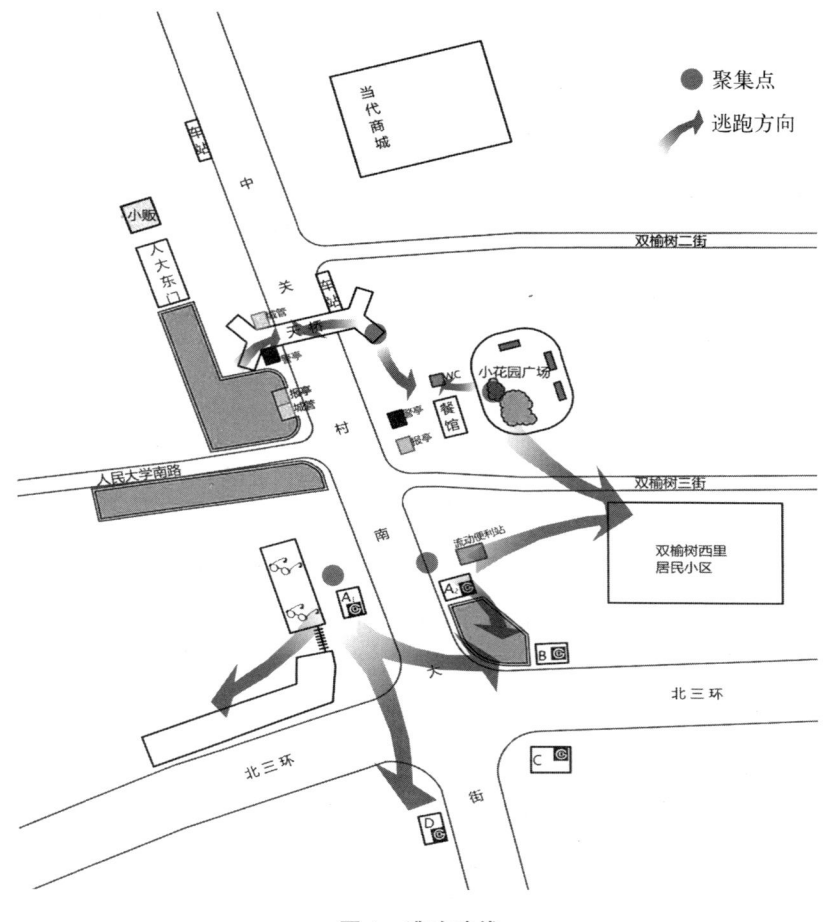

图 4 逃跑路线

控制机构是这一贩证妇女活动空间内分外醒目的设施,在不足 500 米的主干道两旁,就分布了两个警亭与两个城管亭(其中一个城管亭无人执勤,疑似废弃)。两个警亭分立在马路两边,仅隔一条街道却分属海淀街道派出所和中关村街道派出所两个单位。据派出所保洁员滕叔叔介绍,这两个警亭以中关村南大街中心线为界,各自履职,不成整体,这也为贩假群体集聚埋下了伏笔。

4.3. 逃跑路线

一个稳定的城市空间并不必然是和谐互倚的,它或多或少存在张力与矛盾,只是各方力量在较长时期内保持均衡。制假售假本是违法行为,因此本研究关注的这一社会空间更加特殊,社会控制与贩假妇女群体机构之间的"猫鼠游戏"成为空间内的主要互动形式。派出所和城管亭中的执勤人员会间歇性地巡查,掌控着驱赶与抓捕两种策略的频率。每当警察、城管甚至联防队员、社区保安出现时,贩证妇女都会迅速逃跑,我们曾目击过两次逃跑过程,无论是孕妇还是抱孩子的妇女,其敏捷程度都让人惊叹。通过长时间的观察以及对城管、环卫工人、路人甚至贩证妇女的访谈,我们总结了四条主要的逃跑路线,在图4中绘出。

第一,向地铁站里逃跑是理想的路线。人大地铁站共有五个出口,尤其是A1、A2和B口在地铁站内部交汇,不用经过检票口就有至少两条路可以选择。贩证妇女严妈妈说道:"警察他们很少追下来的,地铁里面最安全。"但是地铁警察也是贩假妇女的天敌,当追捕的发动者是地铁警察或有地铁警察参与时,她们的这条逃跑路线就被封死了,不过好在还有其他的选择。

第二,如图4所示,在小花园广场西北角有一个公共厕所,它也是贩证妇女重要的避难所。该公厕门口的进入是免费的,环卫工人姚阿姨告诉我们:"我经常看到好几个女的(贩证妇女)呼啦一下都跑到女厕所里,警察又不能进女厕吧,厕所里还有她们的那些假证包,有一次我扫地还在花坛里找到一个黑色塑料袋,里面全是学生证什么的,肯定是跑急了就塞到花丛里了。"这一条逃跑路线充分体现了妇女群体的"性别优势",但公厕的容纳量毕竟比较小,情况紧急之时还需要另谋出路。

第三,另一条路线的目的地是主干道两侧窄巷中的居民小区。街道东面主要路线是沿着双榆树三街跑到后面的双榆树小区里。双榆树西里1号楼的居民刘阿姨说道:"我们常常看到她们跑过来,坐在小区院子里的石凳上,石凳本来就少,我们小区里的老头老太太都没地儿坐了。"我们实地观察过,双榆树小区设施比较老旧,没有门卫管理。在街道西面,这些妇女会选择跑入地铁站A1口后面的小铁门内,小铁门后是友谊家属宿舍区,也是老式居民区,巷道穿插,地形比较复杂,都是理想的"避难"场所。

第四,集中在天桥附近的贩证妇女貌似更具勇气,因为城管亭与警亭正位于天桥两端。但经过调查,我们发现天桥其实是非常安全的工作地。我们询问了两边警亭的执勤警察,才得知他们由不同的派出所分管,于是对贩证妇女的驱赶只限于将她们赶到天桥另一端,两边很少联合执法。城管夏大爷告诉我们:"我在这岗亭里就可以看到头顶天桥上的贩假妇女在交易,但是上去她们就跑到另一边去了,我也没办法,对面警察也没义务帮这边围追堵截。"

当一轮驱赶结束,警察与城管等人重回岗亭,贩假妇女又从犄角旮旯的藏身之地回到天桥与地铁口,回到人行道和花园广场再次开始工作,并机警地等待警察下一轮的巡查,颇有"敌进我退,敌退我扰"的意味。

4.4. 空间的社会生产与社会的空间重建

在标记领地、交易、休息及逃跑的过程中,贩假群体与所在空间进行了频繁的互动。上文已经从横截面的视角详细分析了贩假妇女的活动,在此部分欲暂时跳出特定时点的框架,历时地看待空间与研究对象间的交互影响。列斐伏尔"空间生产"的概念正好可以解释这样的互动:空间与行动是一个双重的交互过程,空间生成行动,又是行动建构的结果。在我们所描述的这一城市空间中,街道、居民区、天桥、学校、商店等功能区最初都各自履行职责,组合成为空间的一部分。该区域人流量大、功能面向广泛、领地归属不清等特征明显,为贩假人员的经营活动提供了很大便利。假证销售群体逐渐在此聚集,其具体年份已久远不可考,但据负责该区域 13 年的环卫工人姚阿姨说:"自我来这里工作,就看到她们(贩假妇女)已经在这里活动了,人数时多时少,十多年来几乎没有怎么间断过。"可见贩假妇女群体作为该空间社会生产物的时间之久。2009 年 9 月,地铁四号线建成通车,交通功能日益凸显,也进一步增加了区域内的人流量。拥有多个出口的地铁站渐渐成为贩假妇女的聚集地,遍布地面的小卡片可以充分证明。正如生物圈中没有一种生物能毫无节制地繁衍,贩假人员越聚越多,由其所带来的问题受到有关机构的重视。据姚阿姨的丈夫——中关村派出所保洁员滕叔叔说,城管与派出所的岗亭都是在近两年出现的:"我知道警亭是 2011 年建起的,印象比较深,但是城管那个就不太记得了,应该也就是那个时候,差不多的。"又由图 4 可以看到,城管亭和警亭均位于天桥、花园广场与地铁 A1、A2 两口围成的区域内,恰好是贩假妇女活动的主要区域,其设置显然是为了约束周边猖獗的街头贩假行为。

贩假妇女的高聚集性无疑是高密度控制点分布的重要因素,证明群体的社会行动确实推动空间的变化、发展和重建。倘若为空间的发展拉一条时间轴,我们可以清楚地看到贩假妇女群体在空间生产过程中扮演的重要角色,这是人与空间的互动在时间视角上的充分证明。

5. 人与人:群体关系网络

空间作为一种社会建构——这是事实;但是,社会关系也是在空间中建构的,并且这一点具有重要意义(格利高里、厄里,2011)。上一部分我们意在呈现贩证妇女群体如何利用空间布局因地制宜地从事贩假活动,并根据其越轨行为的需要能动地改造并建构有利空间;而在这部分我们将着墨于在该特定场域中,不同功能和性质的社会群体如何通过微妙的社会互动,构建一张复杂却有序的社会关系网络,从而成为一个独特的生态系统并同时嵌入整个城市空间。

经过我们的观察和访谈,对这一系统内的社会关系网络进行总结、归纳发现,贩证妇女依据自身掌握的资源同其生态系统内的其他群体进行着利益最大化的博弈,同时其他群体也根据自身资源和功能的不同采取不同的博弈策略进行回应,以维护自身地位的正当性和稳定性。前文已述,如图5的关系网络所示,将本文最重要的研究对象贩证妇女作为网络的中心,根据与社会互动形式和频率的差异,这一区域的社会群体大致分为四类:第一类是以贩假妇女为末端触角的制假贩假利益链条,上游延伸至售假中介人和批量制假者,并通过买卖关系直接与购假顾客发生关联;第二类是代表社会控制力量对贩假行为进行管制和惩戒的机构,包括城管、警察、联防队员、社区保安等;第三类是与贩假妇女发生直接交易或接触的相关者,其中有购假顾客、清理小广告和地贴的清洁工,也有为她们提供服务或帮忙照看孩子的其他小贩、路边餐馆老板;第四类间接相关或旁观者则包括街边眼镜店店员、过往行人、报刊亭老板、附近小区居民等,他们与贩假妇女虽然没有直接互动,却也在贩假生态圈内发挥了重要作用,诸如提供休息和躲藏区域、见证和举报违法活动等。下文将在图5的基础上,对贩假妇女与其他不同群体之间的关系格局和互动模式分别进行描述分析。为了清晰呈现不同主体的立场和策略,这部分引用并整合了较多的访谈内容。

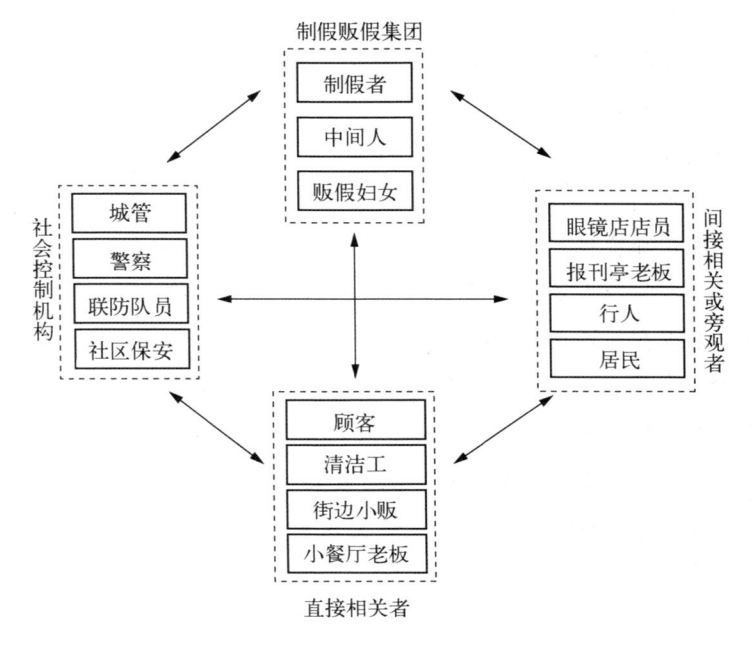

图 5　假证生态圈内部社会群体关系

5.1. 与社会控制机构的互动

我国法律规定,对处于怀孕期和哺乳期的犯罪妇女不得判刑,这也成为制假售假集团选择她们作为街头"销售"的重要原因,关于这一性别和身份特征的优势将在下一部分进行详细分析。然而,这并不意味着社会控制机构一方没有着力点,实际上他们仍有其他办法对贩证妇女小惩大诫,既包括常态性的巡逻视察,也有"真刀真枪"式的没收财物、人身扣押等。而社会控制机构中最重要的两个角色——警察和城管,他们在对待贩证妇女问题上的权力和职责是不同的。

贩假妇女张姐:抓我们的主要是警察,有穿制服的,也有便衣,他们就从那个警亭里走过来,有的警察挺好,只是过来说说我们或者干脆不管,有个新来的警察特别坏,每次他上班就会抓人……城管不一样,城管就只能没收我们的货、开罚单或者不让我们散播卡片,有的城管还会砸手机……(谈到社会控制机构对她们身份的识别)他们(警察和城管)不管你们买证的,只查我们这些卖证的,天天在这他们都脸熟,认得出来,一看到我们这些晒得这么黑、抱个孩子或者大个肚子、说话有口音的人,就知道我们是办证的。

城管夏大爷:你别看我们(城管)就和警察挨着办公,又都是国家工作人员,但权力没有人家大,我们只是管理城市环境和卫生,我们不能像警察那样抓人,只能没收或扣留她们卖的假证让交罚款,但一般收上来也就没人再来领了……(问到何时会出面管理)你看我每隔一会就出去在这条街上来回溜达一下,她们看到就会"轰"的一下散了,等我进亭子里了再出来。一般也就这么吓唬吓唬就行了,不是每天都会抓人啊,我们要管的事又不只这一件,和街边这些小贩、贴小广告的打交道比较多,管理她们(贩假妇女)都是一阵一阵的,这段时间举报人来反映情况多了,或者上面要求严一点,我们也就会管得比较严,联合警察一起治理一下。

随着调查的深入,我们逐渐颠覆了这样一种刻板印象——贩假妇女在与社会控制机构的互动中处于完全被动的弱势地位,相反,在多年"敌进我退,敌退我扰"的生存斗争中,她们利用自身的性别和身份(怀孕或哺乳)优势,在与控制机构的关系互动模式中逐渐找到了某种平衡,在权力格局中占据了稳定的一席之地。

有趣的是,贩假者与社会控制机构之间的关系并不是完全对立的,甚至似乎达成了某种潜在的默契和共识,双方都基于对方存在的现状采取某种温和的日常相处模式:我们观察发现,警察和城管的街头监管策略,一般是吓唬、驱逐,或者干脆什么都不做,只是把警车停在路边,站在人行道上聊天,就足以形成震慑,促使她们暂时中断交易躲进地铁通道。抓捕后的惩罚策略,一般以暂时在警亭或派出所内扣押为主。当然,在调查中我们也曾遭遇过一次警察抓捕行动后近似"示众"式的惩罚场景——七八个怀抱婴儿、来不及逃跑的贩假妇女,在冬日的寒风中被警察要求坐在警亭路边的台阶上,不准彼此交谈,不准随意走动,不能吃饭,虽然警察并没有在室外寸步不离地看守,但对贩证妇女还是威慑十足。类似这种严苛的惩戒一般在特殊背景下才会发生。

5.2. 与直接相关者的互动

如前文所述,由于本研究不涉及作为贩假妇女利益共同体的顾客,因此这里的直接相关者主要指环卫工人。环卫工人和贩证妇女发生关联的直接纽带是由前者的工作职责决定的,人大地铁口一带的环卫工人每天最重要的工作就是清理贩证妇女在地上和冬青树丛里散播的卡片、贴在台阶和栏杆上的地贴,这些卡片和地贴五颜六色,数量多且密集,不仅有碍城市观瞻,更给清扫"城市牛皮癣"的工作带来非常大的难度。但是,尽管从结果来看环卫工人似乎是贩证妇女行为的受害者,但二者几乎完全无交流,甚至会出现一幕幕"和谐"却令我们费解的场景——贩证妇女走在前面撒卡片,环卫工人跟在后面扫卡片;贩假妇女站成一堆看着环卫工人用专业工具批量清除自己刚刚贴的地贴。在调查过程中,我们也就这一疑问访谈过环卫工人姚阿姨,她说虽然清理小广告很辛苦,但对贴小广告的行为也是无能为力。在环卫工人与贩证妇女的互动中,二者对自身的权限和职责有明确的认知,特别是后者还对自身行为的正当性进行辩护:

> 贩证妇女张姐:他们(清洁工)管不着我们的,虽然嘴上不能说什么,心里肯定恨死我们这些贴广告的了。不过要是我是清洁工我也讨厌贴广告的,你看这些广告贴得乱七八糟确实难看……不过话说回来,要不是我们这些人贴出广告来让他们铲,他们还有什么可以打扫的,其实是我们给他们创造就业机会了不是?

除了上述的顾客和环卫工人,其他与贩假妇女发生直接互动的相关者还包括地铁站 A1 口小铁门里的小餐馆、路边小吃摊经营者等其他小贩,他们和贩假妇女同为外来打工者,为她们提供了休息和吃饭的场所,偶尔会帮忙照看孩子,甚至成为她们"谈生意"的见证者。

5.3. 与间接相关及旁观者的互动

与贩证妇女间接相关的群体主要是指街边的眼镜店和附近双榆树小区的居民,但这二者在某种情境下也会转化为直接相关者。前文有关社会空间的介绍中我们也说过,在地铁站 A1 口附近"工作"的贩证妇女常常三五成群地坐在眼镜店橱窗下的台阶上休息、喂孩子、与顾客讨价还价,遮挡了眼镜店内的视线。对此,眼镜店店员小王有这样的看法:

> 你看她们就坐在我们店门口啊,对我们做生意肯定有影响,所以她们坐这的人一多,我们就敲玻璃不让她们在这坐,不过冬天的时候天冷,风特别大,也觉得她们抱个孩子怪可怜的,就让她们坐这歇会吧。

同时,这些贩假妇女在 A2 口"工作"时,如果遇到警察驱赶就会躲到附近的双榆树小区里,身为小区居民同时也是治安巡逻志愿者的郑大妈这样说:

> 我们小区附近,办证的在这都有十几年了,治不了。看她们外地人来北京也确实不容易,风里来雨里去,孩子还那么小就受罪。但外地人也得爱护咱北京啊,你看这小卡片撒得满街都是,多难看啊。而且每次警察一赶,她们就跑到我们小区院子里,一堆人坐在石凳上,我们这些小区里的大爷大妈都没地儿坐了……平时我们也管不着人家,但现在街道动员我们做治安志愿者,就得管管,不让她们在这卖,你看,比平时人少多了呢。

可以看到,以眼镜店和小区居民为代表的间接相关者对贩假妇女抱有一定的围观和同情态度,但一旦贩假妇女的职业活动触及二者的直接利益,并且他们拥有一定的权力时,立场就会发生明显的改变。

而所说的旁观者虽然也是贩假活动的见证人,但更是处于一种事不关己的立场,比如"明哲保身"的报刊亭老板李叔叔这样说:

> 她们(贩假妇女)经常就在我这亭子外面,她们卖东西我都能看见的,警察来抓她们也会问我看见没,我就说没看到,好人坏人两边都不惹,万一我说了出来半夜人家一把火把我的亭子烧了怎么办,况且她们也偶尔来我这买个报纸、零食什么的。

过往行人更是如此,尽管一些人会向警察、城管举报,但多数人都是视而不见,低头匆匆赶路,甚至有路人说贩假者的行为也是满足大家生活需要,可以理解。

正如前文所述,形形色色的社会人及其互动关系共同构成了这一独特的微观城市空间。让我们疑惑的是,贩证妇女群体并未因为她们的违法行为而与生态圈中的其他群体针锋相对,水火不容;恰恰相反,她们平稳地融入了这一空间,甚至与社会控制机构长期同处。这种"违法"与"正义"之间的默契关联构成了本文最大的好奇——在此特定时空场域内,贩证行为何以能和谐、长久地存在?何种力量让这种应然的对立与实然的和谐共存在同一片时空下,这是本研究力图解释的问题。在本部分中我们采取了两条相对的分析思路,如图6所示,第六部分将以贩证妇女群体为主体,关注她们为了在该城市空间内长期生存而采取的方法策略,遵循一种由内向外的逻辑;而第七部分从其他群体的视角反观贩证妇女,探讨她们采取的策略及其背后的行为动机,是一种由外至内的分析思路。

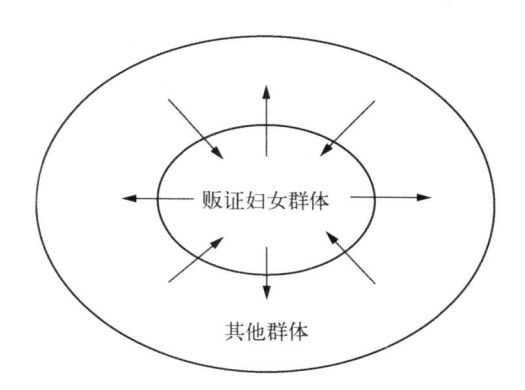

图6 内外观照的分析思路

6. 性别:讨价还价的筹码

在这部分的分析中,我们将以第四、第五部分的分析为基础,并从贩证妇女群体角度出发,剥离出关键的性别因素作为最大的解释变量,关注的核心问题包括:为何人大地铁口街头贩证者由清一色的女性构成?为何在劳动力市场中具有劣势的孕期和哺乳期妇女在贩证行业却具有出色的"市场能力"？她们如何策略性地利用自己的性别身份与他者互动？这种互动模式对整个假证生态圈产生了怎样的社会后果？

在比对贩证妇女与社会其他边缘群体的过程中，我们还发现她们与"性工作者"这种看似毫不相关的"职业"（性工作者是否可以算作一种职业另待讨论）具有较高的相似性：两类女性群体同样从事着为法律条款和社会道德所不容许的越轨职业，在职业生涯中她们均把女性身体和性别身份变作一种特殊的职业优势，以此作为与法制过程和社会公意讨价还价的工具，通过展现女性的柔弱，特别是在为自己所从事的越轨职业做辩解时多采用"生活所迫""全为满足社会大众需求""我也知道这样做不对"等隐忍诉苦的方式，以此来拨动法律和社会的柔软空间，以获得最大程度的社会怜悯和法律规训从轻制裁的机会（徐昕，2009）。

下面，文章将就贩证女性运用自己的性别身份与执法机关及社会制裁进行讨价还价的具体技巧进行整理和分析。

6.1. 性别的市场能力

具体来看，贩证妇女之所以能够在制假贩假链条中占据稳定的职业位置，在市场竞争中分一杯羹，首先是由于她们具有特殊的"市场能力"。根据韦伯"市场能力"的提法，市场化的劳动力市场对于每一个具有特定人力资源的人都是平等的，女性的身份，尤其是怀孕期或哺乳期的身份，让贩证妇女获得了越轨职业中难得的保护机制，也因此在制假贩假市场中处于一个相对积极、稳定的结构位置。市场并不是一个纯粹的、依照市场规则被动运转的经济体，而是一个嵌入了复杂社会因素的交易场所，如果按照刻板的市场竞争力原则来衡量贩假妇女的工作能力，她们或许并不如男性劳动力那样具备体力和社交方面的优势，但她们的女性身份为她们提供的，却是一种在现实的越轨交易市场中特殊的市场能力，即逃避法律制裁或将其力度降至最低的能力。因此，贩假妇女的性别身份成了她们的"入行"优势。

6.2. 社会性怜悯的生产

贩证妇女和他们的孩子一年四季都长期暴露在室外环境中，无论在自我认知、他者评价还是在社会控制机构眼中,她们的处境都是比较艰苦的,特别是处于怀孕期和哺乳期的妇女,她们自身和怀抱中的婴孩都是一般意义上的弱势群体,容易获得其他群体的社会性怜悯,在这片特定的空间领域内,她们的存在没有受到强烈的社会谴责和干涉:社会控制机构难以对其"下狠手",附近居民和员工默许她们在台阶上、公园里、社区休息区聚集休息,其他社会成员没有对其采取强硬的抵制和驱逐措施……这一切还是源于她们的性别和身份优势,有了社会性怜悯,也就有了社会性的宽容和默许,这事实上对贩假行为的强硬取缔和严厉制裁构成一种阻碍。

6.3. 站在法律最柔软的部位

性别特征在与社会控制机构交锋的过程中尤其可以体现出优势,出于人道主义原则考虑的法律条款在设置上为孕期和哺乳期的妇女留了很大的"议价"空隙,例如《治安管理处罚法》第 21 条规定:"怀孕或者哺乳自己不满一周岁婴儿的行为人不被执行行政拘留处罚。"这意味着,即使社会控制机构希望通过法律力量制裁制假贩假的行为,但由于活跃在越轨前沿的贩证妇女均将孕期和哺乳期作为挡箭牌,直接的制裁行为往往得不到有效的执行。无论是贩假妇女本身、社会控制机构的执法人员还是其他社会成员,都深知彼此之间的正面交锋多半只能停留在相持、对峙的关系,社会控制方很难对越轨方进行更严厉的惩罚和规训:

> 派出所保洁员滕叔叔:她们这个抓进来就只能留 24 小时,如果再严重的情况,48 小时……拘留的时间最多就是 7 天……特殊时期,抓到了惩罚也更严厉,她们也知道。

另外,在《刑事诉讼法》中也有规定:"对应当逮捕的犯罪嫌疑人、被告人,如果患有严重疾病,或者是正在怀孕、哺乳自己婴儿的妇女,可以采用取保候审或者监视居住的办法。"这意味着社会控制机构对于违法的孕期和哺乳期妇女并非只剩下"听之任之"的被动局面,在追踪和跟进案情的过程中,一旦孕妇分娩或婴孩断奶,妇女身份便不再与他人有特殊区别,法律又对其恢复了严格的约束力。我们曾经向警察和城管提出我们的疑问:为何没有对越轨人员采取持续的追踪和控制？而他们的答案道出了自身的尴尬,也是最大的实情——执法资源的有限性要求他们将主要力量集中在情节严重的领域,而对贩证妇女群体这样行为相对缓和的越轨成员只能暂时采取放任和纵容的方式。

我们亦可以觉察到性别身份与社会惩罚之间存在着不断互动与相互验证的关系。不妨将时空状态移动到初始的位置,法律中对于孕期和哺乳期女性的从轻或特赦的规则安排,社会成员对于弱势女性越轨行为的容忍和怜悯,让最初的女性贩证者从中获得额外收益,她们获得相比其他从业者更多的"容错"机会,这在越轨的贩假行业中无疑是最大的优势。当这种利用性别身份来与社会惩罚机制进行讨价还价的技巧成为一种自明的事实时,理性原则指导的贩证行业内便聚集了身具优势的女性工作者。进而,她们确实不断地验证了自己的性别身份可以从社会惩罚机制中获得最大的开脱空间。人性化的法律规则、社会制裁,形塑了贩证职业中性别身份单一的状况;性别身份导致的法律和社会的包容性、特赦性后果,强化了女性越轨从业者的优势空间,加剧贩证行业对于女性的特殊开放性。

6.4. "无害性"证明

除了上述三种策略,贩证妇女在生态圈中占据稳定位置的一项策略性技巧便是向其他群体(包括顾客、社会控制机构、旁观者)展示和证明自己的"无害性"。具体的方式有以下三种。

首先,承认自身贩证职业的越轨性,但同时更强调它的作用是满足市场的需要,发展出一种否定中的肯定,从而为贩证的合法性进行自我辩护。正如访谈中王姐谈到对自身职业身份的认知:

> 办假证确实挺可恶的,人家寒窗苦读多少年书才拿到文凭,凭本事找工作,你几十块钱办个假证就能跟人家抢工作了……我们确实是挺可恶的,但并不可恨呀,你能把全北京、全中国办假证的都消灭吗,那不可能啊,因为有人有这个需求,我们才能干这个事。我们做的也是方便大家的事……

这种从市场需求出发的合理性辩护也在一定程度上为其他社会成员认可和接受,环卫工人姚阿姨在访谈中说道:"肯定是有人找她们办,她们才能长期做这个事情啊,在她们这里办个假证,速度就比正规渠道快,又没什么太高的成本。"

其次,发展出一种类似职业道德的行规,对假证办理过程中存在的所有风险全权负责,以证明其可靠性。假证行业存在较高的经济和人身意外风险,贩证妇女一般会要求顾客预付一半定金,但现实情况往往是顾客对她们流动性的不信任,要求钱货两清,这时她们为了挣钱也只能甘冒这种违约风险。在调查过程中我们就遇到过一次这样的违约:一个未付定金的顾客在验货时以"证做得不像真的"为由刁难并要求刘三姐重做一个,气愤之下的刘三姐将已做好的假证撕碎并拒绝其要求,据她称这单没做成的生意给她造成了近200元的损失。尽管如此,面对风险,她们仍然选择自我担当,向潜在客户及熟客证明其可靠性,营造信任空间。

最后,懂得进退,精于为社会控制机构的容忍底线留下空间。在通常情况下,她们尽量避免与社会控制机构正面接触,一旦被抓捕,她们往往主动交出兜售的违禁商品,而在被拘留的情况下,又会使用"肚子疼""身体不适"等理由来"要挟"社会控制执行者,以获得最轻的制裁。在非常态时期,她们大多都会主动消失,不会在相对严厉的管制时期抛头露脸,适时避免了碰触社会控制机构的容忍底线。

在以上所提的多种证明自身"无害性"的方法之下,贩证妇女为自身建构了一种具有共识的社会形象,以此来减少社会控制机构和其他社会成员对她们的高度关注和敏感,引导控制机构将执法资源投放到更加显著的违法领域中去,从而为自己保留最大程度的法外生存空间。

6.5. 欺骗:强化性别优势的捷径

本研究中从事贩证工作的劳动者清一色为女性,她们尤其以孕期和哺乳期的特殊形象作为标志。在我们的调查过程中,了解到有两种特别的情况:有一部分女性是伪装成孕妇的,还有一部分女性带的孩子并不是亲生的。据访谈,她们怀抱的孩子有的是从亲戚、熟人那里"借来的",她们帮别人照看小孩,同时也将孩子作为自己越轨行为的保护伞。

6.5.1. "假怀孕"

> 派出所保洁员滕叔叔：有好些那都是假肚子。我就亲眼看过，抓回所里之后，警员一把就给她假肚子扯下来了，女警察可以碰她们……国家法律有规定，对这些办证的女人不能判刑的，一般就在所里扣留她们24小时，严重的也不能超过48小时，如果超过7天就要审批送到拘留所的……其实有的女人虽然大着肚子，其实是假怀孕，你看她们逃跑的时候哪像孕妇啊，有的人在这儿干时间长了警察都熟脸了，知道她们哪些人是假怀孕，抓进所里就给拆穿了。

在我们的访谈对象中有个十八九岁的女孩，黑黑瘦瘦的，我们叫她小贝。在一次调查中我们见到了一个多月未见的她。那时就觉得小贝胖了许多，我们在闲聊中问她是不是怀孕了，她笑而不语。但在一周后的一次实地观察时，她又奇迹般地瘦了回来，我们当时并未多想，以为只是单纯的变胖变瘦，经过滕叔叔的介绍才回想起当时她可能是假怀孕。

6.5.2. "借孩子"

> 治安巡逻志愿者郑大妈：那可不好说，孩子还真不一定是她们的。我听说啊，有的都是借来的。
>
> 环卫工人姚阿姨：她那有的孩子不是自己的啊，我听说是借来的，比如说你认识的人，亲戚、朋友的，白天打工没办法带孩子，就交给她啦，她带着来，也还看着这孩子了。

显然，之所以会出现贩证妇女伪装成孕妇、借他人孩子做挡箭牌的行为，其目的便是试图通过这样的策略性手段来规避法律性和社会性的惩戒，利用的也是社会性怜悯、法律空隙、无害性示范等几条主要的策略和技巧，以此来强化自身在贩证行为中的性别优势。

综上所述，贩证妇女在克服和规避各种来自社会的正式和非正式的强制性力量的过程中，逐渐适应和发展出了冲破法律和道德秉性的方式，并把这种由女性的性别身份发散开来的策略性技巧运作为一种以越轨身份去与社会控制机构、其他社会成员互动的模式,利用直击人性柔软之地、避让律法和舆论的风口浪尖的方式,为自己的法外生存赢得最大限度的空间。这便是"从日常生活的宰制性空间中通过宰制性体制所提供的资源和商品来创造自己的意义世界,创造出一种解放、一种创造性的自由、一种不受规训的自由"(潘泽泉,2007)的生存逻辑。

7. 平衡何以维系

在上一部分中,我们站在贩证妇女的角度,分析了她们利用自己的生理特征采取生存策略,由内而外地巩固自己在生态圈中的地位,维持整个微观空间的相对稳定。而此部分力图从外群体的视角出发,将贩证妇女视为对象,从外而内地寻找对于这种奇异的和谐状态的解释。

7.1. 解释因子

在研究初期,我们一度对于这一城市微观生态圈的和谐运转十分费解。尽管贩证妇女具有特殊的生理特征,法律在一定程度上的无能为力和其他群体的法外容情为她们在该空间内的生存提供了很大便利,但若仅仅使用对贩证妇女的社会关怀来解释整个微观生态系统的持续运转,未免过于单薄无力。因此我们力图寻找更具解释力的观点来对性别与身体分析做进一步支持与补充。通过相对长期的观察与广泛访谈,我们对空间中的其他群体在选择无为策略时的动机有了新的理解。在此我们提出四个具有解释力的分析因子,以此答疑解惑,串联全局。

(1)利益。古语有"井水不犯河水"之说,但人们在使用这句古老俗语时,都是有心理预设的,它隐含的前提是自己的利益未被侵犯。在我们关注的这个微观生态圈中,即使各群体间都存在或多或少的社会互动,但有些群体本身是与贩证妇女利益无涉的。贩证妇女的街头行为不会对他们的活动造成直接的阻碍,我们即将他们视为利益无关者。需要指出的是,在本文的情境中,我们所讨论的利益并不包括社会公益。贩证妇女街头叫卖、散播纸片的行为会对交通造成影响,甚至被指出影响市貌。从这一角度看,她们侵犯了每一位市民的利益。但为了研究需要,此处的利益仅狭义地表示私人利益与直接利益,在此特别说明。

(2) 能力。此处所指的能力建立在社会地位的基础上,比贩证妇女社会声望更高的群体被看作有能力的。社会地位具有一定的标准,但这并不证明它具有绝对客观的评价体系,它建立在主观感知的基础上。通过访谈,我们发现在贩证妇女的感知体系中,空间中各群体的社会地位有一个群体内部公认的排序。在很大程度上,这一顺序是得到社会各群体默认的,因此它或多或少地影响了生态圈内部群际互动的方式。

(3) 权力。在社会关系研究中,权力无疑是最广受讨论的领域之一。福柯主张的权力关系论认为,权力是在社会关系与互动中不断强化或重建的。但在本情境中,权力主要指被法律与制度规定的正式权力,比如警察与城管对于贩证妇女的惩罚权;有些群体虽然没有法律条文的直接支持,但由于警察的领导和政府的鼓励而具有符号化的支配力量,比如联防与社区保安就在派出所民警的带领下开展管制活动,社区治安巡逻志愿者也被暂时赋予了象征性的管辖权力,他们都被归入具有权力的社会控制机构一类合并讨论。

(4) 资源。此处所说的资源主要指社会控制机构的司法资源与执法资源,这是从对城管人员的访谈中得到的启发。海淀城管宋队长谈道:

> 城管有很多事情需要做,偷盗、斗殴、违规搭建等都属于我们的管辖范围,但是我们的人力却不够。现在你们关注贩假这个问题,就会问我们为什么不作为,其实我们也可以集中力量管卖证的,人大那块儿两米放一个城管,她们肯定就不敢来了。但是我们不能24小时站那吧,即使我们再加一倍警力,全天轮班,那里倒是没办证的了,但是偷盗、斗殴谁去管呢,孰轻孰重你会怎么选?

总体来说,司法机构与执法机构的人力、物力、财力都是有限的,它们像任何组织一样,甚至更谨慎地利用资源,追求资源配置的最优化,这也是我们需要考虑的一方面。

除此之外还必须说明,在我们的解释框架中,各分析因子发挥的作用并不是平等的,而是按利益、能力、权力、资源的次序逐级加强。按照图7中的流程顺序,只有肯定了前面各因子的存在,才会进行下一个因子的讨论。比如,当我们讨论是否具有能力时,已经预设利益相关;而当我们讨论是否拥有权力时,已经肯定了利益相关且具有能力,依此类推。

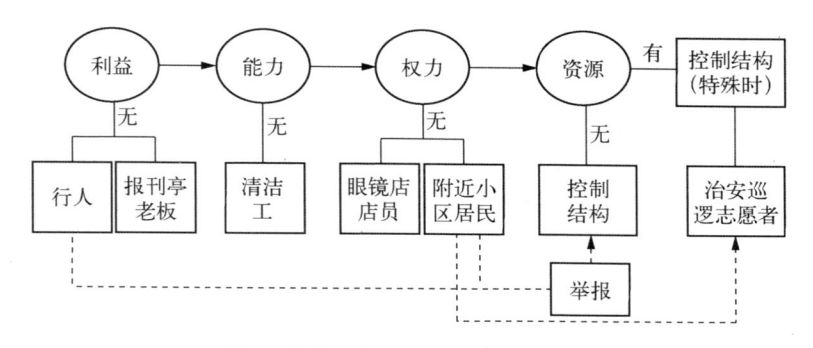

图7　其他群体行为动机的解释框架

7.2. 外群体态度分析

至此我们将开始利用上图的分析框架,剥洋葱式地对生态圈中的其他群体的动机与行为进行分类分析。

首先讨论其他群体与贩证妇女群体的利益相关性。经过调查研究,我们认为空间中的行人与报刊亭老板是贩证群体的利益无关者。贩证妇女虽然会对路人进行询问,但只要觉得对方没有买证的意图就会作罢,从未见过她们穷追猛打、强迫交易,所以行人被视作利益无涉的。对于报亭老板来说,贩证妇女并未明显影响他们的生意,他们也投桃报李地不干涉她们的行动,在警察与贩证者之间保持中立。此二者作为旁观或间接相关者的代表,因为利益无关而失去干涉的动机。

那么对于利益确实被贩证群体侵犯的其他群体,其行动逻辑又如何解释呢? 这就进入能力的讨论范畴。我们认为,利益相关但没有能力干涉的群体代表是环卫工人群体。她们的工作区间与贩证者大体重合,且贩证者散播的小纸片散落在景观灌木中,紧贴在栏杆、花坛和地面上,极大地增加了环卫工人的工作量。但是环卫工人却选择"只清理,不说话"的行动策略,一方面是为了自己的人身安全,比如环卫工人姚阿姨说:"年前我们才有个人跟她们打起来了,我遇到过一次,我不让一个小孩贴牛皮癣,他就朝我扔砖头,犯不着。我们单位领导专门交代了:她们的工作就是贴,咱们的工作就是等她们贴完再撕,不该管的别多管,警察都管不了的你凑什么热闹?"另一方面,贩证妇女总是强调:"她们(清洁工)没有权力管我们,她们跟我们差不多。"事实上除了社会控制机构,没有人真正拥有对贩证者的管理权力,但她们言语中对清洁工人有一种"独特"的轻视,这种态度使她们对于清洁工进行干涉行为的回应更加激烈和理直气壮。

接下来讨论的群体与贩证妇女利益相关,且社会地位相对略高,他们选择不干涉的原因与权力有关,以眼镜店店员与附近小区居民为代表。对于前者,贩证妇女休息时聚集在眼镜店的橱窗外,让顾客望而却步,是眼镜店经济利益的潜在侵犯者;而对于后者,贩证妇女每次逃跑都涌向本就空间有限的小区,占用小区设施,为他们的生活带来不便。但无论是眼镜店员还是小区居民都深知自己没有干预贩证妇女的权力,不到迫不得已绝不"出手"。附近小区居民郑大妈所说的"警察、城管就在旁边,我们自个儿管什么啊",与眼镜店店员小王说的"我觉得警察都不管,说明她们肯定是有保护伞的,我怎么敢说什么",就坦率地表达了他们的动机。

讨论至此,就只剩下与贩证妇女群体利益相关,又拥有能力与权力的社会控制机构了,他们对贩证妇女的态度多是威慑性的,点到为止。那么他们的这种宽容究竟是"不能"还是"不为"呢?这就需要讨论我们前文介绍过的执法资源与司法资源之间的关系了。在执勤过程中,控制机构需要对有限的执法资源进行优化配置;而在处置时,又要考虑的投入必要程度。法律本身并非对孕期或哺乳期妇女束手无策,比如前文提及的"(违法妇女)哺乳期满一年后可以提起起诉"的条款。但正如城管宋队长所说,"等到哺乳期过去再起诉,怎么找得到人呢,早都没影了,派人盯着花费大量时间、精力又犯不着"。权衡贩证群体造成的危害与执法花费,"温和"治理确实是控制机构的理性选择。在没有资源的状态下,社会控制机构使用权力的最好方式是象征性的。李猛谈道,"权力的共同特点在于它们是可见的,它们通过在公众眼前的表演,吸引社会成员的注意,通过仪式的浮华和奢费来展示支配关系的符号力量"(李猛,1996)。本研究视域中的警察群体就采取了这样的策略,偶尔将数名贩证妇女扣在警亭之外就是向社会展示他们的权力,给予警告。但是,执法资源并不总是不足的,在一些特殊时期,我们就极少见到贩证妇女在此空间活动。这在很大程度上是由于非常时期加强警力带来的,但也从反面证明了执法资源对于控制机构行为的重要影响。

但是,以上分析只是各群体行动的主流分析,具有异质性的社会人面同一个对象也可能采取不同的对待方式,即使他们被归入同一个群体。另一方面,各群体不干涉的动机解释并不是固定不变的,可能随着时间的推移、身份的变化而发生相应的改变。如图 7 中的虚线箭头所示,行人可能出于公共利益的考虑而选择干预,居民在感觉利益受到过分侵犯时也会出面干涉,但他们采取的行动是间接的——通过向控制机构举报来实现管理。城管夏大爷告诉我们,"拨打举报电话的人不算多,但也绝对不少,大多是经过的行人,看到车站海报上写的电话,就拨过来了"。而在专项治理期间,居民报名成为治安巡逻者,就被赋予了象征性、暂时性的管理权,转变了身份的小区居民也会对贩证妇女进行管理和干预。

8. 回顾与展望

从 2012 年 9 月至 2013 年 3 月,我们进行了一项调查,也认识了一群女人,描述了一方空间,讲述了一个故事。但此次研究中最让人自豪的却是,我们认真地回答了一个问题:一个表面充满张力的城市空间何以能和谐、长久地存在?相信这是每个关注过这一局部空间的人最初也是最大的困惑。为了回答这一疑问,我们进行了广泛的调查走访,行文过程中又忍痛删掉了许多非常有趣但与问题不相关的部分,终于搭建了一套相对系统且能自圆其说的分析框架,分别以贩证妇女与其他群体为主体,发展出相互强化补充的动机分析策略,并形成了针对核心问题的完整解释:一方面,贩证妇女利用甚至创造条件利用性别和特殊的生理特征(怀孕或哺乳)作为挡箭牌和讨价还价的筹码,塑造"无害"的自我,并获得了更优的市场能力、社会性怜悯和法律的宽容;另一方面,空间内的其他群体由于利益关系、能力、权力与资源在时空中的分布不均而产生不同的动机,但他们出于不同的原因却采取了相同的无为而治的策略去指导其与贩证妇女群体的互动。随着多次博弈的展开,空间内各群体逐步学会了从容而坦然地面对各种情况的发生,整个空间内和谐共处的状况从未发生根本性的改变。

我们在分析多方决策的过程中发现了非常有意思的现象:贩证群体以生理特征为唯一立足点,采取了多种策略;而其他群体出于不同动机,却不约而同地采取了不干涉的唯一策略。这种结构上精妙对仗的相互策略对该空间现存的和谐局面进行了系统的社会学解释。这一空间里正发生着一场旷日持久的博弈,但是我们却难以从经济学理论的理想型中寻求到想要的答案。绝对的理性人不存在于社会,当我们将空间内各群体的行为放入理性决策的矩阵,襁褓和婴儿作为一件护身符的现实就变得令人费解。社会性的决策可能不是最优的,但一定是合理的。现实社会需要真正属于社会的解释,这也是我们对社会学的力量无比敬畏的原因所在。

自2012年9月始,我们便力图与人大地铁口附近区域的贩证妇女群体建立良好的关系。我们力图融入她们的街头生活:与她们闲聊,一起逃避警察的追捕,帮她们带孩子并赠送小礼物,在她们被扣押在警亭门口时给她们送饭。也希望参与她们的后台生活:邀请她们聚餐,提出去她们的出租房参观。经过七八次共处,我们一度以为自己已经向她们证明了"无害",一度以为我们揣着悲天悯人的情怀与她们统一了战线,但在调查后期尤其是年后,我们渐渐感觉到贩假妇女群体背后似乎有一股控制力量对整个群体进行信息、思想和行动的整合:我们和一些访谈对象的交谈内容会迅速为整个群体所知,许多从未谋面的贩假者却知悉我们的学生身份,原本友好的访谈对象会在我们提出深度访谈要求时躲避或拒绝,由此给我们进一步了解这一群体内部成员的互动带来巨大的困难。但同时,这也从侧面反映了贩假妇女群体的实体性远比我们想象的要强,群体边界更加明晰,规模和制假售假链条更大更长。随着融入计划的宣告失败,我们开始思考,贩假妇女是否只是某一造假售假组织的触手末端。我们连街头妇女群体都没有完全了解,她们的喜怒、隐忍和冷酷总在我们的意料之外,但根据街头群体的规模,我们很难想象上游组织或者法外市场究竟发展到何种程度,难以接触这条"生产—销售"链条的上端成为本研究的一大遗憾。或许我们应该庆幸,正因为这条路线的断裂才促使我们转变思路,去接触警察、城管、报亭老板、眼镜店店员与社区居民,守得云开见月明,也因此得以成此文。但不可否认的是,我们并未成功接触所有生存与活动在这一空间中的群体,因此不敢说分析与透视了整个空间的全貌,这也是本研究的一大空缺。

在此引用李猛的一段话作为本研究暂时的停驻:"对我而言,社会学的分析同样如此。'思想即旅程',许多时候,我们无法预先知道走向哪里,但当我们穿行在密如蛛网的小径,或者像阿拉伯城市一样错综复杂的迷宫之时,我们并不指望找到一扇可以逃逸的门,进入一间高高在上的安宁房间,来眺望那些在没有方向的迷宫中挣扎的男男女女,社会学并不想成为上帝。不过有时,我们会临时找个地方来停下来,歇歇脚,用蹩脚的语言记录下我们的行程,这篇论文也许只是在这个意义上才是完成了。当它完成了,我也就可以把它从行囊中排除,不必再背负着它前进。"

而我们不能放下行囊,因为旅程已启,前路无极。

参考文献

蔡禾,2011,《城市社会学讲义》,北京:人民出版社。

陈鸿,2001,《违规群体的规则——透视中关村贩假群体》,北京大学社会学系博士学位论文。

福柯,2007,《规训与惩罚》,刘北成、杨远缨译,北京:生活·读书·新知三联书店。

格利高里、厄里,2011,《社会关系与空间结构》,北京:北京师范大学出版社。

黄金麟,2006,《历史、身体、国家:近代中国的身体形成(1895—1937)》,北京:新星出版社。

李军林、李世银,2001,《制度、制度演进与博弈均衡》,《教学与研究》第10期。

李猛,1996,《日常生活中的权力技术——迈向一种关系/事件的社会学分析》,北京大学社会学系硕士学位论文。

潘泽泉,2007,《社会、主体性与秩序:农民工研究的空间转向》,北京:社会科学文献出版社。

潘泽泉,2009,《当代社会学理论的社会空间转向》,《社会学研究》第1期。

青井和夫,2002,《社会学原理》,北京:华夏出版社。

王发曾,2012,《城市犯罪空间盲区分析与综合治理》,北京:商务印书馆。

谢立中,2007,《结构—制度分析,还是过程—事件分析?——从多元话语分析的视角看》,《中国农业大学学报(社会科学版)》第4期。

徐昕,2009,《法庭上的妓女:身体、空间与正义的生产》,《司法》第4辑。

郑震,2005,《论身体时空》,《社会理论学报(香港)》秋季卷。

郑震,2010,《空间:一个社会学概念》,《社会学研究》第5期。

Anker, R. 1998. *Gender and Jobs: Sex Segregation of Occupation in the World*. Geneva: International Labor Office.

Charles, M, D. Grusky. 2004. *Occupational Ghettos: The Worldwide Segregation of Men and Women*. Stanford: Stanford University Press.

Lefebvre, H. 1991. *The Production of Space*, Donald Nicholson-Smith (trans.), Malden: Blackwell Publishing Ltd.

Reskin, B, P. Roos. 1990. *Job Queues, Gender Queues*, Philadelphia: Temple University Press.

街头空间的多义性

刘 能

胡璟怡、张靖华和张艺宁三位同学的挑战杯作品《微观社会空间内的群际博弈策略》将由北京大学社会学系结集出版。作为指导教师,飞舟老师嘱我写一些话,跟广大读者有一个继发的交流。这篇论文的主题,是从社会空间生产的理论视角出发,对发生在街头的一类特定越轨现象,以群际互动/博弈为主要概念工具,进行解释和描摹。这篇论文大概留下的是2012—2013年北京街头的真实实践。以当前的视角回顾,我们的其中一个切入点,便是这样的街头故事,以及社会科学关于街头的类似经验研究,大概凸显了当代中国哪些重要的人类叙事主题。此外,我们也还可以询问:在中国城市化的进程中,街头空间本身经历了哪些重大的结构性变迁?哪些因素形塑了当代中国的街头景观?

1. 街头是一种气质性景观

往往在到达目的地伊始,或者从交通枢纽出站那一刻起,人类学家作为旅行者和讲述者,就开启了对一个陌生地方的社会观察。游记类纪录片也特别喜欢展示街头公共空间中的人类活动,以此作为对某个特定社会之文化气质的观察窗口。国外媒体在呈现过去的中国社会时,也以街头照片作为主要媒介:衣服色彩单一的自行车人流,间或有几辆老式汽车夹杂其间。因此,对街头景观和社会生活的记录,是展示时间性(temporality)的一个重要媒介。从三位同学的记录来看,我们看到了大约10年前北京街头生机勃勃的经济(或生产)空间(尽管展示的是其非正式的和越轨的侧面)的一个具体缩影,对应着后WTO时期中国经济腾飞时充满活力的一面:全国各类民众都被动员和组织起来,投入经济增长的洪流之中。这是解释中国经济崛起的一个很容易被忽略的集体动机视角。

2. 街头：集体生计的叙事舞台

我们可以将三位同学关注的售卖假证件活动看作一种典型的另类集体生计。这类经济活动充斥着城市街头，与此相类似的，包括重庆的棒棒军，在非标准时间内展开的以旧物交易为主的鬼市（往往因古玩捡漏机会而闻名），街头流浪者中的职业乞丐亚群体，以体育场或演艺场所为据点的黄牛党，占据地铁口的黑车司机，包围大学校园的夜市摊贩（如北大西门鸡翅），等等。他们构成了非正式经济中很大的一个谱系，也是地域社会专精于某类越轨经济活动的一个例子。如三位同学关注的售卖假证件的生计现象，其从业者主要来自河南平顶山乡村地区；而我后来在研究北京街头流浪现象的时候，也大概知道街头的职业乞丐，很多来自甘肃某县。这一点，和当年我们研究艾滋病现象时，发现的商业性卖血活动主要聚集在山西闻喜县和河南上蔡县的某些村庄是一样的。在非正式经济中，一个高效率的集体生计，在某个特定地域的人群中扩散并聚集，是一个早已得到理论解释的事情：地域社会团结和地域忠诚对于越轨经济所需的内聚力是一个保证，同时也确保了内部控制的可行性。再一个，它也是中国乡城迁移现象中常见的网络式迁移的一个侧面：人们首先在城市中找到一个临时就业机会（或就业渠道）才启动迁移的，而老乡之间的网络关系恰恰提供了信息扩散和就业机会转介的渠道。

3. 街头和政治审美

正如前面所说的那样，街头既展示了一个社会的视觉文化气质，又是社会集体性动机（此处特指自主的经济成功）呈现的场所，有时也被特定的越轨集体生计占用，所以，对街头景观的控制和治理便具有了政治审美的含义。因此，我们究竟需要一个什么样的街头？我们如何定义街头的文化气质？我们怎么界定街头的秩序感和庄严感？城市管理执法力量的出现和后续围绕城市管理的街头冲突性叙事(城管和摊贩的紧张关系)导致了一系列的社会科学研究,而2008年的北京奥运会则开启了学术界关注大事件(mega events)和社会治理的一个契机。后来我们在上海世博、南京青奥会等大事件中,甚至如京沪两地的人口调控战略中,也看到了地方行政主体实施专项空间治理的努力:在特定的时间中,街头景观所需的整齐、有序将排斥特定形式的人类行动者(如街头乞讨者),以及特定形式的空间呈现(如群居现象、蚁族现象)。可以说,国家的仪式性政治日历,是调控街头景观的一个主要契机,同时也在策略性社会互动的层面,为管理者和管理对象之间的"共谋"提供了可能性。此外,技术的发展为街头的多义性提供了最后一个变量。这里的技术包括人际技术和物理技术两大类,前者利用了监控者在场控制的原则(如公共交通载具上安保力量的派驻),后者则利用了无缝信息链接和监视的原则(如街头监控探头组成的天网系统)。

4. 街头空间的结构性转型

三位同学的作品诞生之后到现在,大概又过了八九年的时间。在街头的社会行动者序列中,有些旧的行动者(如售卖假证件的)离场了,又有另一些新的行动者(如外卖骑手或平台快递员)出场了。有人说,是技术的进步导致了售卖假证件之类的越轨集体生计的完结,因为有赖于全国基础信息联网和人脸识别等技术进步,多个社会资讯系统的在场身份核实能力大大加强,人们对假证件的需求大大萎缩;也恰恰是技术的进步导致了新的社会行动者的出场,如算法系统——无论是打车平台还是网购平台——治理下的空间类交易的线下执行者。可以说,街头作为生产性空间,其所涉及的主导社会行动者发生了更新换代,但是自主的经济成功这一集体性动机却保留了下来,成为当代中国社会主脉搏中的一个重要组成部分(另外一个部分应该仍然是集体主义情节)。从另一个视角来看,街头作为生产性空间的可能性,正在被街头作为消费性空间的可能性超过:中国核心都市的街头空间正在迅速地中产阶级化,因此,街头空间所代表的文化消费的功能,急剧超过了三位同学作品中所隐含的街头生产主义。无论是街头雕塑,还是街头园艺小品,或者是街头休闲空间的打造,都是在消费主义的语境下得到正当化和解释的。最后,新冠肺炎疫情提供了街头空间转型的又一个来源:它在政治审美原则和技术原则之外,调控着街头景观的日常呈现,并在某种程度上决定着主流社会行动者出场/离场的循环。

秩序与自由：城市公共空间下的身体表达与文化实践
——基于海淀区某广场舞团队的实证研究

作　　者：张芩珲　张　楠　颜青琪　刘　硕　陈绮筠
指导老师：李　康

摘要：本文以海淀区某广场舞团队为研究对象，在群体过程与群体结构的框架下，描述这一团队发展壮大过程中的不同阶段以及其内部的组织架构和成员关系。我们关注的核心是，作为一个群众性的自组织，这一广场舞团队通过何种机制呈现出了强烈的内部认同和秩序性特征。在具体的原因阐释上，本研究借助实地调查和深入访谈的方法，通过构建自己的分析框架和解释机制，探究了"身体认同""审美的对象化""都市空间""集体记忆"等话语与广场舞之间的亲和关系。结论上，本研究探索性地提出了广场舞活动在个体心理和文化实践上的意涵，即参与者不仅在群体中获得人际纽带和成员身份，在身体表演的过程中巩固了自我认同，表现了个人主体性，还在实体空间中得以重新占领公共领域并具身参与，很大程度上改变了自身生活世界的样态。

关键词：广场舞　群体秩序　身体　都市空间

1. 问题的提出

作为一个探索性的研究，尝试对不符合单一逻辑的现象做出解释是本研究的起点。居留在城市之中，广场舞是我们随处可见而不闻其详的公共意象，关怀"都市中的老人"是我们选择这个题目的最初动力。然而在一定时期的观察和访谈之后，我们发现这一广场舞群体本身就存在不同的面向，群体的纽带、组织的规范、主体性的表达、集体性的情感等因素多元共生,带给我们诸多困惑:广场舞活动为什么能在短时间内迅速发展? 500人的规模如何有效管理? 在"管制"与"凝视"之下,参与者何以对这一活动高度认同? 借助集体展演这一中介,广场这样一个物化与非物化并举的空间怎样影响了城市群体的主观意识和情感世界? 在具体的研究方法上,考虑到连续而均分的数字量表和格式化的问卷会隐匿有意义的多样真实,因此,我们选择定性研究的路径来回答上述疑问。

但是,在一元化的解释中,任何一种单一主体的心理需求或是理论偏好都有可能成为"帮凶",压迫其他主体的多重叙事,其分析框架和解释思路也许在特定视角下是逻辑自适的,但这种垄断性的建构必然伴随着一定的遮蔽,为了达致更为全面的解释,我们需要发散自身所持的立场,选择不同的切面。

"事实只有在这样因认识目的不同而变化的方法论的加工下才能成为事实",针对某一特定的社会现象,人们可以根据不同论域的视角形成不同描述和解释途径。不同的认知路径各具特点,各有各的真实性及其限度,在认识论上都不可能达到绝对真实,但能从不同的角度帮助我们重新发现、解释和理解一定的社会现象,达成"不断展开的,结局不定的故事形式"(Griffin,1993)。在本文中,我们将采用组织样态、身体表达和空间实践这三条路径对广场舞活动中我们认为的"重要事实"进行分析,期望能获得三维的相对真实。

如果我们把所要观察的具体对象看作在舞台上正在进行的演出,有一束追光灯照射在它的身上,因为有了这束光,人们有了理解和诉说的可能。此时,多样的视角就像一个透明的棱镜,把一束光折射出多重的波长和频段,在多元凝视之下,舞台上的演出得到全息、立体的呈现,其不同面向也得到了多重书写的可能。

2. 研究对象与研究方法

2.1. 研究对象

本文的研究对象是北京市海淀区某广场舞团队,这是一个具有较大规模、影响力较大的社区居民舞蹈健身团体。团队发端于清河地区几个老年舞蹈爱好者的自发行动,目前已经有500余位参与者(登记在册的有514人,每天旁观业余锻炼的中老年朋友约200人),以周边居民区离退休的中老年人和外地进京照顾儿孙的老人为主,此外也有少部分中青年男女。周边诸多居民区的老年人大部分处于55—70岁,女性比例明显高于男性。

经过筛选后,文中引用访谈内容部分涉及的人员主要包括四类:第一类群体是团队核心组织者。组织者对这一团队的发展历程、未来规划有较为清晰的体认,是我们研究的重心,因此我们一方面邀请他们组织了一次焦点小组讨论,更加明确这一团队对赋予广场舞活动的意义和关注焦点;另一方面,我们也逐一对团队的七个核心组织者进行了访谈,既获得了较大的信息量,也进一步了解了他们基于自身经验对广场舞活动的反思和情感倾向。第二类群体是行进队伍中的排头,重点关注他们被选拔为排头的过程,在此基础上进一步讨论这一群体的向上流动机制。第三类群体是其中的普通参与者,本研究希望从参与者个人生命史的讲述中,发现宏观的社会变迁及文化北京对都市市民的可能影响。第四类群体是广场舞团队的边缘人,他们不具有参与者的身份资格,也并不在队伍之中,只是在场地边缘跟随音乐一起进行身体锻炼。

2.2. 研究方法

本文主要采用定性研究的微观方法,其中既包括对海淀区某广场舞团队活动场地的实地探查,记录其空间布局及周边环境,也有实际加入广场舞队伍中的参与式观察,还有对广场舞核心组织者、被提拔为"模范"的"排头"、普通参与者及"边缘人"[①]的非正式访谈。从2013年11月到2014年3月,本研究的资料收集阶段前后历时4个多月,研究过程本身经历了许多曲折,同时,本研究所关注的对象也发生了极大的变化。

首先,虽然我们从调查一开始就表明了研究者的学生身份,并努力通过积极参与广场舞活动,在活动结束后与核心组织者一起收拾相关设备等方式

---

① 这里指未完全进入队伍,而是在场地边缘随着音乐一起跳的人。据观察与访谈,他们并未进入群体角色。

拉近与这一团队的距离,但是为了打消被研究者的疑虑,我们并没有向他们说明研究的具体内容,而只是强调"选择他们作为研究对象是因为他们的团队规模较大且表现突出",虽然基本取得了团队内成员的初步信任,但这种信任关系是有条件的,被访者最感兴趣的话题只在于广场舞本身的发展过程和现状。一旦我们的访谈话题涉及这一团队的群体内部关系或个人生命史信息,就能够明显感受到被访对象的故意跳脱和隐匿心理。此外,被访者所使用的对话材料也有着较为强烈的选择性,我们注意到,在访谈过程中他们更愿意向我们讲述这一团队技术如何精湛、组织如何有序等方面,而较少提及这一群体内部的张力和权力关系。

针对上述问题,我们在研究的中后期主要采用了阿科瑟与奈特(Arksey, Knight, 1999)提出的"渐进式聚焦法"(progressive focusing)。这种方法是从一般化的兴趣领域入手,逐渐发现被访者的兴趣点,然后再集中展开。考虑到被访者会对他自己感兴趣的话题有更多的叙述和表达,在与被访者交流的过程中,我们往往以广场舞的组织参与情况为切口,以与个人无关的、最普通的事实为对话基点,逐步过渡到个人生命经验、广场舞内部出现过的矛盾,力图对情境和群像形成更清晰多元的描述。

另外,在我们关注这一对象的过程中,这一广场舞团队的参与者也发生了一定改变,他们中的部分成员退出了这一队伍,转而采用其他的锻炼方式。我们无法准确知道每一位退出者的全部心理动因和实际细节,但是这样一个变动,从反向的角度为本研究能够更好地描述这一队伍形成秩序和内部认同提供了更为丰富的素材;此外,也为本研究增加了一个天然的变量,基于这个条件,我们可以在一定程度上验证一部分我们自己的猜想。

3. 文献回顾及行文框架

广场舞,这种由群众因为共同的爱好或健身需求而自发形成团体共同进行的体育锻炼,近年来在全国大范围内流行开来,也引起了学界的一定兴趣。通过文献搜索发现,目前有关广场舞的研究比较少,相关论文数量较少,研究内容也主要集中在广场舞的特征、产生原因、开展现状和作用等方面,视角则多从体育学、舞蹈学、体育社会学、心理学的角度切入。本研究以社会学的理论为基础,将广场舞活动作为组织样态、身体表达、空间实践来呈现,在研究路径上是一种新的尝试。

3.1. 体育社会学的视角:现状与发展趋势分析

目前从体育社会学来分析广场舞的研究占大多数,主要集中在参与人群特征,参与的时间、频率、内容和锻炼动机等方面,所得结论也基本围绕这些方面展开:参加广场体育活动的居民中以女性和中老年人居多,收入较低,文化程度也普遍较低(侯广斌、吴纵根,2010);参与者以自发、自学为主,运动量适中,喜欢流行、欢快、中等速度的音乐伴奏,规模大小不一,喜欢在广场等开阔场地进行运动(许洪文、聂胜男,2010);城市广场体育具有生活化、平民化、社会化的发展趋势;最后,通过描述这些基本情况,针对广场体育活动开展中存在的问题提出相应的对策。

应该指出的是,上述对于广场舞现状的研究只触及广场舞的表层。从更严格的意义上来说,这类研究中有相当一部分的研究对象其实是广义的广场体育,并没有对广场舞这一更为细分和特殊的活动形式进行具体深入的研究。

3.2. 心理学、广场文化的切入:作用与影响

在体育学之下,以往对于广场舞的研究也有部分从心理学、广场文化的角度切入:坚持广场集体舞蹈锻炼有助于增进老年人的心理健康,对老年男性作用更为明显(康钊,2011);站在社区的立场上,广场舞能充实丰富社区居民的文化生活,促进社区居民的身心健康发展,沟通情感,化解矛盾,促进社区文化以及和谐社区的建设(李少奇等,2009);进而,城市广场体育文化具有改善城市居民生活方式、提高城市人口综合素质、丰富城市文化内涵、推进城市文化创新等功能(向武云,2006)。

以上研究中对于广场舞作用、影响的讨论依然与体育学紧密相连,主要关注广场舞的直接、微观作用。而对于其在宏观(社会文化层面)和中观(城市空间层面)上的作用,仅有的研究中内容也不尽充实。

3.3. 以往研究的不足与本研究的新视角

通过上述梳理不难发现，以往对于广场舞的研究基本都仅将其作为一种体育活动来看待，于是焦点就更多放在广场舞本身，描述广场舞这一体育活动的现状，视角较为单一、狭隘。虽然不少研究中都涉及"体育社会学"的概念，但始终忽略了对参与其中的"人""群体""组织"进行深入剖析，比如对于这种群众自组织的活动是如何形成的就没有关注。再者，同样作为广场舞中的一员，组织者和参与者的叙述是不同的。此外，对广场舞与外界"社会""城市""空间"的关系也缺乏探讨，缺少与宏大叙事的对话。

面对广场舞这一当今发生在中国的普遍现象，本研究正是要立足于扎实的社会学根基，弥补如上不足。在本研究中，我们依据三条不同的认知路径，把广场舞作为组织样态、身体表达、物理空间来进行分析，更为立体、全息地呈现广场舞活动的组织模式、秩序特征及其内在逻辑。

3.4. 行文框架与章节安排

从研究开端到不断深入的过程中，我们始终怀着一种潜在的比较意识。我们首先注意到，在群体规范上，这一广场舞群体十分强调动作规范、群体资格、活动纪律（即"在队伍中不能聊天"等约定俗成的一些规定），而大部分已有研究中，其他以体育锻炼为目的的群众性自组织都呈现出松散的组织样态，这一区别是我们思考的起点。因此，全文围绕着这一群体规范"如何得以切实执行"及"何以被参与者认可"展开分析。

文章的第四部分主要回答了"大规模的广场舞活动如何有效管理"的问题，我们选取了中观层次，从组织样态的角度，详细描述了广场舞群体的子群结构、动态发展过程，阐释了广场舞的群体规范"是什么"，又给出了生成这种秩序的基本逻辑：一是"自上而下"地通过领袖人物及管理层向下推行意志，即"我们应该这么做"；二是"自下而上"地由成员自发地促生，即"如果大家不这么做就不行"。

但是，对于这两种逻辑的心理动因和情感诉求，单纯分析广场舞群体组织样态不能给出更深层次的解释，这里便出现了第二重比较，基于上述原因，我们跳脱出了大部分群体研究遵循的逻辑，希望能找到其他一些隐性因素对广场舞这一日常实践的渗透和影响。于是在本文的第五部分,我们转向身体视角的认知路径,扣合现实观察和访谈资料,借助参与者的自陈进行事后认知和回推立论,寻找到了"由身体勾勒到自我认同""由自我认同又到群体认同",最后"由群体认同到秩序维护"这样三个环节,探查了他们重视队伍秩序和形态美感的内在逻辑。

　　文章的第六部分则逐渐从田野中抽离,更多地嵌入了我们作为观察者和研究者的问题意识,在广场舞活动与"都市人"所背负的交往需求、城市感知和集体记忆之间建立起关联性。尽管有言曰"事实乃是根据理论的兴趣对真实的一个特殊安排"(Easton,1953),理论话语很大程度上决定了我们在分析概括时所打开的窗口,但这一部分遵循的思路则是"个案先行"。在进入田野时,我们尽量抛却了自身的先见与预设,了解受访人的生活体验和生命流变,聆听他们的讲述、期望与召唤,让那些具有重要代表性的特征逐步显现。经由一段时间的观察与访谈,我们才将生活世界、城市建设、集体命运等更大范围的力量和关系包容进来,在建构逻辑的同时,重新发现了广场舞活动中的人物、事件和历史文化背景。

　　从逻辑演进上,如果按照可得性的难易,群体、身体和都市研究者三种认知路径基本呈现出先后顺序,但在解释层次上,三者并非递进而是并行的关系,是现象本身经由不同视角产生的多重变奏。事实上,广场舞本身就是一个多面体,无法用一个统一的叙述过程或一个单一的视角来展现,而不同的准绳又会瞄准现象中的不同要素并赋予它们不同的解读。因此,三种认知路径虽必然伴随着驳杂多重的回声,但对于这些回声所对应的不同面向,我们已经形成了一定程度的了解。而对于这一多面体的每一个面来说,"选择什么事实,赋予这些事实以什么意义,在很大程度上取决于我们提出的是什么问题和我们进行研究的前提假设是什么,而这些问题与假设则又反映了在某一特定时期我们心中最关切的事物是什么"(柯文,1987)。因此,不同面向之间并不存在重要性上的差异。无论是组织样态、身体表达还是空间实践,都是本文认为重要的、较为明确的、值得说明的部分,在各自的范围内,它们都有相当的合理性,而在这三个面向的交织碰撞中,个人在秩序和自由之间来回游走,找到了自身的坐标。

4. 作为组织样态的广场舞

4.1. 场地"占有":群体空间的物理状态概述

古人类时期,空间不仅仅代表着涂尔干笔下的"社会"①,本质上也关乎人类部落的生存。而现代社会中人口与资源压力对个体的挤压,使得建筑之间"被固化的空间"(frozen space)的重要性愈发凸显,因此公共空间下的群体活动也弥足珍贵。

本研究所聚焦的广场舞活动位于海淀区宝盛里地带某武警支队的小型训练场,位于宝盛路与永泰庄东路交叉的东北部。训练场呈长宽不等的矩形形态,东北—西南方向长 160 米左右,西北—东南宽 60 米左右,人员容纳量在 400—600 人之间。该训练场白天供武警支队官兵训练,晚上则提供给附近社区居民自由健身。训练场东南侧有一处沙地,占整个场地面积的三分之一左右,沙地上有部分训练设备与体育设施。广场舞团队在训练场的主体空地上开展日常的舞蹈活动,主体广场外缘的沙地边侧,一般也会有为数不多的居民面向主体队伍跟着比画动作(见图 1)。

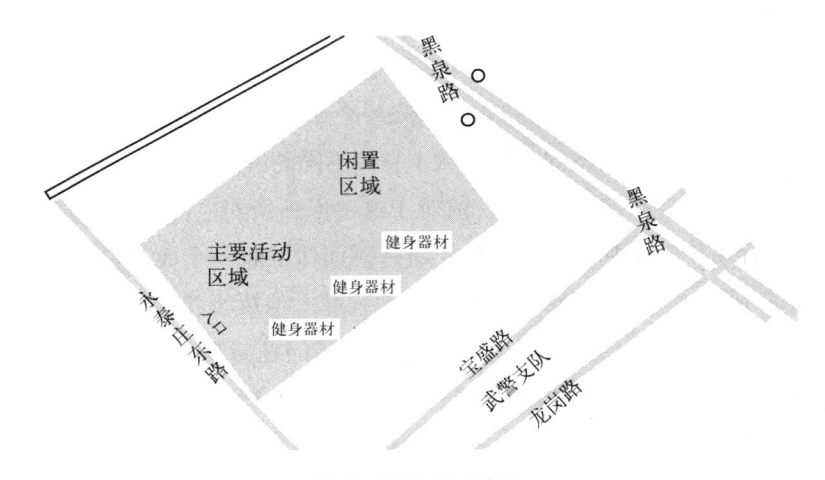

图 1 训练场示意图

---

① "既然单一文明中的所有人都以同样的方式来表现空间,那么显而易见的是,这种划分形式及其所依据的情感价值也必然是同样普遍的,这在很大程度上意味着,它们起源于社会。"转引自郑震(2010)。

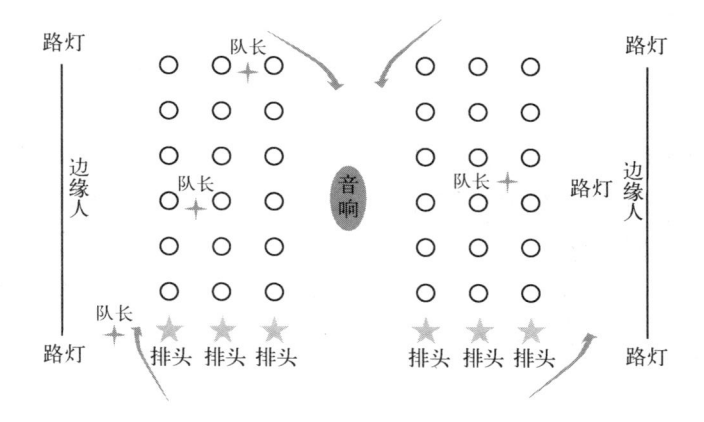

图 2　广场舞队列示意图

广场舞团队的日常队伍形态以纵向为主要分布原则,整个队伍共六支纵队,每支纵队前方由六位参与者作为排头;活动正式开始后,队伍整体以排头为准向东南缓速前进,一边踏步行进一边按照动作规范伸展四肢。到南侧后,六支队伍从中间向两侧分开(如图2),形成两个封闭式矩阵循环。据我们了解,这种队形是队伍整体的骄傲之处,"我们比他们(注:指其他广场舞团队)人多,规模大,他们的队伍没有我们整齐。他们的队伍只能自己在那儿跳,上下前后左右,他们转不了,我们可以转"(李),已经发展得足够完善,而在这之前也经历了一定的发展阶段,"原来我们有两队,变四队,四队变六队,现在我们是想走方阵"(于)。

在实地观察过程中我们发现,队长和老师在队伍转向时纠正队形的频率相当高,后来从访谈中我们了解到了"走直角"这个常用语词,即封闭式矩阵循环时队伍整体的转向过程。管理层对整体队形美观要求甚高,并极为注重动作与队形转换的规范与整齐划一,一个重要体现便是对纵队转向时"走直角"的严苛性要求:

李:觉得还挺齐的。还行我觉得,真是比以前好多了。以前他们队长也在后边儿维持一下哈,以前都少不了的,现在比以前好多了我觉得。以前有时候更乱,那弯儿拐得,都快出去了!

王:刚开始不会走直角儿,我们仨不是同时拐,你们看我们这仨人,往这边儿走走走,她往那边儿拐,这边儿停了,这边儿走,这个停了,这俩走,这个停了,这还走。这俩都停了以后这个再拐弯儿。一开始前边儿会拐这个弯儿,但后面就不会拐。

这种队形由几位领导者(以专业的唐老师、谷老师等为核心)负责设计,"'总策划'晚上睡不着觉想的",由二三十位排头带领路线,四位队长在队伍中间或边侧监督执行。

在空间作为客观场地的生硬背景的对立面,空间对群体的形塑作用也是显而易见的,即空间并不仅仅是"位居某些基地的自然之片段"(Lefebvre,1991)。布迪厄认为,空间组织将人们限定在不同的地方,从而有助于建构社会秩序并形构阶层、性别和分工(Bourdieu,1980),因此空间同时也是一种"关系的系统"(the system of relation),其中所处的群体也是空间建构下的结构(何雪松,2006)。在该广场舞团队的活动过程中,空间作为一种背景性因素,成为形塑其团队形态的客观性来源,这不仅体现在队形上,还在队伍的站位上有所显现。

在队伍内部,参与者之间的异同之处同样是"站位"。队伍的六支纵队之间间隔1米左右,前后间隔50—70公分,每个参与者有自己的站位。正如广播体操一样,每个个体的站位相当于其在群体内部的结构性位置,尽管空间中点与点之间的距离是对等的,但点与点组成的区域的不同构成了个体之间的群内差异。我们在最初进入群体时,曾经认为这些位置遵从"先来后到"的默认规则,即后来的参与者自觉加入队伍后方;但后来经过了解,随着区域差异,各个站位的固定性也有不同:

Q:那熟的人会站一块儿吗?

王:最开始谁都不认识谁,都随便站的,最后肯定站一片儿的就熟了。等以后那位置就固定了,有人就想,这以后啊,这个位儿就是我的,我就在这儿,哪都不去了还。

Q:我们最开始以为是谁先来谁就站前面。

王:没有,他今天在这儿了,明天他要来晚了他还要插这儿,因为周围都知道他是这儿的。

Q:那您在队伍当中大概是什么位置?我看有很多排头。

常:我在队伍后面,每次的位置都不是很固定的。

大概来说,队伍站位的固定性由前到后逐渐递减,即排头与领舞的"白裤子"固定不变;后面几排站位的固定性则是"技术晋升"与"熟人法则"的结合体,因未被作为规范明确提及而不具"正式性",但因在队伍中得到默认而具有"正当性";队伍的后方则基本按照时间原则站位。另外,跳舞技术不好的参与者有时会被队长等"规范"至队伍外部进行单独教学。

4.2. 权力结构分层及政治过程

结构向来是分析群体的一个重要维度,指的是群体生活中存在一些方面显示出群体的某些特性。结构常常与分化相关,谢里夫将群体的结构定义为"角色和等级地位的分化"。角色暗示着群体成员间的劳动分工,地位则包含某种一致统一的威望,一种群体中他人给予的积极评价或排名。

经过观察,我们发现该广场舞内的结构由领导者、排头、普通参与者和边缘人四类子群体构成。每一子群体由于拥有的资源、参与的程度的差异而形成区别,子群体内部的成员又因为相似性而聚集。

4.2.1. 领导层

唐老师　　谷老师　　于大队长　　杨总指挥

侯队长　赵队长　高队长

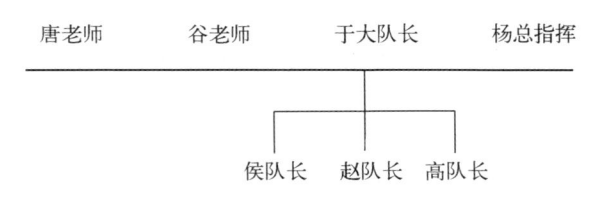

图 3　领导层

领导层是由谷老师、唐老师、于大队长、杨总指挥以及赵、侯、高三位队长组成的。谷老师和唐老师是一对老年夫妇,也是该广场舞团队最初的发起人。目前该团队所跳的两套舞步都是唐老师编的,唐老师也因为跳舞技术好在团队内部有很大的影响力。"唐老师是我们特别尊敬的一个老师,舞步都是她编的。"(侯)"唐老师比较专业,基本上都是唐老师教一下排头,然后排头带着大家跳。"(薛)谷老师由于是最初的发起人之一,因而在领导层内部也占有一席之地:"我主要负责管理,所谓的管理人员啊,并没有一个什么单独的头衔,我只凭自己的责任心。只要需要我,无论什么方向,我都会出去。另外,每一步走都是向前发展,我有一个方向。这套业务我通。"其他领导层的成员对谷老师的评价也比较高,于:"其实最核心的就是他,他说话很幽默,管理嘛。他每次给队伍开会的时候啊,就把大家逗得啊,乐得不行。我们最后一节拍手操嘛,经常有人没完就走了,去上厕所了。然后谷老师开会时就说,如果你们有膀胱炎、尿道炎的,你们尽可以出去。我们就需要这么幽默的人来管理,我们有一裁缝,说话也特幽默,经常让他来说,他就说啊,'我这不说话了,我这一说话机器都冒烟了!'那机器坏了嘛,他就说自己一说话就把机器说冒烟儿了。特有名那裁缝。"他的主要合作伙伴就是于队长,是该领导层内部最具能力的大队长,基本上领导着赵、侯、高三位队长,谷老师和于队长主要负责整个队伍的发展方向等。谷评价于说:"她是大队长,是主管。"于则表示:"我就是年轻点儿,思维活跃点儿,我接触的人也是年轻一点儿的,做一个团队,可能我就是思维快一点儿,可能有时我说什么了,侯队长赵队长一听,啪,就成了。好像我起的是那个主导作用,其实也不是那样儿的。大家都是队长嘛,谁说出想法就听谁的。都是民主的。"杨总指挥实际上是担任了参谋的角色,并不十分突出,另外三位队长主要是在队伍中担任管理和维持秩序的工作。

领导层内部对于自身的定位是十分矛盾的:一方面他们管理着整个队伍,强调规范和纪律;另一方面又强调自己的服务意识,认为自己在团队中的表现并非领导者的姿态,而是服务群众的角色担当。"侯队长、赵队长,我们都是一样的。起名儿叫'队长',就是给自己个称呼而已。"(于)"我们做的事就是为大家服务。"(杨)"要有服务精神,什么事都得往后退,把光鲜留给排头,我们就助推的那个人。"(谷)但同时,他们又认为自己是因为有能力才能把队伍建设成现在的规模,因而队伍就好像是自己的事业一样,明显表现出了对于自身地位的一种认可和赞许。

在此群体中,领导层内部的分化主要外显地表现为角色分工上的变化,但实际上也暗含某种地位上的变化。

表面上,他们大多以小团体的姿态出现,尤其是在应对队伍发展过程中的变异,以及团队未来发展的规划的时候。领导层中的个体对于彼此之间的认同都比较高。于队长提到自己经常会出现放弃的念头:"就这些人,我们这些人。我们到那了以后吧,这几个队长,当有一个人软弱了的时候,其余的几个队长就会站出来劝他,'别跟他们一般见识了'。"谷老师则认为领导群内部的人都是有能力、有服务意识、能够站在大局想问题的人:

"现在的队伍啊,我感觉就是一些有能力的人在做事,一些懂生活的人在参与。"并且于大队长告诉我们:"现在最担心的就是领导层的精神,我们必须统一,因为我们之间啊,没有任何的利益关系,一点利益关系都没有。能不能扛得住这种压力,别人的藐视,人就是非常脆弱的动物,很容易就坍塌了。"

但是,谷、唐、于三人明显比其他领导层内部的人要更加注重自己的地位,并且在其言行中也表现出对于领导层其他成员的优越感。因而,在领导层内部也存在一定的分化,不仅仅是角色上的,更是地位上的。

4.2.2. 排头

排头顾名思义就是在队伍最前列的一类人,一般由领导人挑选,是队伍中动作最规范、最标准的。排头一般被认为是最为光彩的一个位置,所有人模仿的榜样。但同时排头也有辛酸:"你没看我们那排头吗,不打头不知道这其中的酸甜苦辣,打了头之后啊,有光鲜的一面,也有辛酸的一面。比如啊,你在前面一定不能走神儿,另外动作一定要到位啊,不能还像在后面儿一样,随便儿跳就行,真的很辛苦。"(唐)

在研究过程中,我们和三位排头进行了深入的接触,分别为薛、王、李三位女士。对于这个位置她们持比较积极的态度:"尽量好好做吧,跳好。其实本来想着在后边儿挺好的,想认真就认真做,要真是身体不舒服啊什么的,偷点懒儿也行。你要在前边儿就必须的,该怎么做就得怎么做。不过也挺高兴的,现在挺好的。""既然喜欢这个东西就肯定要认真跳。大伙儿都看你表演,那就是舞台。"在群体内部互动的方面,相比于普通参与者,排头和领导层的互动会比较多,"还是有很多不认识的,一开始了就各就各位了,跳完了就走了,有的人能沟通沟通,人太多了,好几百人,不可能都认识,关系都挺好的。我们这队长,跟大伙儿关系都特别好。"但是,她们却并不具备与领导层类似的特质,对于队伍整体的意识略显不足:

> Q:如果有人仅仅是想锻炼锻炼身体,伸伸胳膊伸伸腿儿啊什么的,那咱们又要要求她去做得很严格?
>
> A:我觉得其实也没必要。为什么呢?有的人岁数大了,里边儿70多岁的人也挺多的,我觉得他们能跟着比画就已经很不错了,我觉得那

些就没必要要求人家了哈。那些年轻的,比如我在前边儿看见,我就觉得他们应该好好儿做。觉得大家都还挺认真的。

4.2.3. 普通参与者

广场舞团队共有500人左右,大部分人都是普通的参与者,其中女性参与者的比例高于男性。

参与者基本均为该广场附近的小区居民,被音乐、舞蹈等吸引过来,进入该队伍中。"我以前参加过不同的队伍,这个是之前几个队伍整合在一起的。看到有人参加,我就跟着去了。"(常)"我平常一直在那个训练场锻炼。之前就是走一走,后来他们开始组织活动,我也就参加进去了。"(柴)"我原来不在这儿跳的,在(宝盛里)北里那边有一个跳'三二拍'的,就是一起拍浑身上下的穴位,从头顶到脚,依次拍过来。"(王)由于该训练场的人数比较多,队伍也比较规范,一直有人进入。

对于该广场舞队伍中的结构,比如队长、排头之类的,普通的参与者呈现了一副漠不关心的态度,大部分人集中于自身的锻炼和愉悦。了解排头和队长等管理者的存在,但也仅仅停留在知道其存在的层面上。对于管理者的工作他们基本持积极的评价,但是关心甚少:

Q:那您知道我们队伍里有管理者吗,就是那些老师?

王:这个我知道。就是那些在队伍外面儿教大家动作、纠正大家的人嘛。我知道一女的,也不知道她姓什么。怎么知道的呢?有一次我在后边儿捡到了一个牌儿(笑脸牌),我就在那儿喊:哎,这是谁的牌儿啊?然后她正好儿在我后面儿跳,她就说:给我吧。我就知道她是管事儿的。

Q:除了她,您还知道其他的吗?

王:知道有几个,但不是很清楚。还有一女的,我知道她是宝盛西里居委会的,因为我那栋楼和居委会的那栋楼挨着呢,有一次路过就碰见她从里面出来。

Q:您觉得他们管理队伍管理得好吗?

王:好啊!不会的就会拉出来亲自教动作,收了我们的钱还会跟我们说清楚。那次那个老师就在前面儿跟我们说,我们一共收了大家多少钱,买机器花了多少钱、亏空多少钱等等,都让我们明白。

王是在访谈过程中对于管理层认知最多的那类人,其他人基本上不知道,也不关心。因而,这个队伍中的认同并非建立在此基础上,普通群众之间的相互交往也比较少。"我主要是跟我内蒙古的那几个老乡联系,以前遛弯、聊天什么的。"(柴)"我们就是跟人家打个招呼,每天都见面,也就面熟了。但是要是问我人家姓什么,我是不知道。北京这么多人,跟老家还是不一样,人太多,也不想跟人家往深了接触。"(王)

大部分人关心的还是自己的身体健康问题,并且满意度较高。在这个团队中,普通参与者最为关心的就是广场舞和锻炼本身对于其自身的意义:

> 就很喜欢这个操,跳完之后都是心情舒畅,走着路也觉得轻快了很多。之前那个每次只有十几分钟吧,这个有1小时20分钟,觉得能锻炼到身体。现在每天都是早早儿吃完饭就出门跳舞了,儿子工作还没回来也不等他吃饭了,我就出去了。我老伴儿也跟着一起跳呢。(王)

> 我有这个腰椎间盘突出,不过坚持锻炼都有缓解。60岁的刘贵华有这个高血压、高血脂,现在都不用吃药了;69岁的王海棠,身体没有毛病,有这个老腿疼,坚持锻炼,每天散步走二三十公里,配合扎针现在都好多啦;还有76岁的吴满候坚持锻炼,一直都不生病,他能抽烟能喝酒。(常)

> 锻炼身体。为什么这么说呢?我得过脑梗,也有糖尿病,心脏上有支架,锻炼很重要,身体是革命的本钱。(柴)

> 其实凝聚这个活动最核心的逻辑是个人的身体实践和心灵感知,以及其背后对应的东西。(常)

4.2.4. 边缘人

边缘人即站在队伍之外的群众,他们大部分是新来的,有的人单纯地来看看,比如我们在实地遇见了几个中年的农民工,"我们是这附近打工的,平时晚上没事就过来看看";有的人则是不熟悉舞步,不敢进入队伍中,一位大姐表示,"我刚来这看没几天,还没学会呢,现在外边学";有的人则因为自身身体的原因,无法进入队伍,一位70岁左右的大妈表示,"你看我这个脚不利索,去了队伍里会妨碍后边的人,所以就是在外边玩玩就行,锻炼锻炼"。

领导层对于边缘群体的存在是一种极为满意的态度,证明了人气的存在:"你看看,每天晚上看的人都那么多。"对于他们,队长们一般会采取鼓励的措施,劝说他们进入队伍中。但也仅仅是限于在管理之外的余力,如果忙于管理也就无暇顾及。因而,边缘人存在于整个空间场域内,但实际上却并不属于这个群体。

4.2.5. 动态构建过程

结构并非静止的,而是实践主体的动态建构过程。实践主体通过实践活动不断地形塑整个结构组成。因而,尽管群体学说中对于群体活动是否应该还原为群体中的个人活动还存在争议,但是个体于群体结构中的作用仍是不可小觑的。可以肯定的是该群体尚未形成一致的群体心智,群体结构的变化,一方面源自于人数的不断增加,另一方面则是由于领导层的主观意志驱使。

在此广场舞团队中,最初由唐老师、谷老师二人发起,逐渐壮大到几十人、200人、500人,形成了目前的结构形态。关于广场舞的发起,唐、谷二人表示最初只是家庭内部的锻炼,后来到清河边上教一支队伍新舞,人数增多后转移到目前的场地。谷老师说道:"我们当时是边走边跳。我们俩和我女儿、孙子边走边跳。开始吧,我们想的就是自己玩嘛,后来就跟了两三个人,再后来就跟了五六个,就这样人就多了。他们问我们'那个你们在哪住啊',我就说了,他们说'你们离那个清河比较近嘛,那有一个跳这个的,跟你们这个比较接近'。但是那个嘛,80来人,当时那个队长就发现我们了。她(唐老师)在单位就是温和派的那种,所以后来人们就互相说,河边那新来的老师吧,不撵人,人们就都来了,队伍扩大了。有一次啊,跳到什么程度呢,就是上边的人已经满了。台阶下边就都有人了。所以后来那个姓陈的和姓刘的,就说那有一大的地方。我们当时没想到那么多人啊,但是到了这种程度了,就有一天晚上,几个排头和那个老宋就去新的地方了,我们俩就去了。人家以前在河边跳得,肯定习惯了,所以刚开始就十几个人在那跳。后来人们就都过来了,把队伍就带过来了。"

这样队伍慢慢壮大起来,谷老师发现了于大队长、杨总指挥等人,随后侯、赵、杨等人也加入了领导层。可以说唐老师、谷老师二人是因为最初发起,以及唐老师的"技术"(动作)受到领导层内部的尊敬。于大队长等人最初也是因为技术比较好,才从队伍中挑选出来,进行队伍的管理。

排头同样是因为"技术"的原因才得以站在队伍的前面,享尽风光。队伍中存在的一个潜规则就是技术最好的站在排头的位置,依次按照技术的好坏排列。因而,队伍的最后一般是跳得不太好的、年长的或新加入的人。于大队长对于这一点特别重视:"只有第一排是固定的,第二排有几个是固定的,后面就是他们自己感觉不错就往前头站,谁推都推不走。就不管跳得好不好都站那个位置;他跳得不好了吧,就影响后边儿。有时候前边的跳得不好,我们就想把他挪到后边儿去。"排头薛大姐也认为:"这起的就是示范作用,要是有比我们跳得好的,就上前边去。"李大姐告诉我们:"当排头有时候会觉得累,比如有时候觉得感冒了哈,我们就会上后边儿去,让她们上前边儿,换一换,在后边儿还能稍微好点儿。"

因而,在这个队伍内部,无论是地位的获得还是地位的向上移动都需要掌握"技术"。但是普通的参与者似乎对此并没有那么大的兴趣。

这个队伍还在不断地发生变化,谷老师和于大队长正在计划对队形进行重新编排。"我们现在想的就是那个,我和谷老师商量的,把队形变一下,弄成几个方阵,把跳得好的放在一个方阵,跳得不好的放在一个方阵,这样能给我们以后拉出去展示做准备。"(于)

4.2.6. 断裂的结构

通过以上的分析,我们认为此广场舞队伍的结构是一个断裂的存在,即各子群体之间并没有彼此之间的认可,甚至根本不知道对方的存在。上述分析的结构存在与否、存在的形式从群体内部不同子群体的角度来看是不同的。

从观察者的角度来看,表面上这仅是一个中老年人由于兴趣和爱好聚集起来的群体,领导层、排头和普通参与者三者之间是垂直的关系。

谷老师和于大队长都表示,领导层是管理的角色,承担着普通参与者无法理解的压力。而领导层之成为领导层的原因就在于管理的能力和技术。谷老师认为"有的人也很想参加我们的工作,但是呢,还不够档次","人和人的水平是不一样的,能力是不一样的","目前我们这个就是聪明人在做聪明的事"。

谷老师对于这样的分层表示非常享受:"那天我去买豆腐,'哎呀这是那个谷老师,'那天那个收废品的说,'您住这啊。'就是这样,大家都认识我,所以觉得很满足,很快乐。"而于大队长则表示了强烈的不满:"要说我能干肯定是能干的,但是出自我自己的考虑,我都快50岁了,该享受生活的时候了,我干吗还费这个劲啊,跟他们在这怄气。所以,这个事情就是没有给我一点快乐,一点都没有。我现在想的就是我一旦走了剩下来的怎么办,我一旦走了精神就塌了。你说,你一走这队伍得多迷茫啊。""现在我就特恨那个谷老师,我在队伍里跳得好好的,干吗非得把我拉出来,现在就没有一个晚上能够好好跳跳舞。"

但是在排头看来,并没有强烈的结构分层的意识。她们享受风光,承担压力。一方面,她们了解队长等领导层的压力;另一方面,她们又不涉及舞步之外的事情,因而无法真正地进入领导层,单纯得作为队伍中的优秀者存在。在普通者看来,就更不会有这样的意识,大部分人甚至不知道有管理者的存在。

断裂的结构也就是结构层次中的各个部分对于此结构的认知是极为不同的。领导者对队伍的过度关注,以及普通参与者对于队伍的漠不关心,使得整个结构看起来无法成为完整的存在。领导者的意志尽管强烈,但普通参与者并不为之所动,信息在上下之间的传达无法进行。

所以,整个队伍的结构是存在的,但是还不够成熟。在调查进行的最后阶段,队伍发生了极大的变化,侯、赵队长两个人留下来了,而谷老师、于大队长等人表示不会再去参加广场舞活动。领导层内部产生了极大的分歧,导致了人事方面的变动。但是我们去采访参与者的时候,没有一个人知道这件事情的发生。一个大妈说道:"可能现在是刚过完年,还没规范起来呢。3月1号可能那些老师就都来了。"因而,对于领导层,甚至是排头如此巨大的一个变动,对于参与者来说,根本就不存在,他们还是照常地跳舞。因而,在这样一个断裂的结构当中,我们或许可以找到其独特的存在和发展的逻辑。

4.3. 作为权力工具与个体心理维系的规范

与大多数其他地区广场舞团队规章架构松散的状态不同,该广场舞团队有着明确与严格的队伍规范,主要包含"纠错型"与"组织型"两种,前者包括强调"走直角"、不断纠正不规范动作、跳舞时不允许讲话等,后者则体现在统一注册发笑脸牌、统一着装等组织正规化的相应措施中。群体规范在队伍内的发生是群体领袖、标榜个体、历史情境与普通个体共同作用的复杂结果（马向真，2008），自然，不同的人群对其认知亦有差异。

我们在最初进入时的最大感受是队伍的严肃氛围：队形整齐，走直角；动作标准，有队长和老师的指导与纠正；在队伍中跳舞时无人讲话；等等。针对这些"规则"，我们从受访者那里得到的信息是基本一致的，但其看待该问题的出发点与视角不尽相同。总体来说，领导者与积极的排头参与者更注重团队整体的规范性发展，而普通参与者则更关心健身操本身是否能让人身心舒畅。规范达致的结果是一致的，但其途径差异则体现了群体内部角色结构的认知差异。

包括队伍领导者、技术老师、排头等积极参与者与几位普通参与者都对此给予了积极的回应，但其内部也存在微小的差异。领导层倾向于认为规范队伍是出于正规化的需要，他们希望通过"注册"制度（"比较理想的是，见习，然后再进入队伍"）、财务公开制度（"跟我们说，我们一共收了大家多少钱，买机器花了多少钱，亏空多少钱等等，都让我们明白"）、统一着装、录制视频走出去等措施来实现队伍的正规化、规范化，"比如说明年的任务就是想给队伍起名儿，明年整队，明年出一套新舞，明年还要打一个横幅"。规范在更多时候通过领导者的个人意志来实现："'总策划'晚上睡不着觉想的"，"以后要明确地规定，不要带孩子啊，不要带宠物啊，不说话不聊天"。

而包括排头在内的积极参与者更多地从健身操或舞蹈技术层面考虑规范的必要性，这一点和普通参与者是相似的。比如，他们都会认为动作不规范就不会起到锻炼的效果："这个健身啊，如果动作不到位，其实也起不到健身的效果。如果你认真做了，真的就能达到一定的目的"（李），"现在中间就站了好多跳得不好的人，这样有新来的不会的人就看着那些不好的人跳，结果整体就乱了"（王）。但两者的微小差异在于对组织者与领导者的熟悉程度与认知程度——排头中的大部分与领导者同时过来参与团队最初建设，她们对领导者异常熟悉，并不时被拉进一些队伍较大事务的决策过程中，只是在分工上更侧重技术部分。而普通参与者则只关注健身操本身，对组织领导者与团队建设基本没有深度的交往（见上文），但认同他们的管理成果："（管理得）好啊，不会的就会拉出来亲自教动作，收了我们的钱还会跟我们说清楚。"

我们可以看出，规范在该群体中的地位是通过两条路径实现的：一是

"自上而下"地通过领袖人物及管理层向下推行意志,即"我们应该这么做";二是"自下而上"地由成员自发地促生,即"如果大家不这么做就不行"。从前者来看,队伍的正规化是问题的核心,管理者对该队伍现存的制度规范"不满意",计划制定新的更加明确的制度,这与现存规范的非正式性有关。我们通过对管理者、排头及普通参与者的访谈发现,他们都不认为现存的规范是某人"制定"出来的,而是群体内部成员约定俗成的结果:"这不是规定,没有人规定。都是你自己,你不能去说话,不能去聊天儿。你一说话你脚底下就乱了,换一动作你那手还没换呢,不能去说话。你自己得去约束你自己,没人说。"(薛)"跳得好、动作标准就能够锻炼身体,他们的管理和纠正不错。"(王)队伍规范的不确定性在领导者那里演化为了队伍正规化的急迫感。

而对于作为技术领头人的排头与积极的普通参与者来说,健身操本身的特点与趣味性促使他们对规范产生了极为强烈的认同,而规范对其而言正是维系个体心理情感的有效渠道:

Q:看大家跳舞的时候觉得大家都不怎么聊天啊?
李:对,前边儿肯定是不能聊的,你一聊你听不见,该换动作了你又不知道,后边儿都看着你呢。我要在后边儿啊也就不走脑子了,前边儿就不能省心,你老得听着音乐,它随时换动作。

规范的产生也催发了"越轨者"的行为构念。"制度是通过提高人们采取某种行动的代价,或者提高从事某种活动的收益来发挥作用的"(刘世定,2011),既然规范仍未成为"制度",那么其非正式性就难以对部分成员的侥幸心理产生约束性的成本或代价,因此黑暗中的偏差行为发生,规范维护者与"自由人"之间的冲突不可避免。在我们的观察与访谈中,违反队伍规范的"异端"参与者并不少见,如醉鬼的异常行为对秩序的破坏、顽固的老太不愿接受动作纠正等。

唐:……对,有的人是这种想法,我就是来玩儿来了,凭什么管我啊?但咱们是怎么着啊,既然是艺术服务,还想做得更好,尽量做得好一点,还得标准一些。但有人能接受,有人接受不了。

Q：那如果有人不高兴了，跟您起冲突您一般会怎么处理啊？

唐：现在是这样，有的人不高兴，那我们就不吭声儿。

于：对，不吭声儿了，挨骂就挨骂吧。就我刚才说的迷茫啊就来自这里。天天还往里搭钱，电费啊，交通费啊，这些还都得我们往里搭钱。然后凭什么还挨个骂？我们也不是说年纪小了，家里人还不骂你，你在外面工作当中也没有人骂你，然后到这儿随便就挨顿骂当然心里不开心了。觉得经历了特别大的心路历程，有时候两三天，有时候五六天都不开心。为什么所有人都能开心，我就不开心呢，这种小事儿就特别分心。

管理者对于队伍秩序与规范的"异端"所采取的策略大体有三种：约谈、忍耐（"不吭声儿"）、"以暴制暴"。约谈指管理者会对不遵从规范的成员动之以情晓之以理，私下里对其讲道理，"以理化人"；忍耐是一种消极应对的中间措施，双方都不采取任何行动，这可能导致的就是于提到的"迷茫"；"以暴制暴"指管理者在情绪不佳时可能会采取的非正规管理行为，如双方互相提高音量甚至动手等。约谈的成功率较低，"以暴制暴"发生的次数极少，因此忍耐是管理者的常用策略，这在一定程度上导致了管理层的亚健康心态。

5. 作为身体表达的广场舞

在上一部分，我们讨论的起点是广场舞活动所在的物理空间，借助叙事化的处理，具体阐释了广场舞活动的发展及其维持运行的组织架构。然而，对于结构、过程、秩序、个人与群体关系这样一些话题的观照，是一种接近"宏大叙事"的处理方法，并没有落实到具身层面。而广场舞本身就是人们基于强身健体的初衷发展出来的一套活动形式，身体是构成这一活动的实在要素，它不仅在场，而且"会思考、有感情的"身体在场域中会生成一定的感受和体验。正如本文开端的自白，我们希望舞台的聚光灯是多元且指向不同面向的，因此，我们不仅要看到"被大写"的组织样态，也要聚焦那些晦暗不明、难以被直接辨认的具身性的情感和体验。

因此，我们的认知路径将要转向对"身体表达"的关注：一方面关注参与者在活动过程中主体性的身体和审美体验，探究身体与行动、秩序之间的生成关系；另一方面，在以感官作为触角，强调心理感知的逻辑之下，继续寻找广场舞活动及其活动秩序"何以被参与者认可"的解释。

5.1. 由"隐喻的身体"到"运动态的身体"

当代对于身体的思考源于梅洛-庞蒂，他通过证实人对世界的感知必须凭借活生生的身体这一事实，克服笛卡尔的身心二元论设置的对立。此后，福柯（1989；1999；2001）对身体社会学做出了直接贡献，他通过对现代临床医学、监狱和性的研究，说明现代人的主体性的话语建构，其实质不过是建构出驯服的身体，揭示了生产主义对身体的组织和要求。但是福柯的身体概念多少有些消极，以至于忽视了社会行动者的能动性特征。对布迪厄来说，身体既是社会建构的产物，同时也是具有能动性的能动者，他对于身体的实践方式和身体对客观结构的再生产过程对于探讨身体的能动性有重要意义。

与本文所关注对象最为贴近的讨论则是戈夫曼（Goffman，1959；1961）的"拟剧论"，在他看来，整个社会就是一个大舞台，我们每个人都是这个舞台上的一个角色，日常生活的社会情境就是剧场，互动过程就是表演，我们通过有意识地控制身体的言行、举止、仪表等，向他人展示一个良好的自我形象。在社会生活中，人们的行为都是反思性的自我对身体表现的控制、调节，并与他人持续互动的产物。在戈夫曼的框架下，我们能看到，"表演"成了心智和身体在社会秩序中得以可能的中介，"表演者"与"观众"则通过心智来定义互动情景，决定个体行为。这种策略性的、强调主体构建的身体表达，在广场舞活动中得到了充分显现。

身体视角不仅在当代西方社会理论中受到广泛关注，同时，"身体"意象也开始了对传统理论立场的反思和超越，对于"运动态的身体"的讨论也不断增多。埃利亚斯和邓宁在经济因素之外探讨了人们广泛参与体育运动的解释机制，他们认为，体育运动提供了一块空间，人们在其中可以"寻求刺激"（Elias，Dunning，1986），运动维系着活力、社交和模仿，这使得人们热心参与或观看某些活动。研究者们也注意到，运动态的身体并非消极地"被消费"或"被观看"，相反，具身性主体的运动与"社会事实"之间，还有着创造性的相互作用，例如 Shilling 聚焦于运动的情感魅力，对各色人群在社会的运动领域内外"如何定位自身和他人"进行分析，探讨了身体与当代运动结构之间相互作用的某些后果。

身体包括一个生物性的存在以及一个文化性的成分在内,其存在必然交织着许多力量的并存;同时身体必须存在于一个特定的时间和空间场域,因此身体优势是一个时空性的意义结构,被赋予了许多复杂的内涵(黄金麟,2006)。本文在讨论身体表达时有这样两个前提:一方面,本文聚焦的是广场舞活动这样一个特定时空下的身体,在广场舞的健身方式之下,身体的本体感知、具体表达、组织方式都与常态下的身体有所区分;另一方面,体育运动是有分化的场域,尤其广场舞活动本身就依附于一个自主组织起来的群体。因此,在分析参与者对这一活动的情感依赖时,需要关注"身体的表演"如何维系了一种内群意识和归属感。

5.2. 由身体的认同到自我的认同

伴随着现代化进程的无孔不入,身体所获得的关注程度可谓史无前例。在人们不断追求身体健康与愉悦体验的同时,各式各样的保健和养生知识也在这一浪潮中得到了广泛的传播。心脏病、癌症以及其他一大堆疾病都越来越被描绘成可以避免的,只是要靠个体合理饮食、停止吸烟、充分锻炼。被这样的说辞所鼓舞,越来越多的人加强了对身体的自我照看,制定了相应的体育锻炼计划,又在这一"肉身实在"的过程中再次加深了对个体的身体责任的感知。

由此来看,对健康的诉求和对身体的维护几乎成了所有人共享的印记。在不同人群中,生理机能弱化且闲暇时间充足的老年人,成为日常体育锻炼的重要主体。广场舞活动的参与者大多处在55—70岁这一年龄阶段,对于他们来说,良好的健康状况能减少个人或家庭的医药支出,也有助于个人在日常生活中保持良好的生理机能和精神面貌,正如访谈过程中我们反复听到的,"身体是革命的本钱"。进一步地,对健康的需要推动了体育锻炼的日常化,"来锻炼身体的时候,音乐听着高兴,心里开心,现在就好像已经不能缺了似的。我觉得这些人都是这样儿"。对于广场舞活动的参与者来说,广场舞已经成为其生活中的重要组成部分,锻炼习惯的养成是其持续参加广场舞活动的内在驱动。

一般来说,老年被认为是能量消耗殆尽、缺乏行为能力、缺乏资格能力的年龄阶段,抛却外部的评判,在退休之后,老年人往往因为退出了工作岗位而觉得自身价值无法得到实现,此外,老年人也会在自身生理机能退化以及被当作"弱势群体"对待的过程中渐渐否定自己。对于广场舞的大部分参与者而言,事业、成就、衣着品位等叙事在其生活中逐渐式微,这时,身体成为一个实在,帮助人们在活动参与中重新构建一种可以仰赖的自我感,这种自我认同的主要来源可以分为两个部分:身体维度的情绪及由生理带来的感知。

首先,在广场舞活动的参与过程中,老年人能获得正向的情绪体验,"我每天跳得挺欢欣的,欢快的曲子,有欢快的心情","就很喜欢这个操,跳完之后都是心情舒畅,走着路也觉得轻快了很多"。尽管无法从数据上直接证明变量之间的线性关系,但是经过访谈分析,我们认为,这种主观情绪的形成可以被叙述为两条路径:

第一,在锻炼之后,参与者更新了对自己老弱身体的认知,更加肯定了自己的身体。他们在向我们讲述自己的锻炼成果时,大多流露出自豪、喜悦的情绪,"我有糖尿病,得过脑梗,现在心脏上还有支架,跳了这个舞之后好多了"。特别是,他们不仅喜欢谈论自身的健康状况,往往还会补充说明自己听说的其他参与者的情况,以此来佐证广场舞活动的锻炼功效,如"69岁的王海棠,身体没有毛病,有这个老腿疼,坚持锻炼,每天散步走二三十公里,配合扎针现在都好多啦;还有76岁的吴满候坚持锻炼,一直都不生病,他能抽烟能喝酒"。

第二条路径则是与同辈人的对比,对于以经验型感知作为主要认知资源的老年人来说,健康的标准是相对的,在身体状况上优于同龄人基本意味着"自身的健康"。访谈过程中,这种对比也经常出现,"我去年春天的时候回过内蒙古,跟我老伴儿去照顾我堂弟,他身体不行,缺少锻炼"。在与同辈亲朋的对比之中,老年人会形成对自身健康状况的判断,而这种判断也敦促广场舞的参与者坚持参与活动,并且始终保持热情。依据内部动机理论的说法,当行为调节越接近内部动机和认同调节时,人们对活动的参与意愿就越强,正因为老年人这一群体有较强的锻炼意向,其参与锻炼的积极性较高,活动过程中也伴随着较强的自我投入和主动参与的情感成分。

此外,通过控制自己的身体动作和姿态,这些大多步入老年的参与者体验到了健康有活力的身体状态,这种感知正是自我认同的结构性组成部分。本文所关注的这一广场舞活动,从舞蹈形式上更接近于健身操,其动作设计主要是基于四肢的伸展和有节奏的脚步，艺术表演性并不强，评判参与者动作规范与否的标准很大程度上与其对自己身体的管理有关："咱们这个健身操，你说它全是操吧，它又比那个操美一点儿；你说它是舞吧，它又挺简单的，就看你的手啊、腿啊有没有按照标准来做，该直的时候要直，不能缩着。"身体，尤其是身体的动作是可形塑的，于是，大部分参与者自觉主动地维护起自身的动作、身体外观，以实现某种自我表达。"就想做得好一点，标准一点，看上去像那么回事儿。"

有趣的是，我们也从一些广场舞活动的"非积极参与者"的讲述中确证了"身体感知"这一假设逻辑。以柴大爷为例，他从去年秋天队伍初建的时期加入这一广场舞群体，因为动作做得不够标准，始终站在队伍的后方[1]，"我一直都站在后面，反正老了也不在意别人说三道四，身体是最重要的，反正就是锻炼呗"。到今年春节期间，柴大爷逐渐退出这一群体，选择留在这一活动场地上进行其他锻炼活动，"现在基本不跳了，就在旁边走着，反正也是锻炼，我身体不灵活，跟着他们做那些动作有点吃力"。从这一个案中我们可以看出，在广场舞的活动中，柴大爷因为身体不够灵活，无法达到相应的动作标准，其感知到的身体状况同样也会比其他健康的参与者弱一些。因为自信心的付之阙如，这些无法按照队伍期望来形塑和打磨身体动作的参与者，他们有可能采用其他方式来锻炼身体，进而从这一群体中退出。

小结一下：一方面，广场舞满足了参与者维护身体、追求健康的意愿，让人们获得了肯定自我的积极体验；另一方面，广场类似于一个有解放意味的空间，参与者在活动中舒展自己的情绪，又在一定程度上管理着自身动作的收放和具体的姿态，在自我感知、自我表达的同时也进一步建构了自我认同。

5.3. 由广场舞中的"我"到广场舞团队中的"我们"

上述部分主要呈现了参与者在广场舞活动中，把自身对体育运动本身的认同转化为自我认同的过程，本部分则承接上一环节，将着重分析群体

---

[1] 正如本文第四部分所介绍的，这一广场舞队伍十分看重参与者动作的标准程度，一般来说，动作标准的站在队伍前方作为排头，而不够标准的则需要"自觉"站在靠后的方位，以免影响其他参与者。

中的活动参与及个人认同如何生成了个体对自身群体成员身份的认同。我们认为,以上两个环节的串联,是广场舞活动秩序得以实现的基本链条之一。

如今在大众文化中,集体逐渐失语,个体化或者原子化的生存状态已经成为最普遍的话语,然而在本文所观察的广场舞活动中,我们明显感觉到,参与者对于这一有组织的队伍有着较强的内群认同,当我们试图了解他们对于广场舞团队"会费"的态度的时候,有参与者表示:"这钱收得很合理,别说5块钱,让我交50块钱也愿意啊。"但需要特别注意的是,这种内群认同的基础并非组织本身的凝聚力或是核心团队的魅力,而仅在于广场舞活动本身。在访谈过程中,我们发现接触到的大部分普通参与者并不了解核心组织者的情况,"我知道一个女的,是队长,但是不知道叫什么";有些甚至并不知情,"我听说过,带头的一个姓谷,一个姓唐,但是我也不知道他们是谁,我们就跳跳舞,谁组织都一样"。对于这种特殊的在体育锻炼中生成的集体认同,我们也需要回归到身体的层面上有所阐释。

从身体形成整合的角度来说,广场舞活动基本扣合了涂尔干的观点:融入某个共同体能巩固身份、促进认同。邓宁则进一步揭示了体育运动对集体意识的培育作用:"属于一个运动队的成员,或与其取得认同,能赋予人们一种对于身份和认同的重要支撑,'我们感'的源泉,乃至一种归属感。"具体来说,广场舞活动为参与者提供了一个特定时空下的共同体,群体成员分享着这一团队的共同目标也即核心组织者所提出的"你健康,我快乐"的口号,也受到了组织者提出的"要将队伍带出去,走向正规化"这样一些发展方案的影响。而无论是在切身的还是"想象的"群体活动的参与中,个体都依附于广场舞团队,将自身的心理和情感需求置于这一活动中。与个人对家庭或特定组织的情感张力不同,这种依附并不缠绕于一个具体的人或小团体,而是基于较长时间的参与而形成的惯习性力量。也就是说,广场舞活动为参与者提供了一个可以依附的基本单元,人们基于对活动的认可汇集成一个整合性的团队。

然而在整合的面向之外,在这貌似平等无差异(每个参与者的动作都是一致的)活动中,实际上也有"阶层"式的分化,除了前述组织样态部分说明的核心组织者和普通成员之间的分化,在参与者之间,也存在身体好与身体不好、动作标准与表现欠佳之间的分异。因此我们需要对广场舞活动中身体所发挥的"区隔"作用进行分析。

从形成区隔的角度来看,广场舞活动存在着隐匿的参与门槛,即一定的身体资质:一方面,广场舞的动作虽然简单易学,但其全程锻炼时长为每天 1 小时 20 分钟,即使运动量小且动作缓和轻柔,长时间不间断的运动本身也要求参与者有较好的体力;另一方面,这是一个集体性的活动,队伍在活动过程中是不断流动的,要求每个参与者按照固定的节奏和路线一边行走一边锻炼,每个人的表现都会影响整个团队,这意味着广场舞对身体协调性和灵活性也提出了一定的要求。这样看来,大部分的活动参与者尤其是"排头"等表现较好的人都是身体健全和灵巧的,而那些有残缺的、患病的、笨拙的、老弱行动不便的,都被排除在了活动之外。这种区隔又体现为两种可能:一种是参与资格的分布,部分人群可能因为不具有活动要求的身体资本而无法参加,成为"观众"或是"边缘人";另一种可能是在参与过程中,不同身体样态的个体可能会遭遇完全不同的体验,"跳得好的在前面,跳得不好的在后面,往往后面比较乱"。在以身体状况为标准的结构和秩序安排中,个人裹挟着与自己"朝夕相处"的身体被划分到不同的子群中,区别于其他的子群。

无论是有没有资格参与广场舞活动的身体资本积累,还是在活动中身体资本积累的状况好坏,这种区隔本质上都是依据一定的身体特性,将与自己不尽相同的人们划作了"他者",具有社会排斥的意涵。范畴化以及对不同主体的分类和标定,是行动者的基本认知潜能和认知工具(方文,2007)。在广场舞活动中,参与者也会以自我为中心,将自身和在场的其他人进行分类,这种编码是参与者获取群体成员资格认同的基本逻辑。尤其在队伍的行进过程中,群际区分是大部分参与者所共享的。在这个意义上,范畴化的显著性和运动情景下的排斥,是这一群体内部认同的生成基础。

总结起来,作为一项健身性质的体育锻炼活动,广场舞在对身体的管制上,规范化和秩序化的倾向较为突出,这样的设定似乎宣示了这一群体中情感性认同的必然缺席。然而事实上,借助身体这一中介,个体仍然有潜力发展出内群认同,在活动中找到机会,超越自己所处的交往空间和生活世界,依附于一个特定的时空下共享的人群聚合与健康求索。

5.4. 审美与被审美的互文

承接前两个环节的分析,这一部分我们聚焦的是对广场舞团队的群体认同如何转变为对于队伍形式美感的维护。前述主要体现了人们对保持健康的诉求,而在这一小节,讨论的起点则在于如何"显得健康",强调身体姿态的视觉效果。

从以往的研究来看,由群众自发形成的,以体育锻炼为目的的广场舞活动,一般处于"组织松散、成员流动性很大,缺少有效的管理形式"的状态(郭新玲、宋秋香、崔会强:2010;侯广斌、吴纵根:2010;王潇、喻昌军:2009;王峥,2012),而在我们的观察中,这一广场舞团队始终强调动作规范、方向精确、线路格式化,对"形式美"的追求有一种严格的规范。因此,在研究初期,我们对这一队伍如此严格要求秩序和动作标准感到十分费解,下面我们尝试从身体的视觉审美角度进行分析。

"审美"一词在 1750 年伴随"美学"的确立而出现,其作为现代精神的产物本身就强调认识性和对象化(刘颖,2008)。从审美概念形成的背景来说,其中的核心是主—客体关系,客体通过想象某个他者的凝视来使自身作为观看主体得以可能。这种主客体关系不局限于主体在实际意义上的看与被看,也包括主体在想象界与象征界的交互空间中的看与被看(Lacan,1977)。

"美"的体验本身就包含着"凝视"的意涵,作为审美的客体,参与者们也需要借助广场舞的活动形式被潜在的观众"看见"来确证自身的影响力。通过看上去很健康、很灵活,可以释放出健康的讯息。访谈过程中,无论是组织者还是普通参与者都多次提到这种"被欣赏"的强烈需要,组织者希望能获得更多的关注度:"夏天的时候我们要整队服装、拉横幅,然后上传视频,然后我们还愿意去,粗俗一点儿,就是咱也显摆显摆呗,还想把队伍拉到奥林匹克公园儿去,不老在我们那地儿待着。"在存在大写的他者(Other)的结构之下,普通参与者对其身体动作、姿态在视觉上是否带给人愉悦的观感也十分看重:"跳的时候认认真真的,你错了的话,别人看你错了,你就会觉得挺不好意思的。""既然来了就认真做,毕竟是锻炼身体嘛,你在那儿瞎比画,你当那是遛弯儿呢。瞎比画那也没作用啊。"

此外,由于广场舞场地的平面性,参与者彼此之间的观看并不存在障碍,因此广场舞参与者同时也是审美的主体,从访谈来看,在大部分参与者的共识中,整体美的基础在于形态美,而形态美又包括动作美和由动作美体现出来的气质美——"看上去整齐、有活力","出脚的节奏大家都一样,跳得很好看"。尽管广场舞的参与者大多处于55—70岁这一年龄段,他们并不能展现出运动员般的力量美,先天的身体形态受到自身身体条件的制约,但"来跳舞大家都能看到,这就是个舞台","跟之前的十二太极拳相比,这个广场舞对我们来说更好学",基于身体姿态的美比身材体型的美有更大的后天调节性和可塑性,这些参与者仍希望能够通过练习、模仿,努力培养灵活健康的身体姿态。

综上所述,广场舞的参与者们彼此为"镜",每个人都既是主体又是"他者",在看与被看的交互关系中形成了相互之间的审视。这时,自我照看的规制并不只是为了预防疾病,也致力于让我们对自己身体在我们和别人眼中的形象感觉良好。

不同于经典社会学理论意义上的不平等的视觉关系,广场舞活动中的"看与被看"同时发生,并且基本均匀分布在每一个个体身上,在每个人随时都有可能成为被模仿的对象的前提下,广场舞的参与者们能够感知到"在场"的其他人,基于希望得到他人肯定的心理,随之提高了对自身动作和形象的要求,外化为一种基于共同空间的群体性的身体表达和社会表达。

不仅如此,对于广场舞活动的参与者来说,他们的观众还包括不可见的、"想象的他者","这儿有这么多人在跳舞,肯定别人都能注意到,要是跳得乱糟糟的可不成"。而在单纯的"被看"之外,这些参与者们在观看的主客体关系中也呈现出积极能动的面向,"希望咱们这个舞以后能走出去,可以有一些报道,拍一些视频放在网上,让更多人看到"。这样的规划不仅反映了他们对"他者目光"的主动迎合,甚至可以说,广场舞的活动者们希望能通过大众媒体的宣传吸引更多人的注意,从而建构大众的"审视",在这一过程中,他们并非简单迎合了观众的审美标准,还有可能把自身塑造为"模范",进而重塑观众的标准和评价体系,其主体性得以充分体现。

本章顿笔至此,通过扣合观察与访谈,对身体视域下广场舞活动中隐而不彰的部分进行了一定梳理,我们寻找到了"由身体勾勒到自我认同""由自我认同又到群体认同""由群体认同到秩序维护"这样三个环节,形成了一个彼此促进的链条,最终指向了与"广场舞活动秩序如何被认同"这一核心问题的接合。

6. 作为空间实践的广场舞

上一部分,我们从身体的视角对广场舞活动何以得到广泛的认同和拥护形成了一个基本逻辑自洽的解释框架,但是正如本文在一开始就明确的,仅从单一论域出发的阐释性分析在解释力度上较为单薄,因此在这一部分,我们将广场舞活动中"人与人""人与城市""人与记忆"的关系并置在处于流变之中的都市场景之中,这种空间维度的考察将回答广场舞活动如何参与建构了一个新的社会空间的再生产,其在活动过程中生成的人际交往和集体纽带如何影响了其对都市生活的感知。

不同于第四和第五部分的是,这一部分的探索主要反映了笔者作为解释者的认知路径,希望能够在经验的基础上跳脱出感性杂多,在知性范畴上获得现象的可理解性和解释性,根据知识层面的想象力而非感觉层面的确当性来勾勒广场舞活动的行动逻辑。尽管由于材料和研究经验的限制,在这一过程中我们无法避免有意挑选材料、为了整体解释牺牲细节的问题,但作为旁观者,笔者诚恳地希望在观察体验和访谈资料中找到人们身处其中而又并不自知的空间实践的逻辑。

6.1. 从"谁的城市"到"谁的空间"

在现代化和全球化的双重影响下,社会结构在时间和空间的维度上被不断地解构和重现,都市在空间意义上成了社会关系集中存在的容器(包亚明,2005),都市研究在当代学术领域中具有重要的意义。随着中国城乡一体化和乡村城市化的进程,市民阶层已成为中国民众的重要组成部分,因此观察和研究都市中人们,尤其是中老年人的生活状态和他们的思想状态,以了解真实的中国社会是具有代表性的,他们在都市中的生活状况和隐含着的家庭关系与亲子关系(包括父辈与祖辈关系)、他们在他者和社会眼中的形象,以及他们在世俗生活中所处的社会地位和采取的具有价值的身体表达,都集中表现了这个时代中国社会尤其是都市空间中群体的真实状况和社会表达。

都市社会学由芝加哥学派在20世纪一二十年代创立。早期都市空间视角的主要表达,是将城市看作一种异于传统村社的特殊的社会生活的空间形式。芝加哥学派所讨论的"空间"则更为显性和明朗,其基本的都市意识是将城市空间看作一个由人群的依赖共生与相互竞争所决定的生物有机体,他们创造了后来被广泛应用的都市研究范式——将城市的社会和空间形态模型化,例如同心圆、扇面规则以及城市结构的多核理论等;但我们始终难以在芝加哥学派的研究中看到纵深的时间维度与横向的空间维度间的具体联系,城市地方生态只是被一幅幅缺少辩证、相对静态的场景表达着,人类行动与空间环境之间、社会历史(资本主义工业化)与都市地理(都市化)之间的动态相互作用基本被忽略了。

1968年,席卷西方世界的风暴平息之后,我们遭遇了与前文所采用的传统的城市社会学理论迥异的,吸纳了新马克思主义和结构主义的城市研究,这里我们选取列斐伏尔和卡斯特的观点做些许说明。

列斐伏尔(Lefebvre,1991)的观点更为突进,他认为,对于社会学而言,"城市"是一个伪概念。事实上,城市如同一个多元共生的语言系统,无法被任何一个单一的学科所描述和解释,同时城市又是一种混沌的历史的存在——它就像一本永无结尾、又包含缺页和空白页的巨书,它不创造什么,而是让创造发生于其中。

他进一步描述到,空间中发生的社会活动不仅关乎个体间的互动,也通过创造对象而改变了空间本身(Lefebvre,1991)。因此,"空间的社会性是社会的产物",对城市的讨论,依然是关于社会空间的讨论。列斐伏尔以"空间的社会性"(空间是社会的产物,空间是社会的力量资源)和"社会的空间性"(社会关系需要将自己投射于空间,并生产出空间)这样两个逻辑上互构的对应概念来解读现代城市。

卡斯特提出,现代城市已经成为"集体消费"的中心,在这样的基础上所生成的新的城市内部关系,也与这种集体消费形式所带来的生产关系变动有关。进一步地,"空间是结晶化的时空",回溯列斐伏尔的"空间生产"(production of space)概念,我们可以透过静态的空间推知建构空间的社会行为。

然而,置之于当下的文化场域和时代土壤中,"新都市社会学"却又显出过时与疲惫之态,它一方面太直接地联系着西方先进资本主义都市化的经验,另一方面太依赖马克思主义的架构而不能很好地吻合当今都市全球变动的现实。总结起来,要更好地理解中国社会的都市化意象,就要关注其中典型空间的运行逻辑。伴随着都市空间的规模扩张、都市区域的功能分化、阶层的空间聚集与隔离等现象,"身体在其主体间性的运动中,如何展开和维持它存在于其中的世界的意义结构"(郑震,2007)又有了全新的演绎。

20世纪90年代以降,随着大规模城市改造的兴起(快速道路系统、新市区的出现,土地财政的膨胀,商品房小区的涌现),都市中的时间和空间被工程化,而普通人创造自己的直接经验的可能性,被资本和政府的复合体所绑架和排挤。强权政府将集体景观嵌入现实中,而这种景观,吞噬了城市自身的发展逻辑,在这样的图景下,二维代替了现实,城市成了日常生活的潜在的征服者。国家行为崩解成为意志及其表象,而国家幻觉和(可能的)本土哲学幻觉,支撑着城市管理者和规划者,自以为是地构建、贩卖某一种幸福、生活方式和社会地位,或者说,政府之于民众,完成了对于一种生活方式是合理并且美好的说服。

在牛顿式的"绝对的"空间观念破产之后,空间作为一种复合物与人造物,同时作为政治实践与科学技术媒介的形象,开始进入社会学的讨论范畴,并成为现代性问题的核心主题之一。同时,现象学家也用主体间性或社会性的身体观念(梅洛-庞蒂)、空间的语言编码(巴什拉)来构建一种新的空间话语。事实上,对我们而言,当代的空间社会学已经揭示出了空间的社会本体论意义——任何一种实践活动都是一种空间性的在场,其存在的意义已经固有地包含了一种空间性的经验内涵(郑震,2010)。

事实上,如果我们将社会行动和社会空间放在一起描述,就会发现这两者实际上依靠关系结构被联系在了一起,行动者借由行动的生产与空间的生产实践其空间属性,同时空间中的关系又生成和制约着社会行动。因此空间的意义,实际上是与行动者以及行动者历史性的行动所紧密联系在一起的。与本研究相关的主要是空间架构和建筑秩序中的这样两个趋势:公共性功能建筑的增加与公共性区域的"失落"。这种状况在现代中国的境况中可以找到相当鲜明的例子。

比如制造政治正当性和文化道统的空间生产,这种生产方式往往与意识形态化的政府行为挂钩,具体体现在早期的苏式"人民广场""人民文化宫""少年宫"等公共建筑中,此外,也出现在近期的旅游景观制造、城市"公共空间"中。

又比如为满足某种生产或者生活方式(且通常是被国家所推崇的)需要的功能空间的生产,我们可以找到浩繁的实例,从早期的工人新村、集体住宅、工业联合体到后期的"工业园区"(后来其中的相当一部分成为变相圈地的噱头)、"高档住宅区"(在景观设计和居住格局上大规模的复制,且其入口与城市本身的阶层结构有着某种亲和关系)、基础设施建设(国家高速公路、高速铁路网)的建设都属于此类型。甚至1998年后在全国铺开的网络基础设施建设,也属于国家意志推行的空间生产。与此同时,全球化伴随着地方化,已经占有空间的人不再迷恋空间而移居到时间之中。更多的人随之面临双重困境:速度的滞后与公共空间的剥离。权力没有退隐,而以个体化的形式构造了新隔离区(Bauman,2000)。

在这样一个背景下,对都市中的集体健身活动进行质性研究,并将其放置在个人生命史和城市化演进这样两条脉络中进行思考和分析就显得尤为重要。因此,本研究期待着从社会心理学、都市研究、空间行为学等视角来对广场舞活动进行解码,其中不仅涉及物化、非物化的外界环境客观存在物、人的内在主观意识与情感,同时还体现了在城市地理范畴中的时空、社会群体关系。总结起来,本部分既有空间研究的"文化转向",又有文化研究的"空间转向"。

6.2. 人与人群:生活世界的失落与寻找

城市发展有两大基本历史功能或历史后果:一是造就日益发展的生产力,社会生产水平不断提升;二是造就日益丰富和全面的社会关系。但在当代中国城市化进程中,主要强调了城市建设的技术建构,而在一定程度上忽视甚至遮蔽了城市发展的社会建构。由于技术建构带来的是直接的物质利益或经济效益,而社会建构具有隐性的特点,人们往往忽视了城市建构同时也是社会关系的创造与重构,这种流动性更强、彼此也更为隔绝的生活正是广场舞活动这样一个趣缘群体形成和发展的重要底色。

技术建构的突出特点是高速交通的建设和对快节奏生活方式的颂扬,在这样的驱动下,城市规划中只考虑设置哪些功能区域以及这些功能区域如何组合,充满个人记忆的庭院屋宇、池塘菜地、羊肠小道在声势浩大的发展背景下,再也无法为其自身找到避难之所。在城市由有意义的"场所"逐渐沦丧至无差别的中性"空间"的过程中,城市人群也在精神上产生疏离感和失落感。

邻里平台的缺失带来了普遍存在的生活世界的失落,人们越来越多地从街头巷尾退出,而正如常大爷向我们介绍的,"他们遵照毛主席倡导的'发展体育运动,增强人民体质',每晚坚持锻炼,不管是阴天下雨刮风下雪",广场舞活动中则呈现出高度的空间参与和一定的人际交互。这里我们希望从参与者主体的情感体验和主观感知推知广场舞活动对交往空间的建构和重塑。

6.2.1. 全视空间——适度的彼此观看

身处一定的空间之中,人们对环境的认知由其听觉、视觉、身体状态等多重子系统的编码综合而成,人通过具身性的体验,感受空间建构出的社会环境,同时感受到一种特殊的假设、规范、价值体系和想象域的展开过程(艾森克,2009)。尽管情绪的体验含混不清、无法量化,但是借助参与者的描述和已有的对于空间关系的讨论,或能帮助我们寻找到一个探索性的解释框架。

广场舞活动涉及站位、模仿、凝视、行走等多个空间性的要素,但实际上这些要素反映的都是人与人、人与物质环境之间的关系状态,因此,我们把这种"空间性"作为一种"关系性"来讨论。在已有的讨论中,福柯提出的"观看与被观看"的思路与广场舞活动之间有某种亲和性,"纪律权力通过其不可见性被实施,同时它强加给那些从属于它的人一种强迫的可见性原则"(Foucault, 1977),广场舞活动则在这一逻辑下呈现出与"敞视监狱"二元悖反的"全视空间"。

"全视空间"意味着不存在子空间的差异、位置上隐蔽、不对称观看带来的权力关系,在广场舞活动中,尽管排头是组织意义上经过了筛选的"动作模范",但实际上,"排头跟大队长是谁我都不太清楚,我就是跟着跳跳,前面的人怎么跳,我就怎么跳",每一个参与者的模仿对象都是队伍中处于其前方位置的人,也就是说,每个人都可能被模仿、被凝视,这种关系结构在这一群体之中基本是均匀分布的,这样一来,"始终被看见"和"始终需要模仿别人"在一个动态往复的过程中形成了参与者对自身角色的认知。如果说单向的注视会产生内心的自我监管,那么在广场舞活动中,具身性的平等感知有助于形成积极的交往空间,多向的注视和适度的"光"则能够让人们找到舒适和保护,获得立脚处以便向外视看。

从身体实践的角度来说,广场舞的动作规定使得所有成员的身体表达高度同质,而品位、身体的差别这些由布迪厄所强调的"区隔"的外化表现,在广场舞活动中隐匿起来。在这个意义上,共享的活动在视觉上呈现了一种平等的观感,在心理上也会形成一种超越身份和社会经济背景的认知。

6.2.2. 交往空间——敞开与被体验

前文的介绍部分已经明确,这一广场舞活动的主要参与者分为两种,一是周边居民区离退休的中老年人,二是外地进京照顾儿孙的老人,这两类主体在个人生活经验和情感需要上既有共同性也有一定的差异,他们共同在广场舞活动的参与中拓宽了社会交往的范围,在"角色退出"或者是"生活方式转变"的过程中获得了一定的心理支持。

总体而言,广场舞作为一个长期性的、模式化的活动,其与物质化空间体系相联系,构成了特定时空下因为人群的聚集而产生的交往空间,正像参与者王大爷所描述的:"我们都是在跳三儿拍的时候认识的,训练场这边有广场舞了,我们也就跟着过来一起跳,跳完舞我们也不走,还在广场上走路唠嗑。"尽管有明确的规定要求"在队伍中不能彼此聊天交谈",但实际上广场舞发挥的是一个先导的作用,它将人们从私密的家庭空间或者个人空间引流到广场这一公共空间,实际上是为参与者提供了一个人际交往和情感交流的契机,人们在活动前后交流锻炼身体、日常购物等话题,提高了社区内邻里之间的熟悉程度。"我们十几个人不仅会一起跳广场舞,还经常一块去公园儿遛弯、听收音机,玉渊潭公园、朝阳公园、龙潭公园这些我们都常去。"可见,因为广场舞的参与者都居住在周边小区,由广场舞活动建立起来的熟人关系大多覆盖了其日常交往的其他部分,这种时空意义上的拓展能够丰富老年人的交际圈,增加社会参与,促进老人心理生理健康,可以作为"积极老龄化"的动力之一。

"随迁老人"又是参与者中较为特殊的一个群体,他们大多跟随子女进入城市并在城市生活,同时负责照顾孙辈,在访谈过程中我们能明显感觉到,无论他们在北京生活的时间长短,其始终面临着社会参与和社会融入两个核心需要。[1] 在

---

[1] 在随迁老人城市融入这一论域,学者们已经从概念层次上指出了不同层面可能的路径。杨菊华(2009)从"融入"概念出发,并基于社会整合理论视角,认为融入至少包括经济整合、文化接纳、行为适应、身份认同四个维度。李培林等(2012)则将社会融入分为经济融入、社会融入、心理接纳和身份认同四个层次。依据对访谈资料的分析并综合已有研究,我们认为,本研究所关注的这些对象主要在社会参与和社会融入两方面获得了积极的扩展。

我们所访谈的普通参与者中就有三位是随迁老人,通过访谈我们了解到这些随迁老人在广场舞参与队伍之中占有很大的比重,从他们的叙述中我们能直观地感受到,原有的社会关系无法接续,新的生活方式和城市文化难以融入,是他们在都市生活中感到失落的主要原因。

"觉得在北京这么多人,跟老家还是不一样,人太多,也不想跟人家刨根问底儿。""我是三年前过来的,刚来的时候,感到寂寞呀,换了生活环境真的觉得很难受,后来在一个公园里认识了一个老头儿,跟我是老乡,后来认识了更多的人。""老家的人互相之间要熟悉得多,那边的人比较好,因为北京呀陌生人太多。你看我们这十几个人吧,还是范围太小了。在老家那边认识好多人,几乎都认识。反正在北京不如以前开心,跟以前的朋友联系也变少了,只能打打电话,但还是不如见面。"

而广场舞活动则首先让这些随迁老人在一个群体中获得了归属感和身份认同,这种"内圈"的认知又进一步推动了其对社区和城市的认同:"有时候我觉得我们虽然没有北京户口,但比好多北京人还要北京人,你看公园、广场什么的,都是我们去,北京人自己不怎么去。"此外,尽管从整体上面临着从"熟人社会""串门文化"到"陌生人社会"的转变,老年人仍借助活动拓展了自己的交际圈:"跟队伍里的人都挺熟悉的,我们白天要带小孩,上午就会到公园里面带小孩,拉拉家常、聊聊天,锻炼身体。"老人在广场舞活动中建立起来的交际圈与白天一同锻炼、聊天的圈子逐渐重叠,而这种相互之间的开放交流很大程度上弥补了他们的心理落差,与城市格格不入的感受得到缓解。

6.3. 人与城市:社会空间的复归与重构

6.3.1. 公共领域的具身感知和意象塑造

在城市中,公共空间是公共活动的物质载体,充分反映人的社会属性,城市人在公共空间这个容器中持续进行着化学反应,催生出多彩的城市心灵地图。然而,现代城市设计的理念强调畅通、迅速和舒适,在为生活提供便利的同时也排斥了人的身体对城市的参与和在公共空间的停留。正如哈贝马斯所提出的观点,现代社会困境的一个主因就是系统控制了生活世界,即"生活世界殖民化",原本属于私人领域和公共空间的非市场和非商品化的活动被市场机制和政治权力侵蚀了(阮新邦、林端,2003)。

第一,现实城市社会中,大部分的公共空间已经不再是平等地属于每一个人的,比如不同品级的小区划分出不同社会经济地位的人群,高级商场的隐形区隔,候机时为不同人群开设的不同通道,等等。

第二,在政绩锦标赛[①]中,层层加码使得政府有动力加强对公共空间、公共建筑的塑造,但这只是应然部分,实际上这种塑造是政绩取向的,并不是人的发展取向的,人不会成为这一类公共空间的活动主体。

"在强调快速交通的现代城市中,广场这一空间事实上是通过有意设计增加了人们相遇的可能性以及观看众生相的机遇,有利于促进人与人之间的交往。"(盖尔,2002)具体到本研究,广场,或者更为宽泛地说开放的空地,本身就带有"开放"的意涵,而广场舞这一活动则是以锻炼身体为目的将人们组成一个群体,又体现了"整合"的面向,其开放与整合的特点呈现出人们重新占有公共空间、重塑生活世界的面向。

具体而言,如果我们把对公共空间的控制归纳为"空间权力",本研究所关注的广场舞活动一共包括了三种空间权力。

第一种是"在场"的权力,也就是说,每一个参与者都有权出现在广场上。"在家就是看电视,晚上出来跳舞可以多走走,他们跳完了我们还在训练场上走着。"事实上这是由广场这一空间本身的公共性决定的,但是对比于人们没有权利出现在陌生人的家里或与自己无关的工作场所,在一定意义上,广场舞活动拓宽了参与者的主要活动区域。空间也正是在行动者使用时才获得意义,人们在此空间中的日常身体实践正是其主体性的表达方式。

第二种是"占用"的权力,其区别于"使用"的地方在于"不允许别人使用"。在访谈过程中我们了解到,这块空地上原本还有其他诸如唱歌、打太极拳等自组织活动,但是在广场舞活动开展之后,其他在同一时间段进行的健身休闲活动流失了大量的参与者,以至于被"挤垮了"。而广场舞活动的组织者对此有着明显的自豪情绪,"还是我们的活动最有魅力,能吸引人、留住人",这种对其他活动的排斥又进一步加深了其内部的认同。从广场舞参与者的角度看,他们认为这块场地是部队让他们使用的:"军民关系鱼水情

[①] 锦标赛的说法,参见周飞舟:《锦标赛体制》,《社会学研究》2009 年第 9 期。指的是各级地方政府被鼓励在多种经济指标上展开竞赛,近年来,这一竞赛往往伴随着基础设施的大规模修建。

嘛,部队不训练的时候就给我们来跳舞。"我们可以看到20世纪五六十年代出生的人对军人、部队有着深刻的感情,在没有部队训练的时候,这块场地成为他们有着共同认同的公共空间。

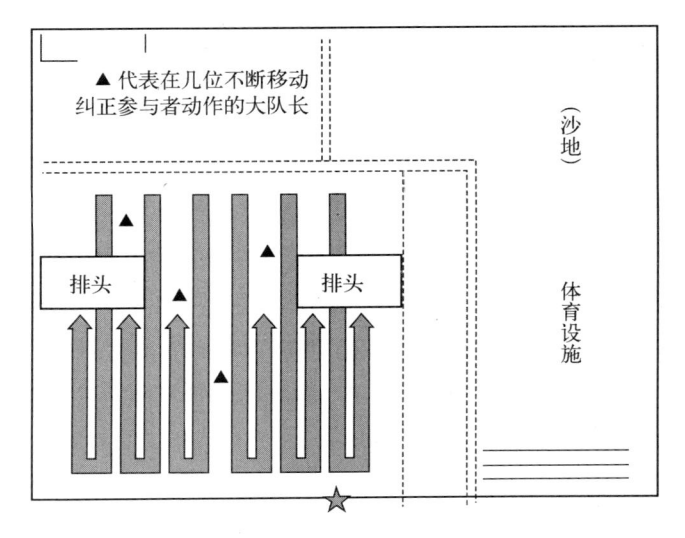

图4 训练场及广场舞队形示意图

第三种是"更改、变动"的权力,即广场舞活动实现了对原有场地的改造。正如我们所熟知的,广场本身是一个平坦、均质、对所有人开放的区域,但是,借助于两个闭环的队列设计,一定的成员资格认定程序,各大队长对普通参与者的实时指导,在本研究聚焦的这一广场舞活动中,建构了一个有边界的区域,队伍的外缘作为线性中断,与周围锻炼的群众区分开。而从身份资格来说,这一队伍也有其准入机制和管理机制,一个外人从进入到融入这样一个团队要经历一个比较长期的过程,也就是说,不仅形成了一个物理边界,还包括身份上的区隔。此外,在这一空间中几位大队长是具有核心战略意义的点,他们促成了空间的多中心性,而排头作为示范群体,在这一场域中也起着辐射作用,具有连接和传导的功能。对于活动的每一个参与者而言,广场舞本身都在很大程度上完成了对这一空间的改造,在他们的认知地图中,这一场地已经不再是原本的不具有文化意涵的部队训练场,而是一个有结构、有中心、有秩序的组织性区域了。

6.3.2. 社会性空间的能动建构

除了对公共空间的领域性需要,更进一步地,广场舞活动在很大程度上也是对一个平等、自由、富有交往性的空间的自主建构。这里我们需要将其置于空间生产理论中进行探讨,分析其在城市化过程中如何以社会性空间的建构反抗和对冲居于主流的技术建构。

前文分析了技术建构带来的空间趋同的问题,而其造成的另一个主要问题是:城市空间的阶层分异情况日益突出,以营利为主要目的的房地产开发加剧了这一现象的发生,城市空间被按照不同的社会阶层和地位进行划分。医院、社会服务、学校、休闲设施以及文化环境等的使用,固化出一定的空间边界。空间分异造成社会各阶层的分化和隔阂,空间和社会成为相互分离和独立的实体,邻里感的缺失弱化了人们的社区共同体感和社区团结感,使得居民相互之间的联系大多呈现出弱联系状态,互动密度高但很片面化,为有相同兴趣和爱好的群体提供了聚集的潜在需求。通过调查和访谈,我们也发现在这样的一个队伍当中,不仅存在着很多普通的之前没有舞蹈或音乐基础的群众,更有着很多对音乐有着深厚感情和兴趣爱好的老年参与者:"我爱好唱歌儿,会拉手风琴,会电子琴,从小就参与合唱团的演出,40多岁的时候当了五年的合唱团团长,这个健身操跟我之前参加的十二太极拳不一样,它有节奏感、有音乐,还有舞蹈元素加入,好学又不单调,我很喜欢这种有节奏感的。"

在空间结构上,除去之前所提到的由几位大队长形成的中心,广场舞活动在空间上的分布基本是均质的,并不像实体的城市生活一样,存在母空间中的子空间。

从位置取向上来说,目前的广场舞活动由两个矩形闭环构成,在对今后的设想中,则计划分为四个方阵。无论是哪一种,其拓扑结构都是几何对称的,没有所谓的中心和边缘,在地位上不存在高低之分;从关系取向上来说,在这一个群体发展的过程中,在普通参与者们彼此的人际交往中,除去前文所述的一些特别重视身体锻炼、在广场舞结束后还会继续进行锻炼的参与者,大部分人都是"来了就跳舞,跳完就回家",实际上几乎没有形成新的强关系,也就是说,核心组织者面临的是一个母空间中分散的个体,而这些个体之间的纽带是建立在广场舞活动基础上的,很难对活动本身的管制产生异见。

此外,按照《有闲阶级论》《区隔》或者《格调》的说法,休闲活动内容与行动者的阶级背后的社会结构有着密切的联系。这一社会科学研究中的惯常结论在本研究中并不完全成立,事实上,在广场舞活动中,参与者的社会经济地位有很大的差异,"有搞行政的,有事业单位编制的、企业编制的,还有老农民、老市民",但在具体活动中社会设置基本被冷落,尽管群体内部存在一定的分层结构,"跳得好的在前面,跳得不好的在后面",但这种区分的主要标准①是跳舞的动作符合规范的程度,换句话说,无论你的职位、收入和家庭状况如何,跳得好就会被选入前排,进而获得亲切、尊重、舒心和愉悦等感受,这一群体对于不同差异的个人基本做到了平等对待,便于个人突破原来建立在亲近的共同性上的个体身份。

6.4. 人与记忆:个体经验与集体秩序的线性关联

上述分析从静态的切面讨论了广场舞活动如何在一成不变的物化空间中建构了被感知的全新区域,与个人在不断变化的城市面孔和社会结构中找到同过去、人群的纽带密切相关。不过对于广场舞活动的每一个参与者来说,其中的每一个人不仅是处在个人流动生命坐标的一个点上,也处在集体历史横纵轴的一个区间里,两相"重合",他们的个人经历就融进了可以成为"公共景观"的集体行动,而加入时间维度之后,我们看到,行动者视角下对于空间的实践又与个体记忆、集体认同相交叉渗透。

哈布瓦赫的说法可以看作广场舞活动与记忆之间的桥梁:"人们通常正是在社会之中才获得了他们的记忆的。也正是在社会中,他们才能进行回忆、识别和对记忆加以定位。"(哈布瓦赫,2002)这里涉及的记忆主要是集体记忆,从形成机制上来说,集体记忆是与社会、历史集体欢腾、重大事件或人物有关的记忆,易受到社会主流文化的影响,个体记忆受制于外在的、结构化的集体记忆(刘亚秋,2010)。

对"集体记忆"这一影响因素的抽提,主要是基于我们在访谈广场舞参与者时的感受。参与者们在向我们讲述个人生命经验的过程中,反反复复地问我们:"你们听说过××吗?"或者直接判断说:"现在你们这代应该不了解×××了吧。"言外之意是,对于他们生命史中的一部分,我们存在一定程度

---

① 此外,在调查的过程中我们了解到,如果个人对广场舞活动的组织有较大的贡献,即使跳得并不尽如人意,也会被挑选成为队伍前面的成员,但这只是极少数,并非全文关注的重点,因此在这里不做完整描述。

上的理解障碍。此外还有许多次这样的情况,言语间我们一句随意的插话,就破坏了谈话的流畅性,因此在随后的访谈中,我们大多数时候仅作为一个"听故事"的人,由被访者选择自己觉得重要的经历进行分享。从这个角度来说,这些参与者有意或无意地把在年龄和人生阅历上都与他们自身存在很大差异的"我们"与"他们"区分开来,从而突出他们所独享的集体记忆。

集体记忆是一个时空概念,往往有某种社会性力量使得本应多元、零碎、分散的个体生命体验得以趋同。广场舞的大部分参与者都处于55—70岁这一年龄层次,可以类比于一个同期群,他们大多出生在20世纪四五十年代,青少年时期经历了"文革"、"学工学农"、背诵毛主席语录的经历,之后又经历了一些社会事件,同时也是中国单位制从诞生到退出的见证人,分享着共同的集体记忆。

集体记忆也是立足现在对过去事件的重构,在我们以广场舞活动作为引入做生命史的深度访谈时,我们也明显注意到了个体经验和集体命运的"前摄出席",无论是"文革"、集体劳动还是单位制,都是被访者在叙述过程中多次提及的重要事件。"我们'文革'的时候,去游行大串联,毛主席接见我们红卫兵","我们现在也是对毛主席有着很深的感情","我们当时的生产队有300多人,也看到了很多斗'右'派、斗走资派、动武","高中毕业的时候让我们集体劳动,我们一起运小麦、挖水渠,几十个年轻人一起干活"。可以看到,他们在回忆——更确切地说重新建构和组合回忆时,不约而同地强调了"集体""人民""毛主席"这样一些语汇,体现了特定时代语境下的心理特征。这些曾经建构时代秩序的记忆微光,也嵌入到个人在进入一定场域时所携带的认知图示之中,影响其主体性的行动选择。

借鉴滕尼斯的观点,相较于强调速度、变化和个体独立性的现代社会,广场舞群体中的大部分人在青年和中年时所置身的,都是"在情感、依恋、内心倾向等自然情感一致的基础上形成的、联系密切的有机群体",而在牧羊人式①的单位管理逐渐退出,个人随着年龄增长开始离职时,这一同期群的个体会发现自己脱离了本身依附的团体,而更加接近于城市生活中孤独的"流浪者",基于一种对纽带感的维护,现代性的主体才涌动出一种要留住过去、

---

① "牧羊人"的说法出自霍布斯的《利维坦》,在霍布斯的描述中,牧羊人是一位掌握着立法权、司法权、行政权等多重权力的绝对君主,负责看管所有的臣民,单位制下对职工的待遇也是全方位的,与霍布斯所说的"牧羊人"有共通之处。

重温过去和赞美过去的意愿,其具体方法就是建立与以往经验之间的桥梁。

通过重构一个有层次结构、有规章制度的自组织,广场舞的组织者和参与者们共同回溯了集体欢腾式的即视感和参与感。核心组织者之一的谷老师在访谈过程中不断强调广场舞是一个"事业",而且也带来了一定的"成就感":"这就像几个人斗地主一样,一定有赢有输,赢了的就是王者。我们把十几个人的团队带到了现在500多人的规模,就是王者。"正是广场舞活动得到了广泛认同,使得被压抑了共同体感知及体验的人们找到了对群体性纽带的召唤。在我们反复询问广场舞活动与其他健身活动的差异时,得到的回答大多指向广场舞的组织性、群体性,这里选择刘大姐的说法作为代表:"有人在前面带着跳,不会的话也有人教,他们(组织者)每天都带着音箱过来放音乐,一点也不单调,每天大家这么跳一个半小时,特别热闹、有气氛。"

承接上述,广场舞作为一个集体行为,在客观上为每一个参与者构建了一个强调秩序感和稳定性的团体,通过一定的入会形式,在每天的活动中接受指点,不断矫正自己的动作,个体都会感知到一种来自外部的收束感,个体处在集体之中,在空间和结构的双重意义上占据一定的位置,遵守规范的同时也受到集体的关照。这样的模式虽然在个体和集体的历史记忆中没有一致的对应,但其体验与个体和集体层面的团体感很接近,可以促进个人与以往经验的连续性、一致性和身份感。

此外,我们也注意到,对于活动过程中的纪律管制,大多数参与者并不敏感,比较认同甚至积极地遵守和保持这种规范:"在队伍里不能说话是纪律啊,就好像上课的时候,学生不能讲话,咱们在队伍里面都得遵守纪律。"究其原因,主要与其迂回的个人记忆相关。柴老师这样回忆自己学生时代的经历:"我上中学那会儿,虽然没有学什么知识,但是班上每个人都很听话,根本不像我后来教的那些学生那么闹腾。"强调一致、模糊个人主体性的宏大叙事使得个人并不在意受到集体的一定约束,群体纽带是集体记忆的结构性组成部分,因此,参与者在广场舞活动中获得身体表达的自由是有条件的、相对的自由。不仅如此,参与者对其身体动作、姿态在视觉上是否带给人愉悦的观感十分看重,"手臂一定要伸直""队伍行进的步伐一定要踩在节奏上""转角的时候一定要走直角",这是笔者在实际参与广场舞活动的过程中多次被老师提醒要注意的事项。"遵守纪律才能把动作做得好看,大家都做好了,整个队伍的表演就会很漂亮。"强调彼此之间的动作协同与秩序维持,全情投入的参与者们既是审美主体,又是审美对象,最终实现了整齐划一的审美体验。

总的来说,在街道、广场和建筑元素的交接、组合的关系已经确定的时候,广场舞通过建构一个新的活动形式,无意识地激发了一个集体欢腾事件,勾连了集体记忆和集体命运,这些前置的情感体验深化了组织者与参与者对活动的认同。因此,尽管这一群体内部存在各种各样的规则、秩序甚至分层,群体成员仍在寻找归属和获得自由之间找到了一个接合点。

7. 回顾与展望

7.1. 研究结论

正如本文所呈现的,组织样态、身体表达、空间实践这样三个并行的认知路径,为我们描画了广场舞现象本身的不同面向。当宗族本位、单位体制以及各种总体化叙事在日常生活世界中式微,现代个体只能与自己、与自己的身体和身体所占据的空间彼此为伴,这既是广场舞活动得到参与者认可的内在原因,也揭示了其内隐的多重意涵。在这样的三重变奏之中,有一个主线是贯穿其中的,即广场舞是一个内嵌着微观、中观、宏观多重因素的日常表达。具体而言,无论是作为个体表达还是群体发声的广场舞活动,实际上都是以集体展演作为中介的日常表达。

在活动的具体过程中,组织纽带、身体表达和空间实践在微观与宏观之间提供了桥梁,以此为基础,有着特定诉求的个体与宏观的政治、经济、意识形态及文化变迁之间实现了良性的融合与共谋。广场舞的参与者并不只是受到物理空间的约束,或是被注入了活动秩序,而是实实在在地构筑了这些组织样态、身体表达和空间实践,具备有助于建构这些关系的生产能力。然而,需要注意的是,广场舞作为一个集体展演活动的日常表达,其秩序特点与审美效果是与当下大众文化与消费文化的语境密切相连的,作为市民生活和大众意识的指示器,广场舞活动可能会在都市市民生活图景的变迁过程中,逐渐消失或转变为其他形式。

事实上,通过全文的分析,我们认为,有着不同生命经验和集体记忆的群体借用集体展演表述自身的情感需要,并谋求自身文化意识形态的实现,是一个必然但又处于流变中的选择。在未来的社会生活中,类似于广场舞这样的集体展演将会采用何种具体的方式,是我们现在无法确证的,但依据本文已经明确的三条认知路径,在不定的想象中,我们或能得到以下三个确定的基本点。

第一,这种展演应是具身性的,是每个参与者实际参与的。在这个"身体化的社会"中,身体在现代社会系统中已经成为"文化活动的首要领域"(Turner,1996)。具体而言,农业与重工业的衰落、后工业环境中服务产业的兴起使得劳动的身体逐步让位于消费与审美的躯体,身体的外观与审美价值上升为重要的价值。此外,伴随着养生保健等知识的传播,在大众的想象中,身体成为一种可以控制、塑造的对象,成为一个与自我身份认同紧密相关的规划。在这一意义上,个体常常通过塑造身体来建构良好的自我感觉。广场舞的参与者对动作标准和秩序规范的追求,动机之一便在于他们希望表现出充满活力的身体形象。因此,未来的民众如果希望在集体展演中肯定自己,获得良好的自我感觉,也必然在身体、外表、姿态与行为举止这些外显指标上有所控制。

第二,展演的场所应位于公共空间,能体现观看与被观看的关系模式。这里强调公共空间的主要意涵包括两个面向:一方面,在消费社会中,身体文化强调视觉性,因此,这种集体展演需要有"观众"的在场,而公共空间能够提供一个相互观看的可能,而这种互动性使得其中的任何一方都不至于沦为被审视或监视的对象,这种对个人主体性的彰显是现代社会中的一个显著趋势;另一方面,在市场经济的倾轧之下,空间作为一个整体已经成为生产关系再生产的所在地,消费主义的空间使用逻辑不仅生产出了种种无地方性的、令人目眩的空间景观,其伴生的快节奏生活也减少了人们在公共空间中的参与和交往活动,而公共空间作为公共活动的物质载体,具有开放、平等、整合的意涵,是举行集体展演的适宜场域。需要特别说明的是,这一特征与人群的消费习惯是有联系的,在本研究中,正是因为大部分老年人不具有参加现代感较强的娱乐活动(如都市夜生活)的可能性,他们才选择广场舞作为城市空间的日常介入;与此相反,那些适应了当下空间消费性与文化性并行这一特点的人群,比如那些参与都市夜生活的人(包括少部分老年人)则能够在变化的居住环境与消费环境中自得其乐,因此,其参与广场舞或其他集体展演活动的可能性不大。

第三,因为参与者群体本身的不同,集体展演在组织样态、身体美学、空间实践上的表达方式会呈现出多元性和可能性,新的社会历史场景和集体经验将作为索引,推动形成新的超越单个个体和单场行动的集体展演的样板。本研究中,广场舞活动之所以具有相对严格的活动程序和组织模式,与这一出生于20世纪四五十年代的同期群的集体经验相关联,而参与者在一个持续的过程中完成的空间建构和行动维持,其特殊语境正在于当下都市生活中非人格因素的积聚和生活世界的失落。也就是说,集体展演是一个基于个人内在体验和外在周边环境的场景性表达,面对着不同的社会变革结构,人们在都市生活中的情感、心理和行动都会不断演化,同样是寻找一种确定的本体安全,并确立日常生活的程式化及场所的区域化带来的在场可获得性,同样是建构一个具有相对自主性的场域,以实践理性来面对心智结构的变化和都市生活的张力(布迪厄等,1998),背负着有别于当下的日常经验和社会生活的民众也会采用不同的策略和行动。

7.2. 探索性研究的可能意义

7.2.1. 现实意义上,宣示了都市生活中隐而不彰的积极面向

在社会转型的主流话语之下,"心态结构的震荡如何在思想的传统形式里造成裂痕","新的经济社会条件下的精神需求又如何填入了这些裂缝、引起回响"似乎成为一个时代里人们共享的焦虑,然而,同样是指向城市生活中"技术建构"占据主流、生活世界被侵蚀、集体纽带黯然失色的一系列意象,都市研究中密密匝匝的是"问题意识"和撕碎一切的反思,而本研究所关注的广场舞活动则可被看作一种温和的反抗,不狂飙突进,不正面冲撞,而是在作为日常惯习的身体表达和空间实践中静水深流。

从现实意义上来说,广场舞作为一个具身性的群众自组织活动,在现代化不断倾轧经验世界、形塑社会格局与心灵状态的当下,让我们看到了一种新的可能性,广场舞参与者不仅在群体中获得人际纽带和成员身份,在身体资本的积累中超越了"被观看"的客体位置,也在实体空间中重新占领公共领域并具身建构了新的社会性空间,很大程度上改变了自身生活世界的样态。人们在一定的情感需要和心理诉求的驱动下,走上街头,回到公共空间

之下,一方面建立了自上而下、自下而上的双向秩序,另一方面又在这一能动过程中书写了自身的主体性自由。

可见,即使现代化的浪潮盈天漫地,行走在大地上的每一个人也不必然"唯命是听",在很大程度上,他们仍然可以建构符合自身期望的"理想城邦"。广场舞便是其中一种满足诉求的可能途径,或许都市中的其他人不像老年人能有足够的休闲时间来到街头,参与锻炼,但这一个案至少宣示着都市生活中内隐的积极面向,自由在秩序中生长的可能性不断展开。

7.2.2. 研究方法上,对话的多元使得立体阐释成为可能

有趣的是,从广场舞这一形式出现到大范围流行,再到现在城乡居民都积极参与,这种反抗已经在"静默"中进行了好几年却不被大众所发现和看见。广场舞活动的参与者并非典型的弱势群体,群体行动过程中存在太多的偶然性,难以进行结构化分析,加上其自组织的特点又让与之相关的研究完全剥离了成为政策参考的可能性,或许因此,尽管广场舞活动是当下现实中较为突出的新兴现象,却始终只是在体育社会学、社区体育的研究视域下片面闪现,而未能在社会科学的研究中获得较多的关注。缺少前人的探索在研究之初为我们带来了诸多彷徨犹疑,却也为这样一个探索性的研究保留了多元阐释的空白。

在研究方法上,本研究运用身体现象学、空间行为学等前沿理论,围绕着广场舞活动"何以可能"给出了多个面向的阐释,文中的大部分结论都是我们在研究之初没有预想到的,但在归纳分析的过程中又是逻辑自适的。这种"意料之外"与"情理之中"或许能给类似的实证研究以一定的启发:在社会科学不断强调深挖的研究对象之外,也应倾听"其他声音",在那些看上去边缘性的、地方性的、弱势的、不易听见但并非沉默的角落里,一直有一些重要的但人们还没有来得及意识到它们重要性的事情,正在发生,也正在发声。

此外,本文对个体和群体层面的微观和中层观照,有助于克服以往都市研究中可能伴有的疏空弊病,以一个较小的切口体现对整体城市生活生态的理解。从这个意义上来说,在力图描述和解释一些新的社会现象时,也不必出于理论视角太多的顾虑而吝惜自己的想象力。如果社会世界是一个舞台,我们呼唤追光灯能把光束投射到那些被认为是无意义的布景和角落里,让观

众的目光能够抵达并且观看,条件允许的话,还希望能有来源于不同方向的多重光束,给予舞台上的表演以立体、全息的呈现。

7.2.3. 未来指向上,成为研究谱系中可供对照的一次探索

不仅如此,本研究也希望能作为"都市生活中的集体展演"这样一个研究谱系[1]中的进一步探索。我们认为,广场舞作为一种展演活动,是都市生活中市民文化积淀的产物,是宏观社会史在日常行动层面的投射:"文化积淀是一种深层力量,人们深深地受着文化的约束却又不觉得有什么约束;文化势力是一种巨大的压力,人们却不觉得有什么压力。"(沙莲香,1990)因此,我们试图关注中国社会变迁过程中民众心理和民众行动的旨趣,可以在对广场舞这样一个具体场景的讨论中得以实现。

在当下这样一个转型作为主流话语的时期,基础设施的铺张、新事物的涌现、社会结构的改组,都会给普通民众带来新奇和激奋,但这种从传统和历史中走出的体验,同时也可能让他们产生茫然、失范和生疏感。这时,关注民众在这样的语境下采用何种策略和行动,就更加具有深刻的意义。此外,考虑到不同时代的同期群有着不同的集体记忆和意识诉求,他们会在仪式程序、组织模式、动作节奏、意象主题中嵌入不同的个人移情与集体想象,如果基于都市生活中不同形式的集体展演进行纵向比较,我们还能更为具象地探讨都市市民生活图景的多元变迁。

7.3. 不足与反思

为了回答我们在一开始提出的一系列疑问,我们在四个月的时间里运用了多种方式对这一广场舞团队进行走访调查:我们加入了核心组织者的微信群,记录下了每一次可能相关的语音消息和朋友圈状态;我们也曾邀请三位普通参与者到燕园参观并完成访谈,送几位老人回家后不舍的情愫萦绕于心;也多次将自己置身于广场舞的队伍中,排在最后方蹩脚地模仿"排头"的每一个动作。在这一过程中我们拾起了许多有趣的故事,也愈加感受到这一

---

[1] "都市生活中的集体展演"并非一个界限较为清晰的研究分类,而更接近于文化社会学或都市研究下的一个视域,这一视域内的其他研究对象还包括扭秧歌、街舞等。尽管缺少一个正统的研究谱系的划分,社会科学的许多研究者对类似现象的探讨已经能构成一个有所传承的体系。

看似简单的群体内隐的复杂性和多元性。为了更好地阐释这一群体的秩序性管理"是什么""何以可能",参与者的"有限自由"如何实现等面向,本文的分析主要基于组织、身体和都市空间三个视角下的理论话语,不能说形成了对这一群体所有面向的全像描画,但相信在不同认知路径的交织下,我们实现了对这一群体全息而立体的呈现。

然而,本文也存在着三个主要的问题:

首先,在观察深度上,四个月的时间无法积累充足的、动态的资料,且所提供的实证资料基本都是访谈记录,建立在资料基础上的分析也接近于散点式的零碎探讨。在试图找到城市意象与个人心理诉求的亲和关系时,如果能够有更充足的时间走访广场舞参与者的家庭,扩大生命史爬梳的对象范围,本文在第六部分提出的解释逻辑或能得到更有力的支撑。

其次,本文对广场舞中秩序和自由的分析只是一个尝试,我们的旨趣在于:在一定的社会情境下,对多元的社会现象给出多维并行的解释,并不寄望能形成某种解释模型,其在其他的广场舞团队或群众性健身组织中是否具有推广性,以及这种机制在未来是否还会发挥作用,有待于实证研究的进一步验证。

最后,由于时间、精力、篇幅和个人能力的限制,本文的讨论只是基于部分实证探究材料的分析,并未完全展开。事实上,截止到目前,这一广场舞团队又有了新的一些变动,这一变动与其内部的权力关系和利益张力有关,但这一变动刚刚开始,现在并不是对这一变动进行反思的最佳时间,因此这一部分我们没有着墨,而我们也期待着,能够在未来负重前行的社会学训练之中,继续参与观察这一广场舞群体,在一个纵向的时间轴上形成历时的对照。

正如主掌媒体发声权的中青年在宣扬改善上班族交通状况、提升都市生活品质时所说的,希望能真正拥有"开往春天的地铁";参与广场舞活动的老年人尽管没有这样的媒体主导权,却依然以他们有形无形的音响、队形和身体在发出同样的声音,想真正拥有"冬日暖阳的广场"。他们不能和我们一样在迪厅夜场集体锐舞狂歌,却依然与我们同享一片蓝天、一米阳光。他们在夕阳余晖中也有对于春天的平实企望,广场盛开向阳花之日,也是共铸城市荣光的一刻。

这是一个结局未定的故事,也是我们热爱的、未竟的田野,东方既白,弦歌未央,天边尽头是朝阳。

参考文献

艾森克、基恩,2009,《认知心理学》,高定国、何凌南译,上海:华东师范大学出版社。
包亚明,2005,《后大都市与文化研究》上海:上海教育出版社。
包亚明,2006,《消费文化与城市空间的生产》,《学术月刊》第 5 期。
鲍曼,2001,《全球化:人类的后果》,郭国良等译,北京:商务印书馆。
布尔迪厄、华康德,1998,《实践与反思:反思社会学导引》,李猛、李康译,北京:中央编译出版社。
崔会强、郭新玲、宋秋香,2010,《对侯马市广场体育健身活动现状的调查研究》,《魅力中国》第 13 期。
方文,2007,《宗教群体资格简论》,《上海大学学报(社会科学版)》第 3 期。
福柯,1989,《性史》,张廷琛、林莉译,上海:上海科学技术文献出版社。
福柯,1999,《规训与惩罚:监狱的诞生》,刘北成、杨远婴译,北京:生活·读书·新知三联书店。
福柯,2001,《临床医学的诞生》,刘北成译,南京:译林出版社。
福柯,2007,《规训与惩罚:监狱的诞生》,刘北成、杨远婴译,北京:生活·读书·新知三联书店。
盖尔,2002,《交往与空间》,何人可译,北京:中国建筑工业出版社。
哈布瓦赫(阿尔布瓦克斯),2002,《论集体记忆》,毕然、郭金华译,上海:上海人民出版社。
何雪松,2006,《社会理论的空间转向》,《社会》第 2 期。
侯广斌、吴纵根,2010,《郴州市城区广场体育现状调查与研究》,《体育世界(学术版)》第 9 期。
黄金麟,2006,《历史、身体、国家:近代中国的身体形成(1895—1937)》,北京:新星出版社。
康钊,2011,《广场集体舞蹈对老年心理健康的影响研究》,《中国健康心理学杂志》第 4 期。
柯文,1989,《在中国发现历史:中国中心观在美国的兴起》,林同奇译,北京:中华书局。

李培林、田丰,2012,《中国农民工社会融入的代际比较》,《社会》第 5 期。

李少奇、邹子为、陈以璇,2009,《广场健身舞在社区文化建设中的作用、问题及对策》,《科技信息》第 19 期。

刘世定,2011,《经济社会学》,北京:北京大学出版社。

刘亚秋,2010,《从集体记忆到个体记忆——对社会记忆研究的一个反思》,《社会》第 5 期。

刘颖,2008,《审美中的欲望表现》,《西北师大学报(社会科学版)》第 5 期。

马向真,2008,《群体规范的道德效应》,《道德与文明》第 4 期。

阮新邦、林端,2003,《解读〈沟通行动论〉》,上海:上海人民出版社。

沙莲香,1990,《传播学:以人为主体的图象世界之谜》,北京:中国人民大学出版社。

王潇、喻昌军,2009,《全民健身视野下城市广场体育文化的研究》,《全民健身科学大会论文摘要集》。

王峥,2012,《成都市社区居民全民健身操舞开展现状调查研究》,成都体育学院硕士学位论文。

向武云,2006,《论城市广场体育文化》,《湖北体育科技》第 6 期。

许洪文、聂胜男,2010,《莆田市广场舞开展现状及发展对策研究》,《西昌学院学报(自然科学版)》第 4 期。

杨菊华,2009,《从隔离、选择融入到融合:流动人口社会融入问题的理论思考》,《人口研究》第 1 期:17—29。

郑震,2007,《论梅洛-庞蒂的身体思想》,《南京社会科学》第 8 期:46—52。

郑震,2010,《空间:一个社会学的概念》,《社会学研究》第 5 期:167—191。

Arksey, Hilary, Peter Knight. 1999. *Interviewing for Social Scientists*. London: Sage Publications.

Bauman, Zygmunt. 2000. *Liquid Modernity*. Cambridge: Polity Press.

Bourdieu. 1980. *Le sens pratique*. Paris: Éditions de Minuit.

Easton, D. 1953. *The Political System*. New York: Kropf.

Elias, N., E. Dunning. 1986. *Quest for Excitement: Sport and Leisure in the Civilizing Process*. London: B. Blackwell.

Foucault. 1977. "History of Medicalization." *Educacion Medica y Salud* 11(1): 3.

Goffman, Erving. 1959. *The Presentation of Self in Everyday Life*. New York: Doubleday.

Lacan. 1977. "Desire and the Interpretation of Desire in Hamlet." *Yale French Studies*, 55-56: 11-52.

Larry Griffin. 1993. "Narrative, Event-Structure Analysis, and Causal Interpretation in Historical Sociology." *American Journal of Sociology* 98(5): 1094-1133.

Lefebvre, H. 1991. *The Production of Space*. Donald Nicholson-Smith (trans.). Malden: Blackwell Publishing Ltd.

Shilling, Chris. 1993. *The Body and Social Theory*, London: Sage Publications.

Turner, Bryan. 1996. *The Body and Society*. London: Sage Publications Ltd.

对《秩序与自由》的点评

李 康

时隔七八年再来看这篇作业,其实能看出诸多生硬拼凑和强行拔高的地方,恐怕作者本人也会这么想。但要不是这种操作,它大概也不会成为获奖论文收录于此。在我记忆中刻印更深的,还是最初肯定这彼时尚属奇特的选题时相互感到的"荣幸",是作者最初告诉我田野见闻找不到理论意义时指导(其实近于开导)她的心灵鸡汤,是接近成稿文思泉涌时(其实就是 deadline,懂的都懂)连续十天晚上接到文稿,立马评阅深夜发回,对方连夜修订次日再来的十稿连击,最后但绝非最不重要的,是最终看到精致成稿和更精致的决赛答辩 PPT 时,对创作过程的怀念。

时光滤去了关联研究主题的大多细节,剩下的仿佛是些通用的方法论。但这些反思虽然指向本科生科研的一些看似悖谬之处,却并不能否定创作的意义,倒是凸显出一些根本的理论问题,或者说是理论面对日常、科研之于教育、创作对于生活的意义。

所谓走到田野,特别是看似缺乏远方感、奇特感的近旁熟悉场面,更像是一种自我陌生化。疏远作者生活于其间的生活模式和思维模式,不让后者因其过于熟悉而失去挣脱的可能,学术的讲法,就是阐明问题、思想范畴和分析工具的生成过程。这个田野探知的过程,就是彰显社会学家或人类学家的专业(无)意识,彰显学人的学究(无)意识——学生作业的稚嫩、生硬恰恰更能呈现这样的(无)意识。

而学人作为研究者,阅读田野,阅读社会,当然不只是反思学术意识。那么是以何等姿态面对这个世界、体验这个世界呢?按照波德莱尔、齐美尔、鲍曼一脉的立场,不是洞悉全局而后立法的真理先知,也非确定分工而后实施的技术专家,而是去搜集被大写历史和文化拒绝吸纳从而面临湮没的残篇遗迹,将寻常人等、无奇活动、乏味应答从其所处的表面上自然确定的背景中,逐一重新捕捉出来,拼装新的形态。

理论反思不等于全然解构而后步入民粹,现象学、常人方法论之类的理论颇有教益。学人,特别是社会学、人类学、社会史、民俗学方面的学人,想当然地浸淫于有关日常生活的理论思考;而作为研究对象的众生男女在日常实践时真正应用的理论,却在理论实践的揭示下,消失在光明之中。

完全黑暗时我们固然一无所见,彻底光明后我们也会亮瞎了眼。学术创作仿佛移步换景,切记突破亦是设障。真正的理论不只是将光明带入黑暗,助人见其所未见;还在于从光明中揭示惯常,让可见之事显现出惊奇,散发出未知的诱惑,制造出新鲜的观照,挑战寻常主导的生活方式和思考方式,也改变研究者自己。

这正是理论作为观看之道的奥义,正是有关日常生活的社会研究的魅力。我以为,也正是学人本科科研作为培育自我清明的通识教育关键要素的意旨所在。

所谓从理论走向经验,从书斋走向田野,从精英思考走向日常生活,这种提法潜伏着怎样的预设和陷阱?是否一旦进入理论思考、学术书写,用系统逻辑编织作品,作为动词、过程的生存就成为作为名词、状态的存在?当我们搭建框架、聚焦讨论,作为研究对象的人的整体生命,为焦点见闻提供合理性的 context 是否都被抽离,只留下一段叙述、一桩事件?聚焦即为割裂,这些被制造出来的短促效果令人震惊/分析出彩,令人难以理解——只为了令人理解。

碎片不可避免,只是你要意识到创作是在编织新的整体性。碎片带来不同的想象空间,和波德莱尔笔下"恶之花"、福柯所说"无名者的生活"一样,呈现为一种生命之诗,寻常且绚烂。而学人渴望展现分析能力,会将一切系统化、"美"化,生命就退化为在一个总体逻辑下控制好的、可以被科学研究的生活。

所以学人不妨抑制自我英雄定位,维持材料稀薄、匮乏的状态。这状态不是简单的空白,不是没有,而是有,只是在传统的材料处置方式中不可见。我们知道必然有一个东西,但是要留白。不要强行把访谈者的话套出来,强行拉入自己的系统逻辑。你是民族志的书写者,不是刑侦队长。

如何把握日常生活的"无聊—无料"?不是美化修饰,不是除掉不合逻辑的杂质,也不是挖掘深度、挖掘结构性的全貌。它首先是一种呈现,呈现其原有或奇特或寻常的风格。没有理解不可能呈现,但要在呈现的过程中不断呈现理解所依据的理论本身。

因此有了三层境界。第一层是重新发现这样的生存状态，可能那些人与事原本不在学术人视野里。第二层是重新发现闪耀的光芒，注意到那种美，重新发现日常生活被宏观、功能的逻辑遮蔽的那些实践的生存智慧，这往往会让学人陷入对抗霸权或拯救民间的自我感动。第三层是摆脱光芒，重归生存状态。

换个说法，第一层，探知之光将生命从寻常境况的暗夜中解救出来，研究对象和主题得到拓展；第二层，生命将光从学术惯习的暗夜中解救出来，研究工具与媒介得到反思；第三层，生命与光的相遇凸显了暗夜。借用鲍曼的话，社会学的意义在于坚持不懈地评点人"活生生的经验"，而研究者也像这种体验一样不断自我更新，"社会学要领会人类世界，要么是给无力者以力量，要么允许自己保持无力，以领会自身的存在"。

初入世界，前路未知；去而复返，无法释怀。

粉丝化社会中的社会运动之可能
——一项关于"肤浅"与"深刻"的 EXO 粉丝站研究

作　　者:牟思浩　裘一娴　李　静　廖梦莎　孙小淇
指导老师:孙飞宇

摘要:在当今大众娱乐的时代中,"粉丝"作为一个新生代群体,越来越多地发出自己的声音。本文通过半结构式的深度访谈和线上参与式观察等方式,对一个近两年来风靡东亚的韩国偶像团体 EXO 的粉丝站及其成员进行了研究。本文讨论了"从普通人到粉丝,再从独立的粉丝到粉丝群体中的一员"的粉丝发生学过程,通过展示粉丝们的日常生活,力图破除大众舆论中存在的刻板印象。此外,文章采用从微观到宏观的论述逻辑,从粉丝的"着迷"和"成群"讨论到文化工业的造星机制,概括出了粉丝站作为一个非典型组织的组织架构、工作的分工及流程,粉丝实现自我认同和群体认同的方式以及粉丝站内制度和秩序的建构过程。最后,我们从追星的肤浅性和深刻性两方面揭示了追星对于粉丝的意义,并进一步探索粉丝社会中蕴藏的社会运动的可能性。

关键词:粉丝　群体　文化工业　认同　社会运动

1. 问题的提出

> 在机械复制时代,笼罩在传统艺术之上的光晕和神秘感已经被复制手段所摧毁。
>
> ——本雅明《机械复制时代的艺术品》

伴随着社会现代性的发展,传统逐渐消亡,无数新鲜事物不断涌现。在当今的中国社会,娱乐不仅逐渐进入普通人的生活之中,并且日渐构成了公众话语的新形式。"明星"作为娱乐世界的"领袖"出现,与之相伴的是一个被称为"粉丝"的群体。

然而,随着造星势力的壮大,选秀比赛和专业艺人公司的商业化包装使得今天的娱乐已从"星时代"过渡到"粉时代"。粉丝不再仅仅是偶像的迷恋者和崇拜者——他们拥有的巨大能量同样可以在"造星运动"中发挥关键性作用。作为大众文化符号和社会意愿合法化表达形式的名人偶像,其权力的形成或丧失要由其受众(粉丝)做出裁决。他们表现出的亢奋、狂热与迷醉通过网络、手机等媒介在整个社会范围内快速传播,形成令人瞩目的"粉丝文化"和"粉丝经济"(邓伟,2010)。

在这样的"粉时代"中,又以韩国造星势力最为强大。在被称为"星工厂"的韩国,艺人们通过选拔进入公司,作为"练习生"接受培训与包装,短则一两年,长则六七年。这一"大浪淘沙"式的过程使得最后能够顺利出道并被推向市场的艺人寥寥无几。每年,韩国的各类娱乐公司都会推出数以千计的新兴艺人(组合),多数组合很快就被市场淘汰,能一炮打响并经久不衰的艺人数量相当之少,而作为消费者的粉丝正是娱乐公司运作明星经济的不可缺失的一环。在多种力量的驱使下,以女性为主的韩娱粉丝群体不断发展壮大,并日益发出更多的声音。与粉丝的前身——20世纪中国的"追星族"相比,粉丝群体具有更明显的社群特性,组织化程度也较高,这群主动的受众不再满足于默默追慕,更积极于参与并干预娱乐产业,并以高调的姿态展示这一身份认同(黄淑贞,2011)。

如今,利用网络的信息便捷性与沟通及时性,粉丝塑造出一个又一个结构完善、运行高效的组织群体。贴吧、微吧、粉丝站等线上组织愈发壮大,这些组织将一个个独立的粉丝网民黏合起来,以其自身消息的灵通性吸引着粉丝的加入,逐渐壮大成一个完整的组织群体,为明星宣传造势。"过去那种散兵游勇式的追星族不见了,取而代之的是一个具有了社会动力学意义上的群体。"(廖海青,2007)

随着粉丝群体在媒体上曝光率的增加,某些狂热粉丝的行为在常人眼中已经处于"越轨"的范畴。例如苦等几个小时甚至一整天接送机,频繁飞往韩国参与活动,将大量花销用在演唱会及产品的购买,甚至有为偶像自杀的现象。在社会主流文化的语境中，粉丝群体已经被标签化为"没有文化""疯狂""不正常"等贬义形象。然而，这个被认为失衡的群体却在今天的中国社会中不断壮大。通过观察和访谈我们发现粉丝站的运作完整高效，且粉丝群体中不乏高知人群。那么，从静态视角来看，粉丝是否如刻板印象般存在，其生活状态怎样？从动态视角看，一个普通人成为粉丝的机制，以及粉丝从单个到成群的机制是什么？从微观到宏观，粉丝如何作为一个群体一步步卷入到整个社会运转之中？一个看似"肤浅"的粉丝化社会能够造成多次群体性事件的基础何在？粉丝社会中是否蕴藏着某种社会运动的可能性？以上是本文所要研究的问题。

2. 研究对象与研究方法

2.1. 研究对象

近年来，在亚洲各国逐渐开始大规模流行一股韩国文化势力，从音乐到电视剧，俘虏了一大批忠实的"韩流"粉丝。"韩流"的传播媒介主要为电视和互联网，这也是新时代粉丝产生的时代背景。而韩流粉丝因数量庞大、极具热情以及模式化的追星方式成为其中的典型代表。

本研究以近两年风靡中韩两国的男子偶像团体 EXO 的粉丝站为例，选取个案进行深入研究。粉丝站是网络上粉丝社群的一种形式，目前较为普遍的粉丝网络社群有微博、贴吧等，而粉丝站作为一种较为新颖的形式引起了我们的关注。事实上，粉丝站不仅是追星族的专利，网络上也存在诸如"苹果迷粉丝站""外星人粉丝站"等各粉丝站，但是粉丝站作为一种网络社群组织，在粉丝追星模式中充当了重要的角色。与常见的微博、贴吧等社群相比，粉丝站有着不同的组织形式和内部互动方式。因此，本研究将粉丝日常追星行为置于粉丝站的框架之中，力图在微观—宏观的视野中全面地透视当代中国语境下的粉丝追星现象。

2.1.1. 团体和粉丝群体

EXO 是韩国 SM 娱乐公司于 2012 年正式推出的 12 人男子组合，队内分为 EXO-K 和 EXO-M 两个小组,分别主攻韩国市场和中国市场,其唱片在 2013 年成为韩国销量冠军,斩获各项大奖,逐渐积累了巨大的人气。

EXO 在中国的粉丝数量庞大。以百度贴吧为例,其会员达到 1 059 850 人;认同度较高的新浪微博加 V 账号"EXO-M"和"EXO-K"的粉丝数量分别达到 241 万和 194 万,是如今较有代表性的人气韩国组合。

2.1.2. 粉丝站案例简介

本研究选择的案例为韩国偶像组合 EXO 的一个粉丝站,站名为"「L. O. V. EXO」Burning Life for EXO",中文名为"EXO-燃爱"。[①] 粉丝站成立于 2012 年 6 月,由现任站长独自出资成立,已发展为 EXO 饭圈较有影响力的团站之一。拥有会员 13 947 名,同时运营的"LOVEXO-燃爱-EXO 应援站"官方微博,粉丝数达 24 万。[②]

微博、贴吧、粉丝站等粉丝网络组织已经具有一套成熟的模式。以粉丝站为例,「L. O. V. EXO」粉丝站内成员的基本构成为站长、管理人员、组长、工作人员以及普通粉丝五个等级。其中,工作人员依据具体的分工可分为资源组、翻译组、字幕组、美工组、前线组、外交组等;「L. O. V. EXO」粉丝站的主页上分为版务、活动区、独家、资源区、休闲娱乐区、Goods、分会、工作室以及友情链接等版块,每个版块由"烈燚""烈焱""烈炎"和"烈火"四个等级的版主进行管理,分别有不同的权限。普通粉丝则根据在站子内发言回贴的活跃程度分为会员与游客两个不同的等级,并且不同"身份"的粉丝在粉丝站活动的权限有明显的差别。对内,粉丝站类似一个资源的集中发布平台,工作组的成员把拍到的独家照片或经翻译处理过的视频发布在网上供粉丝浏览和下载,以了解偶像的最新动态。除了发布独家资源之外,粉丝站会定期推出偶像的周边产品并组织粉丝购买,以此获得的收入归站长所有。对外,「L. O. V. EXO」会与其他个站保持良好的关系,进行礼仪性的"外交活动",如在其他明星生日时准时送出祝福等。总之,从功能角色上讲,粉丝站是一个由粉丝自发组建的宣传偶像的渠道。

粉丝站在鼎盛时期,管理层有近 40 人,同时在线人数为 576 人,但「L. O. V. EXO」粉丝站如今已度过鼎盛时期发展至衰退期,总体成员数基本稳

---

① 网址为 http://www.lovexo.net。
② 以上所有统计数据截至 2014 年 3 月 3 日。

定,但由于核心管理人员的流失,站子目前处于半休站状态,管理人员的更多精力转到微博的经营上。

2.2. 研究方法

2.2.1. 线上观察

本研究对「L.O.V.EXO」粉丝站进行了线上观察。观察内容一方面包括整个站子的组织结构及日常活动,例如通过一些公告贴等了解其工作组的招募及运作模式;另一方面从会员回贴中了解粉丝的语言使用特点及线上行为模式。由于该站会员注册的门槛较高,我们无法自主申请账号,只能借由该站某粉丝会员的账号进入,因此只能进行观察以及文本结构分析工作,而无法参与到回贴等活动中。

2.2.2. 深度访谈与文本分析

本文主要采用定性研究的方法。在观察了解的基础上,我们对该粉丝站的四名管理层人员以及三名普通粉丝进行了半结构式的深度访谈。我们以滚雪球的抽样方法,通过身边熟识的 EXO 粉丝接触到了该粉丝站的部分成员,其中包括四名管理层人员和三名普通粉丝,并进行了面对面的访谈。四名管理层受访者除一位高一学生之外,皆属于高学历人群,其中包括一名在读北大学生、一名大学毕业在京工作的上班族以及一名本科毕业后出国留学获得硕士学位的 NGO 工作人员。他们在访谈中条理清晰,思维连贯,发言具有较高可信度。另一方面,这四位受访者都是该站管理层人员,其负责的领域囊括了字幕、视频、翻译、统筹这几个粉丝站最重要的职能,对于研究者深入了解粉丝站的运营提供了丰富的信息。我们在将访谈整理为文字资料后对文本进行了深入细致的文本分析。

访谈对象介绍:

L:粉丝站管理层人员,同时在粉丝站视频组中负责压制环节。北京大学大三本科生。

W:粉丝站核心管理,该粉丝站创建团队之一,负责粉丝站平时工作的统筹。本科(法语专业)毕业后出国留学,硕士研究生毕业后回国在"绿色和平"(NGO)工作。

C:追星经验丰富,资深韩流粉丝,曾任粉丝站管理人员,同时负责韩语翻译的工作。本科毕业，从事酒店管理行业。目前"脱饭"，但仍然与粉丝站保持一定的联系。

SY：粉丝站前线组工作人员，资深韩流粉丝，目前是北京某高中高二学生。

YC：普通粉丝，资深韩流粉丝，北京大学大二本科生。曾经加过其他明星的粉丝站，具有一定的粉丝站工作经历。

SM：普通粉丝，追星资历浅，北京大学大二本科生。

B：普通粉丝，大学本科在读。

3. 理论视角与文献综述

作为一种社会文化现象，粉丝现象可以看成是"迷"这个范畴或现象的一种表现方式。据美国学者珍妮·史特格（Staiger，2005）的研究，"迷"现象的出现可追溯到维多利亚时期的欧洲。当时的欧洲上流社会有着供养作家或画家的潮流，艺术家们也有众多的追随者。时至今日，"迷"现象已经不仅仅是一种对于偶像的喜爱之情，更多地发展成了一种社会现象，并引发了一系列新的社会关系乃至社会结构的变化。为了更好地理解粉丝现象，本文对"迷"现象研究的相关文献进行了梳理，希望能够展现理论的发展过程以及视角的变化。

从历史脉络来看，"迷研究"深受文化研究范式的影响，而文化研究又深受西方新马克思主义的影响。在早期的文化研究中，法兰克福学派最为著名，其现代性观念中的核心部分是受众"异化""原子化""脆弱"和"非理性"的假设，对于现代性弊端的批判毫不留情。而迷群体作为现代性所引发的症状之一，其界定以病态的"他者"为基调。20世纪70年代以来，文化研究领域发生了"葛兰西转向"，文化研究范式从生产中心论、作者中心论向接受或消费中心论、读者中心论转变。受众在研究者眼中不再对于媒介生产内容全盘接受，大众文化是一个斗争的场所、一个权力与反权力研究的动态过程。斯图亚特·霍尔（Stuart Hall）较早关注接受/消费/解码环节的复杂性，其有关受众接受三种解读立场的理论，是文化研究范式转向的重要理论资源。到20世纪80年代，随消费主义的进一步盛行，大众文化研究的天平开始大幅度倾向消费者。陶东风等（2009）认为，这时期的文化研究走向了对消费者能动性、创造性极度美化的所谓民粹主义。

1992 年，亨利·詹金斯（Henry Jenkins）的《文本偷猎者》（*Textual Poachers*）和丽萨·A. 路易斯（Lisa Lewis）的《崇拜的受众：迷文化和大众传播媒介》（*Adoring Audience: Fan Culture and Popular Media*）同时出版，都是粉丝研究中的经典之作。亨利·詹金斯（Jenkins, 1992）在《文本偷猎者》一书中将粉丝定义为"狂热的介入球类、商业或娱乐活动，迷恋、仰慕或崇拜影视歌星或运动明星的人"。亨利·詹金斯的理论受法国德赛托（Michel de Certeau）的影响，其研究中的迷群体以对日常规范和要求的抵抗在文化实践过程中不断斗争。丽萨·路易斯的《崇拜的受众：迷文化和大众传播媒介》则收录了彼时最有洞察力的 11 位迷研究学者的 11 篇论文，分别从"迷的定义""迷与性别""迷与工业"和"迷的生产"四个部分展开。此阶段的研究多将迷群嵌入其所属社群，研究其身份建构。

此后，迷研究在流行文化、亚文化领域的局限逐渐被超越，迷现象被视为日常生活的一个组成部分。奇观/表演范式（spectacle/performance paradigm, SPP）是本阶段重要的研究范式。由尼古拉斯·艾伯柯龙比和布兰恩·朗赫斯特（Abercrombie, Longhust, 1998）提出的 SPP，是在对伯明翰学派的收编/抵抗范式（incorporation/resistance paradigm, IRP）进行全面总结和梳理的基础上提出的。IRP 关注受众参与消费活动时，到底是被文本体现的主导意识形态收编，还是对其进行抵抗。SPP 突出的是身份概念，关注受众在日常生活的复杂语境中变化不定的身份建构（陶东风等，2009：12—15）。麦特·希尔斯（Hills, 2002）的《迷文化》（*Fan Cultures*）是带有总结性质的研究，他从研究路径等方面考察了迷文化的发展，可谓对迷研究的研究。乔纳森·格雷等（Gray et al., 2007）编撰的《迷研究：媒介社会中的身份认同与社群》指出迷研究不应局限于社会边缘群体，而应将目光投向迷的活动在主流社会的身份认同与社群建构中的作用。

与国外研究相比，国内关于迷现象的研究起步较晚，研究还不够全面。2005 年是一个重要的时间节点，在此之前，国内研究的主要是"偶像崇拜""追星族"，以"问题"框架和"拯救病态者"教育式叙事框架为主。迷群体被视为问题群体，被表述为病态的"他者"，他们的存在导致了各种社会问题的发生，需要对他们进行监管和引导以拯救社会。这时期的研究有以"问题"

框架构建的《痴迷男女追星忧思录》(吴海、蒋红,1994)、《青春期"追星综合征"观察与透视》(孙云晓,2002)、《对青少年病态追星的探讨》(段兴利,2007)、《青少年疯狂"追星"问题的思考》(陈衷丁,2009)等;以"拯救病态者"教育叙事框架构建的《广州青少年"追星热"与辅导对策》(刘小刚、赵宪,1993)、《追星现象与审美引导》(贺建农,1999)、《从偏执追星看青少年媒介素养教育》(章洁、方建移,2007)等研究。2005年,湖南卫视的选秀节目"超级女声"引起了整个社会的巨大狂热,也引起了学术界的关注。而由"超级女声"所衍生出的"粉丝"(fans)一词取代以往的"追星族""偶像崇拜"等概念,成为国内迷群体研究的主流话语。这一时期,粉丝现象被视作一种普遍流行的社会现象,研究者开始探讨由粉丝群体的实践所引发的一系列社会现象。陶东风主编的《粉丝文化读本》是最重要的文献之一,它收录了西方迷研究中一些最经典的论文或著作节选,为本土的粉丝研究提供了良好的资料。

从研究角度来划分,目前国内的粉丝研究主要可以分为传播学、心理学、社会学等角度。从传播学视角来看,粉丝作为受众中一个特殊的群体,属于传播学受众领域的研究范畴。《漫谈"粉丝"现象及其文化解读》(孙慧英,2006)、《关于"粉丝"的媒介研究》(莫梅峰、饶德江,2007)、《社会与传播视野中的"粉丝"文化》(蔡骐、欧阳菁,2007a)、《电视传播与粉丝文化》(蔡骐、欧阳菁,2007b)等文章依循传播学的研究路径,运用受众、符号学、消费主义、文化研究等理论来解读粉丝现象。心理学视角把粉丝现象看作一种偶像崇拜,如哈佛心理学博士岳晓东(2007)的《我是你的粉丝:透视青少年偶像崇拜》。从市场营销学角度,《粉丝作为超常消费者的消费行为、社群文化与心理特征研究前沿探析》(刘伟、王新新,2011)探讨了国外有关粉丝的消费行为、社群文化和心理特征,试图为国内研究更好地理解粉丝这一超常消费群体的行为、文化和心理,以及提出针对的营销思路提供借鉴。社会学角度的研究,主要有从文化社会学、消费社会学角度对粉丝进行文化批判,如《文化社会学视域中的粉丝现象解读》(黄晓辉,2011),从传播学与文化社会学研究的交叉领域,对粉丝文化的产生、形成机制、传播过程与社会效果进行研究。观察到了粉丝与文化工业之间复杂的关系,粉丝文化作为亚文化在对主流文化形成冲击的同时,也为文化工业提供了市场。从政治社会学的角度,研究者关注到选秀现象之中的政治意涵,如《公民社会的培育与民主政治的促进》(刘大坤,2008)、《民主"超女化"与"超女式"民主》(王菲,2007)将"超级女声"选秀同时也看作一种体现了公平公正、透明参与的民主政治实践,认为类似的选秀节目可以推动民主化进程。《成年女性粉丝中的性别政治》(黄淑贞,2011)则以韩国东方神起组合的粉丝网络社群为个案,关注其中有别于女性主义宏观政治诉求的"微观权力"。

从粉丝研究的整个发展脉络来看,研究者对粉丝现象的态度从最初的批判、否定逐渐发展为理性、客观地将其看作一种普遍流行的社会现象,这种转变和整个社会的发展是密切相关的。可以说,大众传媒的迅猛发展推动了文化工业的进一步发展,加速了其对个人生活的渗透与"入侵"。从今日粉丝的狂热来看,法兰克福学派的理论仍具有极强的解释力。正如《启蒙辩证法》(霍克海默、阿道尔诺,2006)所揭示的,文化工业除了具有商品化、标准化和意识形态化等基本特征之外,还不断地向受众制造幻觉,让他们在琳琅满目、五光十色的诱惑之中暂时获得心理上的平衡。在霍克海默和阿多诺看来,文化工业是标准化、模式化地采用现代大工业生产的方式,有组织、有计划地制作、生产出来的。这是一种"视听文化",让受众与声画"亲密接触",甚至误把影视当作现实(陈士部,2010)。以虚假的需要代替了真实的需要,以感官的享乐代替了理智的思考,世俗大众甘愿迷失自我,沉浸在文化工业所营造的幻象之中。回看今日的狂热的粉丝们,又何尝不是陷入了文化工业所营造的幻想之中,逐渐迷失了真正的个人生活呢?

当这种个人的狂热寻找到了群体的认同,就往往会在群体情绪的渲染下演变为集体的狂热。从社会心理学的角度来看,偶像崇拜其实是一种特殊的社会心理现象。社会学认为,偶像崇拜是特指由"光环效应"而形成的一种夸大的社会印象和盲目的心理倾向。粉丝把个人喜好的人物看得完美无缺,从而导致高度认同、崇尚并伴有情感依恋的复杂的心理行为(王绮,2009)。正如勒庞(2010)在《乌合之众》中所描述的群体心理一样,个人一旦进入群体中,个体的意识与个性就会被淹没在群体心理之中。受最简暴露效应(mere exposure effect, MEE,又译为"单纯曝光效果")(Zajonc,1968,转引自克里斯普、特纳,2008)影响,长期浸泡在明星的各种信息之中的粉丝们,在进入了和自己有着同样爱好的人所组成的粉丝群体之后,其群体心理诱发出情绪,并在更广的范围得到传播。

总的来说,目前国内对粉丝的研究尚不全面。而且,随着中国社会的发展,粉丝现象也产生了一些新的变化。近年来,韩国明星的粉丝群体迅速发展,并且表现出与以往的粉丝群体不同的新的特点。这些粉丝多为女性,对偶像的热情极高,追星活动非常有组织性,依靠网络社区而形成了比较成型的组织,并产生了很大的行动力。因此,我们在前人的基础之上,以目前非常有代表性的韩国组合 EXO 的粉丝站为例,来着重考察这些现象中的集体行动维度,考察这些集体行动与社会文化和制度安排的关联,进而揭示社会运动发展的可能新趋势。

4. 一个粉丝的发生学:从着迷到成群

"昨天的综艺终于出中字了!"L 赶紧回到宿舍打开电脑,"×××好可爱,好帅啊",L 心想,"他们真的好努力,该死的主持人都不把梗给灿烈……"

下班后,Cherry 回到家,打开电脑,右下角的提示蹦出群消息的提醒,"啊,又有视频要翻译了",Cherry 打开邮箱,下载视频,戴上耳机,嘴里念念有词……

半夜,L 的手机开始振动,不用接也知道会这个点打过来的只有一件事了。L 把手机一扔,"真想一觉睡到天亮啊",L 心想,即使如此,L 也迷迷糊糊地爬起来打开电脑,下载视频和翻译好的字幕,开始压制。这是 L 在 EXO 粉丝站中的工作,压制已经是视频制作的最后一个环节,如果自己今晚没有完成,第二天就无法拿出翻译好的视频了。于是 L 强打起精神继续工作……

天气热得吓人,Y 从早上 5 点就在录影棚外排队,已经排了近 3 个小时。尽管没有 FanClub 的会员卡,Y 还是想碰碰运气,可惜最终 Y 还是没能进到录影棚里为她的偶像应援。Y 讪讪地走到一旁,一个人坐在地上,因为没有地方坐,实在是太累了,她努力忍着没有哭出来。过去的几天里,她和朋友来到韩国追星,住在一个月租的留学生宿舍里,没有空调,每天早上爬起来打车到偶像活动的地方,每天睡不了几个小时,今天一天又泡汤了。Y 回到宿舍,看见朋友趴在桌子上睡觉,脸色十分憔悴……

以上是普通韩饭日常生活中的一些场景。从小虎队开始的国内追星浪潮到曾经震惊社会的疯狂粉丝杨丽娟,再到如今席卷亚洲的韩流追星浪潮,粉丝们的追星行为从个人的疯狂迷恋逐渐发展为有组织、模式化的追星方式。随着互联网的发展,贴吧、微博、粉丝站等网络社群的出现,粉丝们不再因为地理距离的限制而呈分散化的状态。在网络上,成千上万的粉丝汇集起来,形成了一个个有序的组织,这些在现实中的普通个体互动、联结,最终成了这个社会的巨大力量。

在诸多网络社群中,与贴吧、微博相比,粉丝站作为一个比较新颖的形式,是一个更为纯粹的粉丝聚集地。所谓"粉丝站",其实就是因为喜爱同种事物或同一个人而聚集形成的一种网络社区:贴吧和微博是提供一个平台,更类似于一个大社区中的若干小社区,不同的兴趣群体受到统一的管理和制约,而粉丝站属于粉丝自己出资购买服务器、域名而成立的网络平台,自主性完全掌握在站长的手里。这一个个粉丝站之间看似独立性、自主性更大,但是他们都处于一个更大的粉丝生态圈中,构成了"迷时代"新的景象。

因此,本文选取粉丝站作为研究对象,以 EXO 组合的某粉丝站作为个案,呈现粉丝日常追星的状态,以及他们是如何从一个普通人到粉丝,进而在一个虚拟的平台上汇集形成一个相当规模、协调运转的组织。

4.1. 着迷:从普通人到粉丝

4.1.1. 接触

从普通人到粉丝,"粉"的对象必然是原初的起点。普通人要发展成为粉丝,首先要接触明星。现代社会成熟完善的媒介为此体系提供了巨大的可能性,其中又以网络媒体和电视媒体为主力军。韩国明星的推出有一套包装宣传的模式化流程,其中,宣传便是生产粉丝的重要环节。微博、粉丝站、贴吧等网络社区为韩国娱乐公司提供了推出明星的平台,公司借由这些平台让普通人接触到明星。此类网络媒体中以图片最为常见,以此在第一时间以最生动便捷的传播方式吸引普通人的眼球,让普通人对明星即刻拥有直观的感性认知。其后,电视节目成为第二波宣传造势的中介。明星参加的综艺节目,通过电视屏幕将一个个活生生的明星形象展现在普通人眼前。通过网络和电视等现代媒介,韩国娱乐公司突破了地域的界限,一步步拓展明星的受众面,不断让普通人接触并认识明星。

4.1.2. 喜爱

接触只是粉丝生产的第一步。能否培养一个真正的粉丝,关键在于明星能否激发受众的个人喜爱感。粉丝,尤其是韩国明星的粉丝,对偶像的喜爱感主要来源于两个方面:外貌和音乐。其中前者又占绝大多数:

> L:"他好帅啊(捂嘴笑),就是觉得他性格特别好,人也特别好。然后又高又帅,又什么都好。"

外貌的吸引主要来源于其与粉丝个人审美观的贴合。当被问及为什么会喜欢某个明星,所有粉丝都会立刻做出"长得帅啊""很可爱"等非常感性的回答。长相作为一个人最为外显的属性,在吸引异性方面必然是首要的特征。因此几乎所有明星,尤其是韩国明星,都会以"花样美男"的形象出现。不难设想,娱乐公司必然会倾向于挑选外貌形象符合大众审美的艺人。正如在挑选异性伴侣时普通人也会注重所谓的"眼缘",即第一眼看到一个人时对他的感觉,粉丝对明星的喜爱感也会产生在"眼缘"的基础之上:

> YC:"韩国的组合是更追求视觉效果一点,但不代表粉丝完全是看脸或者说是看表演,也会是因为喜欢听歌、喜欢听音乐。"
>
> SM:"看眼缘吧我觉得,我喜欢一个人并不是说要符合很多标准,就是看眼缘。"

除了外貌,音乐同样是评判基础之一。有部分粉丝喜爱上明星是因为听到了自己喜欢的歌,从而对唱歌的人产生好感,当然相比于前者,后者的发生频率似乎非常小。

4.1.3. 理想化

随着粉丝对偶像的关注愈来愈多,最简暴露效应和光环效应的社会心理反应开始发生作用,使得偶像在粉丝心目中的形象不断趋于理想与完美。最简暴露效应是一种倾向性,即我们越多暴露于客观事物和个体之前,就会对其产生越积极的感觉。我们与态度对象之间不需要有行动与互动,也不需要对其拥有甚至发展出任何明晰的信念(克里斯普、特纳,2008:

72）。在追星过程中，粉丝通过各种途径，包括虚拟网络世界的图片、视频、电视节目以及现实生活中的各种追星活动，频繁地和明星产生接触，对明星越来越喜爱。

偶像崇拜是一种特殊的社会心理现象，特指由于光环效应而形成的一种夸大的社会印象和盲目的心理倾向。粉丝把个人喜好的人物看得完美无缺，从而导致高度认同、崇尚并伴有情感依恋的复杂的心理行为（王琦，2009）。在粉丝最初接触明星时，明星必定会在各种场合展示自己最好的一面，因而粉丝对其认知必定是"好"的，随之而来的其对明星的各种方面的认知都是"美好的"，在粉丝心目中，明星总是一个完美无缺的存在，这种形象也很难让人停止喜爱。

4.1.4. 追星成为一种生活方式

随着粉丝对明星认同的逐步加深，加上粉丝群体的外部塑造作用，至此一个粉丝就成型了。此时，追星已经成为粉丝日常生活的一部分，追星活动对于粉丝来说就是一种个人爱好和生活方式。每天在网络上了解偶像的各种信息已经成为粉丝生活中固定的一种常态。正如普通人可能有各种兴趣爱好，如看书、看电影，或者运动，粉丝们由于缺乏其他方面的爱好，平时生活大多比较无聊，"没什么事情做，就喜欢看电视，看综艺"，因此在有了追星这种活动之后，粉丝们都将其视为自己的爱好，以在平淡无聊的生活中增加一些乐趣：

> C："不知道为什么我们会选择追星这个东西，可能是太无聊了平时，因为我没有别的爱好，我不喜欢看书，就喜欢看电视剧和综艺节目，太无聊了，喜欢宅在家里，不喜欢出门。"
>
> W："现在的生活很无聊啊，你就算不追星你也只能去看看美剧啊什么的，你总要有一个点去打发自己无聊的生活吧。"

粉丝们认为追星是一种非常正常的个人爱好，是和看电视剧、看书等兴趣爱好相并列的活动。然而，粉丝的一些追星行为如花很多钱应援、没日没夜的等待、混乱疯狂的接机等已经超越主流社会文化认同的极限，使大众对追星和粉丝形成了负面印象。

4.1.5. 精神回馈与满足

首先,一方面,物质生活的空虚促使粉丝们通过追星填补日常生活中的空闲时间;另一方面,追星所带来的精神回报也是激励体系的重要部分。日复一日的工作和学习以及兴趣爱好的缺失又造成了精神层面上的空虚。对于女性来说,对异性的爱慕可以缓解其对于情感生活的渴望,这种爱慕在现实生活中没有着力点的时候,其作用方向便会指向符合自己审美观的明星,以此作为精神慰藉。在粉丝话语体系中,很多粉丝会用"我家×××(明星的名字)"来描述自己喜爱的明星,在这种话语体系之下,明星已经被粉丝内化为其自身的占有物。粉丝的这种自我认同在给其带来满足和愉悦的同时,也弥补了日常生活中的情感空缺。

其次,追星活动本身能够给粉丝带来乐趣和快感。在网络空间浏览喜爱的偶像的图片、视频,感受他的生活轨迹,了解他的各种信息,这种活动本身就能让粉丝产生审美的愉悦。从虚拟空间到现实生活,在各种活动中近距离接触高高在上的明星而不是通过屏幕看单薄平面的人影更是让粉丝疯狂。这种难能可贵的接触机会能够极大地满足粉丝的内心需求,使其得到极大的精神满足。因此在粉丝逻辑中,为明星花钱也是自然而然的事:"我喜欢你,我可以为你做一些事情,我花钱能够从中得到这种赏心悦目和高兴的感觉。""我追星的话是我是自己开心,我没有必要看周围的人或事什么的。"这种情感的激励可以看作一种"情绪资本"。"情绪资本"由英国营销专家凯文·汤姆森提出,他的看法是:相对于"智力资本","情绪资本"能引起消费者共鸣,勾起欲望与内心的情感。人们在品牌与偶像身上看见认同,进而找到一群接纳自己差异的同好,投入情感与互信(董青,2012)。

值得一提的是,以上过程展现了一个普通人从接触、了解、逐步深入、将追星作为生活方式以致精神寄托,这一模式能够成功地培养一名粉丝,但并不是任何一个普通人经过这样的模式都会成为粉丝。在访谈中我们也注意到,很多粉丝之所以会开始接触这些明星,是源自其对韩流文化的喜爱以及对韩国娱乐公司的关注。这也正是近年来亚洲各国大规模流行韩流文化,通过互联网等媒介培养大批韩流粉丝的新粉丝时代的真实写照。韩国明星的粉丝几乎都是年轻女性,其中又以未婚女性居多。处于这样一个"时尚"年龄段的女性,会更容易对韩流文化给予关注,并将韩国明星作为符合其审美观的理想异性的代表而表露自己的爱慕之情。她们也会发展出其他兴趣爱好来打发业余时间,如看书或者网络游戏,但伴随着青春期的发育过程,此时一个带有理想伴侣气质的男性明星的出现,必然有着更大的吸引力。

4.2. 成群:从粉丝到社群

普通人与粉丝之间其实并没有隔着想象中那样遥远的距离。"粉丝"和日常生活中的"普通人"身份如上班族、学生等常常重合在一个人的身上。也许只是某次偶然的一瞥,个人就会慢慢地"沦陷"为"着迷"的个体。随着互联网的兴起,信息传播、交换的平台不断发展起来,出现了大量贴吧、论坛等网络社区,这些组织和社区的制度设计建造出了一个个粉丝们的乐园,吸引粉丝们逐渐在网络上汇集起来,粉丝的个体身份逐渐隐匿于群体之中,成为一个群体的代名词。

4.2.1. 加入站子:理性与感性的双重诉求

在以网络和组织为主要载体的"后追星时代",加入各种粉丝组织或网络社区成为一个轻而易举的选择,但是这个选择实际是粉丝们理性与感性双重诉求的结果。

4.2.1.1. 更为便捷地获取资源

粉丝站的最大优势,同时也是吸引会员最强大的武器便是独家的图片和视频资源。而粉丝站之间的相互竞争,往往促使粉丝站不断提高图片的质量和出视频的速度,这些对于普通粉丝来说是巨大的吸引。同时,要想获得更多的资源就需要不断提高自身在粉丝站中的等级,因此许多粉丝选择加入管理层:

> L:"站子也会给你带来一些好处。比如站子他们因为各方面认识的人多嘛,然后他们就会……比如说明天他们(EXO)来中国了,航班是哪一班啊,几点到啊,住什么酒店啊,都会知道。你自己一个人的话就得去各个地方问,这样的话就不用问,他们就会知道,你就会知道。"

> C:"有人会有一些'妄想',就比如说,这有一个什么演出,站子就会有票,就能免费给我——但实际上这基本上不可能。"

所以,粉丝们为粉丝站的管理付出大量时间和精力,并不只是因疯狂迷恋而做出的非理性行为,其"疯狂"行为的背后也有着理性的诉求。

4.2.1.2. 自我表达与归属感的需要

追星表面看来是一个粉丝单方面的付出,得不到对等的回报,因此很多人将追星视为"非理性"行为。但实际上,粉丝们通过各种途径满足了自己的"需要",而加入站子能使该群体的"需要"得到更好的满足:

> W:"粉丝是一种很神奇的'生物',她需要一种,就是说,'我确实为你做了一些事情'的那种感觉,然后站子的话比较有这种实感。因为,其实如果你是以个人的名义去做,你不管为他做多少事情他并不会知道,然后你很难得到一些回馈,但是我就觉得人是需要一种回馈的,所以如果他加入一个站子,那明星回馈的是这个站子,然后她会感受到:我是这个站子的一分子,所以我也得到了回馈。"

这种自我肯定与表达的需要实际是粉丝用时间、金钱等交换得来的。作为个体的每个人都有这种天然的需求,大多数人通过工作、学习等各种方式获得,而粉丝们则以另一种不被认同的方式获得。

粉丝们加入站子后往往会一起进行追星活动,这种集体的行动一方面使得粉丝在共同行动中获得了"革命友情",另一方面也因为相互认同而产生了归属感:

> C:"上次我一个人去韩国追BAP的活动,虽然当时我们在站子的好几个人都在,但是他们都是追EXO的嘛,就我自己去看BAP,然后我就觉得特别的茫然,觉得特别没有归属感,就自己势单力薄那种。"

粉丝对于站子或群体的这种归属感来源于粉丝之间强烈的同质性——对同一个人的喜爱和对于这种"迷恋"的相互认同。这种认同感由于现实主流文化对于粉丝圈亚文化的排挤,使得他们只能在自己的圈子中才能获得追星的认同感。

4.2.2. 内部分工:粉丝站的结构框架

要使得一个粉丝站成型,除了粉丝,制度的设计以及内部的分工是秩产生的一个前提和基础。

4.2.2.1. 粉丝站的结构框架

粉丝站内部存在一套清晰的制度设计和组织结构:纵向上存在岗位的等级划分,进而形成了粉丝间的层级;横向上功能的分区完善丰富了粉丝站的功能设计,为粉丝提供了更为良好的互动平台。纵向结构与横向分化之间的结合,推动了粉丝站的稳定运行和内部秩序的形成。

下图是「L. O. V. EXO」粉丝站中纵向结构中职位的标准配置,粉丝站从上至下分为站长、管理、组长、工作人员以及普通会员,不同的身份有相应的权限的差别。

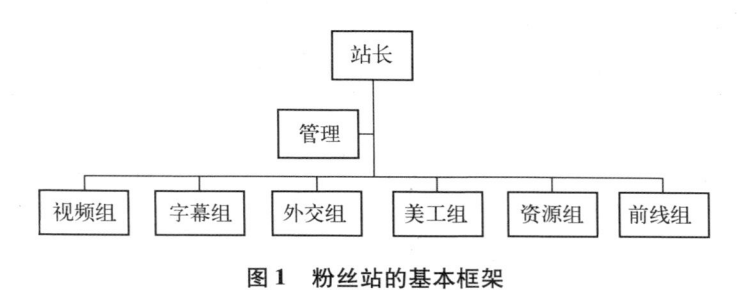

图1 粉丝站的基本框架

站长:一般为粉丝站的创始人和出资者,是站子的绝对领导,具有很大的权威。站长一般不管理粉丝站运转具体的事项,而是负责涉及财务问题的"重大事项"和一些非常规活动,例如站子出周边、专辑代购等,与站子中其他管理人员的工作相对隔离。

管理:是站子的实际组织者,统筹整个站子的运营、人事调动,负责分配任务、监督任务的完成过程,并往往身兼多职,参与到站子的具体工作任务中,是站子正常运营的核心角色。「L. O. V. EXO」粉丝站的管理人员有七八名,管理层的人员相对稳定,流动性较小,相互之间通过沟通保持密切关系。

活动组:相当于粉丝站的生产部门,负责获取资源、加工资源,并发布成果以吸引更多的会员来增加站子的活力和知名度。「L. O. V. EXO」粉丝站和其他粉丝站一样设置了标准配置的活动组,包括资源组、视频组、字幕组、前线组、美工组以及外交组等。每个活动组有一名组长和若干组员。值得一提的是,虽然在职位设置上设置了组长,但是在实际的工作当中组长与组员并没有明显的权限、等级上的差异,其最大的功能即从管理处接受任务分配并联系组员共同完成任务。各活动组的分工如下:资源组主要负责从国外的网站、粉丝站、Twitter上搜集关于偶像新的消息、图片以及韩国论坛上一些有价值的讨论和音源,整理之后打包上传。视频翻译组包括翻译、压制以及时间轴的工作人员,共约20人。翻译作为最重要的环节单独成组,其中包括韩语翻译、日语翻译和英语翻译。视频组主要负责把偶像的综艺、现场表演、电视剧翻译成中文,翻译的质量和速度是一个粉丝站赢得声誉和地位的关键,因此视频组也成了一个粉丝站的"镇站之宝"。前线组主要跟偶像的行程、拍摄属于站子的独家照片,这些独家照片是站子成名的关键资源。美工组主要负责照片修图、网站"装修",以及在特定时间(例如偶像的生日)制作相应的头像、签名、手机屏保等一系列的"大礼包"发布到站子上。外交组主要履行粉丝圈内的礼仪性的社交工作,在其他明星生日的时候以站子的名义送出祝福。这种网络社交行动看似没有意义,但却是不可缺少的,它是不同粉丝团体之间最基本的社交形式。

普通会员:不是粉丝站的核心,却是粉丝站的基础。普通粉丝通过在站内的回帖等活动获取资源,进行线上讨论交流。

「L.O.V.EXO」粉丝站虽然在纵向结构上有五级分层,但实际更为明显的分层是普通会员和高级会员的两级分隔。管理、组长、工作人员之间的正式等级关系并不明显,相反,非正式关系成为一个重要的连接纽带。

除了发布独家图片、视频资源之外,「L.O.V.EXO」粉丝站作为歌迷的网络聚集区,还开设了许多横向的功能分区。每个分区板块设置"烈燚""烈焱""烈炎"和"烈火"四个等级的版主进行管理,维持站子的秩序。

版务区置于网站的上端,包括"论坛公告"和"新人报到"两个分区。"论坛公告"主要发布活动的通知、外交来访、申请链接,以及会员们对站子的建议和提问;"新人报到"则是站子为了限制人数、维护秩序而设立的,新进会员需要报到之后才可以顺利浏览整个论坛。活动区集中了粉丝站组织的线上活动,包括抢楼送礼、发放电子书、微博皮肤、搜狗皮肤等福利活动,这是站子里最活跃的分版块之一。独家区和资源区是粉丝站版块主体,是粉丝站凸显优势的产品区。独家区的资源皆需要会员有一定的回贴经验才可以访问和获得。休闲娱乐区包括"原创区""小说馆""聊天室""回忆簿"几大子版块:原创区可以发布PS作品、手绘作品、素材资源以及技术教程等;聊天室供粉丝进行讨论,是粉丝站点击率最高的版块;在回忆簿区会员们可以发表和交流关于遇见偶像的后记、心情日记和感想等;而在"小说馆"则有大量的粉丝原创的"耽美"文章,深受女粉丝们的喜爱,因为给男团中的成员配对几乎是每个男子偶像团体粉丝圈中必不可少的话题。Goods 区负责在站子组织出周边、应援物品以及代购专辑等活动时发布通知和相关产品信息。此外,粉丝站根据成员主要分布的地区设立了北京、上海、湖南、湖北、江浙、广州、港澳、台湾几个分会,会员们可以到相关的分会版区报道,寻找同伴以及了解各地分会活动信息。工作室版区包括 office 分区和 recycle bin 分区,office 分区中设立了几大活动组的专区,各活动组将各组的工作安排和人员登记等工作流程发布在版区中,对会员们提出的疑问和建议进行交流,同时这也是工作组的成员们互动的区域;recycle bin 分区则置放了一些陈旧的帖子,以保持信息获取的便捷性。

综上所述,「L. O. V. EXO」粉丝站的几大版块承载了粉丝站的主要功能,也提供了粉丝互动的场所。粉丝站的纵向的层级结构和横向的功能结构相互融合,使得各种类型的粉丝在站子中得以各司其职、融洽互动,粉丝站成为一张纵横交错的互动网络。而个体的粉丝被卷进这张"无形的网"中,他们的行动、话语因此都带有了结构性的意义。

4.2.2.2. 粉丝站的日常工作:出视频

对于站子来说,出视频是重要的任务之一,由站子的资源组负责。由于竞争的存在,站子出视频的速度非常快,基本上得到片源之后 12 小时之内就能完成整套工作。如此高效与其模式化的工作流程有密切关系。

视频的片源一般来自韩国的网站以及 YouTube。视频下载完成之后首先进行统筹,即分配翻译、打轴和压制的任务。首先进行的是翻译。韩国的电视剧等视频大多没有韩语字幕,因此翻译工作难度较大,基本需要听译。翻译工作一般由几个人分工进行,平均每个人翻译十多分钟。由于是听译,某些音源需要反复听才能听懂,加上翻译者需要一边打字一边进行校对,因此仅仅十几分钟的视频往往会耗费翻译者一个多小时的时间。翻译工作完成之后是打时间轴,其主要内容是将每一句台词的画面和声音相对应。打轴的工作需要花费大量的时间以求字幕出现的时间和画面对应精准无误。由于这项工作的技术性要求并不高,相关工作人员大部分是从网上下载相关软件并且自学。打轴完成之后便进入压制环节,压制即是将时间轴和视频压制在一起,并且将翻译好的字幕配到视频当中,压制为方便下载的格式。压制任务相对较轻,但耗时久。压制者需要等待压制完成之后上传、审核,然后在微博上发布。

由于大部分视频都是晚上公布,因此视频组的工作基本都需要熬夜进行。从翻译到打轴再到压制是一个相互关联的过程,因此一旦某一环节出了任何问题,后面的环节就需要等待问题解决才能开始自己的任务,工作人员通宵不眠也是屡见不鲜。并且随着明星知名度的提高,视频组的工作量不断加大,耗费了工作人员大量的精力。

4.2.2.3. 粉丝站运作的关键

粉丝站在严格意义上并不算作一种组织。达夫特认为,所谓组织,是指这样一个社会实体,它具有明确的目标导向和精心设计的结构与有意识协调的活动系统,同时又与外部环境保持密切的联系(达夫特,2003:11)。

首先,粉丝站设立的目标明确,即发布独家的图片和视频资源,从而吸引更多粉丝的关注,提供一个宣传偶像的平台。其次,粉丝站中存在一定的结构,但是结构较为简单,并且不同的粉丝站之间并没有明显的结构差别,粉丝站的结构设计已形成成熟的模式,成立新的粉丝站时只需复制既有的模式而没有根据自身的特点精心的设计。最后,粉丝站日常工作的进行具有一套协调体系,借助各种网络媒体如微信、QQ群、企业邮箱等进行分工并交接工作。

但是,粉丝站和一般组织最大的不同在于,组织具有一定程度的结构并且固化,而粉丝站虽然具有一定的结构,但是内部的分工灵活,管理人员可以兼任多重角色,岗位的角色之间流动性较大;粉丝站的所有工作人员更像是一个团队,根据成员的技能和知识合理分工,以完成共同的目标。因此,粉丝站类似于网络式的俱乐部,是一个网络社区,上层有管理团队,下层则是大批普通的会员粉丝。粉丝站的稳定存在和运营依赖以下三个关键的要素:

一是资源投入。粉丝站的创建以及日常运转的维持都需要一定的资金投入,而在粉丝站中,资金主要来自站长,因此站长也是站子的绝对权威。二是人才。一个成功的组织必然需要一个优秀的管理团队,大量的人才会为站子的成长做出巨大贡献。同理,人才的流失是造成大部分粉丝站衰落的主要原因。三是一整套成熟的运营模式。粉丝站从结构、分工的设计到日常工作流程的安排早已形成一套成熟的模式,它保证了粉丝站即使在人员流动程度较大的情况下也能稳定运行:

粉丝的组织是越到后面越成熟的。因为它所有的这些运作模式都是在前面的这些前辈，就是站在巨人的肩膀上运作起来的。它已经有一套成熟的运作的方式，什么时候我应该去拍图，拍了图之后我应该怎么做，然后在什么时机我该出周边了，出了周边我应该怎么做去表明赚的钱没有乱用，全用在明星身上了。然后开一个团站要准备哪些哪些，哪些组，分别做什么事情。如果说这是一个不成熟的饭圈的话，你根本不知道要做些什么。但这些都是前辈已经摸索出来的一些模式，都是直接套上去的。

成熟的结构设计、资源的投入，加之参与者发挥能动性串联起各个环节，使得粉丝站持续不断地运转起来。

4.2.2.4. 向外延伸——更大的组织网络

站子并不是一个孤立的存在，而是与众多组织或群体相互勾连、密不可分的。这些组织群体相互关联，共同组成一个庞大的组织网络。以「L.O.V. EXO」粉丝站为例，作为一个团站，其组织网络中还包括如下图所示的各种主体。

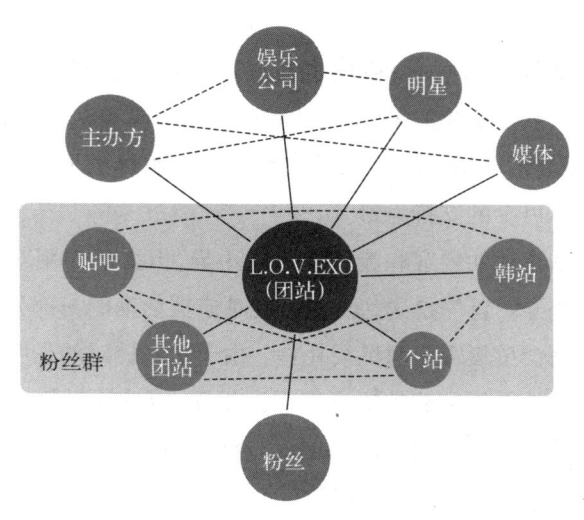

图 2　粉丝站与其他团体形成的组织网络

在这个网络中，团站和个站、韩站、贴吧都是粉丝的聚集地。具体而言，站子与韩站建立资源联系，韩站以其地理优势为中国的站子和贴吧提供很多一手资料，从韩站获取资源成为中国的站子的常见方式。贴吧是粉丝了解明星的途径之一,与站子相比,其注册门槛更低。要想成为站子的会员并非易事,不仅需要邀请码,还需要一定的活跃度。另一方面,贴吧并不要求参与者做任何工作,而在站子中,粉丝往往会承担翻译、视频、拍图、修图等主要任务。但与此相应,粉丝可以通过站子享受一些贴吧无法提供的福利,如活动门票等。

比起站子,媒体更容易获得正式和官方的消息。一些站子的站长可以借由其与媒体的关系了解到很多有用信息。活动主办方是介于站子和韩国娱乐公司之间的媒介。作为高层的公司并不会主动来接触粉丝群体,一般是由合作方来接触。活动合作方一般是中方公司,这些合作方会找到做得比较好的站子,让站子提供人员等各方面的支持。同时,合作方也会给站子发放一些活动的门票:

> W:"SM是个很'高冷'的公司。比方说EXO要来参加一个什么演出,然后比方说百度音乐做赞助了,百度音乐就会看哪几个站子做得比较大,它就会来找你,说'我们要赞助EXO的活动,你们帮我们转发微博,跟我们一起做活动',然后可以送票。"

明星在制造粉丝的同时,粉丝也在制造明星(杨启敏、张伯靖,2013)。站子需要做大以获得明星的关注,因此粉丝会出力参与站子的建设。与此同时,明星的发展离不开站子的支持,站子作为粉丝群体的聚集地,其在明星发展道路上是必不可少的支持力量。

团站和个站在活动内容和流程上大同小异,但由于作用对象的不同,因此也存在很大差异。首先是送礼。送礼物是应援活动的一部分,主要是在特殊的日子由本站会员集资为明星买礼物。由于个站针对的是明星个体,因此可以从本站会员处得到足够的资金支持。相反,团站针对整个团队,送礼物也必须顾及每个成员,一方面需要更多的资金,另一方面其粉丝偏好的差异也造成了集资的困难。与送礼同理的是周边产品的销量。另外,由于团站志愿性的工作性质,其粉丝的工作动力都来源于个人喜爱。但作为一个团站,其工作内容不仅涉及粉丝喜爱的个人,也涉及整个团队,因此工作的分配就容易出现困难。粉丝只想做与自己喜爱的明星有关的工作,而不愿意给其他明星做事。此外,个站由于其对象的明确而更容易受到明星的关注,而团站由于其针对整个团队,着力点反而虚无缥缈,成为粉丝口中"爹不疼娘不爱的存在"。最后,团站和个站在很多场合都存在冲突,例如演出票务。活动主办方在向站子发放门票的时候,团站和个站享受的是不同的待遇。因为团站应援的是整个团队的 12 个人,所以主办方常把前排的票给团站,这导致了个站的不满。

一个组合往往有许多规模不一、功能类似的团站。作为团站的基本功能之一,出视频的速度往往决定着整个站子的关注度,因此大的团站之间往往会形成竞争关系,即比谁出的速度更快。这种恶性竞争导致视频组工作人员经常彻夜赶制视频,但出来的成果没有什么差异。因此团站之间的合作关系开始出现,通过分工合作来完成一个视频的翻译、打轴、压制工作,这种实践既避免了恶性竞争的加剧,也进一步提高了出视频的速度。

站子与非站内会员的普通粉丝也有关系:一方面,普通粉丝是站子周边产品最大的购买力所在;另一方面,站子管理层的更新换代需要普通粉丝的填补,通过招募将普通粉丝中有能力的人纳入管理层,以便维持站子的继续发展。

伴随着互联网技术的发展和现代社会信息的爆炸式增长,站子在其组织网络中与整个群体的关系趋于平面化。原本上下层次分明的粉丝社会结构,由于网络虚拟空间的存在而逐渐摧毁。明星不是高高在上的存在,整个组织网络运作逻辑和机制不是威权式的管理方式,只需通过一层薄薄的屏幕就可建立庞大的虚拟社会网络结构。互联网的快速发展逐渐取代了真实社会的面对面互动,这是一种可替代性极强的平面化关系网络。尽管站子和其关系网络中的其他主体关系有远有近,但在网络虚拟的社会,每个主体都变得愈加符号化。对于站子,它们只是符号的存在,其意义是一样的。社会网络结构逐渐平面化使得不确定性增加,网络中的每个主体都不具有唯一性,因而其可替代性特别强,因此具有很大的生存危机。

4.2.3. 一个粉丝站中的"社会秩序":作为一个社群的粉丝站

若将万千普通的会员粉丝纳入分析,则粉丝站更大程度上是一个网络社区式的存在。成千上万的粉丝因为对同一个人的喜爱汇集于一处,原本是陌生的个体却在此处聚集着、互动着,结合成一个涂尔干意义上的共同体。这背后的机制具有深刻的社会学意涵。

4.2.3.1. 等级流动的渠道

在「L. O. V. EXO」粉丝站中,除了站长职位不具有更替性之外,其他层级之间都存在流动的通道。

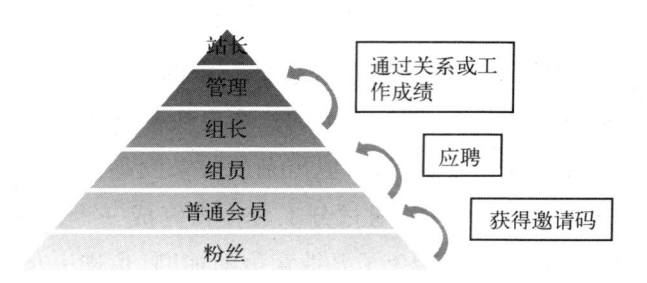

图3　粉丝站内部层级流动通道

要注册成为粉丝站的会员并不简单,「L. O. V. EXO」粉丝站会定期发放一定数量的邀请码,只有凭借邀请码才能注册成为粉丝站的会员,享用站子的资源。这在一定程度上限制了普通粉丝成为会员的渠道。此外,「L. O. V. EXO」粉丝站会定期清理一些"僵尸粉",即那些注册之后长时间没有发言的用户,以保证站子的粉丝质量和活力。

不同活动组的管理人员往往会在各版区发布招聘贴,在网站的首页顶端也放置了粉丝站全面招新的广告。有技术、对工作抱有热情的普通会员通过应聘即可成为活动组成员。由于招聘的"门槛"较低,对会员的忠诚度也没有直接的考察程序,活动组人员(除组长外)的流动性较大。一位访谈对象讲道:

> 你担心她走,但是你留不住,因为你没有什么理由去留住她。对她来讲,进来没有什么损失,离开也没有,你并没有付给她工资,她纯粹就是自愿来做这些事情的。就是说我不想做了就走,她其实没有任何义务来帮你做这个,在我认为是这样。

而要进入高级管理层有两个途径:一是凭借与高层管理的熟人关系直接进入管理层;二则是认真工作,以成绩获得晋升至更高层级的通行证。而进入中高管理层并不一定需要经过活动组成员这一层级,有时也可以实现跨级的向上流动。

4.2.3.2. 仪式性的激励

粉丝站往往会在某个特殊的日子开展一些活动,如在偶像出道100天纪念日"抢楼送礼""抽奖",在偶像生日的时候制作并发放"生日大礼包"等等,各个活动有极其详细的规则要求以保证秩序。

这些活动的规则往往相当细致和严格,体现出粉丝站的组织能力。规则的制定突出了"公平"和"秩序",并且带有明显的粉丝色彩,例如限制单人发帖数量和单人获奖数量等等;对于回帖内容也有一定的要求,例如"不违背社会道德言论""当然如果能抒发对于EXO的爱那是再好不过了"。这些细小的规则也从侧面体现了粉丝站这类自组织与社会、明星之间存在的特殊关系。

在这些活动中粉丝能够获得的奖品都与偶像相关。虽然奖品算不上丰厚,但这样一种集体欢腾的"仪式性"的竞争却能引起粉丝们的热情,而奖品也就带有了超出价格本身的意义。这些制度性的活动几乎已经成为每个粉丝站必备的"制度激励",可以在短时间内迅速的提高粉丝站内的活跃度,而这些往往成为粉丝们的狂欢"盛典"。

4.2.3.3. 非正式关系的建立:一种重要的维持力量

除了线上的激励活动,粉丝站的管理成员之间也会有线下的交往,进而能够超越网络建立起现实生活中的亲密关系。一是因为地域相近,减少了见面或聚会的成本,二是管理人员因工作需要而保持频繁的沟通:

> L:"因为都在北京嘛,经常见面比较熟,然后有的时候就这样了。我们就是有一个小的群,就只有几个人的小群……站子里也会有小圈子的,我就和那四五个人特别好。像我朋友说过一句话就是,划在我们圈子里的人不管你干什么都是对的,错的也是对的。我觉得好棒哦,被人罩了!"

> C:"刚开始的时候只有我一个翻译和一个时间轴,只有我们两个弄。我当时就跟时间轴的那个人特别好,因为我们也见过,那时候我们就是在我们自己的QQ群里就自称是CP……我去年去过一次重庆,活动嘛,她也去了,我们见过了。在那个时候她去韩国我也去韩国的时候

也见过了,见过两次,然后就属于那种就算'脱饭'了,大家也可以一起联系的关系吧。"

加入站子成为粉丝是结交朋友的一个途径,但是这种亲密关系建立得迅速却往往也是脆弱的。因为最初加入站子而互动的机缘都是喜欢同一个偶像,这也是这一个粉丝群体中的基本共识,一旦这个共识破裂,亲密关系就容易发生动摇:

C:"我觉得('脱饭'之后)是保持联系,但是就淡了。粉丝圈的关系真的是很微妙的。你们还喜欢同一个明星的时候会有很多共同话题,关系会很好,但是你一旦不喜欢了就……如果在你们还喜欢同一个明星的时候你们私底下的联络并不多的话那真的是断了就断了。"

尽管这种关系是脆弱的,但其逐渐建立起来之后就成为维系粉丝站成员间关系的一个重要力量。管理粉丝站等繁重的工作往往容易消磨追星的热情,而这时非正式关系成为使人们留在站内的重要原因:

L:"因为我现在本来也'脱饭'了,我就是偶尔出来帮帮他们。其实我主要也不是很忙,然后看他们今天说有翻译的东西我就帮忙,如果他们人不够还是怎么着。"

W:"我想过很多次退出啊,我大概从去年……8月,9月,就一直想说'我不干了',但是又一直觉得一个事情还没有了结,你不能把它半途而废。而且那时候也还有很多小伙伴在嘛,就觉得也还是得留在那的。觉得说,也干了那么久了,还是接着把它弄好。但是到今年,觉得太累了,还有就是'爱不动'了,而且最初一块儿开站的人都散了。走的走,不喜欢的就不喜欢了,也不经常在一块儿聚了,所有事情都是我一个人来做,就觉得没意思了。"

许多粉丝在"脱饭"了之后依然希望能维持这些非正式关系,而是否能够维持取决于这些关系的深厚程度,以及对粉丝真实生活世界的影响程度。当这些在粉丝世界中建立起的关系渗透到他们的现实生活世界中,二者发生了相当的重合时,这些关系的意义会超越追星这种行为本身。

4.2.3.4. 基于信任的特殊活动

在粉丝之间有一种特殊的信任,这种信任建立在对于同一个偶像的喜爱之上。而这种爱本身就带有某种"无私""奉献"的性质。这赋予了粉丝之间关系以一种神圣性,即人们不出于现实中对物质欲望的需求而建立关系,由此产生了粉丝圈内特殊的金钱活动——集资:

> W:"集资就是饭圈的一个传统了,比如说这个成员要过生日了,你靠一个站子去送他很多的东西,送不起。就是所有的饭会一起出一个声明,就是说谁谁要过生日了,我们打算给他做一个什么或买一些什么,要向大家集资。集来的钱我们就给他买礼物。"

当需要集资送礼的时候,粉丝站的负责人在网站上挂出通知,留下账号,粉丝们就会毫不怀疑地"奉献"出自己的钱财。而粉丝站送出的礼物若能被偶像使用,对于整个站子的成员来说都是莫大的激励。对于粉丝圈中那些"患难"的同志,粉丝们有时也会伸出援助之手,这种信任并不建立在双方深入的了解之上,而仅是一种"通感"式的理解就得以在相互之间产生亲人一般的情感体验:

> C:我觉得粉丝圈这些人还算是比较单纯的吧。刚开始像买票什么的都是直接把钱打给她们。有时候我同学就非常不理解,就把钱直接给了一个网上的人,也不是因为她们有信誉,就是觉得她们没必要骗我。
> Q:是因为都喜欢同样的人,然后大家在一起比较能信任对方?
> C:对,互相信任。
> Q:有共同语言?
> C:对,像亲人一样。

粉丝之间的这种信任是一个基于"共同信念"之上的纽带。粉丝们在粉丝站中隐去了现实中的其他身份,只以粉丝的身份沟通交往,这回到原始社会中人与人之间的状态——没有分化,没有异质,所以熟悉,所以信任。

这种最纯粹的信任在当下的现实社会中难觅踪影。都市中充斥的是形形色色的陌生人,他们相互既不了解也不信任,怀疑和利益博弈充斥在人与人的交往中,反而在这群被社会主流话语拒斥的粉丝中却能拥有信任的体验。

4.3. 粉丝自成秩序:身份区隔与认同构建

站子的制度与结构为粉丝的互动提供了良好的基础,而作为社群主体的粉丝们之间在互动中逐渐建立起身份区隔与群体认同,形成群体内部有序的秩序。

4.3.1. 偶像作为群体的核心

万千的粉丝得以汇聚在一个"社区"中的直接原因是对同一偶像的喜爱,无论个人的追星活动还是各式"粉丝组织"的成立,其实都是个人爱欲的表达。偶像作为一个群体领袖式的象征,填补了这些普通人在现实生活中缺失的"榜样"形象。榜样的力量及其卡里斯马的气质吸引着粉丝们团聚在一起,不断分化出结构与分工,他们相互之间的关系交错、发展形成群内网络和群际网络,"宗教式"的社群和现实生活世界最终重合成了一个新的共同体,一个存在与虚拟世界中,但却对这群粉丝有着深刻影响的共同体。

4.3.2. 身份的结构与重构:合理性的内化

媒体对粉丝们"疯狂"行为的大肆渲染,使得"粉丝"一词逐渐被污名化,被贴上诸如"疯狂""肤浅""非理性"等标签。相对于外界对 EXO 粉丝污名化的评价,作为群体的内部成员,粉丝们常常会自我解构"粉丝"的社会形象,给自己的行为寻找正当性,进而进一步内化"身份"的认同感:

> YC:"其实就我个人来说,我不觉得喜欢 Michael Jackson、Taylor Swift 就很高贵,喜欢五月天、陈绮贞就很小清新,喜欢韩饭就是脑残。我是觉得没啥,如果你是喜欢偶像、追星的人,同样都是音乐,只是形式不一样。韩国的组合是更追求视觉效果一点,但不代表粉丝完全是看脸或者说是看表演,也会因为喜欢听歌、喜欢听音乐。"

一个典型的策略是把追韩星的这种行为日常化、平常化。在韩流粉丝们

看来,追星只是日常活动中众多选择的一种。有位访谈者说道:

> 可能是平时太无聊了,我平时没有别的爱好,我不喜欢看书,就喜欢看电视剧和综艺节目,喜欢宅在家里,不喜欢出门……追星就是一种爱好吧,就像你喜欢读书或什么的一样,只是大家觉得追星比不上读书而已,你不追星,你也会看看美剧、看看电影。

粉丝们将"追星活动"解构塑造为日常化的活动,类比为一种爱好,视作一种填补生活空虚的方式。除了日常化的策略之外,内部化往往也成为一个显著的心理策略,即认为追星这件事情是一件个人的事情,只要不影响到他人就是无可非议的:

> 我们追星是我们自己的事情,又不花你的钱,我们自己做我们自己的事情,又不干扰到你们的生活,我觉得一般网络上大部分,百分之八九十对于EXO粉丝做出负面评价的都是男的,我就把这个归结为羡慕嫉妒恨。

网络及媒体的报道常常刻意凸显粉丝的"疯狂行为",逐渐把粉丝塑造成一种"着魔的个体"或者"狂热分子"的形象(Jensen,1992),甚至经常出现一些不实的报道。对于媒体舆论造成的压力,了解"事实真相"的粉丝对于媒体评价的姿态或刻意忽视或对抗,消解媒体话语在粉丝圈内的正当性,进而达到去污名化的效果:

> C:"媒体的东西真的好多都不能信的,我就从来不在乎这些,我觉得自己开心最重要吧。"
>
> W:"(媒体的报道)就是很失实啊,不管报什么都很失实。我觉得你很难去改变一些人的想法。但是他们报你不好,对你也没什么影响啊,我该过我的生活还是过我的生活……我觉得应对这种失实的报道最好的办法就是你不要去理它,不要就是像被踩到什么痛处了一样就奋起反抗,然后去做出一些很过激的反应。"

通过日常化、行为性质内部化、消解媒体话语的正当性等策略,粉丝们内部对"粉丝"身份去污名化,达成了对于"粉丝"形象新的界定,加强了对"粉丝身份"的认同。

4.3.3. 群体认同:身份区隔与边界的构建

个体认同在心理上提供了追星行为正当性的基础,使粉丝们对于追星亚文化的认同内化。而群体认同则提供了粉丝一个共同的身份,通过归属感进一步加强粉丝之间的关系。在虚拟的网络空间中,以各种社群为单位的粉丝是如何互动并产生群体认同的,这关系到粉丝生态网络的核心问题。

在布迪厄处,对现存秩序的合法化是通过各式各样的分类系统完成的。"趣味会分类,也会去分类分类者。"(布迪厄,2002)人们通过各种分类的方式认识、评价自我与他人,当分类由一套规范清晰的制度确立下来时,群体之间的差异也就被凸显和维持了。费斯克继承布迪厄的路径,指出迷群体会制造群体的边界,突出迷群体内部与外部世界之间的区隔(费斯克,2006)。

个体会通过社会分类,对自己的群体产生认同并产生内群偏好和外群偏见。社会分类既是一种个体界定自己社会位置的方式,也是个体社会认同的基础条件。对于粉丝群体来说,无论是粉丝站还是整个粉丝圈,划分边界对于构建成员的集体认同感都是十分重要的。

4.3.3.1. 自我命名及符号的生产

独特的命名意味着新事物的产生,名字本身作为一种话语上的区隔制造了一种身份边界。在粉丝圈中流行着自我命名的"传统",即粉丝们会给自己的群体起名,并在特定的群体内制造出一系列群体内共享的话语体系,从各个粉丝团的名称到特殊追星活动的特殊称谓,无不体现着粉丝们的智慧。

以本研究所选择的粉丝站个案为例,该粉丝站的名字为"「L. O. V. EXO」Burning Life for EXO",前半部分借用了 love 和组合名 EXO 头尾重叠的 e 字,实意即"love EXO";后缀"Burning Life for EXO",则直接表达出粉丝对偶像的态度。

此外,从整个粉丝圈来看,粉丝给本群粉丝起名的传统从 2005 年超级女声现象中的"玉米""笔迷""凉粉"以及"盒饭"等蔓延开来,逐渐成为每个粉丝团的基本配置,是一个粉丝团在粉丝圈内存在的象征性的基础之一。在 EXO 粉丝群体中也存在类似的行为,他们生产出一套群体独有并群内共享的话语系统。

EXO 粉丝对外有一个统一名称"行星饭",名字源于娱乐公司对组合名字的由来给出的解释。[①] 此外,组合中的每个成员都有自己专属的粉丝团,粉丝团的命名由粉丝们自定义,一般会选择偶像突出的特征或者是取偶像名字的谐音来命名:

> L:"这个(粉丝名)是粉丝自定义的。因为他们是韩国的嘛,官方不可能说你中国喜欢朴灿烈的饭叫什么名字,都是粉丝自己取的。比如朴灿烈刚出道的时候头发是那种'大妈卷'(用手比卷发的样子),他们灿烈吧就是会有一个名字叫泰迪,就是喜欢朴灿烈的饭就叫泰迪。"

除了较正规的对外名称之外,EXO 的粉丝内部还有众多对偶像的爱称、团名:

"预告团难产团"(23 个预告历时 100 天)、"双子团"(一分两头本是太阳般一体结构)、"爱咳嗽饭"(发音相似)、"吃喝团"(一晚上吃了正餐、KFC、西瓜、冰激凌、饮料)、"旅游团"(在洛杉矶和伦敦进行了组团旅行)、"奇葩团"(出道仅数月就把 SM 苦苦经营的形象都毁了)、"卖萌团"(没有一个团员不萌的,傲娇白、萌鹿鹿、二兴、毛灿、眼白富翁嘟嘟……)[②]这套话语基本只在 EXO 歌迷内部通用,只有资深的粉丝才理解其中的含义,而新晋的粉丝需要学习这一套话语体系才能在网络社区中顺利交流。

粉丝对于自我的命名以及符号的生产不仅表达了对于偶像的爱意,更显现出粉丝群体的生产力。符号生产的过程无不彰显出粉丝们的智慧和主动,她们挑选粉丝们喜欢的偶像的特征作为群体的名称,把偶像称呼为"我们家×××",表面上是以偶像为中心,实际话语的权力牢牢地掌握在自己的手中。

4.3.3.2. 内部的区隔划分

在对迷群体的划分上,通常是按照其卷入程度将其划分为轻度迷、中度

[①] EXO 从意为太阳系以外的外部行星的"Exoplanet"一词中得来,蕴含了"他们是从未知的世界来的新星"之意。

[②] 以上资料整理自 EXO 百度贴吧。

迷和高度迷(徐波,2013:16),根据不同着迷的程度,粉丝会表现出不同的行为,行为本身也是区隔的标准之一。韩饭圈也有一套类似的划分体系,这套划分不仅依据粉丝的情感卷入程度,也根据粉丝与偶像之间距离上的"亲密程度"区分,并以该群体典型的表征作为饭群的名字划分出了三大群体:屏幕饭、现场饭和私生饭。

屏幕饭指的是那些指只在电脑、电视、手机等设备上以看视频、听音乐或者刷论坛的粉丝。这类粉丝不经常参与现场实地的追星活动,例如接机送机、到现场去做应援等,但他们是众多网络社群中的主力军。现场饭不仅仅满足于在电脑屏幕上"接触"偶像,他们不断追求在现实生活中能够亲眼一睹偶像的风采的机会。通过接触偶像在舞台之外的生活,对于偶像的喜爱从其表演扩散到更大范围。私生饭属于粉丝圈内"疯狂"的代表。他们不仅在明星工作场合出现,还企图窥探偶像的私生活。这类粉丝往往有很强大的占有欲,以至于做出许多即使在饭圈看来也是疯狂的举动,因此这一群体在粉丝圈并不受欢迎。

> SM家的私生饭都很严重。私生饭在中国还好,韩国很恐怖的,从早到晚跟着他们,一有机会就上去摸他们,然后寄东西。比如说他跟这个女演员合作了,她们会寄死猫给这个女演员。私生饭会做很多很多的事情,监视他们的生活,让他们过得挺不快乐的。

粉丝们内部的区隔使得其世界丰富多彩。他们之间相互区别,有矛盾和冲突,也有信任和情感,这些都是粉丝们的真实生活。

4.3.3.3. 制造他者

在粉丝的自我界定体系中永远存在一类处于最低等级的"脑残粉",这类脑残粉并没有特定的群体指定,而是粉丝们创造出的"他者"。粉丝把所有负面的特征与评价都集中在这些"他者"的身上,进而区分出自我,从而赋予自己以正面的形象:

> C:"有时候确实有一些EXO的饭脑残这样的,我也不属于脑残的那种,所以我也不在乎这些,但是其实确实有那样的。小孩儿嘛你没办法,也不是说他脑残,他可能就是喜欢,你也没办法,做一些不太什么的事,这也能理解,那些我都不是很在意……"

YC:"我觉得大家对韩饭的鄙视性特别强,但我不是那种因为喜欢韩饭就觉得韩国人很好的人,就不是他们所说的那种脑残粉。"

　　"他者"的存在本质上是社会规范的产物。与他者对立的一方代表的是中国社会主流价值所提倡的理性与秩序,而"脑残粉"的存在分担了粉丝们追星行为所承受的社会压力,即使他们没有表面上觉得自己不在乎外界的评价,但当他们把自己与"脑残粉"区分开来时,实际是默认这样一套社会规范。

　　通过独特符号的生产与共享,粉丝们在话语上制造出内外群体的边界。在交流与互动中使用同样的语言带给粉丝们以相互之间的认同感,以区别于外部的其他群体。而在粉丝内部,也基于卷入程度或者行为表征上的差异而形成了区隔。其次,粉丝们通过制造他者维护了本群的形象,加强了对于群体的认同与归属。粉丝逐渐归属于不同的群体,纷纷在粉丝圈的大生态圈中找到自己"安身立命"的位置,最终,粉丝社会得以成群。

4.4. 小结

　　如果说从普通人到粉丝是一个情感上转变的过程,那么从着迷到成群则是一个中观意义上的社会形成的过程。

　　一个粉丝的发生过程揭示了一个普通人是如何从情感上、身份上和关系上变成粉丝群体的一员的过程。一个非粉丝的"普通人"在网络时代暴露在大量的信息轰炸之中,很容易接触到"迷文化"的各种信息,当信息逐渐被内化和接受时,一个"普通人"便成为了"着迷"的一员。

　　面对现实中媒体与大众舆论的双重挤压,出于情感与理性的双重诉求,成为"粉丝"的个体们逐渐聚集,利用网络参与生产制造出一个个供粉丝们交流、互动的平台。本研究从一个粉丝站入手观察,发现粉丝站有一套制度化的模式,粉丝站中的粉丝通过任务上的分工、结构上的分层和流动、非正式关系的建立以及各种制度化的激励,构建起粉丝站中的"社会秩序"。此外,粉丝话语体系的生产、身份与认同的构建也作为维持社会秩序的重要力量在"成群"的过程中发挥了重要影响。

　　一个粉丝的发生过程,从着迷到成群背后暗含着社会如何可能的想象,也提供了一个反思现实社会的契机。粉丝并不是一个新生事物,但网络时代的粉丝的形成却承载着当下的社会现实。在文章的前半部分,我们从粉丝站这一中观层面入手,分析了一个粉丝的发生过程,若从粉丝的网络社区向外推开,则是一个更为广阔的文化工业体系,而集生产和消费于一身的粉丝则是其中不可或缺的一环。

5. 一个更为庞大的运转机制:从粉丝到文化工业

粉丝圈的形成、粉丝站的建立和运转以及粉丝成为粉丝的背后,是一个庞大的文化工业。娱乐公司、明星以及粉丝共同建构了文化工业:娱乐公司是文化工业中的生产者,它们垄断了流行文化的生产,通过一整套成熟的造星模式进行明星的流水线式生产,并据此获利;明星是文化工业中的产品,他们被包装成一个个令粉丝喜爱甚至为之疯狂的对象,扮演着娱乐公司为其设计好的角色,并据此获得人气;粉丝是文化工业中的消费者,他们消费着流水线上生产出的复制品,是整个文化工业得以运转和发展的动力,粉丝又同时是文化工业中的生产者,他们不断生产着属于自身的符号语言和与明星相关的衍生品,创造出一个新的场域,使粉丝成为一种身份,使追星成为一种生活方式,并在其复制过程中生产更多的粉丝,使文化工业得以生存和发展。这三者各自功能的发挥以及他们之间的互动共同推动了文化工业的壮大。

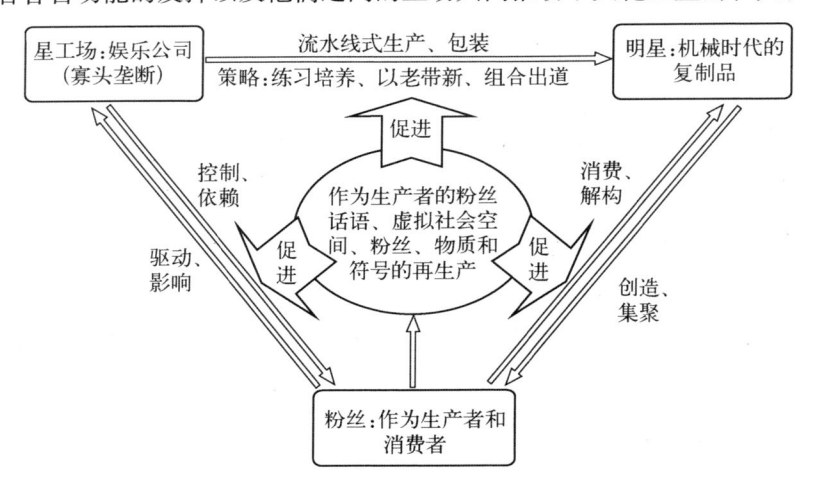

图 7　粉丝文化工业整体运作机制

上图是本文基于调查和理论分析所勾勒出的整个文化工业的运作机制。其中包含了三大主体,它们各自功能的发挥以及相互之间的作用和影响促使整个文化工业得以运转。下文将分别以娱乐公司、明星和粉丝为分析对象,对各自在文化工业中所扮演的角色、发挥的作用以及三者之间的互动进行分析。

5.1. 娱乐公司:流水线式造星"梦工厂"

由于本文所研究的组合由韩国三大娱乐公司之一 SM 公司推出,且韩国娱乐业以音乐唱跳类明星的造星模式最为成熟,本文将以韩国娱乐公司的造星模式为例,结合有关 SM 公司造星模式的学术研究和新闻报道,分析其流水线式明星生产模式。

韩娱公司有着一整套成熟的造星模式,它们将普通人打造成万人追捧的偶像巨星和天团,创造着无数造星奇迹。在韩娱公司中,SM 公司、JYP 公司和 YG 公司为三大巨头,它们均在近 20 年"韩流"的兴起过程中发展壮大,以音乐和舞蹈类明星的企划和生产为主要项目,被人们称之为造星"梦工厂"。

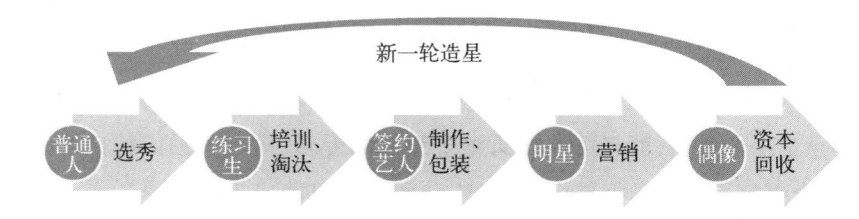

图 8 韩娱公司造星流程

如上图所示,韩娱公司的流水线式明星生产可分为五个阶段:首先是选秀阶段,公司通过选秀类节目、国内外公开试镜选拔等方式挑选具有才气和潜质的年轻人进入公司;随后是培训阶段,公司对这些"练习生"进行全方位的"魔鬼式"才艺培训,并定期举行公司内部选拔会和淘汰赛,只有极少数具备天赋、才艺和毅力的人才能在经历漫长的训练期后与公司签约、正式出道;随后是制作阶段,公司根据个人特点为其定制演唱风格,并据此对个人进行包装,配备优良的制作团队为个人定制符合当下流行风格的歌曲;再后是营销阶段,公司在为明星确定其市场并预估其身价后,通过专辑发售、媒体宣传等方式将明星推销出去,保持其曝光率,让更多的人认识并喜欢他们;最后是资本回收阶段,公司在前四个阶段为造星投入的人力、财力、物力均要在明星投放市场、为大众所接受后收回,公司在明星成名前与其签订苛刻的条约,大部分公司会抽取其合约期内一半以上的收入,并将之投入新一轮的造星工业。

在整个造星过程中,娱乐公司的目标是打造出人气高的偶像明星,从而为公司赚取更多利益。为实现这一目标,娱乐公司发展出以下几种策略。

5.1.1. 重磅打造组合,总有一个符合你的口味

韩娱公司将工作重点放在组合的打造上,选择外形、气质相近但才能各异的练习生组成组合,并斥巨资对组合进行包装。对此,韩娱公司基于两点考虑。首先,组合相比单个艺人而言,更具多样性,可满足不同人群多样化的需求。公司为组合内不同成员设计了不同的"担当"①,令其扮演不同的角色,有长相俊俏的"门面担当",有活跃现场的"气氛担当",还有舞姿过人的"舞蹈担当"。公司还会相应地根据成员特点和粉丝的喜好进行成员配对,组建CP②,例如EXO组合中有"驯鹿"(世勋和鹿晗)、"惨白"(灿烈和白贤)等多对CP。这些CP因迎合当下流行的"腐文化"、满足粉丝的幻想而大获粉丝追捧,一些粉丝还创作了与其相关的同人小说,红极一时。这些都对提升成员以及整个组合的人气起到了促进作用。

其次,在营销环节,组合的形式可大幅提高公司利润。只要粉丝喜欢组合中至少一个成员,就有可能购买整个组合的专辑、周边产品。相比个人而言,组合更容易将自己推销出去。SM公司之所以能成为韩国娱乐产业中的巨头之一,靠的就是其成功推出的五代"天团",即第一代的"H.O.T",第二代的"神话",第三代的"东方神起",第四代的"Super Junior"和"少女时代"以及第五代的"SHINee"和"F(X)"。每代"天团"都为下一代明星的发展提供了资金支持,并使公司越做越大、越做越强。

5.1.2. 周期性投入和经营,以老带新

在文化工业中,没有始终处于巅峰的明星或组合。在明星生产的流水线上,新明星的生产和走红与旧有明星走下坡路同时发生,而娱乐公司则利用

---

① 指某艺人在某方面能力突出,此人便是整个组合中相应业务的"担当"。
② 即character pairing,源自日本腐文化圈,起初特指"耽美"。此处的CP指同人配对。

明星的周期性交替规律,将旧有明星所创造的收益投入新一轮的明星制造,投入更多的人力、财力、物力,不断推出新的明星,为大众不断带来一轮又一轮的流行风潮和感官刺激的同时,为公司创造更高利润,赢得更多声誉。在周期性生产过程中,公司不仅依靠旧有明星所创造的经济利润,还借助其仍然存在的影响力为新人造势。公司会令新人在出道前参与其公司当红明星的 MV 拍摄、演唱会伴舞等活动,使公众对这些新人有一定的印象,从而为其正式出道铺路。

5.1.3. 营造神秘感,勾起粉丝的兴趣

娱乐公司在新人出道时采取各种策略吸引大众的关注,其中以营造神秘感最为成功。以 EXO 出道过程为例,SM 公司于 2011 年 12 月公布其公司将有一个组合出道的消息后,在 100 多天的时间中陆续放出 12 个成员的 23 支预告片,在这期间,粉丝对该组合成员的好奇和期待不断增加,越来越多的人对该组合感兴趣并参与到与该组合相关的话题的讨论中,使 EXO 在未出道时就收获了大量的关注和人气。在艺人正式出道后,公司还会为一些明星指定"高冷"路线,刻意保持明星与粉丝之间的距离。明星的"高冷"路线会增加其神秘感,使粉丝更为珍视与偶像的接触,从而促使粉丝更加疯狂地追随偶像,为其付出。

5.1.4. 与电视台合作,通过综艺展示明星"真实"一面

韩国娱乐公司造星流程中最为重要的一环是增加新人在电视、网络等媒体上的曝光率。为实现该目标,娱乐公司往往与电视台进行合作,使新人有更多的机会出现在电视台的各项综艺节目中,展现在观众看来更加真实和具有生活化的一面(这些展示实际上也是经过娱乐公司精心包装的,实际上也是其角色扮演的结果),从而让更多的人认识并喜欢上他们。而电视台也通过明星在综艺节目中的出演实现其高收视率的目标,电视台与娱乐公司在合作中实现了双赢。

综合上述分析,娱乐公司在整个文化产业中处于主导地位,它通过生产和控制明星间接操控大众的审美和喜好,进而垄断流行文化。娱乐公司的利益倒向及其所处时代赋予其大批量文化生产、复制和传播的可能性,使其标准化明星生产及其配套的文化消费品的生产成为现实,而在实践中摸索出的一整套造星策略又不断帮助其扩大影响力和控制力,在文化产业的周期性循

环中不断壮大。正如霍克海默对文化工业的描述："在垄断下的所有的大众文化都是一致的,它们的结构都是由工厂生产出来的框架结构。"(霍克海默、阿道尔诺,2006:113),娱乐公司作为造星工厂和大众文化的生产工厂,它所生产出的标准化、程式化的产品逐渐进入大众的生活领域,在塑造着明星的同时也在塑造着这个时代的娱乐文化。

5.2. 明星：机械时代的复制品

在文化工业中,明星是流水线式造星工业的产品,他们是机械时代的复制品。在本雅明有关机械复制时代的论述中,他将19世纪技术复制所取得的新进展下所出现的艺术的复制品和电影艺术作为分析对象,认为机械复制艺术逐步进入大众文化领域。本文借鉴其观点认为,在大众现今所处的机械复制时代,复制品已不仅仅限于艺术品,明星也成为一种复制品——通过娱乐公司的标准化流水线式包装,被赋予了流行符号意涵的明星被生产出来,用以满足大众消费并为其生产者带来收益。

5.2.1. 明星作为复制品：被操控的表演者

明星作为复制品,需要在公众面前扮演娱乐公司为其设计好的角色,其真实的个性和思想必须被掩盖。在韩国,新人出道时不能自由选择曲风,甚至不被允许演唱自己创作的歌曲,而必须按照娱乐公司为其定制的歌曲和表演风格进行表演。许多歌手怀揣着音乐梦想进入娱乐公司并经历残酷的训练期,但出道后却不能按自己的想法发展,在合约压力下被迫做出一系列与自己的想法不同甚至相反的事情。不仅如此,明星的外形、言行举止,甚至性格均不能由自己支配。他们在摄像机、相机、粉丝面前展示的是一个相对于他们自身来说陌生的自我——他们成了机械复制时代的木偶人,牵动着他们的是娱乐公司、粉丝以及整个文化工业。

借鉴本雅明对电影演员的剖析："电影演员知道,当他站在摄影机前时,他就站在了与观众相关联的机制中,而观众就是构成市场的买主。"(本雅明,2002:107)明星们同样明白,自己在被大众所消费,为了能够更好地被大众所认可,他们只能顺从地被娱乐公司控制,扮演好自己的角色。

5.2.2. 作为复制品的明星：卡里斯马式的象征

作为复制品的明星，是整个文化工业最为突出的成就。他们对粉丝来说是一个群体领袖式的象征，其所具有的魅力、感召力和影响力之大前所未有。明星的魅力来自多个方面，包括外貌、才艺、性格、个人经历等。正如前文提到的最简暴露效应，对处于机械复制时代的大众来说，明星的高曝光率使大众极易为某个明星身上的某种魅力所吸引，进而一步步成为粉丝，成为忠实的流行文化消费者。

明星对于粉丝而言，其影响力是不可估量的。粉丝将明星视为精神支柱，他们在一系列追星活动中获得精神激励。例如，受访者 W 在谈到站子为 EXO 所做的现场应援时说：

> 大家可以做一个很大的灯幅挂在那儿，然后明星肯定知道这是哪个站子做的，他就算是对着那个灯幅挥了挥手，那个站子的人就会说，"哦，我的付出他看到了"。

可见明星为粉丝带来的精神上的满足感以及追星活动为粉丝带来的乐趣和快感。明星所具有的感召力，表现在明星对粉丝所产生的聚集作用。粉丝的追星活动之所以能产生如此大的规模和影响力，与其依靠明星所具有的感召力所建立的组织化团体密切相关。粉丝站等组织的建立，使追星活动有了一套模式，并将单个粉丝所具有的微弱的力量聚集起来，形成具有影响力的组织，发出属于自己的声音，开辟出一条新的粉丝与明星之间的互动的途径。

5.3. 粉丝：消费者和生产者

粉丝是文化工业中规模最为庞大，也是最为重要的组成部分，是整个文化工业得以运转的关键。在整个文化工业链中，粉丝是被动的消费者，将娱乐公司生产出的明星作为产品进行消费，被动接纳娱乐公司所认同和设计的流行文化，并以此作为模仿和追捧的对象。然而，粉丝也具有能动性，他们还是文化工业中的生产者。在粉丝站等社群建立起来后，粉丝所具有的影响力得以汇聚，开始进行物质和符号的再生产，对整个文化产业产生了重要的影响。

5.3.1. 作为消费者的粉丝

作为消费者,粉丝在消费着流水线上生产出的复制品的同时,其本身所具有的个性、思想也在逐渐消失——伴随着明星的复制而发生的,是粉丝的去个性化和标准化。粉丝被霍克海默所批判的具有单向性的文化工业所操纵,成为"单向度的人"(马尔库塞,1989)。在文化工业中,大众在被卷入流行文化的同时失去了自我判断能力和审美:"个人完全可以在各种各样的感性经验与基本概念之间建立一定的联系;然而,工业却掠夺了个人的这种作用。一旦它首先为消费者提供了服务,就会将消费者图式化。"(马尔库塞,1989:111)消费者被文化工业中的生产者所牵引,追赶着它们所设定的流行文化,逐渐地具有了相同的审美、态度和消费方式。然而,粉丝并不是没有意识到娱乐公司对明星的操纵。在访谈中,多位受访者对娱乐公司的造星经过进行了详细的叙述:

> C:"其实大家都明白,明星表现出来的东西可能不是他真实的一面,说实话我不相信是真实的一面……从屏幕里面要了解一个人真的很难。可能是你觉得他表现出来的他就是这样的,但可能他实际上是什么样的人说实话你不知道。"

然而,他们为何仍然深陷于流行文化之中,追星热度不降反升呢?正如阿道尔诺所说:"(消费者)以一种自我安慰的方式促使他们的眼睛视而不见,促使他们的声音表示赞成。如果不接纳它,一旦他们不再依附于实际上什么也不是的那种满足,他们就会觉得,他们的生活完全是不可忍受的。"(阿道尔诺,2000:202)当大众已经被卷入流行文化之中,当粉丝已经被明星所具有的魅力所吸引,当粉丝已经将明星视为自己的精神支柱,他们就很难逃脱文化工业的控制,因为文化工业所生产并将每个卷入其中的人包围的空虚感,使个人的任何试图脱离它的尝试都变得徒劳,个人只能"以自我安慰的方式"对现实"视而不见"。在访谈中,受访者 L 这样讲述她的感受:

> 前线平时私底下爆料好多的,各种"黑暗料"什么的,但是你可以选

择不信。你听着感觉特别扯的,就算它是真的,我也不会信这种,喜欢的人在你脑子里永远是一朵白莲花!

可见,粉丝消费的不仅仅是娱乐公司设计出的标准化产品,还是经过个人主观建构的理想化形象。受访者 C 这样表述她参与现场活动的感受:

> 我看到明星的时候,(明星)都是最好的一面。我见到明星的时候肯定也是想表现出自己最好的一面。

粉丝在明星面前的角色扮演同样是一种自我安慰,受访者 W 更是深刻地认识到明星与粉丝之间的角色扮演:

> 你(明星)的职业就是站在那让所有人都开心、高兴,给别人一种赏心悦目的感觉。我喜欢你我可以为你做一些事情,我花钱能够从中得到这种赏心悦目和高兴的感觉。但是如果你一旦打破了这种角色然后让我觉得你没有做到位,你传播了一些负能量给我,我处在这个圈子里让我感受到一些很不愉快的事情,我就觉得没有必要花这个钱受罪了。

然而,正如上文所分析的那样,她在"脱饭"后并未逃离大众文化,而是选择打网络游戏填补生活的空虚,可见文化工业已经深深地将大众作为消费者嵌入其整个运转机制之中——机械复制时代被生产而出的大批量艺术复制品正等待时机,个人只要稍有闲暇,它们便会"乘虚而入",用新的空虚填补原本的空虚。

5.3.2. 作为生产者的粉丝

然而,粉丝在整个文化工业中并不完全是处于被动状态的人,他们所具有的能动性同样在影响和改变着整个文化工业。粉丝在追星的实践中建构着一套属于自己的话语体系,其中包括了对偶像的昵称、粉丝间互动的特定网络用语、应援口号等——它们将粉丝与其他人区别开来,赋予整个群体以社会意义,在粉丝与其他群体的互动中表现出来,使粉丝群体为社会所认知。

与此同时,粉丝还通过物质和符号的生产标定自我,并以此与明星和娱乐公司互动。粉丝所进行的物质生产包括建立具有纵向权力结构和横向功能分区的制度化粉丝团和粉丝站,生产明星周边产品;粉丝的符号生产是指粉丝对自我的标识,包括对自己所属粉丝群体的命名、对不同类型粉丝的标定、制造他者以及去污名化等。粉丝的物质和符号生产使粉丝真正发展为一个实体,使粉丝参与到明星的塑造过程中,使追星活动由娱乐公司单方面控制的过程变为粉丝全方位参与和影响的活动。

粉丝所生产出的生活方式正在影响着越来越多的人,将越来越多的人复制为标准化的粉丝。粉丝追星的方式正在变得程式化:对明星信息的搜集、与明星的互动方式、对明星的应援等各项活动均发展出成熟的流程和机制。以本文所研究的粉丝站为例,其早已形成一套涉及粉丝站结构、分工和日常工作流程的成熟模式,而粉丝站内部的等级流动、非正式关系的建立、仪式性激励建筑起一套社会秩序,使粉丝圈成为一个微观的社会结构。粉丝在进入粉丝圈、加入站子后,能够迅速习得前辈所积累的这套追星方式,并逐步使其内化为自己的生活方式。在粉丝生活方式的复制过程中,越来越多的粉丝被生产出来,成为大众文化消费者,进入新一轮的文化工业的运转机制中。

通过粉丝的上述生产活动,粉丝建构起一个独立于大众文化场域的粉丝场域。粉丝的行为开始具有自主性。他们所生产的符号、话语体系以及实体化组织不再完全取决于娱乐公司和明星;粉丝与娱乐公司之间的关系也发生了改变,当娱乐公司所做出的一些事情令粉丝感到忍无可忍时,他们也会向娱乐公司提出挑战,试图改变娱乐公司的行为;粉丝与明星的关系也发生了改变,粉丝不断拓展与明星互动的方式,他们也在影响着明星的言行举止。在粉丝场域中,粉丝之间也建构起复杂的关系系统。借鉴布迪厄所述场域概念的一个重要特征:"各种场域都是关系的系统,而这些关系系统又独立于这些关系所确定的人群。"(布迪厄,1998:145)以本研究所涉及的粉丝站为例,其内部存在五个层级的职位,即站长、管理、组长、组员、普通会员,虽然这些职位上的粉丝存在很大的流动性,但是这五个层级始终存在并在站子的运营过程中发挥着各自的作用,使站子朝着更具声望和人气的目标发展。粉丝场域的建立,不仅表现出文化工业发展已进入了一个新阶段,而且预示着粉丝在整个文化工业中所扮演的角色和所处的地位的改变。

由以上分析可见,粉丝不仅是文化工业中的消费者,还是生产者。从这一层面来看,在现今社会,阿道尔诺所批评的文化工业对大众的精神"绑架"

已不再绝对:"大众绝不是首要的,而是次要的:他们是算计的对象,是机器的附属物。顾客不是上帝,不是文化产品的主体,而是客体。文化工业使我们相信事情就是如此。"(阿道尔诺,2000:198)一方面,本文认同阿道尔诺所述文化工业中大众的被动性,承认与文化工业的发展相伴随的粉丝的去个性化和标准化的存在,粉丝确实成为通过消费流行文化填补精神空虚的复制品;另一方面,本文认为粉丝不是单纯的客体和机器的附属物,其在整个文化工业中的地位也不是次要的,粉丝所具有的消费力和生产力使其成为整个文化工业中最为关键的一环。

5.4. 小结:从肤浅到深刻

文化工业生产出了一套肤浅的追星模式。明星作为大众消费时代的"复制品"背负着受众期待驱动之下娱乐公司赋予其的角色定位,而粉丝所痴迷和追求的不过是脸谱化的外表和性格特征。将粉丝与偶像关联起来的纽带归根结底是一种快感式的文化生产。在传媒和影像高度发达的今天,荧屏成为虚拟的舞台,越来越多的粉丝只能在虚幻中寻找真实,从"薄"中寻找"厚"。此外,信息的爆炸虽然使粉丝站有机会直接面对诸如娱乐公司、媒体、主办方等组织机构,获取更多的资源,但是这种社会网络结构的平面化也使粉丝站面临更大的不确定性。从粉丝的生存状态的意义上讲,在"铁打的明星,流水的饭"的逻辑中,粉丝始终是流动的,即使是最"忠诚"的粉丝也同样无法避免被"漂浮的"生活和碌碌无为、人云亦云的虚无感裹挟。此外,基于互联网的虚拟社会交往逐渐取代了面对面的互动,使粉丝群体内部的人际关系变得异常脆弱。在马克思口中"一切坚固的东西都烟消云散了"的时代中,商品化、符号化偶像的发展使这个高度体制化的世界至少在表面上重新"变得有意义"成为可能。然而,偶像看似为粉丝提供了一个精神上的归宿与依托,但是它的脆弱性最终使得粉丝作为一个独立的个体,陷入"平面化生存"状态中。经由粉丝的生存状态反观自身,我们发现,现代人关于生活的绝大部分思考来自流行,无论这些东西多么刻骨铭心,但归根结底是飘忽不定的、没有根的。

另一方面,与文化工业带来的肤浅性同时存在的,是追星活动的深刻性,这种深刻性存在于个体和社会两个层面上。在个体层面上,追星作为一种看似普通的消遣活动,正在深刻地改变着粉丝的生活轨迹,成为其生命意义的来源。经文化工业包装后魅力十足的偶像给整一化社会梦想破灭后或仍处于迷茫之中的人群理解这个世界、建构自身主体性和宣泄情感提供了实际的可能与途径。粉丝在接触明星、喜爱明星再到内化追星行为的整个过程之中,通过精力的投入、符号的生产、"他者"的建构等途径满足了自身资源获取以及寻求自我表达与归属感的需要。此外,粉丝通过调动和组织情感的投入可以建构出个人身份和权力感。正如克罗斯伯格所说的那样:"粉丝对于某些实践与文本的投入使得他们能够对自己的情感生活获得某种程度的支配权。"(Grossberg,1992)

在社会的层面上,粉丝站某种程度上可以被看作是一个共同体。在这个共同体中,涂尔干式的社会团结得以实现。粉丝站中,站长—管理—活动组—会员的层级性的组织结构框架、由多部门支撑的复杂的工作流程、共享的规则和价值观共同建构出了其中的"秩序"。共同体中策略的运用增强了群体的凝聚力:等级的流动策略、仪式性的激励策略和规范化的"制度"一起维持着共同体的存在和正常运转。此外,非正式关系的建立使得粉丝在建立信任感的同时扩展了自身的社会网络,收获了更多的社会支持。在这种意义上,聚集了资金、人才、声望等资源的粉丝站构成了一个微观意义上的"社会"。

6. 社会运动之可能

从个体的着迷到成群,粉丝们结成一个涂尔干意义上的共同体,粉丝们完成了社会群体的自组织模式,这一自组织模式,有着社会运动所需的一切条件。

新社会运动的资源动员理论认为,社会运动的资源组织化程度是决定一项运动成败的关键,而其中的资源可以包括有形的金钱、资本和设施,也可以包括无形的领袖气质、组织技巧、合法性支持等(冯仕政,2003)。在此基础上,新资源动员理论还从资源动员的分析维度扩展到成员动员和框架动员上,强调了非正式关系、话语、意识形态等在动员过程中的作用(石大建、李向平,2009)。与此对应,先前展现的粉丝从着迷到成群的整个过程,实际展现了粉丝群的自组织机制,而其中具备了社会运动的一切条件。

以粉丝站为例,在有形资源上,群体领导(站长)以粉丝的身份投入金钱,粉丝站的工作人员愿意投入大量的时间与精力,粉丝站与其他站子之间网络关系的发展带来的网络资源等,提供了社会运动的资源基础。除了有形的资源,作为群体核心的偶像展现卡里斯马气质将粉丝们凝聚在一起。粉丝站内部利用抢楼活动等特殊的组织技巧进行仪式性激励,加强群体的活跃程度和凝聚力。同时,粉丝内部通过符号的生产、制造他者、粉丝身份的去污名化等策略提供了内部合法性的支持。

除了充分的资源外,社会运动作为一项集体行动,其产生离不开最基础的参与者。社会运动组织的正式网络和非正式网络对于成员的动员共同发挥着重要作用(石大建、李向平,2009;Snow et al.,1986)。粉丝站等粉丝网络社群通常具备一定的岗位结构以及等级的分化。以本研究的个案为例,粉丝站在纵向上区分出五个层级,横向上依据功能划分出不同的岗位。这些分化为在粉丝间建立起正式关系提供了一方面的支持。如今粉丝追星日益演变为集体活动的形式,而粉丝们在日常追星活动中建立起的种种非正式关系不仅是粉丝日常集体追星活动的一个重要动员机制,也成为维系粉丝站的重要力量。粉丝们不断嵌入各种社会关系之中,而这种人际关系网络提供了成员动员的另一个重要渠道。

除了资源、组织方式等,话语、意识形态以及情感等对于社会运动的产生也有重要作用。它们一方面提供了作为行动指引的目标,另一方面完成了群体的团结机制,而这是一个群体具有集体行动的关键之一。粉丝们通过符号以及话语体系的生产进行内部区隔并构建了群体认同,同时,粉丝站等粉丝网络社群的制度设置推动了群内秩序的形成,粉丝进一步结成一个团结且有秩序的群体。

资源、参与者以及内部团结的具备,使得这群有组织的粉丝具有了发起社会运动的可能性。我们常常将粉丝现象看作肤浅的,对粉丝们的各种行为采取轻视的态度,但这一群体却在当下的中国社会中不断壮大,并已经形成了不容小觑的力量。在粉丝群体所引发的群体性事件中,也逐渐显现出一条从集体行动到社会运动的脉络。

由于网络是信息传播的集散地以及大多数人追星的起始点,最初粉丝们的活动主要集中于网络。对于粉丝来说,网络成为真正的社会舆论平台,时刻产生与表述着每个人内心的真实想法。在网络中,粉丝个人的意见和情绪一经发表很快就会得到他人的回应,一己之见在群体中得到加强。一开始仅仅是个人的某些偏向,在商议后,群体成员朝偏向的方向继续移动,最后形成极端的观点。在这种"群体极化"现象(James, Finch, 1961)的影响下往往爆发出大规模的集体行动。近年来的"爆吧"①事件就是最好的例证。这种大规模的有组织的集体行动,其目的就在于发泄内心不满情绪,剥夺反对方发表意见的权利。近几年发生的几次大型"爆吧"事件主要有"6·21事件"、"杨丞琳吧"被爆事件、"劲舞团吧"被爆事件、"东方神起吧"被爆事件以及"69圣战"事件等。"爆吧"事件往往在短时期聚集起大量的粉丝,有组织、有策划、分工明确,并赋予每一个参与表达者一种崇高而又神圣的集体感、存在感和仪式感,这样的集体行动使得大规模的情感动员方式成为一种可能,并最终实现向网络群体性事件的转化。这种集体行动的目的虽然是非理性的,但在组织和实施过程中却又显示出部分的理性。而当这种线上的集体行动蔓延到线下,并且在目的上得到了理性化的修正后,社会运动的趋势便彰显出其可行性。

事实上,粉丝的群体行为已经远远不再局限于"爆吧"一类的集体行动。面对文化工业背景之下个人主体性淹没的危机和大众舆论对粉丝群体的负面评价,粉丝群体和粉丝组织表现出更强的抗争性和集体性。与以非理性、自发性和群体极化为特征的粉丝集体行动不同,粉丝群体发起的社会运动大多有明确的社会性目标,并在组织化、集体化、理性化程度上都有了显著的提升。粉丝用有组织、大规模的行动彰显了其作为一个群体的"社会行动力",试图通过这种温和的抗争方式重构其社会形象。以当今中国的现实为例,越来越多的粉丝团体参与到公益事业当中,造成了相当程度的社会影响。例如,2007年1月,一个名为"粉丝公益联盟"的团队在北京宣布成立。加入联盟的有上百个粉丝团体,参与人数众多。成立的当天下午,粉丝联盟的成员一起乘车前往顺义,参与"走进太阳村"行动。这次行动为太阳村共筹得资金2 820元整,衣物49包,鞋5双,书若干,文具若干。在此之后,粉丝公益联盟又先后举办了天赋园义工培训活动、"此刻,我们与汶川在一起"征文活

---

① "爆吧"也叫"刷版",是百度贴吧粉丝们不停地发无内容的废帖,把可以正常浏览的内容有意义的帖子刷到后几页去,从而使他人的发言无法进行。

动、"天佑中华——地震灾害特刊"发布活动、北京慈善慢跑等集体活动,一时间引起了广泛的参与和报道。可见,虽然当今粉丝集体行动仍然频频发生,但在另一个方面,粉丝的群体行为正在逐步走上理性化和组织化的道路。这个转变的过程揭示了粉丝群体中存在的社会动力学因素,同时也标志着粉丝群体正日益主动地参与到当代中国文化和社会的转型之中。

尽管与近年中国社会蓬勃发展的其他民间组织和团体相比,粉丝群体中体现出来的组织关系还比较微弱,粉丝群体内团队精神的文化象征意味还比较突出,但是粉丝团体的崛起凸显出了社会运动的潜在可能以及中国民间自组织行为的勃兴,这或许会成为我们更好地理解当今中国社会的一条途径。

在当下中国,粉丝群的这种自组织既是文化工业对个体生活世界入侵的产物,也是新兴生活世界重建的产物。私人的生活世界与公共领域发生重合,提供了社会运动所需要的不满和紧张;与此同时,粉丝自组织模式提供了社会动员的基础。尽管作为个体的粉丝具有疏离化的特征,但是作为一个群体,却仍然具有一个团结"共同体"所具有的行动可能性。在这"肤浅"的粉丝社会背后,或许蕴藏着今天中国社会中存在社会运动的潜在可能性,而这无论是对于个人还是社会来说都将是"深刻"的。

7. 结语

一个潜在的粉丝经历了"从着迷到成群"的自我辨识和群体认同后,以群体中一员的身份被卷入到现代社会的文化工业的流水线生产之中。他们带着自身的能动性和创造力参与到了看似冰冷的、去除了人性的机械流程中。但是,追星对于每一个鲜活的、作为行动者的粉丝来说,不过是日常生活的一部分。而我们讨论的焦点正是这样一种被卷入文化工业流程中的日常生活对于粉丝的意义。以列斐伏尔为代表推动的当代社会学和社会理论的日常生活转向为我们的研究提供了重要的启发和借鉴。他曾经提到:"人类世界不仅仅由历史、文化、总体或作为整体的社会,或由意识形态的和政治的上层建筑所界定。它是由这个居间的和中介的层次——日常生活所界定的。在这其中可以看到最具体的辩证运动:需要和欲望、快乐和快乐的缺失、满足和欠缺(或挫折)、实现和空的空间、工作和非工作。"(Lefebvre,1984)而我们的研究要做的恰恰就是用辩证的分析将"日常的反复的部分"和"创造的部分"被卷入到一个不断重新恢复活动的线路中的方式揭露出来。

通过细致的访谈和分析,本文大致展现了当代中国普通韩娱粉丝的日常生活状态以及使他们从普通人逐渐转变为粉丝,再从独立的粉丝转变为粉丝群体成员的机制。追星作为一种表面上的消遣,不仅深刻地改变着粉丝的生命感受,成为他们生命意义的来源,从社会团结的意义上讲,粉丝群体还构成了一个能够提供社会支持的网络,成为动员机制得以运行的社会空间。我们想要做的不仅仅是展示粉丝究竟"是什么",以破除他们在大众舆论和普通人心目中的刻板印象,更是通过研究揭示出一对矛盾:文化工业对于现代人主体性的淹没和有组织的粉丝作为积极的实践者对于微观社会的建构,从而进一步挖掘在这种看似肤浅的粉丝社会样态之中是否存在酝酿社会运动的潜在可能。

参考文献

阿道尔诺,2000,《文化工业再思考》,高丙中译,载陶东风等编,《文化研究》第1辑,天津:天津社会科学出版社。

本雅明,2002,《机械复制时代的艺术作品》,王才勇译,北京:中国城市出版社。

布迪厄,1998,《实践与反思:反思社会学导引》,李猛、李康译,北京:中央编译出版社。

布迪厄,2002,《纯粹美学的社会条件——〈区隔:趣味判断的社会批判〉引言》,朱国华译,《民族艺术》,第3期。

蔡骐、欧阳菁,2007a,《社会与传播视野中的"粉丝"文化》,《淮海工学院学报(人文社会科学版)》第2期。

蔡骐、欧阳菁,2007b,《电视传播与粉丝文化》,《声屏世界》第11期。

陈士部,2010,《法兰克福学派批判理论的历史演进》,合肥:安徽大学出版社。

陈袁丁,2009,《青少年疯狂"追星"问题的思考》,《清江论坛》第1期。

达夫特,2003,《组织理论与设计》,王凤彬等译,北京:清华大学出版社。

邓惟佳,2009,《能动的"迷":媒介使用中的身份认同建构——以"伊甸园美剧论坛"为例的中国美剧网上迷群研究》,复旦大学博士学位论文。

邓伟,2010,《非理性文学消费与"粉丝"身份建构——以郭敬明、韩寒粉丝群体为个案》,《长江学术》第4期。

董青,2012,《从心理角度解读现代粉丝群体的形成》,《现代视听》第6期。

段兴利,2007,《对青少年病态追星的探讨》,《当代青年研究》第8期。

费斯克,2006,《理解大众文化》,王晓珏、宋伟杰译,北京:中央编译出版社。

冯仕政,2003,《西方社会运动研究:现状与范式》,《国外社会科学》第5期。

哈贝马斯,2000,《合法化危机》,刘北成、曹卫东译,上海:上海人民出版社。

贺建农,1999,《追星现象与审美引导》,《教育与职业》第3期。

黄淑贞,2011,《成年女性粉丝中的性别政治——东方神起网络粉丝群个案研究》,南京大学硕士学位论文。

黄晓辉,2011,《文化社会学视域中的粉丝现象解读》,湘潭大学硕士学位论文。

霍克海默、阿道尔诺,2006,《启蒙辩证法》,渠敬东、曹卫东译,上海:上海人民出版社。

克里斯普、特纳,2008,《社会心理学精要》,赵德雷、高明华译,北京:北京大学出版社。

勒庞,2011,《乌合之众:大众心理研究》,桂林:广西师范大学出版社。

廖海青,2007,《粉丝的社会学与经济学》,《经济》第4期。

刘艾琳,2009,《偶像工厂SM公司——造星策略分析》,西南大学硕士学位论文。

刘大坤,2008,《公民社会的培育与民主政治的促进——"超女"及其"粉丝"现象解读》,《辽宁行政学院学报》第1期。

刘伟、王鑫鑫,2011,《粉丝作为超常消费者的消费行为、社群文化与心理特征研究前沿探析》,《外国经济与管理》第7期。

刘小钢、赵宪,1993,《广州青少年"追星热"与辅导对策》,《青年研究》第3期。

马尔库塞,1989,《单向度的人》,刘继译,上海:上海译文出版社。

麦克唐纳,2009,《不确定的乌托邦:科幻小说的媒介粉都和计算机中介的交流》,载陶东风等编,《粉丝文化读本》,北京:北京大学出版社。

莫梅锋、饶德江,2007,《关于"粉丝"的媒介研究》,《电影艺术》第3期。

彭雨安,2008,《"韩流之父"李秀满》,《国际市场》第1期。

石大建、李向平,2009,《资源动员理论及其研究维度》,《广西师范大学学报(哲学社会科学版)》第12期。

孙慧英,2006,《漫谈"粉丝"现象及其文化解读》,《现代传播(中国传媒大学学报)》第6期。

孙云晓,2002,《青春期"追星综合征"观察与透视》,《中国青年研究》第6期。

陶东风等编,2009,《粉丝文化读本》,北京:北京大学出版社。

王菲,2007,《民主"超女化"与"超女式"民主——自由主义民主与民粹主义民主之辨》,《学海》第5期。

王绮,2009,《我们的世界,我们的生活——粉丝亚文化群体认同研究》,南京航空航天大学硕士学位论文。

吴海、蒋红,1994,《痴迷男女追星忧思录》,《青少年犯罪问题》第2期。

徐波,2013,《认同与抵抗——苹果迷群体的生产行为研究》,南京大学硕士学位论文。

杨启敏、张伯靖,2013,《一个拥有7万成员的粉丝群是如何运作起来的?》,《销售与市场(渠道版)》第10期。

姚嘉颖,2010,《从韩国造星机制的蓬勃发展得到的启示——以少女时代的影响力为案例》,《知识经济》第 16 期。

岳晓东,2007,《我是你的粉丝:透视青少年偶像崇拜》,上海:上海人民出版社。

曾特清,2012,《哈贝马斯新社会运动理论评述》,《太平洋学报》第 4 期。

章洁、方建移,2007,《从偏执追星看青少年媒介素养教育——浙江青少年偶像崇拜的调研》,《当代传播》第 5 期。

Abercrombie, Nicholas, Brian Longhurst. 1998. *Audiences: A Sociological Theory of Performance and Imagination.* London: Sage.

Fiske, John. 1992. "The Culture Economy of Fandom." in *The Adoring Audience: Fan Culture and Popular Media.* Lisa Lewis (ed.). London: Routledge.

Gray, Jonathan, Cornel Sandvoss, Lee Harrington. 2007. *Fandom: Identities and Communities in a Mediated World.*

Grossberg, Lawrence. 1992. "Is there a Fan in the House? The Affective Sensibility of Fandom." in *The Adoring Audience: Fan Culture and Popular Media.* Lisa Lewis (ed.). London: Routledge.

Hills, Matt. 2002. *Fan Cultures.* London: Routledge.

James, Stoner, Arthur Finch. 1961. "A Comparison of Individual and Group Decisions Involving Risk." *in Massachusetts Institute of Technology.*

Jenkins, Henry. 1992. *Textual Poachers: Television Fans and Participatory Culture.* London: Routledge.

Jensen, Joli. 1992. "Fandom as Pathology: The Consequences of Characterization." in *The Adoring Audience: Fan Culture and Popular Media.* Lisa Lewis (ed.). London: Routledge.

Lefebvre, Henri. 1984. *Everyday Life in the Modern World.* [S. l.]: Transaction Publishers.

Sandvoss, Cornel. 2005. *Fans: The Mirror of Consumption.* Cambridge: Polity Press.

Snow, David, E. Burke Rochford et al. 1986. "Frame Alignment Process, Micromobilization, and Movement Participation." *American Sociological Review.*

Staiger, J. 2005. *Media Reception Studies.* New York: New York University Press.

Zajonc, R. B. 1968. "Attitudinal Effects of More Exposure." *Journal of Personality and Social Psychology* (9): 1-27,转引自克里斯普、特纳,2008,《社会心理学精要》,赵德雷、高明华译,北京:北京大学出版社。

对《粉丝化社会中的社会运动之可能》的点评

孙飞宇

牟思浩等同学的这篇挑战杯论文,是她们在观察和反思日常生活过程中发现的选题。几位同学带着对于现象的观察和困惑主动找到我,并且希望我能够就这一主题来做一个社会学的研究。我从一开始就认为这是一个好的题目,因为主题和问题都来自她们自己的生活,而粉丝群体这一在中国社会广泛存在的社会事实往往被作为成年人的社会学家忽视。我认为,这一篇论文的优秀之处,就在于作者从自己的生活出发,在当时拓展了社会学研究对于中国社会的理解。社会学专业的学生最好的学习入手点,就是从自己的日常生活与切身经验出发,从自己的困惑与思考出发。这样一来,研究是切身的研究,而问题也比较容易是真的问题。更为重要的是,学生们在这一研究过程中,比较能够学会克服研究中的虚荣感,比较能够养成踏实朴素的研究风格。一个好的研究,必然是要求研究的材料与问题都从现实材料中来,同时能够有其思考深度。这两者相辅相成,缺一不可。如果没有对于现实生活的深刻与生动体会,学者对于理论的理解并不会丰富和具体;如果没有理论方面的训练,我们对于现实的体会也不会深刻和有深度。

中国式网络购物狂欢节
——动力机制建构与实证研究

作　　者：王思明　王　力　吴志强　卢南峰
指导老师：卢云峰

摘要：本文在文献分析、问卷调查与访谈的基础上，以"双11"网络购物狂欢节的发展过程为线索，运用经济学、社会学和传播学理论，对"双11"网络购物狂欢节产生的经济逻辑、发展的组织支持与扩张的文化逻辑展开系统分析。首先，运用成本-效益分析、不完全信息博弈理论和信息级联理论，从微观层面揭示其作为一种商业活动的诞生条件与动力；其次，从大数据、物流、品牌保护的角度，分析"双11"发展阶段的组织支持；最后，本文将扩张时期的"双11"与"宗教仪式"作比，从传统庙会、马云的卡里斯马、消费仪式的建构和社会从众心理的角度，阐释从"光棍节"到商业促销节，最终成为消费主义下"宗教仪式"般的集体狂欢的过程。研究发现，中国式网络购物狂欢节的诞生、发展与扩张，既受益于互联网时代中国消费社会的发展，也在商业模式与符号仪式层面引领着新的消费主义浪潮。

关键词："光棍节"　"双11"　网络购物狂欢节　电子商务　消费主义

1. 研究背景

1.1. 问题提出

1.1.1. "双11"成为集体的购物狂欢

从2009年淘宝推出"光棍节"网络促销活动开始，"双11"这个名词不再只代表一个日期，还意味着一个全民参与其中的近乎疯狂的购物狂欢节。

以天猫的销售额数据为例:2009 年,天猫商城"双 11"成交额为0.5亿元;2010 年提高到9.36亿元;2011 年成交额已跃升到33.6亿元;2012 年达到 191 亿元;2013 年交易额为350.19亿元;2014 年,当日总成交额达到创纪录的 517 亿元。天猫"双 11"购物狂欢节的销售额呈现爆炸式增长,且这种增长的势头强劲,不难想象未来"双 11"的规模还会继续扩大。

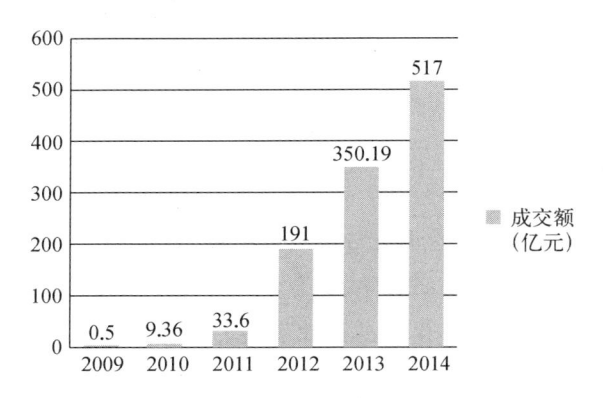

图1　2009—2014 年淘宝"双 11"当日逐年成交额走势

参加"双 11"的商家和消费者越来越多,商品种类和层次不断丰富,"双 11"的支付手段和购买方式也更加多样。"双 11"愈加成为一个包罗万象的平台,将商家、消费者、平台和其他的利益体更紧密地联系到一起,在一种理性或非理性的氛围里面,释放出所有人的需求和热情。在网络节日的号召下,全民参与的"双 11"变成一种集体的购物狂欢仪式。

1.1.2. "双 11"与美国"网络星期一"的对比

"双 11"和"网络星期一"分别是中美两国最大的网络购物节,两者在动力机制、影响范围等方面存在诸多异同。

美国的"网络星期一"为感恩节后第一个星期一,由美国零售协会下属机构于 2005 年提出,以鼓励消费者到网上购物。自 2010 年开始,"网络星期一"成为美国网上购物最繁忙的一天。其诞生原因是美国网民在感恩节后的星期一回到工作岗位,利用办公室电脑进行网络购物,为圣诞假期做准备。而这一消费行为被电商利用,将其转化为网络购物节。

而"双 11"的诞生于 2009 年,其前身是原创性的"光棍节",其文化影响力和传播力被电子商务利用、置换,加之其处于传统零售业"十一黄金周"和圣诞、元旦促销季之间的销售空档期,吸引大量年轻网民的参与,最终形成了购物狂欢节。较之"网络星期一",它的文化因素更加浓郁。

根据 comScore 的数据,2014 年"网络星期一"美国零售电子商务中 PC 平台销售总额为20.4亿美元,约合126.81亿元人民币,同年中国的"双11"购物节仅淘宝一家销售额就达到了 517 亿万元,远超"网络星期一"。

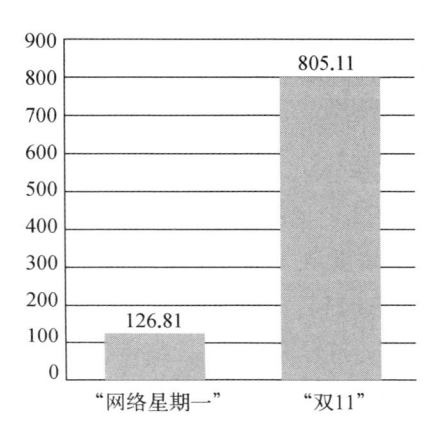

图 2 2014 年"双 11"与"网络星期一"成交额对比

1.1.3. "双 11"购物狂欢节与庙会

中国的购物节历史由来已久,相比于现在线上的"双 11"的消费狂欢,古时的庙会其实是线下实体商铺的"购物节"。在古时,每年的庙会对于当地的商贩和农民来说,都是一个进行买卖交易的绝佳机会。商贩抓住庙会时人群相对集中的时机,在庙宇周围沿街摆摊,贩卖一些生活用品和食品,甚至会有商人在庙宇周围大摆赌摊和戏台,招徕人群购买商品。对于农民来说,拜佛烧香是必需的,在烧香之余,为家里购置一些必需的生活用品和农具,为同来的孩子买一点玩具和零食,为家里的妇人买些首饰的消费需求是可以理解的,而庙会的商品种类最多样、市场最热闹、竞价最集中,于是庙会成了买卖双方约定好的一个集中交易时刻,或者可以称之为"购物节"。由此,传统的庙会与如今的以"光棍节"为文化依托的"双 11"购物狂欢节有很多的相似之处。

1.1.4. "双 11"购物狂欢节与消费文化

"双 11"购物狂欢节的前身是"光棍节",这是一个当代大学生原创性节日,其缘由是这一日期(11 月 11 日)由四个"1"组成,而这种形态上的特殊性通过符号化被赋予意义。"1"作为符号,与"单身""孤独"的意义建立联系,而作为一年中"1"最多的日期,遂成为最孤独的"光棍节"。

这种意义并非因为形态上的特殊凭空产生,它需要广泛的社会文化心理作为基础。"光棍节"诞生在大学校园内,关于其来历有一种说法是1993年南京大学某寝室四名大学生"卧谈"时发明的。"光棍节"的最初流行,反映单身大学生自我解嘲、群体共鸣的心理需求和寻求爱情、解决婚恋问题的现实需求。

但在淘宝抓住"光棍节"这一时间节点发展为一个线上促销节之后,"光棍节"原本的文化层面的意义逐渐被消费主义的文化符号和仪式所置换代替。"双11"购物狂欢节逐渐成为中国消费主义意识觉醒的代表事件之一。全民参与到购物狂欢节的时候,消费者和商家不断地消费和生产着消费文化,创造出消费主义的文化符号和仪式,让集体狂欢不仅仅停留在经济层面的集中买卖行为,更成为一种影响人们生活、改变人们思维的文化事件。

1.2. 研究的意义

本篇文章希望能够结合跨学科的优势,对"双11"购物狂欢节这一人造的节日概念,从不同的学科角度阐释和发掘其产生的条件和原因、壮大的过程和机制、在社会层面上的引导作用和文化层面上的仪式符号价值。通过多学科不同视角的透视,"双11"购物狂欢节形成的条件、成功的原因和深刻的文化影响,这些分析不再仅仅局限于单一学科的知识,而是经济、社会、文化等多个层面的共同作用。我们力图在这个问题上倾尽我们所有的所学所知,对"双11"购物狂欢节做出完备而新颖的经济学解释、社会学解释、文化传播学解释,使人们能够更加清楚地认识这一现象。

本篇文章的研究能对现代社会的营销手段的创新有一定的启示。"双11"购物狂欢节的人造过程堪称一次经典的营销战役。相对于古代庙会的效仿,对消费者心理的把握、对文化概念的置换和包装都是现在营销团队学习的典范。本篇文章细致地分析阿里巴巴团队(以下简称"阿里")营销战略的作用机制,分析的角度和方法能够对其他营销团队有所启发。

"双11"购物狂欢节可以说是中国消费文化的代表性事件之一,其背后文化层面的内容反映了我国消费文化的一些特征。消费文化对人们的生活习惯和思维取向都有重大的影响,快速发展的消费需要快速发展的消费文化与之相呼应。本篇文章对"双11"购物狂欢节文化层面的研究能够补充我国消费文化的研究,其中得出的一些结论对于我国的精神文明建设有一些作用。

1.3. 研究的创新之处

跨学科的研究视角。学界关于"双11"购物狂欢节的研究不是很多,而其中大部分又是运用某个特定学科的知识阐释发掘,对问题的把握显得不够全面。本篇文章的几位作者分别运用各自学科的理论对"双11"购物狂欢节的现象进行研究讨论,在各自分析中加入不同学科的理论和视角,补充单一学科视角的不足。概括上看,我们主要是用经济学理论对淘宝平台、消费者和商家的行为决策进行分析,在微观层面阐释"双11"购物狂欢节的诞生;用社会学理论的群体行为进行研究,讨论"双11"购物狂欢节的扩大;从文化传播学的理论分析"双11"购物狂欢节的文化层面的演变过程。但实际分析中,三个学科的知识会对不同阶段的分析过程产生影响,结论也参考了不同学科的理论。

将庙会和"双11"购物狂欢节对比。中国是一个十分重视模仿和创新的国家,"双11"其实是对线下"购物节"——庙会的模仿和创新,将线下的"购物节"搬到线上,取得巨大的成功。在这种对比之下,研究的思路更加清晰,对比的结果更加可信,一些理论上的分析可以在实际中得到验证。以前的研究里面,我们没有看到将庙会和"双11"联系在一起的先例。

2. 理论综述

2.1. 成本-效益分析的研究视角

成本-效益分析是通过比较项目的全部成本和效益来评估项目价值的一种方法,成本-效益分析作为一种经济决策方法,将成本费用分析法运用于政府部门的计划决策之中,以寻求在投资决策上如何以最小的成本获得最大的收益。

在本文的分析中,消费者和厂商基于成本-效益分析的角度进行行为决策。每个消费者和厂商都会对自己在购物节的成本和收益进行理性分析,将一些无法标准量化的成本和收益根据自己的评估判断进行货币化,然后在一套评价体系中进行比较,再进行行为决策。

2.2. 不完全信息博弈

不完全信息博弈(弗登博格、梯若尔,1991)指出:对其他参与人的特征、策略空间及收益函数信息了解得不够准确,或者不是对所有参与人的特征、策略空间及收益函数都有准确的准确信息,在这种情况下进行的博弈是不完全信息博弈。

为了解决不完全信息博弈,需要用到海萨尼(Harsanyi)转换。海萨尼通过引入虚拟的参与人——"自然"(nature),将不完全信息博弈转换为完全但不完美信息的博弈,从而可用完全信息博弈论进行处理,这就是著名的"海萨尼转换"(Harsanyi transformation)。本文中不完全信息博弈理论的使用主要是针对已有厂商参与购物节之后,其余的厂商是否依然会加入到购物节中的选择分析。

2.3. 信息级联

Bikhchandani 等人(2002)在 1992 年首次提出信息级联理论,他们用数学推演计算的方法,辅助以事例分析,第一次实现信息级联现象的演绎。信息级联是每个决策制定者在信息不完善的情况下,进行理性选择的结果(Walden,Browne,2002)。

由于信息不充分,在他人决策可观察的情况下,每一个行动者进行决策的信息既包括自己观察到的信息,同时也包括其他行动者的决策信息。因此,每个个体的决策信息都将进入公共信息。在信息级联的形成阶段,由于可借鉴的他人信息较少,因此决策制定的结果具有随机性。若第一个行动者和第二个行动者恰巧选择采纳相同的决策,则第三个行动者即使自己获取的信息与前两者的行为相冲突,他也将会选择与前两者相同的策略而采纳这种技术。若前两者行为决策不同,则他们的决策信息的影响相互抵消,第三个行动者作为新的开始进行决策信息的积累。如此往复,直至形成信息级联效应。

在行动可观察的情况下,各个体常常可能向同一个行动方向集聚,不论这个方向正确或错误,导致不断增加的信息不再带来信息价值的增加,产生低效益。甚至,初始几个个体带有倾向性的错误选择,将成为决定所有以后各个体行动的因素,使集体行动具有习惯性。

2.4. 庙会的起源和发展

我们在研究中发现,购物节与中国传统庙会之间存在某种相似性,我们将传统庙会的形成与发展模式及其背后的文化内涵移植借鉴过来,分析中国式网络购物狂欢节形成与发展的动力机制。

让我们回顾庙会的历史。庙会起初是民间的一种祭神拜佛的信仰活动,为的是祈求神灵降下福祉,保佑一方平安。民众祭神拜佛就需要购买香火,商贩就在庙宇附近摆摊卖香火。后来,随着时间的推移,民间信仰的成分有所减少和弱化,娱乐和商业贸易的成分逐渐多起来。逢庙会的时候,唱戏的、耍杂技的表演团体都蜂拥到庙宇周围,娱乐民众的同时挣得收入。商贩看到聚集的人群,发现其中的商机,纷纷前来摆摊,贩卖商品。随着商贩的数目增加,竞争激烈起来,于是商贩之间就开始竞价和促销,在整个庙会的市场上形成均衡的价格。这个均衡的价格和充分的多样性对于民众来说是合意的,于是民众也更多选择在庙会的时候进行消费。再后来,民间信仰和商业贸易逐渐成为目的,娱乐则更多地成为一种招徕人群的手段。

中国的诸多庙会,基本上都经历了以下的发展过程。首先是由于某些宗教的原因,一些特定的日期被规定成"庙会"。起初的时候,少数的商贩在这个时候前来摆摊卖货,交易很盛。旁观者看到这一情形,觉得有利可图,于是号召民众都来参加,在规定这天为庙会的同时规定这天为集期。随着商品交易的不断扩大,商业活动逐渐取代信仰活动,成为庙会的主要功能。为使庙会能够达到效果,庙会的主办方(一般是庙宇的负责人)和商贩们想方设法来招徕顾客。请戏班、请杂技团和摆赌摊,都是庙会组织方常用的促销手段。甚至有些地方每年的庙会举办与否、会期长短都由商会决定。

由于习俗不同和距离的限制,全国并没有形成一个统一而集中的庙会节。首先,需要一个确定的全国统一的日期。从技术上来看,由政府宣布一个日期似乎是可行的。但这种由政府直接宣布而没有任何习俗做支撑的日期,显得师出无名而得不到普通群众的支持。其次,如果统一的日期已经被确认而得到认可,那就需要定一个地点。不管地点被定在何处,但迫于运输技术的落后和信息流通的不完全,巨大的交易成本使一部分有需求的消费者和有供给的商贩并不能参与其中,全国性庙会的规模被大大限制。

2.5. 消费仪式的建构

2.5.1. 传播的仪式观

仪式是文化研究中的概念,指以固定顺序重复出现的一连串的具有象征性的行为。1989 年,美国文化研究的主要代表人物詹姆斯·凯瑞(James Carey)出版其代表作《作为文化的传播》,将传播的定义分为两大类:传播的传递观和传播的仪式观。

与主流的传递观不同,凯瑞试图建构一种传播的仪式观,即将传播理解为"分享""参与""联合""团体""具有共同信仰"等意义。传播的仪式观不再仅仅表示信息在空间中的传递和发布,而指向传播在时间上对一个社会的维系,传播仪式本身成为社会共享信仰的表征,传播建构并维系一个有秩序、有意义、能够用来支配和容纳人类行为的文化世界(凯瑞,2005)。

2.5.2. 符号与仪式

传播仪式的实现需要以符号为中介。20 世纪 20 年代,英国语言学家奥登(Ogden)和瑞查兹(Richards)出版了《意义的意义》,用语义三角图清晰地标明三个元素之间的关系,这其中包含一种重要的思想:符号与指称物之间没有直接联系,而是一种约定俗成的约定,意义不是词语所固有的,而是使用词语的人赋予它们的(许静,2007)。换言之,人们可以人为地去操纵和建构符号和指称物之间的联系,赋予符号以象征意义。

以符号为基础,传播仪式建构起一套复杂的体系。典型的仪式包括四个要素:象征物、仪式脚本、扮演角色以及观众。象征物是指能增强意识内涵的物品;仪式脚本包括仪式象征物本身、如何使用这些象征物,以及谁来使用它们等;扮演角色是指人在意识中所处的位置和行为方式;而观众则是仪式的观看者(文军、钟书库,2009)。

2.5.3. 消费仪式

鲍德里亚(Jean Baudrillard)在其代表作《消费社会》中描述了一个被"物"包围的消费社会,这个社会以"物",即商品的大规模消费为特征。消费不仅改变人们的日常生活,甚至改变人们的社会关系和生活方式,改变人们基本的世界观和自我认知,乃至人的本体存在(罗钢、王中忱,2003)。这是一种整体性的、超越经济的文化现象,即消费文化。

媒介技术和消费文化合谋加剧消费的异化,衍生的符号价值在更大程度上置换商品真实的使用价值。互联网时代,符号价值更是被批量生产和广泛传播,使用价值的消费转为文化的、心理的、意义的消费。

而消费仪式的建构,是具体到消费仪式中,具有象征意义的产品或消费行为充当了象征物;消费者预期消费所达到的角色即扮演角色;将产品和消费行为与扮演角色串联起来的方式充当仪式脚本;观众则是这种消费意识的观看者。

根据这四个要素,消费仪式的建构可以被划分为五个步骤:第一,将产品或具体的消费行为变成象征物,即要赋予某一产品或某种消费行为其真实使用价值之外的符号价值;第二,唤起或强化消费者心理扮演角色的欲望;第三,创造仪式脚本,建立象征物与扮演角色的联系方式;第四,吸引观众,满足消费者展现扮演角色的欲望;第五,将仪式固定化(文军、钟书库,2009)。

3. 研究方法与数据收集

此次研究主题是网络时代消费社会中的网络购物狂欢节,我们试图通过定量与定性结合的方法,搜集一定的经验资料,结合成本-效益分析、不完全信息博弈、信息级联、消费主义等理论,解释"双11"网络购物节的产生、发展、壮大、飞跃何以成为可能,探究这一网络购物狂欢节背后的社会动力机制。

因而,本次研究主要采用文献研究法、统计调查法和访谈法三种方法。

在调查与访谈开展之前,我们首先对相关文献进行梳理,了解既有的与"双11"网络购物狂欢节的产生、发展、飞跃相关的研究成果,在前人的研究基础上找到我们此次研究所关注的重点。既有的研究成果为我们开展这次研究提供基本的理论支持和数据支撑。

随后,我们通过向大学生及社会人士发放问卷来收集数据,并对通过问卷收集的数据进行统计分析。这构成我们了解消费者在"双11"网络购物节中的态度与行为及其发展变化与动因的一手资料。

在发放问卷之外,我们还对具有代表性的个案进行半结构式的访谈,以获取更多更深入的有关消费者在"双11"网络购物节中的参与动机、体验、影响因素等的资料,为深入挖掘网络购物狂欢节的社会动力机制提供更丰富的资料。在抽样上,本研究采用定额抽样、整群抽样与滚雪球抽样相结合的方式。

首先,根据样本总量(大学生500名),结合我校各院系各年级的男女学生人数进行配额,委托我们认识的各院系同学进行问卷分发。因为配额难以全部满足,我们另采用整群抽样的方式,选取一些覆盖全校学生的课程发放问卷。此外,我们还采用网络问卷的方式,对学校以外的社会人士进行一定的滚雪球抽样。最终我们共发放问卷600份,其中纸质问卷500份,网络问卷100份,回收有效问卷559份,回收率为93.2%。

数据录入与分析以SPSS 20为主要工具。在数据分析阶段,基于研究目的,我们并不需要对数据进行大量相关分析或回归分析,而是主要采用Frequencies对数据进行描述统计,得出变量的频次、频率分布与均值等,来反映样本特征,从而作为我们运用成本-效益分析、不完全信息博弈、信息级联等理论来进行分析的数据基础。为更细致地说明问题,我们也进行了少量的交互表分析。样本中,男女比为9∶10,能够反映不同性别的人对网络购物节的态度与行为。年龄方面,样本以年轻人为主体,且能够反映各年龄段的情况。

4. 调查分析

4.1. "双11"的产生:作为商业活动的经济逻辑

4.1.1. 淘宝设立购物节的原因

淘宝为什么要设立这样一个购物节呢?淘宝当时虽是中国网络购物的领头羊,但也是一个年轻的平台。淘宝在年轻人中有一定的影响力,但这种影响力还不够深厚,很多年轻人购物的第一选择仍是实体店;网络消费也没有成为年轻人的文化习惯,如要使其尽快为人熟知,必须要在全社会造成一个巨大的冲击,让人们主动去熟悉它、参与它,以此来打出自己的品牌,将自己推销给全国的消费者和商家。传统的宣传是一方面,但缺乏短时间吸引眼球的噱头。而一个全民参与的购物狂欢节则不同,它集中曝光,消费者和商家都成为这次活动的宣传者。而此项活动一旦成功,对于淘宝来说不仅是一个巨大的宣传,还能够给淘宝的商家和消费者打一针强心剂。因为,购物节的成功意味着这是中国购物的新潮流,作为最早参与到其中的人来说,购物节刚刚开启,蕴藏着无限的风险和收益,因而购物节留住了消费者和商家,也保证了淘宝能够继续发展。

另外,淘宝平台发起的购物节一旦成功,就会更加稳固自己在网络购物平台上的地位。在充满商机的网络购物时代的初创时期,先发优势极其重要,如果能够在这个市场中尽早地提升品牌的认知度,就能确立自己的市场地位,抢占市场份额。淘宝购物节在实行之前肯定做了充分的市场调查和可行性分析,在成本、效益权衡之后付诸实施,而淘宝购物节策略取得的辉煌成果大家有目共睹。

4.1.2. 消费者和厂商加入购物节的原因分析

这样一个偌大的网络购物节不是仅由淘宝号召就能够办起来的,它还需要将消费者和商家吸引进这个购物节中来。消费者和商家参与到购物节中,得到自己想要的东西,带动更多人参与其中,达到参与高潮,使购物节成为集体狂欢节。为分析消费者和商家在购物节中扮演的角色和起到的作用,首先要约定一下假设。

假设一:所有消费者和商家以及淘宝平台都是理性的。理性假设是为保证之后的讨论能够有一个标准,让每个商家和消费者的行为分析都能遵循一定框架。诚然,每个人和商家都有着不同的观念和行事风格,但这些观念和行事风格都遵循着同一个规则——理性分析和权衡取舍。

假设二:整个购物节是完全信息的。网络购物节是一个信息极大丰富的时间段,在淘宝平台上各色各类的信息有待将消费者和商家匹配起来,让交易有可能发生。淘宝平台就像是一个巨大的中介,卖家将各种货物信息和促销信息概要贴在这个平台上;消费者在平台上寻找着自己想要的中介信息,然后和商家联系,查看商品的具体情况;双方在协商过程中(可能存在讨价还价的过程),决定要不要进行交易。相比于实体中介,淘宝平台提供的网络中介(购物节),一是信息量巨大,汇聚全网的信息;二是信息的更新基本没有时滞,交易双方都能实时掌握最新的信息;三是信息的获得过程简易且无成本,购物节的信息只需要简单的搜索就能获得,消费者也不需要向中介中心缴纳中介费,信息成本基本为零。为研究的方便,我们先直接假设购物节的过程中信息是完全的。

4.1.2.1. 基于消费模型的分析消费者的行为选择(完全信息假设下)

确定以上的两条假设,我们先从单个消费者开始分析。营销学上单个消费者的购买行为模型(阿姆斯特朗、科特勒,2007)如下:

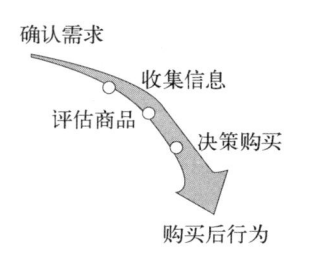

图3 单个消费者购买行为模型

消费者经历以上各个环节,完成一次完整的消费。本文分析各步骤中,购物节为消费者带来的便利和困扰,从权衡取舍的角度分析单个消费者是否加入购物节中。

确认需求阶段。单个消费者在面对购物节时有三种状态:一是有明确的消费需求;一是没有明确消费需求但有消费倾向;最后一种是没有消费需求和消费倾向。

第一种状态的消费者会面临是否参与狂欢节的选择:参与狂欢节能够买到价格较低的商品,但可能需要一定的时间和精力寻找信息并加以比较,还可能忍受因为狂欢节物流不及时造成的损失。据调查问卷数据显示,绝大多数的消费者都愿意为获取低价商品而参与到购物节中,并不会因为物流、搜寻信息的问题而拒绝参与。狂欢节对于单个消费者来说有很大的吸引力。

一、狂欢节伴随着折扣和促销,各个商家之间的价格战使市场上的商品价格下降,消费者能买到低价商品。

二、狂欢节带来商品极大的多样化。狂欢节的覆盖面很广,参与的商家很多,提供的折扣和促销活动多种多样,单个消费者有很大选择空间。多样性对于消费者来说是一种商品集范畴的福利指标,商品数目种类越多,消费者福利就越高。

三、狂欢节意味着信息集中,市场的信息厚度[①]——我们定义市场的信息厚度是单位时间内市场上的有效信息数量——短时间内极大增加,信息搜寻成本极大降低。狂欢节带来市场上的快买快卖,商家需要整理出来促销信息和商品信息,并放在最显眼的地方。商家这一层将很多无用信息过滤掉,市场中有效信息的比重增加;加上商家不遗余力的整理,市场中新增加的有效信息数量急速增加;市场的信息厚度短时间内极大增加。对于单个消费者来说,他接收到的有效信息量极大增加,搜寻成本极大降低,消费行为也更加有效率。

四、狂欢节带来的大量交易记录可以作为单个消费者的消费指南。狂欢节使交易量集中起来,单个消费者往往可以通过销量搜索找到大家都在购买的商品,以此作为选择指南。销量大的商品往往意味着较好的品质和口碑,且它的评价也更多,可供参考的信息更多,消费者买到满意商品的概率越大。

第二种状态的单个消费者没有明确的消费需求但有消费倾向。除上述一些优点之外,有消费倾向的消费者可以在狂欢节中进行跨时配置。单个消费者可以评估自己未来一段时间可能会有的需求,在搜寻和分析信息的过程中,选择购不购买一样产品。这种跨时配置相比于经济学中的金融概念。单个消费者通过计算狂欢节购买一样商品的价格加上库存及折旧成本与该产品在未来有消费需要时的预测价格相比较,如果现在购买成本低于未来价格,则消费者会加入到购物节当中;如果高于未来价格,则消费者会选择暂时不购买。

第三类消费者既没有消费需求也没有消费倾向,因此如果他们理性,他们并不会参与到狂欢节之中。根据问卷的调查结果,第一类消费者占比最大,第二类消费者占比其次,第三类消费者占比最小。另外,第二类消费者中大多数都选择参与到购物节中。此外,以消费者是否参与购物节为因变量,

---

① 由笔者提出的衡量市场效率的指标。

计算出 lambda 相关系数为0.824,Sig. <0.01,可见消费者类型与是否参与购物节高度显著相关。

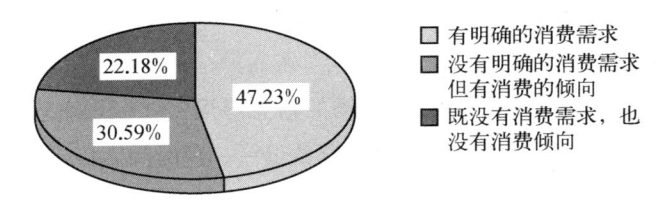

图4 三类消费者比重

表1 第一次面对"双11"购物节时的消费需求与购物行为的交互统计

		是否曾在"双11"购物节期间进行网络购物		合计
		否	是	
第一次面对"双11"网络购物节时的消费需求	既没有消费需求,也没有消费倾向	116	8	124
	没有明确的消费需求但有消费倾向	15	156	171
	有明确的消费需求	0	264	264
合计		131	428	559

收集信息阶段。如确定需求阶段叙述一样,狂欢节带给消费者巨大的信息量,极大地提升了市场的信息厚度,并大大减少了消费者搜寻信息的成本。参与到购物节之中,消费者能够享受到比平时的网络购物更多的信息优势。

评估商品阶段。狂欢节带动无数商家参与进来,每个商家都会推出促销手段和主打商品,并不遗余力地介绍商品优点,让消费者对商品的信息有更多正面直接的了解。另外,狂欢节带来的销量和评论可以作为消费者决策的参考,让消费者间接地深入了解商品的优劣,评估商品是否适合自己。当然,狂欢节期间评估商品阶段也可能遇到一些问题。高销量导致客服的压力急剧上升,客服的质量就会下降,消费者想要通过客服来了解商品信息的渠道有可能行不通。

决策购买阶段。狂欢节期间,平台或者商家往往会给予消费者一定优惠,比如发放抵价券、满额返现等。消费者受此激励会更积极地消费,狂欢节的参与量也随之增加,规模也会扩大。另外一方面,狂欢节带来的消费狂潮可能会使某些商品出现脱销的情况,导致消费者可能看中某件商品,收集并分析相关信息,但在决策购买的时候买不到商品。此时,狂欢节给消费者造成负效用。

购买后行为。狂欢节期间,消费者如果购买到合意的商品,则消费者、平台和商家皆大欢喜;如果买到不合意的商品,则购物节可能会对消费者带来负效用。伴随狂欢节的高销量,客服的服务质量必然会有所下降,消费者退换商品的过程较之平常要更加麻烦。高销量也会给物流带来巨大的压力,购买一件商品到货的时间也会增加,消费者的等待成本增加。

从消费者购买行为的各个阶段看来,绝大部分消费者参与购物狂欢节得到的正效用要远远大于负效用,而这一点也和我们的问卷结果相一致。因而,绝大多数的单个消费者是愿意积极参与到狂欢节的。

4.1.2.2. 厂商参加购物节的行为决策分析(完全信息假设下)

从单个商家的角度来看这个问题。参与购物狂欢节的商家分为两种:一种是销售优质产品的商家,一种是销售劣质产品的商家。两种不同的商家对于狂欢节的态度不同:对于前者,狂欢节是一个宣传品牌、扩大影响力、放眼于长远收益的契机;对于后者,狂欢节更多的是一种用来倾销商品、牟取短时利益的商机。

先说后一种商家。他们往往会定价很低,然后通过广告宣传,甚至是雇人刷数据,极尽包装之能事,营造出高销量的表象,使自己的商品显得富有吸引力,从而误导消费者。消费者在没有完全了解该商品的情况下,在低价的吸引下购买这些商品。这些商家薄利多销,倾销劣质产品,也能谋取利润。这和现实集市中一样,总存在一些以次充好的产品,利用消费者和商家之间的信息不对称来牟利。这类的商家关注的是短时的利益,靠狂欢节的几天时间倾销商品赚取利润,然后跑路,并不会关注自身的品牌或者影响力。消费者对此类商家的态度也是基于其低廉的价格,并不会对该商家产生品牌依赖性。可以确定的是,狂欢节中这一类商家的数目与整体商家数量相比是占比很小的,否则狂欢节将成为一个"柠檬市场"(阿克洛夫,2011),劣币驱逐良币,商家相互"竞次",前一种商家没有价格优势不能立足,市场上仅剩劣质商品提供者,久而久之,想买优质产品的消费者就不会参与狂欢节,狂欢节也会渐渐萧条没落。狂欢节的不断发展否定了这一点。

我们再讨论前一种商家。每一个商家都需要理性的计算其参加狂欢节

的收益和成本,然后做出决定。商家参加到狂欢节中能够获得的好处有以下几点:

一、借助狂欢节带来的大量消费需求匹配自身的促销来扩大自身的销售量,提高库存转换为现金的速度,加快资金周转;利用大量的现金收入调整优化资金结构,为商家的扩大发展提供资金支持,快速实现做大做强的目标。很多店铺靠狂欢节期间的商机来达到自身调整的目的,在狂欢节期间完成资金积累,在狂欢节过后依靠合理的经营手段将自己的店铺维持在较高的销量水平。

二、狂欢节给商家带来大量的消费者需求,采取合适促销手段的商家能够借此机会打响自己的品牌或者是扩大品牌的影响力。消费者在网店挑选商品时,并不像在实体店一样零距离评估商品,所以消费者网络消费更加注重一家店铺的信誉,更准确地说,是"商誉"(goodwill)[①]。商誉是一种无形资产,是消费者对商家的一种综合评判后的肯定程度。良好的商誉不仅需要商家在销售的各个环节都做好本职工作,尽量满足消费者的需求,还需要足够多的消费者参与到这个评价系统中,让商誉能够快速积累起来,并具有可信度。狂欢节聚集的超高人气能使一家优质店铺的影响力迅速提升,如果该店铺的商品物美价廉,售前售后服务到位,则吸引众多消费者,在扩大销售量和影响力的同时也能够快速积累商誉。淘宝平台上的商铺评级系统根据的是一家店铺的好评率和信用记录,狂欢节期间,很多擅长促销的优质店铺能够在评级系统中位于前列,获得消费者的信任和品牌依赖度。

三、商家在做决策时也必须要考虑其他商家的行动,即商家必须在和其他商家博弈的过程中采取最优的价格策略。淘宝平台上网店出售的商品替代性很强,因此相同信用的不同商家之间的价格差异是消费者做选择的重要因素。狂欢节期间,如果其他的商家采取更优惠的促销手段,考虑到自身的销量(不仅仅是狂欢节期间的销量,因为狂欢节期间消化了大量需求,狂欢节之后的销量会受影响)会受之影响,该商家需要根据竞争者的销售策略做出调整,使自己不至于处于太过被动的位置。往往这种相似商家的促销战会变成博弈论上的价格战(张元鹏,2007),最后市场上相似商品的价格应该是

[①] "商誉"指能在未来期间为企业经营带来超额利润的潜在经济价值,或一家企业预期的获利能力超过可辨认资产正常获利能力(如社会平均投资回报率)的资本化价值。

基本一致的。在收益大于成本的前提下,基于不被其他商家挤出市场的考虑,很多商家都会被迫选择参与到狂欢节中,并采取大致相同的促销手段,最后市场上的商品价格趋于一个较低的水平。

4.1.2.3. 厂商参加购物节的行为决策分析(不完全信息假设下)

若已有商家参与到狂欢节中并跟随市场制定促销策略,则对于还没加入狂欢节的商家来说,因为并不清楚参与狂欢节的成本高低,考虑是否进入狂欢节时就成为不完全信息博弈。现在设定已经参与狂欢节的商家为在位者,设定观望是否进入的商家为进入者。

如果在位者是高成本,即其参与狂欢节要付出很高的成本。假定无其他商家进入时,在位者获得的利益是 A。则在对待新进入的商家时,在位者有两种选择:一是默许进入者进入,在位者和进入者分享利益,在位者获得 B,进入者获得 C;二是与进入者斗争,进入者付出代价,获得负的收益 D,在位者不获得利益。为更直观起见,假定 A、B、C、D 分别为 200、50、40、-10。

如果在位者是低成本,即参与狂欢节付出的成本较低。假定没有其他商家进入时,在位者获得的利益是 M。则在对待新进入的商家时,在位者有两种选择:一是默许进入者进入,在位者和进入者分享利益,在位者获得 N,进入者获得 O;二是与进入者斗争,进入者付出代价,获得负的收益 P,在位者获得利益 Q。同样,我们假定 M、N、O、P、Q 分别为 300、80、30、-10、100。如表2:

表2 不完全信息假设下,商家参加购物节的行为决策

		在位者			
		高成本情况		低成本情况	
		默许	斗争	默许	斗争
进入者	进入	40,50	-10	30,80	-10,100
	不进入	0,200	0,200	0,300	0,300

如上表所示,在位者是高成本的情况下,在位者的最优选择是默许,进入者的最优选择是进入;在位者是低成本的情况下,在位者的最优选择是有进入者时斗争,进入者的最优选择是不进入。那么,影响进入者是否进入的根本因素是在位者的成本高低,而在不完全信息条件下,对成本高低的判断取

决于进入者。假设进入者认为在位者在高成本情况下的概率是 p,则其认为在位者在低成本情况下的概率是 1 - p。

进入者进入的期望支付是:A = p*40 + (1 - p)*(- 10)。

进入者不进入的期望支付是:B = 0。

令 A = B,得 p = 1/5。

如果 p≥1/5,则进入者选择进入;如果 p < 1/5,则进入者选择不进入。即进入者只要认为在位者在高成本情况下的概率大于 1/5,则他会选择进入这个市场。

这个博弈过程还可以运用海萨尼转换来解决。加入一个"自然人",使博弈树能够画出来。如下图所示:

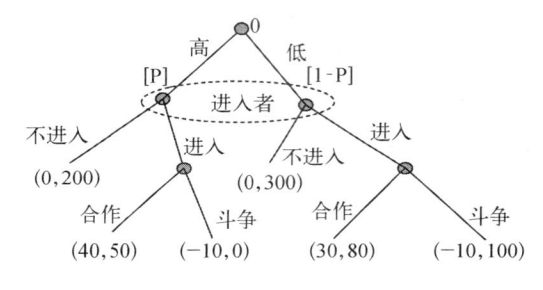

图 5　海萨尼转换

根据博弈树,可以直观地看到进入者的决策选择。

由此可知狂欢节期间,厂商之间的相互竞争和价格战使每家参与狂欢节的厂商都投入了大量的成本,其博弈形成的价格往往已经靠近其产品的边际成本。因此,狂欢节外的厂商基本可断定在位者的成本处于高成本情况,那么他们参与狂欢节是一个最优选择,而已经参与狂欢节的厂商的最优选择是默许。基于这样的分析,我们就可以看到每年的狂欢节总有大量的新厂商加入其中,不断壮大狂欢节的规模;随着厂商规模的壮大,产品的多样性增加,给市场带来大量的正外部性,对狂欢节规模扩大起到再推动的作用。

4.1.2.4. 消费者参加购物节的行为决策分析(不完全信息假设下)

① 电子商务中信息级联现象显著性

人们理性决策的路径不仅局限于对自身偏好和利益的独立思考,也借助对他人行为的观察。信息级联理论是解释人们理性从众行为的理论。当人们义无反顾地追随其他人的行为决策而忽略自身获取到的信息，甚至是忽略使用自身信息获取能力时，人们的决定便不再反映他们自身独有的信息。在市场中，当一连串的个体通过他人行为获得决策信息时，信息级联现象发生。信息级联现象与盲目从众不同，它的产生首先出于对自身收益的理性思考。

信息级联理论认为，人们在制定决策是受到两方面信息的影响：一方面是行动者本身对信息的认知程度；另一方面是其他行动者的决策信息。当个体对于相关信息的掌握程度不足以制定合理的决策，同时其他行动者的决策信息容易被观测到时，在这种情况下，信息级联就非常容易发生。信息级联假设行动者缺乏完整的知识和能力去感知某项产品或技术的价值，因此依靠观测其他人的行动去做决策，形成连续的理性决策过程。

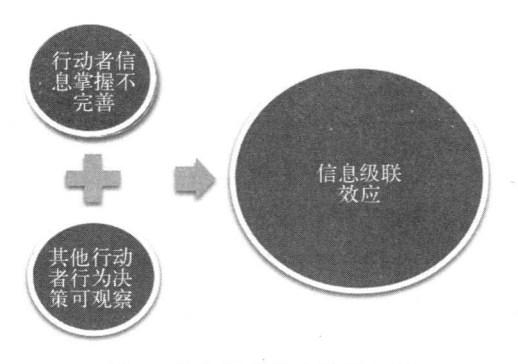

图 6　信息级联效应的两方面

相比于实体商家，在电子商务环境下，消费者通过浏览网页图片、阅读相关产品介绍以及销售量和产品评价等信息感知产品的实际价值。但缺乏直观接触使完备的购物信息很难获取，导致消费者对所获取信息质量的信心不足，加剧对他人消费行为和对实物的评价的依赖程度。如图 7 所示，问卷调查中"信息了解程度"是基于"双 11"网购时，您是否充分了解各类促销信息，并进行比较"这一问题的，将"不了解""比较不了解""比较了解""了解"分别赋值 1、2、3、4，得到消费者在参与"双 11"活动时对各种信息的了解程度。样本的"信息了解程度"均值为 2.35，可见消费者在参与"双 11"活动时，对于各类信息的了解程度不充足，面临一定程度的"信息不完全"情况。

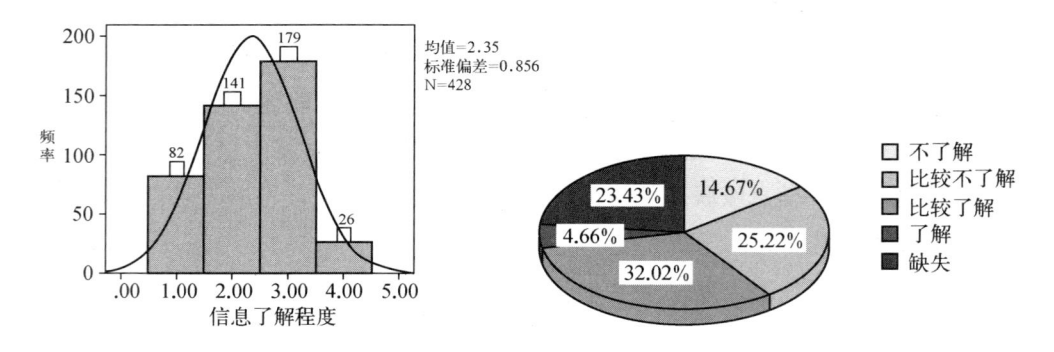

图 7　信息了解程度统计

此外,淘宝和天猫平台提供了一个供消费者交流的平台,商品的收藏数量、销售量、评分等级、对商家服务和物流服务的满意程度都会直接出现在商品介绍与购物界面,是消费者获取他人消费决策和反馈信息的便利途径。同时,以阿里巴巴为首的电商通过各种营销手段,实时报道每年"双11"当日的交易额状况,并大力宣传最终实现的惊人交易额,引发大众对"双11"的关注。这些宣传直接传达出他人集中在"双11"购物的行为决策,从而感染潜在的消费者。如图8所示,被调查者中,消费者在"双11"购物过程中较大地受到销量、评价、商品信用等信息的影响,受到较大或很大程度影响的比例分别为75.9%、95.3%和81.3%。且通过对定序的程度变量赋值,销量、评价的均值均大于中间值2.5,如表3所示。因此,在电子商务环境下,信息级联现象表现得非常明显。

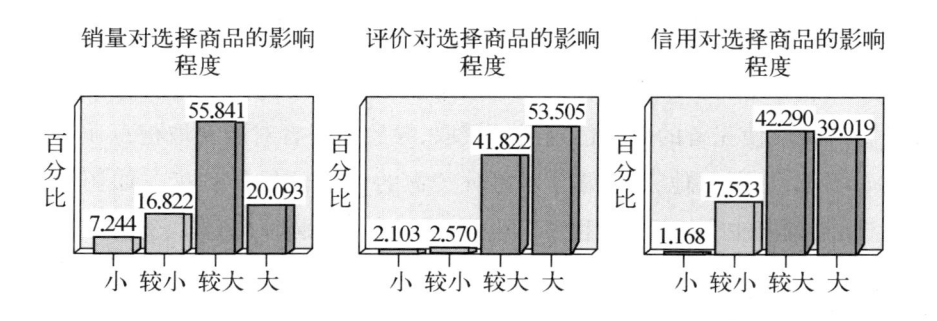

图 8　销量、评价、信用对选择商品的影响程度

表3　销量、评价对选择商品的影响程度

变量名称	N	最小值	最大值	均值	标准差	偏度	偏度标准误	峰度	峰度标准误
销量对选择商品的影响程度	428	1	4	2.887 9	0.804 87	−0.633	0.118	0.205	0.235
评价对选择商品的影响程度	428	1	4	3.467 3	0.653 83	−1.293	0.118	2.326	0.235

② 信息级联现象与口碑效应的相互作用

信息级联发生后，从众行为产生，因此便不会再有新的关于产品的有效信息进入市场，从而维持信息级联现象的持续。随着互联网进入2.0时代，社会化的商务平台迅速发展起来，在购物之余，消费者之间、消费者与电商之间实现了快捷便利的沟通。借助电商搭建的交流平台及其他社交平台，消费者很容易得到身边朋友、亲人和陌生人对相关产品和技术的评价。因此，在信息级联发生后，如果有消费者发表对产品的负面观点并通过社交平台不断扩散传播，信息级联效应很容易被颠覆；但如若消费者的评论较为积极，信息级联效应会在口碑效应的复合下增强。

大多数电商网站提供商品排名和用户评价信息，因此，用户在制定购买决策时往往同时受到信息级联与口碑效应的影响。通过公布消费者评价信息，不仅能够提高消费者的购物质量，同时有利于实现电商平台中商家的优胜劣汰，保持整体质量，形成口碑效应，从而促进电商的发展。如图9，问卷调查数据显示，在商品质量、购买行为、卖家服务等方面，满意程度为"比较满意"的被调查者都占到绝对多数，"双11"购物节在消费者之间有较好的口碑。

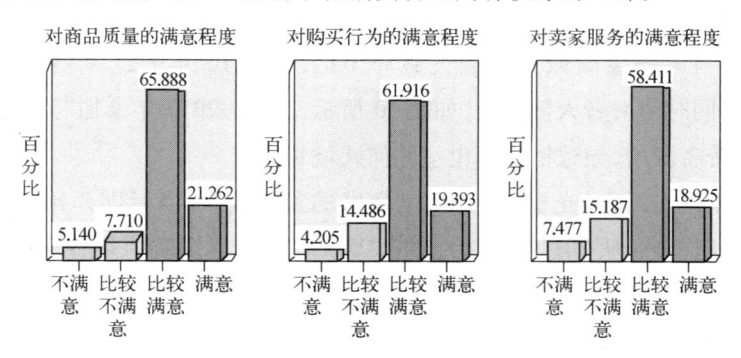

图9　对商品质量、购买行为、商家服务的满意程度

2009—2010 年,淘宝的"双 11"购物节还只是以淘宝商城为主角的促销活动,只有"双 11"的发起方淘宝商城利用"光棍节"进行促销。在 2009 年,淘宝商城中共有 27 家品牌店集体进行促销,并获得了喜人的成果,以服装品牌杰克·琼斯淘宝旗舰店为例,当日这家店的销售额就突破 500 万元。2010 年,淘宝商城提前三个月砸下 2 亿元用于"双 11"网络购物节的营销推广,参与促销的店家数量与促销的商品种类也迅速扩大。2010 年淘宝"双 11"购物狂欢节的销售额相比于上一年实现巨幅增长,创造促销当天营业额为 9.36 亿元的奇迹。但这两次参与促销的消费者毕竟是少数,是小范围的。如图 10 所示,在被调查者中,仅有 6.27% 的受访者参与了 2009 年或 2010 年的"双 11"购物活动,可见当时其在消费者中并未形成规模效应。虽然如此,如此巨额的销售额在当时的中国已经是前所未有的新现象。

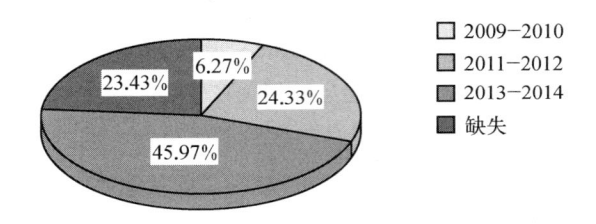

图 10 第一次参加"双 11"网络购物的时间

淘宝"双 11"购物狂欢节的巨大成功,使其几乎成为每年 11 月份最受关注的话题。在全民购物环境的影响下,"双 11"与"购物狂欢节"画等号的电商营销方式开始被大众广泛接受,"双 11"逐渐成为电商们的专属节日。他人的群体性消费对潜在消费者产生巨大的影响,9 亿多的销售额冲击着单个消费者自身所获取到的信息,群体消费的积累吸引了更多的消费者参与到 2011 年的"双 11"购物狂欢节中,形成爆炸性的信息级联效应。2011 年 11 月 11 日当天淘宝商城交易额突破 33.6 亿,是 2010 年的近 4 倍(聂晓飞,2011)。同时消费者人数激增,如图 10 所示,2011—2012 年参加"双 11"购物节的消费者激增,导致销售额也呈几何式增长。

如果说前两次"光棍节"是淘宝商城的独角戏,那以后则开始变成电商共庆的狂欢节。从 2011 年开始,随着"双 11"低价且优质的商品特点被口口相传,更多的消费者参与到"双 11"的购物浪潮之中,包括当当网、京东商城、凡客诚品、国美等几乎整个电商行业都开始推出自己的"光棍节"促销活动,也在"双 11"当天收获惊人的销售额。可见消费者对于"双 11"的消费兴趣随着信息级联效应和口碑效应的双重发酵一路高涨。2012 年 11 月 11 日当日淘宝商城全天交易额达到 191 亿元,是 2011 年同日交易额近六倍(中国电子商务研究中心,2012),2014 年天猫淘宝"双 11"全天成交额竟实现惊人的 571 亿元。

4.2. "双 11"购物节的发展:组织支持

4.2.1. 数据处理(实时数据计算平台 Galaxy)

阿里大数据团队自主研制的实时数据计算平台 Galaxy 是阿里进行数据分析和处理的核心。平台目前每秒可运算超过 500 万条数据,每天可以处理超过 2 500 亿条数据,处理的数据量接近 2PB①。支撑阿里数据分析的硬件和软件已经研发出来,并且不断地升级更新,其处理数据的能力也不断地加强。虽然"双 11"当天淘宝网的主页仍然会有卡顿,但是可以预想到在大数据时代,这些技术问题都能得到解决。

处理数据可以说是阿里基本的要求,关键在于将处理过的数据变成可运用的信息,在市场上形成商机。经过多年的积累,阿里的数据中心已经存储了海量的数据。通过 Galaxy 对数据进行分析和处理,能够得到消费者日常喜好的相关信息,将这些信息反馈给商家和淘宝网平台,让商家根据这些信息进行更加精准的营销,增加营销成功的可能性。另外,除了对单个客户的数据分析之外,数据处理平台还能够对整个消费者群体的数据进行处理,得到群体的消费倾向和特点,较为精准地预测消费热点和营销时机,给商家和淘宝平台提供针对性建议。这些数据处理后得到的信息对于商家和淘宝平台来说就是商机。Galaxy 还设计了数据"防漏"措施,哪怕服务器突然死机,也能保证数据不丢失,快速恢复后继续工作,一定程度上保障了数据处理系统的稳定。

4.2.2. 数据储存与输出(阿里云平台)

阿里云平台是阿里数据储存和输出的终端,阿里根据阿里云搭建"聚石塔",将天猫、淘宝上几乎所有的卖家都吸引到这个云平台上,在这个"聚石塔"上创建和处理订单。除了助力处理订单之外,阿里云还提出了"云支付"

---

① 1PB = 1 024T。

系统来应对支付难题,提高系统支付的支撑能力。"云支付"架构是从原来的 IOE 技术切换到云计算技术来的,可支撑十亿笔以上的超大日支付处理能力,还能智能调度系统根据各支付渠道的处理能力和健康情况,在几秒之内就做出削峰填谷的决策,避免过高的支付峰值对支付系统的压力。

4.2.3. 物流协调

线上强大的数据处理、储存与输出能力造就了"双 11"井喷式的成交量,但却使线下的物流体系面临更大压力。在线上问题解决之后,物流就成了制约"双 11"发展的重要因素。然而,换一个角度来看,制约因素也可以转化为促进因素:正是由于电商们构建出了遍及全国的强大的物流体系,能够应付短时间内大量的仓储、运输任务而不瘫痪,"双 11"才得以持续发展。

"双 11"物流的核心是"速度",即快速高效地将商品递送到消费者手中。本文认为,要实现"速度",物流体系需要优化三个维度:数量、效率与统筹度。足够的仓储、快递从业人员数量是物流速度的基本保障;高效率则使得现有的仓储、人员能够得到有效利用;而整个物流体系中区域、人群的统筹度则使物流的"速度"带给全国消费者最好的综合体验。

首先,我们来看看"双 11"中阿里重要的竞争对手京东是如何协调其物流的。京东的优势在于其"自营物流"的模式——2009 年,京东在上海投资 2 000 万成立快递公司,随后其物流布局逐步覆盖全国,在北上广等城市建立七个大型物流中心,其物流体系能支撑日极限 5 万的订单数量(卢红霞、吴雨晨,2015)。这是其"数量"维度上的优化。2010 年,京东开始在全国推出的"211 限时达"服务(上午 11 以前下单,晚上 11 点以前送达),体现了其"效率"维度的优势。对于自营物流不便布局的较小城市,京东则采取与第三方快递如宅急送、中国邮政等合作的方式完成货物配送,从而建立起自营与他营结合的物流体系,完成了"统筹度"维度的优化。

阿里的物流支撑则经历了漫长的发展过程。淘宝、天猫定位为平台,与京东不同,从一开始就需要依赖于第三方物流的支持。阿里很早就开始结盟物流伙伴,2006 年底,阿里就与中国邮政签订了电子商务战略合作框架协议,物流与信息流、资金流共同成为这份协议的主要内容。2008 年 9 月,阿里发布"大淘宝"战略,欲打造全球最大的电子商务生态体系,2009 年底,阿里启动"淘宝合作伙伴计划",召集众多电子商务外包供应商,在 IT、渠道、服务、营销、仓储物流等电子商务生态链的各个环节提供服务(王冰睿,2010)。众多外包供应商与阿里的战略掌控为阿里的物流生态圈提供了数量、统筹度维度的支持,然而阿里并不仅仅满足于此,为进一步提高效率,2013年5月28日,由阿里巴巴集团牵头组建的"菜鸟网络科技有限公司"(简称"菜鸟")成立,计划在5—8年的时间内打造遍布全国的开放式社会化物流仓储设施,建立能支撑日均300亿元网络零售额的"智能骨干网"。这一"智能骨干网"一方面建立遍布全国的仓储平台,另一方面通过大数据、云计算、物联网等新技术,实现数据共享、资源互联,提升物流仓库利用率与运作效率(洪厚兴,2013)。通过与第三方物流的广泛合作与自己牵头建立的"菜鸟",阿里在数量、效率、统筹度上实现了优化,为"双11"的仓储、货运提供强大支撑。

综上所述,遍布全国的"双11"物流体系是一个巨大的生态系统,其中包含淘宝、京东等电商,也包括大大小小的物流公司。在生态系统中,各主体在数量、效率、统筹度三个维度上的协调,有效保证了"双11"物流的速度,从而为"双11"的持续发展提供了动力。

4.2.4. 竞争保障

当"双11"渐渐发展起来并成为商业奇迹之后,"双11"这一符号本身也就具有了商业价值。阿里极有远见地在2011年向国家商标局提出"双11"商标注册并于次年获得通过,从而将"双11"这一节日牢牢掌握在自己手中。

正如阿里CEO陆兆禧所说,阿里注册这个节日主要是为了"保护好这个节日,避免被恶意滥用",采取的是防守的姿态而非进攻方式。这种将知识产权注册之后开放出去的方式,避免了对"双11"的恶意滥用,有效促进了"双11"购物节的良性发展。

首先,阿里开放"双11"的行为使更多商家能够参与到购物中来,不同主体的良性参与扩大了"双11"购物节的规模,使其具有持久的活力。

其次,注册"双11"商标并用于防守的举动,避免了利用"双11"进行恶意营销、不正当竞争从而损害同行企业利益的不正当行为,保护了整个电商行业的良性运行。

最后,对"双11"商标的注册也与消费者的利益息息相关,排斥恶意营销的良性电商团体,才能提供最优质的商品,带给消费者最大的效用,给予他们持续参与"双11"购物节的激励与动力。

从而,通过注册商标的方式保障良性竞争,"双11"剔除了可能存在的恶意滥用,成为消费者与企业良性互动的盛大节日,得以无后顾之忧地发展下去。

4.3. "双11"的扩张:作为"宗教仪式"的文化逻辑

4.3.1. 文化传统:购物节与庙会的传承和突破

与受到运输、信息传播途径、购买力等因素制约的传统庙会不同,在科学技术飞速发展和消费观念不断更新的现代,依托于网络平台(起初是淘宝),一个类似于全国性的线上庙会的诞生变成可能。

首先,日期的确定。网络购物的历史是短暂的,"网络购物节"更是一个全新的概念。相比于实体销售行业的集中促销,比如美国的"黑色星期五"这种由长期的消费习惯所形成的一种消费文化,网络购物节的诞生则更需要一种年轻的文化现象作为依托,来和其本身的年轻属性相呼应。除文化因素之外,购物节还需要考虑经济因素。通过分析网络购物的数据,很容易找到一个网络消费量的季节性特征。销售量最好的时机,再加上一个年轻的新生文化现象作为噱头,在这一天进行大规模的网络促销活动,很容易让年轻人满足购物需求的同时,在心目中产生一个"购物节"图式。淘宝网选择的这个时间节点是"光棍节",这既符合销售量要求,又和年轻人文化契合得相当紧密,便于营销宣传的"节日"(黄英,2012)。网络时代,购物平台设立一个促销节,往往是在对市场和购物人群以及消费文化进行调查研究后确定的最优选择。

其次,地点的确定。当时,国内的网络购物平台做得最好的就是淘宝:淘宝自身作为购物节的发起方,因此其本身就是最佳的平台。网络平台在任何时候对任何人开放,加入到这个平台只需要鼠标轻轻一点。对于消费者和商家来说,这个平台足够大,大到能够容纳所有想要参与其中的人。

最后,关于购物节能够搭建起来的技术要求。伴随着购物节的是可以预见的大规模交易,那意味着前所未有的巨大浏览量、短时间内密集而庞大的交易指令和与之配套的交易监管任务。随着软件和硬件的提升,这些技术问题是可以解决的,近些年购物节的运行恰恰印证了技术会为满足不断提高的需求而发展。以上是购物节能够像线上庙会一样办起来的基础,而淘宝平台和网络技术当时已经满足了这些条件。

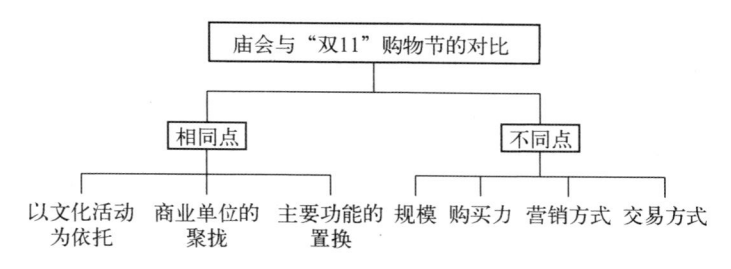

图 11　庙会与"双 11"购物节的对比

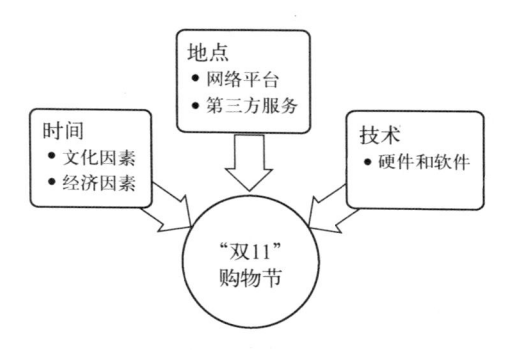

图 12　购物节形成的条件

4.3.2. 个人层面：马云的卡里斯马

卡里斯马（charisma）本是基督教概念，原意为"神灵附体"，可以理解为神圣的天赋或非凡的魅力。马克斯·韦伯（Max Weber）将这一宗教概念引入社会学。他将正当的支配权类型归纳为三种基本形态：传统型、理性型和卡里斯马型（或称超凡魅力型）。卡里斯马型支配权来自"极端的个人献身精神，个人对救赎、对英雄业绩的信念，或其他一些个人领袖的素质"，这种支配权由宗教领域的先知们实行，在政治领域，则是由推举产生的战争头领、靠民众直接认可而当政的统治者、伟大的群众煽动家或政党领袖所实行（韦伯,1998）。

这种支配权逐渐被拓展到解释商业、文化等其他领域，用来指称个人身上的领袖魅力，尤其是富有创新力和洞察力的个人最终推动了变革的整体进程。在这种意义上，作为阿里领导人的马云也具备这种"特殊禀赋"，而商业集团阿里也在有意建构马云的超凡领袖形象。

作为阿里的核心与灵魂,马云是成功学畅销书的宠儿,据不完全统计,市面上围绕马云的传记型、语录型的书籍达170多种。我们可以对这些书籍的标题、副标题等封面文字进行简要的内容分析,其中的高频词包括"传奇""颠覆""帝国""管理智慧"等,并将其各类讲话结集,称其为"圣经""语录""说话之道"等。

作为阿里总裁,马云频繁出现在公众视野中,其自身的超凡管理智慧与个性鲜明的言论,与媒介合谋共同建构了其卡里斯马型的领袖形象。其个人的形象价值也内化为阿里的品牌价值,这同样有助于"双11"购物节的商业成功。

围绕马云的卡里斯马型领袖形象的建构过程如下:

初创时期。阿里巴巴和淘宝初创时期采用了逆向营销的公关模式,即将一个成熟的大企业作为挑战对象,将自身打扮为弱小的"挑战者"角色,以舆论战率先抢占制高点。如在淘宝初创时期与易趣(eBay)的营销战中,马云亲自带领公关部制造舆论话题,将自身直接定义为易趣的挑战者,在易趣办公楼对面树起了淘宝的广告牌,声称"鲨鱼在长江里是打不过鳄鱼的"。马云作为阿里领袖,不断制造疯狂语言,如"淘宝给 eBay 最后通牒"之类,极大煽动了用户情绪,直至易趣崩溃。这些个性鲜明的言论赋予了马云"挑战者"的角色,借此获取市场的同情和支持,进而煽动客户情绪,树立自身的品牌认同度。

发展时期。发展时期,马云采用的策略是刻意将自身塑造为难以撼动的强大角色。马云发表"打着望远镜也找不到竞争对手""我们要打造一个10亿人的消费购物平台"等"狂妄"言论,同时辅以淘宝"三年不收费"等实际举措,以塑造淘宝根底扎实的企业形象,增加用户对企业的信心。

成熟时期。当阿里巴巴集团已成为中国最大的互联网企业之一时,马云开始扮演"先知"的角色,频繁作为互联网领袖预测互联网的未来,成为互联网业界的"导师",并代表中国互联网行业接受国际媒体的采访以及国家领导人的接见。这个时候马云已经真正成为中国互联网行业的领袖。

经历了这样三个阶段,马云最终完成了其卡里斯马型媒介形象的建构,成为中国互联网最具超凡魅力的行业领袖。

4.3.3. 作为消费仪式的购物节

如前文所述,庙会起初是民间的一种祭神拜佛的信仰活动。为祈求神灵降下福祉,保佑一方平安,民众进行焚香、拜佛等节日活动。庙会具有一套原初的信仰仪式,而随着商品经济的萌芽与发展,庙会在信仰活动之外开始出现商业活动,到一定阶段,庙宇和商贩合作,利用戏班、杂耍、赌摊等娱乐活动招徕顾客,进行促销。甚至有些地方,每年的庙会举办与否、会期长短都由商会决定。在这一过程中,庙会通过信仰活动生产意义,凝聚族群,建构仪式,形成一种非正式的节日。而后,庙宇和商贩编织了一套新的象征物、仪式脚本、扮演角色和观众,将庙会通过信仰活动凝聚的影响力和传播力与一套新的节日仪式拼接在一起,用商业仪式置换信仰仪式。通过长时间的熏陶,这种仪式以及人们的观念逐渐转变,庙会的信仰色彩削弱,商业色彩增强,庙会仪式由焚香抱佛逐渐转变为商业购物。

这种文化仪式与商业仪式的置换,文化影响力与商业仪式的拼接,我们在"双 11"狂欢购物节的产生中也可以清楚地看到。

4.3.3.1. 节日仪式

开始于 2009 年的"双 11"购物狂欢节并非人造购物节的起源,人造购物节有更加悠久的历史。

美国人将每年感恩节(每年 11 月第四个星期四)后的第一天称为"黑色星期五",这一天一般处在美国感恩节假期之间,又标志着圣诞购物期的正式开始,美国商家们往往会疯狂打折促销,以刺激美国人来疯狂抢购。在这一过程中,除去打折带来的经济实惠,我们也可以看到如节日仪式般的消费仪式,在每年的"黑色星期五"进行疯狂购物这一行为成了一种象征。"黑色星期五"全民性的购物狂欢是美国消费文化的产物,在过去的几十年时间中,已经成为美国文化和美国生活的一部分。

中国的"双 11"购物节的前身是"光棍节",这是一个由当代大学生原创的节日,其缘由是这一日期(11 月 11 日)由四个"1"组成,而这种形态上的特殊性通过符号化被赋予了意义。"1"作为符号,与"单身""孤独"建立了联系,而作为一年中"1"最多的日期,11 月 11 日就成为最孤独的"光棍节"。

这种意义并非因为形态上的特殊凭空产生,它需要广泛的社会文化心理作为基础。"光棍节"诞生在大学校园内,"光棍节"的最初流行反映了单身大学生自我解嘲、群体共鸣的心理需求和寻求爱情、解决婚恋问题的现实需求。

"光棍节"作为当代大学生的原创节日,也建构了自身的一套节日仪式。

有学者曾对此进行总结归纳(林锦凤,2011):

表4 "光棍节"的活动和仪式行为

光棍节仪式和行为	主要内容	新奇度(是否光棍节特有)	主要信息来源	象征符号分类
节日套餐(又名光棍吉祥物)	两根油条、一个鸡蛋或四根油条、一个包子的组合	平时也可搭配,节日则更有味道	百度百科	物件形式符号
赠送礼品(筷子)	礼品为筷子,男女约会也以筷子为信物	节日特有,平时少见	百度百科	物件形式符号
收发光棍短信	创意搞笑短信,以娱乐为主,烘托节日气氛	节日特有	太平洋电脑网论坛	语言形式符号
传唱节日歌曲	《单身情歌》《一辈子的孤单》《把悲伤留给自己》为主打歌曲	不是节日特有,但很应景	百度百科	声音形式符号
购买光棍证	购买光棍身份凭证、印有光棍证的烟盒等物品	节日特供,平时少见	百度百科	物件形式符号
上爱情超市寻觅爱情	在以缘分和爱情为出售对象的"爱情超市"里,人们可以寻觅自己的缘分	节日特供,平时少见	中国新闻网	行为形式符号
参加单身聚会	聚餐、互动游戏、速配、唱歌等	平常也有,但节日里的单身聚会感觉比较不同	西祠胡同	行为形式符号
光棍节出游	集体乘坐11路公交车"快闪"或网友齐聚出游	"快闪"是节日特有的活动,出游则不是	百度百科	行为形式符号
过光棍情人节	在光棍节这天结婚,或当作爱情纪念日庆祝	这种过法使节日的性质发生了改变	百度百科	行为形式符号
使用光棍独特称谓	光光、明明、脱光、失明、铁棍等	节日文化产物,平时较少使用	百度百科、西祠胡同、文献	语言形式符号

我们也可以将上述仪式建构的步骤作为分析框架并进行分析。在"光棍节"的节日仪式中,节日套餐等行为成了象征物,而参与仪式的单身青年,试图通过这些行为实现娱乐交际、心理宣泄、宣示单身身份、寻求潜在的婚恋

对象等目的,这些目的都附着在其所扮演的"光棍"角色上,而仪式脚本的任务是将行为与其目的建立联系,并将其展演给潜在的观众看,观众包括参与仪式的"光棍"自身、潜在的婚恋对象等。

"光棍节"的这一套仪式本身是不严肃、不规范的,而带有娱乐和社会交际的性质和功能。正是这种娱乐戏谑的性质,被电商置换成消费仪式,创制了"双11"购物节。

4.3.3.2. 消费仪式置换其原初的仪式

2009年淘宝商城联合27个知名品牌,在11月4—11日每天推出不同的低价折扣促销,并在11月11日当天全店五折,开启一个崭新的购物狂欢节。购物节被定在11月11日,不仅因为这是处在国庆黄金周和圣诞元旦季的线下销售的空档期,且利用"光棍节"的传播点,将"光棍节"原初的娱乐交际仪式置换为消费仪式。

如前所述,"光棍节"在其十余年的发展历程中,已经积累了一定的影响力和传播力,并构建了一整套独特的节日符号形式和固定仪式。其影响力的进一步发酵是在互联网时代,尤其是在社交网络崛起的背景下。在互联网时代,每个人既是受传者也是传播者,这就意味着"受众的终结"。与社交网络的蓬勃发展相伴的是电子商务的发展,信息沟通的技术支持最大限度地扩展了生产、交换的分散化和弹性化。伴随着在线支付等技术和物流等基础设施的完善,电子商务亦在网络社会崛起。

在此过程中,互联网不仅成为信息传递的载体,还构建了新的文化认同。"光棍节"通过网民之间的互动不断进行意义的再生产,仪式也逐渐成熟并不断创新,并在这一仪式的生产与更新的过程中,"光棍节"凝聚"族群",最终从小众的、非正式的娱乐形式成为影响一代人的原创节日。

"双11"购物狂欢节的创立和发展,正是借助了"光棍节"已经形成的影响力和传播力。"双11"购物狂欢节消费的创立与发展,最关键的一步是用消费仪式置换"光棍节"原初的仪式,通过这一置换,将"光棍节"产生的文化影响力移植到购物节之上,或言之,移植到电子商务的商业模式之上。

建立"光棍节"与网络购物之间联系的仪式脚本是如何书写的?从2009年"双11"购物节创立之初的媒体报道和淘宝宣传策略中我们可以找到答案。据开心网投票数据统计,在参与投票的10万人中,有70%的人选择在"光棍节"上网购物,主要原因是"光棍节"并不放假,待在办公室里又很压抑,只好用网购来满足发泄的心理(杨帆,2009)。"光棍节"被赋予了"单身""孤独"的意义,而在"光棍节"的原初仪式里,又可以从带有压抑的意义中找到集体狂欢的意味。参与"光棍节"仪式的单身青年,试图在当天进行娱乐交际、心理宣泄、宣示单身身份、寻求潜在的婚恋对象,将之作为压抑的冲动的宣泄口。网购成了单身青年宣泄的一种手段,"光棍节"与网购之间的联系被建构。

完成这一步之后,电商开始用大量消费仪式置换"光棍节"的原初仪式。"经过偷换符号与情感挪揄后,构建起'11·11'这一饱含趣味和情感号召力的'时间符号',在淘宝、天猫等网络虚拟空间中处处堆积的丰盛物品与充满节日红色喜庆气氛的'空间符号',以及'限时抢购''通宵淘货''网上晒货''销量排名'等'仪式符号',并通过大规模的公众集体参与最终建立起完整的节日符号和节日行为体系。"(吕欣,2014)有学者曾对电商在"双11"中的微博文案符号进行统计(刘娟,2013):双十一当天,天猫的微博营销着重突出"双11""天猫""狂欢购物节"等具有节日特征的关键词多于打折、包邮等促销手段关键词,电商着重将"双11"等符号塑造成消费的象征物。

这一仪式的一项关键要素在于,扮演的角色和观众需要消费者的参与感与被观看感。随着"双11"购物节的发展成熟,媒体也进一步参与到"双11"消费仪式的建构中。媒体通过新闻议程的设置,将"双11"购物这一消费行为置于社会公共议题的中心,在"光棍节"前期连篇累牍地报道,共同制造了"双11"购物节的"需求神话"(刘娟,2013)。在媒体和电商合谋营造的场域中,本身相互孤立的消费者被聚集在一起,共享一套符号和仪式体系,如"剁手""买家秀""晒订单"等话语与行为,互为观众。由此,电商建构了一套从象征物到仪式脚本、扮演角色和观众的完整仪式。

4.3.4. 社会心理:羊群效应

羊群效应是一种盲目的甚至无意识的行为,指个体的观念或行为因为受到想象中的或实际存在的来自群体的压力和影响,从而倾向于与群体的大多数观点或行为相一致的现象。当个体的行为或观点与群体中的大多数相冲突时,个体往往会默认自己的行为和观点有误,而接受大多数的行为和观点。

"双11"购物节中存在的如此规模庞大的消费人群,并不完全处于理性的分析和决策中,一定会有相当一部分人会受到群体氛围的影响。图13显示,调查数据反映"双11"期间相关话题在社交平台和现实生活中的活跃度,认为"双11"话题在社交网络中比较活跃的占到被调查者的50.8%。群体行为偏好的气氛可能使更多人参与到"双11"购物之中。但由于羊群效应的从众行为是无意识的社会心理现象,因此很难通过问卷或访谈验证。

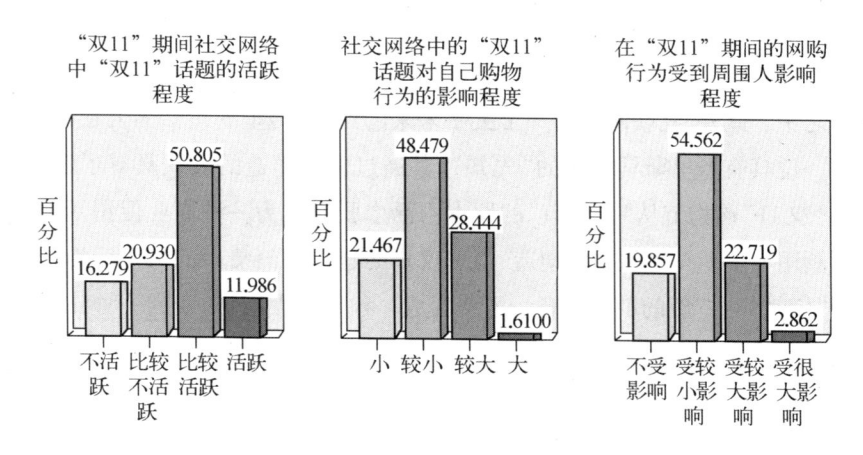

图14 社交网络"双11"话题活跃度、社交网络对购物行为及周围人影响程度

5. 结论与讨论

2014年11月11日,"双11"购物狂欢节将中国电子商务推上了一个新的高峰。仅天猫一家电商用时38分28秒就完成了全美所有电商在2013年"网络星期一"全天的销售额度,而天猫当日成交额达到了571亿元。这种体量意味着"双11"购物狂欢节已经不仅仅是中国电商的经典营销战役,更浸入中国社会的肌体,成为社会经济和社会文化的重要组成部分。

针对这一社会现象,本文试图结合应用经济学、社会学、新闻传播学的跨学科实践,对"双11"购物狂欢节的发展进行近端性分析,回到其诞生之初分析其形成的条件、成功的原因及其文化影响。

研究发现,"双11"购物节与传统庙会具有相似性。回顾庙会历史,我们发现一个原初的宗教仪式建构和消费仪式置换宗教仪式的过程。"双11"的前身是原创性的"光棍节",在十数年的发展历程中建构了一套独特的符号和仪式,形成了广泛的影响力和传播力。淘宝抓住"光棍节"这一时间节点将之发展为一个线上促销节,使"光棍节"原本的文化层面的意义逐渐被消费主义的文化符号和仪式所置换。

这一过程依托的载体是互联网,尤其是社交网络。在社交网络时代,每一个网民都可向互联网贡献自己的内容,共同编织、丰富和管理互联网。互联网不仅成为信息传递的载体,还构建了新的文化认同。在电商的诱导和媒体的议程设置之下,网民自身也参与到"光棍节"原初仪式的建构和消费仪式的置换过程之中。此外,互联网作为一个关乎未来的产业,阿里的领袖马云在其中扮演了一位具有卡里斯马气质的"先知",其通过偶像塑造的方式具有了领袖气质。"双11"购物节从"光棍节"的原本内涵中脱身成为一种商业促销活动,而后用利用卡里斯马型领袖的塑造、消费仪式的建构和消费者的从众行为,成为一种"宗教仪式"般的消费节日。消费变成一种集体无意识,变成一种狂欢,一种类似宗教仪式的存在。消费者不仅是在消费,更是在供养。

"光棍节"文化符号和仪式的影响力为"双11"购物节的诞生提供文化土壤,但这并不足以形成"双11"购物节全民狂欢的充分条件。电子商务的发展本质上仍是一种市场现象,符合基本的经济规律。基于成本-效益的分析框架、理性假设理论和完全信息的假设,淘宝平台、消费者和商家在"双11"购物狂欢节中的成本-收益计算,再通过实证数据的验证分析结果。当放宽完全信息假设,我们从不完全信息博弈的角度分析厂商和消费者在购物狂欢节已经形成时选择继续进入的动机,结合信息级联和羊群效应理论分析群体性行为在"双11"购物节中的影响,从而揭示购物狂欢节爆炸性扩大的原因。

本研究的不足之处主要在于实证研究中的分析资料不足。首先,由于资料限制,研究仅从观察者的角度入手,而无法获知阿里运作"双11"购物节的动机和方法。其次,问卷调查的对象具有局限性,主要以北京高校大学生群体为主,只能局部地反映公众的态度和行为。最后,虽然研究试图将"双11"的发展进行阶段性划分,并针对各阶段的主要特点结合相应的学科视角进行分析,但并没能实现将不同的学科视角应用于同一阶段的分析。

"双11"购物狂欢节逐渐成为中国消费主义意识觉醒的代表事件之一。全民参与购物狂欢节,消费者和商家不断消费和生产消费文化,创造出消费主义的文化符号和仪式,让集体狂欢不仅仅是停留在经济层面的集中买卖行为,更成为一种影响人们生活、改变人们思维的文化事件。这一进程,还有待进一步的观察与研究。

参考文献

阿克洛夫,2011,《"柠檬"市场:质量的不确定性和市场机制》,《经济导刊》第6期。

阿姆斯特朗、科特勒,2007,《市场营销学》,何志毅、赵占波译,北京:中国人民大学出版社。

弗登博格、梯若尔,1991,《博弈论》,黄涛译,北京:中国人民大学出版社。

洪厚兴,2013,《阿里物流战舰启航》,《新产经》第6期。

黄英,2012,《"光棍节"现象解读》,《中国青年研究》第8期。

凯瑞,2005,《作为文化的传播》,丁未译,北京:华夏出版社。

林锦凤,2011,《基于社会文化视角的"光棍节"节日仪式分析》,《泉州师范学院学报》第4期:74。

刘娟,2013,《从节日意识文化到营销——"传播的仪式"下的天猫"双11"狂欢购物节营销》,《广告大观(理论版)》第2期:84—90。

卢红霞、吴雨晨,2015,《京东自营物流模式分析》,《物流工程与管理》第1期。

罗钢、王中忱,2003,《消费文化读本》,北京:中国社会科学出版社。

吕欣,2014,《需求神话与赛博空间合力共谋的消费——"双11""光棍节"盛行背后的文化解读》,《传播文化》第12期:18。

聂晓飞,2011,《"光棍节"引爆网购风潮——电商市场隐忧浮现》,《通信信息报》11月9日,第B2版。

王冰睿,2010,《弥补电子商务产业链短板,阿里巴巴曲线进入物流业IT》,《时代周刊》第10期。

韦伯,1998,《学术与政治》,冯克利译,北京:生活·读书·新知三联书店。

文军、钟书库,2009,《广告仪式对消费文化的建构》,《中州大学学报》第10期:64—65。

许静,2007,《传播学概论》,北京:清华大学出版社。

杨帆,2009,《网购数据赶超情人节,品牌网店销售额达400万》,《法制晚报》11月12日。

张元鹏,2007,《微观经济学教程(中级教程)》,北京:北京大学出版社。

中国电子商务研究中心,2012,《2012年Q3中国电子商务市场数据监测报告》,

http://www.100ec.cn/zt/2010bgdz/。

Bikhchandani, S, D. Hirshleifer, I. Welch, 1992. "A Theory of Fads, Fashion, Custom, and Cultural Change as Informational Cascades." *Journal of Political Economy*. 100(5).

Walden, E. A, G. J. Browne. 2002. "Information Cascades in the Adoption of New Technology." Proceedings of the Twenty-Third International Conference on Information Systems: 435 -443.

对《中国式网络购物狂欢节》的点评

卢云峰

做研究有如学习游泳,如果没有实战历练,那么容易导致纸上谈兵,即使掌握了一堆有关方法的知识也枉然,就像熟知泳姿却不下水就永远不会游泳一样。于初学者来讲,实战乃是将所学知识激活的一个必经之路。基于这样的认识,我从教以来一直鼓励学生投身挑战杯学术竞赛,也非常乐意担任指导老师。2014年,我指导了四组挑战杯队伍,最后都取得了不错的成绩,其中王思明等人做的"双11"购物节研究还获得了北京市一等奖和全国三等奖。系领导让我写几句指导感受,说实话,时间已经过去多年,很多细节已经不记得,所以只能泛泛聊几句。

这是我印象中花时间最多的选题。按照我的经验,挑战杯的选题不能太阳春白雪,要接地气,要具有一定的社会关注度,还要考虑资料收集是否可行,一个好的选题是成功的一半。因为这些学生来自不同的院系,课程也多,很难找到大家都合适的时间,所以我索性就放在晚上9点以后,这样大家可以凑到一起,一般要聊到11点多才结束。经过三次讨论,我们最终决定做"双11"购物节这个题目。尽管出现的时间不长,但"双11"购物节巨大的社会影响力已经毋庸置疑,同时这个主题也契合几位同学的学科背景。这几位同学中,王思明和王力来自社会学系,吴志强来自经济学院,卢南峰来自新闻传播学院。

理论框架也是困扰我们许久的一个问题。一般来讲,一个研究要在统一的理论框架下展开,多种理论视角乃至学科视角同时出现在一篇论文中是非常冒险的事情。但作为一个新生事物,"双11"购物节本身具有复杂性,如果我们从多学科的角度把这种复杂性呈现出来,这或许也算一个贡献。基于这样的考虑,才有了这篇非典型的研究报告,杂糅了社会学、经济学和新闻传播学的诸多视角。

接下来是资料收集和论文写作。挑战杯学术竞赛作为一个团队项目,很容易出现有人搭便车的情况,最后导致合作失败,所以,合理的分工非常关键。还好,这几个同学彼此熟悉,加上是从不同学科切入主题,各自负责一部分,所以之后的进展比较顺利。最后还拿了个全国奖,那算是意外之喜了。

于我而言,指导本科生从事挑战杯学术竞赛还有另外的意义,那就是增加与学生之间的感情。在大多数情况下,大学老师与本科生之间就是一种工作关系,老师上课就来,上完课就走,就算设有办公室时间,师生之间的互动和交流也比较有限。指导挑战杯学术竞赛,可以在一个比较放松的时间和空间进行交流,这给了我一个可以与学生深度交流的机会,很多学生在毕业后一直与我保持联系。这种亦师亦友的关系可能是担任指导老师最为宝贵的收获。

"于无声处听惊雷"
——多元视阈下"邻避效应"解决途径与风险管控方式研究

作　者：邵　巍　唐宇石　张　玮　张沥月　孙若男　黄和清
　　　　彭　强　李垚纬
指导老师：高　翔

摘要：在城镇转型的历史变革时期，旨在保护环境的"邻避运动"在我国各级城市频繁发生，处理不慎则易激化社会矛盾。在各类"邻避效应"中，由"潜在风险型邻避设施"引发的"邻避效应"由于成因多样、影响广泛、演化过程复杂，具有很大的研究价值和学术挑战性。本研究选取此类"邻避效应"为主要研究对象，基于对北京、成都、攀西地区等多个地区市政"邻避设施"风险管理现状的实地调研与长期观察，考察"邻避效应"演化过程中"民众—国家—企业"三元互动环节中的深层变量，分析"邻避效应"产生的根本原因，交叉运用统计学、环境科学、社会学、公共政策等多学科的分析方法，尝试构建针对此类"邻避效应"的理论分析范式，进而探讨相关的应对措施，并进一步从政府管理的角度提出相关的政策建议。我们希望这份调研报告既有助于政府改善公共治理模式，也能实现一定的学术创新。

关键词：邻避效应　理论范式　心态失衡　风险管理　邻避预警

1. 研究背景

　　随着城市基础设施不断完善，居民生活水平不断提高，发电站、垃圾处理厂、变电站等城市必需设施的位置选择与群众不断提升的维权意识的冲突也在不断升级。这种冲突被国外学者称为 NIMBY（Not In My Back Yard），而在国内学术界被译为"邻避效应"。大到成都 PX 项目，小到身边的垃圾处理厂，这种涉及大部分群众和小部分个体利益的城市必需设施的选址建设一直是社会关注的敏感话题，稍有不慎极易引起大规模社会事件。可以说"邻避效应"一路伴随着城市的建设而发展，至今全球多数国家都或多或少发生过不同等级的"邻避效应"。在我国也已多次发生具有极大影响力、引起社会广泛关注的邻避运动，如成都与厦门的 PX 事件、广东垃圾焚烧厂事件等。在运动中群众往往通过上访、游行、抗议示威等方式对附近的邻避设施进行了激烈的抗阻，事件往往具有极大的影响甚至导致武力冲突，引起了社会的关注。这种现象也引起了学术界的思考讨论，以期合理有效地解决社会问题，但至今国内外学者仍尚未提出广泛为人所接受的理论与解决方式。

近年来越来越多的学者开始关注"邻避效应"产生和发展的诱发推动因素和缓冲解决措施。"邻避效应"的形成涉及多种因素，涵盖政府、规划方、社会、企业等多方利益相关者，多种因素共同作用推动或缓解邻避事件的产生与发酵。目前多数学者从民众、政府、企业、舆论等多方面对"邻避效应"的产生发展原因进行了分析探究，试图梳理总结"邻避效应"发展过程中所蕴含的规律机理。这种对"邻避效应"的深入分析有助于社会了解"邻避效应"产生的作用机理，从更深层的角度了解"邻避效应"背后蕴含的社会问题，从而提出改进相应政策，以探寻解决或规避的有效途径，并帮助政府提升相应公共管理。

"邻避事件"可以说和每个人的生活息息相关，是一种涉及多方利益、错综复杂的社会事件，对其处理不当极易引起社会恐慌甚至上升至武力冲突，国家利益安全受损。因此，对"邻避效应"作用机理及其解决方式的探讨具有极其重要的现实意义，应当引起社会各界的关注与思考。近年来对邻避事件的研究越来越多地关注于利益相关各方的协调沟通，包括对风险沟通、公信力提升、交流渠道效果等的探究，以期能畅通各方交流渠道，提高沟通效率，消除各方误解，解决长久以来积存的社会问题。这种对"邻避效应"的研究可以达成各方的相互沟通与理解，以稳定和谐地解决问题，有利于社会的长治久安和未来发展。

2. 文献综述：现有解释与问题明确

2.1. 视点切入："邻避设施"与"邻避运动"

2.1.1. "邻避"的表述及含义

学术界对"邻避运动"的研究发端于"邻避设施"的概念界定。1977年奥黑尔(O'Hare)首次提出"邻避设施"的概念，指一些有污染威胁的公共设施，该设施尽管能够惠及整个城市，但是因污染周边环境而遭到邻近居民的强烈反对。20世纪末至本世纪初，西方学者进一步扩大了邻避设施的研究范围，机场、艾滋病之家、流浪汉收容所等城市公共服务设施均先后被纳入其中。1996年李永展等学者首次将"NIMBY"的概念以"邻避"的翻译形式引入我国。国内学者对邻避设施的表述与国外稍有不同。李永展认为，"邻避设施"是指："服务广大地区民众，但可能对生活环境、居民健康与生命财产造成威胁，以至于居民希望不要设置在其家附近的设施。"林茂成指出，所谓"邻避设施"是指地方上所不愿意接受的设施，但"却是达成社会公共福利所不可或缺的"。何艳玲认为，所谓"邻避设施"，通常是指一些有污染威胁的设施，比如垃圾填埋场、火力发电厂以及变电所，也就是本文中重点举例的变电所(站)。她指出，这一类设施会给全体居民带来较大的生活便利和效应，但是往往也有比较严重的负外部效应。因此，城市社区居民往往在"邻避情结"的支配下强烈反对将邻避设施建造在自家附近。但城市规划的"强制性"使得邻避设施必须建造在指定的区域，"从而引发邻避冲突"。

学者对于"邻避"表述与含义的分歧集中在是否真正具有生态破坏、环境污染的负外部性作用的设施才是"邻避设施"。为了避免分类指标的矛盾，李永展与何纪芳用等级衡量公共设施的邻避效果，通过设定四个等级——不具效果、轻度效果、中度效果以及高度效果——给诸多公共设施进行分类。童星、陶鹏等人则从"预期损失-不确定性"的维度将邻避设施分为四个种类：环境污染类、风险聚集类、污名化类、心理不悦类。环境污染类专指经过环境评估明确产生环境污染的设施，比如垃圾焚烧厂；风险聚集类则是在环境、健康损害方面具有高度不确定性的设施，核电站是典型的案例；污名化类指的是受到社会民众嫌恶而被排斥的设施,譬如监狱;而如殡仪馆或墓地等在两位学者看来是心理不悦类,即使并不会有环境健康损害的风险,但会影响周围居民的心理舒适程度。四个种类本身有所区隔,但部分具体的邻避设施可能符合这一维度中的多个类型,同时具备某几个种类的特征。有台湾学者认为,邻避设施一般具有两个显著的特征:其一是会产生负的外部性;其二则是成本与效益均衡分布。邻避设施一般对大多数人都有好处,特别是民生工程类的邻避设施,譬如城市建设变电站,但是环境和经济的成本往往集中在特定人群中,产生人群之间的不公平。总结而言就是,邻避设施产生的效益并不能透过市场机制合理分配,而其负外部性成本转嫁给或被认为转嫁给周边民众,从而产生集体不满情绪。

2.1.2. "邻避"问题的成因和讨论

关于"邻避"问题的成因,学者观点也有很大分歧。迪尔(M. Dear)从设施选址附近居民的角度入手,认为居民对房产价值、个人安全感和社区适应性的关注产生邻避效应;卡夫(Michael Kraft)和克莱里(Bruce Clary)从行动主体与政府的互动因素入手研究邻避效应的产生要素。鲁斯(Ruth)与迪尔的观点相类似,从环境保护意识上升到道德、伦理层面,指出倡导者信任的缺失的影响。何艳玲认为邻避的成因概括而言是心理因素、公平性问题、房地产价值与地方形象等四个主要因素。她将成因分析中国化之后,认为抗议层级呈螺旋式提升态势,行动的议题比较单一,冲突双方无法达成妥协,邻避冲突的政治背景是"单位制的弱化和伴随着单位制的式微而掀起的社区运动"以及民众环保意识的觉醒。管在高从国家政治、司法工作的角度谈论邻避冲突的问题,强调环境污染、社区形象、房产贬值语不确定性忧虑四个层面。黄岩将前人不同的研究因素进行总结,得出心理因素、决策透明、公正因素、经济因素、利益集团因素和专家因素共同对邻避现象发生作用的结论。

尽管国内外对邻避设施或邻避运动的实证与理论研究都有非常多的成果,包括邻避效应的产生原因、作用机制、解决措施等,但是大部分研究主要呈现出以下两种特点:一是过度偏向宏观层面,主要采用理论研究,其结论很难真正在邻避效应风险管理中起到实质性效果;二是研究指向过于狭隘,对邻避事件中不同行动主体各自产生的影响因素以及因素之间的相互作用讨论较少,也缺乏足够的一手访谈材料和不同案例素材的归纳整理;三是国内研究,包括台湾学者大多只从比较单一的主体入手研究邻避效应,而且更热衷于讨论冲突中经济成本与效益的关系,而从社会变迁、民众心态与政府表现角度思考邻避运动过程中的影响因素的研究较少。这也是本文试图在邻避效应理论层面对现有研究进行突破性尝试的原因。

2.2. 理论范式:邻避事件中的制度理性选择框架

奥斯特罗姆认为,制度理性选择框架是一个重叠性的框架,应该能够在所有制度具有共同逻辑的基础上确认出各自的结构变量。根据奥斯特罗姆的叙述,结合学者讨论,我们可以给出如下制度分析框架图示(图1)。

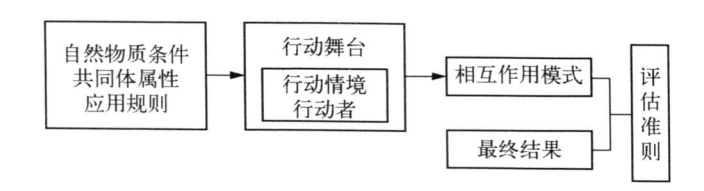

图1 制度理性选择框架模型

根据制度理性选择框架,制度分析和发展框架的一部分是确认行动舞台、相互作用形成的模式和结果,并对该结果进行评估。这样,涉及的第一个概念单位就是行动舞台。行动舞台指的是一个社会空间,在此空间之内不同个体之间因需要相互作用,或因利益矛盾而相互斗争。前人分析"邻避事件",一般只是在行动舞台的初始结构中就个体可能的行为规则进行讨论,而我们引入制度理性选择分析框架,则是在两个更深层次的步骤中展开解释。

1. 更深入挖掘和探究影响行动舞台结构的因素,主要包括三组变量:其一是参与者用以规范关系的规则;其二是对舞台产生作用的外部世界的状态结构;其三则是事件发生之舞台所处的更普遍的共同体结构。也就是说,我们希望通过因素分析将邻避效应推进到更普遍的层面。

2. 跳出一个行动舞台的局限,考察不同的行动相结合的结构问题。对于本项研究而言,即将不同情境之下的邻避事件或邻避冲突共性的结构、表征或应用的问题,以及可以结合起来讨论的属性结合起来进行讨论(朱华,2009)。

与行动情境相对应的是独立个体或有着共同行动的个体。分析者通过对行动者信息的获得能力、信息量的多少、成本利益核算等进行假设,建立行动者模型,并由此得出关于行动者可能的行动及产生的结果的预测——能够获得完全信息的理性与无法获取完全信息的有限理性。换言之,制度理性选择框架需要我们对邻避效应中的不同主体建构行动模型,预测可能的行动与结果,这实际上也是风险管控的重要内容。

制度理性选择框架是一个"关于准则、自然和物质条件以及共同属性如何影响行动舞台的结构、个体所面对的激励以及其结果产出的通用术语"。在邻避效应发生、发展、加剧与终止的完整过程中,不同主体行动者如何在特定的行动舞台上做出自己的行动选择,又是基于怎样的影响因素作用,彼此之间又维系着怎样的纽带联系,如何通过这些因素提供邻避设施风险管控的理论范式,都是制度理性选择框架为本项研究提供的助力。

2.3. 政策建构:多源流分析框架的运用

本研究的宗旨之一是寻找合适的公共政策分析工具以解构当前解决邻避事件的相关政策。多源流分析框架作为政策过程理论的一种,在公共政策分析过程中被广泛应用。多源流框架(the multiple-streams framework)是约翰·金登(John Kingdom)基于组织行为的"垃圾桶理论"开发而成的政策过程分析框架。垃圾桶理论是科恩、马奇以及奥尔森等人在1972年提出的,其主要内容是在组织无序的状态下,问题、解决方案、参与者和选择机会四大源流独立地流入组织结构中,这个组织结构又受到净能量承载量、进入结构、决策结构和能量分布四个变量的影响。该理论试图解释为什么某些问题的议程受到决策者的注意,在议事日程上出现,而另一些则被忽略。金登把整个政策过程系统看作三种通常是彼此独立且没有先后顺序的源流的汇合(毕亮亮,2007)。

国内学者对多源流分析框架的运用主要集中在两个层面:一是运用多源流分析框架分析某些具体社会问题的公共政策制定过程,并将其用来对中外公共政策制定过程进行理论比较;二则注重多源流分析框架的本土性研究,试图对中国公共管理政策过程中多源流分析框架的实际解释力进行研究。经过学者的完善,我们可以将原本相互独立的三源流按照一定的发生顺序,组合到中国本土化的多源流分析框架中(毕亮亮,2007),见下图2。

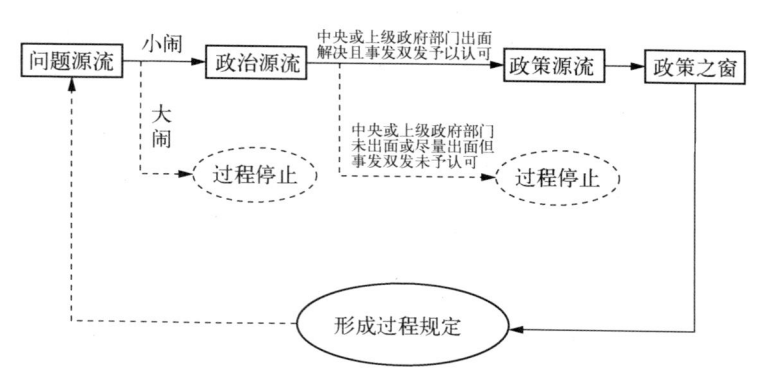

图 2 时序排列的多源流分析框架

本文结合国内学者对多源流分析框架的讨论与批评,在保留金登多源流分析框架主体部分的同时,与邻避效应中事件、运动过程相结合,对邻避事件风险管理中的政策过程进行反思与解构,试图给出能够更高效、有预见性开启政策之窗的邻避效应公共政策。

3. 研究思路

3.1. 概念界定

为了更清晰有效地阐述研究目的及方法,本文先对邻避效应的相关概念进行初步解释与分类。根据邻避运动研究中制度性研究路径的学者(如陶鹏、童星,2010)提出的"预期损失-不确定性"分析框架,本文将我国邻避型群体性事件按照如下思路进行分类。首先根据产生环境污染或民众利益损害的确定性,将邻避设施分为三类:环境污染型、潜在风险型和无污染型。无污染型邻避设施又包括"污名化型"和"心理不悦型"。不同邻避设施引发的邻避运动也相应产生了四种类型。各类型具体含义及实例如下表1所示。

表 1 邻避设施的初步分类及分类依据

类型		分类依据	设施实例
环境污染型		经过环境影响评价已明确一定会产生环境污染，或给附近民众的利益带来损害	重污染化工厂、垃圾焚烧场、垃圾填埋场、高速公路等
潜在风险型		可能会对附近民众产生环境健康损害，影响风险具有一定的不确定性	PX项目、加油站、变电站、核电站等
无污染型	污名化型	由于社会大众的嫌恶心理而导致某些邻避设施的污名化	监狱、戒毒所、传染病医院、流浪汉收容所等
	心理不悦型	无环境影响风险，但会影响附近民众的心理舒适度	火葬场、殡仪馆、墓地等

本文用预期损害风险和风险不确定性两个指标进行综合衡量，尝试对这四类"邻避设施"的特征进行描述。

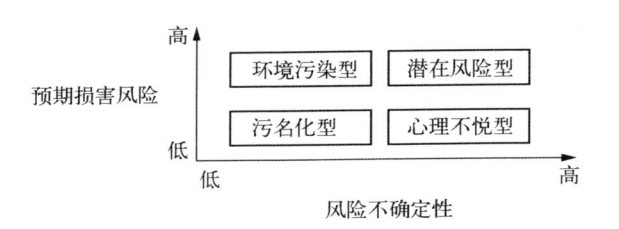

图 3 对四类邻避设施风险和不确定性的描述

四类邻避设施中，污名化型邻避设施拥有较低的预期损害风险和风险不确定性，容易通过简单的制度手段进行适当的管理；有明确环境污染的邻避设施由于预期损害风险极高，民众对其潜在风险的担忧合情合理，政府应当采取强制措施控制此类邻避设施的环境影响，否则应当响应民众需求将相应设施搬迁或废弃；心理不悦型邻避设施的管理工作主要在社会公关环节，在政府合理规划布局的前提下进行有效的社会公关，可以妥善地处理好此类邻避设施的风险管理问题。

由于上述三类邻避设施影响因素较单一，民众与政府容易对其达成共同的风险认知，相应的风险管理较为简单易行。相比而言，潜在风险型邻避设施具有较高的预期损害风险，一旦管理不当则极有可能引发影响巨大的环境事件，该类邻避设施所引发的邻避运动也具有最高的复杂性和风险不确定性,为风险管理提供了较大的空间,具有较高的研究价值。

3.2. 研究内容

研究选取潜在风险型邻避设施引发的邻避效应(下文简称"潜在风险型邻避效应")为主要研究对象,通过对北京、成都、攀西地区等三个邻避效应显著地区的实地调研,结合对近年来全国各地发生的多起典型邻避事件的案例分析,尝试寻找出诱发邻避效应的根本原因,并基于此建构多元因素图谱分析邻避效应的产生与演化过程,进而探讨相关应对政策,探寻解决或规避邻避效应的有效途径,并提出针对潜在风险型邻避设施的风险管控方式,同时从政府管理的角度提出政策建议,以期在帮助政府改善公共治理模式的同时实现一定的学术创新。

4. 重构机制:"邻避运动"中的多元因素

4.1. 影响因素梳理

我们对现有研究中关于邻避运动影响因素的讨论进行梳理,对潜在风险型邻避设施所导致的邻避运动特征进行筛选,并结合我们实地调研与经验材料整理的结论,概括出下列在邻避效应中或多或少存在的影响因素,见表2、表3。

表2 邻避效应影响因素(先赋因素)[①]

层次	序号	可能存在的影响因素
民众	1	民众受教育水平
	2	对邻避设施的风险认知
	3	公民责任感
	4	维权意识

---

① 加 * 的因素属于本项研究中较难获得素材的因子。

续表

层次	序号	可能存在的影响因素
民众	5	公平性认知
	6	社会经济地位(SES)
政府	7	邻避设施建设规划的决策过程
	8	政府公信力
	9	政府信息公开度
	10	常务沟通能力
	11	行政能力
企业	12	邻避设施运营者的社会信誉度
	13	企业信息公开程度(招标信息)
	14	背后利益集团的控制力*

表3 邻避效应影响因素(过程因素)①

层次	序号	可能存在的影响因素
民众	1	先赋因素
	2	解释满意程度
	3	利益补偿满意程度
	4	社会性格
政府	5	建设规划紧迫性
	6	政府公信力
	7	风险沟通能力
	8	国家强制力
	9	层级重视程度*
企业	10	过程主观能动性
	11	向上诉求能力*

我们将邻避效应整个发生、发展、加剧与终止的过程中的影响因素按照三主体、两过程进行分类。所谓三主体指的是政府、企业与民众,在民众层面我们将其分成邻避参与民众与其他社会民众。而两过程指的是先赋性因素

---

① 加*的因素属于本项研究中较难获得素材的因子。

与过程性因素(后致因素)。先赋性因素指向的是邻避效应发生之前当地政府、企业、民众的认知和理解状况,是客观层面的现实情况考察;先赋性因素随着邻避事件发生、发展的反作用,转变为过程性因素,或者可以称之为"后致性因素"。

首先,邻避效应中的影响因素存在某种初始值的设定,举例而言,民众对于政府公信力的信任程度越低,邻避事件初始的剧烈程度就越高,也就是说存在对于邻避主体某种刻板印象的启动,特别是对于政府和企业;其次,邻避效应的发生必然是事件导向的,但是民众的参与意愿却受到事件本身与先赋因素的共同作用,因此我们希望对邻避效应或邻避设施进行风险管理,有必要从先赋性和后致性两个维度出发对影响因素进行讨论。我们可以用下图4来呈现邻避事件发生的基本逻辑。

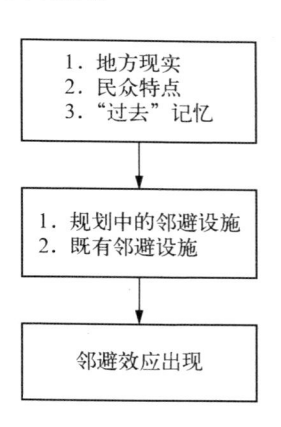

```
┌─────────────────┐
│ 1. 地方现实      │
│ 2. 民众特点      │
│ 3. "过去"记忆   │
└────────┬────────┘
         ↓
┌─────────────────┐
│ 1. 规划中的邻避设施│
│ 2. 既有邻避设施   │
└────────┬────────┘
         ↓
┌─────────────────┐
│   邻避效应出现    │
└─────────────────┘
```

图4 邻避事件的发生逻辑

随着邻避事件的酝酿与发生,带有先赋特性的民众面对邻避设施,参与邻避运动的意愿受到新的或"进化"的因素的介入——我们所说的"后致因素"或"过程因素"引导邻避事件走向,或者说在邻避事件过程中政府的政策工具与民众的对话——后致因素实际上发挥着更重要的作用。

4.2. 分类:先赋性与过程性

承接上文对影响因素的简单梳理,我们按照三主体与两过程进一步梳理所有可能的影响邻避效应的因子,见下图5、图6。

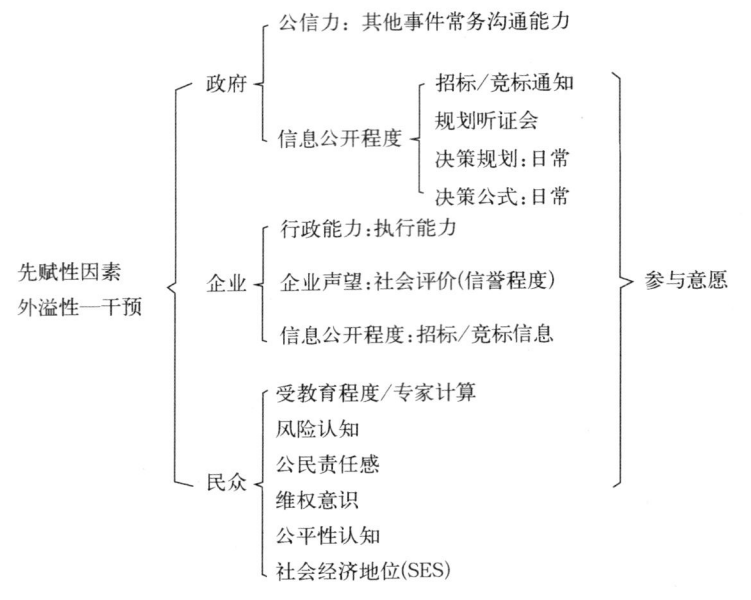

```
                    ┌ 公信力：其他事件常务沟通能力
              ┌ 政府┤                    ┌ 招标/竞标通知
              │     │                    │ 规划听证会
              │     └ 信息公开程度 ┤ 决策规划：日常
              │                          └ 决策公式：日常
              │     ┌ 行政能力：执行能力
先赋性因素  ┤ 企业┤ 企业声望：社会评价(信誉程度)        ┤ 参与意愿
外溢性—干预 │     └ 信息公开程度：招标/竞标信息
              │     ┌ 受教育程度/专家计算
              │     │ 风险认知
              │     │ 公民责任感
              └ 民众┤ 维权意识
                    │ 公平性认知
                    └ 社会经济地位(SES)
```

图 5　邻避效应的先赋性因素

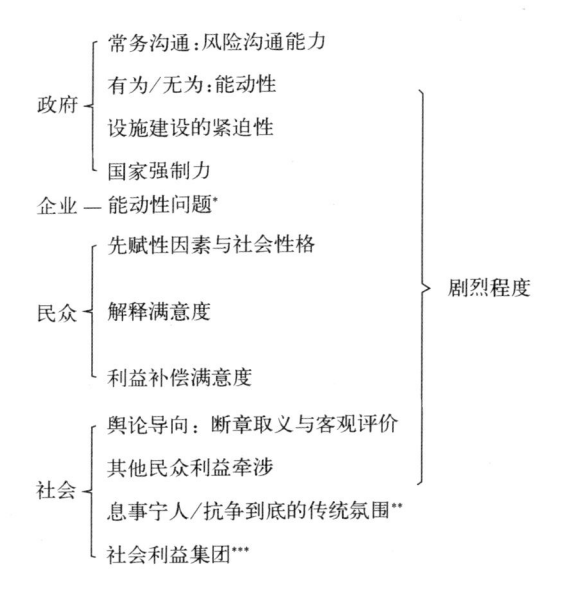

```
        ┌ 常务沟通：风险沟通能力
        │ 有为/无为：能动性
  政府 ┤
        │ 设施建设的紧迫性
        └ 国家强制力
  企业 — 能动性问题*
        ┌ 先赋性因素与社会性格
  民众 ┤ 解释满意度                      ┤ 剧烈程度
        └ 利益补偿满意度
        ┌ 舆论导向：断章取义与客观评价
        │ 其他民众利益牵涉
  社会 ┤
        │ 息事宁人/抗争到底的传统氛围**
        └ 社会利益集团***
```

图 6　邻避效应的过程性因素①

---

① 加＊表示实际上在过程中竞标企业发挥的作用比较有限，因为邻避设施通常就是政府规划的设施；加＊＊表示传统氛围的考量仅作为一个影响因子，因其操作化难度并不着重讨论；加＊＊＊表示社会利益集团在中国社会中的作用并不明显。

概括而言,先赋性因素对于不同主体参与邻避事件的意愿程度有显著的影响,而过程性因素则是在邻避效应发生发展的过程中从不同层面影响冲突的剧烈程度或终止的时间跨度。我们将在后文定量与定性分析两部分中针对邻避效应的不同主体影响因素的本身、彼此关系、共同作用做更加深入与细致的讨论。不过,通过这一部分对于邻避效应影响因素的分类与梳理,我们可以发现以下两个结论:

1. 构成邻避效应的影响因素是多类别(多主体)、多维度、多层次的,因而针对邻避效应的理论解释与风险管理需要对多元因素进行甄别、筛选,结合具体事件展开讨论,提出解决方案;

2. 邻避效应是一个建立在具体事件(行动舞台)之上的概念,涉及不同的行动主体与行动情境,集中于批判政府、否定公共政策的邻避研究是非常局限和狭隘的,需要用批判的视角平等对待不同涉事主体。

那么,我们如何结合两类影响因素,思考合理有效的管控方式呢?

5. 建构范式:"邻避运动"风险管理的可能

通过在各地的调研,我们发现:

第一,邻避运动中的支持者会将自己置于整个抗议群体之中,作为维护其集体利益的一员。在他们看来,邻避设施的建设对他们造成的威胁是政府城市规划的问题,不应当由他们来承担这样的责任,而其他远离邻避设施的社会民众没有资格介入其中。问卷数据反映,绝大多数人认为,参与和组织邻避运动的目的是急公好义,是维护自身利益或是小区业主群体的合法利益。

第二,邻避运动的反对者在正常运动中看似站在更大群体的立场,以集体主义与利他情怀指责"眼光短浅""自私"的小群体,而一旦邻避设施在他们周围建设,便不再抱着牺牲自我的态度看待全局。

从中可以看出,区隔并不是影响对待邻避设施持不同态度的本质影响因素,而是社会大众共同的性格在具体环境影响下形成的不同选择的差异。区隔往往被认为是吊诡社会政策的作用,但事实上区隔更多的是心理状态的表现。我们甚至可以下这样的定论:将所谓"理性"的他者置于紧邻邻避设施之处所,他们反倒更有可能成为新的"暴怒的邻居",因而距离远近产生的心理差异是区隔生成的根源。我们将民众的这种心态定义为"精致的利他主义"。

在精致的利他主义的影响下,邻近邻避设施和远离邻避设施的居民在风险认知和公平性认知上产生了较大的差异,由此无论是建设污水处理厂,还是变电站,或是移动基站,并不存在绝对一致的民众呼声,"邻居-他者"的内群批判甚为激烈;而政府、国企作为矛盾集中点,遭受到的批判更为直接,从而引致邻避事件的发生。邻避事件发生后,政府便会采取一系列应对措施,试图平息民众的暴怒情绪。但是,民众对政府的解释满意程度也受着精致的利他主义的影响。在成都千禧花园事件中,变电站的建设造成千禧花园社区居民生态权益的损害。社区居委会维护自身合法权益没有任何问题,但是由整个片区用电问题带来的生态权益损失又由谁来承担?原本打造的是生态宜居的新城区,但是因为重要输变电站的延误,使得电力供应不足,垃圾焚烧处理不及时,城区环境维护延后,其他居民的生态权益又由谁来负责?是不是千禧花园社区居委会也会成为其他社区居民眼中为了一己私利,损害周边地区公共生态权益的不负责任的人?生态权益需要维护,可同样作为社区居民,在精致的利他主义心态下,优先维护任何一方的生态权益,都会让另一方的解释满意程度下降,进一步恶化邻避事件。由此可以看出,在风险认知、公平性认知、解释满意程度等民众层面的表层普遍性因素的背后,是精致的利他主义这一民众心态发挥着更深层次的普遍影响。

在绝大多数邻避事件中,精致的利他主义这一民众心态层面的深层因素会影响民众风险认知、公平性认知、维权意识、解释满意程度等表层的影响因素,进一步考验政府公信力、常务沟通能力以及风险沟通能力;而政府的这一系列政策效果逆向影响居民的解释满意程度,从而引导居民的维权行为的选择——居民的理性维权行为会缓和邻避事件,而居民的暴怒维权行为会恶化邻避事件,这两种途径在很大程度上是一种正反馈机制。

5.1. 政策建议:多源流分析框架的运用

5.1.1. 内嵌:理论模型的介入

本文研究的重点在于邻避效应的多元影响因素交互作用与对于高度

不确定性和风险系数较高的邻避设施的风险管控渠道。就邻避事件而言，风险管控的主体是地方政府，而管控的方式主要是政府行政手段和与邻避相关的公共政策。显然，邻避效应是事件导向的，因此我们需要在完整的事件过程中寻找现有政策不足之处，以及可以增加相关应对内容的节点。

我们整理国内近年来比较鲜明的9个邻避事件的典型案例，根据多源流分析框架进行归纳和讨论，见下表4。

表4 "邻避"案例多源流框架涉及要素归纳表

序号	事件代号	问题源流（邻避事件/冲突）	政治源流（政府部门反应）	政策源流（解决方案）	政策之窗	形成政策
1	三圣乡	√游行示威	√发文回应	—	—	—
2	德阳雅河	网民问政	拟迁址	新址被拒	—	—
3	北京六里屯	学者起诉信	维持原决定	环保总局	人大	废弃
4	京沈高铁	居民抗争	环评、居民调查	居民被代表	中铁等	优化
5	上海金山	集体抗争	环评	市政府	√	停止
6	金科天籁	居民反对	环评被拒，建设中断	市环保局细化方案	—	正常运行
7	望京南湖	抗议变电站施工，持续冲突	召开对话，但部门不重视	冲突后上级部门勒令停工；多方介入，政府强制施工	未达成协定	—
8	北京富力	抗议变电站项目	规划委公示项目规划评估	不了了之，暂时搁置	—	—
9	成都千禧花园	抗议变电站项目	公示项目规划与环评内容，拒绝居民要求，施工与运行	发生大规模冲突，政府强势镇压小区居民	未达成协议	仍在运行，居民搬迁

我们对9个案例做了规律性特征梳理与比较，见下表5。

表5　多源流分析框架下的规律特征

	三次开启政策之窗	六次未形成	特征比较
问题源流	持续的、保持一定强度的冲突:贯穿整个事件发生发展过程	持续的、保持一定强度的冲突:贯穿整个事件发生发展过程;矛盾愈发激化	开启政策之窗的案例必然保持较高强度的冲突与抗争,未开启政策之窗的案例强度大部分并不弱于开启的个案
政治源流	牵涉到各方利益,上级部门甚至最高权力机关介入,涉事部门受到很大的约束	即使环评被拒绝,也没有触动更上级的部门	更高部门的直接介入与参与解决调停工作是融合政策源流、开启政策之窗的必要条件,反之亦然
政策源流	以满足涉事居民的要求为解决邻避效应的方案	无法实现政策源流,政府部门维持原决定	首先满足涉事居民的要求和利益,退让或放弃政府的相关利益
政策规定	暂停、终止或搬迁	未形成相关政策	开启政策之窗,制定政策规定的邻避事件实际上都是消极处理的,而不是双方都满意的结果

总结而言,结合多源流分析框架,从风险管理的角度我们可以从上述9个案例中得出邻避效应的若干结论:

1. 保持一定的冲突、矛盾程度是保证问题源流的重要方式,是邻避事件得以引起上级关注的最重要方式;

2. 矛盾争端停留在涉事民众与涉事政府部门、企业,很难最终开启政策之窗,达到双方都满意的解决结果,而剧烈的矛盾争端引起上级部门的关注是必然的;

3. 通常情况下解决邻避冲突的结果是政府部门的让步与参与邻避事件的民众的集体利益得到充分满足,但显然政府和隐形的社会公众利益受到不同程度的侵害,这往往被社会各界忽略。

基于这些考量,我们认为制定邻避效应相关的公共政策,不仅仅是为了开启政策之窗从而解决邻避事件,维持社会和谐,同时也需要更好地、更合理地开启政策之窗,统筹多方利益地解决邻避事件,更重要的是形成一套回应邻避效应的风险预测与管控机制。我们从先赋性、过程性因素寻找到相对普遍化的邻避效应影响因素:

1. 先赋性因素:主要包括民众层面的风险认知、维权意识、公平性认知;政府层面的公信力、信息公开度、常务沟通能力。

2. 过程性因素:民众层面的解释满意程度;政府层面的公信力、风险沟通能力。

显然,从普遍化因素出发,结合特定情况中最明显的表征,是解决具体邻避事件的关键。

5.1.2. 风险管控:政策工具如何运用?

就目前国内形势而言,有效应对邻避效应的主体仍然应当是政府,更准确地说应当是地方政府。显然,充分考虑问题源流、政治源流与政策源流三个环节,以及汇聚之后政策之窗开启的整个过程,是正确合理运用政策工具的前提。由此,我们提出政策建议可以立足于整个多源流分析框架。

5.1.2.1. 问题源流

① 构建舆论场与源流疏通

纵观我们调研和搜集到的邻避事件,无论能否最终开启政策之窗,这些案例在问题源流层面都具有一条共性:保持一定强度的冲突与矛盾,使得邻避事件保持在相当的热度,从而为达致政治源流提供充足的信息。而最终开启政策之窗并且取得比较均衡的结果的案例,冲突与矛盾的程度并不是最剧烈的,但也并非无人问津,而是采用激烈冲突与缓和举证、发表集体声明相结合的方式。伴随着邻避事件中涉事民众的舆论信息发源,政府"不作为"的拒绝回复显然不利于政策之窗的开启,因而通常希望解决事件的地方政府会采用双方对话、多方座谈会以及相关部门介入调查的形式,与邻避事件舆论发源——涉事民众形成直接沟通,从问题源流对邻避事件的走向进行管控,在合理的范围内凸显参与民众的利益诉求,同时能够以更加开放、可靠的姿态参与到事件中,站在主动的位置上寻求解决的方案。

构建舆论场指的是政府能够为邻避效应所涉及的主体提供更加宽阔的相互沟通交流的场所,同时也是信息充分共享的平台。而源流疏通就是政府相关部门能够以积极的姿态主动处理邻避事件,在问题源流梗塞的地方进行疏通,避免双方发生不可控制的冲突。民众层面的风险认知与公平性认知实际上都是建立在与政府信息不对称的前提下的,尽管通过访谈我们可以知道,无论政府如何做出表示,涉事民众往往会认为受到了不公平的待遇,但是积极主动的姿态可以在社会其他民众的思维里展示其常务沟通能力和邻避效应的风险管控能力,从而提高公信力。

针对目前争议最大的听证会制度,政府可在两个方面做出改进:一是加大对听证会的宣传力度,增加宣传手段,如在小区公告栏进行公示,在每个单元入口处张贴通知等,让民众及时知晓听证会的召开,从而通过代表向政府反映自己的意见;二是要选择真正能够与政府沟通的、具有代表性的听证会代表,他们应做到广泛征集社区民众的意见并进行总结,具有与政府、专家方面的代表进行有效沟通和论辩的能力,并在社区中树立威信,尽量做到不偏不倚,反映民众的真实愿望和想法。选出真正的民众代表进行有效沟通,是当前避免邻避运动的工作重点。

此外,为了拓宽信息渠道,更好地加强政府与民众间的沟通,我们认为成都目前实施的社区规划师制度可以进行适度推广。在成都,由技术人员、管理人员构成一个社区规划师团队,他们会定期进入邻避设施周边的社区去主动了解民众的需求和意见,并进行及时的汇报和问题解决。在当今政府与民众间信任度有待提高的情况下,这种主动为民解忧的举措不仅能通过民众的反馈及时解决已发生的或潜在的邻避问题,亦能拉近政府与民众的距离,在民众心中逐步树立一个忧民所忧、想民所想的政府形象,为加强彼此间的信任打下坚实基础。

② 构建"品牌"常务第三方平台,畅通居民利益诉求渠道

舆论场与源流疏通是政府与参与民众之间的沟通,而更多时候参与民众在邻避效应的特定情境中很难真正相信政府相关部门的说辞,因此品牌的、得到民众认可的常务第三方平台就是民众利益诉求的正式渠道。民众对于邻避设施的解释满意程度是过程性因素中最为普遍、重大的问题。我们通过对成都环保部门的访谈认为,在民众与政府部门之间关系断裂的情况下,通过政府采集百姓的利益诉求难免存在滞后性,从而延误解决的最佳时机。非正式的常务组织在断裂期间扮演中介的作用,疏通利益诉求渠道,尽可能扩大政府对于事件的表达明确程度。当然,应对邻避效应的中介作用是暂时的,但是机构的设置需要是常态的。正如诸多邻避效应影响因素实际上扮演着加剧其他因素的中介作用一样,通过第三方平台,在问题源流处就有所管控,从而避免情况激化而不可处理。

③ 重视意见领袖的作用

在邻避效应的发展过程中,存在着对于整体社会舆论方向发挥重要引导作用的人员或组织——我们称之为意见领袖。意见领袖在邻避效应的不同主体中都可能存在。譬如在千禧花园事件中,有社区居民承担意见领袖的职责,搜集大量有关变电站的各项负面新闻汇集成册,并寻找各种佐证变电站规划、建设存在问题的材料,寻求各种向上求助、向社会散布的渠道。地方政府在问题源流发端时就必须关注涉事民众中这样的意见领袖,通过合法、合理的方式对其进行关注和引导。当然,如果邻避设施有过强的不可确定性和风险性,意见领袖就很难被地方政府引导。另一方面,政府也应该培养代表自身观点的意见领袖。通过我们的调研,我们认为很大程度上邻避效应的背后是政府背着发展城市、为更大群体谋利的"黑锅",因此培养代表自身利益的意见领袖也是政府公信力和常务沟通能力培养的一种方式。邻避效应影响因素的点度中心度分析使我们可以清楚地发现,政府的先赋性因素与过程性因素实际上在邻避事件中发挥着最重要的影响。如果有能够为政府发声的民众,或者有社会舆论支持的知识精英的发声,当然更合适的是媒体人,引导理性、公正的舆论走向,并借助不断扩大的舆论场表达,那么对于邻避效应的管控和规制效果将会非常明显。

5.1.2.2. 政治源流

在我们分析的邻避事件中,基本都能够由问题源流开启政治源流,这与中国政府的科层制结构有着密切的联系。但是,开启政治源流的方式是地方政府或相关部门进行邻避效应风险管控必须注意的。

一般而言,"小闹"或者说在一定程度之内的"折腾"可以从问题源流进入政治源流,上级政府或直属部门对于事件的认知程度与判断,也就是其信息来源和信息准确程度决定了政策源流能否启动。

因此,我们认为邻避效应分级制度的建立在当前情况下是非常有必要的。所谓邻避效应分级制度,也可以认为是分级预警机制。实际上很多邻避事件如果从问题源流开始积极规制,在地方政府或涉事部门的努力下可以迅速解决,但是如果矛盾激化,地方政府如何向上汇报,以及涉事民众所拥有的引起上级注意的信息渠道就决定着政治源流开启的方式。面对下级部门和非正式渠道所得的不对称信息,上级政府或部门是非常矛盾的。我们在后文中将会提及邻避相关政策的缺失带来的涉事主体共同的"苦衷",显然制定邻避效应分级制度将为上级政府和部门提供可供参考的应对机制,而纳入正常公务范围的分级预警机制也使得上级政府有动力介入地方邻避事件中,开启政治源流。

5.1.2.3. 政策源流

开启政治源流之后,邻避效应事实上已经进入比较敏感的阶段,也是风险管控高度敏感的时期。上级部门并不一定会为地方邻避事件制定专门的解决政策,这取决于上级部门对于邻避效应可能风险的感知能力,以及专家计算的结果和社会舆论的导向。在后文中,我们将指出并不是所有的邻避事件都是"集体主义发声的胜利"。不过,在政策源流方面,制定什么样的邻避政策对于问题的解决是很关键的。

利益补偿机制或政策及与之配套的高质量环境质量评估方案是最有效的针对涉事民众的公共政策。

有学者指出,邻避效应的最大特点是利益的不对称分配,以及随之而来的抗争参与者的受害情绪反应。邻避设施往往提供的是公共利益,而建设邻避设施所衍生的负面影响却往往由周边居民承担,譬如危害身体健康、影响生活品质、降低房地产价值等等。事实上,以上问题都与邻近居民的生态权益有着密切的关系。在前文中,笔者已经提到,居民眼中的生态权益并不只是居住的小区自然环境,而是包括心理宜居在内的整个生存环境的保护需求。因而,对邻避设施周边居民进行补偿是最好的缓解方式,我国学者往往称之为补偿机制,或者回馈补偿,笔者希望用生态补偿作为保护社区居民生态权益的专属政策工具。

目前的生态补偿形式主要有金钱和实物两种,许多研究都表明生态补偿在缓解邻避运动强度中起到非常重要的作用。

金钱补偿,是向邻避设施周边居民直接给付金钱或者减免有关赋税。但是,这种补偿方式很难准确界定受损居民的范围及其受损程度,容易引发新的争议。成都市政府在千禧花园邻避事件最为激烈的2008—2010年期间,多次向社区居民提出进行生态补偿的解决措施,但是因为政府与居民在补偿金额的多少上很难达成一致,因此最终只能放弃金钱补偿的方式。国外研究表明,金钱补偿不一定能够提高居民对邻避设施建设的支持,有时还会因溢出效应而起到反作用。我们可以设想到,社区居民还会将政府生态补偿不到位的行为视为一种变相的贿赂,这对于社区居民接受政府解释、停止邻避运动反倒有负面作用。但是,生态补偿中的金钱补偿是必不可少的。在案例中,政府与居民对于生态补偿金额的分歧源于成都市从未正式将生态补偿纳入社会政策中。社区居民没有明确的参考标准,因而在协商过程中容易出现漫天要价的现象。将生态补偿作为政策工具,按照合适的综合考虑效用—距离—成本的经济模型给出参考值并将之固定下来,对于日后启用政策工具解决邻避运动是有作用的。

在这过程中环境质量评估必须与生态补偿紧密结合。高水平、专业的环境评估人才需要作为政策工具引入邻避运动解决措施中,在第三方或者运动组织者的监督下完成高质量、具有强说明力的环境质量评估。

实物补偿,是以实物回馈的方式对邻避设施周边居民进行补偿,比如增加绿化、兴建公园等受民众青睐的公共设施。相较于金钱的直接补助,实物补偿具有较大的正外部性,能够直接改善社区周围的环境质量,提高居民心理宜居水平,减轻邻避设施对居民生活的影响。同时,相比于金钱补偿,实物补偿的溢出效应很弱。对于邻避设施周边地区的实物补偿容易引起其他社区居民的不满,因此在设计过程中需要将实物补偿作为面向城市居民的公共设施与公共服务进行规划,而不是作为接受补偿的社区居民的"私产"。

在我们的定性分析模块中发现,9个邻避案例中,利益补偿满意程度的重要性并不是非常明显。这其中包含两种可能:其一,在中国人传统思维中强调利益补偿机制是不合适的、给人观感极差,在舆论习惯性一边倒向涉事民众、给政府压力的时候,强调利益补偿的具体内容对于邻避事件的继续"闹大"不利;其二,确实也存在涉事民众单纯对于邻避设施规划不满意,或者对于政府行为极度不信任的现象,当然这个属于相对特殊的情况。

5.1.2.4. 开启政策之窗

一般情况而言,政策之窗能够开启意味着邻避事件得以解决的可能性增加。但是,维持政策之窗开启以及在事件之后能够更好管控邻避区域的高风险性是有必要的。

① 派驻区域专业社会工作者

向城市社区派出专业社会工作者从事社区工作是现代城市化发展的必然要求。社会工作,顾名思义,就是改善社会功能,创造有利于个人和群体社会发展的条件与环境,改善生活质量,促进人类福祉与社会正义的服务活动。而专业社会工作者就是在这些领域具有专业素养和技能的服务人群。随着中国城市化的发展,邻避运动导致的生态权益损失成为社会转型带来的严重社会问题。社会工作者面对这样的风险和危机,运用专业知识进行预防、治疗、补救与发展是非常关键和有效的。当然,社会工作者进入社区的任务并非邻避运动导向的。除了传统的公共救助、家庭服务、儿童服务、老人服务等领域,矫治服务、心理健康服务、医疗社会服务以及军队社会工作等各个领域也都在社会工作者服务的范围之内。社会工作者当前的任务并不是单纯去解决社会问题,他们的工作已经开始尝试为正常个体的发展给予支持,从而可以保持正常个体长期获得良好的福利,譬如生态权益,就是居民生存自然环境与心理环境的福利诉求。即使没有邻避设施的影响,社会工作者同样可以在社区工作中向政府环境保护部门提出维护居民生态权益的相关要求与解决措施。而一旦爆发邻避运动,居民对于邻避设施带来的生态权益损失的诉求可以第一时间通过社会工作者反映到相关部门,包括生态补偿机制的建设与运行也可以由高度专业的社会工作者完成。在高邻避风险的社区建立社会工作者工作站,派出具有高度专业化水平的高级社工,深入社区居民中展开工作,是可行且有效的政策工具。

千禧花园邻避事件最终演变为暴力冲突,很大程度上是政府与社区居民之间缺少沟通桥梁导致的。社区业主委员会与政府的互不让步使得我国行政体制中本应充当这一角色的街道、社区办公室(居委会)很难发挥作用。社会工作者并不是政府工作人员,工作站也不是政府机构,而是类似于第三方服务机构的NGO,相比于政府部门,社区居委会亟须类似的第三方机构以寻找更多的诉求反映渠道。通过社区工作站,社会工作者可以充分发挥自身的优势,安抚邻避运动参与社区居民,特别是对那些很难接受政府提供的解决措施的"顽固分子"提供多次服务,同时向政府部门合理转达社区居民关于生态权益保护的诉求,扮演冲突事件中合适的中间角色。

因此,政府通过NGO投资建立社区工作站,派出常驻专业社会工作者是另一项可以有效规避、缓解乃至解决邻避运动的政策工具。

② 支持社区营造,重构社区秩序

社区营造是在社会转型时期的社会管理创新以及社区营造实践基础上提出的社区建设的一种方案。工业时代的管理手段解决不了现代的复杂社会问题,而社会管理方式的创新需要引入自下而上的自组织治理,寻求自上而下的层级治理、市场与自组织治理的平衡。社区营造与社会工作站并不相同,社会工作站的建立与社工的工作展开实际上还存在"他治"的意义,而社区营造的本质是自组织治理,也就是自治的城市社区组织。好的社会系统是市场、政府与社会三者共荣、平衡发展的社会。社区营造的理论就在于三种治理模式的比较,也就是市场、自组织(社群)与层级(政府)。

城市社区营造就是要使政府诱导、民间自发、NGO 帮扶,使社区自组织、自治理、自发展,帮助政府解决社会与经济发展及社会和谐的问题。而作为政策工具,城市社区营造是要使得社会独立于政府和市场之外,成为道德落地的依托。邻避运动是层级治理、市场治理同时失败的地方,而社会自治理将会是解决邻避运动最佳的治理模式——"该左该右,社会会发出校正的呼求"。

层级(政府)暴力强制解决邻避问题的现象将会由城市社区自组织消化解决,而政府只需要扮演通过行政立法手段满足居民诉求,或者提出希望社区组织予以协商要点的角色,社区居民也不需要承担认为政府公信力不足的同时"无奈"跨层级上访的"苦差事"。社区营造作为政策工具不仅能运用在邻避事件的解决过程中,也能够在其根源的社会心态平衡中发挥作用。

精致的利他主义心态形成的原因在于政府公信力不足,城市居民与地方政府信息不对称,前者难以在信任后者的前提下维护个人利益,而后者低下的办事效率更是使利益诉求日益提高的城市居民"被迫"寻求社区群体的庇护,维护个人的基本利益,这包括生态权益在内的各项利益。

作为政策工具的社区营造形成都市社区的自治理组织,这与作为政府基层部门的居委会相比,更具有社区凝聚力与认同性关系。自治理规则、自监督体制能减少信息不对称的情况,推动传统社会乡规民约在自治理组织中形成新的共同体道德规范,在面对邻避设施时将有利于维护社区居民的生态权益。

5.2. 回归理论:反思制度理性选择框架

制度理性选择框架的核心关注点在于行动舞台、行动情境与行动者三者之间复杂的相互关系,即主体之于事件、事件之于社会、社会重构于主体的可能关系。在邻避事件中,我们需要去思考:作为行动主体的政府与个人,如何交互? 作为行动舞台的中国社会,其结构所面临的外部环境与内部群体——

百姓——发生了什么样的变化?

5.2.1. 处于"真空态"的社会规则:邻避政策的缺失与应急

邻避运动在国家相关部门看来并不是独立存在的社会群体性事件,而是基于具体邻避设施规划、建设或者运行的冲突运动,因此我国目前并没有单独成文的与邻避相关的法律制度和中央政策。在应对冲突时各级政府会制定应急的地方政策,在最大限度上降低邻避运动的负效应。

但是,因为没有中央统一制定的政策支持,也缺乏由更高级政府专员的监督指导,所以临时性地方政策很少能覆盖运动参与者的真实诉求,其中很重要的原因就是事件双方对于权益维护诉求的理解并不一致。地方环保局等相关部门的办事人员在和小区居民的交涉中得到的往往是混乱的诉求,归根结底在于缺乏事件处理与解决邻避事件的完整社会制度与公共政策。

至于应急性质的地方政策,即便能够顺利出台,也很难在城市社区中解决邻避运动中的矛盾。地方政府确实执行了中央颁布的环境保护相关政策,但是环境质量评估过关的公共设施因为附近小区爆发邻避运动就要不计成本地拆毁工程,投入大量资本重建设施,破坏已经完成的城市建设规划,这不是理性思考的地方政府可以接受的结果。

因此地方政府制定的临时政策多数包括对邻避设施进行环境评估,并对小区居民提供经济补偿,或者有其他形式的补偿机制,但是拆毁重建基本是不可能执行的。反观小区居民,则要求出台拆除违章建筑、维护生态权益的相关政策,同时由更高级政府作为监督者,保障公共政策的执行与落实。

所以,中央政策的缺失、地方应急性政策出台的后果就是地方政府部门与社区居委会朝着截然相反的道路寻找解决措施。例如,2006—2011年,成都市面临的最严重的民生问题是电力供应严重不足,但与此同时最严重的社会问题则是由修建变电站引发的群体性邻避事件。环保局、电力部门通过各种手段向包括千禧花园在内的涉事社区证明变电站的无污染性与规划设计的合理性,而社区居委会反复强调的则是变电站的辐射污染、环评过程存在问题,要求政府将之拆除并进行补偿。政府的公信力不足,相关政策制定仓促、漏洞百出,各级政府、涉事居民之间的信息不对称都严重加剧了邻避运动的极端化倾向与暴力冲突的可能。

5.2.2. 行动者群体的区隔：暴怒的"邻居"与理性的他者

我们以千禧花园变电站事件为例，反思民众心态的无奈与异化。

现代都市居民的生态权益确实应当包括自然环境与心理环境两方面的安全与健康，那么千禧花园变电站的修建对于成都市其他区划社区居民的生活环境质量显然是有很高的提升的——这同样也是生态权益的保护。变电站的"邻居们"是暴怒的，生态权益被破坏，还得不到政府给予的任何好处，即使制定公共政策时对变电站附近的社区有所倾斜，也很难平息居民心中的怒火。

区隔，因为邻避设施的规划逐渐在普通民众之间形成，但这不应仅仅被视为政府规划不当的后果。政府整体的规划和设计在大多数人看来是合情合理的，城市规划部门已经充分考虑避开人口密集的区域并且根据相关法律法规和经济效益最优化进行了规划。

实际上，真正令暴怒的"邻居们"愤懑的往往并不是真的要讨回社会正义，也不是政府不讲信用，而是邻避设施所在社区的居民，其生态权益的损失并没有得到他们希望得到的解释与补偿。

如今，邻避运动的结果使得社会政策偏向于千禧花园社区居民，那么成都市其他社区的居民又会理性地思考社会政策是否公平，因为与变电站相类似的移动基站、垃圾焚烧厂、垃圾转运站等等，都是城市运转与城市居民生活福利保障所不可或缺的重要设施。

那么，社会政策如何能够在保证全市其他居民利益的同时，覆盖所有可能受到生态权益损害的社区居民，让他们也感到满意？

社会政策的制定显然是"无奈"的，民众也是"无奈"的。金府 B 输变电站本是用来缓解成都夏季用电高峰期频繁错峰断电问题的民生工程，临时开工是为了应急供电，解决未来 5—10 年的用电问题，千禧花园也是供电受益者。

但是邻避冲突发展为暴力冲突，显然让成都市环保局与电力部门非常无奈，遑论在冲突中置于风口浪尖的成都市政府。生态权益需要维护，可是都是成都市民，都是社区居民，手心手背都是肉，优先维护谁的生态权益，反倒成了地方政府难以解决的问题。

5.2.3. 主体之于行动舞台：精致的利他主义心态的盛行

生态权益的维护陷入民众精致的利他主义的陷阱。什么是精致的利他主义呢？其一，邻避运动中的支持者会将自己置于整个抗议群体之中，作为集体利益维护的化身。在他们看来，邻避设施建设对他们造成的威胁是政府城市规划的问题，不应当由他们来承担这样的后果。他们站在社区居民群体的生态权益角度进行抗争，此时的生态权益似乎是合乎情理的。一旦拆除变电站，改为修建在其他小区，而同样故事上演使得千禧花园承受不停断电的威胁，这样的生态权益便显得不那么"合情理"了。精致的小群体，精致的利他主义，而不是真正的集体主义。其二，那些反对邻避运动的市民看似站在利他主义的角度指责自私的参与者，而面对新的邻避设施规划，便不再抱着牺牲自我的态度看待全局。这也是精致的利他主义，是"随机应变"的利他主义。关于邻避运动的社会政策制定不得不面对这样的现实情况：社会政策是为社会公众服务、维护权益的政策，但面对这样精致的利他主义，政府已经感受不到绝对一致的民众呼声，"邻居-他者"的内群批判甚为激烈。

滋长的利己主义与衰退的传统集体主义理念混融，造成了精致的利他主义这一怪胎。中国城市在追求更高现代化水平的同时，带来了城市居民对于生态权益日益苛刻的标准和要求，也在无形中提高了新时期社会政策制定与需求考虑的难度。城市居民精致的利他主义社会心态，已经成为邻避运动乃至更多社会群体性事件中社会政策制定必须考虑的问题。政府需要维护谁的生态权益，如何维护生态权益，又该如何更好、更周全地维护生态权益？

5.2.4. 行动舞台的结构：社会断裂与心态失衡

改革开放以来，我国社会逐渐从传统的伦理社会向现代性与后现代性的个体社会转变，传统思想中的国族理念——国家与家族、家庭理念——让步于更为自由的个体理念。然而，我们不难理解，这一过程的发展因为时间短暂、转变剧烈，社会思想出现严重的裂痕。面对传统伦理观念的全盘打破，社会公众并没有建构起完全的自由个体观念，反倒是进退维谷，社会公众的焦虑与日俱增。

我们可以看到，邻避运动的核心矛盾就是设施是否威胁到邻近居民的身心安全与设施应该如何规划的问题。小区群体是支持者寻求的支持群体，而对自身安全的苛刻要求导致的则是对邻避设施的规划和建设不留余地的反抗。这正是精致的利他主义的成因——社会变迁的迅猛与偏差导致的强烈心态失衡，并在具体事件中逐渐定型。

当我们将"断裂—失衡"机制放入"民众—国家(—企业)—民众"的分析视角中,发现企业的作用在我们探究民众行为的过程中被忽略了。邻避运动过程中涉及的企业主要分为两大主体——小区开发商与设施所属企业。对于开发商而言,潜在的邻避运动的可能性并不在企业营销的思考范畴之内,因为任何可能影响销售、影响利润的因素都不应该由企业来承担——毕竟邻避设施的实际规划主体是政府,而邻避设施的建设和运营企业,通常是国有企业或者国有控股企业,他们处理事件遵奉的首要原则就是"做好我们该做的就好,其他一切交给政府"。

政府无疑在某些时候背着"黑锅"——老百姓对政治体制的质疑,对政府公信力的质疑,对政府部门的办事效率的质疑,对政府官员贪污腐败的质疑,这诸多愤懑的结合,使得政府非但不能还企业和邻避设施"一个清白",自身还要受到民众的怀疑。

企业在邻避运动中扮演的是矛盾主体的角色,但并不是冲突主体——面对民众的压力,它们唯政府马首是瞻,要整改就整改,要解释就解释,令人无奈的就是在切实的解释和整改之后,维权民众往往"变本加厉"地提出更多要求,譬如设施的搬迁、损失的赔偿等等。

面对"占据道义制高点"的民众,企业往往束手无策,而我们大多也会跟着媒体批判企业和政府的无所作为。可事实上,正是舆论在邻避运动中"一边倒"的做法,才使得精致的利他主义者掌握着绝对的话语权。

并不是我们忽视邻避运动过程中的企业,而是企业扮演的只是"民众—国家"矛盾冲突加剧的催化剂和中间人。"断裂—失衡"可能是最好的归因解释。我们不能将所有的问题都指向民众,也不能随着媒体一味地问责于政府和有关职能部门。急剧的社会变迁是"国家—社会—民众"共同主导的,是提高社会发展水平所必然要经历的,心态的失衡也意味着新旧社会思想更迭过程中的"惊险跳跃"。

真的是我们杞人忧天吗?我们考察的事实上是民生工程——作为城市建设必备设施的建设与规划——所引发的邻避运动。如果说招商引资、建设重化工业时民众的抗议无可非议,那么当惠及全城、本当为社会福利创造价值的民生工程建设受阻时,我们又该如何应对呢?

千禧花园的邻避运动中群众反对最为强烈的,就是开发商对于变电站的隐瞒,以及政府规划设计的不合理、解决措施的强制性。从访谈中我们可以看到民众反复强调的是对成都市政府的无奈与愤怒,是在"安稳过日子而不愿意再抗议"与"为身体健康担惊受怕"交错中不断异化的心态。事件在2010年抗争之后出现过短暂的平静,然而在彭州邻避事件的裹挟下又有着新的悸动。裂痕依旧存在,变迁和失衡仍然在将这裂痕无限放大,公众心态在短期内难以调整。

行动舞台早已破碎不堪,行动共同体的同质性也已消散,邻避事件的情境随着社会结构的断裂而变得模糊与复杂。我们似乎并没有从制度理性选择框架中寻找到评估邻避公共政策的准则,却发现了埋藏在邻避效应影响因素背后更具风险与不确定性的社会危机。

6. 结论与讨论

通过全文的讨论与分析,我们可以概括出本文的五条基本结论:

1. 政府在邻避效应的形成过程中扮演着至关重要的角色,我国转型时期政府公信力的提升能够为破解邻避困局提供新的思路;

2. 建立一套针对潜在风险型邻避效应的多学科交叉背景的分析方法——将社会学、环境科学、城市规划各领域结合探讨邻避案例,也就是将邻避效应置于更广阔的学科视阈下进行比较;

3. 识别由潜在风险型邻避效应的诱发因素——构建多主体、多类别、多层次的影响因素图谱以解释潜在风险型邻避效应的产生与演化过程,理解在邻避事件的发生、发展、加剧与终止过程中什么样的主体、裹挟着怎样的因素进入其中并施加作用;

4. 基于多地邻避效应的案例对比分析,总结出具有一定普遍意义的核心因素,讨论具体因素的适用情形,使得邻避研究更加一般化;

5. 提出针对潜在风险型邻避设施的风险管控方式与政策建议,并揭示邻避效应影响因素背后所隐藏的转型时期中国社会结构断裂与民众心态失衡的现实情况,而这两者正是我们先前的研究中最为缺乏的部分。

在本文中,我们选择制度理性选择框架分析行动主体(政府、民众、企业)、行动情境(邻避事件发生过程)与行动舞台(社会背景、社会结构)之间错综复杂的关系,将因素定量分析和案例经验研究结合,同时选择多源流分析框架建构邻避设施风险管控的可行政策建议,试图在我们建构的因素图谱引导下寻找到更合适的解决途径。

选择具体的理论解释某一问题或许弊病并不明显,但是基于这些理论提出政策建议,往往就流于空泛,缺乏实际的可操作性。如何通过对具体执行的邻避效应解决措施进行追踪式研究,或者如何验证这些邻避设施风险管控政策的有效性,可以成为我们接下来继续探究的重点内容。

参考文献

奥斯特罗姆,埃莉诺,2000,《公共事物的治理之道》,上海:上海三联书店。

毕亮亮,2007,《"多源流框架"对中国政策过程的解释力——以江浙跨行政区水污染防治合作的政策过程为例》,《公共管理学报》第4卷。

陈佛保、郝前进,2013,《环境市政设施的邻避效应研究——基于上海垃圾中转站的实证分析》,《城市规划》第8期:72—77。

陈建国,2008,《金登"多源流分析框架"述评》,《理论探讨》第1期。

何艳玲,2009,《"中国式"邻避冲突——基于事件的分析》,《开放时代》第12期:102—114。

何羿、赵智杰,2013,《环境影响评价在规避邻避效应中的作用与问题》,《北京大学学报(自然科学版)》第6期。

李晓辉,2008,《城市邻避性公共设施建设的困境与对策探讨》,载中国城市规划学会编,《生态文明视角下的城乡规划:2008中国城市规划年会论文集》,大连:大连出版社。

罗家德、帅满,2013,《社会管理创新的真义与社区营造实践——清华大学博士生导师罗家德教授访谈》,《社会科学家》第8期。

上海交通大学舆情研究实验室,2014,《2013年邻避舆情事件报告》,《新媒体与社会》第3期:110—140。

陶鹏、童星,2010,《邻避型群体性事件及其治理》,《南京社会科学》第8期:63—68。

王彩波、张磊,2012,《试析邻避冲突对政府的挑战——以环境正义为视角的分析》,《社会科学战线》第8期:160—168。

王奎明、钟杨,2014,《"中国式"邻避运动核心议题探析——基于民意视角》,《上海交通大学学报(哲学社会科学版)》第1期:23—33。

张向和、彭绪亚,2010,《垃圾处理设施的邻避特征及其社会冲突的解决机制》,《改革与发展》第2期:183—184。

张向和、彭绪亚、彭莉,2011,《基于人性公平视角的垃圾处理场邻避现象及其机制设计研究》,《求实》第1期:173—174。

朱华,2009,《浅析埃莉诺·奥斯特罗姆的制度理性选择框架》,《科教文汇(上旬版)》第 2 期。

Abadie, A, A. Diamond, J. Hainmueller. 2015. "Comparative Politics and the Synthetic Control Method." *American Journal of Political Science* 59(2): 495 -510.

Eatwell, John, Milgate, Murray, Newman, Peter K. 1987. *The New Palgrave: A Dictionary of Economics.* London: Macmillan Stockton Press Maruzen.

Frey, B. S, R. Eichenberger Oberholzer-Gee. 1996. "The Old Lady Visits Your Backyard: A Tale of Morals and Markets." *Journal of Political Economy* 104(6): 193 - 209.

Linnerooth-Bayer, Joanne. 2005. "Fair Strategies for Siting Hazardous Waste Facilities." in Hayden Lesbirel, Daigee Shaw (eds.). *Managing Conflict in Facility Siting*, *Cheltenham*. UK: Edward Elgar.

O'Hare, M. 1977. "Not on My Block You Don't: Facility Sitting and the Strategic Importance of Compensation." *Public Policy* 24(4): 407 -458.

对《"于无声处听惊雷"》的点评

高 翔

邵巍等同学的论文《"于无声处听惊雷"》荣获2016年挑战杯论文比赛的跨学科竞赛类特等奖。论文运用了关注行动过程的制度理性框架和解释政策形成的多源流框架,对邻避问题展开研究。论文系统回顾了既往的邻避案例,结合作者们三个实地调研点的资料,分析了邻避运动的多元因素,最后提出了对其进行预防与干预的思路和建议。论文围绕政府、企业、民众三个主要的主体,说明了先赋性因素和事件过程中的情境因素对邻避的影响;这篇论文的另一个贡献是政策建议,将不同主体的角色和位势与问题源流、政治源流、政策源流结合起来,提出疏导和解决矛盾的策略。总的来说,文章的分析过程细致、深入,整体上结构清楚、有层次、逻辑顺畅。文章的不足之处是对实地调研资料的相关信息呈现不够充分,有些遗憾。

北京大学面向本科生的"社会政策"课程的教学目标是引导学生认识社会政策的本质,思考其与社会问题的关系,学习和了解政策研究中的理论和方法。因此,现实中具体的社会政策是素材,而介绍分析社会政策的框架、理论、模型和分析过程,是培养学生批判性思维能力的重点。课程中重点介绍了制度理性框架(以奥斯特罗姆为主要代表性学者)、多源流分析框架和社会建构理论,是学生们感兴趣,并且认为能够对现实问题进行解释的理论工具。邵巍等同学的论文即是一篇运用理论解释现实问题的范例。

互联网公益众筹的运行机制及其规制研究
——以"轻松筹"之"大病救助"项目为例

作　者：刘　林　杨善琛　马一丹　冯　达　任庆杰　郑君仪
指导老师：邱泽奇

摘要：以"轻松筹"模式为代表的互联网公益众筹借助社交网络改变了公益的形式和内涵，改善了因罹患重病而陷入困境的社会群体的处境，具有极大的社会现实影响和理论研究意义。本研究以"轻松筹"的"大病救助"项目为例，综合社会学、经济学和法学多学科视角，深入研究其内在的运行机制，剖析其在发展过程中存在的问题，并尝试从法律角度提出合理化的规制建议。本研究综合运用了文献研究法、访谈法、问卷法、文本分析法和案例分析法等定性和定量研究方法，在广泛收集资料的基础上对"轻松筹"的"大病救助"项目独特的发展路径进行了剖析。本文认为，与传统的公益模式相比，"轻松筹"的"大病救助"项目的发展路径有两大突出特点：借助社交网络和基于信任。社交网络是"大病救助"项目运行的基础，社交媒体的即时性和跨时空性使得求助信息实现了快速而广泛的传播，消解了距离感，实现了全民参与。信任则是"轻松筹"的"大病救助"项目运行的核心，基于熟人关系的传播带来了较高的初始性信任，社交媒体的开放透明有利于监督的实现，借助社交媒体的话语文本提供了信任的"知识"积累，多级链条的耦合促成了信任的建立，进而为项目的成功运行构筑了较为坚实的社会支持。本研究还注意到，在公益参与领域，"轻松筹"及"大病救助"项目作为新生事物，还面临法律定位不明、规制不充足及各方当事人权益得不到保障的风险。为此，本文从经济学博弈论角度论证了对以"轻松筹"的"大病救助"项目为代表的互联网公益众筹进行法律规制的重要性，并从法律角度提出了对"轻松筹"平台及"大病救助"项目运作机制的合理化规制建议，以期襄助其为社会公益的发展做出更大的贡献。

关键词：互联网公益众筹　熟人关系　社会支持　信任　法律规制

1. 研究背景

1.1. 慈善公益形式和内涵的变化

从1981年中国儿童少年基金会成立算起,公益活动发展到现在已有35年。在这35年里,我国公益活动曾辉煌过也曾低迷过,作为公益组织典型代表的红十字会便是最好的例证。公益活动真正步入快车道的标志是2008年汶川地震的赈灾活动,它激起了全民参与公益的热潮。在2014年,公益活动整体呈井喷式发展状态。

但公益活动的新式传播并不是2014年才兴起的,于2011年4月启动的"免费午餐"便是公益活动新式传播的典型。邓飞等发起人联合其他媒体人巧用微博,在微博平台发起"免费午餐"活动,通过"人人网"在全国各大高校推广,"免费午餐"的捐款渠道和善款的流通通过平台及时公示。

2014年8月的"冰桶挑战"活动是新式公益传播的新标志,它是基于微博,由明星参与并扩散到全民参与的公益传播活动。活动以娱乐的参与方式,号召更多的人通过"感同身受"的体验方式来改变捐款行为。之后,基于新媒体社交平台,新式公益活动传播模式呈现新态势,即通过意见领袖(明星)、新媒体平台(微博和微信)以及第三方平台(支付宝)进行公益活动传播以及在线(直接向求助者)捐赠的公益活动新形式。而"轻松筹"的出现,使得"众筹公益"也成为公益活动的另一种新形式,它基于熟人社交,以熟人为节点,层层传播公益项目,以达到帮助他人的目的。

2011年,一系列慈善机构负面新闻的频频曝光摧毁了民众对官办慈善的信任,慈善组织一时间成为"众矢之的",民间掀起了一股强大的公益问责风暴,引发了社会与学界对于公益组织与公益事业的思考。与此同时,我国民间公益组织也迎来了发展的春天,2011年国内网站首次引入众筹模式,2013年我国首家公益众筹网站成立,公益众筹以更透明、更先进、更便捷、更互动的优势推动着我国公益事业的新发展,而"轻松筹"以其"大病救助"项目成为公益众筹的典范之一。

传统的慈善公益形式存在着诸多弊端,如不公开透明、资金使用效率低下、传播范围有限、资金募集不便、缺乏公信力等。与之相反的是,以"轻松筹"的"大病救助"项目为代表的互联网公益众筹则具有诸多优势——公开透明、传播速度快、影响范围广、资金使用效率高、资金募集方便,是一种人人参与和人人监督的公益模式。

1.2. 医疗卫生保障体系的局限

针对广大农村地区存在的"因病致贫返贫"现象,政府建立了以新型农村合作医疗为主的医疗保障制度。新型农村合作医疗简称"新农合",是指由政府组织、引导、支持,农民自愿参加,个人、集体和政府多方筹资,以大病统筹为主的农民医疗互助共济制度,采取个人缴费、集体扶持和政府资助的方式筹集资金。2002年10月,中国明确提出各级政府要积极引导农民建立以大病统筹为主的新型农村合作医疗制度。2009年,中国做出深化医药卫生体制改革的重要战略部署,确立新农合作为农村基本医疗保障制度的地位。2013年9月11日,国家卫生和计划生育委员会下发《关于做好2013年新型农村合作医疗工作的通知》:政策范围内住院费用报销比例提高到75%左右,并全面推开儿童白血病、先天性心脏病、结肠癌、直肠癌等20个病种的重大疾病保障试点工作。

新农合制度的建立与逐步完善在一定程度上减轻了罹患大病的农村低收入家庭的负担,减少了"因病致贫返贫"现象的出现。然而,这一制度在运行过程中存在着诸多的局限和弊端,使得其保障效果大打折扣。

第一,实际报销比例远低于政策报销比例,自费治疗支出高昂(徐正东、时瑜,2016)。就大病而言,那些贫穷的家庭一旦得了大病,即使去医院就诊,政策能够报销一部分,但剩下的一部分他们依然无力偿付。因此,很多贫困的家庭依然看不起病。汪辉平等(2016)在对中国西部9省市1214个因病致贫户进行调查后发现,治病自付费用高于家庭年收入的农户占比为28.8%,这些贫困户的家庭年收入不足以支付自付医药费用,加之患病引起的其他支出和家庭正常开支,经济负担更为沉重。

第二,"大病"涵盖的范围十分有限,许多患病率高的大病种及用药没有被列入医保目录(徐正东、时瑜,2016)。目前我国对新农合报销的重大疾病的种类和比例有明确规定,虽然补偿比例逐年增高,重大疾病所包含的种类扩大到20类,但是这并不能在很大程度上缓解农民在支付医疗费用时的巨大经济压力。能报销医疗费用的20类重大疾病在所有疾病中所占比例相对较低,并且新农合还设置了类似于保险中的免赔额性质的起付线和最高封顶线,即使新农合报销一定的重大疾病医疗费,农民仍需自负检查费和部分药品费,这对收入相对于城镇居民本就较少的农民而言仍旧是一笔不小的数额。

第三,依据医院级别确定报销比例的分级报销制度本身存在着不合理性。在中国,由于城乡和地域的医疗资源分布严重失衡,很多大病只能去省市的大医院才能医治。而新农合的特点之一在于医院级别愈高,报销比例愈低,农民自费部分愈高。一般来讲,在村卫生室及村中心卫生室就诊,新农合报销比例最高,但村卫生室、村卫生中心的医疗设施相对于市区医院落后,对于较轻微的症状能够处理,而对于需要专门影像设备、生化检查的复杂疾病则无法应对。在此情况下,农民只能前往级别较高的医院就诊,导致出现一个报销失衡的怪现象——较轻微的、医疗费用较低的疾病,农民能获得较高比例的报销,所需医疗费用巨大的重大疾病却只能获得较少报销。

从以上论述可以看出,虽然新农合在大病发生时起到了一定的保障作用,但从其实践逻辑来看其效果是有限的。对于平均收入较低的农村居民来说,一旦某个家庭成员患上重病,对于整个家庭来说就是灭顶之灾,很多家庭都因为巨额医药费而导致患者无法获得及时有效的救治,甚至因此深陷贫困的泥潭。左停、徐小言(2017)提出了农村"贫困-疾病"恶性循环理论——贫困会产生并加重健康风险,从而引致健康状况的恶化;疾病则会通过人力资本和物质资本的传递导致贫困。

身患重病会让家庭陷入困境,而大病诊治又经常成为商业保险、社保、慈善组织和基金会都无法有效覆盖的领域(陈迎春等,2016)。"轻松筹"的出现为罹患大病、重病的农村贫困家庭提供了一条低成本解决问题的路径,这在很大程度上帮助了社会弱势群体和底层贫困人群,有助于社会和谐的实现。

1.3. 传统救济文化的继承和发展

事实上,慈善在中国漫长的历史长河里是自发运行的。"粥棚文化"是中华上下五千年积累沉淀的优秀传统,每当社会天灾、人民苦难、社会需要救济之时,都会有政府或乡绅出来开设粥棚。我国的慈善思想源远流长,例如儒家的"仁爱""大同","穷则独善其身,达则兼济天下",佛家的"慈悲为怀",道家的"积德行善",墨家的"兼相爱,交相利"的兼爱思想。其中,儒家思想在中国封建社会历史中一直处于正统地位,其对中国的济贫制度影响深远,儒家的"民本""仁政""大同"思想主张提供社会福利的主体应当是国家,国家应当积极介入济贫活动,"发仓廪以赈之",否则就会被视为"明君之无惠"。佛教倡导慈悲与行善,以功德度化众生,然而中国的寺院历来依附于皇权,用公款支付慈善组织的开销,很多慈善组织与救济活动均为"官督寺办"。

真正意义上的民间慈善组织在古代城市中有行会、同乡会、民间社团以及像敦煌文书中的"社邑"等。这些慈善组织主要由小部分商人或者富人参与,公益性较弱,有些社团甚至是因事立社,活动水平不高。除此之外,宗族式公益组织是在史学、社会学以及人类学中常被提及的传统民间公益组织,其慈善公益的形式主要表现为宗族互助。为维持家族的兴盛与声望,宗族成员对在生活或者学业等方面遭遇困难的族内其他成员给予物质上的帮助和救济。在皇权不下县的传统社会当中,宗族在修路建桥、捐谷赈灾、奖学助学、宗族祭祀等公益事业方面发挥了重要作用(曾雪,2016)。

"轻松筹"的"大病救助"项目根植于中国的传统文化,但又超越了传统的"救济文化",它将每个人都纳入公益的行动主体范畴,破除了慈善公益的国家责任成见。这是一个"人人时代",它超越了传统社会的时空限制。"人人"不同于传统概念"人民"——"人人"是一个具体的、感性的、当下的、多元化的人,人与人之间可以凭借魅力而相互吸引与组合。"人人"靠社会性软件(如通信软件、交流平台等)联结,社会性软件增加了我们的分享能力、合作能力、采取集体行动的能力,并且这些能力都来自传统机构和组织框架以外(舍基,2009)。"人人公益"顺应时代发展步伐,未来法律规制的不断完善将有助于保障人人参与公益的权利,将公益事业纳入"公众社会参与、话语表达的民主化进程"(王秀丽,2013),从而促进我国民间公益事业的健康、蓬勃发展。

1.4. "大病救助"项目的问题逐步凸显

"轻松筹"之"大病救助"平台为求助者提供了发布求助信息的渠道,借助微信这一社交媒体有效地汇集了网络力量,从而为求助者募集到了治疗疾病所需的大量资金。然而,伴随着影响力的扩大和民众认可度的提高,"大病救助"项目本身的问题也逐步凸显,引发了民众对其可信度和透明度的强烈质疑,众多负面的媒体报道更是将"轻松筹"推上了风口浪尖。

"轻松筹"的"大病救助"项目在运行过程中暴露的问题集中在以下几个方面:

第一,"大病救助"项目现有的审核和监管机制存在严重的漏洞和弊端。尽管"轻松筹"设计了募集资金的一系列审核规则,涉及发起筹款的求助者资格准入、材料审核、法律风险提示、筹款流程设计、手续费收取等方面,但这一审核并没有实地考察项目的真实性,而是主要依赖于求助者提供的图片和文字信息,这容易导致不法分子利用"轻松筹"平台,通过虚构信息的方式骗取资助者的捐款,出现了诸如"骗捐""诈捐"等现象。此外,对于筹措到的资金,求助者是否能够按照募集用途进行使用以及使用情况如何,也缺乏透明公开的平台进行后期监督和控制,这些都在一定程度上摧毁了"轻松筹"的"大病救助"项目运行的信任基石。

第二,"轻松筹"平台的营利性与"大病救助"这一社会捐助的无偿性相违背。根据"轻松筹"平台的相关规定,如果项目发起人需要将"轻松筹"账户余额提现到银行卡,将被扣除提现总额的2%,该费用为平台服务费[①],这一服务费也成了争议的焦点。在普通民众尤其捐助人看来,项目发起人募集的钱往往是救命钱,而捐款者给予的是无偿的资金帮助。捐款者的无偿捐款却成为"轻松筹"获利的方式,这种不对称的关系让"轻松筹"的公益性大打折扣。甚至有人认为"轻松筹"利用公益的方式发家致富,加之平台上种种存在诸多疑点的项目,"轻松骗"的帽子也开始扣到了"轻松筹"头上。

第三,"轻松筹"平台及其募集资金的行为本身存在着法律上的争议。首先,"轻松筹"平台是否具有公开募集资金的资质存疑。2016年9月公布实施的《中华人民共和国慈善法》规定,在我国能够进行公开募集资金的原则上只有慈善组织,而"轻松筹"平台并非法定意义上的慈善组织。其次,现有的相关法律约束几乎是空白。在平台上用户个人发布信息的捐助型众筹行为显然不属于慈善法约定的募捐行为,而是归于个人捐助的范畴,不受慈

---

① 从2017年5月12日起,这一服务费已被取消。

善法调整。目前只能参考《合同法》等法律中的个别条款,没有专门的法律对其进行约束,因此个人捐助者目前还将面对较大的诚信风险和法律风险,更加不受募捐行为的信息公开等要求约束。其次,现有法律中对于诸如"轻松筹"平台的资金池风险、非法利用该平台募集资金、募集资金的滥用等问题仍缺乏明确界定。以上种种都是现有法律的灰色地带。

综上所述,本研究认为,"轻松筹"的"大病救助"项目作为一种互联网时代的新生事物,虽然其发展过程存在着诸多问题,但其兴起和发展对于个人乃至整个社会都有着积极的意义。要真正解决以"轻松筹"的"大病救助"项目为代表的互联网公益众筹面临的问题,并引导其良性高效发展,首先就必须对其运行的机制和模式有清晰的认识和理解。这也就是本研究将要回答的核心问题:互联网公益众筹何以能够兴起?其运行的机制和模式是怎样的?在理解上述问题的基础上,本研究将尝试从制度层面进行对策思考,回答另一更具现实紧迫性的问题:如何完善现有的法律规范,以使这类公益众筹项目在法制轨道上继续发挥其独特的社会价值?

2. 研究意义

2.1. 理论意义

目前学界对于众筹的研究大都基于经济学视角,重点论述其商业模式、法律规制及市场意义。互联网公益众筹是公益众筹和社交网络结合的产物,现有的研究对其研究较少。本研究从社会学视角切入,以"轻松筹"的"大病救助"项目为例,揭示互联网公益众筹中存在的社会互动模式,揭示其得以成功运行的内在机制,这将从资料和方法上弥补这一领域研究的不足,并尝试引入一种新的研究公益众筹的视角——社会学视角。

此外,对于互联网公益众筹运行机制的研究有助于厘清其在发展过程中存在的问题,并从法律角度提出合理的规制建议。公益众筹的法律规制将有助于更好地保障人人参与公益的权利以及促进公益事业的健康发展,这也将为公益众筹的发展奠定坚实的法理基础。

2.2. 现实意义

"轻松筹"作为互联网公益众筹的典型代表,是中国公益众筹发展的新模式,它突破了传统公益组织、公益事业发展中的现实困境,从而为有关部门制定相关政策、进行立法提供了有益的参考。我国正处于市场改革后的社会转型期,发展"人人公益",不仅有利于解决公益慈善体制诸多弊端,也有利于培育公民社会,从而降低社会转型风险(杨团,2014)。在社会保障体系尚不健全、贫富差距日益加大的环境下,"轻松筹"这一新事物的出现一定程度上缓解了因病致贫返贫的局面,有利于社会和谐。这一模式以社交网络为基础,以信任为核心,对其运行机制进行研究,有助于为社会信任体系的建设提供有益的借鉴和参考。

然而,目前尚没有专门的制度规范互联网公益众筹这一新型模式,因此其本身也面临着各种风险。公益众筹涉及多方面主体,如众筹平台、项目发起人、捐助人、受益人、第三方支付平台、资金托管方等,各方主体之间可能发生纠纷。公益众筹也涉及项目发展的多个阶段,如项目的发起、成功(或失败)、运作、回报(或退款)等,各阶段都可能发生风险。

各类众筹网站如雨后春笋般增长的同时也出现了鱼目混珠的局面,面对这一现状,相关部门应该如何对公益众筹平台进行有效监管?公益众筹虽降低了个人参与公益事业的门槛,但同时也放松了对众筹项目发起人的资格认定,如何避免项目可能存在的违约风险或追究项目欺诈的责任?如何加强对项目发起人、中介机构的监管?如何划分众筹平台与发起人之间的责任?如何保护投资人的合法利益?这些问题都是本研究关注和思考的。

3. 文献综述

3.1. 概念辨析

在当前正式与非正式的语境下,人们提及"轻松筹"的"大病救助"项目及类似的平台与项目时,总会将其和"慈善""公益""个人求助""募捐"等词语联系在一起。实际上,从语义、法律规制等层面看,这几个词语虽然存在着意义重叠之处,但彼此间的差异也是明显的。

不同的定性对"轻松筹"的"大病救助"项目之运行机制、各方参与人产生的影响不同,对未来立法和行政力量参与此类项目规制的指导意义也不同。因此,要研究好"轻松筹"的"大病救助"项目及类似的互联网众筹项目,首先就要厘清其性质。因此,有必要将相关概念——"慈善""公益""个人求助""募捐"等——进行比较和辨析。

3.1.1. 慈善

在《汉语大词典》中,"慈善"意指爱、仁慈、善良以及富有同情心。在《现代汉语词典》(第7版)中,"慈善"指对人关怀,富有同情心。"慈善"作为一种同理心的外在表达,乃至作为一种思想潮流,在我国是具有深厚历史渊源的。正如"研究背景"一章中所述,春秋时期,孔子即提出了"仁者爱人"的慈善观,孟子则认为"人心向善",这可以认为是儒家文化早期对慈善观念的表达。除了儒家,道家的"积德行善",墨家的"兼相爱,交相利"的兼爱思想,以及后来佛家的"慈悲为怀"思想等,也都体现了我国慈善思想的源远流长(曾雪,2016)。当然,"慈善"一词,除了形容一种与人为善、兼济他人的美好思想与文化以及指代这种思想文化本身以外,在历史和当代的种种语境中,亦多指慈善践行者身体力行、帮助他人的行动和事业。"研究背景"一章中介绍的"粥棚文化"和"宗族互助"就是慈善事业在我国古代的典型体现。

我国的慈善行为,从历史的角度看,具有显著的"由近及远"特征:其正是"从家族内部的互助行为开始的,并根据亲疏关系由近及远,进而向其他社会成员扩展,这种行为通常能够得到政府的褒奖和鼓励"(郑功成,2005:37)。

西方的慈善思想及慈善事业,则更多源出于宗教。天主教、基督教等基本都将宗教事业看作自己的一项本源职责,凡是信教者都有从事力所能及的慈善活动的义务。近代以后,依托政府与民间的支持,西方的慈善事业发展更是迅猛,时至今日已经建立起了相对完整和系统的运转模式,拥有了相对成熟的法律政策环境,其经验值得我们借鉴。

当代,在接受西方慈善事业启发、立足自身经济社会发展的基础上,我国的慈善事业、慈善活动也在不断发展。慈善事业的当代意义是:一项有着实质内容的道德事业和现代社会保障体系中的必要组成部分,是指建立在社会捐献经济基础之上的社会性救助行为,是一种混合型社会分配方式。在经济意义上,它是一种独特的财富转移方式;从社会功能上看,其目的主要是通过慈善救助来解决脆弱社会成员的生存困境问题,更因其道德性、志愿性而区别于作为法定的政府职责的社会保障,从而在理论与实践中均成为一种独特的社会保障方式,与政府举办的社会保障项目一同构成现代社会保障体系(郑功成,2005:37)。

当然,自新中国成立以来慈善事业的主要施行者——慈善组织多数带有官办或半官办色彩,其自身体制和运行机制不可避免蕴含着一些风险。自"郭美美事件"出现以来,官办慈善的公信力迅速下降,这也构成了以互联网公益众筹等形式蓬勃发展的民间慈善事业崛起的背景。

在立法层面,2016年9月施行的《中华人民共和国慈善法》填补了我国慈善立法的空白。虽然其还存在种种问题,但不能不说是我国慈善立法的一大进步。首先,《慈善法》第三条采取列举和兜底条款的方法,对"慈善活动"做出了定义。根据该条规定,"慈善活动"的落脚点得以明确——慈善活动即一种公益活动;而且,此处的慈善是一种"大慈善"的概念,只要有利于社会公共利益的活动都属于"慈善"范畴,包括促进科学、文化、卫生、教育、环保、体育事业等的发展。其次,《慈善法》整体上根据行为形式的不同,将慈善活动划分为慈善募捐、慈善捐赠、慈善信托、慈善服务四大类。最后,还应指出的是,《慈善法》主要规制的仍是慈善组织的慈善活动,法条虽然规定了自然人、法人、其他组织均有从事慈善活动的权利,但在具体的权利义务、法律责任承担的规定上,对慈善组织以外的其他主体参与慈善活动的规定明显不如对慈善组织规定详细。

《慈善法》对慈善活动的界定引出了一个新的问题。其将慈善活动从根本上定性为"公益活动",这就使我们不得不去了解另一个与慈善极为相近的概念——"公益"。

3.1.2. 公益

《辞海》中,"公益"的定义是"社会公众的共同利益,多指卫生、救济等对公众有益的福利事业",《现代汉语词典》(第7版)对公益的定义与之相差无几。在法律层面,《中华人民共和国公益事业捐赠法》的条文释义亦将公益事业解释为"有关公共利益的事业"。由此可见,"公益"一词及其衍生的"公益行为""公益活动""公益事业"等等均具有丰富的内涵,凡是有利于社会公众共同利益的行为、活动、事业等等,都可认定为具有"公益"的性质。

《中华人民共和国公益事业捐赠法》第三条规定:"本法所称公益事业是指非营利的下列事项:(一)救助灾害、救济贫困、扶助残疾人等困难的社会群体和个人的活动;(二)……"不难看出,该条法律规定是从"非营利"的落脚点出发来定义公益行为的,本研究认为这种界定已然过时且不确切。现代经济社会、科学技术的发展为新公益行为的创新提供了基石,现在许多互联网公益众筹项目,都会承诺项目达成时予以众筹支持者一定形式的回报,但并不能因此就否认项目本身对某一有利于社会公众利益的事业的促进。在这一层面上,带有商业意味的公益也未尝不可。

至于"慈善"与"公益"的区别与联系,正如部分学者所言,二者并非完全相同但具备紧密联系。慈善具有主观性、内在性,公益则具有客观性、表现性。简单来讲,主观慈善驱动客观公益的出现(曾雪,2016)。但究其根本,二者都有利于促进社会公众的共同利益,因此,在本研究中,我们对二者并不做严格区分。

3.1.3. 个人求助

《现代汉语词典》(第7版)对"求助"的定义非常简单,"求助"即"请求援助"。而个人求助,即为具有一定民事行为能力的法律主体以个人名义请求援助的行为。对个人求助行为的回应,即为针对个人求助行为的救助行为。个人求助行为可以通过多种途径发出,其中通过网络途径发出的即为网络个人求助。

法律对个人求助和针对个人的救助行为并无特别立法,与个人求助及救助有关的法律关系产生时一般适用《合同法》等法律法规。个人求助的标的诸多(比如可以请求金钱援助、服务援助等)、形式多样,针对其的救助行为自然也就标的诸多、形式多样了。其中常见的是赠与财产、无偿提供服务等。

谈到网络个人求助,就不得不涉及一个概念——"募捐"。事实上,在如今互联网慈善事业、互联网公益事业迅速发展之时,由募捐衍生而来的概念"网络募捐",成为越来越多人称呼互联网慈善、互联网公益的代名词。由此,我们必须厘清:何为"募捐",何为"网络募捐",它们与慈善、公益、个人求助又分别是什么关系?

3.1.4. 募捐/网络募捐

在《现代汉语词典》(第7版)中,"募捐"指的是"募集捐款或物品"。在立法上,"募捐"尚无明确界定,不过《慈善法》的条文释义曾给出简单的阐述:"从词义上分析,'募捐'又可称为'筹集款物',是指将分散的社会资源动员并集中起来的过程。慈善募捐是指基于慈善宗旨的募捐行为,其行为本身是指通过设置募捐箱、通过广播电视互联网等媒体发布募捐信息,劝导募捐对象向慈善组织捐赠款物的行为。"

一些研究网络募捐行为的文献,借鉴管理学和传播学的相关理论,将网络募捐定义为通过网络寻求资金或物质援助,并对募捐进行管理的过程,其中包括慈善信息的收集与发布、善款募捐、募捐监督、互动等;或者,将其概括为法律主体基于慈善目的,在网络平台上向不特定社会公众公开募集资金或寻求物质援助的活动和行为(杨粤,2013)。这些作者也总结了网络募捐行为的不同的分类标准和分类结果。如,根据运行主体不同,将网络募捐行为分为四类:第一类,网络个案求助。同时也有部分网络募捐的帮助对象是一个特定的群体,例如为贫困儿童募捐。第二类,公益组织通过网络这一媒介来进行宣传与筹款的行为。如中国红十字会、中国扶贫基金会等慈善机构都开通了通过网络进行捐款的渠道。第三类,慈善点击以及网络义卖方式。例如,国外"饥饿站点"(The Hunger Site)这样的通过网络的流量赚取广告费进而由赞助商捐赠的方式。第四类,专门的网络公益类网站。例如加拿大Canada Helps 就是一个一站式的慈善联合网站。加拿大几乎所有慈善组织都是该网站的注册单位,捐赠人可以直接通过该网站来选择自己要捐赠的意向(许琳琦,2014)。再如,根据目的不同,将网络募捐行为分为为促进某种广泛的社会公共福利事业发展进行的募捐,和为救助遭遇困境的特定个人进行的募捐(杨粤,2013)。无论前述哪种界定与分类方式,都倾向于认定网络募捐具有极广的外延。

然而,尽管如此,网络募捐行为和基于网络发起的个人求助行为仍然存在一定的界限。

个人求助行为,依据全国人大常委会法工委原副主任阚珂的解读,"是指为本人、为自己的家庭成员或者自己的近亲属,向他人或社会求助"。他指出:"慈善组织开展的慈善活动的受益人是'不特定的大多数人'。如果是为了解决自己和自己的家庭成员的困难而发起筹款,不管通过什么渠道进行,《慈善法》都不禁止。"通过网络渠道进行的个人求助行为不是《慈善法》规定的慈善行为之属,不属于《慈善法》规制的范围,其适用《合同法》等民事法律规范进行调整。

至于网络募捐行为,《慈善法》第二十一条规定:"本法所称慈善募捐,是指慈善组织基于慈善宗旨募集财产的活动。"由此,"募捐"被《慈善法》规定为慈善活动开展的一种形式,在网络上发起的网络募捐行为亦需受《慈善法》的规制。《慈善法》对网络募捐行为有所规制,着重体现为对募捐行为主体的限制。《慈善法》并不承认慈善组织以外的主体开展慈善募捐的合法性。其第二十六条规定:"不具有公开募捐资格的组织或者个人基于慈善目的,可以与具有公开募捐资格的慈善组织合作,由该慈善组织开展公开募捐并管理募得款物。"第一百〇一条规定:"开展募捐活动有下列情形之一的,由民政部门予以警告、责令停止募捐活动;对违法募集的财产,责令退还捐赠人;难以退还的,由民政部门予以收缴,转给其他慈善组织用于慈善目的……"

3.2. 众筹

本研究将"轻松筹"归类为互联网公益众筹,实际上确定了"轻松筹"在门类上属于众筹的范畴。那么为了对"轻松筹"与信任机制做出详细的分析,有必要厘清众筹的概念内涵和外延。

全球众筹行业的快速发展引起了中外学者的广泛关注。研究者以众筹作为研究对象,从商业模式、参与主体、参与者动机、众筹成功的影响因素、法治框架、众筹平台、众筹的社会网络关系等多个层面入手开展了多样化的研究。本文对国内外的重要研究加以整理和评述,为分析互联网公益众筹这一众筹的具体分支提供理论基础和参考。

3.2.1. 众筹的内涵与外延

"众筹"(crowdfunding)即大众筹资或群众筹资,广义地说,是以群众为筹资对象,以支持个人或组织的特定行为为目的的融资方式,这些特定行为包括赈灾、竞选、创业、创作、设计发明、研究、开展公益等。互联网众筹是众筹的主要形式,特点在于这种特定的融资活动以互联网作为媒介得以发生,互联网成为连接众筹的不同参与主体的方式。根据筹资者的特定行为的类别,可以对众筹的类型做出更加细致的划分,例如商业众筹、公益众筹等。

众筹的概念最早在 2006 年产生,被定义为"群体性质的合作"。众筹的概念内涵本身则随着众筹行业的发展而不断被扩充和完善。最初，众筹主要被用来描述多样化的主体和部门向艺术家提供融资的行为。此后，众筹这种融资方式被运用到音乐创造领域。之后，众筹覆盖的领域进一步延展，众筹的概念也逐渐从特定的行业类别中独立出来，成为一种受到大众认可的新型社会筹资方式。2010年后，学术界对众筹的关注开始迅速增长，学者们对众筹开展了丰富的理论和实践的探索。有学者定义众筹是一种填补初创企业和早期个人项目面临的资金缺口的方式（Hemer，2011），因为相比于以往，这些初创企业和项目多数依赖创业者或发起者自身筹集资金，或通过风投基金和银行等金融中介机构获得资金，但由于受限的个人可利用的经济资源、早年有限的风投行业规模和信息不对称问题，存在着大量的资金缺口，众筹的出现为这些缺乏早期资金的企业和项目融资提供了崭新的可能性（Collins，Pierrakis，2012）。美国金融危机则加剧了这种资金缺口的现象，从而使众筹更加成为一种广受关注的新型融资方式。

众筹的参与主体可以划分为融资方（资金需求方）、投资方（资金提供方）和中介或平台。众筹的融资方（资金需求方）通常为众筹项目的发起者，可以是个人、团队或具体企业。融资方发布项目，最主要的活动就是获取资金。但是融资方希望达到的目的本身可以是多样的，如：(1) 宣传营销，国内很多厂商利用众筹平台提前宣传和营销其新产品，吸引消费者的注意力；(2) 吸引私募股权基金和风投公司的注意力，为其从传统金融渠道获取融资提供帮助；(3) 试探市场，将新产品或新业务置于众筹平台，以测试市场反应的程度，根据众筹效果的反馈来决定是否正式将新产品或新业务推向市场（夏恩君等，2015）。当然，这些目的很可能是混合的，并且融资作为众筹的基本功能仍然是多数众筹项目的主要目标，尤其体现在公益众筹等。融资方主要通过直接融资的方式获得资金，但是不同于股票或债券等金融市场，众筹平台对融资者的限制相对较少，管制也相对宽松，融资方也通常不提供凭证等。

另一个重要参与主体是投资方（资金提供方）。根据众筹的定义，众筹中的投资方主要是普通大众，而非商业机构或公共部门。普通大众作为众筹中主要的资金提供者，其特征很大程度上决定了众筹的商业模式、运行特点和形态。从专业化程度而言，普通大众不如银行、私募股权基金、风投等金融机构专业，这个非专业体现在对于风险的管控、信息的搜集、投资知识和经验的掌握程度、理性估值的能力等上面。从集中程度而言,大众投资者多数是小额投资者,资金来源高度分散化,集中程度很低,对项目的看法和判断、风险偏好的差异性突出,同时由于投资额度小,参与者多,风险也相对分散。从扮演角色而言,传统金融机构是较为纯粹的投资者,关注投资收益和风险管控,但是在众筹项目和目的多样化的趋势下,大众的角色可能不仅仅是投资者,也是消费者,尤其在众筹项目是新产品或新业务,发起者目的在于提前宣传和营销产品或业务时。

众筹中介或平台是另一个参与主体。资金的融通和流动是需要条件的,否则信息不对称等问题会成为资金流动的重大阻碍。因此,众筹中介或平台是众筹活动得以开展的一个重要条件。众筹中介或平台是将融资方(资金需求者)和投资方(资金提供方)联系起来的关键媒介。与传统金融机构不同的是,众筹平台面对的是普通大众,但是执行的职能是帮助资金需求者获取直接融资,而非间接融资,这构成了众筹平台与银行等提供间接金融服务的机构的重要差别。不过受制于法律要求,众筹平台通常需要与银行合作开立资金托管账户,而不能自己建立资金池,因此在这一层面上,众筹平台还与银行等金融机构建立了联系。

3.2.2. 众筹平台与模式

如上文所述,众筹平台将融资方和投资方连接起来,使资金在双方的流动成为可能。众筹平台成为传递信息、促进沟通、项目推行、资金流动的复合门户(Moritz et al., 2015),众筹平台减轻了信息不对称问题,从而减轻了参与者的风险(Haas et al., 2014),进一步地,平台还可能帮助参与者之间建立信任(Greiner, Wang, 2010)。但是随着众筹平台进一步拓展盈利模式和业务多样化,众筹平台的功能正在迅速延展。当下的众筹平台不仅提供项目展示、收集和发放资金的服务,也开始提供更多增值服务,例如项目审查和担保、项目咨询、财务规划和风投、商业推广等。这一方面使众筹平台的角色变得更加复杂,例如提供财务规划和风投的平台本身也成了投资者;另一方面也使众筹平台在其基础功能的实现上发挥了更大作用,承接了更多环节,例如进行项目审查和担保的平台为众筹项目的成功提供了更多的支持,项目和平台的合作关系和依赖关系可能更加紧密,这有重塑众筹商业模式的趋势。

对众筹平台的分类有多重方法和标准。Haas 等(2014)从以下角度对不同类型的平台的特征做出了分类:融资者类型(个人/机构)、投资者类型(个人/机构)、众筹回报类型(现金或实物回报、利息、股权与分红、无回报)、融资机制(AON)[①]、与贡献度相匹配的回报(pledge levels)[②]、最低投资额(minimum pledge amount)[③]、项目细分领域/项目主要类型(创意产品、初创企业、可持续发展和社会活动及公益)。Haas等(2014)以上述指标,通过聚类分析的手段从众筹平台的细分特征入手,综合各项指标,为众筹平台的类型、模式做出了整体性划分:享乐主义型(hedonism)、利他主义型(altruism)、营利型(for profit)。

在享乐主义型众筹平台上,众筹项目多数是厂商的新产品,投资者投资获得的回报主要是预购的产品、感谢的礼物,或是"无偿支持",除此之外,融资者不会给予投资者股权、分红、利息等其他长期持续性的回报。这些项目的共同点在于它们被投放在众筹平台上的目的更多的是向投资者(此时更类似于消费者的角色)传递享乐、猎奇的观念和生活方式。这类平台上,大众支付的资金更类似于预先消费的性质,而非投资,因为这种支出并不会给他们带来长期的投资回报,也不会给他们带来长期的须承担的风险。

在利他主义型众筹平台上,资金提供者支付的资金主要是捐献性质的,他们并不因为付出的资金而获得任何形式的回报。这意味着资金提供者的参与通常有着更普善、更利他主义的原因。这类平台的项目主要关注可持续发展、社会公益和生态领域,项目小而多且领域分散。这类平台的融资机制相对宽松,即使项目未达到目标金额,也会将这笔资金发放给项目发起者(但"轻松筹"则有差异)。以这一划分标准,"轻松筹"更类似于这种利他主义型平台,主要的项目类型是社会公益和个人救助。

在营利型平台上,融资者通常会给项目投资者长期的持续性的现金或实物回报,投资性质突出。投资者出资支持平台上的项目,是出于获得回报的目的。这些物质回报来自众筹项目本身带来的未来现金流,一些项目会给予投资者类股权凭证。这类众筹平台主要服务于初创企业和创新项目,因此项

---

① AON,即All-or-Nothing,采取AON模式的平台,如果融资方的项目没有在规定时限内达成目标金额,那么视为众筹失败,已筹的资金不会发放给融资方,而是会退回给投资者。
② 投资者能获得的回报根据他们投资的额度确定,这一额度区间由融资者事先确定。
③ 对于投资者来说,有最低起投额的规定。此举的目的是为了风险和管理等原因限制投资者数量。

目发起人多数是团队、组织而非个人。这类平台的融资机制较为严格，AON、与贡献度相匹配的回报、最低投资额三类机制被使用的比例接近。相比前两类平台，单个项目的目标金额和实际达成金额通常都更高。

3.2.3. 投资者的动机与众筹影响因素

投资者的意愿和动机是众筹平台能否良好运转、众筹项目能否成功的关键。因此众筹投资者出资的动机和影响他们出资的因素是研究者关注的对象。Ahlers 等(2013)识别了促进投资决定发生的相关信号。Allison 等(2015)验证了众筹里投资者做出出资决定时考虑的内在动机和外在动机。本文参照 Allison 等(2015)和 Cholakova、Clarysse(2015)的划分，将众筹投资者的动机分为内在动机和外在动机两方面，并将学者们提出的动机根据这一框架做简单的归类。

内在动机和外在动机的主要差别在于，投资者获得的效用是从自身的实践中内在产生的或其获得的效用依赖于外部。典型的内在动机包括利他主义支持的"帮助他人""对项目发起者的信任""支持事业和融入圈子的内在的价值感""对社会公益的支持带来的满足感""单纯的兴趣和对出资行为本身的享受"等。外在的动机包括获取经济回报(包括货币回报或实物回报)或对未来收益的某种索取权，以及外在的非经济回报，例如"被他人肯定的满足感"、声望等。

进一步，当我们探讨众筹项目是否成功的影响因素时，则需要从众筹平台的三个参与主体——融资者、投资者和平台——来分别考虑。

首先，从融资者即融资者发起的项目的角度，项目融资期限、融资规模、项目类型、项目信息完整程度(项目说明书中的发起人信息和信誉、项目管理人的素质和能力、资金流向、担保、运作模式与分析、风险警示等)这类因素会显著影响众筹项目最终能否实现目标(Ahlers et al., 2013; Mollick, 2014)。

其次，从投资者角度来考虑，则要关注上文提及的投资者做出出资决定的动机，并确定这些动机外在的表现形式，将这些形式确定为具体的可定性或定量的影响因素，例如投资人的基本信息、投资人获取项目信息的渠道、投资人与融资人的社会网络关联程度等(Colombo et al., 2015)。

最后，从平台的角度考虑，众筹平台是否进行审核、平台是否有严格的规定和施加严厉的监管、平台是否提供担保、平台声誉、平台规模、平台历史等（Hemer,2011）这些多元化的因素在较高程度上决定了众筹项目能否成功,实现其预期的融资目标。

3.2.4. 众筹与社会网络

社会网络是众筹中的重要部分,有一些研究检验了社会网络对众筹中出资者的影响,结果显示社会网络减少了信息不对称性,并因此增大了出资者捐款的激励（Everett,2015）。社会网络的一个可能结果是,这会使得出资者模仿他人的行为。Herzenstein 等（2011）发现这样的模仿性行为,在 P2P 借贷市场和在线拍卖市场比如 eBay 的结果不同,并得到结论模仿性的行为是出于理性而不是盲目的跟从。Kuppuswamy、Bayus（2015）分析了来自著名众筹网站 Kickstarter 的数据,发现项目热度随项目时间呈现 U 形变化。他们在研究中还提到,家人和朋友对于众筹项目的支持特别重要,特别是在项目前期和末期。根据 Lu 等（2014）,众筹早期积极的推销活动对于项目成功特别重要。

3.2.5. 众筹的效应与评价

从社会层面看,众筹作为一种金融创新,将大量个体投资者的小额资金聚集起来,投资到一个产品或者服务上,改善了整个社会内部资金集聚和转移的效率和效益,提高了资源配置效率。众筹的"亲社会"属性使得众筹在促进就业、缓解贫困等方面具有重要作用（Mollick,Kuppuswamy,2014）。从企业层面看,众筹的兴起和快速发展也为中小企业和创业企业提供了资金支持并促进其发展（Mollick,Kuppuswamy,2014）。

3.2.6. 互联网公益众筹

互联网公益众筹是人们通过互联网媒介对一个项目实施金钱资助,每个捐赠者付出的金额或大或小,最终起到集腋成裘、聚沙成塔的效果。目前关于互联网公益众筹的文献,主要集中在捐赠、众筹和新媒体三个方面。

在捐赠方面,Bekkers 等（2011）从影响个体捐赠因素的角度,分析了人们进行慈善捐赠的八种激励:1) 被需要的意识;2) 收到请求;3) 考虑到成本和收益;4) 利他主义;5) 名声;6) 心理满足感;7) 价值感;8) 成就感。Clotfelter（1985）则分析了影响捐赠的社会因素,如政府政策、税收、宗教、慈善事业的透明度等。西方学者也进行了一些定量的研究。Agrawal 等（2011）发现地理因素会影响到众筹的捐赠方的行为。本地人会更多地在众筹前期捐赠,而且他们的捐赠行为会更加独立而不受身边环境的影响。Kuppuswamy 等(2015)考察了著名的公益众筹网站 Kickstarter 两年内的项目,发现人们的捐赠行为呈现 U 形——相对于中期,更多的捐赠发生在众筹开始和众筹将要结束的时候。

互联网公益众筹同时也是捐赠和新媒体的结合。国内有部分学者提出了"微公益"的概念。微公益不仅仅特指基于新浪微博或者腾讯微信的公益,而且包括基于互联网平台的公益服务,这类研究大概分为三类:

第一类是从理论或者逻辑上概括互联网公益众筹。田丹丹等(2014)分析了"微公益"的草根性、及时性和透明性,并认为微公益面临法律盲区、真实性难以确保、官方组织缺乏等发展困境。赵荣水等(2014)认为互联网公益众筹相关的消息和报道也为当下的新闻模式带来了冲击。

第二类是分析参与微公益与特定人群的关系,讨论得较多的是微公益如何影响青少年的身心发展、大学生的利他行为。吴红等(2014)认为互联网公益众筹实现了公益的平民化和常态化,更方便大学生进行利他行为,提高了大学生的道德水平。赵颖(2013)通过微公益与高校青年志愿者服务的关联性分析,发现高校青年志愿者服务存在的问题,探索出高校青年志愿者服务在践行微公益理念过程的常态化机制。

第三类是从实证数据出发,分析微公益的发展现状和现存的问题,具有代表性的是张银锋等(2014)的文章,采用网络数据编码、微博私信调查和电话调查等方法,重点考察了微公益发展现状、微公益参与者对项目的评估以及普通民众对微公益活动的认知态度等方面的情况。沈阳等(2012)基于微公益传播的不同内容层次,提出了群内动员、跨群动员和超群动员的三种动员模式:运用社会网络分析法,证明了群内动员以公益团体为核心、小团带动大群的特征;通过框架分析,发现跨群动员中动员话语的归因框架和解决问题框架分别在产生愤怒和培养信任方面致效明显;超群动员方面,公益团体仅凭积极言说很难达成理想效果,需要取得媒体属性议程上的良好新闻角色。

3.3. 网络人际信任

3.3.1. 网络人际信任的内涵

对于网络人际信任的概念,国内外学者尚未形成统一的界定。Corritor

等把网络信任定义为在一个有风险的网络环境中,个体对其自身的弱点不会被利用的一种期望;胡蓉和邓小昭(2005)认为网络人际信任是现实中的人在网络虚拟生活空间中,借助信息交互行为而表现出的对对方能够履行他所被托付之义务及责任的一种预期和保障感,并通过特定的网络信任行为体现出来;也有研究直接借鉴线下人际信任的定义,即个体在人际互动过程中建立起来的对交往对象的言辞、承诺以及书面或口头陈述的可靠程度的一种概括化期望(Feng et al.,2004)。

网络人际信任既是人际信任的一个维度,又是网络信任的一种类型。各学者对其界定虽有不同,但它们有两个共同特征:首先,在网络交往过程中存在潜在风险;其次,在交往过程中一方对另一方存在一种积极的预期。

本研究借鉴Rotter(1967)对线下人际信任的界定,并结合网络人际信任的特征,将网络人际信任定义为:在有风险的网络人际互动过程中,个体基于交往对象的言辞、承诺以及书面或口头陈述,对其可靠程度形成的一种概括化期望。

3.3.2. 网络人际信任的特点

由于网络交往的匿名性、异步性等特点,网络人际信任的主体呈现出双重存在性。具体而言,一方面网络交往中的信任主体表现为ID或昵称;另一方面,他们也是现实中的个体,是最终承担信任心理和行为的主体(胡蓉、邓小昭,2005)。此外,与线下人际信任相比,网络人际信任表现出一些新的特点,即网络人际信任的脆弱性和认知性。

3.3.2.1. 网络人际信任的脆弱性

网络交往的匿名性特点,使得个体的网络行为具有不可预期性,个体经常置身于不确定性的风险中。网络交往的匿名性,并不单单指个人的身份,还包括交往过程中的时间、地点、内容等其他因素;再加上网络中虚拟的身份、虚拟的行为、虚拟的感情、虚拟的社区,使一切都处于不确定之中,这就导致了网络人际信任的脆弱性(Wang,Emurian,2005)。研究表明,与现实人际信任相比,网络人际信任的形成相对较慢,且更容易中断(Wilson et al.,2006)。双自我意识理论指出,在CMC中,个体的公我意识降低,私我意识升高。具体而言,个体更倾向于表达自己的真实感受,而非关注他人的评价和自我形象,此时,过分关注自我感受会对个体的形象造成消极影响。当个体的自我形象不佳时,他人就无法对其形成积极预期,因此,人际信任在网络交往中较难形成,表现为脆弱性。

3.3.2.2. 网络人际信任的认知性

Lewis 和 Weigert(1985)将人际信任分为认知型信任和情感型信任,据此,Salome 等也将网络人际信任区分为认知型和情感型。研究表明,在网络人际信任中,认知型信任占主导地位。社会临场理论和社会线索减少理论指出,在网络交往中,有限的网络导致了交流过程中社会线索的缺失,特别是沟通双方的视觉线索、听觉线索等。而这些线索是人际交往中重要的情感线索,如果这些线索缺失,个体就无法获得社会人际信息,并导致沟通双方产生更多的争论(Joinson,2003)。此时,沟通双方缺乏对对方情绪的察觉和自身情绪的激活,使其将注意从信息接收者转向任务本身。因此,在网络人际信任中,个体以认知型信任而非情感型信任为主。

综上所述,网络人际信任的脆弱性和认知性主要建立在网络交往特点(匿名性、去社会线索性等)的基础上。但近年来,随着网络技术的发展,特别是 Web 2.0 的兴起和应用,网络交往中的社会线索逐步增加、匿名性逐渐减弱,这也导致现有研究与网络发展现状之间存在脱节现象。

3.3.3. 网络人际信任的形成机制

对于网络人际信任的形成与维持机制,诸多研究者持"过程观"。胡蓉和邓小昭(2005)指出,网络人际信任的产生机制是预设性信任、基于"知识"的信任和在信任的过程中进行主观判断,并在此基础上建立了网络人际信任的动态模型。该模型是以预设性信任为前提,随着"知识"的积累,个体对网络交往中的另一方进行主观判断的过程。Kuo 和 Yu 以工作取向的虚拟团体为对象进行研究,结果发现,团体成员间人际信任的形成、维持包括三个阶段:第一阶段为基于计算的信任,在该阶段,虚拟团体表面上处于和谐状态,但成员间的合作行为建立在对行为后果预期的基础上;第二阶段为基于知识的信任,即信任建立在他人先前行为的可预测性的基础上,该阶段是成员间冲突的高发期;第三阶段是基于认同的信任,该阶段处于信任的成熟期,此时成员间的冲突已基本得到解决。

综合上述理论观点和网络空间的特点,本研究以胡蓉和邓小昭(2005)的研究结果作为分析"轻松筹"的"大病救助"项目的网络人际信任建构的理论框架,其信任建构可以分为三个阶段,这三个阶段之间彼此联系,构成了完整的建立信任的链条。

第一阶段,预设性信任。英国当代著名社会学家安东尼·吉登斯(2009)在其《现代性的后果》一书中提出:"惯常经历的抽象系统中的信任机制并非每每都是人与人之间的默契,而是我们对一些'非人'场景或事物之一种预设性的信任。……更具体说,现代生活的太多环节都是在我们的知识范畴之外,我们惟有先验地接受了其存在或其功能,以便能应付日常的生活程序。"预设性信任以基于人格的信任为前提,同时也印证了卢曼所说信任的简化功能。网络空间中,预设性信任是交往得以开始的关键,由于没有了现实生活中真实的接触,唯有互动双方先验地认为对方是可以信任的,信任才得以建立,交往才得以进行。在许多对网上交往进行的实证研究中可以发现,网络中存在大量求助和利他行为,人们敢于将生活中或感情上的困难向不认识或不了解的网络群体倾诉以寻求解决问题的方法,而网络中的善举也极具感染力。且有心理学家研究证明,网上的利他行为多于现实生活中的助人行为(邓小昭,2003)。网络空间中信任主体并没有因为对方的虚拟身份可能导致信息的虚假而放弃与对方进行交往,仍然能够得到对方真心的帮助。因此,预设性信任是基础。

第二阶段,基于知识的信任。理性选择理论认为,决定信任的关键变量是能否获得有关对方动机和能力的充分信息(白淑英,2003),其根本在于相关知识的"积累"。我们将网络中所积累的人际信任知识概括为直接知识和间接知识、角色知识和声誉知识。直接知识是通过直接与对方的信息交互所获得的,随着交往频度的增加和交往经验的积累,人们可以了解到交往对方的网上人格,从而判断出对方是否可信,决定是否继续与之交往。间接知识主要是通过第三方(或他人)对交往对方的制约(或评价)中获得对方是否可信的信息。"他人的评价涉及交往对方的声誉问题,而第三方的制约则体现了网络中的规则秩序,即网络信息交互行为存在着某种社会服从性。网络用户的信息交互行为通常是在一个个网络共同体下进行的,网络共同体以网络规范以及网络社会关系将用户组织起来,为用户的信息交互设定了需要共同遵循的协议与规定,从而促进了信息交互行为能够更为顺利地进行"(邓小昭,2003),同时也对人际信任的形成起到了保障作用。

第三阶段,在给予信任过程中进行主观判断。这是网络人际信任产生的决策性环节。虽然网络的虚拟性使人们无从了解交往对象的客观背景特征,但是网络信息交互中传递的语言符号仍能体现一个人的网络人格特征,网络交往者可根据获得和积累的对方信息进行主观判断和认定,最终决定是否给予对方以信任,并决定是否继续保持同其交往关系。

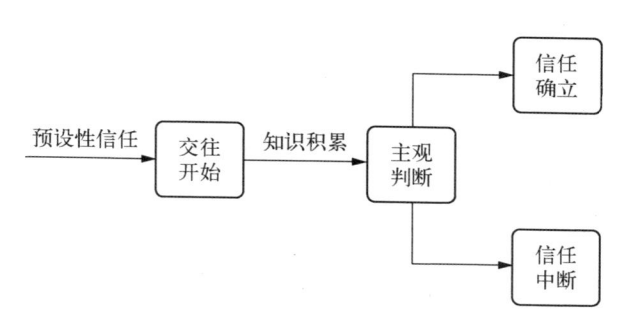

图1 网络人际信任的建立过程

3.4. 社会支持

3.4.1. 社会支持的概念

对社会支持的研究可以溯源到19世纪法国社会学家涂尔干,他通过对自杀的研究发现社会联系的紧密程度与自杀有关。20世纪70年代初,精神病学文献中引入社会支持这一概念。研究者认为,良好的社会支持有利于身心健康:一方面对处于压力状态下的个体提供保护,即对压力起缓冲作用;另一方面可以维持一般的良好情绪体验(郑杭生,1996)。

此后,社会支持被引入社会学研究领域,并得到长久的发展。但对社会支持概念的理解,从它被提出以来至今尚未形成统一的认识。有研究者提出,"笼统地讲,我们可以把社会支持表述为各种社会形态对社会脆弱群体即生活有困难者所提供的无偿救助和服务"(李强,1998)。也有研究者认为,从社会心理刺激与个体心理健康之间关系的角度来看,社会支持应该被界定为"一个人通过社会联系所获得的能减轻心理应激反应、缓解精神紧张状态、提高社会适应能力的影响"。因此,社会支持不仅仅是一种单向的关怀或帮助,它在多数情形下是一种社会交换,是人与人之间的一种社会互动关系,即认为"广义而言,社会支持既涉及家庭内外的供养与维系,也涉及各种正式与非正式的支持与帮助。社会支持不仅仅是一种单向的关怀或帮助,它在多数情形下是一种社会交换"(蔡禾等,1997)。

现在一般将社会支持网络视作个人能够借以获得各种社会支持(如金钱、情感、友谊等)的社会网络,即以网络分析的方法对个人所获得的社会支持进行研究,需要研究的是个人获得资源性的支持的网络框架,以及个人所属的相对稳定的社会关系网络。

3.4.2. 社会支持的类型

在社会支持网络研究的早期,研究者并没有严格区分社会支持的类型,只是笼统地认为,只要有社会关系存在,对于个人解决日常生活中的困难就是有益的。后来研究者在研究的过程中逐渐从不同的方面将社会支持分为不同的类型。从内容上来划分,如 Cutrona 等(1990)认为社会支持主要包括以下五个方面:① 情感性支持,即个体从他人身上获得关爱、了解及同情,从而感受到鼓励与安慰;② 友伴支持,即使个体对团体有隶属感,并能与团体成员共同参与活动;③ 尊重支持,即个体借由他人的协助,感受自己是有能力且被尊重的;④ 信息性支持,即个体能从他人那里得到意见、建议与信息;⑤ 实质性支持,即个体由他人获得直接的帮助,包括金钱、时间、物质等。

韦尔曼运用因子分析方法,将社会支持分为感情支持、小宗服务、大宗服务、经济支持、陪伴支持等五项。国内的陈成文等(2000)将社会支持分为两大类,客观上的支持(包括物质上的直接援助和社会网络、团体关系的存在与参与,是"人们赖以满足他们社会、生理和心理需求的家庭、朋友和社会机构的汇总")和主观上的支持(即个人所体验到情感上的支持)。目前共识度比较高的一种分类方法是将社会支持网络分为物质支持、精神支持、工具性支持和信息支持四种。

3.4.3. 网络社会支持

随着互联网和社交媒体的扩展以及网络人数的增加,越来越多的人在论坛、新闻组、社交媒体等网络空间中寻求友情、社会支持以及归属感。有些学者认为网络社会支持已经成为传统社会支持的重要补充,并且较线下生活更加有助于人们社会支持行为的获得和给予。Finfgeld(2000)认为网络社会支持是对传统社会支持方式的重要补充,网络社会支持的优势在于交往的匿名性,可以选择隐身状态,不受面对面交往情境中的社会性限制,在网络空间中,个体寻求和提供支持行为不再受时间和空间的限制。Walther 等(2002)

认为网络社会支持从根本上改变了传统的面对面社会支持行为中的两个结构性方面:沟通渠道和支持寻求者与提供者间在社会经济方面的关系,从而也扩展了个体的社会支持网络。

国内外学界除了从理论上对网络社会支持的特质进行分析外,还在经验层面对网络社会支持现状进行实证研究。主要的研究议题有网络社会支持的内容、主体的社会网络结构、网络社会支持中的互动等。

1. 网络社会支持的内容。Bambina(2007)认为虚拟社区中不存在面对面的交往,所以社区成员间不可能存在实质性的支持。已有研究发现,网络交往成员间确实存在比例较少的有形支持行为,而信息性支持和情感性支持则最为常见。Coulson 等(2007)通过对亨廷顿氏舞蹈病患者论坛的研究发现,论坛成员经常提供的帮助有信息性支持(56.2%)、情感支持(51.9%)以及友伴支持(48.4%)、尊重支持(21.7%)和较少的实质性支持(9.8%)。同样,Coursaris 等(2009)通过对艾滋病论坛研究也得出了相似的结果。Eichhorn(2008)通过对雅虎网站中饮食紊乱讨论版的研究发现,社会支持的类型从多到少依次是信息性支持、情感支持、网络支持、工具性支持和自尊支持。需要注意的是,网络的社会支持行为是复杂的:一个社会支持行为不完全对应一种支持类型,而更多情况是包含着多种支持类型。

2. 网络社会支持中的互动。有些学者秉承社会支持传统中的互动取向,阐释在整个网络支持过程中涉及的人们之间的动态及互动关系,而不仅仅说明社会支持结构和支持内容。已有研究发现,网上的自我表露式行为是寻求和提供社会支持的重要途径。在广义上,自我表露是指个人向他人透露有关自己的信息,包括个人的想法、感受与经验等,来与他人共享自己内心的感受,使他人认识自己、了解自己的沟通行为。Shapiro 等(2003)等对大学生进行实验研究,分析在线支持群体的互动行为与支持模式,发现在在线支持群体当中,社会支持的接受者使用自我表露方式来向他人说明其所关心的事情和遇到的挫折,借此吸引他人的社会支持;社会支持的提供者亦可透过自我表露来分享成功的解决经验从而向他人提供社会支持。另外,通过自我表露行为也可以形成社会友伴关系。再者,在不同类型的社会支持行为中,自我表露的比率是不同的,其中情感性、尊重性支持类型中的自我表露行为最多。Tomoko(2003)通过对老年网络用户的访谈发现老年人通过在网上对自己过去、现在情况以及将来想法的自我表露而获得社会支持。Coursaris 等

(2009)通过对网上艾滋病自助群体的研究发现,分享个人经验、满足感的表达以及祝福他人这三种交往行为促进了论坛成员间社会支持的交换。

3. 网络社会支持主体的社会网络结构。社会网络分析是研究社会支持行为的重要方法之一,多以社会网络的大小、密度、多元性等变项作为指标,以结构化方式反映与目标个体有重要关系的人际结构。Wellman等(1996)认为,当互联网将人们和电脑联系起来时就形成了电脑支持的社会网络,它对能够提供信息性和情感性支持的专门化或广泛的人际关系有维系作用。Chang(2009)通过对台湾PTT论坛中的精神病患者支持群体的研究发现,最常见的社会支持交换类型是信息性和友伴性联系;尽管存在包含不同类型社会支持行为的小群体,但是总体上看所有类型的支持性交往网络都是相对疏散的;大部分的支持性互动交换过程都是在两人间或三人间发生,但总体的支持性网络是高度集中的。

4. 研究方法

4.1. 文献研究法

本研究通过查找、阅读和整理有关众筹、社交网络和网络人际信任等方面的文献,了解相关领域的主要研究成果与不足之处,并在此基础之上确定了本研究的理论框架和研究思路。

首先,本研究针对慈善、公益和个人求助等语义相近的概念进行了文献检索与分析。通过对它们在不同文化、不同环境中的定义及适用范围的分析,来界定"轻松筹"的"大病救助"项目的性质。

其次,本研究针对"轻松筹"模式运行的重要媒介——社交媒体与人际网络进行了文献梳理,并认真分析了社交网络中的核心因素——信任——在"大病救助"项目中发挥的重要作用,以及信任被建立、强化并促成最终捐助决策的过程。

最后,本研究特别分析了"轻松筹"模式在当下环境中的约束与风险。由于缺乏专门的法律与规定,而"轻松筹"的行为性质又游离在法律的边缘,本研究也对未来法律规制的构建设想提出了期望。

4.2. 访谈法

本研究围绕"大病救助"项目中紧密互动的双方,对直接参与"轻松筹"的"大病救助"项目的求助人[①]和捐助人进行了重点访谈,获取了第一手的研究资料,以作为理解"轻松筹"的"大病救助"项目运行机制的重要资料来源。

本次访谈共有 10 位被访谈者。被访谈者分为捐赠者、求助者二类,捐赠者集中在北京大学的学生群体中,跨越不同的学科及年级。依据前期资料搜集以及问卷数据调查的情况,本研究从以下方面进行了详细的访谈:

对于捐助人,本研究重点考察其捐赠行为的形成过程与影响捐赠行为的因素。捐助人在接触到求助信息时,查看、提取信息、捐赠、转发、后续跟进项目这一系列行为过程及行为背后的影响因素,是访谈的重点。访谈同时也涉及对于"轻松筹"这一特定平台的评价,以及对目前整体互联网公益众筹环境的意见,这些都有助于理解"轻松筹"所处的网络生态及其生态位。

对于求助者,本研究的访谈主要关注两个方面:一是求助人本身的求助行为;二是求助人借助"轻松筹"平台同潜在捐助人的互动。同求助者的对话,使本研究对"大病救助"项目的运行有了更加全面而深刻的理解。

4.3. 问卷法

为了更好地了解"轻松筹"的"大病救助"项目的运行状况,本研究采用随机抽样的方法,以北京大学在校生群体为对象进行了问卷调查,了解了人们对于"轻松筹"的"大病救助"项目的态度、认知与行为,从而为后面分析的进行提供了翔实的第一手资料。

本研究的问卷在结构上分为"个人信息""捐赠行为""社会影响"三个部分:第一部分收集了答卷人群的基本信息,包括性别、年级、学部等;第二部分

---

① 这里的求助人指的是由罹患重病的本人及受其委托的亲人、朋友等"大病救助"项目的发起人。

考察了用户在使用"轻松筹"时的具体行为(包括打开、捐赠、转发、后续关注等);第三部分询问了用户对"轻松筹"平台的认知与态度,并以"罗尔事件"为例考察了负面案例对于"大病救助"项目运行持续性的影响。

4.3.1. 抽样方案

调查总体:北京大学在校学生。抽样旨在对捐赠者的行为进行分析,选择北京大学在校学生作为抽样群体。

抽样方法:分层抽样法。考虑到在校学生总体的分布结构是已知的,为了避免抽样过程中由于研究小组的成员自身性质而带来随机性受到破坏的问题,最终采用了分层抽样的方法。

4.3.2. 问卷发放

研究小组首先通过线上设计了初步问卷并进行了预实验,在对预实验的结果进行分析后,对问卷进行了一定的调整,然后开始正式发布问卷并收集数据。

首先,研究小组根据公开的北京大学学生数量及其分布,确定在不同群体中的预期问卷数量,同时采用线上和线下的方式进行问卷的发放。通过"问卷星"平台,共计得到线上问卷552份,其中有效问卷552份。针对线上问卷的不足,研究小组针对特定的年级群体,进行了线下的问卷补充。线下共计发放问卷100份,有效问卷87份,问卷有效回收率87%。

在全过程中,共发布问卷652份,得到有效问卷639份,问卷有效回收率98%。

4.3.3. 样本分布

样本基本信息如下:

性别分布:男性占样本总体比例40.53%,女性占样本总体比例59.47%。

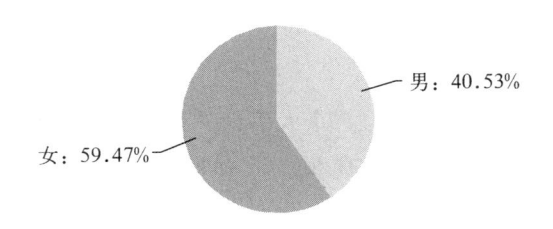

图2 填写者性别比

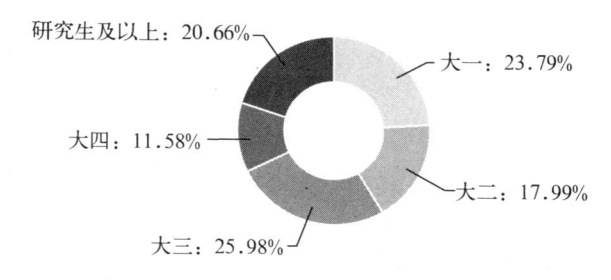

图 3 问卷填写者年级

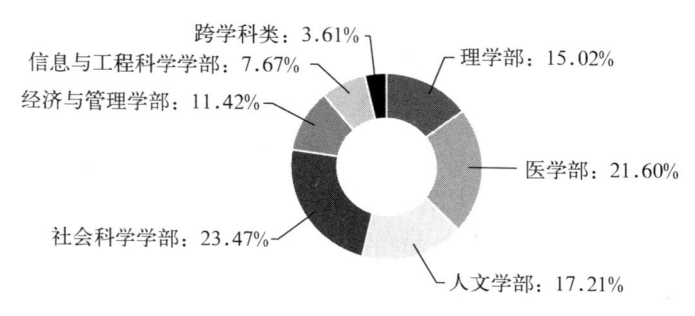

图 4 问卷填写者专业

4.4. 文本分析法

本研究认为"轻松筹"的"大病救助"项目的运行机制的核心之一就是网络人际信任的建构,而这一信任的建构离不开求助人在发出个人救助时提供的项目信息。因此,本研究在"轻松筹"官网上搜集并整理了 2016 年 11 月—2017 年 3 月期间 30 个"大病救助"项目的信息,并对这些项目提供的文本进行了话语分析,从中概括总结出了其利用话语以建构信任的一般模式。

4.5. 案例分析法

为了更好地分析和解释"轻松筹"的"大病救助"项目的运行机制,本研究选取了若干个典型的"大病救助"项目案例,对其背景、过程和结果等进行了细致分析,力图阐清"轻松筹"的"大病救助"项目的运行机制,并发现其存在的问题和不足,从而为法律规制部分的分析奠定一定的基础。

5. 研究分析

5.1. "大病救助"项目的基础:社交媒体

5.1.1. 社交媒体之多级裂变传播

罹患重病的贫困家庭通过"大病救助"项目发起个人求助以获得治疗疾病的资金,从社会支持的类型来看,这是求助人在利用自己社会支持网络获取经济支持。社会支持的获得充分依赖于个人的社会支持网络,对于大部分发起救助的贫困家庭来说,其有效社会支持网络是非常有限的,单纯通过个人的社会支持网络能够筹集到的资金相当有限。然而,嵌入在信息网络空间的网络社会支持突破了个人社会支持网络的限制。在网络空间中,个体寻求和提供支持行为不再受时间和空间的限制(Finfgeld,2000),网络社会支持从根本上改变了传统的面对面社会支持行为中的两个结构性方面——沟通渠道和支持寻求者与提供者在社会经济方面的关系,从而也扩展了个体的社会支持网络(Walther et. al.,2002)。

"轻松筹"的"大病救助"项目与传统公益模式和其他公益众筹的不同之处在于,其信息的发布、扩散和传播借助和依赖于微信等社交媒体的网络特征。社交网络最大的优势在于其具有即时性,信息传播跨越了时间和地域的阻隔。微信朋友圈中的好友就好比一张巨大的蜘蛛网中的节点,这些不同的节点之间彼此连接,将无数个个人的社会支持网络彼此连接起来。对于身处其中一个结点中的求助人来说,其求助信息能够通过一度、二度乃至多度结点将实现病毒式的多级裂变和跨时空传播。对于潜在的捐助人而言,其接触这些求助信息的概率大大提高,同时向求助人提供帮助也变得更加容易。

在问卷调查中,有84%的人会选择转发"大病救助"的推送消息。当求助人在"轻松筹"上发布求助信息并转发分享到自己的朋友圈之后,其所在的朋友圈好友便能够看到此类信息并转发扩散到各自的朋友圈或微信群,如此不断传递,实现了线下传统公益难以实现的跨时空传播,这也对应了公益众筹的"众"这一特征,克服了传统慈善和公益的传播范围有限的局限性。可以说,社交媒体乃是"轻松筹"的"大病救助"项目得以成功运行的基础。

此外,社会支持不仅仅是一种单向的关怀或帮助,它在多数情形下是一种社会交换,是人与人之间的一种社会互动关系。正如一位被访者所言,"我之所以选择转发,是希望以后当自己或者自己身边的人遇到类似的事情时,大家也能够转发,给予力所能及的帮助"(访谈 4),求助信息的传播过程体现了社会支持的双向性,"轻松筹"的"大病救助"项目在很大程度上也因契合了这种交换型社会互动逻辑而得以广泛传播。

5.1.2. 社交媒体之广连接:从个人到人人

"大病救助"项目借助微信这一社交媒体,将每个人都纳入公益的行动主体范畴,破除了慈善公益的国家责任成见。现代社会的发展加速了人的个体化和原子化趋势,人与人之间变得更加孤立隔绝。社交媒体的出现将原子化的个人连接起来,成为彼此联系的"人人"。"'人人'是一个具体的、感性的、当下的、多元化的人,人与人之间,可以凭借魅力而相互吸引与组合。'人人'靠社会性软件——通讯软件、交流平台等——联结,社会性软件增加了我们的分享能力、合作能力、采取集体行动的能力,并且这些能力都来自传统机构和组织框架以外。"(舍基,2009)

传统的慈善和公益往往由特定的慈善和公益组织来进行,民众的参与度不高;此外,这类慈善和公益组织缺乏有效的公示平台,资金的使用并不公开透明,一直备受人们怀疑和诟病。而"轻松筹"则不同,从资金的募集到后期的使用,其整个过程是公开透明的,人们可以通过"轻松筹"上的目标金额、捐助人数、资金走向等追踪"大病救助"项目。最重要的是,"轻松筹"借助微信这一社交平台,实现了"眼见为实",让人们能够真切地感受到那些求助人正在经历的挣扎与苦难,而不只是停留在新闻里、报道中,这种方式更加容易激发人们的同情心。对于人们来说,这些人再也不是与自己毫无关联的人,社交平台消解了人们对于慈善和公益的疏离感,人们能够通过阅读求助文字、查看患者图片来真真切切地了解这些项目,人们捐出去的钱不再是冷冰冰的数字,而是真正地帮助到了那些需要帮助的人。

5.2. "大病救助"项目的核心:网络人际信任的建立与维持

本文认为,仅仅依靠社交媒体,"大病救助"项目无法成功运行,这是由社交媒体等网络空间自身的特点所决定的。网络交往的匿名性特点,使得个体的网络行为具有不可预期性,个体经常置身于不确定性的风险中。网络交往的匿名性,并不单单指个人的身份,还包括交往过程中的时间、地点、内容等其他因素;再加上网络中虚拟的身份、虚拟的行为、虚拟的感情、虚拟的社区,使一切都处于不确定之中。不同于线下交往的真实性和直接性,网络空间上的人际互动具有风险,风险往往意味着信任难以建立,即使建立了信任,这一信任本身也是非常脆弱的。因此,构建稳定可靠的网络人际信任就成为"大病救助"项目最终成功运行的核心。

本研究以胡蓉和邓小昭(2005)的研究作为分析"轻松筹"的"大病救助"项目的网络人际信任建构的理论框架,其信任建构可以分为三个阶段,这三个阶段之间彼此联系,构成了完整的信任建构的链条。

5.2.1. 预设性信任的建立:熟人关系

网络空间中,由于没有了现实生活中真实的接触,唯有互动双方先验地认为对方是可以信任的,信任才可能得以建立,交往才可能得以进行,即预设性信任是交往得以开始的关键。因为有真实的好友作为中间桥梁,所以交往降低了信任风险——通过朋友认识朋友,由于对朋友的信任而信任陌生人。网络空间中信任主体并没有因为对方的虚拟身份可能导致信息的虚假而放弃与对方进行交往,仍然能够得到对方的真心帮助。

在"轻松筹"的"大病救助"项目中,预设性信任也基于熟人关系而得以建立。"大病救助"项目的运行依赖于微信,而微信是一种典型的熟人社交平台。熟人关系最有可能产生于家庭、亲戚、同事和同学等之间,是强关系的典型代表。熟人关系通常是由于先天的出生背景和后天自然的人际交往形成的,其运转依靠人与人之间的情感纽带。中国的传统社会恰如著名社会学家费孝通所说的那样,是一个"熟人社会""人情社会",熟人之间彼此了解,也彼此信任。人们在朋友圈看到好友转发的"大病救助"项目时,会下意识地将对于好友的熟人信任转移到对于项目的信任上,"因为这是好友转发的,应该比较可信"。这在问卷中也可以得到支持:在被问及决定是否捐款的考虑因素时,人们认为"求助人是自己认识的人或者朋友认识的人"是最为重要的,这一选项的平均得分为3.26。[1]

---

[1] 排序题的选项平均综合得分是由"问卷星"系统根据所有填写者对选项的排序情况自动计算得出的,它反映了选项的综合排名情况,得分越高表示综合排序越靠前。本题平均得分为2.05。

虚拟网络中的个体本身就具有很强的隐蔽性和不确定性,而现阶段国内网络尚难落实实名制,对网络的管理也难以做到尽善尽美。正是基于熟人关系,"轻松筹"项目才得以在发起后的短时间内迅速获得大量的转发和关注,并得到来自四面八方的人们的响应与支援:当人们看到自己微信朋友圈中的一条"轻松筹"求助信息时,会比对马路边陌生的行乞人士更加信任。熟人关系下的社交网络,使得普通人的个人感召力可以通过弱关系影响到朋友之外的陌生人,使得更多的资金支持成为可能,这也正是许多处于困境中的人们选择"轻松筹"模式的原因之一。

5.2.2. "知识积累":第三方的影响

决定信任的关键是能否获得有关对方动机和能力的充分信息,即相关"知识"的积累。由上文,本文将网络中所积累的人际信任知识概括为直接知识和间接知识、角色知识和声誉知识。

从互联网兴起开始,其最重要的功能就是实现信息分享。从 BBS 论坛讨论和信息发布、在线即时聊天以及文件远程传输,到如今生活中人们更多地从 PC 端社交网络转向移动端社交网络,人们获取信息的方式越来越便捷,搜索引擎和网络爬虫的大众化更扩宽了人们的信息渠道。人们面对一条来自网络的消息时,往往会有不止一条途径对其进行验证和追踪。

当人们在朋友圈等媒介上看到通过"轻松筹"发布的求助消息时,即使不打开链接,也能获得一些转发者附加的评论;如果选择打开链接(根据研究小组的问卷分析,会有62.6%的人选择打开"轻松筹"链接),人们可以进一步查看到相关的求助信息。根据研究小组对"轻松筹"求助文本内容的分析,在该部分内容中,除了必要的求助金额与求助原因外,还包括姓名、居住地、家庭情况等基本信息。此外,还常常附加一些其他信息,如求助者的过往经历、人生规划以及其他能够证明求助人需要援助的迫切性和援助后对社会产生的公益效应的信息。而这部分信息,也的确对捐助人的行为意愿造成了影响。问卷调查结果显示,人们在查看求助信息决定是否捐款时,除"患病情况及求助原因"这一最重要的关注内容之外,"求助者身份信息的披露"和"其他人的证明"亦成为另外两个引人关注的内容。

除了"轻松筹"项目主页所提供的直接知识之外,影响捐赠者产生捐款行为的还有转发者的评论、其他人的捐款以及身边其他人的行为等间接信息。这些建立在熟人关系基础上的来自第三方的信息,在以虚拟性为特点的网络时代中,对人们捐款行为的最终发生起到了关键作用。

另外,在"轻松筹"上发布"大病救助"的求助信息,需要提交真实的个人身份信息、其他人的证明信息(包括病历等),甚至一些项目还需要官方渠道如红十字会的担保凭证。这些信息虽然并没有直接说明捐赠者的行为会产生什么影响,但在某种程度上增加了求助信息的可信度,加深了捐赠者对求助者的信任。"轻松筹"平台和其他或显或隐的证明者、担保者,在这种模式中扮演着他们的特有角色。这些角色本身附加的信息,为个人求助提供了相对更加权威的背书。

社交媒体是一种现实人际关系的延伸,虽然这种人际互动是在虚拟网络上进行的,但是依然遵循着现实共同体中的道德、规范等秩序的制约。"轻松筹"的"大病救助"项目借助熟人关系进行传播,受到诚信等道德规范的制约,而微信这种社交平台在极大地扩大传播范围的同时,也起到了重要的监督作用。熟人关系所可能导致的一个后果是,围绕"大病救助"项目产生的虚假信息或"骗捐"行为不仅会令这个项目夭折,更将使项目发起人的整个人际关系网络受到严重损害,这种熟人监督的失信惩罚机制,在很大程度上抑制了虚假求助行为的出现,促成了信任的形成。

5.2.3. 主观判断:话语的力量

在前述两个阶段之后,网络交往者在给予信任过程中进行主观判断,这是网络人际信任产生的决策性环节。虽然网络的虚拟性使人们无从了解交往对象的客观背景特征,但是网络信息交互中传递的语言符号仍能体现一个人的网络人格特征,网络交往者可根据获得和积累的对方信息进行主观判断和认定,最终决定是否给予对方以信任,并决定是否继续保持同其的交往关系。

Ho 的研究表明,在网络人际信任中,认知信任占主导地位。社会临场理论和社会线索减少理论指出,在网络交往中,有限的网络导致了交流过程中社会线索的缺失,特别是沟通双方的视觉线索、听觉线索等。这些线索是人际交往中重要的情感线索,如果这些线索缺失,个体就无法获得社会人际信息,并导致沟通双方产生更多的争论。然而,随着网络技术的发展,特别是 Web 2.0 的兴起和应用,网络交往中的社会线索逐步增加、匿名性逐渐减弱。

基于熟人社交的微信为人们的网络交往提供了大量值得信赖的社会线索,消解了网络空间的匿名性,"大病救助"项目借助了微信的熟人特征,极大地提高了个体的认知信任,促成了项目的顺利运行。

求助人通过"大病救助"项目募集治疗资金是一种寻求经济方面的社会支持行为。已有的研究明确指出,网上的自我表露式行为是寻求和提供社会支持的重要途径。自我表露是指个人向他人透露有关自己信息,包括个人的想法、感受与经验等,来与他人共享自己内心的感受、使他人认识自己、了解自己的沟通行为。对于发起"大病救助"项目的求助人而言,要想顺利募集到所需的治疗资金,首先需要获取潜在捐助人的信任,主动向他们分享自己的苦难经历、讲出自己的求助原因等是赢得信任、获取社会支持的必要手段。对于捐助人而言,他们也迫切需要求助人的自我表露来更多地获取足够的信息,以帮助其做出认知上最理性的判断,指导其最终的行为决策。

本研究通过对"轻松筹"的"大病救助"项目的求助文本进行话语分析后发现,求助人通过求助文本传递出了强烈的可信信息,促成了人们对项目的信任并做出了最终的捐助行为。

5.2.3.1. "轻松筹"求助文本的社会语境

"轻松筹"的"大病救助"项目实现了公益传播与社交媒体的结合,变革性地改变了求助者的发声渠道与模式。依照传统,求助者接受公益组织救助的形式,更多是"被发言"与"被表达"。这种被动困境在与社交媒体相遇后得到一定程度的消解,个体也能快速进入传播体系中,主动为自我发声,获得一定的话语权力。"轻松筹"初步解决了技术层面的求助者与救助者的接触问题,但是互动的有效性在很大程度上仍与话语的表达息息相关。话语的表达也不仅仅局限于语言文字、图片符号,还包括转发说明、互动回复等多方信息,整体构成了求助文本的话语系统。

社会分析法把话语当成交际动作来分析,注重语言的社会功能,即说话人作为个人和社会群体的一员,使用语言的时候不仅是为传递信息或表达思想,更主要是为了在社会情境中从事某种社会活动。在分析话语时,不单分析语言成分在句子中的位置,也要参照话语以及话语所产生的语境。语境之中的文本才是真正的话语构成。语言在语境中获得存在的意义,语言本身又在不断地影响、建立或改变语境。

"轻松筹"的"大病救助"项目建立在社会救助体系这个大语境之中,主体是为获得扶助的社会弱势群体。语境与主体的对象的确定指向了明确的、唯一的目的——获得救助款项。这一社会救助语境决定了"大病救助"项目大体上的话语模式、叙述风格。弱势者寻求帮助所产生的话语环境,存在着天然的不平等态势,语言中的心理机制、道德叙述等方方面面的表达都被框定于前定的语境中。其次,在研究求助文本时也必须认识到,其中的话语表达产生于更广阔的社会语境:中国社会交往中存在的普遍信任缺失状态,以及大量网络诈骗、电信诈骗信息所形成的刻板印象。这些都是网络求助文本在形成时的巨大阻力,也是其要着力解决的问题(李京丽,2016)。再者,救助平台面向所有人开放,除覆盖救助者社会关系网络直接相关的群体,还联结着大量的潜在捐助者。

5.2.3.2. "轻松筹"求助文本的话语分析

按照费尔克拉夫的观点,话语是个体进行社会实践的一种形式,话语的实践为联结话语结构和社会结构搭建桥梁。以"大病救助"而言,求助者以话语形式与救助者建立联系,在信任模式的运转下获得社会救助。因此,如何通过话语表达系统建立信任、以情感动员潜在的救助者,是求助文本的核心,从而导向筹款的目的。

据新闻报道,"轻松筹"平台2016年上半年发起过四万余个"大病救助"类项目,并于10月宣布用户破亿。两年多的运营和亿级别用户的影响力,足以体现其已进入相对稳定的时期。本课题研究者在"大病救助"板块随机抽取2016年11月—2017年3月的35个偶遇样本,探讨其中的话语形成机制与信任建立的模式,尤其是对偶遇样本相似特性和类型化进行分析,折射整体性的特征,体现文本"轻松筹"信任机制的构建。

表1 "轻松筹"求助文本[①]

序号	地域	发起人身份(与患者关系)	文本标题	求助原因	筹款指标(元)
1	湖南	女儿	生命的脆弱与命运的无奈,帮帮我的爸爸	父亲高血压、中风、脑干出血	100 000
2	湖南	儿子	爸爸,儿子求求你!你别走!	父亲交通事故导致严重脑外伤	200 000

---

① 数据来自2016年11月—2017年3月"轻松筹"网站的原始数据,截至3月24日。

续表

序号	地域	发起人身份（与患者关系）	文本标题	求助原因	筹款指标(元)
3	江苏	丈夫	救救我劳苦一生的妻子	妻子脑干出血，多种疾病加身	300 000
4	河北	儿子	求助！希望大家帮帮我的父亲	父亲胃癌晚期	100 000
5	山西	女儿	救救我的爸爸，让我有家可以回	单亲父亲脑内大出血	100 000
6	湖南	母亲	一位单亲妈妈泣血救子	儿子急性白血病	100 000
7	河南	本人	助力26岁美少女与白血病的最后一战	自身得白血病，多次救治后，肠道排异	100 000
8	山东	本人	年轻白血病妈妈，期盼早日回到三尺讲台	急性白血病，需骨髓移植	500 000
9	新疆	朋友	请救救急需换肾的新疆阿瓦提县村民吧！	需要换肾救治	150 000
10	云南	姐姐	残酷大火夺不走希望，她的大学梦还没有实现	意外大火导致大面积烧伤	400 000
11	江苏	父亲	爱心人士帮帮我六岁的儿子	白血病	200 000
12	河南	父亲	请救救我身患脑癌的儿子	脑癌	150 000
13	广西	兄长	弟弟啊，小侄女不能没有你这个爸爸！	交通事故导致脑部重伤	200 000
14	内蒙古	儿子	希望妈妈再现从前的笑容	肺癌	80 000
15	云南	儿子	我想有个完整的家，谁来拯救我的妈妈	尿毒症	100 000
16	福建	女儿	妈妈，我们不能没有你！	宫颈癌	100 000
17	甘肃	母亲	脑瘫患儿马健的求助信	脑瘫、大脑发育不良	100 000

续表

序号	地域	发起人身份（与患者关系）	文本标题	求助原因	筹款指标(元)
18	贵州	母亲	爱心接力,圆脑瘫宝宝上学梦	儿子脑瘫,希求在最佳治疗期得到救治,可以上学	100 000
19	山东	本人	救救我,给年迈的父母尽孝,祝好人一生平安	自身血癌需骨髓移植,父亲因"多发性脑梗死"丧失劳动力	100 000
20	河北	父亲	奋战血癌!留住生命!	儿子罹患血癌,需骨髓移植	200 000
21	新疆	丈夫	救救我的爱人,27岁的她身患乳腺癌	乳腺癌	250 000
22	云南	丈夫	拿什么拯救你,我的爱人!	结核性脑炎	50 000
23	山东	本人	生命的脆弱!健康的宝贵!	严重尿毒症需换肾(有儿子作为精神支柱)	380 000
24	贵州	弟弟	大病虽无情,人间有真爱	尿毒症	100 000
25	广西	本人	求助各界爱心人士帮帮我,延续我年轻的生命	乳腺癌	70 000
26	福建	兄长	生命可贵,健康无价。为患白血病的妹妹跪求善款	急性白血病	600 000
27	湖南	兄长	父母双亡,妹妹生死未卜,一夜之间我成为孤儿	意外车祸中父母罹难,妹妹昏迷,产生医药费需求与今后爷爷奶奶的赡养问题	500 000
28	广东	儿子	请大家伸出援手救救我爸爸,星星之火可以燎原	交通事故导致脑部受损昏迷	300 000

续表

序号	地域	发起人身份（与患者关系）	文本标题	求助原因	筹款指标（元）
29	湖北	朋友	北大女孩的父亲突遭车祸昏迷不醒："爸爸你说好送我上大学的！"	交通事故导致脑部受损昏迷	300 000
30	河北	女儿	请救救我的父亲——清华经管学院 lsy	多发性脑转移恶性肿瘤	200 000
31	河南	学生	为患白血病的考古工作者筹集生命善款	白血病	300 000
32	贵州	同事、朋友	中国社科院外文所年轻学者文导微生命垂危，急需您的爱心接力！	红斑狼疮严重并发症	300 000
33	湖北	同事、朋友	救救咸丰县民族中学教师 wym 的女儿吧	"渐冻人"症	553 000
34	黑龙江	姐姐	12 年苦难相伴，请为 13 岁的她买一部胰岛素泵	遗传性 1 型糖尿病	80 000
35	四川	女儿	永不放弃——为肺癌瘫痪在床的妈妈点燃生命的希望	乳腺癌	150 000

5.2.3.3. 求助者社会身份的构建

通过语言构建来识别社会身份和社会活动是个复杂的活动，语句传递了说话者或作者的社会身份和语句所要建立的社会活动。语言的身份构建性特征历来是语言学研究的焦点，并已有大量的研究成果。语用学揭示了社会身份的情境性和行为性，认为身份是人在不同语境中展演合乎规约的语用行为的结果。语用学家维什伦（Verschueren,1999）认为，真正的语用学应关注构成实际说话者社会身份的各种变量，如文化、社会阶级、民族、教育程度等。民族语言学理论认为人的身份取决于他们说话的方式，人的身份是随时构建和改变的。费尔克劳夫也指出"话语是有着社会建构性的，它不仅是表现世界的行为，而且是说明世界、在意义上构建世界的行为"（Fairclough,1993）。

在大病救助的话语体系下，身份的构建仍是话语的首要职能。求助者从伦理维度、弱者标签来进行自我角色定位——迫切需要帮助的人、值得帮助的人,从而激起捐助者的同理心。

① 伦理身份

求助者伦理维度的构建仍是出于其自身角色定位的需要,捐助者通过求助文本中不同的社会语言来识别求助者不同的社会情境身份,而伦理身份是每一位社会人都行走的一条轨道。任一个体都是父母的孩子,大多数人离不开眷侣子女,也切不断与亲朋好友的联系。分析求助样本,发起者除本人之外,都是与患者有直系亲属关系或其他亲密关系的人员,甚至是从属的社会单位。

求助文本一般开门见山,说明个人的姓名、来自的地域。"在中国式行政区划的背景下,表明自己可被追溯和证实的居民身份,确保信息的真实性,这与受众以往从大众媒体甚至街头地铁获知的求助者印象相吻合。"(李京丽,2016)虽然公益行为发生在网络空间,但个体信息表达的内容与现实生活并没有本质的区别。

除患者本人外,以其兄弟姐妹、父母长辈、朋友同事的叙述口吻来发布求助信息,未必是求助方经过刻意选择的结果,但亲属的叙事模式易触动旁观者的心弦,引发情感共鸣。无论是哀天呼地的痛惜之辞,还是恳切平实的现状描述,作为与社会关系共存的社会个体,观者亦"心有戚戚"。如表1文本13以兄长之名痛呼"弟弟啊,小侄女不能没有你这个爸爸!",直接口语化的表达,剔除多余的煽情修饰之词,却让观者似乎听见一位兄长在病床之前对弟弟的声声呼唤,画面随着满溢的情感更生动真实。尤其打动人心的是,文本嵌套了多重的伦理关系,剥开手足情深的情感外壳,内里还有父母子女的亲情,作为父亲对幼女重如山的意义;继而可进一步想见,病床之上的父亲也是一位儿子,下有小,上有老。那么被多重伦理关系牵系的对象更被凸显出对一个小家庭——这一社会单位——而言举足轻重的地位,即对其救助的必要性与迫切性也得到了强调。

表2 叙述者身份情况

叙述者身份	伦理关系构建	称谓形容例举
本人	(顽强抗争)不忍离亲人而去	"我""我年轻的生命""美少女"
孩子	亲情如山	"爸爸""妈妈""我的父亲""我的爸爸""年迈多病老父亲""我的妈妈""我的母亲"

续表

叙述者身份	伦理关系构建	称谓形容例举
伴侣	共同奋斗,感情深厚,不忍爱人受苦	"我的妻子""我劳苦一生的妻子""我的爱人"
父母	舐犊情深	"宝宝""我的孩子""身患脑癌的儿子""我六岁的儿子"
朋友	一直支持好友	"北大女孩""新疆阿瓦县村民"
兄弟姐妹	与患者手足情深	"我的妹妹""我的哥哥""我可怜的妹妹"
工作单位（同事）	痛惜人才逢难	"中国社科院外文所年轻学者""咸丰县民族中学教师 wym 的女儿""患白血病的考古工作者"

使用不同人称的说话方式也是人们通过话语构建身份的方法之一。第一人称的"我"便于叙述个体的生命体验、经受的磨难、经历的心路历程,也更易让观者代入其中。而与自我形成观照的"他者"从侧面印证了患者的艰难痛苦,第三者的叙述视角使事实更具客体的真实力量。值得注意的是,在样本中,以朋友、同事这样伦理关系的身份进行叙述时,更冠以职业身份、地域属别这些剥除了主观关系的社会身份来称呼求助者。好友、同事相对于亲眷而言伦理关系较弱,单纯从伦理角度进行情感动员力量不足。从外部的社会身份入手,观者无论是出于"五十六个民族是一家"对"新疆阿瓦县村民"的病情报以同情,或者惋惜"北大女孩""社科院年轻学者"才华横溢却突遭不幸,还是对人民教师、考古工作者这类兢兢业业的职业工作者的遭际叹惋,都建立起了观者对求助者在外部环境中的身份定位。而确定的身份定位,更能唤起捐助者以往对该身份的认知情感,"轻松筹"的信任机制借此被唤醒。

② 社会标签

依上文所述,社会身份的定位无法脱离伦理关系的描述。"轻松筹"在社交网络之上传播,而社交网络中的每一个体的存在本身缠绕着多重社会关系,贴着多样的群体标签。

根据安德鲁·甘布尔的理论,身份不仅提出了"我们是谁"的问题,"在这个空间里,人们要在不同的原则和价值观之间做出选择,要明确自己究竟是谁,拥抱或承认某种身份,并承担一系列特定的承诺、忠贞、责任、义务。选择或是确定一种身份意味着以一种特定的方式来看待这个世界,而且这一身份必然是在与其他身份的关系中确定的"。在这样的逻辑中,人们是不确定的大多数,既可以隐身也可以现身,是个体也是群体,是参与者亦是旁观者——尤其是基于弱者的立场。弱者身份浓缩了社会生活的不确定性与不安全感。甚至可以说,"弱者"身份的代入感较强,在某一方面处于强势地位的个体难以确保在另一方面就不会处于弱势地位,"强者"与"弱者"的身份具有相对性。

表3 "弱者身份"标签

标签	话语表现例举
家庭关系	"单亲家庭""父亲一人拉扯大姐弟""留守儿童""孤儿""爷爷奶奶年迈无人供养"
经济状况	"唯一的收入只有几亩田地""没有正规职业和稳定收入""山穷水尽""低保户""花光家里所有积蓄""旧债未清,新债又起"
社会职业	"农民""建筑工地的钢筋工""打工仔""高三学生""汽车修理工""基层人民教师"

发起人在陈述求助事件时,其目的指向便是筹款,因此如何尽可能完整构建患者的弱势群体身份至关重要。"留守儿童""单亲家庭""空巢老人""农民工"等是常见的社会现象,也是常见的社会群体标签。实际的情形与通常观念里的形象构建之间常存在差距,例如"农民工"未必收入较一些白领人士低,"留守儿童"未必生活不幸福,但是标签化的叙事存在于社会心理深处。在"轻松筹"平台上这些群体语词的概念被反复提及,并不断得到强化、凸显(如表3所示)。"轻松筹"的求助语境本就是弱势者寻求帮助所产生的话语环境,"打工仔""农民""服务员""建筑工地"等这类社会耳熟能详的与"弱者"具有高度关联的名词频繁出现更是强化了不平等的态势。"求助者大量使用这类标示社会身份的'标签',更易唤起受众以往对于'弱势群体'的媒介记忆。"(李京丽,2016)昭示弱者地位,符合"济危扶困"的文化传统,也易激发受众天然对弱者的恻隐之心;既增强了文本的感染力,也有助于增强求助文本的传播效果,获得更好的筹款效果。

③"潜力股"身份

求助者构建"弱者"身份,潜在含义是"迫切需要得到救助"。部分潜在捐助者会持有类似"如果每一个我都点开,都去关注,那就成了一种负担"(访谈1)的想法,因此很多时候只是围观者,而非参与捐助者。那么如何在众多一样言辞恳切的求助文本中吸引观者目光,打动更多的人,则还需要向潜在救助者表明"我是一个值得你们帮助的人"。

潜力股指存在上涨潜力的股票,此后也可代指发展前景较好的人才对象。求助话语体系里的"潜力股",多强调个人职业的专业性及未来规划的明确性等内容。

表4 "潜力股"身份

身份及规划	话语表现举例
专业身份	"将三十余载青春献给考古事业的技工""极富才华的年轻的文学研究者""兢兢业业奉献给三尺讲台""以笔试第一、面试第一名的成绩考入北京大学历史系""学习成绩始终排在年级前三名""考上名牌大学,她是整个小城的骄傲"
未来规划	"一定尽心回报社会""期望回到久别的课堂,完成课程""早日回到我热爱的三尺讲台""圆孩子的上学梦"

求助者突出叙述个人是有益于社会建设的人才,凭努力勤勤恳恳地在个人岗位上奉献与创造。人才逢难的悲情叙事,相对日常叙述而言更能拨动观者的心弦。同时,兢兢业业在个人岗位上履行职责、创造价值的人,也更能获得大众的信任,观者更愿意给予帮助。

④ 道德身份

在中国传统道德意识浓厚的语境下,求助文本的"道德化"倾向十分浓厚。个人道德身份的构建包括个人品行、意志信念、对社会的期盼呼吁等等。"轻松筹"的求助文本多采取塑造品行端正、正直善良、重情重义、坚忍不拔的个人形象的话语模式来赢得认可,获取观者的信任。

表5 道德身份

道德身份	话语表现举例
性格品质	"自立""坚强""果敢""乐观""穷人的孩子早当家""聪明开朗""乐观好学""孩子天真可爱""勤劳善良受人尊重的农村妇女,供养两个孩子上研究生的母亲""踏踏实实做人做事"
意志宣言	"我这条命是无数个爱心人士留下来的""最后一关我决不能够放弃""打破医生多次死亡预言"
期盼呼吁	"星星之火,可以燎原""期望所有孩子健康成长""大病无情,人间有真爱""愿大家注重健康"

从样本来看,文本的自我"道德化"表现十分突出,这也是向潜在捐助者宣扬自己是"值得帮助的人"的方式。此外,具有高尚道德品质的人进行骗

捐的可能性相对更低,更易取得大众的信任。

再者,需要注意的是,求助文本中存在的期盼、呼吁既是自我的"道德化",也是对他者的"道德化"。"道德化"话语对内是自我形象的构建,对外也是对他者的呼吁恳请。比如在表 1 中,"大病虽无情,人间有真爱"(样本 24)、"爱心接力,圆脑瘫宝宝上学梦"(样本 18)、"救救我,给年迈的父母尽孝,祝好人一生平安"(样本 19)。这些言辞既有助于求助者表达真情实感,也包含潜在的对捐助者的道德期许,同时这种期许也是一种对捐助者隐隐的心理压力,以达成传播策略与获得捐助。

这种"道德化"的叙述方式,使道德身份的建构既基于"轻松筹"的信任机制,又高于基础的信任模式,达到了更高的沟通与交流的目的。"我们都是好人,为他人尽一份力"的道德期待扩大了基本的社交信任,使得捐助者在给予帮助的同时还能获得道德满足感。

6. 法律探讨

6.1. 法律风险

从前述分析可以发现,"轻松筹"的"大病救助"项目以人际信任为联结枢纽,借助社交网络使潜在的捐助人与求助者建立关联,对罹患重病、陷入困境的个人和家庭产生了实际的帮助,其自身亦得以不断发展。

然而,正如一枚硬币总有正反面,"轻松筹"的"大病救助"项目面临的法律风险也随之暴露在公众视野中,这会严重影响该项目的良好有序运行。此外,相较于一般的互联网众筹而言,"大病救助"项目牵涉到的法律问题存在其独特性和复杂性,因此有必要做一梳理。总体而言,其风险分为两大类:一类是对平台资质的质疑,另一类是对善款使用的质疑。

6.1.1. 对平台资质的质疑

6.1.1.1. "大病救助"项目的性质及平台的身份

根据《慈善法》第二十一条和第二十二条的规定,在网络上公开募捐的主体需要具备两项条件:须为慈善组织,并取得民政部门的公开募捐资格。

"轻松筹"曾在2016年5月20日通过其官方微博发布了声明:"'轻松筹'平台仅作为信息服务方为其提供网络技术支持,'轻松筹'平台不对求助项目进行任何推荐与传播,求助信息在'轻松筹'平台发布后,多通过微信朋友圈及微博等社交方式进行传播,整个项目的发起及救助流程不属于新《慈善法》规制的募捐范畴,我公司及其运营的'轻松筹'平台并非慈善组织,无须取得公开募捐资格,也并未违反我公司经营范围中的限制。"

目前,"轻松筹"可能面临的问题是:非患者亲属的发起人通过朋友圈等社交网络传播求助信息,就一定不属于公开募集吗?通过上述分析,"轻松筹"机制的运转基础,即为网络对社会关系的放大,如果对发起人的朋友发布求助信息属于向特定人进行个人求助的行为,那么向朋友的朋友,甚至是朋友的朋友的朋友发出的救助信息,还能称为"向特定人求助"吗?朋友与社会不特定的陌生人之间的界限究竟在哪?如果不能解决上述问题,围绕"轻松筹"平台资质的质疑就不会停止。

即便将"大病救助"项目的性质界定为网络个人求助行为,但与其他网络个人求助行为不同的是,"轻松筹"平台在"大病救助"项目中起到重要的作用,兼具求助人发起与传播项目的载体、潜在捐助人评估捐助意愿的第一依据来源及其与求助人互动的场所、捐助款项的经手人等多重角色。遗憾的是,现行法律法规、部门规章、其他规范性文件中尚未对此类平台的身份有明确界定,导致平台身份受到质疑。对平台身份的质疑,降低了捐助人对平台的信任,进而降低了对整个项目的捐款意愿。

6.1.1.2. 平台是否尽到审核义务

在"轻松筹"平台发挥其互联网优势解决不少大病家庭燃眉之急的同时,"骗捐"行为也在这一平台大量涌现。骗捐行为,是指发起人虚构自己正处于困境、需要帮助的事实或者夸大现实所需的解困金额,比如虚构病情、谎报诊疗费,嗣后将善款用于个人消费的情形。

对"骗捐"的质疑不仅是对求助行为本身的质疑,也是针对平台核实审查义务的质疑,具体争议体现在平台是否有审核的义务,平台应当尽到何种审核义务,平台需要就其未尽到审核义务承担何种责任。在平台身份尚未得到明确界定时,平台审核义务的不明朗同样会减弱捐助人对平台和发起人的信任,降低其捐助意愿。

6.1.2. 善款使用的质疑

6.1.2.1. 善款是否被求助者用于治疗

善款没有被求助者用于治疗的质疑多来自项目不实构成前文所说的"骗捐"。据公开数据显示，2015年，"轻松筹"医疗救助项目遭到用户举报1150起左右，相当于每天有三起用户举报。接到投诉举报后，"轻松筹"平台会进行调查，一旦核实确认，救助项目会被冻结，所筹资金会被原路退还给捐助者。据"轻松筹"工作人员介绍，2015年，"轻松筹"的"大病救助"平台退回善款1600万元。

尽管平台设置有举报机制，但骗捐行为的一次次出现不断消耗着捐助人的善心，使捐助人需要更多了解和保证才能对求助者产生信任，成为信任机制建立过程中的一个阻碍；平台即便事后及时冻结项目、退回善款，其公信力也不可避免地受到损失，给社会公众留下"不靠谱""不安全"的印象，这同样是导致人们的捐款意愿下降的原因之一。

6.1.2.2. 善款应不应该给予该求助者

比"骗捐"行为更难以辨别的情形是发起人夸大所需数额超额求助的情形。这样的情形是指面对实际存在的治疗需要，发起人/患者实际上有能力承担至少是部分的治疗费用，但却依旧发起求助。治疗费用本就是患病家庭应有的一项家庭支出，但发起人却借"大病救助"项目将这种支出负担转移至捐助人，在获取帮助之余不"伤其根本"，超越了人们的信赖范围——捐助人在提供帮助时的预期是求助者已经竭尽其所能，但事实却并非如此。最为典型的事例即"罗尔事件"，尽管未借助"大病救助"项目，但本质上属于同一类行为。根据调查结果，一半以上的受访者表示"罗尔事件"影响了他们对求助项目的信任程度，降低了潜在捐助人的捐助意愿。如何确保发起人的求助金额就是其实际所需数额，如何使捐助人的善款"物有所值"，这些问题都是"轻松筹"需要面对的。

6.1.2.3. 善款是否会被平台挪用

一位曾在"轻松筹"上发起过"大病救助"项目的受访者向本课题研究组透露，"不清楚项目众筹到的钱在项目结束前存在哪里"（访谈9）。与传统的线下求助行为直接获取捐款的方式不同的是，"轻松筹"的"大病救助"项目所募集的善款，首先会集合到"轻松筹"平台的银行账户上，在项目成就时由发起人向平台申请提现。从项目发起到发起人提现之间的时间差，就会为平台产生沉淀资金。由此,平台就具备了挪用所筹集善款的可能性。与"资金池"相伴而生的是所筹善款的使用与存管的不透明状态,更削弱了资金使用的安全性。一旦平台挪用资金池资金进行的融资等活动失败,对项目发起人、捐助人的损害是巨大的,且后者在项目筹款过程中往往对所筹资金的保管状态几无所知,难以查看资金的动向,难以规避损失的发生。这类事件一旦发生,社会对平台的信任将不复存在,即便捐助人愿意帮助患者,也不会再选择"轻松筹",直接使上述信任机制停摆。尽管平台基于自身发展不会轻易挪用资金,但只要资金池存在于平台一天,对平台可能挪用善款的质疑就不会消失,对捐助人信任平台的程度产生负面影响。

6.2. 现行法的回应及不足

由于"大病救助"类的互联网公益众筹项目属于新生事物,现行法律尚缺乏具体并有针对性的条文规定。尽管如此,针对上述机制中的法律风险,现行法可以做出有限的回应。

6.2.1. 项目性质及平台身份认定

通过前文对网络个人求助和网络募捐的比较,求助人为自己及近亲属等发起的"大病救助"项目应属于网络个人求助行为。针对"大病救助"项目借社交媒体扩大影响,发起人非患者亲属情形下可能构成为他人利益向不特定人群募集资金进而可能构成非法募捐的质疑,需要平台调整发布规则加以避免。除此之外,将"大病救助"项目认定为网络个人求助并不存在障碍。

与其他网络求助行为不同的是,"大病救助"项目中的捐款并不直接打入发起人的银行账户,而是经"轻松筹"平台的银行账户,在筹款目标达成即项目成功以后,才允许发起人提现。由此,"轻松筹"平台在这一个人求助行为中并非只是单纯提供技术服务,而是项目中的一方法律主体。

在现行法的框架下解释"轻松筹"平台的地位,最为接近的是居间合同中居间人的身份。《合同法》第四百二十四条规定:"居间合同是居间人向委托人报告订立合同的机会或者提供订立合同的媒介服务,委托人支付报酬的合同。"在"大病救助"项目中,"轻松筹"平台为发起人提供媒介服务,使其借此在网络上发起求助,网络上的捐助人在看到其求助信息后在平台上完成对患者的捐助。可以认为,平台为发起人和捐助者之间达成赠与关系提供了媒介服务,符合第四百二十四条的规定。以居间合同关系界定基于互联网众筹平台开展的众筹行为,在实务中也曾有过这样的例子:黄晓云(2015)法官在我国"股权众筹第一案"中,就将当事人之间的法律关系主要概括为居间合同关系。

当然,《合同法》中关于居间合同的规定并不能处理"大病救助"项目所面临的全部问题,平台是否需要承担信息核实审查义务,在现有的条文之中就未能得到体现——合同法只规定了居间人负有如实报告的义务[①],因而只能求助于法律适用者的法律推理。

6.2.2. 善款使用规制

6.2.2.1. 针对"骗捐"行为

对于"骗捐"行为,首先,可以由《刑法》和《治安管理处罚法》(包括相关司法解释)来规制:根据《刑法》第二百六十六条关于诈骗罪的规定,以非法占有为目的,用虚构事实或者隐瞒真相的方法,骗取款额较大的公私财物的行为,即可构成该罪,而骗捐行为符合要求。结合司法解释对数额的认定,对于数额在3 000—10 000元以上的诈骗行为,就可以定罪;对于未达到起刑点要求的,适用《治安管理处罚法》。[②] 但从"轻松筹"平台屡屡被质疑为"轻松骗"来看,《刑法》及《治安管理处罚法》的威慑效果并不尽如人意。

其次,捐助人可以根据《合同法》第五十四条[③]撤销与求助人之间的赠与合同,进而要求其返还善款,或者根据《侵权责任法》第六条[④]要求求助人承担侵权责任。尽管捐助者可以选择这一救济途径,但其需要向法院提起诉讼

---

① 《合同法》第四百二十五条第一款:"居间人应当就有关订立合同的事项向委托人如实报告。"
② 《刑法》第二百六十六条规定:"诈骗公私财物,数额较大的,处三年以下有期徒刑、拘役或者管制,并处或者单处罚金;数额巨大或者有其他严重情节的,处三年以上十年以下有期徒刑,并处罚金;数额特别巨大或者有其他特别严重情节的,处十年以上有期徒刑或者无期徒刑,并处罚金或者没收财产。本法另有规定的,依照规定。"结合《最高人民法院、最高人民检察院关于办理诈骗刑事案件具体应用法律若干问题的解释》第一条规定:"诈骗公私财物价值三千元至一万元以上、三万元至十万元以上、五十万元以上的,应当分别认定为刑法第二百六十六条规定的'数额较大''数额巨大''数额特别巨大'。"《治安管理处罚法》第四十九条规定:"盗窃、诈骗、哄抢、抢夺、敲诈勒索或者故意损毁公私财物的,处五日以上十日以下拘留,可以并处五百元以下罚款;情节较重的,处十日以上十五日以下拘留,可以并处一千元以下罚款。"
③ 《合同法》第五十四条:"下列合同,当事人一方有权请求人民法院或者仲裁机构变更或者撤销:(一)因重大误解订立的;(二)在订立合同时显失公平的。一方以欺诈、胁迫的手段或者乘人之危,使对方在违背真实意思的情况下订立的合同,受损害方有权请求人民法院或者仲裁机构变更或者撤销。当事人请求变更的,人民法院或者仲裁机构不得撤销。"
④ 《侵权责任法》第六条:"行为人因过错侵害他人民事权益,应当承担侵权责任。根据法律规定推定行为人有过错,行为人不能证明自己没有过错的,应当承担侵权责任。"

并承担举证责任,且捐助人的善款金额就个体而言只是一笔"小钱",诉讼带来的成本无疑降低了捐助人选择这一途径的意愿。

再次,对平台的问责可以通过《侵权责任法》第六条和第八条的规定①,通过证明平台没有尽到合理的审查义务(在解释出平台有审核义务的前提下)而主张平台对于发起人的侵权行为可能构成"明知"或"应知",要求平台承担连带责任;或者根据《合同法》中关于居间合同的规定②,通过证明"轻松筹"作为居间人存在故意隐瞒与订立合同有关的重要事实或者提供虚假情况,损害委托人利益的行为,要求其承担损害赔偿责任。但要证明"轻松筹"平台存在主观故意,需要搜集充足的证据,这可能对捐助人提出了较高的要求,增加了捐助人的维权难度。

6.2.2.2. 针对善款没有用于真正有需要的患者

对于此类事件,一方面,由于求助者并不存在非法占有的目的,善款的使用也确实用于治疗,不能用《刑法》予以规制;另一方面,尽管求助者获得善款违背了捐助人的预期,超出了捐助人的信赖范围,但双方达成的赠与合同中往往并没有明确这一目的,单凭诚实信用原则主张求助者应当承担合同责任缺乏明确的法律依据。因此,对这类求助者的"制裁"往往只能借助社会舆论的道德谴责。

6.2.2.3. 针对资金池

目前并没有专门针对平台资金池做出的规定。由于平台在项目成功之前负责资金的统一管理,可以认为在平台与发起人、捐助人之间存在保管合同,适用《合同法》关于保管合同的规定。如果出现平台挪用资金的情形,发起人或捐助人可以依据《合同法》第三百七十二条的规定③,要求平台承担违约责任。但往往出现这一情形时,平台已经无钱可还,即便发起人或捐助人拥有此项权利,但能否实现存在很大疑问。对于资金池安全的保障,可以考虑将保护前置,而不是等到出现问题时再寻求救济。

---

① 《侵权责任法》第八条:"二人以上共同实施侵权行为,造成他人损害的,应当承担连带责任。"
② 《合同法》第四百二十五条:"居间人应当就有关订立合同的事项向委托人如实报告。居间人故意隐瞒与订立合同有关的重要事实或者提供虚假情况,损害委托人利益的,不得要求支付报酬并应当承担损害赔偿责任。"
③ 《合同法》第三百七十二条:"保管人不得使用或者许可第三人使用保管物,但当事人另有约定的除外。"

658　在田野中成长

从以上分析可以看出,现行法对于"轻松筹"的"大病救助"项目的规制存在着滞后与不足。要使得该项目能够良好有序运行下去,必须要对现行法律进行完善。

6.3. 法律规制的构建设想

6.3.1. 为什么需要法律规制:一个博弈论的解释

我们考虑一个贝叶斯博弈,因为我们需要处理捐助人和求助人之间的不完全信息的情形。假设博弈中有两个参与人:捐助人为参与人1,求助人为参与人2,参与人2有两种类型:真实求助人和虚假求助人。参与人1不知道参与人2的确切类型,但是知道参与人2的类型是均匀分布的。参与人1有一个信息集,有两个纯策略:捐赠(Y)和不捐赠(N)。参与人2有两个信息集,有两种行为选择:求助(A)和不求助(B),有四个纯策略:AA、AB、BA、BB。第一个字母表示当参与人2的类型是真实求助人时参与人2的行动,第二个字母表示当参与人2的类型是虚假求助人时参与人2的行动。博弈树如下图所示。图中,$p=0.5$。

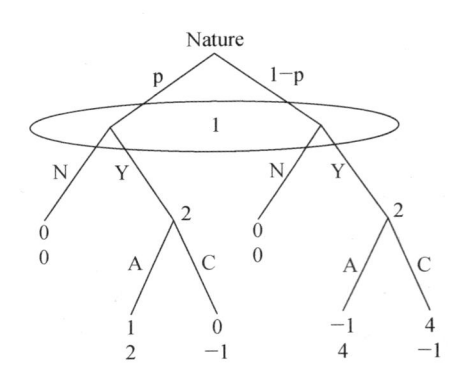

图5　一个不完全信息博弈模型

将博弈树对应的策略式表达写出来,如下面的博弈矩阵:

		参与人2			
		AA	AC	CA	CC
参与人1	Y	0,3	0.5,1	−0.5,1.5	0,−0.5
	N	0,0	0,0	0,0	0,0

纯策略纳什均衡有(N,AA)、(Y,AA)、(N,CA)、(N,CC)。其中仅(N,AA)、(Y,AA)是子博弈精炼纳什均衡SPE。这两个SPE的含义是：参与人2（求助人）选择策略AA,即在真实与虚假两种类型时都选择求助,参与人1（捐助人）选择策略Y,即捐赠,互为最优反应；参与人2（求助人）的策略AA与参与人1（捐助人）的策略N,即不捐赠,也互为最优反应。在现实中,这意味着,捐助人知道求助人各有0.5的概率是真实或虚假求助人,且两种类型的求助人都会选择求助的时候,捐助人选择捐赠或不捐赠都是他的最优反应。这不是一个我们最期望得到的结果。

那么怎么改进博弈的结果呢？我们考虑引入一个第三方,或者说,政府,来对虚假求助的行为做出惩罚。因此,博弈树更新为下图：

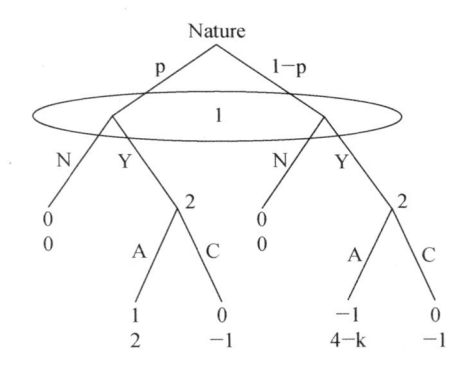

图6 引入政府惩罚的不完全信息博弈模型

当参与人2为虚假求助人且参与人1选择了捐赠时,参与人2的支付更新为4-k。k即为政府惩罚的数值表示,假定k=6。此时参与人2的支付为-2。此时的博弈矩阵更新为：

		参与人2			
		AA	AC	CA	CC
参与人1	Y	0,0	0.5,1	-0.5,-1.5	0,-0.5
	N	0,0	0,0	0,0	0,0

纯策略纳什均衡有(N,AA)、(Y,AC)、(N,CA)、(N,CC)。其中仅(Y,AC)是子博弈精炼纳什均衡SPE。这个唯一的SPE的含义是,对于参与人2（求助人）而言,当他是真实求助人时,他选择求助A,当他是虚假求助人时,他选择不求助C；对于捐助人来说,他的最优反应是捐赠Y。这个结果是我

们希望看到的,因为此时捐助人选择捐赠,而只有真实求助人将获得捐赠,虚假求助人由于政府的惩戒抵消了欺骗的收益,因此将不会选择求助。

值得指出的是,我们的这一模型存在一些关键假设,这些假设可能会影响模型的均衡。首先是博弈中的支付的设定,如果求助人选择不捐赠,那么博弈结束,双方都获得支付0。如果求助人选择捐赠,并且真实求助人获得了捐赠,那么求助人获得支付1,这依赖于利他主义的解释;真实求助人获得2,可以理解为由于获得了帮助得到的支付。如果求助人选择捐赠,并且虚假求助人获得了捐赠,那么求助人获得支付-1,因为捐赠人意识到自己受骗了;虚假求助人获得4,可以理解为不劳而获的所得。其次是我们把求助人不同类型设置为均匀分布的,这只是一种简化的假设,因此这个模型下一步的改进可以考虑将这一信念体系一般化,来观察不同的信念体系对于均衡结果的影响。

至此,我们从这一简化的模型中可以知道,引入第三方规制可以改善博弈结果,提高"轻松筹"的"大病救助"项目的运行效率,使真正需要帮助的人获得帮助,而虚假求助者不进入平台欺骗性地发起求助。

6.3.2. 法律规制框架的构建建议

基于现有的法律制度和法律原理,本研究尝试对"大病救助"项目中三方主体的权利、义务进行归纳,并针对现有法律规制的不足之处,从提高项目透明度及增强资金使用安全性的角度对未来的规制提出建议,以期进一步缓解捐助人和发起人之间的信息不对称,增进"大病救助"机制内各方之间的信任,规范公益众筹平台的运营管理,确保类似"大病救助"的项目能够在持续发挥其社会保障作用的同时,保护捐助人和受益人的合法权益。

6.3.2.1. 三方主体的权利、义务

通过前文的分析,我们认为,项目中各方主体之间的法律关系与现行法律规定中的居间合同与赠与合同最为接近,即以居间合同为框架解释"轻松筹"平台的地位,将发起人与捐助人之间的关系理解为赠与合同。[①] 不过,正

---

① 进一步,根据《合同法》的规定,一般认为赠与合同是实践性合同,而社会公益和道德义务性质的合同为诺成性合同。考虑到"大病救助"项目运行机制的特点——基于熟人圈子的互联网扩散式传播,以及项目具体捐款方式,尽管项目带有一定的公益性,但将发起人和捐助人之间的赠与合同解释为实践性合同更为合适,否则难以解释为什么用户做出支持的意思表示后,仍然可以取消支持的情形。

如前文所述,尽管可以将三方主体之间的关系解释为以平台居间的赠与合同,但那些非患者本人发起的项目借助网络的放大效应很有可能成为公开募捐,以致在《慈善法》规定下成为非法募捐。因此,为了消除这样的隐患,有如下方案可资参考:

首先,在非患者发起的项目中要求发起者获得患者的授权(亲属间则视为存在法律推定的授权),双方之间达成委托代理关系,由发起者以患者的名义发布求助信息,从而将该行为界定为网络个人求助行为。

其次,由于《慈善法》允许"不具有公开募捐资格的组织或者个人基于慈善目的与具有公开募捐资格的慈善组织合作,由该慈善组织开展公开募捐并管理募得款物",故而"轻松筹"平台可以与具有公开募捐资格的慈善组织达成合作关系,使用户可以通过平台与慈善组织取得联系,由慈善组织代为发布求助信息。实际上,"轻松筹"平台已在2016年上半年宣布与红十字会基金合作,故而通过慈善组织募集善款的行为可以纳入《慈善法》的规制范围之中。

最后,未来立法上可以考虑将公开募捐的主体适当扩大,将非慈善组织也纳入进来,对公开募捐进行行为监管而非身份监管。当然,这就对现有的监管能力提出了较高的要求,并要求相应的配套制度一起配合。虽然难度较大,但未来也未必不能设想。

在上述界定的基础上,明确各方的权利、义务如下:

(1)发起人/患者的权利:在项目成就之时,根据赠与合同的规则,发起人/患者应有权请求"轻松筹"平台交付善款并使用所筹集的善款。但考虑到资金使用的安全性要求,防止善款被不当使用,可以考虑通过设立目的信托的方式,一方面可以确保专款专用,另一方面又可以保障患者利益(下文详述)。那么在信托关系之下,患者为受益人,收益权的内容主要为信托利益给付请求权及为保障这一权利的知情权、监督权等,具体到"大病救助"项目中,发起人/患者的权利即为请求医院治疗的权利和与之相伴的知情权、监督权等。

(2)发起人/患者的义务:在享有权利的同时,发起人/患者负有的义务为信息披露义务,既包括项目发布时的求助信息披露,也包括项目成功后资金使用情况的持续披露。不过后一义务可能因目的信托的机制设计而转移至受托人医院身上。此外,根据现行法,发起人/患者需要承担不实陈述所带来的行政法和刑法上的法律责任。

（3）捐助人的权利：捐助人在做出捐款行为前，心中对发起人/患者存在的预设是其已穷尽自己所能但依旧无法凭一己之力克服眼前的难关，因此需要其他社会成员的援助。因此，捐助人对自己捐出的善款，不管数额几何，都是具有特定使用目的的，并不是简单地将钱财赠与发起人。为了确保善款被专用于治疗目的，捐助人有权了解发起人/患者的基本情况以及善款使用情况，因此，捐助人享有对项目全程的知情权与监督权。

在捐助人捐款之后，一旦项目被认定为不真实，捐助人的捐赠目的落空，则捐助人应享有退款请求权：在项目筹资成功以前请求平台及第三方资金托管机构返还捐款，在项目成就后请求平台将善款返还给捐助人，平台承担返还责任后再向发起人/患者或者医院（设立目的信托的情况下，下文详述）请求返还（涉及平台的法律责任，下文详述）。

（4）捐助人的义务：相比之下，捐款者的义务则较为简单，主要是遵守平台规则义务和保护发起人隐私的义务。

（5）"轻松筹"平台的权利：由于发起人在平台上发布求助信息，因此，平台对项目享有管理权，有权要求发起人规范求助信息，以符合平台发布信息的要求；同时，对于存在虚假陈述的项目，平台有权终止项目、冻结已筹集的善款并返还给捐助人。在项目成就后被认定为不真实项目的，平台有权向发起人进行追偿（当然平台需要先履行其"先行赔付"的义务）。

在有权管理项目的同时，平台还享有服务费请求权。从《合同法》第四百二十六条、第四百二十七条①中可以得出，平台在项目成就时有权请求支付服务费，在之前则体现为用户提现时平台收取2%的服务费，不过5月12日"轻松筹"平台宣布其公益项目零手续费（在5月15日发布的求助项目中已经注明"已筹金额将全额给付患者""0手续费"等字样）。

（6）"轻松筹"平台的义务：平台的义务，包括信息审查义务、信息公示义务、保护隐私义务及第三方资金托管义务。

尽管在居间合同中，已明确的是居间人有如实报告、不得隐瞒的义务，但居间人是否负有核实审查义务并未明确，学者对此亦持不同观点。但考虑到

---

① 《合同法》第四百二十六条规定："居间人促成合同成立的，委托人应当按照约定支付报酬。"第四百二十七条规定："居间人未促成合同成立的，不得要求支付报酬，但可以要求委托人支付从事居间活动支出的必要费用。"

"大病救助"项目中平台的重要作用,以及平台具有更为丰富的经验,相比捐助人掌握更多信息,平台在享有服务费请求权的同时应负有信息审查核实的义务。在平台未尽到审核义务时,平台应当同发起人承担连带责任,平台需要对捐助人"先行赔付",才能向发起人追偿(下文详述"先行赔付"责任)。

平台的信息公示义务,与捐助人的知情权和监督权相对应,平台需要将发起人的基本信息及善款使用情况持续向捐助人公开,以实现项目的透明度,增强项目的可信度。

在向捐助人公布发起人信息的同时,平台还负有保护发起人/患者、捐助人隐私的义务。平台应当强化技术手段保护用户隐私,若因故意或重大过失导致用户隐私泄露造成用户损失的,平台应当承担相应的赔偿责任。

为消除平台挪用资金之嫌,平台应当在项目中保持中立性,将所募资金交由第三方机构托管,因此平台还负有第三方资金托管义务(下文详述)。

6.3.2.2. 提高项目透明度

提高项目透明度的两个重要举措是强化信息披露义务和信息审核义务。

提高项目透明度的价值,在于缓解这一机制中各方之间信息不对称的问题,使各方尽可能便利地获取充分的信息,增强各方之间的信任程度,促成求助项目的顺利开展,降低因发起人欺诈而产生道德风险的可能性,使捐助人的捐款"物有所值"。具体而言,包括:

(1)对获取求助信息的捐助人而言,信息披露和审核可以降低其信息获取的成本,缩小捐助人因项目调查能力缺乏、地域限制、调查成本过高而降低的捐赠意愿程度,使捐助人能够较为便利地获得必要的发起人信息,提高捐助人对求助项目的信任程度,进而有助于提高捐助人的捐赠意愿。

(2)对提供求助信息一方的发起人而言:一方面,充分且必要的求助信息披露及审核,能够提高求助项目的可信度,加快项目目标的实现,形成正面的激励作用;另一方面,也对发起人潜在的道德风险起到了一定的威慑作用。对必要信息的不披露将增大项目失败的可能性,对后续项目进展的不披露将遭到来自捐助人和平台的质疑、质询,甚至还可能会面临惩罚。

(3)对"轻松筹"这样的公益众筹平台而言,信息披露及审核也有助于平台及早发现异常情况,及时处理,维护平台的声誉,增加平台的公信力,使更多的求助项目愿意投放到平台上,使捐助人更加信任发起人。尽管目前"轻松筹"将"大病救助"这类项目界定为个人求助,一旦出现问题平台不需要承担任何法律责任,但这并不意味着"轻松筹"本身不受到这类事件的负面影响。从数篇负面报道到网络上不同形式的质疑,"轻松筹"自成立以来就备受争议,社会公众对于"轻松筹"的信任十分脆弱,一旦发生较为严重的负面事件,对"轻松筹"而言就是一个致命打击。因此,强化信息披露及审核义务有助于提高平台风险防范能力,增强平台的公信力。

(4)对监管部门而言,信息披露有助于降低部门监督管理的成本。如果单纯依靠部门进行机制外的监督,考虑到部门监管过程中需要投入的人力、物力和财力,其成本将远大于发起人自发的和平台、捐助人一方监督性的信息披露成本。经济学上的次优理论表明,即便系统内其他因素均已满足帕累托最优的条件,但只要有一个因素未能满足要求,结果也很有可能是无法令人满意的。在"轻松筹"的"大病救助"这样的系统之中,如果监督的成本过高,也是未能实现社会效率的,因此,由部门督促平台完善信息披露及信息审核,在降低监管成本方面亦有价值。具体的制度完善建议,按照项目运行的不同阶段,可以做如下的考虑:

第一,完善求助信息披露。目前,"轻松筹"对于在其平台上发布的求助信息披露要求,主要包括患者身份信息、缴纳医保情况、疾病诊断证明、所在医院信息以及收款人的身份、与患者的关系证明。尽管对这些信息进行披露和审核可以提高项目的可信度,但仍然解决不了的一个问题是:如何保证发起人实际所需金额即为目标金额?换言之,如何保证善款流向最需要帮助的群体?回顾2016年底发生的"罗尔事件",当社会公众得知罗尔拥有数套房产却依然通过网络募集善款时,舆论的反应多为指责、失望、愤怒,感到善心被利用。正如调查结果所示,约六成的被调查者表示"罗尔事件"对其捐赠意愿的负面影响超过60%。发起人隐瞒资产状况之所以会引起捐助人如此多的不满和反感,是因为人们在进行捐款时,内心对发起人的预设是其已竭尽自身所能筹集资金但依旧无法填平资金缺口:只有当一个人无力自救的时候,人们才愿意伸出援手。因此,提前公布资产状况是有效防范类似"罗尔事件"再次发生的有效措施。

但即便要求"轻松筹"增加对发起人资产状况的审核,在"轻松筹"未能实地核查发起人资产的当下,发起人想要向平台隐瞒资产状况也是十分容易的。更何况,透露资产状况涉及公民隐私问题,如何协调信息披露和公民隐私之间的问题更令人头疼。因此,现阶段"轻松筹"只是在发布信息板块增加了增信补充部分,用户可以选填家庭房屋和车辆财产状况、商业重疾保险投保情况,以鼓励用户主动披露来增加项目的可信度。

一个可能的替代机制,是要求发起人提供患者及其近亲属的收入来源信息,以收入情况作为判断资产状况的参考依据。另一个可能的替代机制,则是要求近亲属、亲密关系的朋友为其资产状况提供证明。目前在求助页面上,可以看到实名证实一栏,但证实者的证明内容一般都只是表明情况属实,且证实信息发布门槛较低,使得证实的说服力不强。更何况其中还有很大一部分证实来源于志愿者,仅是表明自己相信情况属实并呼吁捐款,证明力就更弱了。如果能够要求近亲属为其资产状况提供证明,在一定程度上就可以缓解捐助人与发起人之间的信息不对称问题,降低类似"罗尔事件"发生的可能性。

此外,事后的惩罚机制也可以对发起人形成潜在威慑,督促其尽力去完善求助信息。除了传统的惩罚机制外,不妨考虑将欺诈情形记录在个人征信记录上,随着未来社会征信体系建设的完善,这一黑名单的记录将发挥更大的制约作用。

第二,增强项目成功后资金使用的持续披露。从调查结果来看,长久以来,强化信息披露的另一重要设计——项目成功后资金使用的持续披露,始终被各方忽略。

对发起人而言,持续的信息披露对其自由使用所募集到的善款形成一定程度上的限制,当不存在外部强制性要求且是否披露对自己并不会产生任何区别的情况下,发起人缺乏资金使用信息披露的正向激励。即便一些发起人在项目结束后有所反馈,反馈信息的内容也十分简略,无法精确到资金使用的每一个细节。

对捐助人而言,与发起人具有强关系的捐助人本身就信任发起人,相信其会将善款用于治疗。当然,这种信任还包括了深层次的存在于熟人之间的失信惩罚机制,即如果发起人不当使用善款被熟人所知晓,熟人圈子的内部评价与社会制裁将是发起人难以承受的。而那些仅与发起人具有弱关系的捐助人,由于其善款来源于"微信零钱包",通常数额不大,在一般的认知中属于"小钱",即便打水漂也无所谓,因此这一部分捐助人亦缺乏调查或者要求发起人披露信息的动力(更不用说这里还存在搭便车的问题)。从调查结果来看,超过八成的被调查者表示自己在捐钱后并不会关注项目的后续进展。

对"轻松筹"平台而言,项目结束后是否需要督促发起人并没有任何外部要求,既没有外部监管的强制要求,就连利益最为相关的捐助人,也缺乏要求信息披露的动力。既然没有人要求"售后保障",平台又何必多此一举呢?正因如此,尽管平台在求助页面设有"资金公示"板块,但在项目成就前无资金可用,成就后鲜有人查看,导致这一板块形同虚设。

从前述信息披露的价值来看,资金使用的持续披露是必要的。那么应当由谁来披露呢?

最直接的考虑自然是由发起人披露,并由平台进行监督。那么随之而来的问题是:如果发起人不进行披露,有什么方法强制其披露?如果平台不积极履行其监督职责,需要承担什么后果?如果强化平台在这一部分的监督职责,并要求平台承担不履责的后果,那么平台如何避免发起人不披露的情况发生?由于"大病救助"项目的规则是项目成就后,发起人一次性将所有善款提现,因此,在项目资金需要披露其使用信息时,善款已经归发起人所有,平台无法通过冻结善款的方式督促发起人披露信息。延迟善款的提现,由于医院一般要求先交钱再治疗也不现实;提现时契约式的披露约定,对平台而言也欠缺自我执行力。

对上述困境的一个替代解决方案是由医院来管理使用善款并对善款进行信息披露。既然要求发起人披露使用信息的关键在于确保善款被专项用于治疗目的,避免发起人将善款挪作他用,而医院恰好是对治疗情况最为了解的一方主体,最终善款也将支付给医院作为治疗费用,那么由医院使用善款并披露信息是更合适的。具体的制度构想是在项目成就之后设立一个目的信托,"轻松筹"平台为委托人,患者所在医院为受托人,患者为受益人,信托财产为所募集的全部善款。在项目完成或发起人申请项目提前结束时,"轻松筹"平台通过前期与患者所在医院取得联系,将其在第三方托管机构账户中的该笔善款委托给该医院,医院将该笔善款预存至患者账户中,与其他账户资金相隔离,专门用于患者的治疗(即信托目的)。在实际需要使用善款时,医院直接从账户中扣除相应金额,并将治疗情况及治疗费用信息发送给"轻松筹"平台,由平台向捐助人进行披露,方便捐助人查看(医院扣款最好在信托文件中有特别约定,否则就需要经过委托人平台或受益人患者同意①)。医院作为受托人所负有的如实报告资金使用状况、合理使用善款等义务,在一般的治疗过程中也同样需要承担,因此,成立一个目的信托并不会给医院增加过重的负担。若治疗结束后善款尚有结余,可以考虑转入为公益目的设立的专项基金中,使善款发挥其应有价值。不过这样的构想也并非完美,对于医院而言,既然治疗费用已悉数预存至患者账户,在治疗费用有富余的情形下就会存在多开药、多收费的问题。如果是明显的滥收费行为,患者尚有举报等救济途径,但对于裁量范围内的用药,本身就难以判断。

第三,明确平台信息核查和披露的义务。增强项目透明度的原因之一,即为明确平台的审核义务、披露义务及不履行义务需要承担的法律后果。

尽管"轻松筹"主张自己不是"大病救助"项目的当事人,不需要承担任何法律责任,只在发生骗捐等事件时协助警方办案,但实际上,一方面,"轻松筹"平台作为"大病救助"项目运行的核心,不可能任由其在此类纠纷中置身事外;另一方面,平台也不可能真正不受影响——一旦平台被曝存在骗捐事件,平台的公信力就会立即受到影响,对平台的质疑就会扑面而来。因此,有必要从法律层面明确平台信息核查和披露义务。

现阶段在"轻松筹"发布求助消息的要求时,填写目标金额、筹款期限、项目说明后即可发布。提示发起人完善身份信息、患病情况会使项目更具有可信度,以此鼓励用户完善披露信息,如在用户申请提现之前要求完善身份信息、患病情况等方可提现。结合上述完善求助信息披露、强化资金使用持续披露以及下文针对资金池的第三方托管机构的对策,现有审核机制还可以做如下改进:

首先,在项目发布阶段,为了增强项目的真实性,将发布规则由"先发布再审核"改为"先审核再发布",同时对提交平台审核的信息在现有要求的基础上增加家庭收入来源证明或近亲属资产状况证明,以此证明发起人确有困难需要帮助。只有用户提交全部要求信息后,项目才能发布,这在一定程度上提高了求助的门槛。

---

① 这是因为我国《信托法》第二十八条规定:受托人不得将其固有财产与信托财产进行交易或者将不同委托人的信托财产进行相互交易,但信托文件另有规定或者经委托人或者受益人同意,并以公平的市场价格进行交易的除外。受托人违反前款规定,造成信托财产损失的,应当承担赔偿责任。

其次,在项目成就后,持续向捐助人披露资金使用情况。根据上述设立目的信托的设想,"轻松筹"平台在审核发起人提供的患病信息和住院信息时就要与相应的医院取得联系,核实治疗情况。在项目成就或发起人申请提前结束项目时指示第三方托管机构将募集资金汇入医院账户,在医院扣费后从院方获得相关治疗单据,向捐助人披露。

最后,明确在平台不履行上述义务时需承担的法律责任。目前平台已主动对其已审核的项目进行"先行赔付"——一旦项目后期经过举证,被判定为不真实项目,"轻松筹"平台将先行赔付,并把该项目已筹资金退还给对应支持者。平台的这一做法值得肯定,应当在制度上将平台责任确认为连带责任,并允许平台在向捐助人承担责任后向发起人追偿。实际上,在项目筹款阶段,一旦项目被判定为不真实,"轻松筹"就会立刻冻结项目,在一定时间内将资金退还至捐助人微信钱包中,不需要平台"先行赔付",因此,该规则主要适用于项目成就后被认定为不真实的情形。出于规则衔接的考虑,若是选择在项目成就时设立目的信托,实际上善款使用不当造成的项目不真实问题已经基本解决。仅在发起人隐瞒资产状况发起求助的情形下,虽然发起人无法直接接触善款,但也可能已经使用部分善款。就已使用部分的善款,平台需要承担先行赔付的责任,先将缺口填平,将项目所有资金返还给捐助人,再向发起人追偿。

6.3.3. 增强资金使用安全性

目前,"轻松筹"平台在众筹过程中为发起人和捐助人"牵线搭桥",以第三方身份提供中间服务。"轻松筹"平台在提供这些服务的过程中,能够直接控制资金的流动,沉积在平台的众多捐赠资金便有被平台挪用的风险;资金池一旦出现问题,将对发起人和捐助人造成很大的损害,"大病救助"项目和"轻松筹"平台亦将遭受严重的公信滑坡,进而造成社会大众捐赠热情的下降。

本文认为,"轻松筹"等平台在运营类似"大病救助"项目的过程中,应当做到信息流与资金流分离,维持平台的中立性,尽量避免对资金的转手、管理,以此增强资金使用的安全性。实现这一目标的现实路径,是对已筹集的帮助款的保存、移转,建立第三方资金托管制度(此处的"第三方",是指独立于发起人、捐助人、"轻松筹"平台之外的具备第三方资金托管资质的支付结算服务机构)。

在P2P金融中,第三方资金托管是指由第三方资金托管方为P2P平台开发定制账户系统,提供系统外包运营服务;此外,为P2P平台提供支付和结算服务,帮助平台和用户实现充值、取现、资金划拨等需求;同时,保障用户资金由银行全程监管,投资人资金划入虚拟账户后,纳入汇付客户备付金管理体系。这一模式既满足了P2P平台为其客户提供各类基于投融资交易的支付服务需求,又确保了交易资金全程由银行监管,使得平台无法触碰资金,避免了资金池模式。在"大病救助"等项目中需建立的第三方资金托管机制与此类似。

首先,"轻松筹"平台有义务选择具有资质的第三方托管机构对筹集资金进行托管。根据中国人民银行分别于2010年6月、9月出台的《非金融机构支付服务管理办法》与《非金融机构支付服务管理办法》,非金融机构提供支付服务,应当"取得由中国人民银行颁发的《支付业务许可证》,并依法接受中国人民银行的监督管理"。"轻松筹"平台选择合作的第三方托管机构,应当从依法成立、拥有《支付业务许可证》及其他相应资质的支付结算服务机构中产生。

其次,发起人要发起项目,在"轻松筹"平台上应当注册两个账户,一个是平台账户,另一个是第三方资金托管机构的托管账户。第三方托管机构不参与筹款过程,只是接受平台的委托,进行资金保管与资金移转服务。众筹资金流只能通过第三方托管账户流转。"大病救助"项目的发起人、捐助人和"轻松筹"平台都能在整个过程中查看资金去向,从而保障资金安全(曾雪,2016)。

最后,资金托管的费用,原则上应由项目发起人、"轻松筹"平台与第三方托管机构约定以确定。当然,在成立这一法律关系的过程中,限于时间、信息等成本,发起人所起的作用客观上是偏弱的,同时亦考虑到在"轻松筹"上发布求助信息的数量,不可能要求每当有新项目发布时,发起人、平台和第三方托管机构都通过磋商签订特定协议,因此出于经济效率的考量,本文认为,由平台和第三方托管机构主要起草的有关资金托管服务的合同条款可广泛应用于"大病救助"这类项目中,只要托管服务费在可接受的合理限度内。在具体操作流程中,平台与第三方托管机构签订资金托管服务合同,约定服务费收取比例,发起人在向平台申请注册时,通过同意平台提供的包括第三方托管机构服务费在内的服务条款取得发布资格,在项目成就时由第三方托管机构扣除手续费,进而将善款转移至患者所在医院的患者名下账户中(如果设立信托)。

当然,将众筹资金托付给第三方托管机构托管,并非代表资金的安全托管就能得到完全的保障。研究者曾对此做了详细阐述:第一,现实中不乏众筹平台仅是与第三方托管机构建立了网关支付合作,但并未实现真正的资金托管的现象,在这些情况下,项目所筹集资金仍然流入平台账户,平台方仍存在挪用资金的可能;第二,众筹平台若与第三方资金托管账户甚至托管机构自身存在关联关系,那么"第三方托管"实质上仍是"众筹平台控制",未保持中立的众筹平台仍有挪用资金的可能;第三,"谁来监督监督者""如何监督监督者",对互联网第三方托管机构的监管本身就存在种种难题(曾雪,2016)。

本文认为,通过合理的制度设计,规范众筹平台与第三方资金托管机构的资金托管合作,增强项目筹集资金使用的安全性,仍需进一步的理论研究与实践论证,但这是彻底规避资金池危险的一条必经之路。对此,不妨先提出一些规制思路,例如,借鉴目前互联网金融业规制思路中的"穿透式"监管思维。

在2016年3月25日中国互联网金融协会的挂牌仪式上,央行副行长潘功胜在谈及互联网金融监管时提到了"穿透式"监管。他表示要透过互联网金融产品的表面形态看清业务实质,将资金来源、中间环节与最终投向穿透连接起来,按照"实质重于形式"的原则甄别业务性质,根据业务功能和法律属性明确监管规则。"穿透式"监管这种透过现象看本质的特性,可以为我们规制众筹平台与第三方托管机构之间"假托管"、关联控制、托管义务瑕疵履行等问题提供指导思路。由此,可以尝试在制度层面创设如下监管规则:首先,将开设在第三方托管机构项下的托管账户设为特殊监管账户;其次,由金融监管机构、民政部门等有权监管主体采取定期与不定期介入的方式,对托管账户实际资金储备情况、资金来源与流向进行监督,并对相关的非正常现象进行问责。总之,对资金安全托管的监管,仅凭企业自律是很难做好的,外部的有权监管部门应在此过程中相对积极作为。

当然,上述关于监管的设想尚属粗略,"穿透式"监管思维也只是规制思路之一,加强对众筹平台与第三方资金托管机构的资金托管合作的监管和规范,仍任重而道远。

7. 总结与展望

在公益众筹平台及公益项目百花齐放的今天,通过对"轻松筹"的"大病救助"项目的调查和实证分析,本研究结合社会学、法学、经济学等跨学科理论与方法,通过微观层面上的实证研究加深了对类似"大病救助"项目机制的理解,并结合调查数据,对"大病救助"项目在今后如何避免法律风险、增加捐助者捐赠热情、提高资金使用安全性等提出了构想与建议。

本文认为,与传统的公益模式相比,"轻松筹"的"大病救助"项目的发展路径有两大突出特点:借助社交网络和基于信任。社交网络是"大病救助"项目运行的基础,社交媒体的即时性和跨时空性使得求助信息实现了快速而广泛的传播,消解了距离感,实现了全民参与。信任则是"轻松筹"的"大病救助"项目运行的核心,基于熟人关系的传播带来了较高的初始性信任,社交媒体的开放透明有利于监督的实现,借助社交媒体的话语文本提供了信任的"知识"积累,多级链条的耦合促成了信任的建立,进而为项目的成功运行构筑了较为坚实的社会支持。

本研究还注意到,在公益参与领域,"轻松筹"及"大病救助"项目作为新生事物,还面临法律定位不明、规制不充足及各方当事人权益得不到保障的风险。为此,本文从经济学博弈论角度论证了对以"轻松筹"的"大病救助"项目为代表的互联网公益众筹进行法律规制的重要性,并从法律角度提出了对"轻松筹"平台及"大病救助"项目运作机制的合理化规制建议,以期襄助其为社会公益的发展做出更大的贡献。

不过,囿于研究水平和研究精力,本文仅能为对"大病救助"这一类项目未来的规制提供一些建议和思路,未能给出一个精细化的制度安排。未来若能进一步增加研究的深度和广度,将对现实情况有更好的参考价值。

参考文献

白淑英,2003,《网上人际信任的建立机制》,《学术交流》第3期。

蔡禾、叶保强、邝子文、卓惠兴,1997,《城市居民和郊区农村居民寻求社会支援的社会关系意向比较》,《社会学研究》第6期。

陈成文、潘泽泉,2000,《论社会支持的社会学意义》,《湖南师范大学社会科学学报》第6期:25—31。

陈世华、黄盛泉,2015,《近亲不如远邻——网络时代人际关系新范式》,《现代传播(中国传媒大学学报)》第12期:129—132。

陈迎春、李浩淼、方鹏骞等,2016,《健康中国背景下构建全民医保制度的策略探析》,《中国医院管理》第11期:7—10。

邓小昭,2003,《试析因特网用户的信息交互行为》,《情报资料工作》第5期:24—25、16。

范正伟,2015,《慈善首先是一种生活方式》,《人民日报》7月21日,第5版。

付铁钰,2010,《"半熟人社会"中人际信任的困境及其建构机制研究》,东北师范大学硕士学位论文。

郭云南、张晋华、黄夏岚,2015,《社会网络的概念、测度及其影响——一个文献综述》,《浙江社会科学》第2期:122—132。

贺佐成,2010,《网络社会互动——一个基于结构与行为视角的文献综述》,《长春工程学院学报(社会科学版)》第1期:15—18。

胡蓉、邓小昭,2005,《网络人际交互中的信任问题研究》,《图书情报知识》第4期:98—101。

黄晓云,2015,《个案判决树立行业规则》,《中国审判》第24期:47。

吉登斯,2009,《现代性的后果》,田禾译,南京:译林出版社。

纪银平,2005,《犹太教的慈善理论及其实践》,山东大学硕士学位论文。

金兼斌,2010,《网络时代的社会信任建构——一个分析框架》,《理论月刊》第6期:5—11。

李京丽,2016,《网络求助文本的话语研究——对"轻松筹"和"微爱通道"的三个案例分析》,《新闻界》第11期。

李强,1998,《社会支持与个体心理健康》,《天津社会科学》第 1 期。

潘琳、王正聪,2008,《网络环境中的人际信任研究》,《图书情报工作》第 3 期:46—49。

企鹅智酷,2017,《47 页 PPT 看懂微信五大业务》,http://tech.qq.com/a/20160321/007049.htm#p=2。

舍基,2009,《无组织的组织力量:未来是湿的》,胡泳、沈满琳译,北京:中国人民大学出版社。

沈阳、刘朝阳、芦何秋等,2013,《微公益传播的动员模式研究》,《新闻与传播研究》第 3 期:96—111。

田丹丹、周宁,2014,《国内"微公益"的特点与发展制约因素》,《新闻世界》第 3 期:120—121。

汪辉平、王增涛、马鹏程,2016,《农村地区因病致贫情况分析与思考——基于西部 9 省市 1214 个因病致贫户的调查数据》,《经济学家》第 10 期:71—81。

王霞,2009,《网络社会支持研究现状——一个文献综述》,《黑河学刊》第 7 期:133—135。

王秀丽,2013,《微行大益:社会化媒体时代的公益变革与实践》,北京:北京大学出版社。

吴红、杨昌春,2014,《微公益与大学生利他教育融合机制探析》,《贵州民族大学学报(哲学社会科学版)》第 3 期:104—107。

吴群伟、陈俊林,2017,《防范因病致贫需要医保多层次整体发力——以浙江省义乌市为例》,《中国医疗保险》第 1 期:37—40。

武小菲,2014,《众筹模式:网络时代书籍出版传播的路径与思考》,《出版发行研究》第 3 期:37—40。

夏恩君、李森、赵轩维,2015,《国外众筹研究综述与展望》,《技术经济》第 10 期:10—16。

徐芬、邹容、马凤玲、吴定诚,2012,《大学生面孔信任评价的自动化加工》,《心理发展与教育》第 5 期。

徐正东、时瑜,2016,《泸州市农民因病致贫返贫现状及对策研究》,《法制与社会》第 21 期:177—180。

许琳琦,2014,《网络募捐监管制度研究》,华中科技大学硕士学位论文。

杨团,2014,《中国慈善发展报告(2014)》,北京:社会科学文献出版社。

杨粤,2013,《我国网络募捐法律制度思考》,《北京邮电大学学报(社会科学版)》第

5 期:22—27。

曾雪,2016,《公益众筹的法律基础与机制构建》,四川师范大学硕士学位论文。

张银锋、侯佳伟,2014,《中国微公益发展现状及其趋势分析》,《中国青年研究》第 10 期:41—47。

赵荣水、舒咏平,2014,《众筹新闻生产的现状、特征与趋势展望》,《新闻界》第 23 期:22—27。

赵曙光,2014,《社交媒体的使用效果——社会资本的视角》,《国际新闻界》第 7 期:146—159。

赵颖,2013,《微公益视角下高校青年志愿者服务常态化的思考》,《滁州学院学报》第 4 期。

郑功成,2005,《现代慈善事业及其在中国的发展》,《学海》第 2 期:36—43。

郑杭生,1996,《转型中的中国社会和中国社会的转型:中国社会主义现代化进程的社会学研究》,北京:首都师范大学出版社。

邹宜斌,2005,《社会资本:理论与实证研究文献综述》,《经济评论》第 6 期:121—126。

左停、徐小言,2017,《农村"贫困-疾病"恶性循环与精准扶贫中链式健康保障体系建设》,《西南民族大学学报(人文社科版)》第 1 期:1—8。

左习习、江晓军,2010,《社会支持网络研究的文献综述》,《中国信息界》第 6 期:75—77。

Agrawal, A, C. Catalini , A. Goldfarb. 2011. "The Geography of Crowdfunding." *Social Science Electronic Publishing*.

Ahlers, G. K. C, D. J. Cumming, C. Guenther et al. 2013. "Equity Crowdfunding." *SSRN Electronic Journal*.

Alberto A, L. F. Eliana. 2002. "Who Trusts Others?" *Journal of Public Economics* (2).

Allison, T. H, B. C. Davis, J. C. Short, J. W. Webb. 2015. "Crowdfunding in a Prosocial Microlending Environment: Examining the Role of Intrinsic Versus Extrinsic Cues." *Entrepreneurship Theory and Practice* 39(1): 53-73.

Bambina, A. 2007. *Online Social Support: The Interplay of Social Networks and Computer-Mediated Communication*. Youngstown, NY.: Cambria.

Beaudoin, Christopher E. 2008. "Explaining the Relationship between Internet Use and Interpersonal Trust: Taking into Account Motivation and Information Overload."

Journal of Computer-Mediated Communication (3).

Bekkers, R. H. F. P, P. A. Wiepking. 2011. "Literature Review of Empirical Studies of Philanthropy: Eight Mechanisms that Drive Charitable Giving." *Nonprofit and Voluntary Sector Quarterly* 40(5): 924 – 973.

Beldad, A, M. D. Jong. 2010. "Steehouder M. How shall I Trust the Faceless and the Intangible? A Literature Review on the Antecedents of Online Trust." *Computers in Human Behavior* 26(5): 857 – 869.

Blanca, L, M. Delgado, E. Nuria, T. Hurtado, J. Alberto Aragón-Correa. 2012. "The Dynamic Nature of Trust Transfer: Measurement and the Influence of Reciprocity." *Decision Support Systems* (1).

Casaló, V. Luis, Carlos Flavián, Miguel Guinalíu. 2010. "Understanding the Intention to Follow the Advice Obtained in an Online Travel Community." *Computers in Human Behavior* (2).

Chang, Hui-Jung. 2009. "Online Social Support: Which Posts Were Answered?" *Journal of Contemporary Eastern Asia* 8(1): 31 – 46.

Cho, Hichang, K. J. Stephanie. 2008. "Influence of Gender on Internet Commerce: An Explorative Study in Singapore." *Journal of Internet Commerce* (1).

Cholakova, M, B. Clarysse. 2015. "Does the Possibility to Make Equity Investments in Crowdfunding Projects Crowd Out Reward-Based Investments?" *Entrepreneurship Theory and Practice* 39(1): 145 – 172.

Clotfelter, C. T. 1985. "Federal Tax Policy and Charitable Giving: Front Matter." *Southern Economic Journal* 53(1).

Collins, L, Y. Pierrakis. 2012. "The Venture Crowd: Crowdfunding Equity Investment into Business." in *Venture Crowd Crowdfunding Equity Investments Into Business*, [S. l.]: Anonymous.

Colombo, M. G, C. Franzoni, C. Rossi-Lamastra. 2015. "Internal Social Capital and the Attraction of Early Contributions in Crowdfunding." *Entrepreneurship Theory and Practice* 39(1):75 – 100.

Coulson, Neil S, H. Buchanan, A. Aubeeluck. 2007. "Social Support in Cyberspace: A Content Analysis of Communication Within a Huntington's Disease Online Support Group." *Patient Education and Counseling* 68(2): 173 – 178.

Coursaris, C. K, M. Liu. 2009. "An Analysis of Social Support Exchanges in Online

HIV/AIDS Self-Help Groups." *Computers in Human Behavior* (25): 911 - 918.

Cutrona, C, D. Russell. 1990. "Type of Social Support and Specific Stress: Toward a Theory of Optimal Matching." in *Social Support: An Interactional View*. New York: Wiley: 319 - 366.

Cynthia, L. C, K. Beverly, W. Susan. 2003. "On-Line Trust: Concepts, Evolving Themes, a Model." *International Journal of Human-Computer Studies* (6).

Ebrahim, B, Z. Reza, M. Barouni-Ebrahimi. 2009. "Can Reputation Migrate? On the Propagation of Reputation in Multi-Context Communities." *Knowledge-Based Systems* (6).

Edward, S. W, S. C. Lily. 2011. "Forming Relationship Commitments to Online Communities: The Role of Social Motivations." *Computers in Human Behavior* (2).

Eichhorn, K. Campbell. 2008. "Soliciting and Providing Social Support over the Internet: An Investigation of Online Eating Disorder Support Groups." *Journal of Computer-Mediated Communication* (14): 67 - 78.

Ellen, R, van B. Jan, S. Peter, K. Rob. 2010. "Fostering Trust in Virtual Project Teams: Towards a Design Framework Grounded in a Trust Worthiness Antecedents (TWAN) Schema." *International Journal of Human-Computer Studies* (11).

Everett, Craig R. 2015. "Group Membership, Relationship Banking and Loan Default Risk: The Case of Online Social Lending." *Banking and Finance Review* 7(2).

Fairclough, Norman. 1993. *Discourse and Social Change*. Cambridge: Polity Press.

Feng, Jinjuan, Jonathan Lazar, Jenny Preece. 2004. "Empathy and Online Interpersonal Trust: A Fragile Relationship." *Behavior & Information Technology* (2).

Feng, Y. K, Chia P. Y. 2009. "An Exploratory Study of Trust Dynamics in Work-Oriented Virtual Teams." *Journal of Computer-Mediated Communication* (4).

Finfgeld, D. L. 2000. "Therapeutic Groups Online: The Good, the Bad, and the Unknown." *Issues in Mental Health Nursing* 21(3): 241 - 255.

Glen, L. Urban, A. Cinda, L. Antonio. 2009 "Online Trust: State of the Art, New Frontiers, and Research Potential." *Journal of Interactive Marketing* (2).

Greiner, Martina E, Wang Hui. 2010. "Building Consumer-to-Consumer Trust in E-Finance Marketplaces: An Empirical Analysis." *International Journal of Electronic Commerce* 15(2): 105 - 136.

Gustavo, S. Mesch. 2012. "Is Online Trust and Trust in Social Institutions Associated with Online Disclosure of Identifiable Information Online?" *Computers in Human Behavior* (4).

Haas, P, I. Blohm, J. M. Leimeister. 2014. "An Empirical Taxonomy of Crowdfunding Intermediaries." International Conference on Information Systems.

Hemer, J. 2011. "A snapshot on Crowdfunding." Working Papers "*Firms and Region*".

Herzenstein, M, S. Sonenshein, U. M. Dholakia. 2011. "Tell Me a Good Story and I May Lend You Money: The Role of Narratives in Peer-to-Peer Lending Decisions." *Journal of Marketing Research* 48(SPL): S138.

Hill, N. Sharon, Kathryn M. Bartol, Paul E. Tesluk, Gosia A. Langa. 2008. "Organizational Context and Face-to-Face Interaction: Influences on the Development of Trust and Collaborative Behaviors in Computer-Mediated Groups." *Organizational Behavior and Human Decision Processes* (2).

Hsu, Meng-Hsiang, Ju Teresa L, Yen Chia-Hui, Chang Chun-Ming. 2006. "Knowledge Sharing Behavior in Virtual Communities: The Relationship Between Trust, Self-Efficacy, and Outcome Expectations." *International Journal of Human-Computer Studies* (2).

Hwang, Yujong, Lee Kun Chang. 2012. "Investigating the Moderating Role of Uncertainty Avoidance Cultural Values on Multidimensional Online Trust." *Information & Management* (3-4).

James, C., Ling Liu, Steve Webb. 2009. "The Social Trust Framework for Trusted Social Information Management: Architecture and Algorithms." *Information Sciences* (1).

Jeanne, M. Wilson, Straus G. Susan, Bill McEvily. 2005. "All in Due Time: The Development of Trust in Computer-Mediated and Face-to-Face Teams." *Organizational Behavior and Human Decision Processes* (1).

Jeanne, Wilson, Straus Susan, Bill McEvily. 2006. "All in Due Time: The Development of Trust in Computer-Mediated and Face-to-Face Teams." *Organizational Behavior and Human Decision Processes* (1).

Jin, G Z. 2008. "Do Social Networks Solve Information Problems for Peer-to-Peer Lending? Evidence from Prosper. com." (8-43).

Joinson, A. N. 2003. *Understanding the Psychology of Internet Behaviour: Virtual*

Worlds, Real Lives. New York: Palgrave Macmillan.

Jyh, J. W, Ying H. C, Yu S. C. 2009. "Trust Factors Influencing Virtual Community Members: A Study of Transaction Communities." *Journal of Business Research* (9).

Khaled, H, H. Milena. 2007. "Manipulating Perceived Social Presence Through the Web Interface and Its Impact on Attitude Towards Online Shopping." *International Journal of Human-Computer Studies* (8).

Kim, Hye-Shin, Park Jin Yong, Jin Byoungho. 2008. "Dimensions of Online Community Attributes: Examination of Online Communities Hosted by Companies in Korea." *International Journal of Retail & Distribution Management* (10).

Kim, Young Ae, Hee Seok Song. 2011. "Strategies for Predicting Local Trust based on Trust Propagation in Social Networks." *Knowledge-Based Systems* (8).

Kim, Young Ae, Rasik Phalak. 2012. "A Trust Prediction Framework in Rating-Based Experience Sharing Social Networks Without a Web of Trust." *Information Sciences*.

Kiyana, Z, A. Abdollah. 2011. "A Syntactical Approach for Interpersonal Trust Prediction in Social Web Applications: Combining Contextual and Structural Data." *Knowledge-Based Systems*.

Kuppuswamy, V, B. L. Bayus. 2015. "Crowdfunding Creative Ideas: The Dynamics of Project Backers in Kickstarter." *Social Science Electronic Publishing*.

Laat, Paul B. 2006. "Trusting Virtual Trust." *Ethics and Information Technology* (3).

Lewis, J. D, A. Weigert. 1985. "Trust as a Social Reality." *Social Forces* 63(4): 967–985.

Lu, C. T, Xie S, Kong X et al. 2014. "Inferring the Impacts of Social Media on Crowdfunding." ACM International Conference on Web Search and Data Mining: 573–582.

Marios, K, William Hampton-Sosa. 2003. "The Development of Initial Trust in an Online Company by New Customers." *Information & Management* (3).

Matteo, T, A. Vaccaro, T. Mariarosaria. 2010. "The Case of Online Trust." *Knowledge, Technology & Policy* (3).

Midha, Vishal. 2012. "Impact of Consumer Empowerment on Online Trust: An Examination Across Genders." *Decision Support Systems* (1).

Mollick, E. 2014. "The Dynamics of Crowdfunding: An Exploratory Study." *Journal of Business Venturing* 29(1): 1–16.

Mollick, E. R, V. Kuppuswamy. 2014. "After the Campaign: Outcomes of Crowdfunding." *Social Science Electronic Publishing*.

Moritz, A, J. Block, E. Lutz. 2015. "Investor Communication in Equity-Based Crowdfunding: A Qualitative-Empirical Study." *Qualitative Research in Financial Markets* 7(3): 330 – 335.

Ray, L. B. 2010. "The Effects of 3rd Party Consensus Information on Service Expectations and Online Trust." *Journal of Business Research* (8).

Rotter, J. B. 1967. "ANew Scale for the Measurement of Interpersonal Trust." *Journal of Personality* 35(4): 651 – 665.

Shapiro, M, J. G. Tichon. 2003. "The Process of Sharing Social Support in Cyberspace." *Cyberpsychology & Behavior* 6(2): 161 – 170.

Sung, U. Y, Joon S. L. 2009. "The Effects of Blog-Mediated Public Relations (BMPR) on Relational Trust." *Journal of Public Relations Research* (3).

Thompson, S. H. Teo, Liu Jing. 2005. "Consumer Trust in E-Commerce in the United States, Singapore and China." *Omega* (1).

Tomoko, K. 2003. "Ethnographic Research on the Experience of Japanese Elderly People Online." *New Media & Society* (5): 267 – 288.

Verschueren, J. 1999. *Understanding Pragmatics*. London: Edward Arnold.

Walther, J. B, M. R. Parks. 2002. "Computer-Mediated Communication and Relationship." in *Handbook of Interpersonal Communication*. Thousand Oaks, CA.: Sage: 529 – 563.

Wellman, Barry, S. Janet, D. Dimitrina, G. Laura, G. Milena, H. Caroline. 1996. "Computer Networks as Social Networks: Virtual Community, Computer Supported Cooperative Work and Telework." *Annual Review of Sociology* (22): 213 – 238.

White, M, S. Dorman. 2001. "Receiving Social Support Online: Implications for Health Education." *Health Education Research* 16(6): 693.

Wu, Kuang-Wen, Shaio Yan Huang, David C. Yen, Irina Popova. 2011. "The Effect of Online Privacy Policy on Consumer Privacy Concern and Trust." *Computers in Human Behavior* (3).

Yang, Shu-Chen, F. Cheng-Kiang. 2008. "Social Capital, Behavioral Control, and Tacit Knowledge Sharing: A Multi-Informant Design." *International Journal of Information Management* (3).

Ye, Diana Wang, Henry Emurian. 2003. "An Overview of Online Trust: Concepts, Elements, and Implications." *Computers in Human Behavior* (1).

Ye, Diana Wang, Henry Emurian. 2005. "An Overview of Online Trust: Concepts, Elements, and Implications." *Computers in Human Behavior* (1).

Ziegler, Cai-Nicolas, Jennifer Golbeck. 2006. "Investigating Interactions of Trust and Interest Similarity." *Decision Support Systems* (2).

师力微薄助挑战

邱泽奇

挑战杯是学生进入大学后第一个超越课程学习,在国家级平台展开的研究性竞赛。如何理解学生的参赛心理? 如何激发学生探索未知的勇气? 又如何因材施教,支持学生在自己感兴趣的领域坚持下去? 这里,我结合刘林团队的作品不揣冒昧地聊聊自己的一孔之见。

1. 学习自由,舞台重现

初入大学,学生们体会最直接的是学习自由了。

对自由的体验或许先来自学习内容。从幼儿园到高中,学生们都在规定的赛道上赛跑。结构化的课程,节奏化的上课,以及一遍又一遍的刷题与考试,让学生们渐渐把学习内容等同于"教材+笔记+练习"。对学习内容掌握的检验则是考试答题正确率。可以说,在15年左右的学习中,学生们最关注的是每一门课程考试的正确率。可是,从大学的第一节课开始,教材不再固定,老师甚至不规定教材,笔记自由记,练习自由做,答题对错没有绝对标准,由"教材+笔记+练习"构造的几乎凝固的学习内容一下子消散了。学什么几乎完全变成了学生的选择。

伴随学习内容自由的是学习方式自由。从幼儿园到高中,每位学生虽有自己的学习方式,可共同的方式也很明确。面对日常化的考试,"听讲+复习+刷题"成为获得考试高正确率的通用方式。为了获得高正确率,学生们会比拼刷题的范围和数量,比拼课外补习的时长与课程的多少。可是,从大学的第一节课开始,班级不再规定,点名也没有了,去不去上课听讲也没有了硬性约束,是不是复习更没有人直接管。如何学习完全变成了学生自己的事。

学习内容和学习方式的自由使学生有了大量可以自我掌握的时间。如何运用大学提供的自由时间构造了学生分化的起点。可是,从起点向何处出发?学生面对的是一个无限的舞台。乍一想,还真没有明确的目标。

如果说在初等教育阶段学生的所有努力都围绕着上大学这一唯一目标,那么,接受高等教育的目标已不再唯一,甚至不再明确。家长无法判断高等教育的直接目标,失去了对子女学习目标的干预。学生心智的成熟度又不足以支撑其独立树立下一个目标,大学只是在总体上希望激发每一位学生的潜能,希望学生能逐步发掘自己的目标。如此,大学学习的下一个目标是什么,变得不清晰了。

2. 激发学生挑战自己的勇气

为了让学生挖掘自我的潜能,大学提供了一系列机会。如,有大量的社团既给机会让学生挖掘自己的兴趣,也让学生在社团活动中感受社会的节律,了解社会的脉动。大学还有大量的规范组织,从学生会到团委,既给机会让学生培养自己的管理素质,也让学生感受社会制度化运行的逻辑,理解现实社会的林林总总。大学还有大量参与科研的机会,除了每个院系教师有科研课题,提供各种各样学生可以参与的机会,还有各种由老师牵头的兴趣小组。可以这么说,只要学生愿意,参与科研的机会俯拾皆是。

在大学提供的各种机会中,有一个机会需要巨大的勇气,因为它既面临巨大竞争,也不是必选项,这就是挑战杯。是否参加挑战杯是学生的一个重要选择。选择参加则意味着在结束了初等教育竞争长跑之后,再一次加入国家级竞争之中。当然,竞争也意味着名利诱惑,获不同层次奖项意味着不仅有名誉,也有实质性的利益,如保研加分、出国有筹码、找工作有能力证明等等。可是,对学生而言,参加挑战杯并不是必选项,而是可选项。不管学生是冲着什么去的,总之,参加挑战杯无异于重新挑战自己,需要足够的勇气。

可以理解的是,在历时 15 年左右的考试竞争中,学生们对标准化考试积累了一整套自己的经验,可对挑战杯这样没有标准答案的竞争却是一脸茫然。诚然,他们可以找学长去聊,去取经,可以像刷题那样把历届挑战杯的优秀作品拿过来学习。可当学生真正面对时,到底还是因为专业知识积累稀少,学术上难以形成足够的准备。同时,低年级学生在一、二年级往往疲于基础课学习,对真正的科研活动少有参与,甚至不了解科研活动的基本程式。还有,挑战杯竞赛大多是团队竞争,在上大学之前,原本经历团队合作的机会就不多,更谈不上在科研中充分发挥团队成员潜力以形成合力。换句话说,参加挑战杯是一个独立进行科研的机会,却也是一个容易失败的机会。就像是小孩学走路,最初的几步最容易跌倒。因此,在决定参与的当口,许多学生缺乏底气。

面对进退犹豫的学生,老师可以做的第一件事便是给学生足够的勇气,鼓励学生重回赛场。可以说,决定参赛是非常关键的一步,意味着学生战胜了自己只关注输赢的怯懦,也意味着大学学习方式的建立,是学生未来面向一切艰难挑战的起点。因此,在我看来,挑战杯的第一个挑战不是研究问题,而是学生面对挑战的态度,勇气只是态度的外在形态而已。

3. 鼓励学生探索知的领域

挑战自己的勇气只是参加竞赛的开始,接下来,老师之微力的关键作用点在于助力学生找到自己暂时的能力边界。选择大题目是挑战杯选题常见的现象。有的老师以为,学生选择大题目是狂妄自大和不知轻重的表现。殊不知,实际情况可能是初生牛犊不畏虎,更大的可能是学生的科研积累几乎为零,不知道如何选题。

本科生,尤其是低年级本科生,除了概论课里学来的基础概念和顶级抽象程度的基本原理之外,大多数对建构基本原理的积累性研究跬步几乎一无所知。如果老师要求学生选题像自己一样老成持重,不仅不可能,也是有些过分。学生能够给出来的只能是一个大话题。

以刘林等人的这项研究为例。最初找我时,他们刚刚进入大二,众筹是当时的社会热潮。受热潮的吸引,他们想研究众筹。回应社会热点是学生参加挑战杯选题的一大特征。可如何回应呢?众筹只是一种筹款方式,如果当时要对众筹进行整体研究,几乎是不可能完成的任务。即使只是针对互联网公益众筹,也是学生不可能完成的任务。即使他们有能力,却也没有机会对互联网公益众筹进行整体研究,因为他们只有机会对发生在自己平台上的众筹进行研究。

对参加挑战杯的学生而言,举例可能是比较直接的入手点。在众多众筹中,"轻松筹"是学生们接触到的一个例子。"轻松筹"是基于熟人数字社交的众筹,在名义上自称为公益性众筹。就是这样一个实实在在的社会现象、一个具体例子,却帮助学生们明白了选题的意义,把众筹涉及的研究问题下沉了三个层级。第一层是不关注众筹整体,只关注众筹中的公益众筹,即在众筹总体中,划出了一个公益众筹研究总体。第二层是不关注其他方式的公益众筹,只关注运用互联网的公益众筹,即在公益众筹研究总体中,又划出了一块互联网公益众筹抽样总体。第三层是不关注其他形式的互联网公益众筹,只关注运用熟人社交网络进行的公益众筹,即在互联网公益众筹中再次划出了一块互联网公益社交众筹样本。

此时,学生们找到了针对一个大议题可以入手的现实样例,把选题从众筹直接下沉到互联网公益社交众筹。不过,适宜于学生科研的选题问题并没有彻底解决。理由是,互联网公益社交众筹依然有很多种类,学生们依然没有能力和机会进行这类众筹的整体研究。为此,还需要进一步选择学生可以抓得住、能动手的研究议题。问题是,轻松筹里到底有怎样的学术议题呢?如何把互联网、公益、社交、众筹等四个约束条件汇聚到一个典型现象呢?顺着这个思路,轻松筹的"大病救助"进入选题视野,成了一个理想的案例。到这里为止,运用概念收敛方法,约束了研究范围,选择了适用的研究案例,让学生们从大话题状态进入看得见摸得着的研究议题状态。

可研究问题又是什么呢?"大病救助"只是一种社会实践,面对五彩斑斓的社会实践,不同学科用研究案例可以产生不同的研究问题。对学生而言,学科是学生建构研究问题的基础,刘林团队的构成虽然具有跨学科性质,可作为学术研究训练的第一颗纽扣,需要让学生明白基本学科立场和视角或范式对研究活动的重要性。刘林是社会学的学生,选择研究问题的立场和视角当然是社会学的。对社会学而言,关注行动者行动的案例研究,基础工作之一是弄清楚行动者、行动逻辑、行动规则、行动影响等。作为一个众筹项目的社会行动,研究者的基础工作自然是弄清楚谁是行动者,依据什么规则进行行动,行动之间如何衔接与闭环,"行动者+行动规则+行动机制"如何达成大病救助项目的目标。弄清楚这些问题,案例研究工作也就基本完成了。

可是,案例的学术意义到底在哪儿呢?难道弄清楚机制和规则就够了?

显然不是。社会学的基本视角不是管理学的,不可止步于规则和机制,还需要跳出案例再往前走一步,从社会视角入手探讨大病救助的意义,这便是研究的深入。问题是,基于社会学视角,对大病救助也可以从不同理论立场和理论入手点出发进行探讨。譬如,从合法性视角探讨大病救助与既有社会规则之间的兼容性,从社会不平等视角讨论大病救助与既有社会不平等机制的关系以及对改善不平等的影响,从社会治理视角研究大病救助借助的互联网公益众筹与社会秩序实践的关系以及对既有社会治理体系和能力带来的挑战,等等。到底从哪儿出发呢?

学生的知识积累始终是研究活动的能力限度。如果从合法性视角入手,学生们缺乏研究合法性需要的基本功底,也缺乏检验合法性的相关数据。假设数字社交众筹具有社会互助性,则学生需要了解社会互助体系发展的合法性机制,社会互助的合法性来源与影响合法性的因素,大病救助中的社会互助特征,以及判断熟人社交数字互助合法性的数据,等等。如果从不平等视角入手,学生需要了解社会不平等的机制与路径,大病救助与社会不平等的关系,以及对大病救助整体格局进行判断,探讨大病救助是否以及如何在社会不平等改善中扮演怎样的角色,等等。如果从社会治理入手,学生需要了解数字社会与非数字社会筹款治理的异同及其对社会秩序的影响。可是,数字社会的治理是社会学研究的前沿,基础理论尚在探索之中,希望学生在相关议题上有创建是艰难的。

到底如何往前走呢?在刘林团队中有来自法学院的学生,这便有了作品的第6部分,从法律规制视角的探索,一个看起来与作品其他部分有些不搭的内容。

4. 留给学生表达自我的自由

无论从学术探讨视角出发,还是从政策规制目标观察,刘林团队的作品关注了社会的焦点议题,进行了相对系统的探讨,却并非完美。

在研究策略上,刘林团队选择了从大处立题,用案例支撑。坦率地说,我并不太欣赏这样的策略,尤其是对学生而言,总有些小马拉大车的无力与无奈。可是,为什么我没有阻止他们,或一定要求他们改换研究策略呢?我的考量是,学生的创新意识比研究策略的选择不当更为重要。我始终认为,每个人依据自己想法呈现的作品像是在学术圈里造一面观察自己的镜子,学生亦然,美丑如何,一照便知。如果丑,没关系,换一种方式再试,学生总有迭代完善自己的机会。可创新意识不是,一次创新意识被打压了,学生或许便完全失去了进行研究的兴趣,失去了探索未知的冲动和积极性,对学生的未来而言,或许是毁灭性的。两相比较,孰轻孰重,非常清楚。

如果一定让我建议一种优化的研究策略,我会想,首先,建议一定是多种,而不是一种。任何一种优化建议也只是某个方面的优化而不是最优,这就是学术研究。古人说,文无第一,或许意在其中。其次,如果一定要给一个建议,在给定素材的条件下,或许以小见大是一个优化的策略。以小见大的通常做法是,直接从案例入手引申出研究问题。假设依然以与合法性有关的主题作为研究问题,在给定互联网公益社交众筹的前提下,研究问题可以是:大病救助具有社会合法性和法律合法性吗?大病救助的社会合法性和法律合法性在哪里?这样提问有一个优点,把案例直接放在合法性的知识脉络中,方便开宗明义地进行探讨,也减少了许多杂乱议题的干扰。当然,这只是一个提议。每位研究者的知识积累不同,提出研究问题的方向、方式、方法也不相同。如果遵循这个建议,作品的标题便可以修订为"轻松筹之大病救助与合法性"。

在作品呈现上,刘林团队选择了八股调。坦率地说,如果我是他们,也许会选择更加直接和活泼的表达方式。当然,学生选择规范的八股调也可能是不得已而为之,这是因为在挑战杯作品的评价中,规范性是一个重要维度。我担心的是,正是这样的规范性抹杀了学生的创新性。其实,我们可以看看作品每一小节的标题,研究背景、研究意义、文献综述、研究方法、研究分析、法律探讨、总结与展望,一共7节,除了让我们知道每一节在做什么,小节标题没有蕴含任何其他有价值的信息,包括内容、观点、方法,一点都没有。当然,这样说对刘林团队不公平,学生们只是做了规定的动作而已。问题是,还有自选动作吗?如果有,是什么?如果一项竞赛没有自选动作,不能让学生通过自选动作展现自己的创新能力,这样的竞赛,不参加也罢。由此,如果说要给挑战杯竞赛一个建议,那便是,可以在竞赛规则上明确说明参赛者有哪些自由。

5. 师之微力,进无止境

回过头来看老师在学生与挑战杯参赛中的角色,每一位老师都有自己的观察与体悟。我的观点是,老师不是上帝,不是教师爷,不可能什么都知道,老师只是基于自己的教学和科研经历给参赛学生提供微薄的助力,前提是学生之前从未做过正经的学术研究或政策研究。

老师的微薄助力可以从选题开始,让选题落在学生在知识、时间、心智可以驾驭的范围内。接着,让学生了解研究问题的历史脉络和当下进展,尤其是适宜学生的理论和方法范围,提醒学生可能遇到的困难和需要避免的错误。更重要的也许是让学生明白研究问题之于学术共同体和社会的价值和意义。我不大建议学生把挑战杯当作一件工艺品来做,理由是,学生的第一件研究作品应该是学生学术理想的载体,而不是技能和技艺的练习或炫耀。老师应该助力学生在探索中注入社会价值灵魂和学术训练骨架,或许这正是第一颗纽扣的重要性。因为支撑学术的技术可以逐步学,可引领学术的价值首立必正。正是在这个意义上,老师的微薄助力可以是学生终身的营养,立足当下,进无止境。

事死如生：从殡葬改革看丧葬仪式的意义结构
——以 A 市莅棠村为例

作　　者：宋丹丹　张雨欣　孟　奇　曾　卓　卓　越
指导老师：周飞舟

摘要：2014 年 4 月起，A 市大力推行了以"移风易俗，文明丧葬"为目标的殡葬改革，并试图从各个具体的环节入手来改变葬礼的形式。在强制性力量的保证下，殡葬改革在短时间内收到了百分之百火化的成效。然而几个月的混乱期过去后，丧葬仪式逐渐向改革前的状态回归。尽管丧葬过程中的一些流程已然发生了改变，但村民最终仍是以原本丧礼背后的意义结构来接受这种改变，并自为地限制改变的范围。本文正是将丧礼的全过程放在殡葬改革的冲击之下，从微观角度来关注丧葬仪式如何应对殡葬改革的种种规定，通过细致描摹殡葬改革后的丧葬仪式来分析丧礼背后的仪式精神和支撑丧礼自我修复的意义结构。本文认为，仪式本身并非刻板的，而是可以变通的，但是变通的前提条件是人们通过这样一套丧葬仪式所兴发的感情和所达到的目的不能打折扣。正是丧葬仪式背后宗族、鬼神与情感三重意义的交织，使得人们在无形之中不断通过具体的丧葬仪式实践来维护这种意义，而这种意义的实现则植根于村庄关系和家族网络之中。

关键词：殡葬改革　意义结构　差序关系　仪式精神

1. 引子：仁海的葬礼

　　仁海是 2014 年 6 月 1 日 0 点之后，村里去世的前几个人之一。彼时我们正跟着隔壁前来帮忙的大姐，站在他家堂屋里不知所措。

仁海的大儿子新江在里屋正领着全家老小手忙脚乱地跪在刚刚咽气的老人床前,人乌泱泱一地,还没来得及扯开嗓子哭,下午刚刚送走的王村主任就表情凝重地迈进了堂屋。后面还跟着一个背着手的领导,看模样应该是县里派下来的。

堂屋里侧,之前停放着一口上好的棺材。用三整棵约莫一人合抱粗的红杉木做成,里里外外刷了十几斤桐油,仁海还让人在外面用红漆漆得锃光瓦亮,雕龙刻凤。

现在,它被从正中间锯成了两半儿,黯然躺在院子一边。

大姐自己默默嘀咕:"那仁海老儿啊,死得不太是时候。"

此时新江从里屋迎出来,张了张嘴,话刚要说出口,王村主任便抢先一步道:"老弟啊,上面的政策,过了6月1日0点,一律火化。对不住老爷子了!"

"是,是,村主任。"

屋里的气氛有些凝重。县里来的领导被仁海一大家子人看着,浑身不自然,拍了拍村主任的肩,便先踱出院门等着。

新江上前一步,给村主任递了根烟。村主任挠了挠头,接了过来。

新江一边掏出火,一边道:"不过村主任啊,老爷子生前最惦记那口棺材,说睡里面舒服,您看?"

村主任没说话,沉默地凑到了新江跟前点着了烟,瞥了一眼那两半棺材,吐了口烟圈,挥了挥手,转身踏出了堂屋。

第二天天蒙蒙亮,那口棺材便被请来的宋木匠悄悄修补好,从侧门抬进了池氏祠堂。中午的时候,太阳透过天井往祠堂里一照,中间补的那一圈一寸宽的木条,夹在红漆漆的两块棺材板儿中间,搁阳光下颇为刺眼。

几个月后,之前村主任领着各队队长拎着那把县上发的钢锯锯掉的那些个厚的薄的长的短的棺材,又陆续以同样的方式,派上了用场。

2. 研究缘起及研究问题的提出

2.1. 村庄背景

引子之中所描述的场景,是茳棠村在经历 2014 年殡葬改革时的一个缩影和殡改之后目前当地葬礼仪式所呈现出的粗略的实然状态。茌棠村①是坐落在某中部省份之中的一个不起眼的小村庄,地属丘陵地区,交通偏僻。当地工业化水平低,经济发展水平不高,青壮年以外出务工为主,留守老人和妇女多在家中务农。

本地居民的同姓的人构成相对稳定的不同的集中居住群体,宗族形态保存较为完整。这种自然的居住单位被称为"屋场",地理意义上意指同姓的宗族人聚居的地域;还可以指一个姓氏的共同体,也是一种身份和情感认同。如果同姓人数较多,宗族势力较大,则被视为一个独立的自然村,也可能会出现地缘上相近的几个小姓氏搭配一个大姓氏被视为一个自然村。但是在这种情况下,也是同一个姓氏的人才能被称为"一个屋场的人"。除了世代定居于此的本地人之外,还有少数一部分人是在明朝末年因为战乱逃难至此。这些外来姓氏虽然与本地大姓相比较而言稍显薄弱,但是合族人依然会把一个宗族的公共事务处理得有条不紊。除了那少数从外地搬过来的散户,无论大姓小姓,每个屋场都有一个公共的祠堂,用来作为供奉祖先牌位、祭祀、举办葬礼及喜事等活动的公共场合。茌棠村是茌棠乡的中心村,也是全乡最大的行政村,由七个自然村组成。本村最大的两个家族是陈姓和池姓,这两个家族有村内最为气派庄整的祠堂,宗族的公共事务由生产小组组长和固定的几位年长稳重的老人共同商议定夺。

在文化上,当地受儒、释、道三家的影响很深,且这种影响深入到日常生活中的方方面面,更加体现在风土民情上面。当地盛行土葬,在老人上了50岁之后,凡是家中有子女的,都要开始为老人置办棺材。本地人管"棺材"不叫"棺材",叫作"寿方",取"长命百岁,福寿延绵"的吉利之意。除了土葬之外,在下葬之前还要请道士为死者超度,称为"做法事"。再加上当地一直以来受到战乱等外界因素冲击较少,因此丧葬习俗较其他地区改变缓慢。

2.2. 政策背景

在油菜花开与麦子黄了之间的一个又一个轮回之中,日子在茌棠村如水一般向前平静地流淌。这个平静的村落看着生活在这块土地上的一代代人

---

① 本文之中的具体地名和人名均为化名。

生老病死,用宽阔的胸怀接纳着一个个生命叶落归根。在这样一个村庄之中,这样突如其来又被强制进行的改革犹如一颗重磅炸弹,仅仅进行到收棺材这第一步,就早已一片哗然。后来有国内知名媒体进行报道,报道内容摘抄如下:"近日,A市实施殡葬改革,要求从6月1日起,全市城乡居民死亡后按规定火化。政策公布后,已有6位老人自杀身亡。殡葬改革政策一刀切,基层强行收缴棺木,令当地老人无法接受,殡葬改革因牵涉面很广,引发的争议事件远不止这一起。"[1]

下面本文将详细介绍2014年那场在全市范围之内掀起的轰轰烈烈的殡葬改革的内容和目标。

2014年4月1日,A市政府颁布了《A市殡葬改革管理办法》,拉开了这次殡葬改革的序幕。《办法》中指出,此次改革的原则是:"实行火葬,改革土葬,节约殡葬用地,保护环境,革除封建迷信的丧葬陋俗,提倡文明节俭办丧事。"[2]可量化的指标任务为:"从2014年6月1日零时起,全市死亡人员遗体全部实行火化,严禁土葬现象发生;全市死亡人员遗体火化后一律到就近公墓安葬,严禁乱埋乱葬。"[3]其希望达到的最终目标是:"逐步形成文明殡葬、生态殡葬新风。实行葬法改革和葬礼改革并重,引导群众自觉摒除封建落后、铺张浪费的殡葬陋俗,自觉实行科学、文明、节俭的殡葬方式。"[4]

为了在2014年6月1日后达到火化率百分之百的目的,在此前各村抓紧开展棺木回收工作,这才出现了我们在引子之中所看见的强行"破棺"的场景。当地政府官员认为只有将其实行土葬的器物棺材摧毁,才能"釜底抽薪"[5],实现火化,并且改掉之前围绕土葬而产生的一系列"陋俗"。在不停息的舆论争议之中,这场改革最终推行且维持了下去。2014年12月,政府部门发起的针对落后丧葬习俗的运动式治理暂时告一段落。政府假设,在为新式丧葬习俗打通脉络之后,人们会自觉采用并且自然而然地改变观念,采纳与火化相关的一套文明丧葬模式。所以剩下来他们所需要做的事情,就是确保百分之百的火化率以保护此次殡葬改革的成果。

---

[1] 因涉及匿名化问题,仅摘抄媒体报道,不附链接。
[2] 《镜溪镇殡葬改革宣传手册》第1页。
[3] 田野资料《镜溪镇殡葬改革宣传手册》第37页。
[4] 田野资料《镜溪镇殡葬改革宣传手册》第10页。
[5] 访谈之中官员的原话。当我们问到为什么要开展收棺木的行动时,他如此回答。

虽则确保了火化率,但是我们在田野之中所观察到的实际情况却与政府部门所设想的改革后的新风有很大的出入。按照原本的设想,居民在死亡之后实行火化,禁止举行法事等被界定为封建陋俗的活动,应该在举办一场简单肃穆的追悼会之后,送入当地的公益性公墓安葬。在县级政府看来,这一整套殡葬改革的推行是较为成功和顺利的:

访:那群众一开始知道这个事情(殡葬改革)的时候他们都是什么样的反应呢?

H:反应是这样的,一开始的时候心里可能有点儿不接受。中国的这个传统风俗习惯形成,可能有些传统思想在老百姓头脑中根深蒂固。然后我们通过宣传,通过报刊啊,电视啊,新闻媒体啊,广告啊,标语啊,一系列宣传,然后通过通告啊一系列措施,让他们接受。

访:那在这个过程中有没有发生抵触的事情?

H:没有,那个没有。

而到村层面,对于殡葬改革成果的评价则没有县级官员那么确定,他们生活在乡村之中,对于殡改的难度也更有体会:

W:做这个事情的时候阻力很大,做了许多宣传和大量的工作,老百姓不理解,一直祖传历史遗留下来的土葬,不火化;一时要求火化,老百姓接受不了。

访:您觉得如果没有这个文件说要推行殡改,老百姓自己会选择火葬吗?

W:那是不可能的,那肯定不会有,那是根深蒂固的事情。没有大的政策推动,没有上面大的政策宣传,没有这个大的措施高压的状态之下,是不可能推动的,是不可能做到的。就比如说我一个人想到了没有用啊,我族下的人,他就给你一个人说"拜拜"(笑),他不理你啊,你一个人你行吗?推不开的,你一个人两个人通是没有用的,他族下的姓氏上的人会给你孤立,不支持、不拥护你。

再到百姓层面,我们看到的是,除了火化已经成为一项硬性要求无法寻求变通和妥协,其他无论是葬礼还是葬法等方方面面却又慢慢恢复到原状。当我们问到每位访谈对象关于殡改前后丧葬仪式变化的时候,下面的一段访谈记录是我们在田野之中听到的最为典型的回答:

  访:我们殡改之前和殡改之后的人老了之后需要做的事情,现在跟之前有什么不同吗?
  Z:(笑)现在跟之前没什么不一样。
  访:没什么不一样? 不是必须要求火化吗?
  Z:对,火化现在是每个人都必须要火化。但是现在整个的丧葬仪式跟以前还是一样。该做法事还是要做法事,该用棺材还是要用棺材。

从上面三段来自在这场改革之中身处不同立场的人的访谈,我们看到:首先,不同立场的人对于殡葬改革的实际操作过程和事实结果有着不同的认识;其次,他们对于乡土生活之中丧葬仪式的认识也存在割裂与张力。而这也对殡葬改革的执行和效果产生了重要影响。如果要简单地来谈殡改之前和殡改之后的区别,从村民角度理解,最大的不同就只是在于从"土葬"到"火化"之间的转变。虽然当地的丧葬仪式在政府大力推行殡葬改革期间经历过短暂的混乱,虽然在县级看来保证了火化率的殡葬改革已经"移风易俗"了,但是从整体的仪式来看,茳棠村在改革的混乱之后又逐渐形成一套将火化环节包容在内的仪式过程。

对比前面我们所列举的政府改革理想目标来看,殡葬改革之后唯一的保留成果就是百分之百的火化率。那么为什么这样一场政府出于自身的立场所推行的出于好意,并且耗费了极大人力物力和财力的殡葬改革,最后会偏离其本身所希望达到的目标,逐渐向原来的仪式过程趋近? 换言之,为什么这些丧葬仪式这么顽固,如同弹簧一般有着极强的反弹性呢?

2.3 研究回顾及问题提出

正如我们在引子和现实背景部分所看到的,殡葬改革虽然在指标层面取得了成功,但是它并未轻易动摇当地人们对于传统丧葬仪式的信念。如果将这个现实层面的问题往前推进一步的话,我们需要回答的问题是:是什么样的力量支撑了传统丧葬习俗,使其能够抵挡住强大的改革洪流?

对这一问题,存在正统行为(orthopraxy)(Watson,1988)和正统信仰(orthodoxy)(Rawski,1988:26-27)两派观点。

Watson 从对传统葬礼的人类学考察出发,发现中国社会虽然并未出现过统一的正统信仰,但是怀有不同信仰的中国人却总是在以相同的丧葬仪式安葬逝者,他认为正是这样一套仪式将整个庞大的中国纽结成一个整体。他对这样一套仪式的理解是它是一场表演(performance),观众是由邻里、亲属组成的整个社群,如果操办葬礼的人能够按照正统行为办完所有的仪式,他们就能获得整个社群的称赞和认同,至于他们内心的想法和态度则无关紧要(Watson,1988:6)。Rawski(1988:26-27)则认为,信仰和行为是一个有机的整体,信仰刺激着正确的行为,而正确的行为又加强着信仰,因此这套仪式流传千年的背后必然有一套信仰力量在推动。但是至于这套具体的信仰为何,作者在这篇文章之中没有进一步阐述。

Oxfeld 进一步发展了 Rawski 的正统信仰说,他强调这套流传千年的仪式背后的信仰力量,虽然人们倾向于某种特定的外在礼仪表达,但这些表达本身不是最重要的。尽管变化一直存在,其中一些变化是时代强加给人们的,且有一些确实已经被人们所接受并被纳入复兴的传统葬礼之中,但人们并没有抛弃他们对葬礼最不可或缺的动机的理解,对逝者的哀悼、对面子的珍视以及对亡者灵魂的安顿共同促进了当今中国农村传统葬礼的复兴(Oxfeld,2004:969-970)。

Whyte 没有对这一问题做正面回应,在他看来,正统行为和正统信仰同样重要,并且两者之间可以互相转化。在经过了大量简化的丧葬仪式中,尤其在中国城市地区,作者仍然能够看到其中传统葬礼意识形态的保留,在某种意义上,葬礼所必须接受的变化反而将大部分情感的意义和力量从正统行为转移到正统信仰上(Whyte,1988:303-304)。

喻中在《乡土中国的司法图景》的第一章试图通过分析农村丧礼的行为逻辑来理解当前殡葬改革在乡土社会遭遇的麻烦。他指出:"政府推行的新式殡葬改革,较多着眼于占用耕地等物质层面上的考虑,但对于乡村丧礼在乡村社会中的整合功能、'安心'功能,缺少足够的重视与关照,因而可能是一种过于简单化的制度选择。"(喻中,2013:20)对于操办丧事的主家来说,大办丧事一方面安顿了他们的良心,另一方面也为他们挣得了"脸面"。如果完全按照新式丧礼操办父母的丧事,那么主家就会失去上述两方面的好处。

《葬之以礼》在对冬青乡传统土葬丧礼的考察中发现,尽管人们接受了"破除封建迷信""减少铺张浪费"的观念,但人们接受这两个新观念的方式却不是全新的。事实上,人们对传统丧礼的依赖与困惑都体现了他们一贯的关切——外在的丧礼形式是否能够真正表达内在的情意(许嘉静,2015)。人们之所以会以"封建迷信""铺张浪费"的名义对传统丧仪发难,是因为当代中国人的生活确实在经济、社会、文化等方面发生着剧变。作者试图以对丧礼的人类学考察为径路,理解近代以来中国乡土社会所遭之变迁:一方面试图澄清并理解"旧传统"在现代生活中的绵延性与断裂性;另一方面思考历史的绵延性与断裂性中是否隐藏着某种恒常性的关切,而这些关切又是如何落实在一时一地的具体生活情景中的。

郭于华(1992)从社会的、功能的角度分析了丧葬仪式的文化功能结构,还从文化意义的角度深入探讨了丧葬仪式与习俗之中人们的信仰、意识乃至无意识层面的文化意涵,最后落脚在中国人传统的生死观。作者认为,人们通过丧礼从集体之中得到一种安全感,而这种安全感成为帮助人们渡过死亡恐惧的筏子。所以,中国的传统文化是一种立足于"生"的文化,丧礼的根本目的在于帮助人们战胜、逃避死亡。

上述文章都是从宏观和学理层面讨论丧礼,《祖荫下:中国乡村的亲属、人格与社会流动》则从人类学的角度出发观照了喜洲镇人们的祖先崇拜。作者认为:"所有活着的人是生活在他们祖先的庇荫下面。死亡并不意味着与在世的人永远分离,它只不过是将生者与死者的关系改变了一下。活着的人对家庭和祖宗中已去世的成员的态度完全不是恐慌,而是一种永久的怀念和自始至终的爱。"(许烺光,2001:132)因此,一场体面的葬礼是必需的。他认为举行葬礼主要是为了达到以下四个目的:送灵魂早日平安地到达灵魂世界;为了灵魂在灵魂世界平安舒适;表达亲属的悲痛情感和对死者的依恋之情;保证这次死亡不致引起任何灾难。

《金翼》用娓娓道来的细腻笔调,讲述了两个典型中国传统家庭的运作和面对外部环境变动而发生的变迁。第十章"芬洲的命运"之中,作者为我们完整而详细地呈现了一场生动的丧葬仪式,以及在家族之中不同的角色在丧葬仪式之中所承担的责任和这样的仪式对于人们的意义何在。"相聚能使人们更新社会联系,仪式既是生者对逝者的责任,也是相关的人们对丧亲之家的义务。传统就是这样世代传递,而社会群体的整合也就此得到了更新。"(林耀华,1989:105)

上述文献所探讨的丧礼持续的原因可以大致分为两种:一种称丧礼具有维持体面、整合群体或战胜恐惧的世俗功能;另一种则称丧礼是中国社会信仰的一种外在表达,只不过对于这种信仰是什么却有不同争议。进一步地,无论是上面讨论到的正统仪式与正统信仰之间的关系,还是《葬之以礼》所讲述的自然状态之下丧礼的变与不变,抑或是我们在这篇文章中所着力的殡葬改革这场人为变动给丧礼带来的改变,所面对的是一个共同且核心的主题——丧礼历史延续性与丧礼变化性之间的冲突。本文正是将丧礼的全过程放在殡葬改革的冲击之下,从微观角度来关注丧葬仪式如何应对殡葬改革的种种规定,并从其应对方式之中来分析丧礼背后的仪式精神和支撑丧礼自我修复的社会结构。

2.4. 进入田野

在进入田野之前,对于殡葬改革这一主题,我们尝试去了解的是这一政策贯彻过程中不同层级政府部门之间的互动。但是在实地调研之后,我们发现这一政策中的政府行为和政策效果与别的政策有着本质的不同。比如农民"上楼"、征收土地,农民对政策的抵抗多半是出于对自身利益的争取;而在殡葬改革中,农民却在政策限制的选择域内倾向于选择更麻烦、更费钱的那一个。说起殡改,村干部们虽然一面强调这是件好事,另一面却也对村民抱持着同情。在听说、观察殡改后形成的丧葬仪式之后,我们更对仪式本身的变化产生兴趣,并且尝试去理解为何如此。殡葬改革在某一个时间段内以高调又令人猝不及防的姿态进入村庄,打乱人们的日常生活,犹如一石激起千层浪,之后又从人们的生活世界之中突然撤退。时间段往前推移,我们在这个时空之间所看到的画面和听到的声音,均为当时改革之后留下的产物。虽然这些石子现在已经完全沉入水底,但是透过田野,我们可以有如抽丝剥茧般,去还原当那些站在岸边向湖底投石子的人们离开之后,这一整套丧葬仪式和其中所蕴含的文化信仰,是如何像柔软的水流一样将外部强加的事物包裹,最后归于风平浪静这一缓慢而又坚定的动态过程。

我们于 2015 年 7 月份和 2016 年 1 月份先后两次进入田野地点进行了实地走访和参与观察。在田野过程之中，我们愈发感觉到，只有通过细细分析仪式如何在乡间展开，以及村民在丧葬仪式被更改后如何行为，才能让丧葬仪式对于村民和乡土社会的真正意义浮现出来。而我们正该借此来理解殡葬改革为什么不能收到其设想的成效。

也正是由于这一分析方式要求对丧葬仪式的刻画像画轴一样逐渐展开，因此本文在正文写作上隐含了两条逻辑：首先大体遵循了殡葬改革后一场完整丧礼的先后顺序，逐步呈现老人老了后要做哪些事情，要与哪些人发生关联，并从中分析各个环节的意义，从而理解这些仪式的坚持及仪式的变动基于什么样的内在逻辑；其次也将宗族的要求与神圣性的表达在文中区分开，并探究后辈的情感如何与这两者发生关系。

值得注意的是，文章描摹的很多殡葬改革后的仪式环节似乎并没有殡葬改革的痕迹，而是保持着殡葬改革前的样貌。而这，也正是田野研究带给我们的真实感受——在殡葬改革两年之后，村民们仍然动用着之前的文化资源来解释仪式中的各种意义以及一些仪式变动的根据，正是这种现象本身启发了我们去思考仪式现象与背后意义的关系。

3. "家族之事"：礼皆发乎情[①]

对于村里任何一个家族来说，家里老了人都不该是个冷清的事情，而应该是整个"屋场"共同的重要"家事"。这一点在殡改前后都没什么改变，大家还是热热闹闹地来，热热闹闹地送老人走。[②] 本部分选取了茳棠村最大的

[①] 需要说明的是，三到五部分描述的葬礼场景，均来自访谈对象的讲述和笔者的观察记录，但由于每个访谈对象所讲述的仪式流程并不完整，本文在写作上做了一定的技术处理，即构想出一个葬礼的主体，借其串联起访谈对象所讲述的不同仪式场景，以期做到真实、可靠而流畅。葬礼主体身上的特点也并非凭空捏造，均来自访谈对象讲述的案例。除却访谈对象的个人理解，该部分仪式过程的描写并不做特别引用。虽然实际的葬礼会有一些细节变化，但访谈对象所讲述的均为当地葬礼的一般流程，某种程度上可视为当地葬礼仪式的"理想型"。类似的处理方式可参见 Oxfeld(2004)。

[②] 需要指出的是，虽然在葬礼上，主家只会请本宗族的人来帮忙，但是如果是住得相近的或者是因为别的原因有人情往来的，也需要前来吊唁。

一个姓——陈家人在殡改后的葬礼安排,来看老人死后,宗族是如何有序地组织起来,而宗族内的人又是如何按照一系列的"礼"来恰切地表达感情与哀思。

3.1. 入祠堂:于心不忍

听说陈老师是得病走的。他病得很突然,几个月前身体还硬朗,但突然就住了院。眼看着人在医院就快不行了,唯一的儿子陈东赶紧和医院商量把陈老师拉回了家。在茌棠,只有死在家里的老人家才能在祠堂里做事,若是死在外面则只能在祠堂外面"摆"。儿子明白陈老师的心意,趁着陈老师还有口气,就赶紧通知姐妹和叔叔,让到家里再见老人一面。

老人拉到家里后,兄弟儿女都陪在身边,算是见了想见的人,也躺在了自家床上,没过多久就咽了气。小女儿还哭得伤心,儿子就得强忍着难过开始准备老人的后事,不得怠慢。一面先打电话给道士算好去祠堂的时间,一面让叔叔帮忙联系着租冰棺,自己则得和姐妹给老人洗身子、穿七层寿衣。

这要放在殡改前,还要叔侄帮忙把家里早早准备好的寿方抬到祠堂去,在寿方里垫好石灰。现在寿方被破掉拉走了,之前只有有钱人家在冬天用的冰棺成了各家普遍的选择。虽说不少人家都抱怨:"现在开支还多增一项,冰棺一百块钱一天,起步要六百块钱。……可让这些出租冰棺的人赚钱了。"但又认为:"在祠堂上面过几天的话不可能用那个门板放在上面嘛……看着多不忍心,不像样……就必须要租那个冰棺嘛。"

道士问清楚了家中老小尤其是子辈的生辰八字,翻了那本老旧的黄历,嘱咐说要在三个小时之内把陈老师抬到祠堂"入棺"放好,否则会"不吉利"。给陈老师穿好衣服后,离道士说的时辰还有些时间,但这段时间里还有很多琐碎的事情要做。儿子和叔叔商量着让自己住在村里街上的堂弟帮忙去给乡邻和亲友送信。堂弟遵从茌棠的老风俗,在腋下夹一把雨伞,伞柄朝下,再戴一顶帽子,从同屋场的人开始挨家送信。看见的人也都知道老陈家这是老了人,关系近的还要问问法事的日子,表明一下自己可以帮忙。那边还通知着乡邻,这边住在村里的同屋亲戚已经到陈家来了。眼看着时辰快到,陈东和几个年轻的堂兄弟便用白布裹了陈老师,小心翼翼地放在之前准备好的门板上,一行人开始将陈老师从家中抬去祠堂。一路上,四个人抬着门板;两个人举着一个席子挡在门板之上,一方面防止阳光照射、露水沾染,另一面也怕下人看着不忍心。

陈老师被从侧门抬进祠堂的时候,冰棺已经布置好了,就放在祠堂中央;已经接到信的陈林渊先生也在祠堂等着了,他是陈家最有声望的老先生,早年念过私塾,陈家老了人的丧事都找他做账房先生。在林渊先生的指导下,穿着寿衣的陈老师不久就安然躺在了冰棺内。

3.2. 送礼:远近有别

有林渊先生在,儿子陈东就踏实了不少,他只管跟着林渊先生的指挥做,便能不出错。儿子惦记着自己去找地仙在祖坟山上选个葬父亲的好地方:"山的走向都是有讲究的。比如说今年这个山上比较利,明年那个山上比较利,不利就不利于安葬。……祖坟山就是只要是你自己这个屋场的地皮,就可以你自己选择葬在哪里,主要是看山向。不利就不能动土,如果动了的话就相当于坏事,家里就会发生不好的事情。"地仙根据天干地支选址,唯有不选错地方才能不对后辈产生负面影响;若是地方选得正好,就可以荫庇子孙、造福后代。

在祠堂里,林渊先生根据能来帮忙的人用一张大红纸写了一个分工的名单,贴在祠堂门口。屋场里的人便开始依据这名单各安其位。很快祠堂便初步布置好了,厨师也请到位,去买东西的人已经在路上。道士来过祠堂,为陈老师先观了一副开路灯,贴了一些道符,便回去准备几天后的法事了。这一天来的人还不多,但后面几天,接到信的同村乡邻、远近亲友都陆陆续续来送陈老师,给老人上炷香、烧两张纸。来的人先到西屋,放下自己送的一卷毯子和礼金,林渊先生如数记下,便给客人发一个"首敷"①。这首敷本来是"做消灾用",且因参加葬礼的人与死者关系的远近而长度不同。儿子陈东的有三尺三长,几个女婿的短一点,有二尺六,几个侄子要戴长二尺八的,下面还有二尺二的、一尺八的。陈老师的孙儿都还小,有些四世同堂的人家,到了第四代要戴红毛巾,第五代则是绿色的帽子。

其中,陈老师老伴的娘家人,也即"外婆家"送的毯子要放在最东边,以

---

① 即包在头上的毛巾。

示尊敬;外婆家还有送"三牲福礼"的传统,即"三斤鱼、三斤肉、一只鸡";而外婆家的礼金一定得送,却断不能收,"其他人家的可以收下,外婆家的不能收,得打发回去,这是对她的一种尊敬,留给她做个纪念。收下就说明不讲礼数"。在一场丧事之中,"外婆家是最大的,吃饭也要坐首席",其送的礼也要从其他人之中区分出来,若主事的人家在对待各种来宾的不同礼数方面没有做到,即是"失掉了脸面"的事情。平日里隐藏在日常生活中的"差序关系"与外婆家这种"特殊关系",在丧礼这个场合中通过一系列规矩表现出来。

到了晚上的时候,后辈们就要来为陈老师"观灯"了。几个后辈每人捧着一个点亮的莲花灯,绕着灵柩转上几圈,转的过程中往往各自说着"感谢陈老师""祝老人家一路走好""在那边不缺吃穿"之类的话,过程中往往伴有人们时断时续的哭声。灵柩四个角上点着四个长明灯,与轮流守夜的子女一同陪着陈老师度过在这人世间的最后几日。那灯要一直亮到出殡抬人时才会熄灭,这一习惯大概与当地人"魂走灯灭"的说法有关。

3.3. 上祭:祭之有礼

陈老师退休前在镇上做了几十年小学老师,在当地也是德高望重的文化人了,村里大半中年人,都可以算是陈老师的学生。而今独子陈东想给老父好好做一次事,因此早就和林渊先生商量,等到法事前一天亲戚都到齐了,就由林渊先生主持上祭。在茌棠给老人做事,不管家族大小、家里手头宽裕与否,法事是必须要做的,但上祭则并不必要。往往是德高望重或子孙有出息的家庭会选择上祭。陈东是陈先生的独子,与姐妹们简单商量下也就决定了。

到了上祭那天,家里的亲人早早地就在祠堂穿好孝衣了。唯有陈东和妻子的孝衣下面是不缝边的,其他人则要缝边,这就凸显出了儿子的特殊性:要在父亲的葬礼上受最多的罪。除了寿衣外,儿子媳妇的鞋要穿全白布鞋。倘使家里只走了一个老人,鞋后面还得不封口,但陈东的妈走得早,陈东和妻子就得把鞋封口了;其他亲戚则只在鞋上打一些白花白布。

等陈老师住在远处的兄弟也到了,亲戚就算是到齐了。这半天要打发乐队去休息,因为上祭是极严肃的过程,不能让乐队吹吹打打,坏了礼数。还要在灵柩周围几平方米的地方拿布围一个孝帐。一切做好后,林渊先生便站在祠堂内东角第一个位置,开始主持上祭仪式。上祭主要是家里男性参加,陈老师的女儿、儿媳都穿着孝衣领着孩子站在祠堂两侧,儿子陈东跪在第一个位置,几个女婿按次序排在几个角上,东边为大,依次跪着。排好以后,林渊先生肃穆地侧身站在祠堂前,半对着上祭的后生,半对着冰棺里的陈老师。他挺直了背,顿了一下,浑厚的声音便响起了:"追惟我列祖列宗,培植之德,一言一尽,我心悲切,血泪倾盆,鞠躬三拜,聊表寸心。"林渊先生这句说完,儿子和女婿根据着先生的话起身鞠三个躬,一切跟着先生的要求做。上祭之中,儿子必须要单独做四个小时,把所有的"所"①都走一遍;女婿、侄儿们则都只需单独做半个小时,只要做其中几个"所"。到"清洗所"的时候,下人把准备好的椅子搬到前面去,面向灵棚。椅背上套着陈老师生前的衣服,系着陈老师生前常戴的帽子,这也就当作是"陈老师"的象征了。椅子面前放一个台,台上放一盆水。陈东便要听着林渊先生念词为"陈老师"做清洗了。清洗所是儿子必须要亲自做的。儿子做完后先出孝帐,让其他人挨个进去。其他人的上祭较短,主要是把上香、敬茗、敬馔、敬帛等环节挨个走一遍,每个人之间的差别也并不大。唯独孝子的环节最长最复杂。将这些流程串起来的便是林渊先生准备的祭文。要说这上祭别人做不了,便是因为即使祭文有统一的格式,也要先生根据每个死者生前所做的不同事情来填。陈先生忙碌操劳的一生就被写在林渊先生手里的纸上,从头到尾,辗转过几个地方,如何教养子孙,如何教书育人……"祭文嘛……把你这一生啊,你从头到尾写出来,它在那个上面写。人一生从头到尾……就为了让子孙忆苦,忆老人的苦……子孙就得披麻戴孝,就得做够时间……这就是让后代受罪,就是为了让受罪的嘛……"越是讲到陈老师当年受苦的时刻,先生的语调越要抑扬顿挫:"伤感的时候,就哭。人们听他的一生难过啊……就让哭。"两边的女人都哭得泣不成声,但又不能哭得太过,不成体统,便还要要求保持理智"数"老人家生前的事。陈东就算听着难过,也必须吞下眼泪把上祭仪式过完;林渊先生根据祭文内容,到高潮时便要他行"三拜九叩首礼",吞下的眼泪在体内积蓄的力量便通过磕在地上的头来表达了。

要说陈老师只有这一个儿子,过程已经算短的了。可这上祭过程走完,

---

① "所"相当于上祭中某一个部分的相对完整的环节,如"清洗所"包括清洗的所有环节,"上香所"则包括上香的全部环节。

家人都筋疲力尽了。又情不自禁要哭,又要忍着哭。到所有人的"祭"都走完的时候,林渊先生念:"呜呼!老人星陨兮,南极无光,北极无光。仙使于邀兮,居不知乡,处不知乡。翁之治家兮,勤异寻常,俭乎寻常。翁之处事兮,言可流芳,行可流芳。生前正直兮,福固无疆,寿固无疆。今兹远逝兮,寝亦难忘,食亦难忘。概尊家儿之云亡兮,情满凄凉,意满凄凉。音容不见兮,行也心伤,坐也心伤。呜呼哀哉,尚飨!"到这上祭就结束了。这个过程从早上一直持续到下午,其间厨师已经准备好了饭菜。子女还来不及继续悲伤,就得赶紧招待来参加上祭的亲友上桌吃饭了。

3.4. 小结:发乎于情,止乎于礼

这一部分描摹了老人去世之后人们如何有序地组织起来,把各项"名物度数"置办到位,并通过一系列礼节和要求来度过亲人从生至死的过程。在这个完整的过程里,"礼"与"情"的关系可以被充分地体现。下面就将以上流程概括分析为以下三点:

首先,丧事与其他村庄事务的重要差别即在于下人对逝去老人感情上的"不忍"。这种"不忍"体现在许多细节之上,成为下人举办这一套丧葬仪式的情感动机,而这也是丧礼合法性的最初来源。首先,在茳棠村,老人去世是不能称之为"死了"的,而必须称其为"老了",这种用词的避讳实则是出于对下人情感的考虑;其次,人们对殡葬改革后果的评价"开支太大了"也耐人寻味,扩大的开支中的一部分其实花在了租冰棺上。按理来说,冰棺作为一个"外来物",如果只是因为它太花钱完全可以弃之不用,但在棺材被收走的情况下,人们抱怨冰棺价钱高恰恰是因为必须要用它,这种"必须"也源于人们看到老人身子裸在外面的不忍;而要继续深究,在殡葬改革的逻辑之下,尸体本应该尽快被拉到殡仪所火化,不该在祠堂停留,即便是追思也应当在火化后再进行,因此"冰棺"的产生完全是殡葬改革的非预期后果。可在祠堂停尸七日,这种在父母离开后仍试图再陪伴其久一些,让丧事的准备不那么仓促,让远方的亲人都能再看一眼的心情,都出于人之常情。

而进一步讲,种种"礼"就发乎于这样的"不忍"的感情,并且反过来"以礼节情"。尽管各种礼数皆有其感情作为源头,但不同人的感情都有可能"有偏"。凌廷堪在其《复礼》一文中指出:"夫性具于生初,而情则缘性而有

者也。性本至中,而情则不能无过不及之偏,非礼以节之,则何以复其性焉?"(凌廷堪,2002)因此,必须要"以礼复性",让人们体会到人性中的情;但同时又要做到"哭踊有节",才能达到"中节"的最佳状态。这是儒家传统对礼的要求。在田野之中,我们发现这种"礼"依旧存在,且通过林渊先生来落实在下人身上。在上文的过程之中,首先有一系列"名目度数"和规定好的"仪式"来兴发下人的感情。穿什么布料的衣服、戴不戴首敷这是从衣服上来规定,"让你受罪",你才能更加明白先生所表达的老人辛苦的一生;规定下人送什么礼、如何观灯、绕走几圈来表达纪念,这是要防止外乎于情的心思阻碍了情的发挥,防止丧礼只变成很多学者眼中比面子、比排场的过程;尤其是上祭这一环节,诸多"所"的安排、位置的安排、何时退出孝帐、要做够多长时间……这些看似纷繁复杂的符号体系就是为了激发下人的哀思,子女们悲伤甚至大哭,他们对陈老师自然的崇敬与依恋的情感才能得到表达,但又不能让儿女哭得太过,而要用连续的仪式推动丧礼的继续,则是防止这种符号上的表达变成攀比,要让子女的情感得到节制却又不过度泛滥。

然而我们可以发现,上文的许多"礼数"之中是强调差别的。这些差别背后对应着家族中的地位结构和与死者的关系结构。首先体现在"丧服""首敷"之上,与死者关系越近的,首敷的长度越长,而丧服也越粗糙;其次体现在上祭的过程中,从时间长短来说,儿子必须上够四个小时,"受最多的苦",也是因为在宗法社会儿子和父母的关系最近。从上祭次序来说,也必须"长幼有序",不能乱来;而在送礼、吃饭的环节中,对外婆家特别的尊重也恰恰体现了男女关系的结构——不能只用简单的"男尊女卑"来概括,而是"您的女儿入了我家的祖谱,为夫家的姓辛苦劳碌,您虽不是我家内的人,却是我家最尊贵的客人"。所以才有外婆家的"三牲福礼"与礼金的"一推一挡"。

值得指出的是,本文所引用的儒家传统经文对于丧礼的解释,并不一定是当地人在生活之中实践的时候对这套仪式的理解体系。在经学的丧服传统之中,正统文本对于丧礼的解释和现实生活之间的割裂,是经学家讨论的重点,这种情感与现实之间本身的张力和割裂是内生于丧礼之中的。但是丧礼最初的本意并不在于设置一套完整细化的仪式去规定人们的行为,而是不断承认它们之间不断的彼此互动的纠偏,以完成"以礼达情"的目的。因为与本文的关注重点关系并不密切,我们在这里不讨论"大传统"和"小传统"

互相影响的渊源,也无意将两者混为一谈。我们强调的是,尽管现实生活之中仪式有很多的变体,不同的人对于丧服的理解也不同,但是这样一整套传统文化的客观影响与制服的原则和精神却还是一以贯之的,这也恰恰是我们下面需要论述的重点。

回到本村来,这是从老人去世后到法事前这些过程背后与情感的联系意义,与后面介绍的法事不同,在这些环节,那个神秘化的世界还没有出场,人们的这些行动不是基于某种崇拜、畏惧而做事,而是基于最真实的对父母的感情,并在先生的指导下以"礼"来将之恰切地表达。

4. 做法事:不负祖先

在茌棠村,家家户户都要在人老了之后做法事,没有例外。即便一些手头不那么宽裕的人家,哪怕省掉了上祭的环节,也断然不能把法事舍去了。只是一旦聊到法事,村民并不像其他环节滔滔不绝,只一句:"那个一般都由和尚或道士来做,我们这道士做的多,和尚少一点。"要继续问他们法事的程序和步骤,他们便都推道:"那还真不那么清楚,倒是村北头的于道士是再清楚不过的。"

循着村道很容易找到于道士家,就在路边,房子门口零散地堆放着一些石碑,但除此之外也看不出和其他人家有什么不同。于道士迎出来,身材微胖,皮肤黝黑,发黄的手指夹一根红塔山。比起"道士",走在人群中的他应该更容易被当成"农民"。

可是,一旦逢上这一片儿谁家有了丧事,穿上道袍、拿上家伙的于道士,就是真的道士了。

4.1. 渐入彼岸世界

茌棠村若有老人老了,后生们一面忙着给老人穿衣服,给亲戚朋友送通知,另一面就得打紧给于道士打电话。老人被抬到祠堂,于道士也到祠堂,"先就观一副开路灯,(亡魂)地府走路去就会亮一点,不会是漆黑的"。观完这副开路灯还不能立即做法事,做法事的日子是大有名堂的。于道士得问清去世老人的生辰八字，为出殡"看日子"，而法事就在出殡的前一天。"每一个月都有这么一个日子，不是一个甲子嘛，每个月都有，不能出殡。……每个人出生的时辰都不一样，比如说子午相冲，子就是属鼠，午就是马。比如贤方他爸是属鼠的，如果是马日，就不能出殡，不能下葬，那就是相冲，那个东西看日子的时候一定要避开。"算好出殡日子并给后生交代好之后，于道士就得回去为这次法事做准备了。作为主道士，他还得通知其他几位道士法事的日子、给谁家做、做几天。在茌棠，一般的人家都做足一天一夜，通宵达旦，也有一些经济条件好的人家要求做得更长，道士们中途都不得休息。

贤方爸的法事是做一天一夜的。那天天刚蒙蒙亮，亲戚朋友就陆陆续续到了池家祠堂里。从法事到出殡是连续的环节，法事做到第二天早上，一做完就要把老人抬出祠堂了。所以，但凡要在出殡的时候送老人上路的亲朋，做法事的时候也就在了。大概傍晚6点多的时候，于道士带着其他七位道士到了。他们换上衣服、摆好家伙、在门上贴上黄色的道符，负责打鼓敲锣的道士都各自坐在位置上，负责写神仙名的道士把名单写好。约莫到7点的时候，仪式就开始了。

最先响起的是锣鼓声，鼓槌落下，就意味着仪式正式开始了。于道士在祠堂正中穿着道袍，一手举着一个竹皮和纸扎成的天鹅鸟，另一手便拿着"封神榜"，开始"报将"。报将"就相当于人死了以后发一张文件一样，要先把那些菩萨请来就发一张文件，告诉他们当地有这么个人死了，通知地府的官职什么的，总之要将那些大官小官全部弄好"。这个环节得把所有的菩萨神仙名字都念到，让他们都知道茌棠村老了人。不能漏掉一个，漏掉便在神界惹了麻烦，那些菩萨就不好在后面的仪式请来了。这个"封神榜"足足念了有几十分钟，而后于道士便召来贤方哥仨，让他们拎着桶去祠堂前面的池塘里打一桶水。贤方走在最前拎着桶，后面两个弟弟跟着。他们从祠堂出去，打罢水，便一步一步走进来，将桶交给于道士。于道士用手将桶里的水往方桌上洒，便也就是"净坛"了——要把等会请来菩萨的地方清扫干净；又把水往地上泼洒一些，就当是给在场的亲朋和躺在棺材里的老人"去晦"了。坛场清扫完毕，就可以把前面报将的那些地府的、神界的神仙都请来了。逐个邀请是一个漫长的过程，尤其是鬼王张天师，要一直从第一代到六十四代一代一代念下来，其他的神仙也要把世世代代都请到，确保一切神仙都来助势，这个过程极其冗长。

请完这些神仙，于道士和另一位道士就到祠堂门口去了，账房先生一看到了这个环节，就找几个年轻男人赶紧配合搬几个桌子放在祠堂门口的两侧，把准备好的十把椅子也分放在两侧。懂的人便都知道，这是要专门给十地阎罗接驾了。道士们早就把十地阎罗的图贴在祠堂两侧，罪行图也一并贴在其间。各种简笔画的罪行图上描述了老了的人在地府可能要受的罪，而这些罪都得经过十地阎王之手。所以阎王都要供坐在座位上，把他们侍奉好了才能把去世的人从地狱接出来。这接完驾，就到了法事中的第一个高潮：破狱。

那贴在墙壁上两侧的地府之罪并非是做了坏事的人才有，而是每一个生活在世间的人都有的罪。"人的一生都在不断地造孽，在世上不管做什么事情都是有罪的，包括洗米淘沙也是有罪的，杀猪杀鸭都有罪，将布匹剪短都是有罪的。"所以法事的基本前提就是：一切人都会因为这些"罪"在死后进入地府之中，两边的简笔画进一步把人在地府受的罪具象化，让前来的后生和亲朋都看到。而"破狱"的环节就是要把各路神仙都请来，尤其要给十地阎王打好招呼，向他们求情，让神仙们把老人的魂魄从地府中放出来。

于道士戴着帽，绕着台案开始一圈圈转。他表情凝重投入，嘴里念念有词。他是唱着歌来数种种罪状的，每数完一条便按照准备好的说辞来请求神仙谅解。孝子孝孙们都跪在台案下，微微低着头，与道士一起替贤方爸求情，希望神仙们能对自己家的老人网开一面。

这个漫长的仪式结束后法事便已过半，旁人哪怕是看着也都精疲力竭了。此时，贤方爸的魂魄已经从地狱里面出来了，于道士带着一行家人把提前用草扎好的毛人拿到祠堂门口。毛人穿着贤方爸之前最常穿的那件灰色驳领外套，被端端放在祠堂门前正中央。于道士围着那个毛人开始挥舞手中的家伙，要把刚从地府里出来的魂魄引到这象征着贤方爸的假人身上，不让他在外面游荡。孝子孝孙也要跟着道士的脚步快步跑到门口排好，把在外面游荡的亡灵召回到家里的祠堂来。这个环节对于整个法事来讲极其重要：于道士要一个一个念着孝子孝孙的名字，表明老人家的子孙后代都在这里等着他回家，池老先生就不要在外面歇脚了，快快回来做上堂之祖吧。

对于贤方爸来说这个环节还算是进行得顺畅的。现在这个象征着贤方爸的毛人上已经附着着他的魂魄了，于道士将毛人搬到祠堂内，把其中一个魂魄引到祠堂对应的牌位上，在牌位上写好他的名字，这就成了老人老了后在祠堂内的居所,也成了后面仪式中贤方爸的象征。到这为止,天已经暗了下来,于道士和另一个主道士指挥着下人把提前准备在台案下的莲花灯拿出来,用蜡烛一一点亮。孝子孝孙们一人捧着一个灯,排成队从祠堂出去,跟随着道士打镲的节奏,依次到祠堂不同的方位烧纸感谢各路神仙。这一路镲越打越快,下人的脚步也越走越快,等到了地方,镲停,下人跪下烧纸,烧罢磕头,再捧着莲花灯跟着镲的节奏回到祠堂。祠堂里还贴着十地阎罗的画像,刚回来的孝子孝孙们便被于道士领着抱着牌位依次到十个画像前跪着,于道士替他们向十地阎罗道谢,他们便只管在道士让磕头的时候磕头,磕罢便到下一个阎王殿去,要挨个拜过。

这边才拜完,那边祠堂天井处九层莲台已经用桌子搭起,牌位被端到了莲台上面。这不知不觉便已在鼓声镲声中到半夜 4 点了。道士跪在莲台下,道士身后则跪着孝子孝孙,一人手里拿着一炷香。这时已到了半夜,其他亲朋已经可以去休息了,子孙里年龄太小的也可以去睡觉,但除此之外老先生的孝子孝孙则万万不能缺席。于道士和另一个道士一起跪在上面,要把最后的咒语全部念完,而在这个过程中,孝子孝孙都不能起来。这九层莲台,每上一层都有不同的咒语,一直到九层都念完,贤方爸的魂魄也就渡上了莲台,上了南天,在那里"快活做神仙"了。

到这里,孝子孝孙都长舒一口气,贤方爸的亡灵顺利地被安顿好了。经历了一天一夜的时间,一个个步骤,贤方爸的几个魂魄总归是到了该到的地方:一个魂魄留在牌位上做上堂之祖,另外的则到最南边的南天去做神仙了,就等"出殡"时候快马驮着他的魂将他带到天边去。他既不在外面游荡做孤魂野鬼,也不在地府受那些简笔画上的罪,这是在老人已经离开的现实下让下人心里最舒服的事情了。尽管穿着道袍的于道士忽而到祠堂里念咒,忽而拿着家伙跳起,旁人并不明白每一句咒语的意思,也不懂道士做法的流程,但他们全程顺从地听于道士的安排,配合各个环节,让跪便跪,让烧纸便烧纸,让上香便上香。他们把祠堂在这一天一夜里交给道士,总归是期望一点:在经过这复杂的流程和仪式后,子孙做了该做的事情,在通灵者的帮助下把自家老人安稳地送入阴间最好的地方,让老人"到那一头"也别受苦,能享福。

这法事全过程写起来也还算简单的样子,但真做起来却毫不马虎,从第一天 7 点做到第二天 7 点,鼓声不停,法事也不能停。道士要紧锣密鼓地安排各个过程,每一句咒语都要念到,哪一个环节都不能偷懒省掉。万一哪里疏忽了都会在这个现实世界产生对应的后果。

于道士自己讲:"那年德瑞爹做法事的时候,我马马虎虎把他的名字贴在了他嫂子的牌位旁边,做完法事也没想起来。过两天德瑞来找我,说他梦见他爹在别人屋檐下,找他诉苦,说他自己没房子住,我们给烧的东西都让别人收走了,让我去祠堂看看。后来我调对了牌位就再没出什么事。"这些托梦的故事让人们在现实找到由头,更加坚信法事做得如何将影响老人在阴间的"生活"。

4.2. 改不掉的法事时间:事关好坏

上文试图勾勒一个近期法事的大概样貌,百姓们称"与殡改前没什么两样",但这并非殡葬改革的本意。追求"移风易俗,文明丧葬"目标的殡葬改革也努力推动法事的渐进式改革——县殡改办于2014年5月29日出台了《对于殡改工作中有关具体问题的答复》,其中规定:

> 逝者火化后骨灰在祠堂停放不能超过三天,根据民风民俗可举行半天左右的追思活动;
> 道士追思度亡时限为一天,晚上不超过十二点。①

而这一规定的具体实现方式则要:"加强地仙、道士管理工作不动摇。要对地仙、道士等从业人员再动员、再部署、再要求,对听话的'给甜头',不听话的让'唱苦头',特别是对选时辰火化、停尸追思、超时间追思等违规行为,事先介入、不能容忍。"②县里通过宗教局对道教协会的管辖来试图将这些乡村的道士纳入管理、减小改革的阻力,"宗教局里有所有道士的名单。他们通过宗教局成立了一个县里正式的道教协会,整个市里都有这个道教协会"。宗教协会试图通过给道士发道士证并逐年审核的方式来控制道士的行为,如果通不过审核就要吊销道士证。然而在于道士这里这种周全的方法却似乎不那么奏效:"我要那个证书干吗呢?有那个证书是做道士,没有那

---

① 村里的文件则进一步提前至10点。
② 《在殡改工作推进会上的讲话》,2015年2月2日。

个证书也是做道士,基本上这一块儿的人都是来找我。"如果一家人祖上是找于道士的师父做法事,那么这个屋场的人也会继续找于道士做法事。家族里的人代代繁衍、生生不息,道士这一行业也代代相传,"(我们)都是祖传的,家里面上人有做道士的,一般过去不外传,都是家里祖传"。换言之,于道士的"职业合法性"从来不是依托于上面行政力量的认可,而是深深嵌于乡土的宗族结构之中。

尽管如此,通知刚发出来的时候,于道士还是觉得多一事不如少一事,遵守村里进一步的规定,每次在晚上10点前结束。"殡改的时候我做了五场法事,每次都是做到10点。最后行不通,人家反映说不要我做了。……后来有一户人家,就街上的那个陈老师家,先把我叫过去,就相当于跟我协商一样,问我是做到10点还是做通宵,如果是做到10点的话,那就不让我做。……我们被逼迫着也就只好做到天亮。"当时还正处在殡葬改革的风口浪尖,公安局、派出所和宗教局联动管理超长的追思活动,于道士在殡改后对规定的第一次挑战迅速引来了村里的警觉。还不到11点,警车就直接开到了祠堂门口,村派出所的警官下车,试图先以劝说的方式喊停超时的法事。还在祠堂里穿着道袍做法事的于道士压根还没出门来:"那个陈家花屋的一大家人就直接明着对来的派出所人说:'你走吗?你们要是不走的话我们直接就把你们的车子丢到这池塘里去了。'人家全屋场的人都会出面的。派出所就相当于是被宗教局收买了一样,其实他们也没法真的出力,反正我去了也去了,我出警了但我干涉不了解决不了,有本事的话你也只能再通过县里。……所以从整个华亭县来说,只要有一家听说其他人家有做到天亮了,毕竟是乡邻,只要有一个人乱了套,就都要乱,不乱就不中。……在我做法事的范围内,人家都做到天亮了,那我必须也要做到天亮,否则人家就不叫我做事了,我只能在家坐着。后来也就这样不了了之了,搞不成功,慢慢复原了,原来该是什么样子还是什么样子。"在对村民的访谈中,听起来这次意外事件似乎是法事恢复原貌的关键;从治理的角度来看,也许可以分析为政策执行得不彻底。但殡改之中法事的逐渐恢复正意味着,一旦法事有可能在别人家被做得完整和连贯,没有后辈能忍受自家老人的法事在仓促中结束。一方面,殡改的政策要求意味着压缩环节时间,使得法事做得不够,影响亡灵的超度;另一方面,"法事最起码没有那么热闹,只能少打几下锣。……打锣是一项奥妙无穷的技术活,那个锣鼓打出来,懂的人会觉得特别好听……那个东西是法事的总指挥,乱不得一下"。各个环节都压缩,就无法通过长久形成的完整仪式过程来恰切地兴发后辈的情感,法事做完了,后辈也总觉得"还不够""心慌慌的",无法心安。尽管年轻人们一面在提起冗长的法事过程时表示"这不必要""以后都不用做的";但另一面若说起自家的老人,却也"不忍心",不愿送老人最后一程时都那么仓促匆忙。换句话来说,即便承认了"移风易俗"的正当性,当生死大事与差序关系组合时,没有人真正愿意在自己老人法事的时长上将就,因此,法事时间的恢复才在茬棠迅速扩散开来,不到一年,"法事在10点前结束"这条规矩就变成村民们心照不宣的"过去时"了,法事的时长又变回了一整个通宵。

但法事的回归实际上并不只是百姓的坚持所促成的,当问起村主任法事是不是不得超过12点,村主任的回答也耐人寻味:"刚刚开始的时候是那样规定的,但是现在也没有人管,也管不清楚。你叫生产队长、叫我们村上长期去管,不可能的,没有时间也没有精力;你让乡里人去管,这是人家都不喜欢做也不会去做的。有的时候我们就睁一只眼闭一只眼。"尽管村主任在访谈开始总是强调"殡改是个大好事",也从实用的角度提出诸如"现在劳动力少,孩子都走南闯北,可以节省劳力"和"环保,以前老人家都在祠堂放臭了"等支持观点,但又在访谈中处处透露着"往后会被大家接受""现在老人家的观点都太根深蒂固,根本改不掉"的无奈。在村庄中长大的村主任尽管能理解这一套殡葬改革的政策及其与当今时代的匹配性,然而却不喜欢也不会去监督法事的时长。

不论是村干部还是各个屋场的百姓,其"一推一挡"的背后正是因为他们生活在共同的茬棠村里:他们已经明白法事做得如何可能事关老人在阴间世界过得"好坏",尽管他们没去过那个世界,对那个所谓阴间世界的想象也全凭道士的勾勒与那几张简笔画的描摹,但却没有后代可以允许自己狠心抹杀老人在另一个世界过得"好"的可能。尽管越来越多的年轻人从理智上明白另外一个世界可能并不存在,但正因为所谓阴间的一切都是未知的,而道士所提供的可能性又历历在目,谁能忍受自己家的老人在"地府"里受一丁点苦呢?想到别人家的老人有可能在南天做神仙,作为后代怎么能心安?

正因为死是一种不可知的状态,而法事过程事关老人在阴间的好坏,因此在茬棠村的领域内,即便是村干部、派出所官员也很容易"推己及人",对自己打扰亡灵行为的正当性感到自我怀疑。

4.3. 小结:法事为何

在田野之中,一个明显的事实是,村民口中的法事与道士并非制度化的、官方的道教的产物。尽管法事的过程会遵循正统道教的神系象征与话语体系,但是这种宗教形式既在整体性、严格性等特征上无法与制度化道教等量齐观,又有许多结合地方特色再创造的部分。因此,需要澄清的是,上文所描绘的包括法事、道士在内的整套体系,并不能被称为严格意义上的道教,大概可以暂且称为道教的民间散布形态(欧大年,1993)。而让这套体系得以贯穿丧葬过程的关键人物就是像于道士这样的本地村民。对于道士的性质,当地学识丰富的小学老师有着一套有趣的解释:

> 被:道士的理论最初的来源应该就是宗教,宗教分支。为什么要引入和尚、道士呢? 因为他古代这个出家人,宗教的出家人要离开家嘛。离开家他真正的修行就是与自己的家啊亲戚啊不能来往,不然就打扰到他们的清修。但是这个矛盾……不是所有人都能出家,也不是所有人都愿意出家。而且在家的人啊,他面临着他死后罪孽无法消除,怎么办呢? 他又不能把出家的人重新拉回到红尘,不然的话你破坏他的修行。所以(但是)他又必须要那个东西(指法事),于是乎在两个群体中就产生了第三个群体:和尚、道士。他跟尘世的人一样,要娶妻生子,要一样干农活,他真正起作用的呢,就是袍子一穿,法事一做,他就把庙里有用的那个拿过来服务于家里人。
> 访:出家和在家的人之间?
> 被:对。
> 访:那除了出家和在家的人,平时还会有其他事情找他们吗?
> 被:主要是丧葬仪式。

这套解释揭示了第一层事实:这些做法事的人家在平日里并不信道教,村里也没有供人祭拜的道馆;而道士在乡土生活中只是有丧事、被村民需要时出场。所谓的道教在茌棠村并非一个日常化的信仰体系,而只是在死亡发生时用来消除灵魂罪孽、让死者获得超度的资源或手段。因此,从访谈中可以发现,一般民众和道士对于法事仪式的理解和态度全然不同:民众对于仪式的环节并不清楚,但却强调法事因其超度的功能而不可以被取消,这种解释偏向实用主义;但道士和当地的文化人(如前文的小学老师)则将仪式环节及仪式的必要性放到一整套意识形态与宇宙观之中来解释,并追求环节之间的逻辑连贯、目标一致。换言之,比起将法事背后的宗教视为文化象征与信仰体系,村民在实践中更倾向于将其视为具有社会功能的仪式,且这些脱胎于道教解释的仪式有着极强的社会性特征。

而我们要进一步问的问题是:为什么没有道教信仰的村民却在丧葬时要执着地让灵魂获得超度呢?

王斯福(2008)认为,中国的民间信仰通过隐喻的方式来模仿帝国的行政、贸易和惩罚体系,但这种隐喻式的模仿并非是对帝国科层体系的复制,而是一个再创造的过程。这种兼具多样性与一致性的民间信仰有三个主要对象,即神、鬼、祖先,神对应帝国的官僚,鬼对应乡村生活中带有危险色彩的陌生人,而祖先则对应自己人。这套隐喻体系构建了一个与真实世界相互观照又可以相互沟通的彼岸世界,王斯福认为这是中国民间信仰的重要特征所在。而具体到茳棠村,我们在访谈当中要村民对法事以及人死后的事情做一解释时,村民都会自觉地使用"阴阳一理"这个词,即阴间世界(彼岸世界)与阳间世界(真实世界)采取着同样的原则与道理,且阴间世界也会随着真实世界的改变而不断改变。因此,尽管有些家会世世代代请道士按照道教理论做法事,有一些却请和尚[①]来按照佛教理论做法事,村民却将最大的不同描述为:"道教把祖先送去南天做神仙,佛教是送去西天(做神仙)。"此外,其描摹一个与真实世界相观照的阴间世界的努力却是十分相似的。进一步地,尽管如何进入那个彼岸世界是唯道士、和尚这一专门的人才能掌握的,但是每一个村民都可以想象也相信那个彼岸世界的存在。正因如此,他们很容易按照自己生活的世界对于已经去世的老人将心比心,通过置办丧葬物品来让老人在"那边"过得更好;他们尤其害怕因为缺少仪式而使得老人跌入地府、成为危险的孤魂野鬼;但对阴间的想象也的确不只是对现实世界的复制而已,

---

① 与道士相似的是,这些和尚也是居住在村里,按照佛教理论来操办丧葬仪式的人员,并非是寺庙里的僧侣。

而是融合了美好愿景后的再创造。因此,在阴间世界中,一个与地府对立的南天被建构出来,法事的目的是要将去世的老人从地府中送出来,并送到南天"快活做神仙",这是最符合儿女愿景的事情。

而若进一步考虑做法事的空间则更为复杂。道士是在家族的祠堂里做法事,并且还要在接回亡灵的时候将其中一个魂魄引到牌位上,使其成为"上堂之祖"。从道理上来说,这似乎并不属于道士该做的事情。但这恰恰反映了民间信仰的神圣性和社会性在乡土实践中的结合。在这场由道士主持的仪式之中,村民所关心的始终不是道教中的象征偶像,而是自己的祖先,这就揭示了法事过程的第二层事实。道士们在这里实质上在帮宗族完成他们的要求,换言之,法事这种通过一个个相互关联的清晰步骤通往其勾画的形象的彼岸世界的形式,被作为一个重要的内容纳入到宗族的体系之中;法事对于村民的意义是在相信阴阳一理的前提下,通过这种他们所能采取的方式让祖先在彼岸"过得好",从而让自己"心安"。

5. 殡改之后:出殡、火化与下葬

上文已经提到,殡葬改革过程中执行最为彻底的就是对土葬行为的强制性改变。政府对火化的重视使得百姓必须接受这个原本不存在于传统丧礼中的事物,伴随而来的就是对"出殡"之后仪式过程的一系列调整。在本部分中,我们将对殡葬改革推行以后出殡、火化和下葬这三个环节进行考察,并力图对村民在重新设计丧礼时的所作所为、所思所想进行一个较为详细的展现。

5.1. 出殡:破晓时的肃穆

出殡是丧礼过程中一个非常重要的组成部分。传统的说法是,出殡之前逝者的灵魂尚未完全升天[①],所以这一环节若出闪失将直接波及逝者在另一

[①] 当地人认为逝者具有三魂七魄,做法事的时候会将一个灵魂渡上南天,而出殡时会送走逝者的其他魂魄。然而,三魂的具体内容还有待考证,访谈中道士提供了一种说法,即三魂是生魂、死魂和游魂。

世界的生活。因此,人们在出殡之前往往尤其审慎,他们关心逝者在阴间的状态,也害怕家族日后的生活受到影响。

殡改之后的历次葬礼中,出殡的时间被安排得越来越早,原来还是选在朝阳初上的时候,却渐渐被提到了东方破晓之前。问及原因时,村民的回答大多无奈:"要赶着早点去火葬场啊,前面烧的还干净些,后面就和其他家混了,他们那个炉子都不清理的。"所以,为了赶早去殡仪馆排队,现在的人们往往是天不亮就踏上了从祠堂到簧场[1]的路。一路上,长子捧着逝者的牌位走在最前方,紧跟着的是青壮年劳动力组成的抬棺队伍。在他们之后,孝子贤孙按照长幼辈分依次排好,一些人手中会拿着需要烧掉的物件。再后面便是逝者的生前好友以及其他参加葬礼的人员(包括道士、乐队等)。

值得一提的是棺材的问题,虽然殡葬改革有一个"破棺"的过程,但正如引言中所说,参与者一般只是在棺材上锯一个小口,并不会对它进行严重破坏。而村民在殡改的"风头"过去以后,一般都会将棺木修补重用,并依照传统寻找村里的八个后生抬着它出殡。于他们而言,棺木是老人生前花大气力置办的,没有它的仪式总会显得不够隆重,而对"出殡"的重视往往使得他们容忍不了这种草率,于是"破棺重用"也就变成了一个理所当然的事情。

出殡之路的终点是一个叫作"簧场"的地方,人们要在那里将做法事用的东西全部烧掉,同时将亲人的灵魂送上南天。仪式开始的时候,道士会先将一只公鸡的脖子拧断,并将它的血洒在要烧的东西上面。这种做法有两个含义,一是为了护送灵魂乘着龙车凤辇开天,二是为了保证烧的东西能够准确地寄送到逝者那里去。[2] 虽然政府一直号召文明节俭办丧事,但"拧鸡公"这个环节却万万不可省略,因为"不这么做先人就收不到东西了",而这些要烧掉的扎马、纸钱等物品又都与逝者的衣食住行息息相关,所以这么做实际上是为了保证逝者在南天不会缺衣少穿,能够真正地"快活做神仙"。

---

[1] 簧场,根据当地方言音译。在整场丧事之中一般用来烧掉所有在丧事之中用到的物品的一块宽阔地域。因为按照道士的说法"阳间万物由土生,阴间万物由火生",因此只有通过火才能将老人需要带走的东西送到那边的世界去。一般道士会根据风水在祠堂附近选择地点。在殡改之前,该地点只是在出殡的过程中要绕行的一个地点,但是在殡改之后,不能直接抬去山上,所以村会将冰棺抬到这里,将所有的东西烧完,然后将冰棺抬到殡仪车上完成火化。从祠堂到簧场的过程代替了原本从祠堂到山上的出殡过程。

[2] 这两个说法是我们从道士和当地的老师那里得来的,到向村民印证时,村民则往往将这个仪式只描述为保证东西能被先人收到,下文即可印证。在对仪式的理解中,村民更在意这些关键的功能性环节,而道士、老师等则更希望描述一个内部逻辑连贯的世界。

一般来讲,簋场的仪式虽然隆重但持续时间不长,除了时间提早以外,其他步骤几乎与改革之前没有太大区别。究其缘由,大概要回到出殡本身的重要性上。这个环节既关乎阴间幸福又关乎现世安宁,人们由此产生的情感往往是悲痛与敬畏交织。从行动层面上来说,两种感情又共同指向了对仪式的高度重视和精心安排。因此,在条件允许的情况下,人们对"出殡"的态度大多是"能不改就不改",毕竟对传统做法的遵循是最妥帖而不容易发生错漏的。

真正的问题在于,按照改革要求,出殡结束后人们必须将逝者送去殡仪馆火化。但"火化"作为丧礼中全新的环节,其本身是毫无传统可循的,它的出现着实给村民带来很多惶惑和纠结。然而也正是因此,一些新规矩、新做法随着时间的推移逐渐产生,这就是我们下一节所要考察的内容。

5.2. 火化:最后的告别

对村民而言,火化是一个极其可怕的过程。在短短的40分钟内,逝者"有斤两"的躯体将通过高温的作用转化为几抔轻飘飘的骨灰。按照受访者的话说,"老人进去的时候还是个人,出来就再也见不到了"。因此,新环节的重要程度与传统丧礼中的"盖棺"是非常相似的,村民们也自然而然地赋予火化以"告别"的含义。

告别是非常郑重的,它一般会在参加葬礼者全部到场后进行。在城里,这个环节发生在火化前的遗体告别仪式上,参与者会按顺序依次向遗体鞠躬;在乡村,这个环节发生在即将下葬的时候,大家会一同注视着棺盖落下,至亲更要赶在棺材完全盖好前看逝者"最后一眼"。但对于村子里的人来讲,火化与盖棺有非常重大的区别:盖棺发生在逝者的所葬之处,它对参与者的人数没有要求;但火化却发生在位于县城的殡仪馆里,人们必须驱车前往,而政府对于车辆却是有数量要求的。根据改革后的规定,从村子里驶向殡仪馆的机动车不应超过五辆,也就是说,允许见证火化过程的人至多三四十个。那么问题在于,这些被允许参与"告别"的人如何被挑选出来?究竟谁真正有权利坐上去往县城的汽车?

改革刚开始的时候,政府对车辆数目看管得很紧,人们必须做出这个有关人员的选择。一般来讲,葬礼的组织者(一般是逝者的直接亲属)会根据参加者与逝者的亲密程度来选择上车人员,然而这样做其实是相当得罪人的,因为一旦组织者与参加者两方对关系强弱的判断产生差异,就很容易引发较为严重的矛盾。此外,很多时候情况会比想象中更加棘手,比如当车子上只剩下一个位置,而有两个与逝者亲密程度差不多的人同时想跟去县城的时候,如何选择便是摆在组织者面前的重大难题。

让我们意外的是,随着政府监管的松动,村民以两种极具创造性的方式化解了这种尴尬。第一种是找五辆客车作为交通工具,由于机动车载客量的差异,这样做相当于增加了好几倍可以去往殡仪馆的人数:"就算有些人家的车子是五部,车子少了但是人照样还是那么多,他就请那种特别大的大巴,一辆大巴可以坐30人,你不允许我超过五部车子那么我就只有叫大巴了。"而第二个方式就是让想去的人全部前往殡仪馆,但只在五辆车的前面挂白花:"魔高一尺道高一丈,过去的时候车子前面都得贴上白花,但是我现在只挂五个车子的花,其他车子上面不挂,反正你也不知道我是不是。反正我车子也不到殡仪馆里面去,我到了那里的时候就在旁边停着,回来的时候再跟前面的车子一起,你怎么知道我是干吗的。"[1] 不论采用哪种方式,都极大地扩充了可以去殡仪馆的人数,告别仪式得以更为顺利地进行。

上文提到,为了让自己亲人的骨灰"干净一点",村民们一般会赶早去殡仪馆排队,而前来为亲属火化的大多数人都会带着已经提前买好的骨灰盒。虽然政府为了鼓励火化提供了一些免费的盒子用于盛放骨灰,但是村民们却大多不会用政府赠予的物件,因为"那个就很破,很容易烂"。相比之下,他们自己买的盒子就显得精致很多:这种物件通常用上好的木头或玉石做成,它通常很沉,上面带有很多细密的雕花,其精美程度丝毫不亚于老人们之前费尽心思打下的棺材。据村民讲,卖骨灰盒是殡改之后盛行的,而且做这个生意的"一般都发了"。事实上,村民对这种生意人充满了愤怒,前者在描述后者的时候满口脏字,咬定他们"心黑""坑钱";然而这种愤怒从理性角度上分析其实不合情理——他们完全可以选择几乎不怎么需要花钱的公益性骨灰盒,而不用被这些生意人"坑钱"。如此说来,这种抱怨多少含有一些"一个愿打,一个愿挨"的无奈,正是因为葬礼本身就是生者为逝者做的最后一件事情,他们都希望在可能的情况下做到最好。一旦自己的亲人不幸离世,

---

[1] 来自对于道士访谈的整理稿,可在村民的访谈中得到印证。

大多数村民都会选择最贵、材料最好、最精美的骨灰盒,在这件事情上是万万不能省的。村民不满的不是"贵"本身,而是知情者利用这一乡土观念来增加骨灰盒的价码。

与这件事情非常相似的还有火化炉的问题。目前,县里的殡仪馆提供两种火化炉,其中好一点的比差一点的贵400元钱。访谈中我们发现,其实村民并不清楚这两种炉子具体的区别,只是模糊地说"好一点的可能烧更完整""好一点的不那么残忍"。但当他们面临选择的时候,尽管会不停地骂殡仪馆"赚死人钱很缺德",他们还是会义无反顾地挑那个贵一点的好炉子,这同样是因为"最后一次了""不这么做会不忍心"。换言之,虽然骨灰盒与火化炉都是殡改后出现的新物件,对它们的选择标准却也与葬礼中其他器物并无二致:在力所能及的条件下给老人"最好的"成了一个公认的准则。如若主事者不这么做,他不但会面临他人的指责,更可能陷入一种复杂的自责情绪当中:既出于情感原因而不安,又出于对老人在阴间过得不好将对后代产生的负面影响而害怕。

5.3. 下葬:但求心安

虽然政府大力提倡死后在公墓下葬,但村民们在将亲人火化后还是带着骨灰回到村里,将亲人埋在自家的祖坟山中。

祖坟山是当地人再熟悉不过的存在,山上往往会埋着这个家族祖祖辈辈几代人。在茌棠,孩子还很小的时候就会和父母以及其他亲戚在清明时节去祖坟山上祭祀,长辈会叫他们向一个个墓碑磕头,不论孩子见没见过这坟冢之下掩埋的亲人。因此,几乎所有的茌棠人都明白祖坟山的意涵,那是先辈们最终的落脚之地,也是自己逝去后的魂归之所。"人死了,是要埋在祖坟山上,和这一族的人在一起的",没有睡在祖坟山里的人往往会被认为是"孤魂野鬼",他们在另一个世界孤苦无依,还会时不时回来报复子孙。

殡葬改革后,虽然政府用资金筹建了公墓,但公墓的所在位置却离祖坟山很远。也正因如此,村民们会认为睡到公墓里与睡在他乡并无区别,都是一些可怜的孤魂野鬼。所以他们会不辞劳苦地从火葬场直接去往祖坟山上,以换得亲人更好的安葬。

掩埋亲人的地方是由风水先生提前选好的,出殡时所用的棺材会早早地由八个后生抬到这里。等去县里的队伍回来之后,长子会小心翼翼地将骨灰盒放在事先装满石灰①的棺材里,然后将骨灰盒和棺材一起埋下去。这一做法可能有违改革精神,但在人们看来,"寿方就像老人的房子一样,那就是他们的家,你不把家和他一起埋下去就很残忍",此外,"棺材都是用好木头做的,刷桐油都会刷好多层,骨灰放进去不容易潮湿,谁都不希望自己家老人骨灰埋下去两天就找不到了"。

从村民的叙述中我们发现,棺材在殡改之后被赋予了一个新的功能——减缓骨灰流失速度。但仔细想来,这个功能又与殡改之前棺材"延缓尸体腐烂"的作用何其相似。其实不论是骨灰还是尸骨,对村民来说都是亲人在这个世界上留下的痕迹,留着它就像留着一种念想,失去它往往就意味着一种残忍。而现实往往是,生者与死者的关系越亲近,他对这种残忍的感知就越强烈。因此,逝者的骨肉至亲大多是一定要将亲人的盒子连同棺材一起埋入土中的,不这样做便会心慌不已,甚至会经常梦到"亲人在那边挨饿受冻,哭着跟自己要房子"之类的情境。

一般来讲,随着亲人的入土和墓碑的树立,整个丧葬仪式便宣告完成了。

5.4. 小结:变动中的仪式精神

殡葬改革之后,村民必须根据政策要求对原有的丧葬仪式进行调整,而他们的调整内容以及过程中的选择就成了我们关心的问题。通过观察和访谈我们发现,随着政策执行的松动,棺木作为一个"被改掉的器物"重新出现在了出殡和下葬的环节中。村民普遍认为,棺木是逝者生前用心准备的"房子",缺少了它逝者便不会在南天过得舒服,这种对彼岸世界的想象使得仪式操办者极力地促使棺木贯穿于丧礼之中,护送着亲人的灵魂远去,陪伴着亲人的身体入土,似乎唯有这样才能促成整个仪式的完满,才能让生者不留遗憾。

此外,面对"火化"环节的引入和骨灰盒、火化炉等器物的出现,村民借鉴了很多传统仪式的做法去接受它们并解决相关问题。看到火化将肉身转化为骨灰,他们几乎是不自觉地将其与"盖棺"相联结,并赋予了新仪式以告别的传

---

① 棺材中装入石灰是一个殡葬传统,既可以减缓尸体的腐烂速度又可以稳定住尸体。

统意涵。于是他们想尽各种办法钻制度的空子,极力促使所有吊唁者都能"看老人最后一眼"。对骨灰盒和火化炉的选择其实也是这种思维的体现,因为一切都是最后一次,所以必须尽力给逝者最好的资源,因此他们中大多数人没有响应政府文明丧葬的号召,而是做出了一系列看似铺张浪费的选择。

从以上发现中我们可以看到,不论是面对传统的出殡还是新增的火化,不论是对待传统的棺木还是新增的骨灰盒,村民处理相关事情的逻辑其实从未改变,他们要用最隆重的仪式和最好的器物向亲人告别,让他们在南天快活做神仙,也让自己和整个家族在现世活得安详。换言之,他们所做的一切最终指向了"心安",而这种复杂的情感恰恰是传统丧礼衍生出来的原因,也是传统丧礼所传递给他们的仪式精神之所在。

6. 总结与延伸:事死如生,情即心安

6.1. 人伦之中:丧葬仪式中的意义结构和发生过程

上文的三个部分描摹了殡葬改革后一场丧葬仪式的完整环节,并从这些紧密联系、共同构成一个整体的仪式过程中去理解其背后的意义结构。为追求仪式过程的完整性和阅读体验的一致性,前文对于仪式意义的阐释散落在各个段落之中,对应不同的仪式细节。因此本部分将以去世的老人和操办后事的后代两个对象为基本框架,搭建丧葬过程中的意义结构,如下图所示:

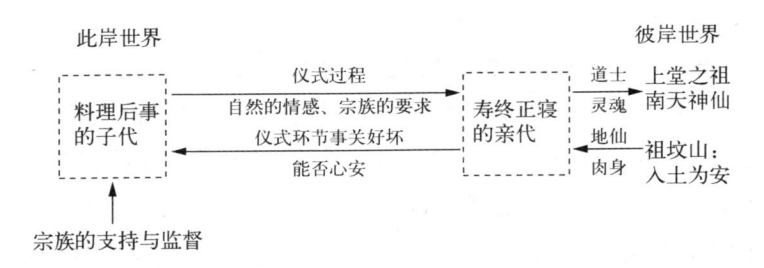

图 1 丧葬仪式中的意义结构及发生过程阐释简图①

---

① 1. 仪式过程即文中所写,包括上祭、法事、出殡、下葬等各个环节的一整套过程;2. 道士与地仙为整个仪式中需要借助的"专人",以他们为中介,老人们才可以顺利进入彼岸世界。

丧葬仪式首先发生在料理后事的子代与寿终正寝的亲代之间。当老人仙逝之后,其后代首先要通知宗族中的成员,并在他们的支持和帮助下开始操办整个仪式。包括上祭、法事、出殡、下葬及其之间的各个仪式过程,既发端于子代对亲代的情感,也是宗族之内的要求。一方面,丧葬仪式在一代代传承,每一代在仿照上一代继续着仪式,也守候着仪式背后的意义;另一方面,即便有子代本身对死亡的看法和对仪式的理解已经发生变化,宗族也是其背后强大的监督力量,以宗族的权威来保障去世的老人能够和其他老人一样在死后获得应有的尊严。在这一环节,宗族的要求往往会内化为子代顺理成章的自我要求,成为表达对一体之亲情感的自然延伸;若是有一些子代对情感看得比别人都轻,或对于仪式的理解不足,此时就需要宗族出场,以林渊先生为代表的这样德高望重的前辈通过仪式来兴发后代情感,使得子代对老人的情感及仪式的表达与其之间紧密的"父子""母子"关系相匹配。

尽管城市化的过程在深刻影响着村内人的生活世界,他们面临的经济、劳动力和文化环境也在发生着改变,但是在田野调研之中,我们却发现,丧葬仪式作为一种特殊的乡土实践,却不断从乡土之中汲取资源,顽强地维持着自身的完整与独立。一个显著的例子是随着外出打工的增多,留在村内或附近的后代人数似乎显然不能满足丧葬仪式以及日常祭祀需要的大量劳动力。正如村主任所担心的:"家里面的老人家去世了,首先没有劳力,没有人帮忙弄出去。……现在人家家里孩子都少,有些人家孩子嫁得远,就没有人打理,没有人帮忙,也是一件麻烦事情。"但这一应然的推论在访谈村内人的时候得到了明显不同的回应:"总还是有人住在村里的……谁家有了丧事都会互相帮忙,没有不帮的道理,你想谁家都有这种事情,互相帮忙了。"即一个宗族内如果有人外出,因为丧葬之事公认的重要性,其他稍微远一些的亲戚也会自发地来帮忙。这相当于扩大了差序格局中与丧事相关的成员范围,从而使得丧葬仪式本身维持着其原有的形态。另外,在田野之中我们有意访谈了一些年轻人和中年人。提起殡葬改革,他们比老年人要平静很多,也评价"火化的确是更文明,也干净""这就不搞攀比,省钱"。但随着访谈深入,当问起他们父母的丧事,其回答却与之前的态度不一致,呈现出双重标准来:"幸好我爸妈走得早,有福气了,没赶上(殡葬改革)。""他们来砸棺材我没让,我说你补的钱我都不要了,留着棺材给父母求个舒坦。""我爸妈如果走了还是得办事,我们要是不办得被(周围人)戳脊梁骨,自己也不忍心。"这种态度当然和乡土社会的差序结构有关,即便后代已经可以客观地评价殡葬改革和丧葬仪式,但在关于自身父母的丧事面前却又暴露出亲亲之道的逻辑。

图1的右半部分呈现出大部分仪式的作用和目的——帮助"老"了的老人进入具有双重神圣性的彼岸世界。这里体现出有无这些仪式过程的差别:没有这些通过仪式,死去的人只是离开此世而已,却没有被另一个世界接纳,也无法与去世的亲人团聚,只能是孤魂野鬼。人们将这种状态形象地比喻为"没有获得阴间的户口"。道士这个中介人可以将老人的灵魂从地狱中解脱出来:一方面在道教勾画的神仙世界找到定位;另一方面在祖先崇拜的祠堂中找到归宿。而地仙则要帮助后人根据天干地支选择埋葬的风水,从而在祖坟山上找到不危及子孙的最合适的地点来安顿老人的肉身,让老人在另一个世界也能与彼岸的亲人团聚。

这部分的仪式并非走完流程而已。作为衔接此岸与彼岸的桥梁,仪式做得是否到位首先在神圣性的框架之中影响老人在彼岸生活得好坏,而这又进一步使得死去的老人反作用于其子孙,在现实之中确立可能的荫庇或危及的作用。正是因为死是一种不可知的状态,人们必须按照最为完整和合适的仪式为老人操办,如此不仅安顿亡灵,更是反过来使自己心安。如果明明知道这套仪式的意义所在却还不去那么践行,人们便没有充分的理由展现给别人自己的孝,无法说服自己先人不会因为丧事不到位而怪罪自己并牵涉子孙。无论是对于无法庇荫子孙的恐惧,还是对名声有失的担忧,抑或是真的没有尽到哀思,这些种种情感的复合的产物便是无法使得自己"心安"。

6.2. 以礼达情,情即心安

田野的推进至此,有一个事实逐渐浮现出来:与其说殡葬改革在尝试改变村民长久形成的丧葬习俗,倒不如说村民和其丧葬体系在努力"消化"殡葬改革,并尽力使其影响最小化。而若能体会人们眼中消化殡改之必要以及消化过程中遇到的困难,就能够更好地理解为何殡改后的丧礼呈现为此。

诚然,我们需要承认的是,在这场由政府强力推行的殡葬改革所导致的后果之中,人们之所以能够接受火化这一程序,与这一程序能够被指标化为"火化率"而其他改革方面没有办法精准量化为政绩考核的指标有很大关系;另外可以推论的是,对于不归属于宗族力量又贫穷的小姓家庭来说,殡葬改革可能颇有裨益——可以将他们从繁文缛节中解脱出来,还可以让他们获得免费却也相对体面的文明丧葬仪式。但是,不能否认的是,如果人们对于这些丧葬仪式的态度确实是惜其无实而枉费,那么政府一旦对其开刀,村民们也会按照政府所改革的理想状态顺水推舟。恰恰这样一次改革,为我们提供了一个绝佳的视角,从人们对于丧葬仪式中政府所设立的禁区重新发展出一套维持了之前丧葬仪式所蕴含意图的新的仪式,观察到这样一套丧葬仪式并不是刻板的、不近人情的、不可更改的,而是充满弹性空间的、灵活的、可变通的。但是变通的前提条件是,人们通过这样一套丧葬仪式所兴发的感情和所达到的目的不能打折扣:人们坚守的不是仪式本身,而是仪式背后那个所蕴含的整体的意义图景。

  殡葬改革对丧葬仪式的改变首先牵涉到这套仪式之中所包含的情感之间的关系,也即"礼"与"情"的关系。这在最先倡导"克己复礼"的孔子的言论之中便有较大篇幅的讨论。《论语》中"林放问礼之本"节,孔子对于"礼"和"礼之本"之间的关系有如下回答:"礼,与其奢也,宁俭;丧,与其易也,宁戚。"朱子注曰:"礼贵得中,奢易则过于文,俭戚则不及而质,二者皆未合礼。然凡物之理,必先有质,而后有文,则质乃礼之本也。"(朱熹,2018:62)范氏注曰:"俭者物之质,戚者心之诚,故为礼之本。"(朱熹,2018:62)故在儒家看来,礼最重要的核心是人在其中自然而然的充沛的情感,这样的情感是处于儒家强调的伦常之中的,礼文只是作为一种规则,使得过于哀痛的情感能够得到节制,兴发不足的情感,从而达到一种"物之齐"的状态,进而通过这样一套合乎伦常的礼文使民风淳厚,达到仁义礼治理想局面。而在此次田野之中,每当我们问到具体的丧事,人们根本就不会深究亡者为谁,而是先入为主地认为丧事就是儿女为父母送终。因此,丧事总是与孝顺联系在一起,需要放到父(母)子(女)伦常的关系之中去考虑,落实到实际层面,即需要放到家族的框架之中去感知。这是整个家族与一个即将从日常生活之中隐去的亲人的隆重告别,更是处于差序格局之中的"情"的一种自然表达。不同的角色和身份在这场丧礼之中被规定需要承担起不同的责任,这虽然属于繁文缛节,有礼尚往来之意,也有规训、教化的目的,但是这些礼却都是发乎于情的,后者是"礼之本""礼之质",用礼来规制情感,使得情感的互动有来有往,从而达到一种合乎伦常的关系。

  殡改并没有想要从宗族在丧礼的组织和运行之中入手改革,它没有意识到的一点是,作为殡改目标的丧葬仪式是无法脱离这样的宗族结构而自我运行的,反过来,宗族的维系也需要借助这样的仪式性场合。无论是在殡葬改革之前还是之后,人们始终活在一张内嵌于乡土的亲属关系网络之中,而各个亲属在丧礼上所遵从的"礼"是有差的——其标准就是与死者的差序关系。这种无法替代的宗族关系和村庄关系,使得丧礼有了坚如磐石的基础,也只有在这个基础之上,"以礼达情"才会是一个自然而然的过程。

尽管传统儒家意义上的葬礼并不推崇鬼神之道,但在当地人的地方实践之中,带有神圣性的"法事"是整个丧葬仪式中不可或缺的。然而,村民不仅没有把对道教的信仰纳入日常生活之中,甚至对法事的具体环节不甚了了。他们所明确且一致的,只是对法事过程及其时长的近乎执拗的坚守。这正是因为它所勾画出的"十地阎罗"和与之对立的"快活做神仙的世界"两个彼岸的世界,使得人们一旦知道这一神圣性的图景后,就希望自己家的老人能够安稳通过通往彼岸世界的路途,并且在彼岸世界最终找到最优的位置。法事过程的目的也进一步分化,通过让逝者成为"上堂之祖",法事将无家可归的孤魂野鬼变为有香火祭祀的祖先,让具有道教神圣性的法事仍指向祖先崇拜的实质。如果说前面的法事已经完成了对灵魂的安顿,出殡的过程和"睡棺材"则是关乎死者肉体的入土为安。从祠堂到祖坟山,亡者完成了与这个世界最后的告别,但是他的灵魂已经得到了救赎和长存,因此他只是换了一种状态与生长于斯的土地共存。但是这样的一个过程尤其需要以礼相待。这个礼,终究是出于一种对于至亲的肉体的"不忍"。

殡改最后的结果在于这个群体以自己的方式和意义去容纳了它。仪式是具有弹性空间的,这种仪式上的改变反而更加凸显和巩固了这一意义。这个意义,是人们的鬼神观念、宗法观念和自然而然的情感三者互相影响、互相渗透的复杂产物;完成这样一整套仪式和对于仪式的坚持,是一个使得处于差序格局之中的人能够通过这种有差别的互动方式完成尽哀之情以求心安的过程。概而言之,情是核心,宗族关系是社会基础,法事代表的一套鬼神观服务于包含在宗族关系之中的情感。

在这套意义结构的支撑下,殡葬改革对于茳棠和这里的丧葬仪式来讲就像一道伤口。当冷冰冰的政策被推行之时,完整的丧礼的确被打乱、重组,但很快茳棠的村民们在传统的定义与现实的实践中,不断坚决又小心翼翼地推动仪式改回原来的模样,以原有的意义结构去容纳殡葬改革要求的具体形式。殡葬改革并没有搅动丧葬仪式这一池春水,而只能如一颗落入水中的石子,虽引起一片旋涡,却很快被周围柔软的水流包裹。石子落入水底之后,池水还是会缓慢又坚定地归于风平浪静。

参考文献

郭于华,1992,《死的困扰与生的执著》,北京:中国人民大学出版社。

林耀华,1989,《金翼:中国家族制度的社会学研究》,北京:生活·读书·新知三联书店。

凌廷堪,2002,《礼经释例》,北京:北京大学出版社。

欧大年,1993,《中国民间宗教教派研究》,刘心勇等译,上海:上海古籍出版社。

王斯福,2008,《帝国的隐喻:中国民间宗教》,赵旭东译,南京:江苏人民出版社。

许嘉静,2015,《葬之以礼》,北京大学硕士学位论文。

许烺光,2001,《祖荫下:中国乡村的亲属、人格与社会流动》,台北:南天书局有限公司。

喻中,2013,《乡土中国的司法图景》,北京:法律出版社。

朱熹,2018,《四书章句集注》,北京:中华书局。

Oxfeld, Ellen. 2004. "When You Drink Water, Think of Its Source: Morality, Status, and Reinvention in Rural Chinese Funerals." *The Journal of Asian Studies* 63(4): 961–990.

Rawski, Evelyn S. 1988. "A Historian's Approach to Chinese Death Ritual." in *Death Ritual in Late Imperial and Modern China*, James L. Watson, Evelyn Rawski (eds.). Berkeley: University of California Press.

Watson, James L. 1988. "The Structure of Chinese Funerary Rites: Elementary Forms, Ritual Sequence, and the Primacy of Performance." in *Death Ritual in Late Imperial and Modern China*, James L. Watson, Evelyn Rawski (eds.). Berkeley: University of California Press.

Whyte, Martin K. 1988. "Death in the People's Republic of China." in *Death Ritual in Late Imperial and Modern China*, James L. Watson, Evelyn Rawski (eds.). Berkeley: University of California Press.

对周飞舟老师的访谈*

访 谈 者：宋丹丹（以下简称"宋"）
被 访 者：周飞舟（以下简称"周"）
访谈时间：2021 年 9 月 20 日

宋：想请老师谈谈指导挑战杯的经验和心得。

周：指导做挑战杯研究，最重要的是掌握好一个度，是指导，不是主导，是学生自己去做，自己主导。理想的指导是老师在学生的基础上，在他想不通、提升不了、概括不了的地方，帮他一下。

对于这种指导观念，我主要有三点体会。

第一点，老师的干预有时会影响论文前进的方向，这是老师在指导研究中起的作用。虽然学生千差万别，但他写的论文会有老师的印记。因为在师生互动中，老师总会有主导性，所以老师应该有所克制。如果干预得过多，学生自身特长的发挥就可能会受到抑制。但是老师也不能完全不干预，撒手让学生自己做，这样出来的论文往往都不太行。这是我体会比较深的一点。

我为什么说一定要把握这个度呢？这是与田野研究的特点息息相关的，这也是我的第二点体会。我们系学生做的挑战杯，大部分是田野研究，而田野研究最大的特点，是只有研究者本人对材料才有发言权，外人没有，老师也是外人。指导老师只是听了学生讲述田野中的发现，听的时候已经是落于第二义了。而且，田野研究的发现与调查者在田野情境中的感受有关，这种感受很多时候并非来自田野材料，而是来自田野情境，一旦离开那个情境，这种感受可能就消失了。这也是田野研究本身最有价值的地方。但这种感受很难传达给别人，老师始终与学生的田野隔着一层，这就是老师不能做主导的原因。老师听学生讲，然后提出一些看法，这些看法到底行不行，得学生自己

---

* 本访谈同时为《事死如生：从殡葬改革看丧葬仪式的意义结构》《经营有"道"：三个规模农场的案例研究》两篇获奖论文的访谈。

决定。

第三点，我上面说的这种理想指导局面的达成，其实需要师生之间有非常频繁和密切的互动。学生和老师要是很不熟，见面很少，学生就很难向老师表述自己的田野情况，老师对学生的讲述也会产生理解上的偏差。所以后来我指导挑战杯的办法都是固定的，每星期和学生见一次。从选题阶段开始，一般会持续一个学期，这属于前期准备。主要话题是调查设计和文献阅读，重点了解学生对这些东西的想法。学生做了一些前期调查后，我们再围绕调查发现进行每周一次的碰面。

比如说像罗兆勇他们组，就会在调查前两个月左右，每个星期来一次。寒假调查回来后，又大概来了一个月，每周来讲他们的调查材料和发现。你想啊，前期的频繁互动，使得老师和学生已经很熟了，这种熟悉不只表现在人际关系上，更表现在老师对学生特点的了解上，以及学生对老师思路的熟悉上。这是一个好的基础。所以到了需要讲田野时，学生的表达和老师的理解之间的障碍就相对要少。这对材料的分析和论文的成型还是很有帮助的。

宋：学生讲田野时，可能会有他们感兴趣的点，但是听他们讲时，您是否会觉得感兴趣的点可能不应该在这儿，而应该在别的地方？这时会干预他们吗？

周：当然会干预了。但是要注意，很多人认为老师是多面手，什么都行，其实不是，老师有自己的研究风格、理论旨趣和倾向，他也会对一些东西非常敏感，对一些东西就不敏感。其实学生在选指导老师时，都会有一些关于老师更喜欢哪类研究的预判。

比如说，学生讲材料时，老师会对一些东西特别感兴趣。但为什么不是老师主导？因为即使老师特别感兴趣，但学生没材料，或者完全没兴趣，其实也没办法，只能按照学生的思路来做，这时指导的效果可能就差一些。这就是前期的互动特别重要的原因。我一直强调，指导挑战杯，学生去做田野前的一段时间特别重要。例如学生寒假去做调查，老师从 10 月份开始和学生接触，每周见一次，谈读的文献和研究设想，这一过程就已经是一种田野指导了。虽然学生还没到田野中去，但这一阶段的指导会对学生在田野当中更容易看到什么、更容易对什么有兴趣，产生很大的影响。

宋：其实大部分时候，参加挑战杯的都是低年级本科生，他们其实没有做过访谈，那您会有意识地对他们进行田野技巧的训练么？

周：这个比较少,其实我觉得前期指导应该把重点放到文献阅读和研究设计上。访谈技巧什么的,很少,因为没用,而且谈多了技巧反而不好。因为田野调查是个随机应变的事儿,学生自己在田野里发明创造,发挥优势,他才能真正地成长,那是他学习的一部分。我们的书名是《在田野中成长》,成长的意思是,做田野并不是去发现一个东西,而是通过做田野发现自己、反思自己。这是做田野研究最大的意义,而非论文获奖,那些始终是身外之物。

宋：来找您指导挑战杯的学生应该挺多的,中间会有怎样的取舍?

周：问题问得好。有时我会指导好几组挑战杯,但并不是每组都是一周见一次,因为明显有些学生也是为了应付,如果学生是为了应付,老师当然也得应付。学生如果非常认真,他读了该读的东西,老师也会很认真。学生一怀了应付的心,老师就能察觉出来。

宋：应付的心是指,其实他就是想要得个奖什么的,是这个的意思吗?

周：也不完全是。可能会有各种原因,但后来就会发现他对挑战杯这事儿也不是特别重视,让他每星期来反而成了他的负担。

宋：所以其实也不会给他们提非常明确的要求,纯粹看他们?

周：老师可能会说得很随便,"这篇文献你们回去看一下,下次讲一讲"。但如果他下次来没讲这篇文献,老师当然能听明白了,对吧?这次知道他没认真,下次对他要求就松了,而不是要求更严了。因为指导挑战杯和指导自己的学生是不一样的。前一种师生关系,是因挑战杯而结缘,并非先有了师生的缘分再去做挑战杯。所以挑战杯中的师生互动,很多时候是师生相互了解的过程。我其实采用的就是这种指导方式,慢慢地对学生就会很了解。

宋：听老师刚刚讲下来,会觉得您在指导挑战杯的过程中会非常有意识地进行针对性指导,和学生会有非常多的互动,这其实还是一项比较耗费心力的活儿。为什么会觉得自己需要去承担这样一种责任?

周：确实耗费心力,但是有很多乐趣,因为学生非常好。北大的学生本身有特别高的素质,很多学生表现出来的品质真的堪称闻一知十。比如说在一次聊天中,你随口提到一类研究,下一次你就会发现他对这类研究已经变得十分了解,因为他回去又做了非常多的功课。而且我最愉快的体会就是,学生的表现总是高出你的意料,我觉得这是当老师最大的回报。老师这一职业的意义到底是什么?意义不就是把你觉得好的东西给别人,让别人也有吗?别人就是学生。老师的回报是什么?我觉得回报就是,你看到你觉得好的东西,通过师生交往,学生也会觉得好,而且这个东西到了他手里之后会变得比在你手里更加好,更加璀璨。世界上有什么比这个更好的事情? 这本身就是最大的回报。

指导挑战杯就是这样,刚开始听学生讲一个想法,你会觉得这个想法也就那样,不咋样,通过一次次的讲述、一次次的交流,最后写出来的文章非常丰满,非常好,出乎你的意料。

宋:在这个意义上来说,指导挑战杯的学生,和指导您自己的硕士生、博士生,会有区别吗?

周:有区别,因为参加挑战杯的本科生,跟你本来也不认识,所以是能者从之。什么叫能者从之? 就是学生非常愿意得到我的指导,学生非常上心,我就多加力指导一点;学生不够上心,往回撤一点,我就撤一点。刚刚咱谈过这个过程,就是指导挑战杯的特点。所以要真论起来,耗费心力能耗费多少? 不耗费多少,因为他不认真你就不认真了,如果学生越认真你越认真的时候,这时候你不会觉得累,你会觉得非常有乐趣,教学相长嘛。

但是指导自己学生是不一样的,指导自己的学生跟指导自己的孩子一样,不能说你自己孩子不好就换一个孩子,好赖就是他了(笑)。指导自己的学生是你责任的一部分。这个时候如果问有多大的乐趣,其实没那么大的乐趣,因为你们本身就已经有这个关系,你需要照顾到这个关系,需要为这种关系负责。因此这时会耗费一些别的心力,但这个心力是老师在这段师徒关系中本身应尽的责任。

当然了,这样说起来,好像指导自己的学生反而还不如指导挑战杯的学生。其实不是。因为自己的学生就像自己的孩子一样,你指导好自己的学生带来的回报,就超出了刚才我说的指导挑战杯的回报。打比方说,一个东西在我手上漂亮,在学生手上它更加漂亮。你的回报是,你会觉得,这个想法,学生讲得更好,这个观念得到了更好的发挥,对吧? 但如果这个学生是你自己的学生,他也做到了这一点,你想想,这不就像是你自己做到了一样吗? 因为这个学生跟你的关系很不一般,那种感受是不一样的,是内外有别的。

宋:另外想问的问题是,一份好的作品和一份得奖的作品,这两者之间会有张力吗? 意思是,可能有的时候您觉得这个作品写得挺好,但没有得到很好的奖项。

周:当然有了,这太正常了,但这不是挑战杯本身的问题,所有的评奖项目都会遇到这个问题,尤其是社会科学作品。一篇文章写得好,也可能有老师会不喜欢,这主要是因为他不喜欢文章中的某些观点。但这既不能怨老师,也不能怨文章,因为老师都会有自己的观点和标准,而且大家的标准也都不太一样。

所以我会说,最重要的不是得了什么档次的奖,因为得奖并不能说明一切。什么叫文无第一?就是这个意思。如果因为名次上得了第一,就把自己当成第一,这就错了,因为文无第一嘛。我刚刚说的这些原因在评选中都会起作用。有的时候看到一篇论文非常好,却没有得奖,我个人觉得也很正常,不能简单地说这就不公平,机缘和运气就是公平的一部分。

因此,同学们看待得奖,就应该像看待自己的人生经历一样。很多同学觉得我付出了这么多,得到的回报跟我的付出不相称。问题是,如何判断是否相称?为什么就一定要相称?社会本身的特点,就不是你想怎么样就怎么样,甚至也不是说事情应该怎么样,事情的结果就会怎么样。正因为这样,所以你才应该冲着应该怎么样去做,而不应该冲着结果是怎么样去做。

宋: 很多学生做挑战杯,是有为了保研加分的心态在里面的,您会察觉出来吗?或者会介意这个事情吗?

周: 我不介意啊,我觉得这非常正常。做每一件事情,有一个功利的目的,这没问题。但需知道功利不是事情的全部,当功利的目的实现不了时,并不是天就塌了,本来生活就是这样。

我觉得大家为了保研去做挑战杯和写一篇好论文,本身是不矛盾的。可能有些人会把精力放在考虑评委是谁,他们喜欢什么样的文章,什么样的文章更热点等问题上,有这些想法也是正常的、理性的,不能摒除这种心理。我的意思是你的动力不能全部来自功利,而且现实中大家心里也不仅仅只有功利。实际上,纯粹靠功利不足以支撑写一篇好论文出来。所谓"知之者不如好之者,好之者不如乐之者",你为了这件事本身而不是这件事带来的好处去努力的时候,才能由知之到好之,由好之到乐之。

宋: 您刚刚说到一组学生里,不同的学生会有不同的性格或特长,会有意识地针对这方面给出什么指导吗?

周: 没有。但学生在做田野过程中会自己磨合,因为挑战杯的参赛方式使得这种田野调查变成了一个团队作战。我觉得这带来的一个好处是,学生在调查中不仅会和田野对象接触,更会和队员接触,这是一起成长的过程。

同学们琢磨如何一起攻克难题，怎么克服尴尬，和战士一起打仗是一样的。经过这一过程，你会发现，最大的收获不是战胜了敌人，而是收获了友谊。我们通常说一起上过战场，言外之意是这是生死之交。在这个意义上，我会觉得田野调查是培养人才中特别重要的一环，这不亚于学生写出一篇好的论文。

宋：有一个感受是，这几年系里在加大对田野教学的投入，那您为什么觉得本科生是需要去做田野的？

周：这与社会学的学科性质有关。我们社会学学的道理，尤其是最重要的那些道理，一定是和人生的实践有关系。它在实践中呈现的形态，和在书本上呈现的形态是不一样的，这是特别重要的。但它们又密切相关，因为书本上呈现的形态，是靠实践中的形态来体现的。所以如果不去感受实践中的形态，对书本上东西的理解就会差很远。这是什么意思？也就是说，社会学这个学科讲的真正最重要的那些道理，如果你不通过实践来亲身体验，亲自发现，它就不是真正的道理，对你来说，仍然是口耳之学。

举个例子。现在大家都会讨论外卖小哥困在系统里，这些讲法都是你从书本上得来的，也就那么回事了，就是一个概念化的认识。但是如果你真的去做外卖小哥，或者说你对外卖小哥做一个观察或访谈，所得到的认识，跟你听别人写这些东西、说这些东西，就不一样。这是田野的重要性所在。田野不能通过口耳相传，更不能直接通过文字相传，是你自己要去，这就是为什么要去田野，做田野才能真正地学好社会学。当然田野的范围很广了，不是说只是到村里去，到社区里去，或到别人家里去才是田野，人伦日用，其实处处都是田野，有人的地方就有社会学的田野。社会学强调的是，你要通过田野这个事儿，学会并且知道，你无时无刻不在田野中，你每时每刻都应该处在一个充满反思的生活状态里。当通过我们关于田野的培养，你能够把你的生活当成田野，田野和你的日常生活合二为一时，你就真正懂得社会学了。

宋：刚刚您谈到一点，您说要去田野中，其实非常重要的一个部分是田野的情境性，这种情境性是需要通过论文表达出来的吗？需要如何表达呢？

周：要表达出来，但它不是一个文学式的表达，而是一个社会学式的表达，表达出来的是一些道理。如果你没有去田野，这些道理就不是这个道理，或者你表达道理就不是这个样子。

宋：感觉有点抽象。

周：举个例子，比如我做扶贫研究时，如果不去感受、不去看，可能会先入为主地觉得，有些人懒，实在是太难理解了。但真正接触了那些内生动力不足户后，才会发现，懒有懒的道理。所以我们去田野中观察一个人，其实是理解一个人的过程，这个理解并不是从理论上理解，而是通过接触，我们能对他人产生同情式的理解。有了田野回来再写内生动力不足户，和你没做田野写懒汉这个问题，写出来的东西会有很大差别。这是情境给你带来的差别。

宋：还有一个问题，这几年给严复班开田野课，包括系里开设田野的小班教学课，会借鉴挑战杯的指导经验吗？

周：当然了，田野课的实践，就是一个挑战杯实践的课堂化或者课程化，就把它变成一个课。因为我指导挑战杯一般都是从11月开始，学生会提前一两个月每周来一次，只不过时间没有课程那么长，每次谈半个多小时，那不就像上课吗？我对田野教学课也是这么设想的，只是学生会讲得更充分一些。所以它是一个试验性的课，还是为了让学生学会如何做好田野。与挑战杯会跨越两个学期的特点不同，田野课集中在一个学期，所以田野的部分没法在假期里进行，需要在学期当中进行，因此我们就要求学生在北京做一个调查，然后随时回来讲。

宋：之前凌鹏老师和张帆老师在访谈中会跟我说，其实他们那个时候做田野的契机比较少。我觉得这几年，好像大家其实并不是直接拿挑战杯作为一个契机来开始自己的研究，而是先在系里参加田野课或实习，然后大家再拿这个成果去参赛，感觉是个更良性的互动。是有意识地在促成这样的局面么？

周：是啊，所以田野就应该成为社会学学生的一个基本训练，而不是为了保研，学生再去做一个田野。它就应该成为学生大学经历的一部分。

宋：最后一个问题，对于建立田野体系类的课程有什么更多的设想吗？

周：现在没有了（笑），现在是要把这些设想都付诸现实，其实并不是特别容易。

宋：比如说？

周：同学们先学一点理论，学一点方法，然后再去田野中做，回来之后，能写出一个东西来，然后再去做，回来再写一个东西。如果加上田野小班课，有些学生就会经过两轮这样的训练。我觉得，现在是要看看这一套训练当中会有哪些问题、缺什么。比如说有些学生说田野没有老师的指导，就会差一些。

或者是前面的指导不足,学生去田野时没有做好准备,就像被扔到田野里一样,糊里糊涂地就去了。很多学生是这样的。还有一些学生,田野回来后,材料处理得也不好,就那么堆砌到文章里。

所以,我会觉得,后面实践教学课程的建设,主要是要加强师生之间和同学之间的交流。重点在老师如何能更多地参与实践教学环节,以及学生之间如何能通过一些制度化的渠道进行交流。我们现在在尝试的田野小班教学课和田野工作坊,是老师指导学生、和学生互动的制度化尝试。这是下一步要努力的方向。

经营有"道"：三个规模农场的案例研究

作　　者：罗兆勇　汤欣哲　赵启琛
指导老师：周飞舟

摘要：资本运作下的规模农场，是当今农业发展的趋势之一，但有关规模农场的研究，较少重视其内部经营过程和微观个体互动。本文通过田野调查，研究了一个外来资本农场和两个村庄内生规模农场的烟草经营过程，试图回答：何种原因导致不同农场的经营效果差距如此之大？内生规模农场通过何种方式解决了对被雇劳动者的监督问题？通过分析影响规模烟草农场经营效果的因素和机制，研究发现：规模农场的经营过程是嵌入在乡村社会关系之中的，因此，农业生产的激励和监督问题并不能仅仅靠"正式"生产和管理制度来解决，还要利用乡村原有的社会关系；在此过程中，原有的乡村社会伦理就介入了农场的生产，并影响农场的经营效果和村庄的社会风气。规模农场的经营之"道"在于使生产过程中的各种关系与乡村社会关系相协调，并运用乡村社会关系背后的人情伦理来改进规模农场的经营管理。这一发现揭开了规模农场经营的微观奥秘，并对经济社会学的嵌入性理论有所拓展，也对当前农业经营模式的政策改变有现实的参考意义。

关键词：规模农场　乡村关系　人情伦理　嵌入性

1. 导言

1.1. 引言

　　20世纪90年代以来，随着城镇化的不断开展与农村人口的不断减少，中国农业的经营形态逐渐发生变迁，农业过密化程度不断降低，传统中国农业所面临的"人多地少"的局面，如今已经出现了"反转"的可能性。这主要是由于三大历史性变迁的交汇:其一,持续上升的大规模非农就业,使人口从农村向城市转移;其二,人口自然增长率持续下降;其三,持续转型的食物消费结构也会对农业结构发生影响(黄宗智、彭玉生,2007)。在这些因素的交互作用下,农业经营的形态日益走向多元化、资本化和产业化。此变迁有如下特征。

尽管小农经济和家庭经营依然十分顽强地存在着,并且一直占据主导地位,但是其经营方式也发生了很大的变化。"兼业经营"和"半工半农"成了农民们平衡农业劳动与非农就业的主要方式(梁謇、咸立双,2004;向国成、韩绍凤,2005)。一方面,部分家庭在家庭成员之间进行分工,形成"有人在家种地,有人外出打工"的"双顾模式"(付伟,2018);另一方面,许多劳动力在城乡之间进行着"钟摆式"运动和季节性外出,农闲时外出打工,农忙时回家种地。然而,由于农村劳动力的代际更替和青年一代在城镇中买房定居,小农经营越来越面临后继无人的困境,它在未来的走向和存废还有待考察。事实上,沿海经济发达地区已经出现了大批粮田撂荒、粮食产量增长缓慢甚至滑坡的现象(许庆等,2011)。

与此同时,各种形式的农业规模化和资本化尝试在乡村中兴起。它们的共同特点在于,仰赖一定的资本,将分散的土地从农民手中流转过来,集中成一定规模,然后雇佣劳动力进行经营。规模农业在近年来得到了迅速的发展。截至2014年底,全国家庭承包耕地流转总面积达到4.03亿亩,是2010年的2.16倍;农地流转的总面积占家庭承包经营耕地面积的30.32%,比2010年提高15.65个百分点(刘守英,2016)。通过流转土地进行规模经营的主体也在不断增加。截至2015年,全国经营承包耕地面积在50亩以上的农户为341万户,经营耕地面积约3.5亿亩,占全部耕地总面积的26.4%(赵鲲、刘磊,2016)。

在这一背景下,规模经营很可能成为未来农业发展的大势所趋,对于规模经营的研究也就甚为必要。以往对规模经营的研究,集中在运用经济学的方法进行成本-收益分析(许庆等,2009;许庆等,2011;李文明等,2015;蔡瑞林、陈万明,2015),仅仅关注了农业经营的规模即土地面积对于经营效果的影响,而忽视了其他可能的影响因素。

根据经营主体和组织形式的不同,规模农业可以分为资本下乡、农民合作和乡村内生的规模农场等几类。倘若抽象和表面地考察农场的生产过程与劳动组织方式(郭庆海,2014;张兰等,2015),我们会发现彼此之间并无差异,因而也就难以解释它们在经营过程中出现的不同问题和得到的不同结果。但是,如果深入分析农场内部行动者的行为逻辑和互动机制,我们看到的将会是一幅别样的画卷,其中充满了乡土与现代的张力、人情与关系的运作、伦理与利益的考量。农场就如同一台傀儡戏,尽管同样的舞台上站着同样的木偶,但真正起决定作用的是背后千丝万缕的提线,故而编排着不同的剧目,演绎着相异的结局。

以往的文献对资本下乡和农民合作的运行过程进行了比较详细的考察,但对内生于乡村的规模农场的微观研究却很罕见。这是因为,一直以来,规模农场被单纯理解为一种普通的规模经营方式,按照资本的逻辑组织农业生产,对它的分析视角仅仅集中在劳动成本、农业监督和委托代理等方面。在这样的观点之下,乡村内生的规模农场与外来资本经营并无二致,它们之间最本质的差别也就被掩盖了起来。事实上,由于规模农场本身内生于村庄之中,它的所有者和劳动者均来自村庄,因此各个主体在互动过程中,必然要依据村庄内部的关系以及关系背后的行动伦理(周飞舟,2018),农场的实际运作过程也就带有了浓重的乡土性。因此,规模农场经营绝不同于工业企业管理,而是一种带有村庄传统关系和伦理色彩的"治理"。只有对这种"治理"逻辑进行深入的分析和探讨,我们才能了解这种生长在乡村中的经济组织为什么能够壮大、开花和结果,抑或是为什么会枯萎、凋敝和死亡。

1.2. 研究背景、方法、过程

1.2.1. 村庄背景

本次研究的田野资料主要来自西鸣村[①]及其周边的三个农场。西鸣村是位于山东省东部的一个普通村庄,该村面积2.13平方公里,居民200余户,700余人,耕地面积1700亩。

自然条件上,该村属于温带季风气候,四季分明,夏季炎热多雨,冬季寒冷干燥;地形以丘陵为主,土壤肥力中等,无河流经过。该村农业以粮食作物为主,一般实行冬小麦和玉米轮作,一年两熟。农民们也会有选择性地种植

---

① 本文所有人名、地名等信息都依照学术规范,进行匿名化处理,下同。

花生、大豆、红薯、高粱、棉花等经济作物,但规模极小。除此之外,这里是传统的黄烟产区,烟草的种植和生产历史可以追溯到民国时期。时至今日,烟草依然是当地最主要的经济作物。

西鸣村传统上以农业为主,工业化水平低,经济发展相对落后。近年来,青壮年几乎全部外出务工,留守的老人和妇女在从事农业生产的同时,在周边村镇的农场和工厂中打零工来补贴家用。无论从村庄整体经济结构的角度,还是从个人家庭收入的角度,农业都居于次要地位。此外,该地区连续多年春旱,小麦亩产大大减少,粮食种植更加无利可图。在这些因素的综合作用下,城市企业和村庄中的个人开始流转农民土地,从事经济作物的规模经营。西鸣村所在的 Z 市是传统的黄烟产区,21 世纪以来,为了保证和提高烟叶质量,对烟草种植进行更深入的指导和管理,烟草公司开始在各地建立规模农场。这一浪潮于 2003 年在 Z 市展开,主要形式是由 Z 市烟草公司牵头,租赁农民的土地,然后再承包给内部职工,用以发展烟叶生产。同年,该公司租用 160 亩土地进行烟叶农场示范;2004 年,农场发展到 2 000 亩。2005 年,全市兴办烟叶农场 17 个,种植面积 4 246 亩(孙公准,2009)。

公司在农村建立的规模农场,属于典型的资本下乡,西鸣村的烟草农场就是这波浪潮下的一个典型案例。2005 年,烟草公司职员老庄来到这里,在附近三个村子的交界处承包了 500 亩地,其中西鸣村土地占 70% 左右。烟草的经营过程复杂,需要大量人工,农忙时需要 30 多人同时工作,西鸣村便成了农场劳动力的主要来源。老庄在决定下乡经营之前,实际上打了一把"如意算盘"。他们夫妻两人在烟草行业工作多年,对烟草的特点习性、经营过程和生产技术了如指掌。该地是传统的种烟区,自然条件适宜,往年的烟草亩产量一直很高。更重要的,当时的土地流转费和劳动力成本都非常低廉,盈利应该是必然的。不过事与愿违,老庄在实际经营过程中被种种问题搞得焦头烂额,盈利率几乎为零,三年之后就转手给了公司的另一个职员老丁。老丁接过这个烂摊子之后依然束手无策,两年之后,即 2011 年,以八万元的价钱将所有的厂房设备卖给了本村的种烟大户王宗廷。烟草公司下乡经营的阶段就此结束,取而代之的是村庄内部兴起的规模农场。

进入 21 世纪的第二个十年,烟草公司在各地的农场普遍失败,纷纷转手给当地村民,村庄规模农场迅速发展起来,仅西鸣村周围黄烟种植区的 30 个行政村就建立了 20 个黄烟农场。不过,这些规模农场的效益参差不齐,亏损现象也普遍存在。但其中有两个农场经营效果出奇的好，每亩的净利润在 2 000—3 000 元。其中一个就是王宗廷的农场，另一个是距离它约一公里的杨岳文农场。这两个农场自然条件与老庄农场相同，雇佣的也都主要是来自西鸣村的劳动力，然而在经营效果上，它们显然比老庄好了不少。那么是什么因素导致了不同农场的经营效果出现巨大差异？这一经验问题启发了本文的研究。

1.2.2. 方法选择与研究过程

本次研究主要运用深度访谈法搜集资料，以个案研究法进行分析。2018 年 1 月，研究小组一行三人来到西鸣村进行实地调查。在此之前，我们已经多次通过电话访谈的形式与当地村民取得联系，对于农场和村庄背景有了一定的了解，也使我们的田野进入变得比较容易。

进入田野之后，我们首先对附近几个农场的所有者、领工和长工进行了深入的访谈。初期的访谈主要围绕农场的生产环节、监督方式和成本收益等展开，但不久之后我们就发现问题的关键不在于此。不同的农场的管理结构和经营方式基本一致，但经营结果却大不相同，这些摆在明面上的"正式"的管理方式无法解释农场成败的原因。意识到这一点后，我们调整了研究重心，试图走入农民的生活世界，了解他们的观念世界，以期找出决定农场经营效果的更深层因素。为了做到这一点，我们不但对之前的访谈对象进行了回访，而且与村庄里的其他人进行了广泛的交流。我们住到农民家里去，与农民一起喝酒、吃饭、嗑瓜子、喝茶水、聊天，通过建立关系，融入他们的生活来理解他们内心的感受和想法，从中找出问题的答案。

在为期半个月的实地调查中，小组一共访谈村民 23 人，其中包含 3 位农场主、3 位农场领工、11 位农场劳动者。

1.3. 研究回顾

本文研究的老庄农场属于典型的资本下乡农场；王宗廷、杨岳文的两个农场则属于内生于村庄的"规模农场"。在本文中，内生性"规模农场"指的是由村庄成员建立和所有，依靠家庭成员和村庄劳动力从事生产经营，规模适度的农场。这一概念包含三点含义：第一，农场内生于乡村之中，由村庄成员出面承包村民的土地，农场所有权归农场主个人；第二，农场所雇用的劳动力并非西方意义上的农业雇工,而是村庄中有劳动意愿的村民,他们除了在农场劳动外,还可能从事农副业生产或其他工作;第三,农场规模适度,所有者可以对种植过程进行比较精细的管理。这种农场类似于民国时期的经营性农场(managerial farm)(Huang,1985),因而也就带有浓重的传统和乡土的气息。

对农业规模经营的讨论,最早来自农业经济学中的"列宁-恰亚诺夫之争",两派学者的争论主要围绕农业经营方式和小农经济的生命力展开论辩(Patnaik,1979;Friedman,1967)。反对规模经营的观点认为,由于农业生产存在着特殊性,与工业生产大不相同,因此在监督过程中存在着巨大的困难。因此,当农业生产需要通过雇用劳动力来完成时,监督困难会导致机会主义行为盛行,最终造成生产的低效。

具体来讲,农业生产的特殊性表现在三个方面。第一,非标准化。农业生产是一种"生命生产活动",与自然生态环境紧密相连,既缺少标准化的程序,又难以进行整齐划一的分割,因此无法像工厂一样进行统一生产和计件算工,很难对劳动者的工作效率和质量做出评定。第二,时间性。农业生产的周期长,收获时间与劳动时间存在滞后,因此难以根据收获成果对劳动者进行评价。第三,空间性。农业生产是在广阔的空间之中展开的,无法像工厂一样将工人聚集在一起进行管理,面对着散布于田野各处的农业劳动者,监管者鞭长莫及(Bradley et al.,1972;Mann et al.,1978;Bernstein,2010;陈锡文,2012)。因此,在规模经营过程中,劳动者的工作质量和速度都难以控制,作物得不到充足的照料而减产,导致收益下降乃至亏本。

这一理论最早是为了解释为什么苏联的集体工厂可以到达与美国工厂同样的生产效率,而它的集体农庄却要低效得多。在地广人稀的苏联,农业过密化程度较低,该理论也就具有较高的解释力。然而,对于中国农业而言,尽管近30年过密化程度已经有所降低,但还远未达到苏联的程度,精耕细作的农业仍然十分普遍。在这种情况下,规模农业的农场主,无论是代表资本下乡的老庄,还是代表内生性规模农场的王宗廷和杨岳文,都掌握着一套办法,从技术上克服了农业生产监督论提到的诸多困难。这一点容后详述。

然而,尽管西鸣村的农场主们普遍采取了上述措施,但监督问题并未因此而得到彻底解决,本文研究的三个农场,在农业监督的成效上差别相当大。这就说明,农业监督问题,并不能仅仅像农业生产监督论所说的那样从"农业"的角度来考虑,监督困难也无法仅仅靠技术手段来解决;更为关键的是从"农民"的角度,考察在农场监督、经营的微观过程中,不同的"人"的动机或行动逻辑是什么。倘若劳动者穷尽心思来投机取巧,那么再精妙的制度也不过是纸糊的围墙;而如果劳动者愿意真心实意的工作,那么适度的监督就可以收到理想的结果。对于村民而言,决定动机和行为的,是他与周围人的关系和关系背后的"理",以及由此而形成的风气(mores)。换言之,他们会将这些社会性的因素,即"关系",带入到农场的经营过程当中。

波兰尼在他的名著《大转型》中,最早提出了"嵌入性"的概念,认为传统社会经济活动和交换行为是嵌入在非经济的社会制度之中的,受到社会结构的制约(Polanyi,2001)。格兰诺维特等人拓展了这一概念,强调即便在市场经济高度发达的今天,经济活动的参与者依然嵌入在各种形式的社会关系网络之中,人们依靠关系来传递资源和信息,建立信任和长期合作,并且实行监督和社会控制(Granovetter,1985;Burt,1995;Jackson,2014)。

对中国社会而言,关系更是一个至关重要的结构性因素,它的机制特点、作用方式和发达程度都迥异于西方社会中的 social network 或者是 personal relationship,因此我们不能直接套用社会网络和社会交换理论来解释中国的关系运作。费孝通提出"差序格局"的概念,对中国式关系的特征做了极为精当的提炼和概括(费孝通,2012)。差序格局以个人为中心,如同水波纹般一圈圈向外扩散。站在差序格局中心的行动者,其行为的原则也并不是单纯的理性计算或是抽象的价值观念,而是一种在家庭伦理基础上扩大而成的行动伦理(周飞舟,2018)。在实际的互动过程中,行动伦理以"感通"的形式实现人与人之间的理解,通过"将心比心"来消除彼此间的隔膜。人们的情感根据关系的亲疏远近自然流出,最终达到相互间行为的协调与和谐。

规模农场中成员几乎全部来自村庄,村庄共同体中形成的一整套错落有致的关系被带到农场之中,成为他们行动的标尺和准绳,这使得他们的互动过程与企业工厂有着明显不同。这套关系既可能使村民之间相互庇护、互相拖拽,也可能使他们用心劳动、和谐相处,关键就在于管理者在其中所处的位置以及应对的方式。那么管理者如何处理农场当中的关系,以及关系对农场经营产生作用的机制是什么,有何特点?村民的行动逻辑是什么,"人"的行动逻辑与社会"关系"之间,有着怎样的联系?在农场管理过程中又会产生出怎样的风气?这启发本文的研究逐步深化。

1.4. 研究问题

概括来说,本文所要研究的经验问题是:在自然条件、雇用劳动力来源、正式管理结构都相同的情况下,为何以老庄农场为代表的资本下乡农场,和以王宗廷、杨岳文为代表的内生性规模农场,在经营效果上差别如此之大?具体而言,为何在三个农场都采取了类似的措施,绕过了"农业生产监督论"提到的困难以后,监督问题在老庄农场上并未得到彻底解决?王宗廷、杨岳文农场是通过何种方式解决了监督问题,乡土社会的"关系"在这个过程中扮演了何种角色?尽管在经济收益的层面上,王、岳两个农场并无差别,但是在成员关系和农场风气上,二者又有很大差异,这又是为什么呢?

2. 外来资本遇困境

2.1. 如意算盘

2005 年,Z 市烟草公司委托西鸣村及附近两个村的村干部,以每亩地每年 400 块钱的费用从三个村庄流转土地,进行农业规模经营,其中西鸣村流转土地 300 多亩。该农场由公司员工老庄承包。在规模农业的分类中,该农场属于典型的"资本下乡"模式:初始资金来源和所有权都是烟草公司,收益权归"代理人"老庄。农场规模较大,单靠家庭劳动力不能满足农业生产的需要,就需要雇用长年劳动力,村民称为"长工";此外,还需要有人对长工进行监督管理,村民称其为"领工"。老庄在各个村子里寻找领工,他委托西鸣村的村干部找到了柳进闻。

柳进闻今年已经 70 多岁了。在 20 世纪 60 年代,他是村里仅有的四个初中生之一,在同辈当中已经是文化水平较高的了;此外,他还在集体化时期担任过生产小队长。当时村干部找到他,让他担任公司农场的领工,承诺工钱按天结算。农场有了领工的,就必须找干活儿的,这个工作就是由柳进闻来做。西鸣村虽然有 300 多户,但是在城镇化浪潮下,年轻劳动力纷纷外出打工,村里剩下来的人大多在 50 岁以上。除此之外,种烟劳作辛苦,需要吃苦耐劳,很多村民不愿意干。所以在寻找劳动力的时候,柳进闻也犯了难:

访员：当时您是怎么找的人啊？

柳进闻：咱们寻人就是困难。就这点钱，人家年轻人不干。这点钱人家年轻人一点不干！

访员：当时干活儿的大概年龄有多么大？

柳进闻：当时干活儿的有60多岁。年轻的都不上这个庄的，谁干这个去？人家年轻的不干，多少钱人家都不干。（我）只能找年老的、吃过苦的（村民）。（柳进闻）

柳进闻先在村里打听留在村里、有劳动能力的人，然后挨家挨户去谈。由于西鸣村的村民大部分都有着自家种烟的经验，柳进闻最后找到了六七位年龄在60多岁的妇女做长工。农忙时期，人手不够，他还可以从村里再调人来，这些人被村民称为"短工"。

烟草的种植过程十分复杂，且不能像粮食作物那样运用机械来进行种植和收获，全都要依赖人工，所以烟草的生产过程必须与人有着密切联系。

烟草的生产主要分为如下几个步骤：

表1 烟草生产步骤简介

生产步骤	时间	劳动力使用情况
整地	春节之前	合作社机手
育苗	3—4月	长工
移栽	5月初	长工+短工
田间管理	5—8月	长工
劈烟、绑烟	8—10月，烟叶成熟后	长工+短工
烤烟	8—10月	两人
拣烟	8—10月	长工+短工

表1中，移栽、劈烟、绑烟、拣烟这些需要大量人工的工作，需要从村里临时雇用"短工"干活儿。这些短工来干一两天活儿就走。除此以外，其他生产环节都由领工柳进闻领着长工来完成。

在下乡承包之前，老庄并非拍脑袋做决定。他对成本和收益做了精细的核算，足足地打了一把"如意算盘"。该地区为传统的黄烟种植区，根据往年的经验，每亩地有效烟叶的产量可以达到300公斤。规模经营会造成一定的效率损失,但亩产250公斤应当没有问题。再加上当时各方面成本都很低,每亩地的纯剩余是相当可观的。表2是他当时的成本-收益核算表。

表2 老庄农场经营收益表

亩收益	烟草产量 250 公斤	2 500元
	烟草价格 10 元/公斤	
亩成本	土地 400 元	1 600元
	劳动力 700 元	
	农资 500 元	
亩利润	900 元	

在当时的物价水平下,每亩地900元是相当高的剩余。当然,能否取得高利润决定于他实际的经营状况,而这又由两个因素决定:技术和管理。技术上,老庄夫妻在烟草行业工作多年,对烟草生产技术了如指掌;管理上,他意识到了农业监督的困难性,并且采取了很多理性的措施来缓解。概括起来,主要有三大方面:

第一,设立领工一职来监督劳动者,并且由村庄中比较有能力的成年男性来担任。烟草种植需要大量劳动力,并且需要长年工作,因此雇用当地劳动力是成本最低、最方便的选择。雇用当地人,就得由当地人来管,否则领工和劳动者之间就难以协调,甚至产生冲突。柳进闻文化水平高,有领导才能,又来自村里最大的宗族。无论从哪方面看,他都是领工最合适的人选。

第二,在劳动组织的时候采取了非常精细的"包干制"。老庄将烟草的管理划分为十几个环节,每一个环节都分地块包给劳动者,每个劳动者都需要对自己的分到地块"负责"。"包干制"的好处是明显的。首先,每一个环节的质量是可以评判的,每一个人负责的区域也非常明确,无法逃避责任、糊弄了事,这就解决了农业生产监督论中,农业的非标准化与时间性的问题。以打顶抹杈①为例,如果一个人负责打顶抹杈的地块上,黄烟长满了杈子,那他必定要为此事负责。其次,按照劳动量付工资,可以激励劳动者加快速度,

---

① 黄烟生长到一定高度,就需要将顶端的枝杈掐掉,并在切口处喷上农药,使顶端的枝杈不再生长。否则,这些枝杈就会吸收整棵烟的营养,使得烟叶得不到足够的营养,影响烟叶质量。这一流程,称作"打顶抹杈"。打顶抹杈过后,黄烟应该不再生长出新的杈子才对;假如几天之后,还有新的杈子长出来,说明打顶抹杈的流程没有做好,也即长工在该步骤上偷工减料了。

提高劳动效率。因此,包干制同样是一种理性的制度设计。

第三,老庄夫妻二人一直非常用心,一有空闲就到地里监督,平时也会花时间和村民们打交道。村民们在回忆当时农场经营的情境时,都认为老庄夫妻在管理上下了很大的功夫。十几年过去了,曾经在烟站做工的陈民义家的还回忆起来老庄请她们做工的一起吃饭,即使后来老庄不在西鸣村干活了,他也会到村里走一走,还问村民们:"你们还认识我吗?"由此可见,在老庄经营农场的三年中,他和长工打过不少交道。

可是,老庄经营的效果并不好,成本与收益基本持平。他经营三年后就转手,之后再度易手给村民王宗廷。为何出现这样的情况?烟草现在的收购统一由烟草公司承担,不存在烟草交易市场,烟叶价格是政策规定的。刨除了市场的因素,我们就要思考农场本身经营的问题。问及经营不善的原因,无论是长工还是后来承包烟站的王宗廷都反映为用工不善——"导致失败应该说是用工这一块占很大的部分"(王宗廷)。

2.2. 陷入混乱

在西鸣村这200多亩土地上,尽管长期做工的只有六七个人,工作的内容都是农活儿,而且老庄和柳进闻建立起来一套完整的"工作制度",但是其间潜藏着冲突与矛盾。

实施包干之初,柳进闻就面临着很大的困难:土地的情况是不一样的,有的土地好耕作,有的土地是坡地,难耕作,这样随便分配,长工每天都争吵给谁分的土地好干活儿、哪家的难干,怨言不断。由于都是村里人,柳进闻没办法,就拿出纸条,把地块进行编号,分地干活儿的时候就抽签,谁抽到第几片地就在这片地上干活儿。此外,如果是平时的田间管理(除草、打药),不需要六七个人一起下地干活儿,只需找其中的几个,柳进闻就得轮着找村民干活儿,"下田地里干活儿,也有人有怨言。今天你找她,她也有意见。你也得只能轮着干(意思是轮着干活儿)"(柳进闻),找谁都有人有怨言。

"要是日工的话,好多人都磨洋工了,一天(就)干这点事情。包工就不是这样了。"(柳进闻)柳进闻觉得包干制把劳动量和工资对应起来,多劳多得,对长工有着强激励。可事与愿违,这套制度反倒带来了另一个恶果:长工的劳动效率看似提高了,但谁能保证他们干活的质量呢?无论是哪个生产环节,都有"偷工减料"的可能性。诚然,包干制是方便了柳进闻,他不用时时刻刻催着长工往前"赶活儿",只需对实际干活儿的长工实施弱监督:他平时就在地头上看着,也不会亲自下地监督劳动者干活儿。可是等到六七月份,烟草长得一人多高,柳进闻站在地头上也看不见下面的村民有没有干活儿。曾经在公司农场干过活儿的村民说,在给烟叶打药的时候,有人趁着烟草高,拐到角落里,把农药倒到地里去。"把药倒到地里,把化肥找个坑埋了(……)他那种情况一出现造成什么啊,说是这一趟药打回来了,其实没打,那这烟草不是叫虫子吃了就是坏了,坏了产量就不行了,所以他就是恶性循环了,肯定管理不好。"(柳清森)这样恶劣的事情,柳进闻却一直不闻不问。

不仅打药施肥时,长工可以糊弄柳进闻,在绑烟的环节偷奸耍滑的现象也时有发生。在公司农场干过活儿的陆从文家的回忆到当时的情景:

> (柳进闻)说是(一杆上绑)70朵①,但是有的人弄50朵也是一杆。70朵是一杆,50朵也是一杆。这个囤的少,干的少,最后(和好好干活儿的)是一样的钱。(陆从文家的)

绑烟这个步骤要求一杆70朵烟叶,但是村民们干活儿的时候,经常偷懒,一杆只绑50朵烟叶。在按杆儿数给钱的条件下,就能绑得又多又快,赚钱多。这样的行为理应被领工进行监督、发现、制止。但是在烟草公司农场,柳进闻"睁一只眼闭一只眼"。在他看来,因为几杆烟与村民伤了和气很不值当,只要不出大的差错,没必要跟干活的撕破脸皮。

不仅在监督长工时,柳进闻没有尽到领工的责任,在农场遭遇自然灾害时,柳进闻的所作所为同样显得对农场很"不上心"。山东地区夏季常有暴雨。烟草怕涝,因为农田积水被太阳照射后会升温,将烟草烫死。只要领工及时组织人进行排涝,就能减少损失。但是"那会儿吧(指公司农场时期),涝了就是涝了,没人、没法治"(陆从文家的)。领工把长工组织起来排涝是职责所在,但是事实上柳进闻没有尽到这样的责任。而且,排涝是一件非常辛苦的工作,需要在天晴之前挖沟防水,干活的时候必须顶风冒雨,村民不愿意仅仅为了一点钱受这种苦。

---

① 绑烟的标准是三个烟叶并成"一朵",一根烟杆上绑70朵烟。

除了柳进闻领工"不上心",村民们之间也是相互包庇,联合起来"偷奸耍滑"。"干活的糊弄,怎么糊弄啊?统一糊弄。干活的都是咱们当地的。就是装炉的和绑烟的,他(们)都是一伙人。"(柳清森)绑好的烟杆需要集中装炉,这时候需要临时雇本村男性劳动力做这件工作。按照70朵一杆的标准绑好的烟杆有五六十斤,上面的烟叶有一米半长,而五六十朵的烟杆,装炉的人一抬就能感受到重量轻了很多。如果此时装炉的人能够来提醒老庄,就能及时发现问题,但是没人给老庄提醒。"我就看着他干得轻快了,我也不吱声,为什么?我装炉更轻快。本身是一伙儿的,我干活轻快了,但我也是装一杆多少钱,他们也是绑一杆多少钱,我拿一杆轻快的挣的钱和我拿一杆重的挣的钱一样,但(后者)出力就大。所以他也不吱声,谁也没有反映的,他老板不知道。老板呢又不会检查。……他自己少出力还多挣钱。他们都是互相瞒上了,都不吱声,坑老板啊!"(柳清森)说起这个事儿来,村民柳清森竟然还颇有得意。村民间的互相包庇、"统一糊弄"、装傻充愣,老庄被蒙在鼓里。

那么老庄自己没发现吗?原来农民们的这些偷懒的"技巧"都是在多年的农业劳作当中摸索出来的,虽然老庄掌握着技术,但是村民们都知道,老庄"他这个地里的技术(也不好),他这个技术也是理论上的技术,但实际上的技术也不是很行。"(柳清森)在农场实际经营当中,存在着两套技术——理论上的农业技术和实际干活儿的经验技术。老庄夫妻俩只知道烟草如何种植,可是对于村民们从农业劳动中摸索出来的这一套"偷工减料"的技术和村民间包庇的技术并不知晓。最后实际干活儿经验不足的老庄被村民们欺瞒了。

最后,不论长工还是短工,无论活儿干得好坏,老庄和柳进闻都照常发工钱。这样的行为引起了一些认真干活的长工的不满。

陆从文家的是烟草农场里的长工。2008年3月的时候她开始给老庄的农场干活儿。但是仅仅过了半年她就辞职不干,去了其他村的农场干活儿。她干活儿认真仔细,这在村民之间都是有共识的,可是她觉得公司烟站里面的不公平待遇让她受不了,气而去别的农场。

> (干活儿的村民)有实事求是的,也有偷懒的,(我)看不惯这个事儿,不去干了。(……)(虽然)也有领工的,但是有的人实实在在还不会

说,有的不实在的人嘴还好说。(……)领工的也不是看不着。你这70朵和50朵,在烟站的时候差了十来朵。(柳进闻)这不得发现?(他)也不是那么实在。(陆从文家的)

在她看来,烟厂里面干活儿的,有的人认真,有的人偷工减料。对于偷懒的人领工是可以发现的,但是柳进闻却没有做到赏罚分明,最后仍然按照同样标准给两类人算劳动量、给工钱,这让陆从文家的感到很不公平。柳进闻作为多年与土地打交道的人,自然能发现那些偷懒的行为,却"包庇"了他们,所以他被陆从文家的称为"不实在"。更有甚者,那些本身干活儿偷懒的人,在老庄面前能言会道,成了"聪明人",得到了老庄的夸赞;像是自己这样勤奋干活儿、不爱邀功的"实在人"反而不受表扬。这就形成了一种不好的风气。种种不公正待遇迫使像陆从文家的这样的"实在人"离开农场。

现在我们逐步厘清了公司农场在经营过程中遇到的诸多问题。总结来说有如下几点:第一,长工干活"偷奸耍滑"是相当普遍的现象,这会对烟草产量造成不良影响;不仅如此,长工在偷懒时形成了一种合作共谋关系,相互包庇,"统一糊弄"老庄。作为村庄中的"外人",老庄始终无法参透农民之间相互包庇的"技术",因而会被他们蒙在鼓里。第二,作为农村本地人,领工柳进闻对长工偷奸耍滑的种种手段看在眼里,但他对此不闻不问,睁一只眼闭一只眼。以上诸多事例表明,他对农场颇不上心。第三,柳进闻对偷懒的人的包庇,使那些真正干活上心的"实在人"感到不公平,最终,"实在人"被气走了,农场上只留下了一帮偷奸耍滑的"聪明人",农场经营的失败也在所难免了。

在这里,我们应当对领工柳进闻的行动逻辑进行更深入的讨论。显然,比起老庄,柳进闻才是农场运作中的关键人物,假如他能够更"上心"地监督长工的劳动过程,及时惩罚那些偷奸耍滑的人,那么上面所说的诸多问题就不会发生。但柳进闻为什么没有这样做呢?如果对柳进闻的行为进行解释,首先可以考虑激励问题,即工资。柳进闻的工资是"日工",40元/天的工资比普通劳动者要多,并且在2005年农村条件下并不是低工资。因此,老庄已经为柳进闻提供了很强的激励,但柳进闻仍然很"不上心"。其次,如果将"不上心"归因到柳进闻本身的素质原因,也不能令人完全信服。柳进闻文化水平不低,还在集体化时代担任过本村的生产小队队长,比较有领导才能。

所以个人素质原因也可以排除。

事实上,柳进闻之所以"不上心",并非取决于他的个人特质,也不是经济激励问题,相反,是有某种结构性的原因使得他"不上心"。下一节将进一步分析柳进闻的行动逻辑,并揭示背后的结构性原因。此外,下一节的讨论将不局限于柳进闻本人,而是将视角扩展到长工群体,考察长工们对于农场、对老庄是怎样认识的。为何大部分长工也像柳进闻一样,对农场劳动并不十分上心?为何偷奸耍滑的现象如此普遍?

2.3. "公家的"和"外人的"

首先,烟草公司下来承包土地、建立农场,无论是在柳进闻还是在村民眼中,这个农场都像"集体",是"外人"。曾经在公司农场干过活儿的陆从文家的和元增宅家的觉得,在公司农场干活儿就像以前在生产队干活儿一样——老庄是书记,负责安排工作;柳进闻是生产队长,领着大家干活儿。村民的类比一定程度上反映出,规模经营的组织形式让干活儿的村民想起了集体化时代的生产形式。此外,因为烟草公司在村里流转土地是由村干部出面动员的,这种对集体的想象就进一步加强了。因此,村民认为烟草公司的农场是"公家的":

> 所以他(指老庄)当时就是赔钱。但是赔钱吧,他们属于烟草公司的,赔了就赔了烟草公司的。他种田的话,他赔了就赔了公家的。(如果是)个人(就)不一样,你赔了就赔了个人的。(柳清森)[①]

柳清森的话反映了村民对于烟草公司资本下乡的农场的典型认识——"公家的",即使自己给农场干活偷工减料,亏损了也不会亏到个人层面,在道义上就还算说得过去。中国人传统的公私观念影响了村民对于该农场的认识,从而在行动上也会有所表现。这部分解释了村民和柳进闻对农场"不上心"的原因。

---

① 尽管前文说到,农场的收益权归老庄所有,因此,赔钱赔的是老庄的,但村民似乎并不清楚这一点。

其次，老庄对于本村来说是"外人"，而乡村内部的关系网络将"外来者"排挤在外。这一点，从柳进闻处理劈烟时发生的故事就能看出来：

> 柳进闻：让你劈一个你就劈一个①。你劈两三个，你劈得快了，绑的也快了。人家一发现就发现了。
>
> 访员：发现了怎么着啊？
>
> 柳进闻：人家（老庄）就说啊，让再干。直接就得找你领工的，让你管。
>
> 访员：这之后您是跟干活儿的说吗？
>
> 柳进闻：老庄人家活儿就人家一个人。干活儿的都是咱当庄人（我也不怎么说他们）。
>
> 访员：感觉就像又不是你自己……
>
> 柳进闻：对。又不是你自己的田了呀。

柳进闻之所以管理不严，不怎么训斥长工，是因为"给别人干活儿""不是自己的田"。他甚至说，老庄夫妻干了多少不关他们的事：

> 人家（指老庄）这几年就是在烟那里干了，就像咱们干活儿一样，有时候咱们收了工，他们（老庄家的人）还得干。他们干了多少不关咱们（本村人）的事情。咱们这个干多少就是多少钱。

以上所说的，是柳进闻和长工们对老庄农场"不想上心"的原因。但上一小节也提到了，老庄给柳进闻开出了较高的工资，这种激励为什么无法让柳进闻多上上心呢？事实上，除了"不想上心"以外，还有某种结构性的力量，使得柳进闻对农场"不能上心"，不能把农场管得太严，这种结构性力量就是农场中人与人的关系模式。

对柳进闻而言，给老庄当领工，毕竟是替一个外村人出力，如果为了维护

---

① 由于同一棵黄烟上，不同烟叶的成熟时间不同，在长工劈烟时，一棵烟上有的叶子熟了，有的没熟。为了避免长工将没熟的叶子劈下来，农场规定，在每一趟劳动中，长工在一棵烟上只允许劈一片成熟度最高的叶子，不允许多劈。另一方面，长工有动力在一棵烟上多劈几片叶子，因为劈得越多，在包工制下，他挣的钱就越多，这当然属于"偷奸耍滑"。

外人的利益,而在管理过程中严苛地责备本村的长工,则会伤了本村人之间的和气,颇不值当。而且这样一来,柳进闻难免会被本村人说闲话,认为他胳膊肘往外拐。柳进闻当然搁不下这脸。从上面引用的访谈稿中可以看出,柳进闻的意思是:"干活儿的都是咱庄人",我当然不好意思数落他们,毕竟"又不是自己的田",我是替外人管理田地而已。

为了能够更清楚地看到这层结构性的逻辑,我们将老庄的农场与王宗廷的内生性规模农场做一个对比:就在老庄下乡栽烟之后几年,王宗廷也在附近管着一个规模农场,他也雇了几个长工,让自己的本家王宗照家两口子去领工。刘建元家的是长工之一,有一次她对王奶奶抱怨起王宗照家两口子领工太严了:

> 建元家的说:"姑,你说怎么宗廷栽这点烟,宗照家两口子(领工),怎么就像给他自己家的(田里)干活似的(上心)。"我(王奶奶)就说:"这个东西(烟田),你别忘了,宗廷全部托付给了他两口子,你说他不就和他自己的似的。"她说:"这个事也是哈,你说,有时候想休息休息,这个宗照家的就站起来干(我也得跟上她,不得休息)。"(王奶奶)

王奶奶的潜台词是:王宗照和王宗廷是一家人,宗廷如此信任他,他当然会替宗廷好好管理。可见,当领工与老板原本具有较近的关系时,即使领工管得很严格、很累人,但在长工看来,领工的做法是合乎伦理的。无论是王奶奶还是刘建元家的,最终都理解了王宗照家两口子的行为。然而,柳进闻的情况就不同了,他原本和老庄没什么关系,如果因为老庄提供较高的经济激励,就为他尽心出力,对本村长工太过严苛,在村里人面前,那可太没脸面了。

因此,当柳进闻对我们说,给老庄干活不像给自己干活时,他所说的"自己"指的并非是自己本身,而是从乡村的角度谈的。在村民的思想中,"内外"的逻辑始终发挥着作用,老庄不是"自己人",而是"外人",长工对外人不想尽心,领工不仅"不想上心",而且也"不能上心"。本村内部的关系网络被带入了农场经营过程当中,影响着村民的行为逻辑,柳进闻的管理需要顾及本庄人的关系;而老庄即使认识到关系的重要性,但由于他是外人,他也无法进入到乡村关系当中。于是公司农场的经营、管理就陷入到了一种困境当中。仅仅经营了三年,公司农场转让出去了。

2.4. 小结

烟草公司农场在乡村经营的失败反映了资本下乡所面临的困局。即使老庄在农场建立起来了"农场主—领工—劳动者"的三层结构、"包干"制的组织方式,并选取本村人作为领工,但他终究被村民们视为"外人",排除在关系之外。一方面,长工在"偷奸耍滑"时,他们相互之间的包庇关系,使得老庄始终被蒙在鼓里;另一方面,领工柳进闻即使看出了长工的种种伎俩,村庄中的关系、对脸面的顾忌也使他不得不包庇长工。因此,老庄农场遇到的困局,根本原因在于农场中复杂的关系模式。资本下乡所遇到的困境已经有学者进行研究,徐宗阳(2016)的研究发现"内外有别"的逻辑是资本下乡失败的社会原因。但是除此之外,本文的研究也揭示出了村民关系在农场经营与管理当中的重要作用。看似村民进入到农场当中做工是一种个体行为,但是他们也把乡村当中的社会关系带入到农场当中。实际上,农场不是独立存在于乡村的,而是嵌入在乡村的众多社会关系当中。所以,对于农场内劳动者的管理不仅仅是实行生产上的监督和激励,更要处理好农场主与村民、村民之间的关系。而想要进入乡村的关系当中,对于外来者绝非易事。总之,老庄农场的个案揭示出两点:一是外来资本进入到乡村内部的困难;二是农场嵌入在乡村关系当中,农场的经营不仅仅是对于长工、短工们行为的激励和监督,还要处理村民之间复杂的关系,这个关系也不是在农场中产生的,而是从农场外的村庄带进来的。

3. 人多伎巧

如前所述,烟草公司的外来资本,在西鸣村经营农场时遭遇连年亏损,最终不得不黯然退场;取而代之的,是近十年来兴起的一批农村本地的"种烟大户",这些大户从自己村或邻村的农民手中流转土地,形成数十亩乃至数百亩的规模农场。每个季度,烟草公司都会派技术员下到村里开办"学习班",给本地农场主提供一些种烟技术上的指导,然而在农场主看来,上面只是"摆姿态,说官话"(杨岳文)而已,农场实际经营的经验,还需要靠农场主自己去一点点摸索。总的来说,烟草公司对于农场经营的影响已经微乎其微了。

作为外来资本的继承者,种烟大户面临着与烟草公司相似的经营和管理困难,这些困难在本文上一节已经提到。在西鸣村附近的几个村庄中,能够克服这些困难,实现盈利的农场实在不多,很多农场仅能维持收支相抵。然而,在这些农场中,有两个农场被公认为经营得很好,本节与下面一节将分别探讨这两个农场的经营过程,以及它们分别以何种机制解决了上一节提到的困难。

3.1. 个案简述

玉浦村与西鸣村相隔不到二里地,五年前,玉浦村村民杨岳文从附近的村庄流转了200余亩土地种植烟草[1],并从附近的四个村里雇了十来个长工在农场上劳动。与老庄类似,他也需要找一个领工对这些长工进行日常的管理,领工叫梁天祥,来自西鸣村,曾经在关定村的一个农场有两年领工的经验。平时,农场上的活儿不多,梁天祥领着十来个长工足以应付;而到了育苗、栽烟、劈烟、绑烟、拣烟等农忙环节,需要大量人工,杨岳文还需从外地雇一批"劳务队",此时,农场上最多有二三十口人同时工作。

在附近村的几个农场主中,杨岳文是对农场管理最"上心"的一个。平时的大田管理,杨岳文会和他的儿子亲自下地除草打药;而到了最忙的收割季节,一家三口齐上阵,杨岳文的妻子领着拣烟,儿子管烤烟,杨岳文自己监督劈烟的环节,因为此时最出不得差错:"得在地里看生熟度,如果劈烟劈生了,烤出来就废了。这两个月就跟吃了耗子药一样。"(杨岳文)[2]

"种这个东西锻炼心脏啊"(杨岳文),几年的烟草种植劳心劳力。除了常规的管理过程外,一旦遭到雨灾、风灾、雹灾,无论白天黑夜,杨岳文都必须及时出动,保住他的烟草:

一下起雨来,那(我)得一下子起来(指不能接着睡觉了)(……)雷

---

[1] 由于烟草的轮作制度,去年杨岳文的农场实际种植烟草117亩。
[2] 如前面所说,劈烟按包工算钱,有的长工为了多劈几片烟叶,就把生的叶子当成熟的叶子摘下来了。这样摘下来的叶子,烤出来就作废了。

还在头顶上打着,看着雨不下了,就牵挂。你前面是棵烟,你拿着手电(筒)出去照照看看。那以后哪里睡得着觉?你要是想着弄个耍(指做成一件事情),你想着找领工的去?不靠自己不行!尤其是咱这个农活这一块,你想不亲力亲为不行!(杨岳文)

到了每年八九月份,经过一年的辛苦,杨岳文农场种出来的烟虫蛀的眼儿少,青烟少,黄烟多,质量上乘,总能卖个好价钱,刨除一亩地的成本3500元,杨岳文每亩地还能净赚2000块钱以上。对于种烟农场而言,这是一个相当好的结果。由此我们可以提出一个经验问题:为何老庄的农场连年亏损,而杨岳文的农场却能稳定地赚钱呢?

如果将两个农场进行比较,我们发现:首先,二者在农场管理的正式结构上并无差别,它们都采用了农场主—领工—普通劳动者的三层结构,因此,问题并非出在这里。其次,两农场的地理位置仅相差一公里,土地在土壤肥力上差别不大。最后,两个农场的地块在灌溉难度和排涝难度上差别也很小,甚至老庄农场有很大一部分面积是坡地,排涝难度比杨岳文农场还要小一些。[①] 因此,两个农场的差别也不在于地形、水利条件。

那么,排除了土、水的自然条件因素和正式管理结构的因素之后,造成两个农场经营效果差距如此之大的原因是什么?从上面的材料看来,杨岳文似乎对农场更"上心",那么所谓"上心"具体表现在哪个方面?上的是哪方面的心?据杨岳文自己说,农场管理最耗费精力的是"管人",那些失败的农场主要是因为"人靠不上",而他自己也在"对付人"的过程中,弄得心脏都出了毛病。因此,真正造成两个农场之间经营差别的,是对"人"的管理问题。那么,我们的问题就转化为:杨岳文究竟采用了何种管人的手段,才走出了老庄面临的困局呢?

3.2. 治人

3.2.1. "工厂化管理"

无论是老庄还是杨岳文,当他们进入村庄、进入一个农场时,面临的最直

[①] 比起灌溉,排涝对于烟草种植更为关键。

接的局面便是：十数个农民在给他们干活时，耍滑、磨洋工、拖拖拉拉。如何制止这些长工，如何监督他们，这对于任何类型的规模农业而言，都是最困难的问题之一：

> 杨岳文：一共八个小时吧，能给你干五个小时的活，那你就烧了高香了。
> 访员：那三个小时都在干什么？
> 杨岳文：磨洋工啊，抽烟，到了地头上，抽根烟（……）你像打烟头（打顶抹杈）（……）就算是我站在这个地方，用眼看着她，她一天给我弄三分地也就了不得了。（杨岳文）

与老庄不同，杨岳文农场在大部分劳动环节采用日工制，即按天数算工钱，这时，长工"偷奸耍滑"的方式，不再是干活质量差，而是磨洋工、虚耗时间。杨岳文的妻子为我们解释了长工的行动逻辑：

> （日工制）一天给人六七十，要是我在你这里多干一天，我多挣一天（……）明明这十亩地咱今天一天就能干完吧，他们就寻思：我不给你一天干完，一天干完的活我非给你两天干完，是不是咱这个本主就得多出一天工钱？（……）（长工寻思说：）"我混一天是一天。"这（长工的行为）不像咱自己给自己种地似的。（杨岳文）

由于没有劳动的收益权，即长工"不是给自己家种地"，作为理性的小农，他们自然会拖延工作时间以获得更高的收益。如果换成柳进闻，他大可对这些长工听之任之，因为他本来就对于长工的劳动效率和效果不太在乎；但对于杨岳文这种"上心"的农场主而言，他必定要依靠持续不断的监督，来控制磨洋工的行为，这种强监督的模式，被杨岳文称作"工厂化管理"①。

然而，"强监督"模式也带来了一个困难：在上文的文献梳理部分，我们曾经提及以恰亚诺夫为代表的农业生产监督论，该理论认为，工业生产的"强监督"模式无法直接应用于农业生产中，这是由农业生产的本质特征所

---

① 在访谈中，杨岳文不断地将自己的农场比作工厂。

决定的。特别是,农业劳动具有空间上的分散性,而不像工厂那样,在空间上高度集中,这就使得劳动监督变得十分困难。那么,杨岳文在试图将他的农场"工厂化"时,他是如何克服上述问题的?

首先,在绑烟的环节,杨岳文会将劳动者集中到他家的院子里,以便应用一种工厂化的管理方式;他甚至在自家院子里安装了摄像头监控,摄像头连到屋里的电脑上,杨岳文只需对着电脑看着,"(长工)你偷懒不偷懒他就看到了"(刘良顺家的)。

摄像监控的技术手段实现了工厂式的劳动监督。诚然,对于绑烟这种空间上相对集中的劳动环节来说,工厂化管理是容易的;但农业生产的大部分环节还是要在田间进行,劳动者分散到田里,而田里是不可能到处装满摄像头的。从而,田间劳动也确实会出现农业生产监督论所讲到的监督困难。如领工梁天祥所说:"我在地头里,这个地长,有时候(干活的人)进到烟地里,我看不着啊,他干活儿的要是糊弄人有时候你控制不住啊。"(梁天祥)

在领工看管不到的地方,劳动者偷点懒、磨洋工是十分自然的事情。对于平时不太重要的活儿而言,磨洋工除了拖延时间、降低劳动效率外,并没有别的后果;然而有些时候,活儿必须抓紧时间干才行,譬如虫子到了孵化期,农场必须赶在虫子孵化之前打完一遍农药,否则等烟叶上咬了很多虫眼儿,再后悔可就晚了。此时,为了催迫长工把速度和效率提上去,杨岳文会采用一种更强的监督方式:亲自下地领着人干活。①

> 梁天祥:他打药的时候背着桶子下地打两桶药,其他时候他不下地。
> 访员:那他为什么打药的时候下地呢?
> 梁天祥:他是督促活儿吧,往前撵撵(方言,意思是"赶")活儿,撵那块时间(……)这个虫子到这个月份,到这个孵化期了,就是今天明天的事儿,他要今天明天快撵过来。(……)
> 访员:那比如说杨岳文和他们一起干活,他会比其他人干得更快一些吗?
> 梁天祥:他和人一样。我兑上药,他装上桶子了,这桶子背起来一下

---

① 读者也许会问:为什么领工梁天祥不亲自下地跟着长工打药呢?事实上,打药时梁天祥需要站在地头上兑药,所以无法一直跟着长工。

地了,我就找杨岳文在头里压着(大意是指大家同步地干活,有一个人带领节奏和步伐)。打比方说,你仨人都装上药了,都背上药到地里了,我就说,你在头里压着,你俩一块跟着跟上,别落下去。他走多么快人家就走多么快。(梁天祥)

可见,在打药的关键时期,杨岳文亲自下地压着步伐,长工齐头并进地向前赶活儿,这样一来,杨岳文实际上实现了空间上的集中管理,对长工行为的监督也变得更容易了。长工必须跟上杨岳文的步伐,紧赶慢赶,在他的眼皮底下,谁偷得了懒呢?长工刘良顺家的抱怨说:"哎呀,那个混蛋(指杨岳文)可能干了(大笑)。打药的时候他亲自干。这时候没有人愿意打药——太热——他就下地领着。有时候他儿子也打药。"(刘良顺家的)

通过上述方式,杨岳文在他的农场中,贯彻了"工厂式"的强监督,从而在一定程度上解决了长工偷懒、磨洋工的行为。杨岳文自己亲力亲为地参与其中,在他看来,农场管理必须如此这般"上心"才行:

自己得跟着干,我得下地。你还想在家里还当大爷啊?你当大爷你就完蛋!挣不着钱。你尽着让人家自己干,到最后就什么也收不着,全叫虫子吃净了,吃得怪疼人。(杨岳文)

在强监督制度下,杨岳文和长工之间,形成了猫鼠游戏一般的斗心眼的局面:长工时常用眼睛瞄着杨岳文的一举一动,在他盯着自己看时,装模作样地好好干活;等他转移注意力看向别处时,就把手头的活放松放松。

我就和老师似的。就像我在这里跟你们讲,你们都瞪着眼看我,这是认真听讲啊。(但是)那出去干活的时候,她干活的得照着那棵烟使劲啊,照着那棵草使劲啊,(不能老盯着我看啊),她再和我对眼的话,那这个人的活就了事了。(杨岳文)

然而,事实上,杨岳文不可能每时每刻都盯着长工看,作为老板,他有各种各样的杂事要去处理。领工梁天祥告诉我们,只有打药、除草、劈烟的时候,杨岳文才会亲自下地;而杨岳文的儿子在县城里还有其他营生,更不能常年待在地里。那么,在杨岳文看管不到的地方,工厂化的强监督模式难道不会失效吗?如果杨岳文只能在农业劳动的少数环节实行强监督,那么我们显然不能认为,强监督就是他解决农场治理问题最有效的手段。

如果将杨岳文农场和老庄农场做一个对比,我们发现,其实老庄也并非对农场不"上心",他也曾试图在农场上建立起强监督、理性管理的模式。然而,老庄失败了,杨岳文却成功了,那么,造成二者差别的显然不仅仅是强监督模式,更为重要的是与强监督模式相配合的一套关系模式。

3.2.2. 经营关系

上一节中提到,在老庄的农场中,劳动者之间有着一个关系十分密切的圈子,而老庄则被排斥在这个圈子之外。在很多事情上,圈内人通过相互之间的合谋来成全各自的偷懒行为,而在老庄面前,他们装傻充愣,尽管看在眼里,但谁也不会把别人的偷懒行为举报给老庄。这样一来,老庄始终被蒙在鼓里;作为一个外人,他始终无法"扎根"乡土。

杨岳文显然意识到,上述关系模式是农场经营的一大阻碍,因此,他努力"经营关系",使得"关系"朝向有利于他自己的方向发展。一方面,他试图通过拉拢一些长工,使她们为自己出力;另一方面,他尽其所能地拆解长工之间的相互包庇的合谋关系。

3.2.2.1. 拉拢

事实上,在杨岳文的农场上,并非所有的长工都一心想着偷奸耍滑;有些长工,尽管并不享有农场经营的收益权,但他们确实和杨岳文站在一边,替他操心农场上的种种难事。王正泰家的是其中最"上心"的一个:

> 去年还是前年,我在那里浇地,浇着地我就去看,哎呀这么多虫子,我就对人家说反了虫子,人家都不相信,到地里一看,(虫子)都一窝一窝的了。梁天祥也没看着。杨岳文高兴,他说,这不亏着你啊(幸亏有你)!(王正泰家的)

通常来说,监控烟田里的虫情是领工梁天祥的责任;长工一般只想着干完手中的活儿了事,谁想多为农场管理的事儿费心,去找杨岳文通报虫情呢?也难怪,杨岳文看到王正泰家的作为长工竟也帮着自己监控虫情,会如此的高兴。

这当然是一件小事,而当更大的矛盾在农场中爆发出来时,王正泰家的所作所为,更凸显出她是站在杨岳文这边的。在访谈中,王正泰家的为我们讲起一件杨岳文和长工发生冲突的事情:

> 柳进廷家的被人杨岳文(骂了)……人家(杨岳文)要求(一杆子上面绑)70朵,(一朵)三个烟叶;她给人家,(一杆)差着十好几朵,还两个叶(绑成一朵,标准是三叶一朵)。被人家杨岳文从车里拿下来,一下摔了地上,又一脚踢出去了……人家(杨岳文)才去站在烟沟上骂啊。进廷家对着我们说,咱不干了吧,你没听见人家骂啊?我说,不干,人家挑出名来骂你了?人家(点名)骂你老张了?(柳进廷家的姓张。这句话的意思是,杨岳文并没有指名道姓地骂柳进廷家的,而是给她留了点面子。)这个东西(钱)在人家手里,为什么不干下来?不干你们就不干,我是干。就这么着,(几个长工们)拉拢着又干了。(王正泰家的)

当杨岳文和长工的冲突爆发时,王正泰家的并没有响应柳进廷家的号召去"罢工",相反,她还站在杨岳文这边,去劝说其他长工,继续踏踏实实干活赚钱。事实上,在访谈的过程中,我们能很明确地感受到,王正泰家的是不可能和其他长工结成一伙,对杨岳文使坏的。她曾多次表达了对其他长工偷奸耍滑行为的不屑,甚至有一次,她还颇为骄傲地对柳进廷家的宣称:

> 我给人家干了这么些年了,我(绑烟)可没缺朵少叶啊,人家要70朵就70朵。(你)别给人缺了,给人缺了人家(烤烟的)这个炉里就跑火。(你绑的那杆子烟)不就被人家摔了?(王正泰家的)

王正泰家的不仅不会参与长工之间的合谋,而且还对杨岳文的农场事务十分"上心"。对待王正泰家的这样好的员工时,杨岳文也表现得"很会做人",他屡次三番地"卖人情"给王正泰家的,试图通过恩惠拉拢她,维系她对农场的忠心。有一年,王正泰家的在附近工厂串肉串时,把腿冻出了毛病。结果杨岳文让他的儿子一趟趟带着王正泰家的去打针治病。

对付王正泰家的是一套,而对付那些偷奸耍滑的员工,杨岳文另有一套办法。尽管他知道,自己很难通过一些手段去拉拢这些人,但他至少也不能得罪这些人。上文的访谈材料中已经提到,即使在有人偷奸耍滑时,杨岳文也不会指名道姓地骂她,以免和她结下梁子。相反,他采用了另一种更"巧妙"的训人的方式:

> 刘良顺家的:这人活儿干得不好,他就开始骂人了。他是到地里,看见你(干得不好),也不挑出来是谁(干得不好),就一起哗啦了(按:训斥)。
> 访员:把所有人全都骂了,一骂骂一片?
> 刘良顺家的:是。
> 访员:谁干得好,谁干得不好,他有数吧?
> 刘良顺家的:他想吆喝你嘛,他吆喝她。就是歇后语——想说你吧,拿别人替了。
> 访员:这是故意的吧?
> 刘良顺家的:是。她干活儿不好,故意说我,让她听着。
> 访员:被说的人都是什么人啊?
> 刘良顺家的:都是关系比较好的。
> 访员:那关系好的人知道他是故意说给别人听的?
> 刘良顺家的:是啊。挺有意思。
> 访员:这个人真有意思。

杨岳文心里清楚,他一旦开罪了一个和自己关系不够亲的长工,这人赌气起来在背后给自己使坏,那就防不胜防。为了不致落得这种局面,杨岳文不得不采用上述"指桑骂槐"的办法:看到一个长工偷奸耍滑,杨岳文不是指名道姓骂她,而是给她留一点情面。杨岳文或是笼统地数落全体长工,或者是找一个和自己关系亲近的长工当替罪羊。他自己也说:

> 比如说,你这个活其实就是你自己干得不好,但是我还不能说你啊,我就照着她,她和我(关系)不错,我就说她一顿(让你听着)。(杨岳文)

不过,谁挨了骂心里都不会好受,越是亲近的人,挨了骂以后,就越需要

通过事后道歉,弥补她受到的委屈:

> 有一天他(对我说)说是,"不说你说谁,谁让你一直在我这里干!"明天就堵着我,"你别生气,我昨天不是说的你"(大笑)。(刘良顺家的)

由此可见,杨岳文为了维持自己和长工的关系,可谓费尽心机:对待和自己亲的人他有一套办法,对待和自己疏远的人有另一套办法;对待王正泰家的这样的"老实人"是一套,对待偷奸耍滑的"聪明人"又是一套;他通过恩惠拴住前者,又用权谋和手段,尽量不开罪后者。最终,杨岳文得以在村庄复杂的关系网络中,在各方之间取得平衡,而不会像老庄那样,被排斥在这关系之外。老庄的失败,正在于他把关系经营得很失败;在这一点上,杨岳文做得很成功。

3.2.2.2. 离间

除了将一些长工拉拢到自己的阵营以外,杨岳文还试图破坏长工阵营内部相互包庇的合谋关系。上节曾讲到装烟工人和绑烟工人相互包庇的例子,这类事情显然在当地农场中相当普遍。杨岳文告诉我们,很多农场主都被这种"关系"给逼死了,但紧接着他又颇为得意地说,自己的农场上绝不会出现这样的事:

> 这些老娘们她胆小啊,我吓唬她说,你再这样(偷奸耍滑)的话,我给你论日工哈,你们背着干粮来(即农场不管饭了),40块钱(一天)(正常情况是七八十块钱一天)。她说你别啊,那谁又怎么着(偷奸耍滑)。(杨岳文)

诚然,干活时偷奸耍滑的行为是存在的,长工原本也倾向于相互包庇,对其他人的偷懒行为睁一只眼闭一只眼。不过杨岳文认为,只要以扣钱相要挟,那些"胆小的老娘们"就会连忙替自己的行为辩解,并急慌慌地在他面前说起其他长工的坏话:"那谁又怎么着偷懒了。"杨岳文得意地认为,通过劳动者之间的相互举报,自己能够对农场中的偷懒行为了如指掌,并能及时采取办法实施监督。必要时,他甚至可以将最为奸猾的长工解雇,而留下那些实在的人;他绝不会像老庄那样,被长工蒙在鼓里,一通糊弄,连谁是"聪明人"谁是"实在人"都分不清楚。

那么,杨岳文所说的"扣钱"是怎么一回事呢?一般情况下,扣钱只不过是针对偷奸耍滑行为的直接惩罚而已;不过,在进一步的访谈中我们发现,有些时候杨岳文说的"扣钱",还包含了一套更为复杂的、"连坐"式的惩罚制度,在这里,前面所说的"举报制度"走向了最极端的形式。

有一年,柳进廷家的给杨岳文绑烟时,缺了朵少了叶子,杨岳文一怒之下,把其他长工也牵连进来。他在领工梁天祥面前大动肝火,让梁天祥给所有长工们带话,"你们给人弄的烟少了朵,你们全给人包着(担责任)",每个人扣了500块钱工钱。这时候,认真干活儿的长工就很是不服。同在绑烟的王正泰家的在绑烟的时候就发现了柳进廷家的不对劲:"(绑烟的时候)我心想,人家也弄了这么些烟,我也弄了这么些烟,人家绑了20多杆,我才绑了17杆(意思是,其他人绑烟时偷奸耍滑,缺了朵少了叶子,所以才绑得快绑得多)。"可是自己莫名要给柳进廷家的担责任,凭什么?想想也是来气。王正泰家的当时就冲着梁天祥叫嚷道:"她自己缺了朵,还让我们都给包着?他儿杀了人,还去杀他爷啊?我就这么讲的,咱又没犯,没犯还让人家扣了钱。"即使有长工不满意,杨岳文还是把工钱给扣了,让大家共同担责任。

乍看上去,杨岳文的连坐制度令人匪夷所思:他为什么要把无辜的人也牵连进来,一同处罚呢?难道是因为杨岳文对农业劳动的情况不够熟悉,以至于看不出来谁在偷奸耍滑,谁在上心干活?难道是因为他找不出"缺朵少叶"的元凶,只能笼统地把所有人都处罚一遍吗?事实显然不是这样简单,杨岳文毕竟不是老庄,以他多年来和土地、和农民打交道的经验,哪个偷奸耍滑的人能骗得过他的眼睛呢!

>访员:他不知道是谁耍滑没绑好?
>王正泰家的:知道啊,知道但他怪我们不说(举报)啊!今年又绑烟,缺朵的时候,(杨岳文)在那里说(……)反正钱我攥着,我不给你们扣下才怪。

刘良顺家的也对我们回忆道:

>今年俺们七个绑烟的,有两个人绑得不够朵,那我们就都吃亏了。

> (……)我就跟他说:"不是这回事,(我们绑够数了)为什么扣我们的?"他说:"你找出那个(不够数的)人来?"

可见,杨岳文此举的目的,并不是真为了扣钱,而是想要把扣钱作为一个诱因,刺激长工把他们之中偷奸耍滑的那个人"供出来"。他对刘良顺家的说的那句话的含义是:只要你找出那个人来,我就不扣你的钱。因此,连坐制度的根本目的,一方面是要"离间"长工之间的包庇关系,另一方面希望把长工培养成"对上负责"的监察员的角色,鼓励她们监督其他长工的偷奸耍滑行为,并向自己举报。显然,在杨岳文看来,他发明的各种各样"管人"的方法,已经将农场中人和人的关系模式,转向了一个有利于自己的方向,从相互勾连到分而治之,这样就解决了老庄经营农场时面临的困难。经过多年的管理实践,他慢慢摸索出一套与农场中的人打交道的办法,可谓费尽心机,对此他也颇为得意。在访谈的最后,杨岳文颇为得意地感慨:"我以前在供销社里干,回来以后又养了几年鸡。最近这五年我又和老少爷们在一块,我学了一大些事啊,你不管生活上、干活上什么的,你得学心眼子。为什么人家说,你到不了一定的年龄,你过不了50岁,你去政治局不行啊,也就是说你和人打交道少了就不行。因为他什么样的人都遇见过。"

3.3. 后果

3.3.1. 学舌

然而,杨岳文的连坐制度真的有效吗?答案未必如此。让我们接着看刘良顺家的说法:

> 刘良顺家的:我就跟他(杨岳文)说:"不是这回事,(我们绑够数了)为什么扣我们的?"他说:"你找出那个(不够数的)人来?"我去说?我才不说。都是一块儿干活儿的,还拉呱(聊天)。你自己知道是那两个人(偷奸耍滑)就行了,你还能(举报)说"就是他们两个人"?那也太没面子了。
>
> 访员:你有跟杨岳文说吗?
>
> 刘良顺家的:都不说,不能够。

可见，杨岳文的如意算盘并没有实现，刘良顺家的并没有由于扣钱的刺激，而把干活时偷懒的人举报出来，更别提在平时劳动中充当杨岳文的"监察员"了。至于王正泰家的呢，尽管她对农场的事务如此上心，又对偷奸耍滑的人十分不屑，但即使是她也不会将那些耍滑的人举报给杨岳文：

> 俺这几个忠厚的，给他扛出来就绑，一直不住，就为了给他把活干好点、干完美点，就这么样都给俺扣了钱啊！他怪我们不学舌（搬弄口舌、举报），你说咱能去学舌吗？那你要被人找到门上，这不太难看了？

王正泰家的不仅没有"学舌"，反而指责起杨岳文来："你那年把那两个弄了库里去拣烟去了，留下俺这几个干活好的绑烟，每天绑到9点多，你怎么下去那个手来，给俺又扣了钱？"这杨岳文听了，反而把眼一瞪："谁让你们不说（举报）的！"王正泰家的倔强地回嘴："噢，学舌好就是了？"至今想起这个事儿，她都一肚子气："如果学舌好的话，那以后学就是了！咱不会学，不爱学啊，咱被人找到脸前，那是个什么滋味啊！这不今年他又说缺朵，又要犯那个病啊，我说，再扣我的我就不要了，一分钱都不要了！……咋君子犯法还一律同罪啊？再给我扣了的时候，我一分钱也不要了！"

从刘良顺家的和王正泰家的两人的话中，我们发现，长工不"学舌"，自有她们的道理：长工之间"都是一块儿干活儿的，还拉呱"，假如为了杨岳文提供的一点点经济上的奖励，就将一同干活的伙伴出卖，那再见到这些同伴时，也"太没脸""太难看"了。

诚然，不可否认的是，杨岳文农场中确实存在着长工之间相互说坏话的情形。如前所述，他的确也在利用长工之间的相互举报，监控他们的一举一动，这使得他不会像老庄那样被长工蒙在鼓里，一通糊弄。然而，当这种举报制度走向它的极端——连坐制时，杨岳文与长工的矛盾已经如此集中，很少有长工会完全抛下脸面，出卖同伴，和杨岳文站在一条线上。从王正泰家的的话中可以看出，连坐制的道理，与农民心目中人和人相互扶持、互相之间维护脸面的"理"，是相违背的。将连坐制应用到人与人的关系相互交错、缠绕的乡土社会中，必定会造成一种在村民看来十分别扭的局面。

3.3.2. 人情交换

正是连坐制一事，使得王正泰家的和杨岳文之间的关系出现了危机，她赌气式地对杨岳文说："再扣我的（钱）我就不要了，一分钱都不要了。"此时，王正泰家的已经动了辞工的心思，她寻思着转过年来，再不想给杨岳文这个"不讲仁义"的农场主干活了。要不是杨岳文的儿子及时出面打圆场，劝她说："大娘啊，你绑的那烟我全给你，别人那个（工资）我扣。"恐怕杨岳文苦心经营的他和王正泰家的的关系，就要毁于一旦。

扣的钱最终都还了回去，杨岳文在乎的也并不是这点钱。然而长工又何尝在乎这钱呢？即便最终拿回了属于自己的钱，杨岳文的行为在人心中产生的影响也很难消除。王正泰家的始终惦记着这件事，跟我们唠叨说："（杨岳文）怎么下去那个手来，给俺又扣了钱（……）（他）不讲仁义啊。"

王正泰家的所说的"不讲仁义"的意思是：我替你干活，替你操心，你却丝毫不顾情义，翻脸不认人。对此，方言中的"黑头虫"一词也表达了类似的意思。上文讲到，有一次王正泰家的在地里发现虫子后通知了杨岳文，杨岳文十分高兴地说："这不亏着老罗家，不亏着你啊！"然而紧接着这段话，王正泰家的就讲起杨岳文是如何翻脸不认人的：

> 杨岳文高兴，他说这不亏着你啊。那爷们就是黑头虫！你好比（……）（绑烟）我们自己把烟叶子（从地里）抱出来，绑起来（把烟抱出来绑，是最辛苦的一种绑烟的方式）；一收获这爷们就变样啊。这爷们那个鳖料（好挑刺），这不对那不对。他儿子今年问到我，大娘啊你还去干不，我说再说吧。

王正泰家的好心屡屡得不到好报，在农场上干了两年后，杨岳文的所作所为早已让她寒心，她早就动了辞工的心思。这就让我们不由得怀疑：上节讲到杨岳文试图通过种种恩惠来拉拢王正泰家的，王正泰家的真的被他"拉拢"过来了吗？她真的心悦诚服地和杨岳文站在同一阵线上了吗？

事实上，王正泰家的心里清楚得很，杨岳文拉拢自己，更多只是为了利用自己，让自己好好替他"上心"。这种拉拢并没有让王正泰家的心存感激，因为她始终知道杨岳文是个翻脸不认人的"黑头虫"。然而，这并不是说，杨岳文的拉拢是没有效果的。作为一种农场管理手段,拉拢无疑是成功的:通过卖人情给王正泰家的,杨岳文的确在一定程度上把王正泰家的拴在了自己的阵营中。举例来说,在连坐的事情发生以后,王正泰家的当时就动了辞工的心思,但她还是决定先继续干下去。对此她解释道:"那家子人不讲仁义啊。我这就觉得他拉着我去打针(才接着给他干),多打几趟针这就补回来了(指补回她受的气和被扣的钱来了),不舍得放松啊。"

通过屡次三番带王正泰家的去打针,杨岳文成功地让王正泰家的觉得,自己对这个老板有所亏欠,因此,假如此时直接撂挑子不干了,似乎也有些不负责任。可见,王正泰家的和杨岳文之间,始终在以一种"欠债还债"的方式去对待彼此的关系:对于王正泰家的这种讲情义的人来说,杨岳文的一点点恩惠,就足以使她感到有义务去"还人情"。事实证明,王正泰家的为农场上了不少心,而这的确起到了很大的作用,为农场避免了一场虫灾、一场"罢工"。就此而言,杨岳文的做法无疑是成功的。然而,显然王正泰家的在这种关系中感到颇不顺心。让我们再回头考察,王正泰家的是如何讲述杨岳文给她的恩惠的:

> 他(杨岳文)大棚外面种了些扁豆啊,叫我去摘,说以后不用去赶集了,想吃什么菜就来这里摘就行啊。我说:"杨岳文,你这话连说也别说,你说了让那些四不像听着,她真过来摘,我想吃什么我自己买就中。"人家怎么着是老板啊,尤其是咱和人家又不一个村,咱不愿意去拿人家的东西。

王正泰家的的言外之意是:我和杨岳文的关系本来没那么好,我不想过多地卷入和杨岳文之间"欠人情""还人情"的义务性交换当中。因此,总的来说,杨岳文的拉拢手段尽管取得了成效,但王正泰家的在"欠债还债"的交换中,在是否辞工的矛盾心理中,始终感到很"不顺心"。不过最终,她还是辞了工:

> 我说:"这么样吧,你们该找谁找谁,我是不去干了。"我在这个村里,就没有出这些样(按:使这种脸色)给我看的,我不愿意看人家那样(……)人家到时候(绑完烟)就给咱钱,了不得啊,给那点钱,你看他那

个不乐意。(……)杨岳文这人,我一不去干了,俺家你这个爷爷打针路过(杨岳文)那里,(杨岳文)两口子推着车和他说话。那个意思就怕我不去了。我就不去了!

3.3.3. 多怨

杨岳文农场的种种管理手段,除了在个人心理层面使长工感到十分别扭以外,还在整个农场层面造成了一种相互埋怨的"风气"。由于杨岳文的管人方法目的就是要拆解长工之间的关系,那么她们之间的关系不好也是可以想见的了。王正泰家的就对刘良顺家的十分瞧不上眼,她抱怨说:"人家(刘良顺家的)昂着头,甭管看得见看不见,就把药倒上。咱呢,低着头看着点,再一抖擞,让药顺着流下去。这烟就不长杈了。刘良顺家的就不是,昂着脸,光会说了,这一棵烟从上到下就光长杈子了。咱那个没有啊。咱娘们太直实了,把我气的!(……)(刘良顺家的)给人干得不好,但人家会说啊,咱不会说。(不管)会说不会说,这个人得干实事啊,孩子。咱出去干活,一五是一五,人家那钱掉了这里咱也不拾啊。"

作为一个老实干活的"实在人",王正泰家的对刘良顺家的这种"聪明人"十分不屑:聪明人嘴上说得好听,但她们打顶抹杈打得实在粗糙,几天过后,一棵烟上又长出了几十个杈子,等于说这遍是白打了。王正泰家的呢?她打过一遍的杈子,基本上不用再打第二遍。最让王正泰家的感到气愤的是,领工梁天祥竟然派她去收拾"聪明人"所造成的烂摊子,让她帮着刘良顺家的打第二遍杈子:

> 人家那个一棵烟上好几个杈子,我那个基本上没有,(她)掰掰就走了。梁天祥叫我们去拿(抹)她的(杈子),拿了一遍再叫我们去拿第二遍。她的太多了,气得我说:"天祥,你再叫我去拿那块地,我放下桶子就走!我不干了我也不去给她拿。"人家看了看就说:"你别让她去拿了,老王家不愁放下桶子就跑了。"气得就是!

杨岳文农场的风气破坏了长工之间的关系,导致即使是同村人遇到问题了也不愿相互帮忙。在干活时,王正泰家的甚至要明确和刘良顺家的画清界线:

> 我到了地头上,我那趟烟我系上了一个红绳,那人那趟我插上了一棵艾蒿。到了第二次,她抹杈子,上了我那地里去了,我说你别,这趟是我的,那趟是你的,我在你那南边。她说,你什么时候在我那南边?我说,你就在我那南边,不信咱到东头看,东头我有个记号。

王正泰家的在自己和"聪明人"之间画好界线,各干各的活儿,这样她就不用替那些干活糙的"聪明人"收拾烂摊子了。另一方面,从"聪明人"的角度来看,她们也时时会嫌弃王正泰家的这种"实在人"。王正泰家的干活儿干得快了,反而遭到埋怨,刘良顺家的和柳进廷家的都私下抱怨她:"你愿意和她(王正泰家的)一块干活啊?俺不愿意,你看看,她干得这么快。"王正泰家的听了这些话,气得对他们说:"你这么样说,我还非得不和你一块!"她叹道:"(我)干快了人家烦气啊!"

在日工制下,"聪明人"本想着偷偷懒、磨磨洋工,但身边的"实在人"干活实在太快,这就让聪明人感到很有压力。很少有人愿意和王正泰家的一起干活。

可见,在杨岳文的农场中,长工相互埋怨、不愿合作的情况时有发生,这种风气的形成无疑是和杨岳文的管理手段密切关联的。也许这正是他的管理理想的实现——分而治之。

3.4. 讨论与小结

在本节中,我们看到杨岳文采用了种种手段,试图对他的农场进行"工厂化"的管理。这种做法的基础是,他必须将农场中人与人"相互勾连"的关系模式打散,从而实现分而治之。一方面,他靠恩惠拉拢"实在人",靠权谋对付"聪明人",试图平衡他个人与不同长工之间的关系;另一方面,他鼓励举报,希望把长工培养为仅仅"对上负责"的监察员。显然,杨岳文看到了老庄农场就是被长工之间错综复杂的关系"逼死"的,对他而言,这种关系是农场管理的障碍,只有通过剪切、重塑、改造这些关系,才能将"农场"转化为"工厂"。无疑,杨岳文的管理手段是成功的,他巧妙地绕过了老庄在其中挣扎不出的管理泥潭。

第一,通过送扁豆、打针等种种恩惠,杨岳文成功地拉拢了王正泰家的,使她感到自己欠老板一个人情。而在还人情的过程中,王正泰家的的确成了农场经营中的关键人物,对杨岳文的成功起到很大的作用:一方面,在领工梁天祥都疏忽的地方,王正泰家的竟然能发现虫情,及时通报,为农场避免了一场虫灾;另一方面,当杨岳文和长工之间出现矛盾时,王正泰家的能够站在他们之间进行调解,使农场平安地渡过危机。

原本,杨岳文和老庄类似,他们都在农场中处于一个十分尴尬的位置:一方面,受到很多庞杂事务的限制,他们平时很少有时间下地,对于田间的种种隐患,比如严重的虫害,他们往往是最后一个知道的人;另一方面,作为老板,他们在一定程度上被隔离在长工的圈子之外,在很多情况下容易被长工合起伙来"对付"。与老庄比起来,杨岳文的明智之处在于,他成功地为自己在田间地头、长工圈子中,找到了一个"自己人"即王正泰家的。通过她,田间的隐患被及时通报给杨岳文,同时,在农场爆发矛盾时,王正泰家的能够利用自己与长工们较近的"关系资源"使矛盾平息。

第二,举报制度是杨岳文重塑农场关系时采用的更为激烈的手段,尽管当举报制度发展为"连坐"这种极端形式时,它很少实际奏效。但在日常管理中,杨岳文说一两句狠话,也的确能迫使长工将她们身边的偷懒者举报出来。通过这种方式,杨岳文能够及时了解长工圈子内部的信息,知道谁是"聪明人",谁是"实在人",并调整相应的监督方式,甚至将那些最为奸猾的人解雇掉。他绝不会像老庄似的,被相互包庇的长工们蒙在鼓里,连哄带骗,最后赔了钱还不知道自己输在哪里。

总的来说,杨岳文采用的种种管理模式是有"工厂化"特征的,在这一点上他无疑做得很成功,假如这些做法真正运用到一个城市中的工厂里,它也必定被引为典范。然而,这种管理方式是以破坏人和人的关系为代价的:一方面,举报制度要求长工违背心中的"理"而行动,即使举报的内容只是一些琐碎、细微的事,但举报这种行为多多少少让人觉得不顾脸面、不通人情,由此,在杨岳文的农场中,的确形成了一种长工之间相互埋怨、关系不融洽的局面;另一方面,尽管杨岳文费尽心机想要经营自己与长工之间的关系,但这种关系是以"欠债还债"的方式运作的,建立不起来真正意义上使人感到舒服、顺心的"关系"。

假如上述"工厂化的管理方式"仅仅应用于城市的工厂中,那么关系的破坏也未必是多大的问题。然而,乡土毕竟不是工厂,长工不是陌生的市场劳动力,对于乡土社会中的人们而言,生活中最为重要的部分恰恰是这种"关系",因为日常好的生活就是在关系当中相互扶持、你来我往。杨岳文破坏这种关系的做法固然为他自己带来了成功,但并非没有相应的代价,这一代价是社会性的:长工之间"相隐"的"理"、相扶持的"关系"在杨岳文的农场中都受到了冲击,长工常常在农场中感到"不顺心"。这一代价虽然不在农场中,没有影响到杨岳文的营利,但是由乡村社会承担了,破坏了原有村庄的人际关系。

长工的不顺心也带来了一个可见的后果:在杨岳文的农场中,长工的流动性出奇的高,不仅王正泰家的,官庄的两个人因为连坐被扣钱后,第二年都气得不再为杨岳文农场干活了。对此,村民柳清森的评论颇为精彩:

> 有些企业老板太苛刻了,我不管你工资高低,你太苛刻了我就不给你干,我干得不顺心啊……今年几个烟站老板喝酒,包括玉浦那个(即杨岳文),他就说咱们村那个韩磊嘛(按:农场工人),说"你这样地干活,就是100块钱一天我都不用你"。那他就说了,"你就是一天300块钱,我都不会给你干"。为什么?韩磊这肯定是在杨岳文那里干感觉不舒服。

4. 经营有道

4.1. 由衰转盛

烟草公司老庄承包的农场在2008年撤出之后,烟草公司的另一个职员老丁惨淡经营了两年,随后便把农场流转给了本庄村民王宗廷。王宗廷今年有30多岁,住在村外靠近烟地的烟站里。从2011年开始,王宗廷先后承包了西鸣村及周边村庄共500多亩土地。在承包老丁的农场之前,他在村里面种过几年烟,但是并不成功。在2009—2010两年内,他只种了大约70亩烟草。2011年,老丁因为农场效益不好,一直有心转让,王宗廷就联系到了乡镇烟站,由站长出面沟通,将老丁农场的所有设备和机械以八万元的价格转让给了他。刚刚转入大规模经营时,他也碰了很多钉子,难以管理好手下的长工,导致亏损严重。"当时头两年我也没挣钱,亏损了十来万,咱也不懂这行,慢慢摸索。"(王宗廷)但是在2012年后,王宗廷的农场日渐红火。2017年,王宗廷的农场种烟大约190亩地,在刨除了成本(人工费1 200元/亩、流转费600元/亩、农资1 700元/亩)之后,每亩地还有2 000元左右的盈余,这样净收入共有约40万元。这个收益在附近的农场当中绝对算作一个丰收。在土壤肥力、气候、员工相同的条件下,为什么近年来王宗廷农场的收益越来越好呢?这个问题启发我们研究其农场发展的历程,从中得出答案。

2011年是王宗廷从老丁那里承包烟站的第一年。虽然之前有着多年的种烟经验,但是在管理方面王宗廷的确遇到了难题——之前在别的村包烟都是小规模的,基本上是自己夫妻俩单干。但是现在接手了300亩的农场,他可是犯了难:如何管理工人?在最初的一年,王宗廷没少在这方面吃亏。为了管理农场劳动者,王宗廷叫王宗照来当农场的领工。可是,就连他后来回忆都说,王宗照只懂得种烟的知识,但是对如何管人不甚了解,所以在这时候王宗廷就不能当"甩手掌柜",也得亲自监督工人。可是这样却没想到遇到了诸多困难。

比起老庄和老丁,王宗廷作为本村人,的确有优势。之前两个人经营时的一个很大的问题,就是能说会道的"聪明人"受到夸奖,不会自夸的"实在人"反而被冷落,因此实在人因不满而离开,导致农场中充斥着心口不一的人。比如村里陈民义家的,她就是一个"聪明人",烟苗移栽的时候,她就冲到第一个干活儿,看起来是干活积极,实际上是因为第一趟最轻松。像这样的法子和策略,她还有很多,既省了力,又赚了脸,但却降低了烟草的质量。可是,王宗廷作为村里的一分子,不会受到村民们或明或暗的蒙骗,他十分清楚:"很能干不是你说的,这是我眼里看出来的。"这在很大程度上是由于村庄中有一套熟人关系和舆论网络。村民对于谁干得好谁干得不好,尽管不会当面报告,却会在背后絮叨,很容易传到王宗廷的耳朵里。他处理的方式很简单——给陈民义家的扣钱。最初,陈民义家的气不过,要去堵门口,找他评理。但王宗廷一直躲着她不见,陈民义家的没办法只好算了,第二年就不去农场干活儿了。尽管王宗廷用这种方式赶走了干活不踏实的人,但却深深地伤害了他们之间的关系。以至于这么多年过去了,陈民义家的提起这事还是愤愤不平。

农场里的劳动者难免有偷懒的人,在绑烟的时候偷奸耍滑,不按照标准绑烟。在这一年,王宗廷在看长工、短工们绑烟的时候,发现王瑞青家的烟杆重量不够,显然是一杆没有绑够70朵。然后,王宗廷就嚷她:"你好好绑。"可是没想到,王瑞青家的依旧是偷偷少绑烟叶,还用各种方法和技巧来让王宗廷发现不了。他再发现之后气不过,就飞起一脚把王瑞青家的正在绑的烟杆踢出去。见到这一幕,全场鸦雀无声。王瑞青家的起初是吓得一愣,环顾四周,旁边的人也都在偷偷盯着她看。可是她自知理亏,毕竟是偷奸耍滑,无奈,只得尴尬地溜出一句:"你看看你把这烟叶浪费了。"可是在这之后,王瑞青家的依旧在这个农场干活儿。问起村民们的反应,回忆着这一幕的王奶奶评价王瑞青家的这个人就是厚脸皮,大家也都知道她的脾性,不过王宗廷这样的做法的确伤害到了脸面。

在烤烟的时候,王宗廷叫自己同族的王正翼来帮忙盯着烟炉。有一次,他让王正翼把烟炉上的通风口多打开一点,可是没想到这样反而不对,把这炉烟烤坏了一部分。为此事,王宗廷一直埋怨王正翼的不是,经常在他面前提起。王正翼后来提起这事的时候,表现得非常不满:"这事就怪他(王宗廷),从外面听人家说了,(王宗廷)回来要打开通风口,才弄得外面那些烟烤坏了。其实里面那些烟很好。他还出那些样子给我看。"(王奶奶)

这还都是王宗廷和村民个人的事儿,拣烟时候的矛盾就闹得更大了。他找了同村的李阿姨领着长工拣烟,但当时正好是长工自家种的玉米收获的时候,王宗廷不顾家家户户都要收玉米的现实,要求李阿姨把长工留在农场,不许回家干活。这明显是强人所难,大家都很不满意,纷纷要求回家掰玉米。李阿姨迫于压力只好散工,让她们各自回家秋收。王宗廷发现以后非常不满,跟李阿姨吵了一架。李阿姨非常生气,不但离开了农场,而且断绝了跟他的来往。村里人后来论起这件事时,也都认为过错在于王宗廷:"他就是不对啊,人家自己家里都有活,还能先给你干?"(王奶奶)

在第一年的时候,他的农场经营效果非常差。听劳动者说,那一年烟草虫害特别严重,烟草进了烤房以后,从外面都能听到虫子翻滚的"簌簌"声。总之,这一年没怎么赚钱。王宗廷认为王宗照会种烟,但是不会带人,没有把长工组织好,管理好。这时候,四叔王正亮从城里的建筑队退下来了,于是第二年他就请王正亮来给自己的农场领工。

王正亮的带工方式和王宗廷、杨岳文、柳进闻都不同。在"农场主—领工—劳动者"的三重结构中,他既非柳进闻的"包庇"关系,也非杨岳文在农场里的强监督与拆解关系,而是像润滑剂,调解、融合农场内部的关系。

王宗廷有时候喝多酒之后会到田地里转悠,看到干活慢或者质量差的,就会很严厉地批评,有时候甚至说得比较难听。在农场里干活的都是他的长辈,被他这样教训,脸面上挂不住,有的人一气之下直接回家了,这时候就要靠王正亮来调节。他亲自到劳动者家里去,替王宗廷赔礼道歉:"他喝上酒了,说话没有数了,你别跟他一般见识。"长工们无非就是要个台阶下,这时候也会回来继续工作。

干活儿的时候王正亮也不看得死死的,张弛有度。当有人偷懒的时候,自然要进行监督,可是毕竟都是村里的熟人,监督也需要有限度:"说说管点用。但是你说轻了还不大管用,说重了还不愿意。"在劈烟、绑烟时,由于每亩地一段时间的成熟烟叶是一定的,平均一亩地劈下的烟叶能绑成10杆烟叶,常年干活儿的人对此都有所了解。王正亮在劈烟的时候发现一个长工一亩地绑了12杆烟叶,这就证明她贪多,把没成熟的烟叶也劈了下来。可是,王正亮却不认为这是一件大事儿,平时虽然说是做得不好会撺人,但是"撺人把人得罪了不是?这个活儿干不好,你撺她,她肯定是不愿意,她不承认她干不好。这个人都不承认自己的错误哈"。如此,王正亮在监督工人们干活儿的时候特别注意维护村民之间的关系、面子。

王正亮在短短两年时间内就整顿了农场的混乱。他的做法看起来也并没有什么惊人之处,为什么就能够收到这么好的效果呢?

4.2. 心心相通

在访谈和研究的过程中,这个农场给我们留下最深刻的印象,就是人与人的互动之中充满着乡村熟人之间交往的情感,而非单纯的利益交换。这种感情表现在劳动者与王宗廷之间、劳动者与王正亮之间、劳动者相互之间。

王正亮在跟我们聊的时候,觉得管理不需要什么技巧,也很难讲有什么经验。顿了一会,他又很郑重地补充了一句:"这个东西哈,管理糙好吧,就是将自心比人心啊,因为我老是在地里嘛,有时候我也亲自干一点试试,到底必须干多么长时间,弄到什么程度,你该体谅她的时候体谅她,她干活就相比而言比较认真了。你不体谅人不行啊,你不体谅人,人家自然不愿意啊。"之后他又反复强调了几遍"要体谅人"。

"将心比心",听上去很简单,但在实际操作的时候却非常困难。长工们抱怨活重,要求休息,有时候的确是因为疲惫不堪,有时候却只是想磨洋工。如何对情况做出正确的判断,这是最为困难的事情。王正亮说,他依靠的,是这么多年来对每一个人的了解,以及对每一个劳动环节的掌握。"我这常领着干活了,干活累不累,一天干多少活,我就亲自体会到了,基本上糙好大体,肯定就干这么些。"在农场做工的陆从文家的也提道:"领工的其实都有数了,你每个人一上午能干多少活,他都大体知道;谁干的糙好,他也都知道。"

正因为王正亮能够做到体谅他人,将分寸把握得恰到好处,他才既能严格管理,又能获得劳动者的理解。元增宅家的说他"一个人也不得罪";龚樊友家的一方面说农场管理得"可严了",另一方面又觉得很自然,"老板吩咐他带工,他带不好人家老板也是训他啊,这不那么个事儿吗。他必须对待这个活儿严一点"。在与劳动者聊天的过程中,尽管她们都觉得烟地里的活很辛苦,但是却并不认为领工的很严酷,相反,都认为他很同情干活的人。比如元增宅家的就说:"热的时候,10点多钟,就给你送去藿香正气水喝,然后再干一会。如果太热了,我们就和领工的说:'太热了,干不了啊,散工吧。'他说:'那中,太热了,咱就走吧。'中间如果说累了,就跟他说说,抽袋烟,一休息,再干一会。你看这样,也很同情你啊,并不是一直闷着头在里面光让你干活。"

不光是长工与领工之间相互体谅,劳动者对于老板同样带有感情。这份感情来源于在村庄中的长期相处,来源于她们作为长辈对他的了解和爱护。尤其是,王宗廷幼年丧父,母亲又改嫁,一直靠着自己的力量在孤身打拼。长工们屡屡提起这段往事,觉得如果再不给他好好干活,真的对不起他。元增宅家的在跟我们讲述的时候非常动情:"他这么个情况,你说如果他的父母在脸前里还好说,他现在这样不就是自己硬鼓(打拼)啊?你怎么还能去混(糊弄)他?"

同样的,劳动者之间关系也非常融洽。甚至可以说,她们之间的关系是各人生活和生命中重要的支撑,她们间的互动和交流是日常生活中不可缺少的一部分。我们的访谈是在冬天农闲的时候,依然经常碰到她们在一起聊天。有时候出去打零工,她们也一定结伴同去。她们很开心地聊着彼此间发生的事情:"你看,我这不现在在家里没有事,吃完饭了,我就到这家去要要,到那家去要要。这不是经常在一块干活,有印象了?我们就这样,晚上找成块(一起),喝茶叶水,嗑瓜子。一找成块就喝水,嗑瓜子,一晚上嗑得地板上都满了……6月天的时候,王正亮也过来,一般西边那几个(一块干活的)也都在俺家这过道里一块,拉七拉八(聊天)。"(元增宅家的)她们不单是把村庄里的关系带入农场,同时又在农场中巩固彼此的关系。尽管烟地里的活很辛苦,但她们印象最深刻的却是经常"闹笑话"。邻里关系与工作关系融合在一起,构成了她们生活中至关重要的一环。

王宗廷农场最鲜明、最令人印象深刻的一点,就是人们相互之间充满了情感。这种情感既让置身其中的人感到顺心、舒服,又尽可能地保证了劳动效率和质量。那么,为什么这个农场里可以形成如此深厚的感情呢?为什么老庄和杨岳文的农场就无法做到这一点呢?

首先,关系是情感生发的基础。王宗廷农场上活动的所有人都来自同一个村庄,彼此熟识多年,甚至有着同宗同族的情谊。事实上,尽管从农场管理的角度看,他们是农场主—领工—劳动者的三重结构,但是在实际的生活和行动过程中,他们还是以原有的一套关系看待自己和他人的位置,按照这套关系所规定的伦理准则来要求自己和对方。西方社会学称此为组织中的非正式关系,但是在村民们看来,这才是社会生活的正式关系。除此之外的关系都不具有根本的重要性,既缺乏历史和血脉的根源,也没有实质性的内涵和规范性的要求。他们情感的生发也正是由于这套关系的存在。一个典型的反例就是老庄:尽管他为人很好,给村民们留下了不错的印象,但却始终没有和村民们建立起真正意义上的情感联系。

其次,领工的合理处置是情感生成的条件。在现实生活中,关系也可能阻断,情感也可能闭塞。王宗廷在头两年所犯的错误其实就在消磨和剪斫着自己与村民间的关系。王正亮来到以后,站在了农场主和劳动者之间,尽可能地消解掉双方的摩擦和对立,将原有的关系理顺。他使用的方法就是"将心比心",在互动的过程中摸索让大家都顺心的处置方式。人与人之间往往有微妙的感通,他的心境和想法也被其他人感受到了,劳动者尽管工作辛苦却毫无怨言,甚至十分感念。每个人之间都在用同情的方式相互理解。摩擦和矛盾虽然常常存在,但也往往像蜘蛛网一般很快随风而去。这种状态一旦形成,却又仿佛是自然而然的,以至于生活在其中的人浑然不觉,以为农场的治理本来就应该是这个样子,没有什么可对人言的。

当长工和领工彼此之间都按照"关系"所规定的伦理去行动时,农业监督问题自然而然就得到了解决。事实上,只有当人们彼此之间以利益交换的方式去看待彼此的关系时,才会出现偷懒耍滑的现象与农业监督问题。一旦长工不把王宗廷看成"老板",而是将他看成一个村里朝夕相处的熟人,几十年来自己看着他从小长到大,孤身打拼,逐渐成人,这时,长工哪里好意思糊弄王宗廷呢?

4.3. 小结

如果将王宗廷的农场和杨岳文的进行对比,我们会发现虽然同样是乡村内生的农场,采用相同的监督结构,盈利状况相似,但是其付出的监督成本或者代价却有着明显差别:王宗廷的农场显然监督成本更低。如果说外来的老庄忽视了村民关系在农场经营当中的作用,两本村农场经营成本差别背后的原因则是两者处理关系的原则不同。杨岳文是将关系看作同质的"商品"进行剪裁和运作,殊不知在长工的眼中关系的重要特点在于"亲疏有别"。"差序格局"(费孝通,2012:24)是中国人际关系的基本特征,"差序"也是村民们行动伦理的重要特征。所以,杨岳文再如何拉拢,长工也始终认为这是"不仁义",弄得大家"不顺心"。王正亮对农场的管理就恰恰遵循了中国人际关系相处的特点,形成自然、顺心的状态:一是,重视长工们原有的、生活当中建立起来的人际关系,将农场的工作状态塑造得更为融洽;二是,遵循"差序"的原则进行管理,更能让长工信服。在这样的经营过程中,由于遵循了村民行动当中的伦理规则,维护了乡村当中的日常人际关系,实现了农场经营与乡村社会的和谐共生,营造出"群"的经营状态。

5. 总结与讨论

本文是对三个规模经营农场的案例研究。三个农场都种烟草,都采取了"农场主—领工—劳动者"的领工制模式,但是效率和风格却呈现出相当大的差异。我们从社会学的视角入手,对其经营和管理模式及背后的社会关系进行了比较,考察三个农场应对农业监督问题时的成败得失。现在来总结一下其中的发现。

首先,规模农场的要害问题——生产监督问题并不是靠"正式"的生产和管理制度解决的。对于老庄的农场而言,尽管他在农场中建立了领工监督、包工生产的制度,但这些制度并没有起到作用。老庄面对的最主要的困难是他属于一个"外人",农民还将他的农场理解为"公家的""集体的",因而偷懒误工,连心理上的道德压力都小得多。也正因为他是一个"外人",所以他对于领工与长工之间、长工内部的包庇行为无能为力。即使再严格的生产和管理制度,在这种关系结构下也很难实行。相比之下,杨岳文和王宗廷的农场,在农民眼中既是"村里人"的,又是"私人的"(个人的),所以即使偷奸耍滑也只能偷偷进行。而要发现和管理这些机会主义行为,杨岳文和王宗廷也不能仅依靠"正式"的生产管理制度,而是要利用村里人的身份,"进入"到村庄的社会关系层面来进行经营和管理。

其次,利用社会关系进行经营管理时,社会关系背后的伦理就介入到农场的生产中,而且变成了影响农场效率和风格的重要因素。杨岳文的经营策略就是要"拆解"长工(村民)之间的社会关系。他费尽心思,通过拉拢和权谋、举报与连坐的各种手段,试图将农场中的长工培养为仅仅"对上负责"的监察员。在一定程度上,这些手段是成功的,杨岳文的农场确实摆脱了老庄面临的监督困难;然而,这些被他看作"工厂式"的"现代"管理手段,却因为违反了乡村关系背后的伦理而在乡村社会中引起了种种摩擦与不适。他越是发明出各式各样管人的办法,就越会出现一个"法令滋彰,盗贼多有"的局面,老板与长工之间相互猜度、玩弄心眼,就像猫鼠游戏一般较劲,最终弄得从上到下都不顺心,不仅杨岳文气得心脏出了毛病,许多长工也被气得辞去了工作。虽然他的农场依然维持着挣钱盈利的局面,但是他在乡村的人际关系里面却失了分,付出了"名誉的代价"。

王宗廷的农场则完全不同。在该农场中,老板、领工、长工看待彼此之间关系的方式,并没有因为农场正式管理结构的引入而发生根本的变化。农场的日常管理建立在村庄关系的基础上并"顺着"这些关系展开。对长工而言,老板固然是老板,但他首先是她们的本家、晚辈等等。以往的研究多将这些人情、生活、社交看作"非正式关系",可是农民的生活本身就是由各种各样的小事、吵闹、人情组合起来的,在村中熟人生活中建立起来的关系才是村民们所能接触、感受到的。在这个意义上,社会学理论上常谈的"非正式关系"才是农民心目中的"正式关系",是农民社会行动所指向的"结构"所在。

进一步讲,由于村庄日常生活中的"关系"延伸到了农场经营中,长工以关系中带有的伦理去行动时,农业监督困难就自然容易解决了。

对比三个案例我们发现,农民行为有着三层不同的逻辑。第一层,长工偷奸耍滑的行为在三个农场中都存在,这是典型理性小农的"利己"逻辑。克服偷懒行为是农场管理的关键。第二层是"共同体"的逻辑。在老庄农场中,长工之所以表现得如此自私自利,丝毫不考虑农场的收益与成功,不仅归因于利己,更在于农场主是村庄的"外人",对待外人,无须有过多的伦理考量。此刻,与村庄共同体身份的"内外"逻辑在起着作用。不仅如此,这种"共同体"关系来自乡村当中的共同劳动、共同生活,成员彼此之间还遵循着共享的伦理规范,也就是"理"的存在,比如彼此之间不能学舌,要维护彼此的面子和尊严等。第三层是"差序"的逻辑。虽然乡村存在共同体,但是在长工眼里,每个人与自己是亲疏有别的。在杨岳文的农场中,由于杨岳文并非本村宗族,他要想方设法拉拢或离间村民才能管好长工,但事实上他们之间存在着诸多矛盾。相反,在王宗廷农场上,由于农民与农场主"关系近",农民就会用近的关系中所包含的伦理原则去指导自己的行动。

与农民的行动逻辑相应,三个农场主也采用了三种不同的"经营"逻辑:老庄采用制度的方式,希望用正式制度解决农业监督问题;杨岳文意识到了关系的作用,但违逆关系中的"理",剪斫人与人的关系,试图将农场"工厂化",虽然农场效率提高了,但是其背后的代价却由乡村承担了;最后,王宗廷的农场管理是顺着本家、同宗、长幼之序等差序伦理展开的,只有在他的农场上,农场主的经营与农民自身的行动逻辑能够契合,既解决监督难题,又维护乡村秩序,做到"治理有道"。所以,本文所谈的经营之"道":第一层是解决农业监督问题的具体方法;第二层是顺应农民的行动伦理实现双赢治理。

本文在理论上可以归入经济社会学的"嵌入性"框架下来理解,为经济行为和社会关系之间的作用提供案例经验。不过,我们的研究又对"嵌入性"理论所讨论的问题有如下拓展:以往对于嵌入性的讨论多停留在关系作用的形式上,但是我们发现比形式更重要的是行动者的行动逻辑即伦理。这将对嵌入性的关注从形式转向内涵。农场管理,嵌入的不仅是乡村的社会关系,更加重要的是,乡村社会关系背后的人情和伦理对农场经营也发挥着重要的作用。当农场经营与这些伦理不一致时,农场经营的"成功"就意味着乡村社会关系的破坏;而当农场经营与这些伦理一致或者通过调整而相互适应时,农场经营的成功与乡村社会的关系和风气可以相得益彰、齐头并进。在这个意义上,农场的经营背后也是有"道"可循的:规模经营、现代管理完全有可能"嵌入""扎根"于乡土社会,并实现农场经营和村庄社会的"双赢"和共同改善。

参考文献

蔡瑞林、陈万明,2015,《粮食生产型家庭农场的规模经营:江苏例证》,《改革》第 6 期:81—90。

陈锡文,2012,《把握农村经济结构、农业经营形式和农村社会形态变迁的脉搏》,《开放时代》第 3 期:112—115。

费孝通,2012,《乡土中国》,北京:北京大学出版社。

付伟,2018,《城镇化进程中的乡村产业与家庭经营——以 S 市域调研为例》,《社会发展研究》第 1 期。

郭庆海,2014,《土地适度规模经营尺度——效率抑或收入》,《农业经济问题》第 7 期:4—10。

黄宗智、彭玉生,2007,《三大历史性变迁的交汇与中国小规模农业的前景》,《中国社会科学》第 4 期:7—20。

李文明、罗丹、陈洁、谢颜,2015,《农业适度规模经营:规模效益、产出水平与生产成本——基于 1 552 个水稻种植户的调查数据》,《中国农村经济》第 3 期:4—17。

梁謇、咸立双,2004,《我国农户兼业化问题探析》,《理论探讨》第 5 期:62—64。

刘守英,2016,《中国农地权属与经营方式的变化(2010—2014 年)》,《中国经济时报》2 月 19 日,第 10 版。

孙公准,2009,《山东省志·烟草志:1991—2005》,济南:山东人民出版社。

向国程、韩绍凤,2005,《农户兼业化——基于分工视角的分析》,《中国农村经济》第 8 期:4—9。

徐宗阳,2016,《资本下乡的社会基础——基于华北地区一个公司型农场的经验研究》,《社会学研究》第 5 期:63—87。

许庆、尹荣梁,2009,《土地适度规模经营问题研究——基于我国粮食生产的实证分析》,《农村经济文稿》第 10 期。

许庆、尹荣梁、章辉,2011,《规模经济、规模报酬与农业适度规模经营——基于我国粮食生产的实证研究》,《经济研究》第 3 期:59—71。

张兰、冯淑怡、陆华良、曲福田,2015,《农地规模经营影响因素的实证研究——基于江苏省村庄调查数据》,《中国土地科学》第 11 期:32—39。

赵鲲、刘磊,2016,《关于完善农村土地承包经营制度、发展农业适度规模经营的认识与思考》,《中国农村经济》第 4 期:12—16。

周飞舟,2018,《行动伦理与关系社会——社会学中国化的路径》,《社会学研究》第 1 期:41—62。

Bernstein, Henry. 2010. *Class Dynamics of Agrarian Change*. Boulder: Kumarian Press.

Bradley, M. E, M. G. Clark. 1972. "Supervision and Efficiency in Socialized Agriculture." *Soviet Studies* 23(3): 465 -473.

Burt, Ronald S. 1995. *Structural Holes: The Social Structure of Competition*. Harvard: Harvard University Press.

Day, H. 1967. "The Economics of Technological Change and the Demise of the sharecropper." *American Economic Review* (57): 427 -449.

Granovetter, M. 1985. "Economic Action and Social Structure: The Problem of Embeddedness." *American Journal of Sociology* 91(3): 481 -510.

Huang, Philip. *The Peasant Economy and Social Change in North China*. Thousand Oak: Stanford University Press, 1985.

Jackson, Matthew O. 2014. "Networks in the Understanding of Economic Behaviors." *The Journal of Economic Perspectives* 28(4): 3 -22.

Mann, S. A, J. M. Dickinson. 1978. "Obstacles to the Development of a Captalist Agriculture." *Journal of Peasant Studies* 5(4): 446 -481.

Patnaik, U. 1979. "Neo-Populism and Marxism: The Chayanovian View of the Agrarian Question and Its Fundamental Fallacy." *The Journal of Peasant Studies* 6(4).

Polanyi, Karl. 2001. *The Great Transformation: The Political and Economic Origins of Our Time*. Boston: Beacon Press.

体悟田野,从实求知

访 谈 者:北京大学社会学系团委学术实践部(以下简称"学")
受 访 者:罗兆勇　汤欣哲　赵启琛(以下简称"罗""汤""赵")
访谈时间:2018 年 10 月 26 日

学:关于规模农场的研究主题在挑战杯的选题里显得很新颖,请问你们是怎么想到的?

罗:其实这一直是我很关心的话题。在当下剧烈的城乡变革中,中国农业该何去何从,这是一个很重要的问题。不仅在学术上很重要,现实层面上同样非常重要,因为这关系到中国几亿农民甚至说全体中国人的福祉。另一方面,从我个人经历上来讲,我家就在农村,我对这个感受特别深刻,就在最近十年左右,我家附近相继兴起了很多规模农场,这既在我内心中留下了比较深刻的印象,同时也为我提供了天然的田野素材,所以我觉得要做这个。

这是就我个人而言,实际上我们组确定这个题目的过程还要更复杂一些。我们当时是每个人都考虑了几个题目,我当时想到的题目一个是规模农场,另一个是关于农民上访的问题,赵启琛当时提出的是合作社和精准扶贫的问题,汤欣哲提出的是关于彩礼的问题。我们带着这些题目去找指导老师周飞舟老师聊,周老师认为上访、合作社和精准扶贫的问题都不是纯粹的学术问题,不适合做;彩礼的问题虽然题目很好,但是涉及传统中国社会思想,非常复杂,我们可能没有足够的学术能力来做,规模农场这个题目不管是在理论上还是在实际操作上都比较适合我们的学力,所以就最终选定了这个题目。

学:请问你们如何将最初的关切细化到具体的问题?

罗:一开始就只是有一个模糊的话题和研究对象,觉得这个问题似乎挺重要的,挺有意思,但究竟要做哪个方向也不太清楚。所以从我们大概确定这个题目之后,第一步就是看文献。我们看的文献大概是这几个方面:首先是以往关于这个问题的研究;其次是一些背景知识,关于农业技术、农业经营管理的,因为我们研究的是烟草农场,所以烟草种植、管理过程这些背景知识是需要的;最后还有其他似乎离题较远的方面,希望能够拓展我们的思维,给我们一些启发。例如,我们中间商量过要不要研究农场主本身,因为他在农村中的经济实力和社会活动能力都比较强,我们想看他会不会在村庄治理中起到比较重要的作用。此外,因为我们研究的区域从民国开始就是烟草种植的重要基地,所以我们还看了一些农业史的材料。在这个过程中一边看材料,一边开始与周老师讨论,发现农村治理这个很难做出什么东西来,想不到有什么切入的地方,通过这样不断地筛选和细化,我们最终锁定了经营问题。实际上,规模经营的问题在学术上有一个很著名的线索,就是所谓的列宁和恰亚诺夫之争,后来衍生出一些讨论:规模经营到底能不能成功?什么时候成功什么时候失败?而且我们在现实观察中也发现,确实有很多农场有的成功了,有的失败了。如果成功,它的原因是什么?如果失败,它的教训又是什么?所以最终确定了这样一个题目。

汤:其实就是刚去到村庄里面的时候会觉得很奇怪,我们直观地想,一个把土地流转集中起来的农场应该会做成,但是实际上会看到那里有好几个农场,架构都非常相似,制度也很相似,但有的成功,有的失败,这就是当时看到的困惑。如果按照经济学的方法想,算算它的各项成本,然后再算一算它的亩产有多少、每年的价格是多少,这样一算好像都能成功,其实这也是这些农场广泛建立的原因,但实际上并非如此,说明一定是有一些什么我们在这里想不到的因素在发挥作用,所以我们就觉得这个很有意思。

学:你们下田野是怎样一个过程呢?

罗:我们进入田野其实不算很难,就是我们本科生习惯用的家乡社会学法。因为我老家就在那边,我在那里有一些社会关系,所以就比较容易进入。我们是去年的1月20日去的,待了大概两周。关于田野技艺,当时周老师给我们专门培训过一次,就是讲怎么做访谈,当时他让我们关注过程-事件分析。有时候你去一个村庄里面跟他们聊,直接聊的时候表面上平平淡淡的,可能访谈提纲的问题问完了,也没问出什么东西,但有时候访谈对象就会特别想跟你讲一件事,那件事在他生活里面有很强冲突性的意见,你从这个冲突性的事里面你就能看出来他所在那个社会关系的结构。

当时周老师给了一个很好的比喻,他说农村的社会关系和社会结构就好比是一些水管,这些水管是透明的,你直接用肉眼去看是看不到的,但是一旦有什么事件发生了,比如说分家或者某一个外来的事件,这些关系和结构就会凸显出来。就以精准扶贫为例,本来村庄的社会关系看起来都挺和谐的,但是项目拨款一旦下来,一旦涉及精准扶贫定点的时候,大家就开始纷争起来了。从这里就可以看出谁近谁远、相互间的关系和认同如何。就是说,事件的到来,好比是给这些管子注入一些彩色的水,然后这些水管的结构和走向就显现了出来,即动态的事件和过程对静态的结构有一种呈现作用,这是我们在实地调研中反复运用并且获益匪浅的一种方法。

赵:下田野的过程中其实有很多困难,比如说你认为的冲突和矛盾,在访谈者自己的脑海当中,不认为这是个问题。你去问他一个事情,他就会说没有什么问题,没有什么冲突,大家都挺和谐,但是当大家恰好都聊到某一件事情的时候,这件事触发了他们共同的记忆和感受,他就会在那一个点上说出很多。比如说,如果你只是空泛地去问农场主是如何管理工人的,他就会跟你说我都没有管他们,他们自己就可以做得很好了。除非你问比如说你们这个本村的劳动力和他们外村过来的这些人,你们之间有什么区别,于是本村的人就开始说外边那些人是如何不如他们做得精细,不如他们干的工作好,一旦他们打开这个话头,就会跟你聊很多。受访者也是各不相同,有的受访者就会跟你讲很多故事,但有的人就需要你去进行一定程度的引导,但是又不能引导性过强,因为这会将你自己的观点投射到他身上。我们在做访谈的时候,有时会感觉他一句话一件事聊着聊着就没下文了,这时候就要适时去引导。

另外,我觉得家乡社会学有一个好处,就是访谈者和访谈对象生活在同一个世界当中,而不是一个外人。我觉得一个外人,比如说我去宁夏那边做精准扶贫调研,我自己本身是个外人,我跟当地人建立社会关系需要很长时间,单靠暑期去调研那么一段时间其实很难。我在宁夏那边是通过多年去同样的几户家里面,让他熟悉你,认识你,他就知道你去年来过,然后你跟他加微信聊天,基本上就是通过这样的方法。我觉得只有这样,将来你跟他交流的时候才能保证他跟你说的可能是真实的话。有的老师提倡聆听权,就是说当我们跟他不是朋友或没有建立关系的时候,很有可能他说的是错的,或者是骗我们的,但我们也无法判断,只有当你和他建立起关系以后才能保证他说的都是真实的,就是你有了聆听权。下田野做质性研究,有的时候建立关系对我们的挑战也很大,我们去兆勇他家,全村的人他差不多都认识,但是如果我们要去一个陌生的地方的话,我们该如何与那些人建立关系获得他们的信任和聆听权,这是一个很大的问题。

学:受访者对于同一件事情的说辞会不会有矛盾?

罗:这个问题是很常见的。举一个例子,烟草公司要求统一使用公司的品种,因为这个品种的有害成分含量低,但是问题就是产量低,容易得病。我们在访问农场主的时候,他有意回避了这个问题,说他们用的就是烟草公司的品种。而后来在访问农场实际的管理人时,他就说农场其实是自己育种的。

汤:还有就是有一个农场的雇工实际上干活非常爱偷懒,每次都有点偷奸耍滑,我们在访谈他的时候,他却一直在强调自己干活很认真细致,但却被克扣了工资,非常不服气。后来我们经过更多的访谈才明白他说的是假话。

学:这种情况下应该怎么处理矛盾之处呢?

罗:既然两个人说的不一样,你肯定要去考虑:这个人为什么这样说,那个人为什么这样说?他们背后的动机是什么?你通过分析讲述背后的动机就可以大致形成一个合理性的判断。就刚刚的两个例子而言,农场主和偷懒的工人,他们都是意识到自己的行为在某种意义上是错误的,是难以启齿的,因此他们的动机是要隐藏起这些难以对外人讲述的内容。而管理者和其他人则没必要隐藏,因此他们的话语是值得信任的。

学:那具体三个人的分工、进程、时间安排是怎样划分的呢?

罗:时间安排大体上就分为三大部分,首先就是在进入田野之前的讨论和文献的阅读,中间部分就是在田野里面实际的访谈,最后就是后期的整理录音稿和写文章。我刚才讲到我们的文献分为几大部分,我主要负责农业生产技术和经营管理的文献,欣哲主要是负责农业史,启琛主要是负责乡村治理。文献上有这样一个分工,到了中期访谈的时候,其实没什么太大的分工,只是在访谈时确定谁是主访,谁是副访,谁来做访问,谁来记笔记,就这么一点点分工。到最后整理录音稿的时候,每个人负责一部分录音稿的整理,写文章的时候每人负责一章,就是这样的分工。

学:参加挑战杯有怎样的感想?

罗:首先是真正体会到了怎样做一个研究,特别是做一个实际的经验研究,既体会到了那种充实感,也体会到了艰难和辛苦。一开始我们讨论确定题目的时候觉得很困难,一会觉得好像前人都已经做过了,根本没办法去做出提高,一会又觉得这都是显而易见的,没什么矛盾,一想就是一通百通,根本没必要来研究,如何来抓住根本性的问题是一件很困难的事情。我觉得真正使我们对这个问题有一个具体认识的,还是田野,真正到了田野那边,一接触到田野,一些以前你觉得无从下手的问题就都会有了眉目,以前你觉得一通百通的地方好像就出现了一些讲不通的地方。这种田野直接带给你的感受和震撼,是你单纯去读文献,或者你自己凭空思考所没有办法体会到的,这是一个很重要的感觉。另一个让我感触很大的地方是去农村做调查,好比破一个案件,他们整个的社会结构,不管是人际关系的结构、市场的网络,还是农场的结构一开始是隐藏的,你一开始只看到一些零星的人,然后你通过对这些人的访谈,通过这个人认识到另一个人,通过这批人认识到另一批人,逐步把他们背后的网络,不管是实际的网络,还是观念的网络给发掘出来。这个时候你会体会到一种豁然开朗的感觉,这是我的一点感受。

汤:我的感受是在挑战杯里体会到写一篇论文是一件多么艰难的事情,平常在学校里面写一篇读书报告是一种不管怎么写都能写出来的感觉,但是要真正做出一个研究,最开始的时候,我们确实有段时间也觉得不知道该往哪边走,不知道该怎么写文章。有时候想当时如果是一个人做一个研究,很可能都做不下去。我们也经常一起讨论,最后参加的还有周老师,我其实很感谢周老师的,因为我也不是他的学生,但是周老师还会对我们特别上心,也会觉得老师给你那么大期望,你也不能不好好做。

罗:我们一直在说周老师是我们能够坚持下去的一个非常重要的原因。因为大概从10月份开始选题的时候,周老师就让我们每周去跟他聊一个小时,几乎没有中断,他自己也很忙,能够每周抽出一个小时很不容易。每次定的是周三上午9点钟,我们每次周二晚上要开好长时间的会,讨论第二天要给老师说什么。还有我们在田野的过程中,确实有时候会得到很多震撼和灵感,有时候也会发现似乎访谈了一天筋疲力尽回来还是一无所获,因为你访谈的那些东西,如果不去仔细地、反复地品味、阅读和思考,可能就什么东西也发现不了,因为很多时候你关注的东西就隐藏在被访者的语气中,或者在他的只言片语中。所以一开始你可能很难体会到,就觉得一无所获,我们那时候也很压抑。只有反复讨论、反复审视这些材料后,才能够慢慢地得到启发,这是一个大浪淘沙的过程。

赵:最开始的几天我们会获取很多信息,比如说他们是谁,他们之间的关系网络大约是怎么样的。但是前几天的信息蜂拥而来之后,你会发现往后的很多信息变成重复的,或者说他们也很难说出与之前所说过的不同的东西。这样,你就其实很困惑,因为之前的其实都是一些简介性的,只要经历过这个过程的人他都能说出来,但是这些东西并不能成为我们做社会学研究的基础。我们不是要呈现一个农业生产过程,而是要抓其中更深刻的东西,比如人际网络或者制度设计等诸多深层次的机制,这些一定程度上要靠我们慢慢梳理和讨论才能发现。另一方面我觉得还有一些是运气,也许是我们遇到了某一个人,他就会给你说很多,然后这个局面就彻底给打开了,所以我们的情绪就是大起大落,当遇到一个优秀访谈对象的时候,我们就会很开心,瞬间觉得这个研究有了着落;但是有的人半天也说不出来很多东西的时候,我们就很着急,这些感受,你只有到了那里才能够体会得更深刻。

在访谈后就一样了。首先要去整理那些录音稿,这是一件相当困难的事情,我们经常还需要就一句话到底说的是什么展开争论,我们会标很多,哪里听不清,然后标出时间节点。写作过程中,我们先每个人分别写,然后反复改,我记得最终改过 11 版,这还是大改的,一些小改动就直接给改掉了。我们分开写,很难的地方在于如何把它合成一体,于是我们就不停地讨论。比如文献综述、前言相对于正文来说,它不是故事的一部分,我们要先把故事线理出来。我们不采用那种大框架填材料的方式,因为现在很多人都这样写,你看一下目录,它无非就是把访谈稿放到这个目录下面,这样的东西读起来很没有意思。我们希望能把三个农场放在同一条线索当中,放到一个逻辑链当中,这些东西都要我们提前商量好。写作过程中我们还开会,一般都是在理教讨论区讨论这块怎么写,最后怎么接,讨论得很清楚之后再写,把它放到一起之后每个人都要改,我们每个人都改过一遍,以便从文字上看是一气呵成的,而非断裂的。这中间修改的过程有很多次,周老师也提了很多建议。他在第一版的时候批注和修订改了很多,给了我们非常大的帮助。

罗:因为他觉得我们作为学生,有些论文技巧、学术规范和学术技巧,我们不太了解。周老师还觉得质性研究不能做成框架填充式的,就是提一个观点,然后放一段材料在下面,因为没有说服力。你只有带着阅读者进入具体的情境中,让他了解这个情境的方方面面,看到这个情境中事情和人物是自然发展到这样的,他才能体会到确实在这个情境中,这个人受到你讲的那种力量、那种因素的影响,而做出那样的行为。质性研究一方面是研究者自己身临其境,另一方面你在写作的过程中也要尽可能给阅读者一种身临其境的感觉,让他感受到跟你同样的田野的震撼,他才能信服你的结论。所以周老师给我们就提出这样一个要求,他的那个比喻是说,我们最后写出来的东西是一条活鱼,让他看到这条鱼的样子,他才相信了我们对于这条鱼的观点,而不是说你给他一些鱼鳞,让他从这些鱼鳞去构想这条鱼,这是没有意义的。

学:请问对想做挑战杯的后辈有什么建议吗?

赵:我们最多就是分享一下研究的过程,我觉得最重要的部分,就是提出一个研究问题,这个部分其实非常重要,当然质性研究的好处在于我们本身也是在田野当中发现问题,很有可能在做的过程当中,你的问题会有一些修正或者是更改,但是最重要的还是你的兴趣和问题,找一个你自己感兴趣的一个问题,你可能才有动力往下做,看文献的过程没有那么多的诗意,所以说兴趣很重要。我导师有时候经常跟我聊天,他老问"你的兴趣在哪里""这个是不是你的研究兴趣",这是很多老师都很注重的一个方面。实际操作其实大家都懂,学过社会调查研究方法,如何做质性研究,或聆听或访谈,那些东西老师上课都有讲,关键是能做下去。另外就是我觉得要培养社会学的那种感觉,如何找一个社会学的视角,去体会社会学的视角到底是什么。这个很重要,因为我们和很多社会科学的学科研究差不多,但是我们要有一个自己独特的视角。比如我本研做的精准扶贫,我导师让我看恰亚诺夫的那些书,他是偏经济人类学的视角,与经济学研究农场不一样,这也要通过文献和自己的田野经历去慢慢体会,我觉得这个是靠不断积累的过程。

罗:核心的要求就是认真。我之前跟一些同学聊过,他们觉得要"抱大腿",找一个学术能力比较强的同学来一起合作。其实我觉得挑战杯并不是很高深的学术研究,需要你有非凡的洞察力和深厚的理论素养,真正重要的就是认真,不是说一个人就可以带动整个团队,而是你们每个人都要足够参与和认真。在前期看文献讨论的过程中,扎扎实实地去做;在中间的访谈过程中,也要尽心尽力地去做访谈;到了后期真正写作的过程中,也要有一丝不苟的精神。其实要论分析访谈稿的细致程度,我觉得汤欣哲是最认真的,他会一个字一个字地抠访谈稿,可能他接受过文本分析、文本研究的训练,因此在这方面比较擅长。你通过仔仔细细地分析和比对访谈稿,可以发现一些原本忽略的东西。我觉得只要一个团队能够认认真真地把整个过程全部走下来,就足够拿特奖了,并不需要有多么超凡脱俗的能力。研究的过程中有这么多的困难，必须能够坚持下来，团队中这几个人也不要妄想着把担子放在哪个人的肩头，每个人都要真正认认真真地去努力。我们当时三个人确实没有一个是滑头，大家都各尽所能，所以才能够取得比较好的成绩。

汤：还有选题的问题，我觉得选题确实特别重要。我其实最开始对规模农场没有太大的感觉，但当时是上周飞舟老师的课，就是"发展社会学"，我意识到农业经营问题是关系到很多人生活的一件事情，所以就会觉得这个题目非常有意义，之后才想把这个题目做下去。我们去田野里面会有一些非常直接的困惑，跟我们常识理解不太一样。我们平常在办公室里进行简单的经济学计算，觉得规模农场肯定会赚，但实际上很多都会亏。另外一个是需要慢慢在做田野的过程中体会一下社会学的视角。确实，在学校里面只上课，不太容易知道社会学是什么，有时候老师上课讲一些话，其实是很有深意的，但是没有做过田野就是体会不了。当时上社会学专题讲座课，周飞舟老师就跟同学说，来这讲的老师都是非常厉害的老师，你们可能暂时还领会不到那些点，这不是老师的问题，是你们的问题。我现在确实很能理解这一点，当时可能确实不太在意，但是等到自己真的做田野的时候，就会发现当时老师讲的一些东西确实是社会学的视角，没有田野的磨炼是很难意识到的。所以我觉得做挑战杯确实很需要在田野的过程中不断去体会社会学的视角是什么。

"合意"之礼：农村彩礼攀升机制研究
——甘肃L县高彩礼的案例分析

作　　者：王思凝　贾宇婧

指导老师：田　耕

摘要：近年全国各地的农村高价彩礼现象引起了国家、社会与学界的关注。以往对高价彩礼的因果分析聚焦于婚姻市场论，缺乏将彩礼的人情内涵、社会意义同高彩礼现象结合的讨论，因此笔者认为需要通过深入分析经验材料来探究彩礼的攀升机制及高彩礼背后的本质问题。研究发现：商议彩礼的目的在于双方家庭达成"合意"，彩礼主要依据"远街高礼"的情理标准来确立，发挥平衡姻亲秩序的社会功能。在这一合意机制之上，部分女方家庭受"天价彩礼"及计划生育造就的一儿一女家庭结构影响，倾向于提高彩礼价。在关系网络、"远街高礼"的地域结构以及示范效应的协同作用下，各地礼价相应提高。而男方家庭出于陪嫁可商议的考虑，以及父系家庭制度下为子成婚的伦理义务要求，倾向于同女方达成合意，从而实现了彩礼的攀升。围绕高彩礼展开的社会意识与行动，可以启发我们更深入地探讨中国家庭伦理同社会转型遭遇碰撞的更多社会事实与解释。

关键词：高价彩礼　合意机制　姻亲秩序　示范效应

1. 引言

　　2016年，家泽和未来亲家母结束了一通电话之后，终于决定要帮儿子把婚结了。

　　家泽只有这一个儿子，虽然读书不太好，但他还是花了5万元供他读了本省一个职业技术学校。如今儿子在东部省份打工。所幸，儿子早早谈了对象,是高中同学,他不必像亲戚朋友那样为孩子找不到媳妇而发愁。2016年腊月二十四,儿子回家过年告诉了他这件事,他还并不着急操办婚事,因为觉得儿子才23岁,还可以往后推三两年。只是第二天女孩的母亲就气势汹汹地打来电话,告诉他自己女儿的年龄拖不起了,他若再不提亲就安排她另寻他人相亲。

想到女孩和儿子谈了三年恋爱,彼此脾性等各方面已比较了解,家泽决定不等了,腊月二十六,他便前去拜访Q乡的亲家,商量彩礼。他原想女方家在山区,自家小康屋在镇上,条件还不错,儿子又是独子,彩礼十二三万就差不多了。没想到对方开口就要20万,作为中间人的儿子的二姨夫,磨破嘴皮也只讲到了16.6万元。家泽仍觉得比预期高出3万,并未答应,先搁置下来回家了。

第二天下午,亲家母又来了一通电话。原来,儿子女友嫌母亲彩礼要得太高,和她闹了矛盾。女孩告诉母亲:"你钱要的再多,不管人家答应不答应,我们两个人是永远分不开的,不是这个钱可以把我们分开的。"但是亲家母仍然态度强硬,不愿让步,希望家泽可以应下16.6万的礼金。

家泽感到儿子与女友感情深挚,再者逢年过节亲朋好友总问起儿子的婚事,当得知因家泽嫌彩礼太高而使这件事陷入僵持状态时,他们纷纷训劝家泽:"这个事情,你不能把娃娃的感情用金钱来衡量,你掏多一点就掏多一点了,咱们有人了还怕没钱吗?"

于是家泽最终想通了:"钱也无所谓,高三两万块钱也闲着,咱们身体好的话,多打两年工就挣回来了。"正月初三那天,他和哥哥去女方家里敲定了婚事,答应了女方一切要求。

当地有儿子的家长都会为彩礼钱发愁,大多都是东拼西凑才能集齐。家泽为儿子的婚事所花的22万里,他找亲戚借了7万,信用社里贷了5万。眼下虽然儿子已经娶妻生子、成家立业,但他的义务还没有完成,因为债务尚未还清。不过令他欣慰的是,儿子也会为他分担一点债务。更重要的是不管花了多少钱,他终于帮助儿子娶上了媳妇,媳妇也懂事、理解人。在给儿子掏彩礼钱这件事上,家泽表示:再不容易,儿子总得成家,这是父母该尽的义务。"抓养成人,娶妻生子,祖祖辈辈都是这样。"虽然亲家母彩礼要得高让家泽很不高兴,但他也能理解亲家母的做法。毕竟姑娘嫁人后就不再承担娘家的养老义务,父母要下彩礼可另作他用。但是他又觉得,作为女方家长,如果是个明事理的人,看到女儿找到了好人家,还是应该尽量少要点彩礼。①

《礼记·坊记》载:"男女无媒不相交,无帛不相见。"(孙希旦,1989:1294)彩礼是自古以来中国家庭缔结婚姻的必行之礼,至今在农村地区尤为突出。而今"天价彩礼"在我国各地不断曝出,引发了广泛的社会关注与批评。2019年2月19日发布的中央一号文件指出,要"对婚丧陋习、天价彩礼、孝道式微、老无所养等不良社会风气进行治理"②。虽然多地政府早已介入干预,媒体舆论亦不断施压,然而礼金仍有不断攀升之势。甘肃L县《2016年国民经济和社会发展统计公报》指出,该县当年城乡居民人均可支配收入8 855.73元,城镇居民人均可支配收入19 066.43元,农村居民人均可支配收入为7 006元。③ 2016年该县彩礼已高达15万—18万,是农民人均收入的20倍左右,远远超过了正常的经济承受水平。

在上述家泽的案例中,亲家母咄咄相逼,主导着礼金的确定,似乎印证着婚姻市场上女性的优势地位。但同时,在"说彩礼"这场拉锯战中,诸多因素被提上台面,双方似乎又是在不断放松标准以达成彩礼的合意——这对婚姻市场论提出挑战。这一过程究竟如何实现?为何彩礼会连年攀升?高彩礼背后的社会逻辑究竟是什么?这些问题构成了笔者的核心关注。

不论是当地人还是相关领域的学者,现在普遍认为高彩礼是婚姻市场上男女比例失调的后果之一。在学术研究领域,以经济理性为驱动的彩礼要价理论作为产出该观点的基础,聚焦着更多人的视线,而关于彩礼商议的经验性材料显著不足——经验细节的缺失很可能意味着高彩礼背后的深层社会逻辑尚未被呈现。本文试图从宏观结构转移至行动者的分析层次,从行动者赋予彩礼行为的意义出发,探究彩礼攀升的机制,以期补充相关领域的研究,以此为基础进行更深入的探究。

---

① 访谈录音整理编号(180204WLC),由访谈日期与被访者姓名拼音缩写构成。
② 《中共中央国务院关于坚持农业农村优先发展做好"三农"工作的若干意见》,http://www.cnr.cn/hnfw/sn/20190220/t20190220_524516098.shtml。
③ 《2016年国民经济和社会发展统计公报》,http://www.ahmhxc.com/tongjigongbao/10359_2.html。

2. 关于中国彩礼的研究回顾

诠释中国社会中婚姻交换的理论主要有婚姻偿付理论与婚姻资助理论。根据婚姻偿付理论,女性权利从原生家庭到婆家的传送以彩礼的完纳为节点而开始生效(弗里德曼,2000:38)。新中国成立后一些学者强调作为生产者的妇女价值的上涨,将补偿视为彩礼支付的核心。对妇女的支配权被转让时,群体之间的姻亲关系就建立了起来(转引自阎云翔,2000:191—192)。刁统菊(2007)总结的关于婚姻支付的家庭意图说,则强调姻亲关系成为女方家的重要社会资源。这些观点都认为彩礼和嫁妆在男女双方家庭的姻亲关系中具有特定的意义与功能。

婚姻资助理论将视角转向纵向的代际财产转移——财产虽然经彩礼初步从男方家流入女方家,然而其中一部分又作为嫁妆流入小家庭(Jack Goody,1973)。阎云翔(2000)指出下岬村的婚姻支付从20世纪七八十年代开始愈发由偿付向资助转化,年轻人的自主权上升,嫁妆作为小家庭发展资产的比例越来越高。然而在L县,彩礼在20万左右时,嫁妆大约只有几千块钱到两三万不等。资助理论较难解释当前中国部分地区彩礼极高而嫁妆很低的社会现象。

随着中国的现代化进程带来剧烈的社会变迁,婚姻圈、婚姻市场理论出现,一些学者开始在更大的社会结构中研究彩礼。改革开放后,大量农村青壮年涌入城市,形成"打工"浪潮,从而引发了婚姻资源的跨区域流动(邓智平,2004;李煜,2011)。农村传统婚姻圈被打破,青年男女在更广阔的婚姻市场中择偶。根据婚姻梯度理论,女性往往要求配偶的教育程度、职业阶层和收入高于自己,使得农村女性向外流动的比例增大,造成农村婚姻资源结构性失衡以及对农村男性的"婚姻挤压"(佟新,2010;贾兆伟,2008)。随着市场经济的渗入,原本包含了物品的彩礼越来越转变为单纯的货币支付,其补偿和资助功能向婚姻交换功能转变(余练,2013)。婚姻市场要价理论相应出现——农村大量的"男性剩余"使得女方要价能力越来越高。随着仪式的简化,婚姻中彩礼的经济性质更显著而文化意义弱化,男方不得不答应女方家庭的要价,呈送高彩礼以弥补其劣势(桂华、余练,2010;魏国学等,2008)。在婚姻市场理论视角下,双方皆被视作理性经济人进行要价与购买。但在L

县,彩礼绝大多数转移至女方父母手中,新娘所得嫁妆并不多,甚至婚后还要替男方家庭负担一部分债务。在青年个体自主性增强的现代化社会,基于经济理性假设的婚姻市场理论仍很难解释该现象。

已有学者指出,中国社会是一个情理社会,为人处世往往需要在情与理之间取得平衡,人情的运作期待不是直接利益最大化,而是互惠的最优化(翟学伟,2004)。杨美惠(2009)发现,关系学中的礼物交换,实质在于凭借礼物中道德驱动力的烙印建立人情关系,以在未来获得相应的回报。因此,人情社会的互惠最优化,意味着社会行动的考量并非被局限在某一时刻、某一关系之中,而是在更长期的过程里,在更复杂的人际关系中平衡谋划。彩礼的商议亦非简单的"定价—还价"行动,而是充斥着人情与面子的交错作用。在协商过程中,两家人不仅着眼于此刻的交易,而且关注小家庭未来的成长,还要充分考虑到其中错综复杂的关系、社会圈子中的名声等等。

综上可见,以礼物交换理论为核心的婚姻支付研究虽具备重要的姻亲、代际关系视角,但相较于嫁妆,关于彩礼在姻亲关系中的表现及意义的研究较少且不充分。而现代化变迁背景下的婚姻市场理论,虽在更宏大的社会结构中考察彩礼,却以文化意义衰落的说辞遮蔽了它在社会关系中仍具有的社会文化内涵,并几乎全然以两个家庭的理性经济行为掩盖了经验中复杂的情理平衡与行动伦理,而且其结论侧重于高彩礼的静态呈现而未解释其动态的攀升机制。因此本文试图在前人重要理论洞察的基础上,结合笔者在 L 县田野调查中获知的彩礼支付状况及当地人围绕彩礼发生的社会互动,剖析彩礼商议的多重时空、关系考量,以此探究 L 县彩礼的攀升机制。

3. 甘肃 L 县:达成合意的彩礼

笔者的调研在甘肃省 B 市 L 县展开,主要聚焦于 T 镇周边。虽然 L 县经济发展水平整体较低,但 T 镇地处 L 县中部交通要道,是重要的商品交易和物资集散地,经济与社会发展水平比相邻的乡镇更高。T 镇中心为六条纵横交错的街道,居民每隔天在主街道赶集,医院、学校、政府等重点公共基础设施位于其他几条街道,中心街道周边分布着下辖的 26 个村庄,共占地 176 平方公里。L 县处于黄土高原上的农耕地带,传统婚丧嫁娶之礼俗底蕴较为浓厚。① 虽然近年来许多婚姻的实际流程有所简化,不过多数家庭仍基本遵照传统习俗来安排婚事。

表1　L县T镇1995—2018年人口数据统计表②

年份	户数	人口数	男性人口数	性别比(女性为100)
1995	4 691	18 150	9 624	113
2000	6 267	19 618	10 558	116
2005③	8 645	29 977	15 393	105
2010	9 872	31 433	16 250	107
2015	11 034	31 380	16 354	109
2018	11 258	32 254	17 168	114

由上表可知,该镇的性别比在1995—2005年经历了下降过程之后的再度攀升。相亲市场上的性别比失衡则更加严重,2018年春节前后,媒婆芸香的联系网络里有二三十个急于相亲的男性,但却只有十个左右的女性。这是因为,很多年轻人通过自由恋爱步入婚姻,还有许多与外地对象结婚④,女性外嫁的情况更加显著,印证了传统通婚圈被打破后对底层农村男性造成的婚姻挤压状况。但是,据媒人回忆,近年来相亲市场上性别失衡的状况虽然严峻但相对稳定,而彩礼却年年上涨。⑤ 因此我们认为性别失衡同高彩礼相关,但不能完全解释彩礼的攀升现象。

当地的婚配模式可大致划分为三种类型:本地相亲、本地自谈以及外地自谈。⑥ 由于男女双方都为本地人的婚姻占据主流,而且相亲这种较传统的

---

① 在L县的婚俗中,婚礼之前大体有遇面、看家、说彩礼、订婚、送绢几个步骤,而这其中的每一步都有特殊的讲究。遇面的婚俗,基于当地的相亲传统,是由媒人或亲戚介绍让年轻的男女双方初次见面。之后的环节对自由恋爱的婚事而言同样适用——看家是女方在亲人的陪同下来到男方家中做客,了解男方的家庭情况。订婚之前,两家人会携媒人或近亲作为中间人一同商量彩礼,说定的彩礼由男方家庭在隆重的订婚仪式中呈送女方父母。有时订婚时先送一部分,其余彩礼在婚礼前一周的"送绢"环节中随男方家庭给女孩准备的三金、衣服等礼物一同送到女方家中。婚礼当天,女孩的手工活、娘家的陪嫁会同男方送给女方的礼物一同摆放在女方家中,以展现两家人对女孩的充分重视以及儿媳妇的能干。
② 资料来自L县T镇政府2017年统计报告。
③ 2005年G乡合并到T镇8 620人,表中为合并后的统计数据。
④ 根据彩礼表现形态的差异,划分类型中的"外地"指L县及近邻H县之外的地区。
⑤ 访谈录音整理编号(180208MP)。
⑥ "本地自谈"指男女双方都是本地人自由恋爱的情形;"外地自谈"指一方是本地人、配偶是外地人自由恋爱的情形。

方式仍然为许多适婚青年的家庭所重视,因此,笔者首先从本地相亲这一类型进入,探察"彩礼"在当地婚嫁系统中的内涵。

L县的婚姻介绍系统,由一个个相互熟识的媒人搭建起来,一桩婚事可能会有两个乃至三个媒人。他们可能是职业媒人,也可能只是男女方的亲戚朋友。职业媒人从中收取的"谢媒钱"[①]在亲事说成以后均由男方家庭支付。除了匹配合适的男女"遇面",媒人最关键的工作就是在双方表示有结婚意愿后"说彩礼"。其过程往往十分胶着,充满了来回纠缠与辩驳。L县两位媒婆彩玲与芸香的电话聊天生动地体现了说彩礼的纠结过程:

> 受男方家托付的彩玲问女方的媒婆芸香会面后女方的父亲跟她说了什么。芸香说:"给我说的意思是这儿离街远,说条件呢要按离街远的说。"彩玲听了以后顿了顿说:"你说这个娃有车呢。"芸香紧接着就回复:"有车,但是离街远,就要按离街远的彩礼说。"彩玲仍然强调男方家庭条件不错,新房也有,收拾得很好。可芸香不理会她所说的这些事情,缓缓道来:"但你看那娃家里离T镇街都十几里路,还是远的很。"彩玲听到芸香一个劲儿强调离街远近的事,干脆也转换方式,说道:"离S乡是6里路。"芸香可不接受这个说法,她回道:"咱是T镇人啊就要赶T镇的集,她大爹说离街远的很,比桃里村还远,就要跟着桃里村的说,最近结的都19万了。"
>
> 彩玲问芸香估计彩礼多少,芸香说:"我感觉就19万上头,说的话有点高了,我的意思是我给他把19万取开,看人家依不依。你说呢?"彩玲则说:"我说就到17万左右上看能捂住吗。"
>
> 话音未落,芸香插话道:"你说的那话成啥了啊,今年你总知道,Z村都19万,这跟前结了的都是十八九万,你给人家17万,你那儿离得那么远你说这事能成吗?17万还能落?你说少去呢,要是离街近呢十七八万,18万那会儿都不往开取,你这还离街远,这样就成不了啊。给人家就说不下这么低的彩礼。你知道最近的彩礼吗,你打听了没?Z村我听那人说了19万嘛20万,王林不知道娶了哪里的媳妇,出了那么高的礼,

---

[①] "谢媒钱"与成交彩礼金额无直接关系。职业媒人的职业声望与成交彩礼金额也无关,而是通常建立在说媒成功的数量基础上。

这边的人都说起了,再这一段时间都说,都十八九万啊。我给 Y 村那个娃说的彩礼还是最低的,你看 Y 村那个有楼有车,这人家就出了 17.6 万么,你给这个说个 17 万那还错气死了(意思是差得太远了),那就搭不住。"

彩玲见她有理有据,只得放软姿态,回道:"能行,这完了你先把人家再问问,要多少钱事成,这给娃娃择下家,参考是参考,但是多少要心里欠一点,对吧?"芸香象征性地应了一声,顿了一会儿又说:"那反正再欠,19 万稍微开一点看这个事能说不能说呢。你给人家要把 18 万取开,那就是没有的事。"她觉得往往说彩礼的结果都是要比女方家庭提出的彩礼价略低一些,没有过男方家都照单全收的事。说到这里,彩玲突然有电话接入,匆匆挂断了和芸香的通话。①

由上述对话可见,女方家的媒人反复强调的无外乎两件事:一是要考察男方家离镇街道的远近,按照"远街高礼"的规矩来说彩礼;二是彩礼不可能比近期大行价②更低。

媒婆芸香称,说彩礼的过程大同小异,即使比较胶着,最后也往往能说成,少见男方因接受不了女方的高彩礼而放弃这门亲事的情形。这与经济学视角下婚姻市场当中的女方家庭要价、男方家庭竞争的模式有所区别。究竟为什么会如此呢?

关键在于,"说彩礼"之前"看家"的意义非同小可。芸香称:"看了家以后完(亲事没说成)的多,有的家庭不好了看完就不愿意提了。"③可见,"看家"其实是女方对男方家庭的经济水平预估的重要环节,女孩本人的意愿也在这个过程中体现。因此,到"说彩礼"阶段,双方家庭已对这门婚事抱有很高期待。特别是男方家庭好不容易过了"看家"一关,更难放弃这门亲事。虽然双方家庭会存在相对优势和弱势,但高期待意味着"说彩礼"并非女方理性标价并筛选男性的过程——"说彩礼"的目的更多在于达成"合意"。

在达成合意的过程中,"远街高礼"的标准对彩礼金额的确定至关重要。那么彩礼基准是如何确定的? 又如何影响着男女双方的彩礼决策呢?

---

① 访谈录音整理编号(180208MP)。
② 彩礼"大行价",即一段时期某一地域内的彩礼的平均价格。
③ 访谈录音整理编号(180208MP)。

4. "远街高礼"

4.1. 彩礼:姻亲秩序的平衡砝码

在"合意"的目标下,女方的定价心理并非基于纯粹经济理性的驱动,杨穗的访谈录突出表现了这一点。2018年初嫁出女儿的杨穗在谈及要彩礼时向我一连举出许多理由:古代社会的聘礼折合成现金也很多,现在物价上涨钱不值钱,女孩生下来抚养成人花销大,孩子还年轻要给小家庭过日子,没钱给自己养老,彩礼用来防老……她还振振有词地解释道:"我就要她上大学的这些钱。你想短短的四个月考研就花了我6 000元。……我说你就把上学那几年花的钱加上给我就算了。这些钱算下来就是个17.8万,我要了个18万,就多要了2 000元。"看起来,似乎给女儿的花销是要彩礼时需要格外认真计算和考量的。不过,随后她又提起了另外一桩事:2015年女儿带H县的男友到家里来,谈及H县二三十万的彩礼,男友问她打算要多少,杨穗表示她决不会要那么高。当时L县的大行是十五六万,那便要15万。[①]

可见,对杨穗来说,真正主导她决定的并不是在女儿身上投入的经济资本,而是当地的彩礼"大行"。而"大行"所遵照的则是所谓"远街高礼"的标准,其实质是依据男方家的交通区位——县镇上的楼房、小康屋最好,离街道有一段距离但盖在塬上的新房次之,在交通不便的山区里的房子最末——来形成彩礼大致的价格区间,作为婚姻双方谈判的依据。

这一依据表明高彩礼在农村社会里并非一片含混的"高价",而是形成了清晰的梯度,凸显了农村通婚圈内部细致的社会分层。女方家庭对男性经济条件的考察着眼于房产区位,在相亲的婚事中尤为明显。不过,这套标准也并非铁板一块,在经济条件基础外还糅合了诸多情理因素,从而形成了实践中的彩礼梯度。通过老严和艳云的故事可窥见一斑:

老严住在T镇的主街道边,不仅在镇上有一套小楼房,还给儿子在

[①] 访谈录音整理编号(180207YLZ)。

省城买了房。老严儿子和儿媳在 L 县上高中时就在一起了,两人在 2016 年向家长提出了结婚的意愿。但是男孩已经在省城工作,而以女孩的学历很难在省城就业,亲家母以异地为由反对。为了儿子的婚事,老严想尽办法托关系把女孩的工作安排到省城,还买了一套房子,付了 60% 的首付。亲家母没有继续反对的理由了,便定于 2018 年腊月十五结婚。

然而眼看日子临近,亲家母一直不回来谈彩礼,婚期一再拖延。老严哭笑不得,甚至向亲家母表态:"先让孩子领证,你回来就算要 50 万我也出就是了!"腊月初十,亲家母终于回到 T 镇,老两口马上登门拜访。老严本以为她会"狮子大开口",没想到亲家母提出彩礼 17.8 万——只是当时 T 镇大行的下游。他十分兴奋,甚至说"就 20 万吧"!亲家母却坚持只要 17.8 万。于是他利落地答应下来,总算赶忙在腊月十五让儿子成了婚。①

老严家庭地理位置优越,经济条件好,名声也不错,这显然是"上嫁"的婚事。在这类婚事中:一方面,男方家的条件、名声本身就使女方家庭在这份姻亲关系中赚足面子,亲戚朋友都会称赞女孩"嫁了个好人家";另一方面,他们也会预料未来可能需要更多依靠亲家的地位与关系,因而在说彩礼时不会执着于高额礼金。因此,当女方家向这类条件优渥的家庭索要平均水平的彩礼时,一些男方家庭便会觉得与自己的身份地位、经济条件不相符合,有失面子。同样,若是彩礼太高,女方家庭还可能会被议论为"太爱财",反而使自己丢了脸面——老严的亲家母不愿要 20 万彩礼便隐含了这样的考虑。

此外,艳云家的故事更能体现多数"门当户对"婚事中女方家庭的普遍心理。

2018 年 10 月,艳云的女儿在 B 市工作时,经人介绍认识了比她大 6 岁的小谭。2019 年春节前后,小谭到艳云家拜访了两次。虽然他在 B 市公安局的工作稳定,有车有房,但他的言语举止不当,令艳云不满。然而女儿一心愿意,她便不再阻拦,两家人开始商议彩礼。

当时 T 镇街道的彩礼已涨到 20 万—24 万左右,艳云和一向会拿事的大

---

① 访谈录音整理编号(180905Y)。

姐爱云商量,提出两种方案:彩礼22万,陪嫁6万;彩礼20万,陪嫁4万。可是见面说彩礼时男方父亲老谭仍然迟迟不愿接受。他趁机提出一些新方案,如将市区和县里的情况合在一起说彩礼,另如男方对嫁妆钱不作要求而彩礼再少4万,但都被否决。他看到情况僵持不下,便说:"哎呀主要是这个20万彩礼高得我在庄里人面前丢人得抬不起头啊!"

艳云一家明白这话的意思是老家也在X乡街道边,而且儿子条件好,不应该出这么高的彩礼。但听了这话艳云他们反倒更不情愿了——前前后后的交往中,他们总感到男方家一直摆出一种优越的姿态:饭桌上小谭未给艳云一家人敬过一杯酒,老谭的腔调更是底气十足,诸多细节令他们十分不满。爱云礼貌地回敬老谭说:"你们儿子确实优秀,不过我们姑娘在市里的工作也不差,这在国企单位上班刚一年,拿将近6 000块钱的工资也不低吧?而且不论是长相、体态、仪表,我们姑娘样样都上得了台面。不过你既然说了这个话,那咱们也两家也都相互体谅一下,就在20万彩礼的基础上再返4 000元,19.6万吧。"

老谭虽然并未立刻接受,但此后他也没能撼动女方的决心——爱云也打定主意不会再放宽了,因为"就是要争这一口气"。既然两家人不论是家庭经济条件还是孩子个人条件都相对持平,就不可能以低彩礼结婚。再多让步只会让自家人在对方面前更抬不起头。①

说彩礼是合意也是博弈的过程——背后体现着双方家庭对姻亲关系地位的理解和对未来姻亲秩序的期待。这一观照不仅涉及女方家庭的面子,还会投射进婚后的家庭秩序当中,令女方不得不重视起来——他们希望为女儿争得相当的家庭地位,至少在彩礼一事上不落话柄、不会受人轻贱。因此,在女方家庭认知中"门当户对"的婚事彩礼必须高于"上嫁",以此类推,嫁往山区贫困人家的彩礼更高。由此,形成了上嫁礼低、下嫁礼高的"大行"梯度,这也是"远街高礼"背后的深层逻辑。

在上述案例中,老严亲家母之所以不愿收高彩礼,应该是既考虑到男方条件好,也意识到对方为落实女儿在省城的工作而尽心竭力了;艳云一家由于对男方本人及其家人的态度不满,力图通过说彩礼的过程和结果彰显两家的平等地位。这些事实都体现了彩礼富含的多重情理空间。正因如此,彩礼

---

① 访谈录音整理编号(190216WFY、190302WFQ)。

在当地的婚姻中发挥着平衡姻亲秩序的社会功能。

在 L 县彩礼普遍处于较低水平时,上述彩礼梯度没有带来过多的争议。只是近年来彩礼攀升,对"下嫁"中条件差的男方家庭构成巨大负担,而女方仍然以高价紧逼,才引发关注与批评。为什么即使这些困难的家庭无法负担 20 多万的高彩礼,女方家庭也要坚持索要?他们真的是以"卖女儿"的心态要在婚事中攫取大笔收益吗?

4.2. "下嫁"中的高彩礼悖谬

我们无法排除有些家庭想通过高彩礼获得巨大收益而不顾女儿婚后生活艰辛的可能性。但是据笔者观察,绝大多数处于"下嫁"婚事中的女方家庭并没有单纯以这样的经济逻辑行事。

在三种婚配模式中,"外地自谈"的彩礼都不高——外嫁基本遵循"上嫁"的逻辑,彩礼较低;外娶则因习俗差异,女方家很少索要高彩礼;"本地相亲"大多也以"上嫁""门当户对"为主导逻辑。几乎只有在"本地自谈"的模式中,才可能出现女性"下嫁"到偏远山区的情形。明凤家的故事鲜明地表现了这点:

> 明凤家位于 L 县偏远的山区内,两个儿子在结婚时都遭遇了很大的困难。虽然家庭贫寒,明凤夫妇还是极力劝儿子们好好找对象,许诺他们无论如何都会想办法凑够娶媳妇的钱。然而大儿子多年相亲未果,媒人更是越来越不愿意介绍他,无奈之下他只得像周边乡邻家的两个男孩一样,做了上门女婿。小儿子也在相亲市场中没有优势。在外打工时,同学给他介绍了同县的女孩,两人相识相恋决定结婚。得知此事后女孩家人非常反对,但是她执意要嫁,于是女方父母要了 20 万的彩礼。明凤家东拼西凑,又借又贷,才算是给小儿子娶回了媳妇。[①]

当女孩执意看重男孩个人以及他们之间的感情,而不看重男方家的区位经济条件时,才出现"下嫁"的亲事。女孩父母反而会因心疼女儿嫁往条件

---

① 访谈录音整理编号(180906MF)。

差的地方而极力反对。当女儿真要嫁入穷苦人家时,对父母而言经济条件并不是他们关心和考量的唯一问题。媒人雷南接触过许多家庭,他发现女方家庭在要高彩礼时普遍怀抱这样的想法:"哪怕你一个馍掰开分成两个吃呢,你还把我女子看成个人,你不疼我女子你还疼你的钱呢。人家也有道理。就算是你家穷得很,人家卖 20 万,我给你卖了 10 万块钱,你去把我的女子不当人。"①

类似的考虑我在几位娘家父母的访谈中亦体验深刻。当男方家庭的区位经济条件较差时,女方父母更加在意自己疼爱的女儿在婆家是否能够受到善待——这不仅仅是"面子"问题,更涉及家庭秩序的"里子"。遵循"远街高礼"的原则提出高彩礼,让婆家感受到媳妇"得来不易",可以一定程度上落实女儿在婆家的地位,让她的婚后生活有所保障。

当地的著名婚礼摄影师文安根据多年与结婚家庭打交道的经验,还指出一种情况:一些通情达理的娘家父母看女婿孝顺,女儿和女婿又没有发展资金,便会借钱给小家庭。只是通常在 5 万以内,最多 10 万,而且女婿得主动讨好、孝敬岳父岳母。② 可见,当"下嫁"的女儿婚后生活困难时,女儿的父母在必要时仍可适当给予补贴,还能收获女婿的孝顺,但前提在于要先把彩礼要到自己手中。

如此看来,被一些人唾弃为"卖女儿"的高彩礼背后其实有着更深刻和复杂的考虑。这也是在舆论和政府的抨击、打压之下彩礼仍居高不下的重要原因。

4.3. 小结

婚姻既承载着女方社会流动的可能,也缔造着两个家庭重要的亲属关系之一——姻亲关系。由于彩礼体现着双方家庭对姻亲关系地位的理解与对未来姻亲秩序的期待,因此会随着两家地位的对比形成梯度分异。概而论之,男方家庭的地位越高,女方越有面子,则上嫁的女方家庭向男方家庭索要的彩礼较低;下嫁则较高,以此平衡双方家庭地位不匹配的状况。该梯度与

---

① 访谈录音整理编号(180907MR)。
② 访谈录音整理编号(180904CWX)。

男方家庭的房产区位标准相结合,构成"远街高礼"这条标准。

不过,在"远街高礼"所形成的看似稳固的结构之下,为什么彩礼还能一年高于一年,乃至于使农民"因婚返贫"呢?为进一步探究彩礼年年攀升的原因,我们将分别从女方和男方的视角分析他们的行动逻辑。

5. 年年升的彩礼

5.1. "天价彩礼"与"嫁女娶媳"

当男方家庭和个人条件相对一般、住房离街道较远时,女方往往会将彩礼金额提至大行价上游乃至超过本地大行价的水平,其中包括"下嫁"和很多"门当户对"的婚事。笔者发现,这些女方家庭在提出彩礼价时,常受高于市场价彩礼个例——"天价彩礼"的影响。

"天价彩礼"[①]的出现,或是因为女方家庭过分爱财刻意要高了彩礼,或是女儿自由恋爱的对象不合家长心意,迫使他们在情急之下提出一个远高于大行数目的彩礼价格,一方面试图逼男方退让,另一方面要维系女儿和家庭的面子,不料男方家长却予以接受。此外,"地域彩礼中和"也容易使某地区突然出现高于彩礼大行的个例——引子中家泽所出16.6万的彩礼,比L县Q乡的大行低,却比T镇街道大行高出两三万。

当相亲家庭基本依照"远街高礼"的大行时,自由恋爱对彩礼价的影响更为复杂。这大致表现为截然相反的两个方面:一是女方家庭看重子女的感情而不愿要过高的彩礼;二是当女方家庭提出高彩礼后,男方家庭考虑到子女有感情基础,在子女及亲友的劝说压力下更难放弃而接受高彩礼。实际上,即便女方酌情考虑儿女的感情基础,也很少会将彩礼价要到市场价以下,毕竟彩礼关乎女儿及整个家庭的地位与面子。即便出现低于大行价的彩礼,它对大行的影响也微乎其微。第二种情形在当地反而较为普遍,特别是诱发

[①] 笔者在本文中特意区分了"高额彩礼"与"天价彩礼","高额彩礼"的绝对数额虽然较高,但属于一个地域的大行;"天价彩礼"的绝对数额不一定高于前者,但一定是突然高于特定时段和地区大行的。

"天价彩礼",并对男方家庭所处地区的彩礼价产生显著影响。

的确,在谈及 28 万的极高彩礼时,杨穗说"这正儿八经是把娃娃卖了",表现了她对"天价彩礼"嗤之以鼻的态度。我们对其态度的真实性无须过度猜疑,但结合她谈及彩礼时一开始就向我表明 L 县各地彩礼达 20 多万如此之高,提到自己的 18 万彩礼不断强调"姨要的不多",可以推测,这些"天价彩礼"虽然不一定成为她效仿的对象,但却可以减轻其要高彩礼的心理压力。在社会关系网络的舆论中,人们抨击的焦点是"天价彩礼",自己所提彩礼价将受到的舆论冲击也极大程度上能够得到缓冲。因而彩礼的个别高价往往能够减轻女方索要略高彩礼价的"面子"压力。

"天价彩礼"的影响还要与当地较为普遍的家庭结构模式结合来看。自我国的计划生育政策于 1990 年在甘肃实施以来,在当地重男轻女观念的影响下,夫妇婚后第一胎若是女孩,第二胎发现仍是女孩,那么他们会通过各种努力与手段,直至生育男孩。因此,对于当地适婚人群来说,大多数家庭是一儿一女式的家庭结构。尤其在姐弟式的家庭结构中,若父母的积蓄勉强能给儿子置办一套房屋,那么儿子的彩礼钱势必需要从嫁女儿所收的彩礼钱中来补贴。例如杨穗第一次向我提及"彩礼",便是在谈自己对未来的规划时引出的。①

彩礼每年的"大行"及随着"天价彩礼"个案逐年增长的趋势,影响父母对未来的规划与当下的决定。弟弟娶妻时的彩礼必将高于姐姐嫁人时的彩礼,于是在姐姐结婚时,则需尽可能获取更高的彩礼,适当将彩礼提高几千元、一两万对他们而言是合理的选择。

联系"天价彩礼"和一儿一女式的家庭结构,可以发现示范效应在其中的作用机制:当一个区域内出现"天价彩礼",舆论的焦点被集中,便会正当化其他女方家庭适度提高彩礼的要求,减轻"面子"压力。加之为儿子娶媳妇的一系列经济压力,一些女方家庭会趁机在原先大行的基础上提高几千元、一两万。这些彩礼信息会在人们的交谈与比较之中,沿着亲人、朋友、同

---

① 访员:"现在这个小儿子也上大学了。"杨穗:"嗯,快考走了。现在女子一嫁,她一走我就轻松了,我就甩起来打工把他往出供。"访员:"你打算出去打工吗?"杨穗:"我在 L 县能找下的话就做,找不下就往出走。你说娃娃大了,结婚房子买不下了租房住都可以,但是结婚到彩礼没有 30 万那行吗?"访员:"要那么高的吗?"杨穗:"现在这个彩礼,L 县的彩礼最高的上了 28 万了。"访谈录音整理编号(180207YLZ)。

事组成的差序格局网络扩散出去,继而影响到其他适婚女性及其家庭的"面子",给予其提升彩礼的动力。一个地域的彩礼行价由此会随着时间推移越来越高。由于"远街高礼"的彩礼梯度富含种种情理性的考量而不易改变该结构,因此一个区域行价的提高也会影响其他区域行价的提高。"天价彩礼"的不断涌现使上述扩展过程反复出现,使得当地各个区域的彩礼年年攀升。

5.2. "双礼合意"与"父愁子妻"

当女方不断提高彩礼价时,男方也在不断地接受女方的决议。一儿一女式的家庭结构是农村男方家庭能够支付高彩礼的基础之一,但并非根本原因。是什么关键性的原因使得男方与女方达成合意呢?

陈波的大儿子在省城上大学期间和来自邻市农村的一位姑娘相恋。一开始谈恋爱时,两人都未告知家长。两年时间过去,对彼此的脾性有了了解,这对恋人决定结婚时才让家人知道。2015 年"五一",陈波顺应习俗到女方家中为儿子提亲。他叫上儿子的舅舅和四叔作为中间人。而对方只有作为村书记的父亲一人同他们商议彩礼。

以往说彩礼的惯例是女方家长提出他们要求的彩礼数额,男方的中间人一步步向下说和。陈波遇上的这位亲家却是个例外,他让陈波先提愿意出多少。

"一口价说 10 万以内,我的说让 10 万开了去,人家说不行,他们市特别高,还上过电视新闻呢,所以我给他说的价太少了。人家还不要,让我说的往上涨。他舅说'10 万不行那就 11 万'。女子她爸说'那不行'。

"'那 12 万。'——'那不行。'

"老四说:'那不行了 13 万。'——'哎这差不多但是还少一点。'

"'那 14 万。'——'哎这行了!'就像拍卖会一样,说这行了么。"

但是陈波之前的设想是十一二万,到 14 万就不大情愿了。可他还没来得及发话,姑娘的父亲又说:"我计划闺女落 10 万元就行了。我为什么要 14 万行了?明儿个我给闺女 3 万元存折,还剩 11 万,用 1 万元来买嫁妆,再一个食堂吃饭。"陈波转念想,那相当于是十一二万,"虽然要了更多,但是 3 万元她带回来了,因为媳妇就是陈家的媳妇,带回咱们陈家来了"。因而一口成交,算是顺利地说定了孩子们的亲事。①

陈波的故事表明,虽然嫁妆是新娘的财产,但在当地人看来,儿媳嫁过来便成了男方家人,真正流出的财产是彩礼减去嫁妆的部分。通常男方家会理解女方家想给女儿出高嫁妆长面子的心情,接受女方家同步提高嫁妆和彩礼的请求。

彩礼上涨带来的后果之一是陪嫁的金额也在"说彩礼"的讨论内容之列。从以往对陪嫁没有任何要求,到现在男方也要通过陪嫁的金额判断他实际所出的彩礼价。许多时候尽管女方看似提高了彩礼价,但只要提高陪嫁,男方也会感到高出的几万彩礼金终究是回到自家来——对父辈而言,财产更多表现为家族之别而非代际之别。若将其看作"面子"彩礼与实际彩礼,那么嫁妆的商谈与增长使它们之间的差距既能满足两家人在各自地域内的"面子"要求,又一定程度上并未对男方家庭带来严重的实质经济负担,初步提高了男方接受高彩礼的可能性。

不过并非所有男方家都以陪嫁金额为参考。促使男方接受高彩礼最根本的理由,仍然是父母对儿女婚事的责任与义务所在。

陈波提起,当年他娶妻时也是父亲支付彩礼,如今他人到中年,也要给儿子尽这份义务:

> 有句话嘛,"父愁子妻",父亲一辈子就愁儿子娶媳妇的这个事。那么儿子愁什么呢? 儿子愁老人一旦没有行动能力了,儿愁父亡。人一辈子就是这样,年轻的时候父母愁我这个媳妇怎么办呢,到我到中年以后呢,我儿又愁他爸他妈行动不了了怎么办。人生就这么两愁。②

家泽由于 2011 年刚在镇上盖了新房,到 2015 年他仅有 10 万左右的积蓄,而给儿子成婚全套要花费 22 万,只得四处借贷,亲戚朋友也明白给儿子娶妻的重要性,能帮则帮。家泽觉得:"现在就是男方给儿子瞅媳妇,对于目

---

① 访谈录音整理编号(180204WLX)。
② 访谈录音整理编号(180204WLX)。

前的彩礼来说,谁都感觉高。你想一二十万往出拿人民币,你拿行政工资的也好,打工的也好,得多少年?确实不容易。"接着他又几乎毫无停顿地提声说道:"但是!返回来说,你再不容易,儿子总得成家,得瞅媳妇,这是父母该尽的义务。你抓养成人,娶妻生子,祖祖辈辈都是这样!"[1]

谈及未来的打算,他也表明年后还要继续外出在工地上打工,因为虽然儿子已经成婚,也有了孙子,但是他的义务还没有完成,欠人家的债务还没有还清。

父系父权家庭制度在 L 县根深蒂固的表现之一,正是父辈无论如何都要给儿子娶到媳妇。孩子的幸福一直都是父辈们打拼奋斗的最终目标,他们在高额彩礼面前便显得既脆弱又坚强。再大的经济压力,可以扛;孩子的好亲事、好媳妇、好家庭,若因为自己的一时拮据而错过,那将是父母心中一辈子的亏欠,甚至入土不安。所以,再苦的家庭也会早早积攒彩礼钱,想方设法地借钱贷款。内心中根深蒂固的代际伦理使他们与提出高彩礼的女方家庭达成合意,亦在情理之中。

5.3. 小结

彩礼攀升的动力主要是"下嫁"和"门当户对"的婚事。当女方家庭提高彩礼的要求被个别"天价彩礼"正当化,家庭发展预期又给予他们多重压力。在示范效应的影响下,越来越多的女方家庭会倾向于提出大行区间上游或高于大行的彩礼价,这些礼金信息随后促使更多女方家庭提升彩礼;且由于"远街高礼"结构十分稳定,一个区域的彩礼上涨亦将引起其他区域的上涨。反观男方家庭,出于陪嫁金额可商谈的考虑,以及传统上为子成婚的伦理义务观念的影响,通常会接受高价彩礼。从而,在整体的平均水平上,该地的彩礼价年年持续走高。

6. 总结与反思

本文对 L 县地区高额彩礼的攀升现象进行了社会学机制分析。"说彩

---

[1] 访谈录音整理编号(180204WLC)。

礼"并非女方定价以筛选男方的手段,而是双方达成合意的过程。其所遵循的"大行"标准,依照"远街高礼"的逻辑展开。对男方的考察在经济条件考察的基础上还糅合了诸多情理因素:当地人根据姻亲关系中双方家庭的相对地位对比,来判断是否需要提高彩礼以作为女性及其家庭地位与面子的表现与补足,所以彩礼发挥着平衡姻亲关系秩序的社会功能。由此形成"上嫁"礼高、"下嫁"礼低的彩礼梯度,与城市化过程中房产区位的重要性相扭结,构成了"远街高礼"这一稳定的、支配性的结构。

在此相对静态的结构之上,彩礼每年都在动态攀升。"天价彩礼"减轻了女方家庭索要较高彩礼的舆论负担,在一儿一女的家庭结构背景下,彩礼上涨的趋势和预期,使一些"非上嫁"女方家庭更倾向于适度提高彩礼。信息的扩散使更多女方家庭在面子驱动下提升彩礼。为保持"远街高礼"的梯度,区域之间的彩礼攀升会相互影响。相应的,男方家庭由于陪嫁可商议,以及"父愁子妻"的伦理义务,倾向于接受女方略高于"大行"的高彩礼。如此一来,L县地区的彩礼便年复一年地逐步攀升,乃至达到了超过绝大多数农民家庭经济承受能力的水平。

本文展示了行动者关于彩礼行为的多重逻辑。在此之中,"嫁女娶媳"的经济逻辑似乎与"远街高礼""父愁子妻"等情理逻辑有所区别。在行动者的考量中何者占据主导地位呢? 其实,在具体的实践情境中,二者并不是截然割裂的。一个家庭在彩礼的上涨前景下,为了应对支付儿子彩礼的经济压力,而在嫁女儿时提升彩礼价,一方面从根本上源于对儿子婚事的伦理义务,另一方面也要有"理"有"脸"地提价。也就是说,只有那些认为自家在女儿婚事中不居下风的家庭,才能提出这样的要求。所以经济性考量背后仍然潜藏着情理性考量。这些与当地社区、家庭生活息息相关的人情伦理,在诸多外部条件的刺激下,才对彩礼上涨起到了推波助澜的作用,也是彩礼无法回落的根本原因——婚姻市场理论的经济视角未能揭示这一深层原因。

因此,彩礼不仅仅是一个价格,更是双方家庭用以平衡姻亲秩序的一块砝码,也是父母用来提高女儿家庭地位的一种策略。彩礼被赋予的情理内涵和社会功能,既是"面子"问题,更是"里子"问题。

不过,源于传统家庭制度以及父母对女儿婚姻不稳定性焦虑而诞生的高彩礼,在现代村庄里却正颠覆着家内秩序、代际关系,对传统父系父权家庭制度构成冲击。婆家人因惧怕离婚而让步,维系着婚姻的稳定性,儿媳却以彩礼为撑腰而更咄咄逼人,成为农村高离婚率的一章前奏。基于社区和家庭情理的高彩礼,能否在村庄形成良性循环,仍然是有待进一步探究的主要问题。

高彩礼背后的农村家庭人际伦理、亲属制度等更加深层的机制,虽然并未在本文中得到全面阐释,但我们已进入行动者的视角,开始理解他们对相关行动赋予的意义。虽然彩礼的攀升模式不一定放之四海而皆准,但彩礼背后的情理机制却可能在中国代际、姻亲关系由传统向现代转型的过程中找到自身的普遍性。以彩礼为切口探究当代中国家庭问题也是笔者在本研究基础上将会继续推进的研究目标。

参考文献

刁统菊,2007,《嫁妆与聘礼——一个学术史的简单回顾》,《山东大学学报(哲学社会科学版)》第2期。

邓智平,2004,《打工妹的婚姻逆迁移研究》,《社会》第7期。

弗里德曼,2000,《中国东南的宗族组织》,刘晓春译,北京:人民出版社。

桂华、余练,2010,《婚姻市场要价——理解农村婚姻交换现象的一个框架》,《青年研究》第3期。

吉国秀,2006,《婚姻支付的变迁——一个姻亲关系的视角》,《民间文化论坛》第1期。

吉国秀,2007,《婚姻支付变迁与姻亲秩序谋划——辽东Q镇的个案研究》,《社会学研究》第1期。

贾兆伟,2008,《人口流动背景下农村欠发达地区男青年婚姻困难问题分析——以分水岭村为例》,《青年研究》第3期。

李煜,2011,《婚姻匹配的变迁——社会开放性的视角》,《社会学研究》第4期。

苏力,2011,《彩礼的社会功能》,北京大学"法律经济学与中国"学术研讨会论文。

孙希旦,1989,《礼记集解》,沈啸寰、王星贤点校,北京:中华书局。

佟新,2010,《人口社会学》,北京:北京大学出版社。

魏国学、熊启泉、谢玲红,2008,《转型期的中国农村人口高彩礼婚姻——基于经济学视角的研究》,《中国人口科学》第4期。

余练,2013,《农民分化与通婚圈结构变迁——基于皖中大鼓村婚姻市场的考察》,《华中科技大学学报(社会科学版)》第1期。

杨美惠,2009,《礼物、关系学与国家:中国人际关系与主体性建构》,赵旭东、孙珉译,南京:江苏人民出版社。

阎云翔,2000,《礼物的流动:一个中国村庄中的互惠原则与社会网络》,上海:上海人民出版社。

翟学伟,2004,《人情、面子与权力的再生产——情理社会中的社会交换方式》,《社会学研究》第5期。

Goody, Jack. 1973. *Bridewealth and Dowry in Africa and Eurasia in Bridewealth and Dowry*, J. Goody, S. Tambiah eds. Cambridge: Cambridge University Press.

图书在版编目(CIP)数据

在田野中成长：北大社会学系"挑战杯"获奖论文选 / 北京大学社会学系主编. —北京：商务印书馆，2022
ISBN 978-7-100-20962-5

Ⅰ. ①在⋯ Ⅱ. ①北⋯ Ⅲ. ①社会学－文集 Ⅳ. ① C91-53

中国版本图书馆 CIP 数据核字（2022）第 051490 号

权利保留，侵权必究。

在田野中成长
北大社会学系"挑战杯"获奖论文选
北京大学社会学系　主编

商　务　印　书　馆　出　版
（北京王府井大街36号　邮政编码100710）
商　务　印　书　馆　发　行
南京新洲印刷有限公司印刷
ISBN　978-7-100-20962-5

2022年5月第1版	开本 700×1000 1/16
2022年5月第1次印刷	印张 51½

定价：198.00元